中华经典名著

全本全注全译丛书

钟基　李先银　王身钢　◎译注

古文观止　上

中華書局

图书在版编目(CIP)数据

古文观止/钟基,李先银,王身钢译注. —北京:中华书局,2011.5(2025.7 重印)
(中华经典名著全本全注全译丛书)
ISBN 978-7-101-07898-5

Ⅰ.古… Ⅱ.①钟…②李…③王… Ⅲ.①古典散文-作品集-中国②古文观止-译文③古文观止-注释 Ⅳ.H194.1

中国版本图书馆 CIP 数据核字(2011)第 055435 号

书　　名	古文观止(全二册)
译 注 者	钟　基　李先银　王身钢
丛 书 名	中华经典名著全本全注全译丛书
责任编辑	舒　琴　王守青
装帧设计	毛　淳
责任印制	韩馨雨
出版发行	中华书局
	(北京市丰台区太平桥西里 38 号　100073)
	http://www.zhbc.com.cn
	E-mail:zhbc@zhbc.com.cn
印　　刷	北京中科印刷有限公司
版　　次	2011 年 5 月第 1 版
	2025 年 7 月第 32 次印刷
规　　格	开本/880×1230 毫米　1/32
	印张 32½　字数 750 千字
印　　数	878001-928000 册
国际书号	ISBN 978-7-101-07898-5
定　　价	72.00 元

目　录

卷二

卷三

卷五

下　册

前　言

《古文观止》是清代康熙年间吴楚材、吴调侯叔侄二人选编的一部古代散文集。

吴楚材名乘权，吴调侯名大职，二人是浙江山阴（今浙江绍兴）人，都是乡间塾师，以课徒为生。吴楚材学识渊博，除此书外还编有《纲鉴易知录》。

《古文观止》编定于康熙三十三年（1694），共十二卷，以年代为经、作家为纬，按照从古到今的顺序排列，选录自春秋战国至明末两千多年间的名作222篇，基本上反映了中国古代散文发展的脉络与特点，体现了中国古代散文所取得的最高成就。

中国古代散文传统源远流长，早在商代就已经出现了成熟的散文作品；与此相适应，为了展示古文发展线索，表现自己的文学观点，选编文选的历史也相当久远，现存最早的当是据今一千五百年左右南朝梁萧统编的《昭明文选》。从此，各种诗文选本层出不穷，而且很多影响深远。总集如宋代的《文苑英华》一千卷，上续《昭明文选》，收南朝末至唐末作家二千二百余人的近两万篇作品，至于《唐文粹》（一百卷，北宋姚铉编）、《宋文鉴》（一百五十卷，南宋吕祖谦编）、《元文类》（七十卷，元苏天爵编）、《明文衡》（九十八卷，补缺二卷，明程敏政编）等，都是一代文学的渊薮；选集如明代茅坤（1512—1601）选编的《唐宋八大家文钞》一百六十四卷，流传甚广，"唐宋八大家"之名也随之流行。《古文观止》只有区区十二卷，但其

"知名度"远远超过了上述那些巨著，可以与《文选》并称，其原因何在？鲁迅先生在《集外集·选本》一文中说："以《古文观止》和《文选》并称，初看好像是可笑的，但是，在文学上的影响，两者却一样不可轻视。凡选本，往往能比所选各家的全集更流行、更有作用，册数不多而包罗诸作，固然也是一种原因，但还在近则由选者之名位，远则凭古人之威灵，读者想从一个有名的选家窥见许多有名作家的作品。""选者之名位"，《古文观止》是沾不上光的，吴楚材和吴调侯都是仕途不达的普通读书人，那么其脱颖而出则全凭"古人之威灵"，即册数不多而包罗许多有名作家的作品。

吴楚材和吴调侯选文的初衷是"杂选古文，原为初学设也"（吴楚材《例言》），因此选编时，他们"集古人之文，集古今人之选，而略者详之，繁者简之，散者合之，舛错者厘定之，差讹者校正之"（吴楚材、吴调侯《序》），吸收借鉴了古人选文的经验，避免了一些错误，所以他们自认为这本选文是"诸选之美者毕集，其缺者无不备，而讹者无不正，是集古文之成者也，观止矣"（吴调侯《序》）！"观止"一词，出自《左传·襄公二十九年》。吴公子季札在鲁国观看周代乐舞，当看到《韶箾》时，便赞叹道："观止矣，若有他乐，吾不敢请已。""观止"就是好到极点的意思，吴楚材、吴调侯把"观止"用来作书名。意思是说，这里所选的就是人们所能看到的最好的、尽善尽美的文章了。此书编成后，他们将书寄给了吴楚材的叔父吴兴祚（字伯成，号留村，累官至两广总督），他时在归化（今呼和浩特）任职，对此书大加赞赏，认为是"其选简而该，评注详而不繁"，可以"正蒙养而裨后学"，功德非浅。

的确，《古文观止》选文目光独到，选择精当。例如先秦部分，他们放弃佶屈聱牙的《尚书》，直接从相对容易理解且记言与记事均衡的《左传》开始，使读者觉得亲近，能够引起阅读学习的兴趣。至于具体选篇，先秦有《左传》的《曹刿论战》《宫之奇谏假道》《烛之武退秦师》，《国语》的《叔向贺贫》，《战国策》的《冯煖客孟尝君》《触詟说赵太后》《唐雎不辱使命》；两汉部分有《史记》的《屈原列传》《太史公自序》，贾谊的《过秦论》，诸葛亮的《出师表》；魏晋部分有李密的《陈情表》，王羲之的《兰亭集序》，陶渊明的《归去来辞》《桃花源记》；至于唐宋部分有韩愈的《原道》《师说》《进学解》《祭十二郎文》，柳宗元的《捕蛇者说》《小石城山记》，范仲淹的《岳阳楼记》，欧阳修的《朋党论》《五代史伶官传序》《醉翁亭记》，苏轼的《潮州韩文公庙碑》、前后《赤壁赋》，以及苏洵、苏辙、王安石、曾巩等诸家散文，更都是千古传诵、脍炙人口的佳作。明代部分，它不选复古模拟的李梦阳、何景明，而选了王守仁、茅坤、唐顺之、归有光、袁宏道、张溥，眼光也是很独特的。

《古文观止》也冲破了骈散之分的束缚，不仅选散体古文，对于骈体古文之精华也没有有意忽略，虽仅区区几篇，但可见古文发展演变之印迹，不能不说这种观点是相当高明的。自隋唐以降，特别是韩愈领导了古文运动，欧阳修又发起了“诗文革新”，骈体文江河日下，虽然仍不时有名作产生，但已经不是古文之主流，而到明代更是大受排斥；清初骈文有了复苏的迹象，但在《古文观止》成书时还并未形成气候，直到几十年后乾嘉时期李兆洛（1769—1841）编纂《骈体文钞》，才正式提出骈散并行，“相杂而迭用”，可知二吴骈散并重的观点具有其超前性。《古文观止》中选录的骈体文如孔稚珪的《北山移文》、骆宾王的《为徐敬业讨武曌檄》、王勃的《滕王阁序》、李华的《吊古战场文》、刘禹锡的《陋室铭》、杜牧的《阿房宫赋》都是千百年间脍炙人口的名篇。

《古文观止》还突破了以前文选不收经史的传统，收录了《礼记》《左传》《公羊传》《穀梁传》以及《史记》《汉书》《后汉书》等经史中的文章。至于史书中没有收录《三国志》以下正史中的文章，大概是因为此后的正史传记也没有什么可看了。

《古文观止》的一些选文与原文略有出入，明显是二吴进行了删削加工，有的使原文更紧凑明晰，有的则不免弄巧成拙，如《颜斶说齐王》，删去了与齐王唇枪舌剑的一大段争辩，故事的曲折紧张就削弱了。

《古文观止》的选文也有一些缺欠，主要表现为唐宋一段，除了唐宋八大家之外，很少选录其他作家的作品，特别是宋代，两卷半五十余篇文章中，除了三苏、欧阳修、王安石、曾巩，只选入了王禹偁（二篇）、李格非（一篇）、范仲淹（二篇）、司马光（一篇）、钱公辅（一篇）、李觏（一篇），六人八篇文章，与宋代散文创作的繁盛局面极不相称。这可以解释为篇幅所限，但如苏舜钦的《沧浪亭记》、李清照的《金石录后序》、朱熹的《庚子应诏封事》、文天祥的《指南录后序》等都不收，而所收李格非的《书洛阳名园记后》、钱公辅的《义田记》、李觏的《袁州州学记》在文学成就上都无法与上述几篇相比，即如所选宋代六家之作也并非都是精品，如欧阳修《释祕演诗集序》、苏轼的《三槐堂铭》、王安石的《泰州海陵县主簿许君墓志铭》在作者本人的文集中都并不出众，它们的入选大概都与选家本人满心怀才不遇的牢骚有关。另外，李陵的《答苏武书》、苏洵的《辨奸论》这样可疑的作品的入选，也应该看作选家别有寄托吧。

《古文观止》中还有吴楚材、吴调侯二人的注评，特别是他们对文章结构的分析和艺术成就的总评部分最为精彩，对于文章的品读非常有益，只是因为体例的关系，本书没有原文照录，而是将其吸收融入了文章的题解与注释中。

《古文观止》自问世以来，三百多年间以其选文名篇荟萃，篇幅适中，雅俗共赏，一直盛行不衰，是古文启蒙的必备书，也深受古文爱好者的推崇。此次我们以映雪堂本为底本进行整理，对其全部作了注释、翻译，并为每篇文章作了题解。注释部分，对难以理解的字词、古代文化常识性内容等出注；译文部分以直译为主，直译不顺畅之处意译；题解部分分析论述其成就与特色，使其更适合当代读者的阅读。其中也会有不当之处，敬请方家指正。

湛江师范学院的葛佳才先生亦为本书做了许多有益的工作，在此谨致谢忱。

钟　基

2011 年 5 月

卷一

左　传

《左传》成书于战国初年，原名《左氏春秋》，到汉代改称《春秋左氏传》，为的是强调它是解释《春秋》的著作，至于《左传》是否真为"解经之作"，从古至今论争纷纭，现代学者倾向于认为它是一部独立的史书。

《左传》用编年体记载了从鲁隐公元年(前722)至鲁哀公二十七年(前468)两百五十四年间的史事，是一部围绕"争霸"这一春秋时期的中心事件，记述以争霸强国为主，以与这些强国发生各种关系的诸侯国为辅的"世界史"；是全面反映当时并存的各种文化及其交流融合，展现中华民族的主体形成时期面貌的"文化史"。

《左传》具有明显的重德崇礼的儒家思想特征，但它的"崇霸"思想却与儒家的"尊王"大相径庭，所以被论定为"儒家别派"。其批判性以及它的民本思想，在"君权神授"的思想背景下尤为难得。

《左传》最主要的文学成就是突破了言事相分的古史记录方式，做到了言事相融而均衡，使中国古代历史散文创作达到了新的高度，并为其提供了新的创作模式。正是在这个意义上，《左传》才一直被认为是中国古代散文的一大源头。

郑伯克段于鄢 隐公元年

【题解】

评论历史人物要看他是否能推动历史进程，能否为当时的百姓做好事。郑庄公虽然个人品德并无可取，但他干脆利落地平定叛乱，避免了更大的动乱，他开创的“小霸”局面也拉开了春秋诸侯争霸的序幕，可算是有为之主。本文人物刻画鲜活生动，叙事曲折有致，是脍炙人口的佳作。

初①，郑武公娶于申②，曰武姜③，生庄公及共叔段④。庄公寤生⑤，惊姜氏，故名曰寤生，遂恶之⑥。爱共叔段，欲立之，亟请于武公⑦，公弗许。

【注释】

①初：当初。这是回溯往事时的说法。

②郑武公：姓姬，名掘突。郑，国名。国都在今河南新郑。申：国名。国都在今河南南阳，姜姓。

③武姜：郑武公的正妻，以郑武公的谥号“武”与其娘家姓“姜”合而为名。

④共(gōng)叔段：共是国名。国都在今河南辉县，叔是排行。段后来逃亡至共国，故称共叔段。

⑤寤(wù)生：逆生，指生产时婴儿脚先出来。寤，通“牾”，逆，倒着。

⑥恶(wù)：厌恶，讨厌。

⑦亟(qì)：屡次。

【译文】

起初，郑武公娶了申国公室女子，她后来被称为武姜，生了庄公和共叔段。庄公出生时，脚先出来，姜氏因难产而受到了惊吓，便给他取名“寤生”，因此厌恶他。喜欢共叔段，想立段做世子，她屡次请求武公，武公都不肯。

及庄公即位，为之请制①。公曰：“制，岩邑也②，虢叔死焉③。他邑唯命。”请京④，使居之，谓之京城大叔⑤。祭仲曰⑥：“都城过百雉⑦，国之害也。先王之制：大都不过参国之一⑧，中五之一，小九之一。今京不度⑨，非制也，君将不堪。”公曰：“姜氏欲之，焉辟害⑩？”对曰：“姜氏何厌之有⑪！不如早为之所，无使滋蔓⑫，蔓，难图也。蔓草犹不可除，况君之宠弟乎！”公曰：“多行不义必自毙⑬。子姑待之。”

【注释】

①请制：请求以制为领地。制为郑国的一个地方，在今河南荥阳西北，又叫虎牢关。

②岩邑：险要的城邑。

③虢(guó)叔：东虢的国君。虢，分东、西、北三国，均为姬姓国。东虢国都在今河南荥阳。

④京：郑国地名。在今河南荥阳东南。

⑤大叔：太叔。大，同“太”。

⑥祭(zhài)仲：即祭足，郑国大夫。

⑦雉：古代城墙的丈量单位，长三丈高一丈为一雉。

⑧参国之一：国都城墙的三分之一。参，通“三”，三分。

⑨不度：不合法度。

⑩辟害：躲避祸害。辟，同“避”，退避，躲避。

⑪厌：满足。

⑫无：通"毋"，不要。

⑬毙：仆倒，倒下去。

【译文】

等庄公继承君位，武姜替段请求以制邑为领地。庄公说："制是险要之地，虢叔死在那里。别的地方听您吩咐。"便请求京邑，庄公叫段住在京邑，段被称为京城太叔。祭仲说："都市城墙边长超过三百丈，就是国家祸害。先王的制度：大都市城墙，长不超过国都的三分之一；中等城市的城墙，长不超过国都的五分之一；小城市的城墙，长不超过国都的九分之一。现在京邑城太大，不合制度，您会受不了的。"庄公说："姜氏要这样，怎么躲避祸害？"祭仲回答说："姜氏哪里会满足！不如早点给他安排个地方，不要使他再发展；再发展就难对付了。蔓延的草尚且难以清除，何况是您被宠爱的胞弟呢！"庄公说："他做不合理的事多了，一定会自己摔跟头。你姑且等着吧！"

既而大叔命西鄙、北鄙贰于己①。公子吕曰②："国不堪贰，君将若之何？欲与大叔，臣请事之，若弗与，则请除之，无生民心③。"公曰："无庸，将自及。"大叔又收贰以为己邑④，至于廪延⑤。子封曰："可矣。厚将得众⑥。"公曰："不义不昵⑦，厚将崩⑧。"

【注释】

①鄙：边邑。贰于己：指一方面听命于庄公，一方面听命于自己。

②公子吕：字子封，郑国大夫。即下文的子封。

③生民心：使臣民（由于有两个君主）产生别的想法，即生二心。

④贰：指前文既听命于庄公又听命于共叔段的西部和北部边邑。

⑤廪（lǐn）延：郑国的一个地方，在今河南延津北。

⑥厚：本义是山陵大。这里指所占领的土地扩大。众：指百姓。

⑦昵（nì）：亲近。这里是拥护、拥戴的意思。

⑧崩：原指山陵崩塌。这里指垮台、倒台。

【译文】

不久太叔命令西部和北部边邑一方面听从庄公，一方面听从自己。公子吕说："国家不能忍受这种两属的情况，您打算怎么办？想把郑国交给太叔，请允许我去事奉他；假如不给他，便请除掉他，不要使臣民有别的想法。"庄公说："用不着，他会自己走向灭亡。"太叔又把两属的西部与北部边邑全收归自有，领地延伸到廪延。公子吕说："行了。他领地扩大，会得到更多拥戴者。"庄公说："多行不义，得不到拥护。领地扩大，反而会垮台。"

大叔完聚①，缮甲兵②，具卒乘③，将袭郑，夫人将启之④。公闻其期，曰："可矣！"命子封帅车二百乘以伐京。京叛大叔段。段入于鄢⑤。公伐诸鄢。五月辛丑⑥，大叔出奔共⑦。

【注释】

①完：完善，修葺。这里指巩固城郭。聚：聚积。这里指聚积粮草。

②缮甲兵：修治铠甲和兵器。

③具卒乘（shèng）：补充兵员。具，准备。卒，兵士。乘，战车，按春秋时期的编制，一乘战车有甲士三人，步卒七十二人，二百乘共有甲士六百人，步兵一万四千四百人。这里代指乘车的士卒。

④启之：开启城门。

⑤鄢（yān）：地名。在今河南鄢陵北。

⑥五月辛丑：指隐公元年五月二十三日。古人以干支记日。

⑦出奔共：逃亡到共国。出奔，逃亡。

【译文】

太叔牢筑城郭，聚积粮草，修治兵器，补充士卒，打算偷袭庄公，姜氏准备开城门接应他。庄公得知太叔举兵日期，说："行了！"命令公子吕率领二百乘兵车讨伐京邑。京邑人反叛太叔。太叔逃到鄢邑，庄公又讨伐他到鄢邑。五月二十三日，太叔逃到共国。

书曰[①]："郑伯克段于鄢。"段不弟[②]，故不言"弟"。如二君，故曰"克"。称"郑伯"，讥失教也，谓之郑志。不言"出奔"，难之也[③]。

【注释】

①书：指《春秋》的记载。

②弟：通"悌"，敬顺兄长。"郑伯克段于鄢"是《春秋》的原话，以下逐字解释"郑伯克段于鄢"这句话。

③难之：非难，为难。"之"指"大叔出奔共"这件事。

【译文】

《春秋》写道："郑伯克段于鄢。"段不敬兄长，所以不用"弟"字；交战双方好像两个国君，所以用"克"字。称庄公为"郑伯"，是讥讽他对胞弟有失教导，也表明这是庄公的本意。不写"太叔出奔"，是非难郑伯的缘故。

遂置姜氏于城颍而誓之曰[①]："不及黄泉，无相见也[②]！"既而悔之。颍考叔为颍谷封人[③]，闻之，有献于公。公赐之食，食舍肉[④]，公问之，对曰："小人有母，皆尝小人之食矣，未尝君之羹[⑤]，请以遗之[⑥]。"公曰："尔有母遗，繄我独无[⑦]！"颍考叔曰："敢问何谓也？"公语之故，且告之悔。对曰："君何患焉！若阙地及泉[8]，隧而相见，其谁曰不然？”公从之。公入而赋：“大隧之中，其乐也融融[9]。”姜出而赋：“大隧之外，其乐也泄泄[10]。”遂为母子如初。

【注释】

①城颍(yǐng)：地名。在今河南临颍西北。

②“不及”二句：意指不死不见面。黄泉，地下的泉水，多指死后埋葬的地方。

③颍考叔：郑大夫。颍谷，在今河南登封西，是郑的边疆城邑。封人：镇守边疆的地方官。封，边疆。

④舍：“捨”的古体。“捨”今又简化为“舍”，放着。

⑤羹：古代指带汁的肉食。

⑥遗(wèi)：赠给。

⑦繄(yī)：句首语气词。

⑧阙(jué)地及泉：掘地掘到泉水。阙，通“掘”，挖。

⑨融融：形容快乐、和睦的样子。

⑩泄泄(yì)：形容快乐自得的样子。

【译文】

庄公把姜氏安置在城颍，对她发誓说：“不到黄泉，不再相见！”不久又后悔了。颍考叔是镇守边境颍谷的官员，听到这事，便进献东西给庄公。庄公赏给他吃的，吃饭时，颍考叔把肉留下放在一边，庄公问他，他说：“我有老母亲，我的食物她都尝遍了，却没尝过您的肉羹，请让我拿去送给我的母亲。”庄公说：“你有母亲可以敬奉，唉！我却没有。”颍考叔说：“请问这是什么意思？”庄公把事情始末告诉了他，并且说明了自己的悔意。颍考叔回答说：“您有什么可忧愁的？假若挖地一直见到泉水，就在所挖的隧道里相见，谁能说不是这样呢？”庄公按他的办法做了。庄公进入隧道，唱：“身在隧道中，乐如乳水融。”姜氏从隧道出，唱：

“身在隧道外，精神真爽快。”从此母子恢复到当初的关系了。

君子曰[①]：“颍考叔，纯孝也。爱其母，施及庄公[②]。《诗》曰：‘孝子不匮，永锡尔类[③]。’其是之谓乎！”

【注释】

①君子：品德高尚的人。《左传》常以“君子曰”发表评议。

②施(yì)及庄公：扩展到庄公。施，延伸，扩展。

③孝子不匮(kuì)，永锡尔类：出自《诗经·大雅·既醉》。匮，穷尽。锡，赐予，惠及。

【译文】

君子说：“颍考叔的孝是纯正的。孝敬自己的母亲，又影响到庄公。《诗经》说：‘孝心不尽不竭，永远跟你同列。’说的就是颍考叔吧！”

周郑交质　隐公三年

【题解】

周、郑交质违背了君臣大礼，而郑之取麦、取禾，更是对周王权威的挑衅。君子对双方都有责难，但更侧重于批评周王室，认为这种局面是因其不能以信服人、以礼驭下造成的，这也是《左传》崇霸贬王思想的反映。全文先讲事实，再进行评论，是《左传》的典型写法。君子的议论以“礼”“信”为中心，引经据典，辞理畅达，对后世史论大有影响。

郑武公、庄公为平王卿士[①]，王贰于虢[②]，郑伯怨王[③]。

王曰："无之。"故周、郑交质④：王子狐为质于郑⑤，郑公子忽为质于周⑥。王崩，周人将畀虢公政⑦。四月，郑祭足帅师取温之麦⑧。秋，又取成周之禾⑨。周、郑交恶⑩。

【注释】

①平王卿士：周平王的执政大臣。

②王贰于虢(guó)：这里指周平王不想让郑庄公独大，于是分权给虢公，以保持周王室的权力平衡。贰，两属。虢，指西虢公，姬姓。西虢都城在今河南三门峡。

③怨：怒怨，怨恨。

④交质：互相交换人质。

⑤王子狐：周平王的儿子。

⑥公子忽：郑庄公的儿子。

⑦畀(bì)：给予，托付。

⑧祭(zhài)足：郑大夫，字仲，故又称祭仲。温：周王室的属地，在今河南温县。

⑨成周：周之东都，故城在今河南洛阳东郊。

⑩交恶(wù)：互相怨恨。这里指周、郑关系恶(è)化。

【译文】

郑武公、庄公父子先后任周平王执政大臣，平王又兼用虢公分掌朝政，庄公怨恨平王。平王说："没有这事。"因此周王朝和郑国交换人质：周平王的儿子狐去郑国为人质，郑庄公的儿子忽往周王朝为人质。平王去世，周王朝打算把国政全部交给虢公。四月，郑祭足领兵割取周畿内小国温地的麦子；秋天，又割取成周的谷子。周王朝和郑国结下了怨仇。

君子曰："信不由中[1]，质无益也。明恕而行[2]，要之以礼[3]，虽无有质，谁能间之[4]？苟有明信，涧、溪、沼、沚之毛[5]，蘋、蘩、薀、藻之菜[6]，筐、筥、锜、釜之器[7]，潢污、行潦之水[8]，可荐于鬼神[9]，可羞于王公[10]，而况君子结二国之信，行之以礼，又焉用质？《风》有《采蘩》《采蘋》[11]，《雅》有《行苇》《泂酌》[12]，昭忠信也[13]。"

【注释】

①中：同"衷"，内心。

②明恕：彼此相知相谅，不欺不忌。明，相知，不欺。恕，相谅，不忌。

③要(yāo)：约束。

④间(jiàn)：离间，即离间其交。

⑤沼：池塘。沚：水中的小块陆地。毛：本指草。这里泛指植物。

⑥蘋(pín)：四叶菜，一种生于浅水中的草本植物。蘩：指白蒿。薀(wēn)：是一种水草。藻：是一种聚生的藻类。

⑦筐：方形竹制容器。筥(jǔ)：圆形竹制容器。锜(qí)：有足的烹饪器。釜(fǔ)：无足的烹饪器。

⑧潢(huáng)污：积水不流。行潦(xíng lǎo)：流动的水。

⑨荐：祭享，祭献。

⑩羞：进献食物。

⑪《风》：指《诗经·国风》。《采蘩(fán)》《采蘋》：是《召南》中的两篇，描写了妇女采集供祭祀用的野菜的场景。

⑫《雅》：指《诗经·大雅》。《行苇》《泂(jiǒng)酌》：是《生民之什》中的两篇，前一篇是祝酒词，颂扬敬老尊贵，后一篇表明要真诚地对待民众。

⑬昭：表明。

【译文】

君子说："诚信不发自内心，交换人质也没有益处。若能相知相谅真心诚意地行事，又据礼制加以约束，即使没有人质，谁又能离间？假若真有诚信，那山沟池塘的野草，四叶菜、白蒿、水草以及聚集水面的藻类等野菜，方筐、圆筐、有足、无足的烹饪器等器具，甚至路上大大小小积水流水，都可以敬献鬼神，贡奉王公；何况君子建立两国的信赖，按照礼仪行事，又何必用人质？《诗经·国风》有《采蘩》《采蘋》，《大雅》有《行苇》《泂酌》，这四篇诗都是表明忠实和信赖的道理的。"

石碏谏宠州吁　隐公三年

【题解】

石碏劝谏庄公约束儿子的"六顺"即分别上下、尊卑、长幼的"礼"，是维持政局稳定正常运作的根本，崇礼是《左传》主要思想之一。石碏的谏辞排比而下，环环相扣，逻辑感极强，是《左传》中一种典型的论说方式。

卫庄公娶于齐东宫得臣之妹①，曰庄姜，美而无子，卫人所为赋《硕人》也②。又娶于陈③，曰厉妫，生孝伯，蚤死④。其娣戴妫生桓公⑤，庄姜以为己子。公子州吁，嬖人之子也⑥，有宠而好兵，公弗禁，庄姜恶之。

【注释】

①卫庄公：名扬。卫，国名。国都在今河南淇县，后迁到今河南濮阳附近，姬姓。齐：国名。国都在今山东临淄，姜姓。东宫：太子

所居处。这里代指太子。得臣：齐庄公太子。

②《硕人》：见于《诗经·卫风》。相传是赞美庄姜的。

③陈：国名。国都在今河南淮阳，妫(guī)姓。

④蚤：通“早”。

⑤娣：古代称妹妹为“娣”。古代诸侯嫁女，常娣侄从嫁。

⑥嬖(bì)人：古时称地位低贱但受宠的人，不分男女。这里指卫庄公的宠妾。

【译文】

卫庄公娶了齐太子得臣的胞妹，她后来被称为庄姜，庄姜很美丽却没有儿子，卫国人为她写了《硕人》这首诗。庄公又娶了陈国女子，她后来被称为厉妫，厉妫生了孝伯，她自己很早就死了。厉妫的同父妹妹戴妫，生了桓公，庄姜把他认作自己的儿子。公子州吁是庄公宠爱的姬妾所生，受宠而且喜欢玩弄武器，庄公不禁止，庄姜厌恶他。

石碏谏曰[①]：“臣闻爱子，教之以义方[②]，弗纳于邪。骄、奢、淫、佚，所自邪也，四者之来，宠禄过也。将立州吁，乃定之矣，若犹未也，阶之为祸[③]。夫宠而不骄，骄而能降，降而不憾，憾而能眕者[④]，鲜矣[⑤]。且夫贱妨贵，少陵长[⑥]，远间亲，新间旧，小加大，淫破义，所谓六逆也；君义，臣行，父慈，子孝，兄爱，弟敬，所谓六顺也；去顺效逆，所以速祸也[⑦]。君人者[⑧]，将祸是务去[⑨]，而速之，无乃不可乎[⑩]？”弗听。其子厚与州吁游[⑪]，禁之，不可。桓公立，乃老[⑫]。

【注释】

①石碏(què)：卫国大夫。

②义方：关于义的道理和准则。

③阶之为祸：一步步酿成祸乱。阶，阶梯。这里用作动词，指一步步引向。

④眕(zhěn)：安重，隐忍，不轻举妄动。

⑤鲜(xiǎn)：少。

⑥陵：侵凌，侵犯。

⑦速：迅速招致。

⑧君人者：统治人的人。这里指国君。

⑨祸是务去：致力去掉祸害。“祸”是前置宾语，代词“是”起复指作用。

⑩无乃不可乎：恐怕不可以吧？无乃，恐怕，莫非，用在反问句里，表示不以为然，语气比“岂不是”更委婉缓和。

⑪游：交游，交往。

⑫老：告老辞官。

【译文】

石碏劝庄公说：“我听说，怜爱儿子要教他规矩道义，不让他走邪路。骄傲、奢侈、放荡、安逸是走邪路的由来。四种恶习的发生是由于过分的宠爱、过多的俸禄。如果您打算立州吁为太子，就定下来；如果还没有，纵容他就会一步步酿成祸乱。被宠爱却不骄横，骄横却安于地位下降，地位下降却不怨恨，怨恨却能克制自己的，这样的人是极少的。而且卑贱妨害高贵，年少侵凌年长，疏远代替亲近，新人压制旧人，弱小欺侮强大，淫邪破坏道义，这六种是对理义的违逆。国君仁义，臣下奉行，父亲慈善，儿子孝顺，兄长友爱，弟弟敬重，这六种是对理义的顺从。抛弃六种顺从，效法六种违逆，这就会加快祸乱的到来。作为百姓的君主，应务必消除祸乱，现在反而加速祸乱的到来，恐怕不可以吧？”庄公不听。石碏的儿子石厚和州吁来往密切，石碏禁止他，石厚不听。庄公死后，桓公继位，石碏就告老退休了。

臧僖伯谏观鱼 隐公五年

【题解】

臧僖伯的谏辞讲到国君是万民的表率，行为要符合礼制要求。谏辞要点突出，层层深入，旁征博引，条理分明，有很强的说服力。而他所讲的古人四时田猎演武之礼，也足以广人听闻。

春，公将如棠观鱼者①。

【注释】

①公：指鲁隐公。《春秋》和《左传》的体例，以鲁国国君纪年，故凡鲁国国君都直接称“公”。如：去，到。棠：鲁国地名。在今山东鱼台东北。鱼：捕鱼。

【译文】

鲁隐公五年春天，鲁隐公打算到棠地观看捕鱼。

臧僖伯谏曰①：“凡物不足以讲大事②，其材不足以备器用③，则君不举焉④。君将纳民于轨物者也⑤，故讲事以度轨量谓之‘轨’⑥，取材以章物采谓之‘物’⑦，不轨不物，谓之乱政。乱政亟行，所以败也。故春蒐、夏苗、秋狝、冬狩⑧，皆于农隙以讲事也。三年而治兵⑨，入而振旅⑩，归而饮至⑪，以数军实⑫，昭文章⑬，明贵贱，辨等列，顺少长，习威仪也。鸟兽之肉不登于俎⑭，皮革齿牙、骨角毛羽不登于器，则君不射，古之制也。若夫山林川泽之实，器用之资，皂隶之事⑮，官司之守⑯，非君所及也。”

【注释】

①臧僖伯：即鲁公子姬彄(kōu)，封于臧，谥号僖。

②讲：讲习，训练。大事：指祭祀和军事活动等。

③材：材料，原料。器用：专指用于祭祀和兵戎大事的器物。

④举：举动，行动。

⑤轨物：法度和准则。

⑥度(duó)轨量：衡量法度。度，衡量。

⑦章：彰明。物采：器物的色彩。

⑧春蒐(sōu)：春天搜寻猎取未怀孕的禽兽。夏苗：夏天猎取为害庄稼的禽兽。秋狝(xiǎn)：秋天杀伤禽兽。狝，杀。冬狩：冬天围猎禽兽。以上均为四季狩猎的名称。说明有组织的狩猎带有明显的军事演习的目的。

⑨治兵：练兵，演习。

⑩振旅：整顿军队。

⑪饮至：诸侯朝拜、会盟、征伐完毕，在宗庙饮酒庆贺的一种仪式。

⑫军实：指军徒器械及俘获的各种东西。

⑬昭文章：展示车服旌旗。文章，文采，指车服旌旗华丽错综的色彩。

⑭登：升，上，指摆上。俎(zǔ)：祭祀时用来盛祭品的礼器。

⑮皂隶：古代对贱役的称呼。这里泛指地位低下的人。

⑯官司：有关官吏。守：职守，即管的事。

【译文】

臧僖伯劝阻说："一切事物，不和讲习祭祀、军事相关，它的材料不能制作礼器、兵器，国君就不必亲自处理。国君是使臣民走向正轨和礼制的人，所以讲习祭祀和军事来端正法度叫做正轨，选取材料制作器物来显示等级文采叫做礼制。不合正轨、不关礼制的行动叫做乱政。屡次乱政，国家就会衰败。所以春夏秋冬的田猎都是在农闲时演习军事。每三年大演习一次，进入国都便整顿军队，然后国君在宗庙宴请从事人员，计算田猎的擒获。要文采鲜明，贵贱分明，等级不乱，少长有序，这是讲习威仪。鸟兽的肉不放进祭器，皮革、牡齿、象牙、兽骨、牛角、旄牛尾、鸟羽不用在祭器中的，国君就不去射取，这是古代制度。至于山林、河湖的产品，一般器具的材料，这是下级人员的工作，是有关部门的职责，不是国君所该管的。”

公曰："吾将略地焉[1]。"遂往，陈鱼而观之[2]。僖伯称疾不从[3]。

【注释】

①略地：巡视边境。

②陈鱼：陈设渔具，即让渔人张网捕鱼。

③称疾：推托说有病。古代"疾"指小病，"病"指大病、重病。

【译文】

隐公说："我准备巡视边境。"于是去了，并让渔人张网捕鱼而观看。僖伯托病没有随行。

书曰："公矢鱼于棠[1]。"非礼也，且言远地也[2]。

【注释】

①矢（shǐ）：陈献。

②远地：棠距曲阜较远，故称远地。

【译文】

《春秋》写道："鲁隐公在棠邑陈设捕鱼器具。"认为这不合礼法，而且指出他远离了国都。

郑庄公戒饬守臣 隐公十一年

【题解】

这篇戒饬之辞委婉纡曲，吞吐灵活，能正确估计形势，考虑深远。古人称郑庄公为“奸雄”，果非虚言。文章首段对攻城的描写全用直叙，但一时情事毕见，如在目前。

秋七月，公会齐侯、郑伯伐许①。庚辰②，傅于许③。颍考叔取郑伯之旗蝥弧以先登④，子都自下射之⑤，颠⑥。瑕叔盈又以蝥弧登⑦，周麾而呼曰⑧：“君登矣！”郑师毕登⑨。壬午⑩，遂入许。许庄公奔卫。齐侯以许让公，公曰：“君谓许不共⑪，故从君讨之。许既伏其罪矣，虽君有命，寡人弗敢与闻。”乃与郑人。

【注释】

①公：指鲁隐公。齐侯：指齐僖公。因齐国是侯爵，故称齐侯。郑伯：指郑庄公。许：国名。初都在今河南许昌，姜姓。

②庚辰：即七月初一日。

③傅：逼近。

④蝥(máo)弧：一种旗帜的名称。郑庄公用它指挥战士。

⑤子都：即郑大夫公孙阏(è)。射之：射颍考叔。因此前郑伯准备攻打许国的时候，子都和颍考叔争夺兵车，子都没有争到，怀恨在心，挟嫌报复，故“射之”。

⑥颠：跌倒、坠落。

⑦瑕叔盈：郑大夫。

⑧周麾(huī)：向四方舞动旗帜。麾，指挥，挥动。

⑨毕登：全部登上城。毕，全部。

⑩壬午：即七月初三日。

⑪共（gōng）：恭顺。

【译文】

秋季七月，隐公会合齐僖公、郑庄公攻打许国。初一，军队逼攻许城。颍考叔拿着郑庄公的"蝥弧"旗抢先登城，子都从下边用箭射他，颍考叔跌了下来。瑕叔盈又拿着蝥弧旗登上城，向四周挥动旗子，大喊道："国君登城了！"郑国的军队全部登上了城。初三，郑庄公进入许城。许庄公逃奔到卫国。齐僖公把许国让给鲁隐公。鲁隐公说："君侯说许国不恭顺，所以我跟从君侯去攻打它。许国既然伏罪了，虽然君侯有这样的指示，寡人不敢听取。"于是把许国送给郑庄公。

郑伯使许大夫百里奉许叔以居许东偏①，曰："天祸许国，鬼神实不逞于许君②，而假手于我寡人③，寡人唯是一二父兄不能共亿④，其敢以许自为功乎⑤？寡人有弟，不能和协⑥，而使糊其口于四方，其况能久有许乎？吾子其奉许叔以抚柔此民也⑦，吾将使获也佐吾子⑧。若寡人得没于地⑨，天其以礼悔祸于许，无宁兹许公复奉其社稷⑩，唯我郑国之有请谒焉，如旧昏媾⑪，其能降以相从也⑫。无滋他族实逼处此，以与我郑国争此土也。吾子孙其覆亡之不暇，而况能禋祀许乎⑬？寡人之使吾子处此，不惟许国之为⑭，亦聊以固吾圉也⑮。"乃使公孙获处许西偏，曰："凡而器用财贿⑯，无置于许。我死，乃亟去之⑰。吾先君新邑于此⑱，王室而既卑矣，周之子孙日失其序⑲。夫许，大岳之胤也⑳。天而既厌周德矣，吾其能与许争乎？"

【注释】

①许叔：许庄公的弟弟。偏：偏远，边远的地方。

②不逞：不满意。

③假手：借手，假借。

④一二父兄：一两个父老兄弟，指同姓群臣。共亿：相安，和谐。亿，安宁，安定。

⑤自为功：作为自己的功劳。

⑥和协：和睦相处。

⑦吾子：表示既亲又尊的对称代词。此指百里。

⑧获：即公孙获，郑大夫。

⑨得没于地：埋骨于地下，即寿终。

⑩无宁：宁可。兹：使。下文"无滋"之"滋"与此同义。

⑪昏媾(gòu)：重结婚姻。昏，同"婚"。媾，重叠交互结为婚姻。

⑫降：降心，屈尊。

⑬禋(yīn)祀：祭祀天神的仪式。

⑭许国之为：即"为许国"。介词宾语"许国"前置，代词"之"复指。

⑮圉(yǔ)：边疆。

⑯财贿：财货。贿，财产，财物。

⑰亟(jí)：赶快，急迫地。

⑱新邑：指建立新郑的时间不长。

⑲周之子孙日失其序：这里是说周的后代已经衰落。郑是姬姓，也是周的后代。

⑳大(tài)岳：传说许为尧时四岳之后。胤(yìn)：后裔。

【译文】

郑庄公派许国大夫百里事奉许庄公的弟弟许叔住在许城的东边偏远处，说："上天降祸给许国，鬼神确实对许君不满，借寡人的手来进行惩罚，只是寡人连一两位父老兄弟都不能相安，岂敢把进攻许国作为自己的功绩呢？寡人有个弟弟，也不能和睦相处，使他到四处求食，难道还能长久占有许国吗？您事奉许叔来安抚这里的百姓，我打算让公孙获来帮助您。假如寡人得到善终，上天或者依照礼来撤回加于许国的祸害，愿意让许庄公再来治理他的国家，那时，要是我郑国有所请求，就像亲戚那样，许国大概能够屈尊允许吧。不要使他国处在这里逼迫我们，来与我郑国争夺这块土地。我的子孙挽救危亡都来不及，何况祭祀许国的祖先呢？寡人使您处在这里，不仅是为了许国，也是姑且用来巩固我的边疆。”于是让公孙获住在许城的西边，说：“凡是你的器用财货，不要放在许城。我死后，就赶快离开这里。我的先父在这里新建了城邑，周王朝既已衰落了，我们这些周朝的子孙一天天失掉自己的事业。许国，是四岳的后代，上天既然已经厌弃周朝了，我哪能和许国竞争呢？”

君子谓郑庄公“于是乎有礼。礼，经国家①，定社稷，序人民，利后嗣者也。许无刑而伐之②，服而舍之，度德而处之③，量力而行之，相时而动，无累后人，可谓知礼矣”。

【注释】

①经：经营，治理。

②无刑：不合乎礼的社会规范或行为准则。刑，法则，规则。

③度（duó）德：揣度德行厚薄。

【译文】

君子称郑庄公“在这件事情上有礼。礼是治理国家、安定社稷、使百姓有秩序、使后代得利益的。许国违背法度就攻击它，服罪了就宽恕它，考虑自己的德行而处理它，衡量自己的力量而安置它，看准时机来行动，不连累后代，可以说懂得礼了”。

臧哀伯谏纳郜鼎 桓公二年

【题解】

臧哀伯的谏辞以“昭德塞违”为纲，从礼制规定说明礼的每一个细节都在“昭德”，而国君的行为则是百官的表率，因此对桓公将受贿得来的郜鼎置于太庙这种严重违礼的行为提出了严正的批评。谏辞使用排比手法，极具气势。

夏四月，取郜大鼎于宋①。纳于大庙②，非礼也。

【注释】

①郜(gào)：国名。姬姓，在今山东成武东南。鼎：古代以鼎为立国重器，象征国家权力。宋：国名。都城在今河南商丘，子姓。郜早灭于宋，其鼎也归于宋。鲁桓公二年(前 710)春，宋太宰华督杀宋殇公，为预防列国干涉，用郜鼎向鲁桓公行贿。

②大(tài)庙：帝王的祖庙。这里指鲁国始祖周公之庙。

【译文】

夏季四月，鲁桓公从宋国取得郜国的大鼎。将它安放在太庙里，这是不合于礼的。

臧哀伯谏曰①：“君人者，将昭德塞违，以临照百官②，犹惧或失之，故昭令德以示子孙。是以清庙茅屋③，大路越席④，大羹不致⑤，粢食不凿⑥，昭其俭也⑦。衮、冕、黻、珽⑧，带、裳、幅、舄⑨，衡、紞、纮、綖⑩，昭其度也⑪。藻、率、鞞、鞛⑫，鞶、厉、游、缨⑬，昭其数也⑭。火、龙、黼、黻⑮，昭其文也。五色比象⑯，昭其物也。钖、鸾、和、铃⑰，昭其声也。三辰旂旗[18]，昭其明也。夫德，俭而有度，登降有数[19]，文、物以纪之，声、明以发之，以临照百官，百官于是乎戒惧，而不敢易纪律[20]。今灭德立违，而置其赂器于大庙，以明示百官，百官象之[21]，其又何诛焉？国家之败，由官邪也，官之失德，宠赂章也[22]，郜鼎在庙，章孰甚焉[23]？武王克商，迁九鼎于雒邑[24]，义士犹或非之，而况将昭违乱之赂器于大庙，其若之何？”公不听。

【注释】

①臧哀伯：臧僖伯之子，名达，鲁大夫。

②临照：照临，犹言监视。

③清庙：太庙，祖庙。以其肃穆清净故称清庙。

④大路(lù)：天子祭祀时所用车。路，又作“辂”。越(huó)席：蒲草编的席子。

⑤大(tài)羹：肉汁。这里指用作祭祀的肉汁。不致：不以酸、苦、辛、咸、甘五味调和，白煮而已。

⑥粢食(zī sì)：祭祀用的黍、稷等粮食。不凿：不细舂，不作精加工。

⑦昭：表明。

⑧衮(gǔn)：天子及上公的礼服。冕：大夫以上的人所戴的礼帽。黻(fú)：皮革制，用来遮蔽腹膝之间。珽(tǐng)：天子所持玉笏(hù)。

⑨带：束腰用的大带。裳：古代上衣为衣，下衣为裳。幅(bī)：古人用布从脚背一直缠到膝盖，似今之绑腿。舄(xì)：一种双层底的鞋。古代单层底的鞋为履，双层底的鞋为舄。

⑩衡、紞(dǎn)、纮(hóng)、綖(yán)：都是冠冕亦即礼帽上的饰品。衡，把冠冕固定在发髻上的横簪。紞，线织的带子，垂于冠旁，下

悬瑱(tiàn)。纮,古代把冠冕系在颔下的带子。古人带冠冕时,先用簪子别在发髻上,再用纮挽住,系在簪子的两端。綖,覆盖在冠冕上用布包裹着的板子。

⑪昭其度也:是用来表示法度的。

⑫藻:放玉器的垫子。用木板制成,外包皮革,上面绘有花纹。率(lǜ):佩巾,字亦作"帨(shuì)"。鞞(bǐng):刀鞘。鞛(běng):佩刀刀把处的装饰。

⑬鞶(pán):是一种束腰的革带。厉:是鞶带下垂的部分。游(liú):也作"旒",是旌旗上的飘带。缨:即马鞅,系在马颈上,用以驾车。

⑭昭其数也:是用来表示等级的。

⑮火、龙、黼(fǔ)、黻(fú):都是古代礼服上所绣的图案。"火"形作半环,如龙者为"龙",黑白相间刺绣为一对斧头形的为"黼",黑青相间刺绣为两个弓形相背的为"黻"。

⑯五色比象:指用青、黄、赤、白、黑五种颜色,在礼服上绘成山、龙、花、虫之象。比象,给出物象。

⑰钖(yáng)、鸾、和、铃:都是古代装饰在车马旌旗上的响铃。钖,系在马额上。鸾,系在马嚼子或车衡上方。和,系在车前横木上的小铃。铃,系在旌旗上的小铃。

⑱三辰:指旌旗上的日、月、星图案。

⑲登降:即增减,指尊者增其数,卑者减其数。

⑳纪律:指国家的纪纲法律。

㉑象之:即法之,效法。

㉒章:公然行之。

㉓孰:什么。甚焉:比这更甚。

㉔九鼎:相传为夏禹所铸,用来象征九州。鼎是礼之重器,夏商周都以此作为政权的象征。雒邑:东周都城所在。雒,同"洛"。

【译文】

臧哀伯劝谏道："做君主的，要发扬道德，遏止邪恶，用此来为百官做榜样，还怕有所缺失，所以发扬美德来晓示子孙。因此太庙用茅草盖顶，大车用蒲席作垫子，肉汁不放调味品，主食不用精米，这是明白地晓示节俭。礼服、礼帽、蔽膝、大圭，大带、裙子、绑腿、鞋子，横簪、瑱绳、冠系、冠顶板，尊卑上下各不相同，这是明白地晓示制度。荐玉板、刀鞘、佩巾、刀饰，革带、带饰、飘带、马鞅，地位高低多少不同，这是明白地晓示数量。衣上画火、画龙、绣黼、绣黻，不同等级衣上画法不同，这是明白地晓示文饰。用五色来画山、龙、花、虫，这是明白地晓示色彩。铜铃、鸾铃、和铃、小铃，装在不同器物上，这是明白地晓示声音。日月星画在旗上，这是明白地晓示光明。道德，应该是节俭而有制度，增减按等级有一定的数量，用文饰色彩来表现它，用声音明亮来发扬它，将这些展示给百官，百官因此戒慎恐惧，不敢违反纪律。现在废除道德，树立邪恶，把人家贿赂的器物放在太庙里，用来明白晓示百官，百官跟着这样做，又能惩罚谁呢？国家衰败，由于官吏的邪恶。官吏丧失道德，由于受宠而贿赂公行。郜鼎放在太庙里，贿赂公行还有比这更明显吗？周武王打败商朝，把九鼎迁到雒邑，还有些忠义之士反对他，何况把表明邪恶叛乱的贿赂器物放在太庙里，这该怎么办？"桓公不听。

周内史闻之[1]，曰："臧孙达其有后于鲁乎[2]！君违，不忘谏之以德。"

【注释】

①内史：周朝官名。执掌书王命和占卜等事。

②臧孙达：即臧哀伯，"哀伯"是谥号。臧哀伯的父亲臧僖伯曾谏阻鲁隐公去棠地观鱼，他本人又谏桓公"取郜大鼎于宋纳于大庙"，所以周内史有这样的感慨和希望。

【译文】

周朝的内史听说后，说："臧孙达的后代一定会在鲁国长享禄位吧！君主违背礼制，他没有忘记用道德来劝阻。"

季梁谏追楚师 桓公六年

【题解】

此篇最值得注意的是"夫民，神之主也"的提法，显示了《左传》的民本思想，这是当时进步的思想之一。文章结构巧妙，主要写季梁之谏，而斗伯比之论则相映相成，有"英雄所见略同"之感。

楚武王侵随①，使薳章求成焉②，军于瑕以待之③。随人使少师董成④。斗伯比言于楚子曰⑤："吾不得志于汉东也⑥，我则使然。我张吾三军⑦，而被吾甲兵，以武临之⑧，彼则惧而协以谋我，故难间也。汉东之国，随为大。随张⑨，必弃小国。小国离，楚之利也。少师侈⑩，请羸师以张之⑪。"熊率且比曰⑫："季梁在⑬，何益？"斗伯比曰："以为后图⑭，少师得其君。"王毁军而纳少师⑮。

【注释】

①楚武王：楚，国名。芈(mǐ)姓，子爵，因此楚王又称楚子。西周时，楚都在今湖北秭归东南，后迁至湖北江陵西北。随：国名。在今湖北随州，姬姓。

②薳(wěi)章：楚大夫。求成：讲和。

③军：军队驻扎。瑕：地名。在今湖北随州。

④少师：官名。董成：主持和谈。董，主持。

⑤斗伯比：楚国令尹。

⑥汉东：汉水以东。春秋初年，楚国与随国以汉水为界，汉东多姬姓小国。

⑦张（zhāng）：扩张。

⑧临：征临，指统辖，统治。

⑨张（zhàng）：膨胀，自大。后文“请羸师以张之”的“张”也是此义。

⑩侈：骄傲，傲慢。

⑪羸（léi）师：让军队做出疲弱的样子。羸，弱。

⑫熊率（lǜ）且（jū）比：楚大夫。

⑬季梁：随国贤臣。

⑭以为后图：指由长远考虑，少师必得其君之宠。图，图谋，打算。

⑮毁军：毁损军容。即从斗伯比之计，隐藏精兵，陈列老弱残兵。毁，搞乱。纳：这里是接待的意思。

【译文】

楚武王侵略随国，派薳章去求和，自己在瑕地驻军等待他。随国派少师主持和谈。斗伯比对楚武王说：“我国在汉水东边不能得志，是我们自己造成的。我们扩大我们的军队，装备我们的武装，用武力征临别国，他们害怕而联合起来对付我们，所以难于离间。在汉水东边的国家中，随国是大国。随国如果自高自大，必然会抛弃小国。小国与它离心，正对楚国有利。少师骄傲，请让我们的军队假装疲弱以使他自满。”熊率且比说：“随国有季梁在，这样做有什么好处？”斗伯比说：“这是为以后作打算，少师得到君主的信任。”楚武王故意把军容搞乱来接待少师。

少师归，请追楚师，随侯将许之。季梁止之曰：“天方授楚，楚之羸，其诱我也，君何急焉？臣闻小之能敌大也，小道大淫①。所谓道，忠于民而信于神也。上思利民，忠也，祝史正辞[②]，信也。今民馁而君逞欲[③]，祝史矫举以祭[④]，臣不知其可也。”公曰：“吾牲牷肥腯[⑤]，粢盛丰备[⑥]，何则不信？”对曰：“夫民，神之主也，是以圣王先成民而后致力于神。故奉牲以告曰‘博硕肥腯’[⑦]，谓民力之普存也，谓其畜之硕大蕃滋也，谓其不疾瘯蠡也[⑧]，谓其备腯咸有也[⑨]。奉盛以告曰‘洁粢丰盛’，谓其三时不害而民和年丰也[⑩]。奉酒醴以告曰‘嘉栗旨酒’[⑪]，谓其上下皆有嘉德而无违心也。所谓馨香[⑫]，无谗慝也[⑬]。故务其三时，修其五教[⑭]，亲其九族[⑮]，以致其禋祀[⑯]。于是乎民和而神降之福，故动则有成。今民各有心，而鬼神乏主，君虽独丰，其何福之有？君姑修政而亲兄弟之国，庶免于难[⑰]。”随侯惧而修政，楚不敢伐。

【注释】

①小道大淫：指小国有道而大国无道。淫，过度，过分。

②祝史：主持祭祀祈祷的官。正辞：言辞实在，不虚妄。即向鬼神不虚报国君之美。

③馁：饥馁，饥饿。逞欲：放纵私欲。逞，放纵。

④矫举：诈称功德。矫，诈称。

⑤牲牷(quán)肥腯(tú)：祭祀用的牲畜毛色纯正，膘肥体壮。牷，是毛色纯一的牲畜。腯，也是肥的意思。

⑥粢盛(zī chéng)：盛在祭器里的黍稷等。

⑦奉牲：奉献牺牲。

⑧不疾瘯蠡(cù luǒ)：不患癣疥之病。瘯蠡，是一种动物皮肤病。

⑨备腯咸有：各种牲畜都肥壮而齐备无缺。腯，指牲畜的肥壮。

⑩三时：指春、夏、秋三季。

⑪醴(lǐ)：甜酒。嘉：善。

⑫所谓馨香：指祭品芳香远闻。古人认为祭品的香味与祭祀者的德行有关。

⑬谗慝(tè)：谗谀邪念。慝，邪恶，邪念。

⑭五教：父义，母慈，兄友，弟恭，子孝，此谓五教。

⑮九族：这里泛指家族，亲族。九族，说法不一。一种说法是：从自己算起，上自高祖、曾祖、祖父、父亲，下至儿子、孙子、曾孙、玄孙。另一种说法是：父族四代，母族三代，妻族两代。

⑯禋(yīn)祀：祭祀鬼神。

⑰庶免：差不多可以免于。

【译文】

少师回去后，请求追击楚军，随侯准备答应他。季梁劝阻道："上天正在帮助楚国，楚军的疲弱，是要引诱我们，君侯急什么呢？臣听说小国之所以能够抵抗大国，是小国有道，大国无道。所谓道，这是忠于百姓而得到神的信任。在上的人想到使百姓得到好处，这是忠；祝史真实无欺地祷告，这是信。现在百姓饥饿而国君放纵私欲，祝史虚报功德来祭祀，臣不知道怎么可能做得到成功。"随侯说："我祭神用的牲口毛无杂色，又很肥壮，黍稷丰盛完备，为什么不能使神信任？"季梁回答道："百姓，是神的主人，因此圣王先安定百姓而后奉事神。所以奉献牺牲时祷告说'牲口又大又肥'，这是说百姓的财力普遍富有，说他们的牲畜肥大而繁殖生长，没有得病，说他们各种肥大的牲口都有。在奉献黍稷时祝告说'饭干净而丰盛'，这是说春夏秋三季没有灾害，百姓和睦而丰收。奉献甜酒时祝告说'美酒又好又清'，这是说上级和下属都有美德而没有邪心。讲到祭品的芳香，是说没有进谗邪恶的人。所以致力于农事，讲明教化，亲和亲族，用这些来进行祭祀。因此百姓和睦而神明赐福，所以一切行动都能成功。现在百姓各有各的心思，鬼神没有主宰，君侯即便独自有丰盛的祭品，又怎能求得鬼神降福呢？君侯姑且修明政事，亲近兄弟国家，看是否能免于灾难。"随侯害怕而修明政治，楚国也不敢来攻打了。

曹刿论战　庄公十年

【题解】

曹刿的论战，一是战前论作战的条件：要为百姓做实事，尽到国君的责任；一是战后论取胜的原因：作战要讲战略战术，要一鼓作气，又不能鲁莽大意。本文处处将曹刿的"远谋"与鲁庄公的"鄙"对照来写，突出了曹刿的智勇形象。文章通过语言与动作刻画人物的方法，干脆利落、举重若轻的叙事方式，对后代产生了深刻影响。

十年春，齐师伐我，公将战①，曹刿请见②。其乡人曰："肉食者谋之，又何间焉③？"刿曰："肉食者鄙④，未能远谋。"遂入见。

【注释】

①公：即鲁庄公。

②曹刿(guì)：鲁国人。《史记·刺客列传》作"曹沫"。

③间(jiàn)：参与。

④肉食者：即食肉者，指做大官的人，有权位的人。鄙：浅陋。

【译文】

鲁庄公十年春季，齐国军队攻打鲁国，庄公准备迎击。曹刿请求进见。他的同乡人说："为官者自会谋划，又何必参与呢？"曹刿说："为官者见识浅陋，不能作长远打算。"于是进见。

问："何以战？"公曰："衣食所安，弗敢专也，必以分人。"对曰："小惠未遍，民弗从也。"公曰："牺牲玉帛①，弗敢加也②，必以信。"对曰："小信未孚③，神弗福也。"公曰："小大之狱④，虽不能察，必以情⑤。”对曰：“忠之属也⑥，可以一战。战，则请从。”

【注释】

①牺牲：祭祀用的牲畜，一般用牛、羊、猪。帛：丝绸之类的纺织品。

②加：夸张虚报。

③孚：使相信，使信服。

④狱：诉讼案件。

⑤情：实际情况。

⑥忠：尽心竭力。属：类。

【译文】

曹刿问道：“您凭什么来作战？”庄公说：“衣食这些用来安身的东西，我不敢独自享用，一定把它们分给别人。”曹刿对答道：“小恩小惠不能遍及百姓，百姓不会跟从您去死战的。”庄公说：“祭祀用的牛羊玉帛，祝史祷告时不敢虚夸，一定如实报告。”曹刿说：“小的诚实未能使神信服，神不会赐福的。”庄公说：“大大小小的官司，虽不能一一明察，但一定按照实情办理。”曹刿对答道：“这是为百姓尽心办事之类，可以凭这跟齐国打一仗。作战时，请让我随您一起去。”

公与之乘①，战于长勺②。公将鼓之，刿曰：“未可。”齐人三鼓，刿曰：“可矣！”齐师败绩，公将驰之③，刿曰：“未可。”下，视其辙，登，轼而望之④，曰：“可矣！”遂逐齐师。

【注释】

①与之乘（chéng）：与他同乘一车。

②长勺：鲁国地名。在今山东莱芜东北。

③驰之：驱车追击敌人。

④轼：车厢前面供乘者扶手的横木，又是车上较高之处，故登上就可以远望。

【译文】

庄公和他同乘一辆战车，在长勺作战。庄公将要击鼓进军，曹刿说："不行。"齐人三次击鼓进攻，曹刿说："可以击鼓了！"齐军大败，庄公将要追击，曹刿说："不行。"他下车察看了齐军战车行过的痕迹，再登上车，扶着车前横板望去，说："可以了！"这才追击齐军。

既克，公问其故，对曰："夫战①，勇气也。一鼓作气②，再而衰③，三而竭。彼竭我盈，故克之。夫大国，难测也，惧有伏焉，吾视其辙乱，望其旗靡④，故逐之。"

【注释】

①夫：句首语气词，用来提起下文，表示要发表议论和看法等。

②作气：鼓足了勇气。

③再：第二次。

④靡（mǐ）：倒下。

【译文】

战胜之后，庄公问他取胜的原因，曹刿回答说："作战，靠的是勇气啊。第一通击鼓士气振作，第二通击鼓士气就衰退了，第三通击鼓士气就枯竭了。他们的士气枯竭我们的士气旺盛，所以能战胜他们。大国难于捉摸，怕有埋伏。我看到他们的车轮痕迹乱了，望到他们的旗子倒下了，所以追击他们。"

齐桓公伐楚盟屈完 僖公四年

【题解】

管仲责问楚使的言辞理直气壮,楚使虽然认错,但仍不卑不亢;而屈完对齐桓公的一段话则是针对齐桓公自许有德却炫耀武力,慷慨陈词,掷地有声,使齐桓公气焰顿减。本文所记即著名的召陵之盟,是齐桓公与管仲最重要的一次“攘夷”行动,实际上齐对楚的威胁与警告都并未达到预期效果,没有占到什么便宜。

春,齐侯以诸侯之师侵蔡[①],蔡溃,遂伐楚。楚子使与师言曰[②]:“君处北海,寡人处南海,唯是风马牛不相及也[③],不虞君之涉吾地也[④],何故?”管仲对曰[⑤]:“昔召康公命我先君太公曰[⑥]:‘五侯九伯[⑦],女实征之[⑧],以夹辅周室!’赐我先君履[⑨],东至于海[⑩],西至于河[⑪],南至于穆陵[⑫],北至于无棣[⑬]。尔贡包茅不入[⑭],王祭不共[⑮],无以缩酒[⑯],寡人是征[⑰]。昭王南征而不复[⑱],寡人是问。”对曰:“贡之不入,寡君之罪也,敢不共给?昭王之不复,君其问诸水滨!”师进,次于陉[⑲]。

【注释】

①齐侯:指齐桓公。诸侯之师:据史书记载,诸侯之师指鲁、宋、陈、卫、郑、许、曹等国的军队。蔡:国名。姬姓,当时的国都在今河南新蔡。以:带领,率领。

②楚子:指楚成王。

③风马牛不相及:即使牛马走失,也不会跑到对方境内。指齐、楚相距甚远,各不相干。风,走失。一说牛马雌雄相诱而逐谓

之风。

④虞:料想。

⑤管仲:名夷吾,字仲,辅佐齐桓公。

⑥召(shào)康公:召公奭(shì),周文王庶子,周武王重要辅臣,封于召(今陕西岐山西南),谥号康。太公:即姜太公吕望,又称姜子牙,周文王、周武王时重要辅臣,为齐国开国君主。

⑦五侯九伯:泛指天下诸侯。五侯,指公、侯、伯、子、男五等爵位。九伯,指九州之长。

⑧女(rǔ):通"汝",你。

⑨履:本指单层底的鞋。这里指践履、征伐的范围。

⑩海:指今黄海和渤海。

⑪河:黄河。

⑫穆陵:齐地名。在今山东临朐(qú)南之穆陵关。

⑬无棣(dì):齐地名。在今山东无棣一带。

⑭包茅:扎成捆的菁茅。菁茅是楚地特产,进贡周王,祭祀时用来缩酒。

⑮共:通"供",供给。

⑯缩酒:祭祀时,把酒洒在茅上,滤去渣滓。一说祭祀时把成捆的青茅摆在神祇前,把酒浇在上面,酒很快渗下去,好像神把酒喝了。

⑰是征:查问这件事。是,这。征,责问,问罪。

⑱昭王:周昭王。相传昭王南巡,渡汉水时船坏而死。征:行,指巡行。

⑲次:临时驻扎。陉(xíng):陉山,在今河南郾城东南。

【译文】

鲁僖公四年春季,齐桓公率领诸侯的军队攻打蔡国,蔡军溃散,于是顺势进攻楚国。楚成王派使者来到军中说:"君侯住在北方,寡人住在南方，即使马和牛走失，也不会跑到对方境内。想不到君侯到达我国的土地上，是什么缘故呢？”管仲回答道：“从前召康公命令我们的先祖太公说：‘五等诸侯，九州之长，你完全可以讨伐他们，用来辅佐周王朝。’赐给我们先祖讨伐的范围，东边到大海，西边到黄河，南边到穆陵，北边到无棣。你们应该进贡的包茅没有进贡，使天子祭祀时供应不上，没有办法缩酒，寡人为此来问罪。昭王南征没有回去，寡人为此来责问。”使者回答道：“贡品没有送去，这是我们国君的罪过，岂敢不供给？昭王没有回去，君侯还是去问水边上的人吧。”诸侯军队前进，驻扎在陉地。

夏，楚子使屈完如师①。师退，次于召陵②。齐侯陈诸侯之师，与屈完乘而观之。齐侯曰：“岂不穀是为③？先君之好是继。与不穀同好，何如？”对曰：“君惠徼福于敝邑之社稷④，辱收寡君⑤，寡君之愿也。”齐侯曰：“以此众战，谁能御之？以此攻城，何城不克？”对曰：“君若以德绥诸侯⑥，谁敢不服？君若以力，楚国方城以为城⑦，汉水以为池，虽众，无所用之。”

【注释】

①屈完：楚大夫。如师：到诸侯之师的驻地。

②召(shào)陵：楚地名。在今河南郾城东。

③不穀(gǔ)：不善。古代侯王自称的谦辞。

④惠：表敬的副词，无意义。徼(yāo)福：求福。徼，通“邀”。社：土地神。稷：五谷神。

⑤辱：表敬副词。

⑥绥：安抚。

⑦方城：山名。在今河南叶县南。

【译文】

夏季，楚成王派屈完到诸侯军驻地。诸侯军后退，驻扎在召陵。齐桓公把诸侯的军队布成阵势，与屈完同乘一辆战车观看。齐桓公说："这一切难道是为了我吗？是为了维持先祖建立的友好关系。与我共同友好，怎么样？"屈完回答道："承蒙您向我国的社稷之神祈福，收容我的国君为同好，这是我们国君的愿望。"齐桓公说："用这样的军队来作战，谁能抵御他们？用这样的军队来攻城，哪个城攻不下？"屈完回答道："君侯倘若使用德行来安抚诸侯，谁敢不服？君侯倘若使用武力，那么楚国将把方城山作为城墙，把汉水作为城池，君侯的军队虽然众多，没有地方用得上。"

屈完及诸侯盟[①]。

【注释】

①盟：用作动词，订立盟约。

【译文】

屈完和诸侯订立了盟约。

宫之奇谏假道　僖公五年

【题解】

小国弱国只有团结一致，互相依靠、互相救援才能在强国环伺的形势下存在下去，"辅车相依，唇亡齿寒"直到现在还有重要的指导意义。宫之奇对虞公的愚昧言论给予了针锋相对的严厉批评，精辟分析、准确预测了时局的发展，表现了贤臣的风范。

晋侯复假道于虞以伐虢[①]。宫之奇谏曰[②]："虢，虞之表也[③]；虢亡，虞必从之。晋不可启，寇不可玩[④]，一之为甚，其可再乎？谚所谓'辅车相依[⑤]，唇亡齿寒'者，其虞、虢之谓也。"

【注释】

①晋侯：指晋献公，曲沃武公之子。即位后用士蒍（wěi）之计，尽灭其曾祖曲沃桓公、祖父庄伯的子孙，巩固君位。晋，国名。国都在今山西翼城。复假道：第二次借路。晋三年前曾向虞借道伐虢，灭下阳。虞：国名。在今山西平陆东，姬姓。虢（guó）：国名。这里指北虢，在今山西平陆南，姬姓。

②宫之奇：虞大夫。

③表：外面，外围。这里指屏障。

④玩：习惯而不留心，等于说放松警惕。

⑤辅：面颊。车：牙床骨。

【译文】

晋献公再次向虞国借路去攻打虢国。宫之奇劝阻虞公道："虢国，是虞国的外围；虢国灭亡，虞国必定跟着灭亡。晋国的野心不能开启，对待外国军队不可轻忽。借路一次已经过分，怎么可以再借一次呢？俗谚说'面颊与牙床互相依存，嘴唇没了牙齿就会受寒'，说的就是虞国和虢国这种情况。"

公曰[①]："晋，吾宗也，岂害我哉？"对曰："大伯、虞仲，大王之昭也[②]，大伯不从，是以不嗣[③]。虢仲、虢叔，王季之穆也；为文王卿士[④]，勋在王室，藏于盟府[⑤]。将虢是灭[⑥]，何爱于虞？且虞能亲于桓、庄乎[⑦]？其爱之也？桓、庄之族何罪，而以为戮，不唯逼乎[8]？亲以宠逼[9]，犹尚害之，况以国乎？”

【注释】

①公：指虞公。

②昭：与下文的“穆”都指宗庙里神主左右排位的次序。始祖居中，始祖以下按辈分分列左右，左昭右穆，所以周太王的儿子太伯、虞仲、王季称昭，虢仲、虢叔是王季的儿子，称穆。

③是以不嗣：指太伯知道父亲要传位给幼弟王季，便与虞仲出走，因而没有被立为继承人。

④卿士：执掌国政的大臣。

⑤盟府：掌管功勋赏赐及盟誓典册的官府。

⑥是：代词，复指提前的宾语“虢”。

⑦桓：指曲沃桓叔。庄：曲沃桓叔的儿子庄伯。

⑧逼：逼迫，威胁。

⑨宠：在尊位。

【译文】

虞公说：“晋国与我是姬姓同宗，难道会害我吗？”宫之奇答道：“太伯、虞仲，是太王的儿子。太伯没有跟随在太王身边，因此没有继承王位。虢仲、虢叔，是王季的儿子；做过文王的卿士，在周王朝立下了功勋，因功受封时的典册藏在盟府里。晋国要灭掉虢国，对虞国又有什么爱惜的？况且虞国能比曲沃桓叔、庄伯与他的关系更亲近吗？他爱惜桓叔、庄伯吗？桓叔、庄伯的家族有什么罪过而把他们杀了，不就是因为有威胁吗？亲族而以宠势相威胁，尚且杀害了他们，何况其他国家呢？”

公曰：“吾享祀丰洁[1]，神必据我[2]。”对曰：“臣闻之，鬼神非人实亲，惟德是依[3]。故《周书》曰：'皇天无亲，惟德是辅。'又曰：'黍稷非馨，明德惟馨。'[4]又曰：'民不易物，惟德繄物[5]。'如是，则非德，民不和，神不享矣。神所冯依[6]，将在德矣。若晋取虞，而明德以荐馨香，神其吐之乎[7]？"

【注释】

①享祀：泛指一切祭祀。享，把食物献给鬼神。

②据：依从，保佑。

③实、是：都是代词，复指提前的宾语"人""德"。

④"故《周书》曰"以下两段引文：见于今本伪《古文尚书·蔡仲之命》。

⑤民不易物，惟德繄（yī）物：见于今本伪《古文尚书·旅獒》。繄，是。

⑥冯：同"凭"，依托。

⑦其：语气词，加强反问。

【译文】

虞公说："我祭祀的祭品丰盛而清洁，神必保佑我。"宫之奇回答道："臣听说，鬼神不是只亲近哪一个人，只是依从德行。所以《周书》说：'上天对于人没有亲疏的不同，只辅助有德行的人。'又说：'祭品黍稷不是芳香的，只有明德才是芳香的。'又说：'百姓不用改变祭品，只有有德的人的祭品才算真正的祭品。'像这样，那么没有道德，百姓就不和，神就不来享用了。神所依托的，就在德行了。如果晋国夺取了虞国，发扬美德来奉献芳香的祭品，神难道会吐弃吗？"

弗听，许晋使。宫之奇以其族行[1]，曰："虞不腊矣[2]。在此行也，晋不更举矣。”冬，晋灭虢。师还，馆于虞，遂袭虞，灭之。执虞公。

【注释】

①以：率领。

②腊：指腊祭。年终合祭众神叫腊祭。

【译文】

虞公不听，答应了晋国使臣的要求。宫之奇带领了他的族人出走，说：“虞国不能举行年终的腊祭了。晋国在这一次就会灭掉虞国，用不着再次发兵了。”冬季，晋国灭掉虢国。晋军回师，驻在虞国，于是乘机袭击虞国，灭掉了它。俘虏了虞公。

齐桓下拜受胙　僖公九年

【题解】

齐桓公在受到周天子的特殊礼遇时还严守君臣之礼，《左传》对此赞叹不已，反映了其崇礼的思想倾向。

会于葵丘①，寻盟②，且修好，礼也。王使宰孔赐齐侯胙③，曰：“天子有事于文、武④，使孔赐伯舅胙⑤。”齐侯将下拜。孔曰：“且有后命。天子使孔曰：‘以伯舅耋老⑥，加劳，赐一级，无下拜。’”对曰：“天威不违颜咫尺⑦，小白⑧，余敢贪天子之命，无下拜？恐陨越于下⑨，以遗天子羞。敢不下拜？”下，拜，登，受⑩。

【注释】

①会于葵丘：指鲁僖公、周天子使臣宰孔、齐桓公、宋襄公、卫文公、郑文公、许僖公、曹共公在葵丘盟会。葵丘，宋国地名。在今河南民权东北。

②寻：重温，重申。

③王：周襄王。宰孔：周襄王的使臣，名孔。宰是官名。胙（zuò）：祭祀用的肉。根据礼制，宗庙里的祭肉只分给同姓，齐国姜姓，本不该受赏，周襄王赐予齐桓公，表示对齐国的一种礼遇。

④有事于文、武：指祭祀文王、武王的大事。

⑤伯舅：天子称同姓诸侯为伯父、叔父，称异姓诸侯为伯舅。

⑥耋（dié）：八十岁的老人，指年纪大。

⑦违：离。颜：面。咫尺：形容距离很近。周制八寸为咫。

⑧小白：齐桓公名小白。

⑨陨越：摔倒。

⑩下、拜，登、受：领受天子赏赐时，先下阶，叩首至地，再登堂，接受赐品。

【译文】

齐侯和鲁僖公、宰孔、宋子等诸侯在葵丘盟会，重申过去的盟约，并且进一步发展友好关系，这是合于礼的。周天子派宰孔把祭肉赐给齐桓公，说："天子祭祀文王、武王，派宰孔把祭肉赐给伯舅。"齐桓公将要下阶跪拜。宰孔说："天子还有命令。天子让宰孔我说：'因为伯舅年纪大，加上有功劳，赐给一等，不用下阶跪拜。'"齐桓公回答道："天子的威严就在面前连咫尺都不到的地方，小白我怎敢贪得天子的宠命，不下阶跪拜？恐怕在下面摔倒，给天子带来羞辱，怎敢不下阶跪拜？"齐侯下阶，跪拜，登上台阶，接受祭肉。

阴饴甥对秦伯 僖公十五年

【题解】

韩原之战晋国大败，晋惠公被俘，而阴饴甥作为战败国的使者，回答秦穆公的问话时却毫无垂首求怜之态，而是以退为进，柔中带刚，从君子、小人两方面表明晋国上下同心，决不屈服，堪称辞令妙品。

十月，晋阴饴甥会秦伯①，盟于王城②。

【注释】

①阴饴(yí)甥：名饴，甥，指他为晋侯的外甥。因封于阴(今河南陕县至陕西商县一带)，故又称阴饴甥。秦伯：指秦穆公。

②王城：秦国地名。在今陕西大荔东。

【译文】

十月，晋国的阴饴甥会见秦穆公，在王城订立盟约。

秦伯曰："晋国和乎①？"对曰："不和。小人耻失其君而悼丧其亲②，不惮征缮以立圉也③，曰：'必报仇，宁事戎狄。'君子爱其君而知其罪，不惮征缮以待秦命，曰：'必报德，有死无二。'以此不和。"秦伯曰："国谓君何④？"对曰："小人戚，谓之不免。君子恕，以为必归。小人曰：'我毒秦⑤，秦岂归君？'君子曰：'我知罪矣，秦必归君。贰而执之，服而舍之，德莫厚焉，刑莫威焉。服者怀德，贰者畏刑，此一役也，秦可以霸。纳而不定⑥，废而不立，以德为怨，秦不其然。'"秦伯曰："是吾心也。"改馆晋侯⑦，馈七牢焉⑧。

【注释】

①和：意见一致。

②小人：在下之人，指下层人。与下文“君子”相对。耻失其君：以国君被俘为耻。指一个月前秦晋交战，晋国战败，晋惠公被俘一事。悼：哀伤，悲痛。丧其亲：指将士战死，失去亲人。

③惮：害怕。征缮：征税与修缮兵甲。圉（yǔ）：指晋惠公的儿子姬圉，即晋怀公。

④国：指晋国人。君：指晋惠公。

⑤我毒秦：毒，损害，加害。据史书记载，晋惠公夷吾是晋献公的儿子，因受献公宠妾骊姬谗害，逃亡在外。后晋国无君，夷吾贿赂秦穆公，由秦国派兵送他回国即位。但即位后，晋惠公背弃约定，没有把许诺的城池割让给秦国，此其一。鲁僖公十三年（前647）冬，晋国饥荒，向秦国求援，秦国答应了。次年秦国饥荒向晋国求援，却被晋国拒绝了，此其二。

⑥纳：指送纳晋侯回国为君。

⑦馆：宾馆。此用作动词，指让他住进接待外宾的宾馆。之前晋惠公被拘禁于灵台。

⑧牢：诸侯之礼，一牛一羊一猪为一牢。

【译文】

秦穆公问：“晋国意见和洽吗？”阴饴甥回答道：“不和洽。下层人把失掉国君认为是耻辱而哀悼战死的亲属，不怕征收赋税修治武备来拥立圉做国君。说：‘一定要报仇，宁可屈从戎狄。’上层人爱护国君而知道他的罪过，不怕征收赋税修治武备来等待秦国的命令，说：‘一定要报德，宁可死去也没有二心。’因此不和。”秦穆公问：“晋国人认为他们的国君会怎么样？”阴饴甥对答道：“下层人忧愁，认为他不会被赦免；上层人推己及人，认为他一定会回来。下层人说：‘我们毒害了秦国，秦国怎么能让国君回来？’上层人说：‘我们承认罪过了，秦国一定会让国君回来。晋君对秦有二心，秦伯就俘获了他，晋君认错服罪了，新的国君就释放他，没有比这再宽厚的德行，没有比这再威严的刑罚。服罪的怀念德行，有二心的害怕刑罚，单凭这一次的事件，秦国可以成为诸侯的盟主了。送晋侯回国为君而不使他的君位稳定，废去他而不立新的国君，把恩德变为怨恨，秦国不会这样吧。’”秦穆公道：“这是我的心意啊。”改请晋惠公住在宾馆里，馈送给他七副牛、羊、猪俱全的食品。

子鱼论战　僖公二十二年

【题解】

宋襄公非要按照老教条在作战中“不重伤”“不禽二毛”“不鼓不成列”，子鱼毫不留情地斥责了他的迂腐和虚伪。后来毛泽东更称其为“蠢猪式的仁义道德”。

楚人伐宋以救郑。宋公将战①，大司马固谏曰②：“天之弃商久矣，君将兴之，弗可赦也已③。”弗听。

【注释】

①宋公：指宋襄公。鲁僖公二十二年(前638)夏，宋与楚争霸，出兵攻打楚的属国郑，楚国为了救郑，出兵伐宋。

②大司马：掌管军政的官员。当时正由宋襄公的庶兄公孙固担任此职。

③赦：赦免。因宋是商的后代，商已被周所灭，故有此言。

【译文】

楚国攻打宋国来援救郑国。宋襄公将要迎战，大司马公孙固劝阻道：“上天抛弃我们商人已经很久了，主公想兴复它，违背天命的做法是不可饶恕的。”宋襄公不听。

及楚人战于泓[1]。宋人既成列[2]，楚人未既济[3]。司马曰：“彼众我寡，及其未既济也，请击之。”公曰：“不可。”既济而未成列，又以告。公曰：“未可。”既陈[4]，而后击之，宋师败绩。公伤股[5]，门官歼焉[6]。

【注释】

①泓：泓水，故道在今河南柘(zhè)城西北，是古渔水的支流。

②成列：排成队列。

③济：渡河。

④陈：同“阵”，列阵，摆好阵势。

⑤股：大腿。

⑥门官：守卫宫门的官，战时在国君左右护卫，即宋襄公的亲军卫队。

【译文】

宋襄公和楚军在泓水边作战。宋军已经排成阵势，楚军还没有全部渡河。司马说：“他们人多，我们人少，趁他们没有完全渡过河，请主公下令攻击他们。”宋襄公说：“不行。”楚军已经全部渡过河还没有排成阵势，司马子鱼又向宋襄公报告了刚才的意见。宋襄公说：“还不行。”等楚军排开阵势后宋军发动攻击，宋军大败。宋襄公的腿上受了伤，卫队被歼灭。

国人皆咎公。公曰：“君子不重伤[1]，不禽二毛[2]。古之为军也，不以阻隘也。寡人虽亡国之余，不鼓不成列[3]。”

【注释】

①重(chóng)伤:再次伤害已受伤的人。

②禽:同“擒”。二毛:头发有二色,即头发花白的人。

③不鼓:不战,不攻击。鼓,击鼓,号令进军攻击。

【译文】

都城里的人都埋怨宋襄公。宋襄公说:“君子不伤害受伤的人,不捉拿头发花白的人。古代的用兵之道,不在险隘处阻击敌人。寡人虽然是亡了国的商朝的后代,不攻击没有摆开阵势的敌人。”

子鱼曰[①]:“君未知战。勍敌之人[②],隘而不列,天赞我也,阻而鼓之,不亦可乎?犹有惧焉。且今之勍者,皆吾敌也,虽及胡耇[③],获则取之[④],何有于二毛?明耻,教战,求杀敌也。伤未及死,如何勿重?若爱重伤,则如勿伤,爱其二毛[⑤],则如服焉[⑥]。三军以利用也[⑦],金鼓以声气也,利而用之,阻隘可也,声盛致志[⑧],鼓儳可也[⑨]。”

【注释】

①子鱼:《左传·僖公十九年》有“司马子鱼”,可知子鱼曾为宋大司马。

②勍(qíng):强大。

③胡耇(gǒu):年老之人。胡,颔下垂肉。耇,老年人面部的寿斑。

④获则取之:古代以割取敌人左耳来记军功。

⑤爱:怜悯。

⑥服:归服,投降。

⑦三军:泛指军队。以利用:抓住有利时机采取行动。

⑧致志:鼓舞斗志。

⑨鼓儳(chán):鸣鼓而进攻队伍混乱的敌人。儳,参差不齐。这里指队伍混乱的敌军。

【译文】

子鱼说:“主公不懂得作战。强大的敌人,在地形狭险处没有摆成阵势,是上天帮助我们;加以拦截而攻击他们,不也是可以的吗?这样还怕不能取胜呢。况且现在强大的国家,都是我们的敌人。虽然碰到老人,俘获了就割掉他的左耳,管什么头发是否花白?说明失败的耻辱,教导战士英勇作战,就是为了杀死敌人。敌人受伤而没有死,为什么不再次杀伤?如果怜惜伤员而不再加伤害,还不如一开始就不伤害他;怜悯头发花白的人,还不如向他们投降。军队应该抓住有利时机出击,锣鼓用来振作士气。既然作战要利用时机,在险隘处阻击是可以的;既然响亮的鼓声鼓舞了士气,攻击没有摆开阵势的敌人也是可以的。”

寺人披见文公　僖公二十四年

【题解】

宽宏大量、不计前嫌、虚心纳谏,晋文公正是具有了这些品德才逃过灾祸,并终成霸主的,而这也是《左传》所宣扬的为君者的美德,并成为后代衡量君主是否贤明的标准。

吕、郤畏逼①,将焚公宫而弑晋侯②。寺人披请见③。公使让之④,且辞焉,曰:“蒲城之役⑤,君命一宿⑥,女即至。其后余从狄君以田渭滨⑦,女为惠公来求杀余,命女三宿,女中宿至⑧。虽有君命,何其速也?夫袪犹在⑨,女其行乎⑩!”对曰:“臣谓君之入也⑪,其知之矣,若犹未也,又将及难。君命无二，古之制也，除君之恶，唯力是视。蒲人、狄人，余何有焉？今君即位，其无蒲、狄乎！齐桓公置射钩，而使管仲相⑫，君若易之，何辱命焉？行者甚众，岂唯刑臣⑬！”公见之，以难告。

【注释】

①吕、郤(xì)：吕即前文的阴饴甥，他的采邑除阴外还有吕(今山西霍县西)、瑕(今山西临猗附近)，故又称吕甥、瑕甥。郤即郤芮。二人都是晋惠公、晋怀公的旧臣。畏逼：担心受迫害。晋文公受秦的支持回国为君，吕甥、郤芮曾拥兵阻拦，是故“畏逼”。

②晋侯：晋文公重耳。

③寺人披：名叫披的寺人。寺人，内官，即后世所谓宦官。

④让：责备。

⑤蒲城之役：鲁僖公五年(前655)，晋献公听信谗言，欲立骊姬之子奚齐，逼死太子申生，下令捉拿公子重耳和夷吾，当时寺人披奉命攻打重耳驻地蒲城，重耳跳墙而走，被寺人披割断袖口。蒲城，在今山西隰县北。

⑥一宿：指一晚上到达。

⑦狄：北方少数民族。重耳的母亲是狄人，重耳逃离蒲城后投奔了狄。田：同“畋”，打猎。渭滨：渭水之畔。

⑧中宿：第二晚。

⑨袪(qū)：袖口。

⑩行：走，离开。

⑪君之入也：指晋文公回到国内做国君。

⑫“齐桓公”二句：这里指的是管仲曾助齐公子纠与齐桓公争夺君位，管仲一箭射中齐桓公的衣带钩，但后来齐桓公不念旧恶，仍然重用管仲一事。置，放下。

⑬刑臣：受了宫刑的人。

【译文】

吕甥、郤芮害怕受迫害，准备放火焚烧宫室杀死晋文公。寺人披请求接见。晋文公派人责备他，并且拒绝接见，说："蒲城之役，国君命令你过一个晚上到达，你当天就到了。后来我跟随狄君在渭水边上打猎，你为了惠公来追杀我，惠公命令你过三个晚上到达，你第二个晚上就到了。虽然有国君的命令，为什么那么快呢？被你斩断的那只袖子还在，你还是走吧。"寺人披回答道："臣以为君侯回国，已经了解为君之道了。如果还没有了解，还会碰到灾难。国君的命令要一心一意地执行，这是自古以来的制度。除去国君所厌恶的人，就是尽自己的力量。您逃到蒲是蒲人，逃到狄是狄人，杀一个蒲人、狄人，对我来说有什么相干呢？现在君侯即位，难道没有在蒲、狄之时的祸难吗！齐桓公把射钩的事放在一边，使管仲辅佐自己，君侯倘若改变这种做法，我自会走开，哪里烦劳您下命令呢？那样的话，走的人很多，难道只有我这个受过宫刑的小臣？"晋文公接见了他，他把吕甥、郤芮的阴谋作了报告。

晋侯潜会秦伯于王城[①]。己丑晦[②]，公宫火，瑕甥、郤芮不获公，乃如河上，秦伯诱而杀之。

【注释】

①王城：在今陕西大荔东。

②己丑晦(huì)：三月三十日。晦，旧历每个月的最后一天。

【译文】

晋文公偷偷地和秦穆公在王城会见。三十日，晋文公的宫室被烧，瑕甥、郤芮没有找到晋文公，于是追到黄河边上，秦穆公把他们骗去杀了。

介之推不言禄　僖公二十四年

【题解】

辅佐主子成就大功之后，臣子是心安理得地接受封赏还是功成身退，这一直是困扰着古人的一个问题。多数臣子虽然认为功成身退很是高尚，但却经不住高官厚禄的诱惑，而介之推却弃封赏如敝屣，毅然归隐，且鄙视受封者为贪天之功，利欲熏心，可见他是真正的淡泊名利。

晋侯赏从亡者①，介之推不言禄②，禄亦弗及。

【注释】

①晋侯：晋文公重耳。

②介之推：晋国贵族，又名介子推，之是语助词。言：谈论，这里指向国君要求。

【译文】

晋文公赏赐跟随他逃亡的人，介之推没有要求应得的俸禄，晋文公也没有给他俸禄。

推曰："献公之子九人，唯君在矣。惠、怀无亲①，外内弃之。天未绝晋，必将有主。主晋祀者，非君而谁？天实置之，而二三子以为己力②，不亦诬乎③？窃人之财，犹谓之盗，况贪天之功以为己力乎？下义其罪，上赏其奸，上下相蒙，难与处矣。"其母曰："盍亦求之④？以死，谁怼⑤？"对曰："尤而效之⑥，罪又甚焉。且出怨言，不食其食。"其母曰："亦使知之，若何？"对曰："言，身之文也⑦，身将隐，焉用文之？是求显也。"其母曰："能如是乎？与汝偕隐。"遂隐而死。

【注释】

①惠:即晋惠公夷吾。怀:即晋怀公圉。

②二三子:指跟随重耳逃亡并得到赏赐的人。

③诬:虚妄不实,荒唐。

④盍:何不。

⑤谁怼(duì):怨恨谁。怼,怨恨。

⑥尤:指责。

⑦文:文饰,装饰。

【译文】

介之推说:"献公的九个儿子,只有君侯在世了。惠公、怀公没有亲近的人,国外国内都抛弃他们。上天不让晋国灭绝,必定会有君主。主持晋国祭祀的人,不是君侯又是谁呢?实在是上天立他为君,那几位却认为是自己的力量,不是荒唐吗?偷人家的财物,尚且叫做盗,何况贪取上天的功劳认为是自己的力量呢?下面的人把罪过当成正义行为,上面的人对邪恶者给予赏赐,上下互相欺骗,难以跟他们相处了。"他母亲说:"为什么不也去求赏?因为这样而死,又怨谁?"介之推回答道:"指责别人而又去仿效,罪就更大了。况且我口出怨言,不能再吃他的俸禄。"他的母亲说:"也让他知道一下,怎样?"介之推答道:"言语,是身体的文饰。身体将要隐居,哪里用得着文饰?这样做是求显露了。"他母亲说:"你能够这样吗?我同你一起去隐居。"就隐居而死。

晋侯求之不获,以绵上为之田[①],曰:"以志吾过[②],且旌善人[③]。"

【注释】

①绵上:介之推隐居处,在今山西介休东南。田:封地。

②志:记下。

③旌：表彰，褒扬。

【译文】

晋文公访求他们找不到，就把绵上作为他的封田，说："用这来记载我的过失，并且表扬好人。"

展喜犒师 僖公二十六年

【题解】

展喜作为弱势一方的代表前去斡旋，与阴饴甥一样不是求饶，而是不卑不亢，以理服人。不同之处是阴饴甥是绵里藏针，不仅讲文的一面，也讲武的一面；而展喜则全用职责大义、"先王之命"向对方施压，使其不得不为自己的名誉而让步。本文与《阴饴甥对秦伯》同中有异，可见《左传》行人辞令之丰富多彩。

齐孝公伐我北鄙①。公使展喜犒师②，使受命于展禽③。

【注释】

①齐孝公：齐桓公之子，名昭。我：指鲁国。鄙：边境。

②公：鲁僖公。展喜：鲁大夫。

③展禽：展喜的哥哥。名获，字子禽，谥号惠。据传食邑于柳下，又称柳下惠。

【译文】

齐孝公攻打鲁国北部边境。鲁僖公派展喜去犒劳齐军，让他向展禽请教外交辞命。

齐侯未入竟①，展喜从之，曰："寡君闻君亲举玉趾②，将辱于敝邑[3]，使下臣犒执事[4]。”齐侯曰：“鲁人恐乎？”对曰：“小人恐矣，君子则否。”齐侯曰：“室如县罄[5]，野无青草，何恃而不恐？”对曰：“恃先王之命。昔周公、大公股肱周室[6]，夹辅成王，成王劳之，而赐之盟，曰：‘世世子孙无相害也！’载在盟府，太师职之[7]。桓公是以纠合诸侯，而谋其不协，弥缝其阙，而匡救其灾，昭旧职也。及君即位，诸侯之望曰：‘其率桓之功[8]！’我敝邑用不敢保聚[9]，曰：‘岂其嗣世九年[10]，而弃命废职，其若先君何？君必不然。’恃此以不恐。”齐侯乃还。

【注释】

①竟：同“境”。这里指鲁国国境。

②亲举玉趾：尊称别人举止的敬辞。趾，泛指脚。

③辱：蒙受耻辱。和上句一起是恭维对方表示自谦的话。

④执事：君王左右的办事人员，以卑达尊，表示谦逊。

⑤室如县罄：形容家中空无一物。县，挂。罄，一种乐器，中间是空的。

⑥周公：周武王的弟弟，名旦。大（tài）公：即姜太公吕望。股肱（gōng）：大腿和胳膊，比喻得力辅臣。这里用作动词。

⑦太师：掌管国家典籍的官员。

⑧率：遵循，继承。

⑨用：以，因为。保聚：保城聚众。

⑩嗣世九年：齐孝公于鲁僖公十八年（前642）即位，至僖公二十六年（前634）伐鲁，共九年。

【译文】

齐孝公还没有进入鲁国国境，展喜出境迎上去见他，说：“我们国君听说君侯亲劳大驾，将要屈尊来到我们这个破地方，派遣下臣我来犒劳您的左右侍从。”齐孝公问：“鲁国人害怕吗？”展喜回答道：“小人害怕了，君子则没有。”齐孝公说：“房屋中像挂起的罄一样空无一物，田野里连草都不长，凭什么不害怕？”展喜回答道：“凭着先王的命令。从前周公、姜太公是周王室的肱股大臣，在左右辅佐成王，成王慰劳他们，与他们订立盟约，说：‘世世代代子孙不要互相侵犯。’这个盟约藏在盟府里，由太师掌管。桓公因此联合诸侯，解决他们之间的不和谐，弥补他们的缺失，救援他们的灾难，显扬过去的职责。到君侯即位，诸侯盼望道：‘他会继承桓公的功业吧。’我国因此不敢保城聚众，说：‘难道他即位九年，就丢弃王命，废弃职责，怎么对先君交代呢？君侯一定不会这样。’凭着这个才不害怕。”齐孝公就回国了。

烛之武退秦师 僖公三十年

【题解】

此篇也是《左传》行人辞令中的名篇。烛之武的说辞全是为秦国打算，他摆事实讲道理，让秦伯认清“亡郑以陪邻”的害处；秦伯一心想东向争霸，如果有了郑国，这正是他求之不得的，烛之武看准了他的心思，用做秦之东道主来利诱，成功说服秦伯撤兵。

晋侯、秦伯围郑①，以其无礼于晋，且贰于楚也。晋军函陵②，秦军氾南③。

【注释】

①晋侯：晋文公。秦伯：秦穆公。

②军：驻扎。函陵：在今河南新郑北。

③氾(fán)南:氾水的南边。氾,这里指东氾,故道在今河南中牟南,与函陵极近。

【译文】

晋文公、秦穆公包围郑国,因为它对晋文公无礼,并且对晋国有二心,向着楚国。晋军驻扎在函陵,秦军驻扎在氾南。

佚之狐言于郑伯曰[①]:"国危矣。若使烛之武见秦君[②],师必退。"公从之。辞曰:"臣之壮也,犹不如人;今老矣,无能为也已。"公曰:"吾不能早用子,今急而求子,是寡人之过也。然郑亡,子亦有不利焉。"许之。

【注释】

①佚之狐:郑大夫。郑伯:郑文公。

②烛之武:郑大夫。

【译文】

佚之狐对郑文公说:"国家危险了。如果派烛之武去见秦君,军队一定会退走。"郑文公听从了他的话。烛之武推辞道:"臣年轻力壮的时候,尚且不如别人;现在老了,不能做什么了。"郑文公说:"我没有能及早任用您,现在形势危急才来求您,这是寡人的过错。然而郑国灭亡了,对您也不利啊!"烛之武答应了郑文公。

夜缒而出[①]。见秦伯,曰:"秦、晋围郑,郑既知亡矣。若亡郑而有益于君,敢以烦执事。越国以鄙远[②],君知其难也,焉用亡郑以陪邻[③]?邻之厚,君之薄也。若舍郑以为东道主[④],行李之往来[⑤],共其乏困[⑥],君亦无所害。且君尝为晋君赐矣[⑦],许君焦、瑕[⑧],朝济而夕设版焉[⑨],君之所知也。夫晋，何厌之有？既东封郑[10]，又欲肆其西封[11]。若不阙秦[12]，将焉取之？阙秦以利晋，唯君图之[13]。”秦伯说[14]，与郑人盟，使杞子、逢孙、杨孙戍之[15]，乃还。

【注释】

①缒（zhuì）：把人或东西系在绳子上放下去。

②越国以鄙远：秦国与郑国之间隔着晋国，所以烛之武有此一说。鄙，边邑。

③陪：通“倍”，增加土地。邻：指晋国。

④东道主：郑在秦东边，所以说秦可以把郑作为东道上的主人。舍：舍弃，不取。

⑤行李：指外交使臣。

⑥共：通“供”，供给，供应。乏困：行而无资叫乏，居而无资叫困。这里指使者往来时馆舍资粮的不足。

⑦尝为晋君赐：秦国曾经帮助晋国。赐，恩惠。

⑧焦、瑕：史载，晋惠公得秦帮助回国为君，曾许诺割让五座城池给秦，焦、瑕是其中两地。都在今河南陕县附近。

⑨朝济而夕设版：这是说晋国背约之快，后来反悔了。版，打墙用的木板。古代夯土成墙，两边用版夹住，中加土夯实。这里指版筑的土墙，防御工事。

⑩封：疆界，用如动词。

⑪肆：伸展，开拓。

⑫阙（quē）：侵损，削减。

⑬图：考虑。

⑭说：同“悦”，欢悦，高兴。

⑮杞子、逢孙、杨孙：三人都是秦将领。

【译文】

夜里,郑人用绳子把烛之武从城上吊下去,烛之武进见秦穆公,说:“秦国、晋国包围郑国,郑国已经知道要灭亡了。如果灭掉郑国对君侯有好处,就麻烦你们进攻吧。越过别国把远方的土地作为边境,君侯知道这是难办的,何必用灭亡郑国来增加邻国的土地?邻国实力的加强,就是君侯实力的削弱。如果不灭郑国而把它作为东方路上的主人,使者往来,供应他们所缺少的一切,对君侯也没有害处。况且君侯曾经赐予晋国国君恩惠,晋君答应给君侯焦、瑕两地,他早晨渡过黄河回国,晚上就筑城防备秦,这是君侯所知道的。晋国哪有满足?晋国已经要东向郑国来开拓疆土,又要开拓它西边的疆土。不损害秦国,到哪里去取得土地?损害秦国来使晋国得到好处,请君侯考虑。”秦穆公很高兴,与郑国结盟,派杞子、逢孙、杨孙驻守郑国,就撤兵回去了。

子犯请击之①。公曰②:“不可,微夫人之力不及此③。因人之力而敝之④,不仁,失其所与⑤,不知,以乱易整,不武。吾其还也。”亦去之。

【注释】

①子犯:即狐偃,晋文公舅舅。

②公:晋文公。

③微:非。夫人:那人,指秦穆公。

④敝:坏。这里指损坏,伤害。

⑤所与:同盟者。与,联合。

【译文】

子犯请求攻击秦军。晋文公说:“不行。不是这个人的力量,我到不了今天。靠了人家的力量反而伤害他,这是不仁;失掉了同盟国家,这是不智;用冲突来代替和睦,这是不武。我们还是回去吧。”也离开了郑国。

蹇叔哭师 僖公三十二年

【题解】

秦穆公在得到了郑国“为东道主”的承诺后，时刻伺机东向争霸，此时晋文公去世，杞子又送信来称郑国可得，机会千载难逢，所以就迫不及待不顾一切地出兵，蹇叔理智的分析劝阻他是一点也听不进去了，这也就是他失态地痛骂蹇叔的原因。文章渲染了一个悲壮的场景，留下悬念吸引着读者去探究事情的结局，而蹇叔的忧伤痛惜，秦伯的恼怒无状，无不声口毕肖，如在目前。

杞子自郑使告于秦曰：“郑人使我掌其北门之管①，若潜师以来②，国可得也。”穆公访诸蹇叔③。蹇叔曰：“劳师以袭远，非所闻也。师劳力竭，远主备之，无乃不可乎？师之所为，郑必知之，勤而无所④，必有悖心。且行千里，其谁不知？”公辞焉，召孟明、西乞、白乙⑤，使出师于东门之外。蹇叔哭之，曰：“孟子⑥！吾见师之出而不见其入也！”公使谓之曰：“尔何知？中寿，尔墓之木拱矣⑦。”

【注释】

①管：钥匙。

②潜师：指秘密行军。

③访：咨询，征求意见。蹇(jiǎn)叔：秦大夫。

④勤：劳苦。

⑤孟明：秦军将领，姓百里，名视，秦大夫百里奚之子，此次军事行动的主帅。西乞：秦将，名术。白乙：秦将，名丙。

⑥孟子：即上述孟明。

⑦中寿，尔墓之木拱矣：这是骂蹇叔早就该死。中寿，六十岁上下。蹇叔此时已有七八十岁。拱，两手合抱。

【译文】

杞子从郑国派人告诉秦国说："郑国让我掌管他们北门的钥匙，如果偷偷地发兵前来，郑国可以得到。"秦穆公为此咨询蹇叔。蹇叔说："使军队很疲劳去袭击远方，我没有听说过。军队疲劳，力量衰竭，远处的主人有了防备，恐怕不行吧？我们军队的所作所为，郑国一定知道，劳苦了军队而无所得，一定会产生悖逆之心。况且行走一千里，谁会不知道？"秦穆公拒绝了他，召见孟明、西乞、白乙，派他们从东门外出兵。蹇叔哭着送他们道："孟子！我看到军队出去而看不到军队回来了！"秦穆公派人对他说："老家伙你知道什么！如果你只活六七十岁，你坟上的树木已经合抱那么粗了。"

蹇叔之子与师①，哭而送之，曰："晋人御师必于殽②。殽有二陵焉，其南陵，夏后皋之墓也③，其北陵，文王之所辟风雨也④。必死是间，余收尔骨焉！"秦师遂东。

【注释】

①与：参与。

②殽（xiáo）：同"崤"，古地名。在今河南洛宁西北。晋国要塞，为秦往郑必经之地。

③夏后皋：夏代国君，夏桀的祖父。后，君。

④文王：周文王姬昌。辟（bì）：躲避。

【译文】

蹇叔的儿子在军队里，蹇叔哭着送他道："晋国必在崤山抵御。崤山有两座山陵，它的南陵，是夏代天子皋的坟墓；它的北陵，是周文王避过风雨的地方。你必定死在这两座山陵中间，我在那里收你的尸骨吧！"秦国军队就向东出发。

卷二

郑子家告赵宣子 文公十七年

【题解】

晋楚争霸，郑处两国之间，左枝右梧，唯力是从，也是迫不得已。子家在信中逐年列举朝晋事实，以显示对晋的忠诚；并直言不讳地声称如果晋不能收恤，郑国只能投靠楚国。这封信以事实为基础，以道义作支撑，虽然有很多外交用语，但总体是比较强硬的。

晋侯合诸侯于扈①，平宋也②。于是晋侯不见郑伯③，以为贰于楚也。

【注释】

①晋侯：即晋灵公。扈(hù)：郑地名。在今河南原阳西。

②平宋：鲁文公十六年(前611)十一月，宋昭公被杀害，其弟立，称为文公。十七年春，晋国联合卫、陈、郑国攻打宋国，讨伐宋文公，但因文公已立定，反定其位而还。平，平定。

③是：这个时候。郑伯：即郑穆公。

【译文】

晋侯在扈地会合诸侯，这是为了平定宋国内乱。当时晋侯不肯和郑伯相见，认为他和楚国有勾结。

郑子家使执讯而与之书①，以告赵宣子②，曰："寡君即位三年，召蔡侯而与之事君[3]。九月，蔡侯入于敝邑以行，敝邑以侯宣多之难[4]，寡君是以不得与蔡侯偕，十一月，克减侯宣多[5]，而随蔡侯以朝于执事。十二年六月，归生佐寡君之嫡夷[6]，以请陈侯于楚[7]，而朝诸君。十四年七月，寡君又朝以蒇陈事[8]。十五年五月，陈侯自敝邑往朝于君。往年正月[9]，烛之武往朝夷也[10]，八月，寡君又往朝。以陈、蔡之密迩于楚[11]，而不敢贰焉，则敝邑之故也。虽敝邑之事君，何以不免？在位之中，一朝于襄[12]，而再见于君。夷与孤之二三臣相及于绛[13]，虽我小国，则蔑以过之矣[14]。今大国曰：'尔未逞吾志[15]。'敝邑有亡[16]，无以加焉。古人有言曰：'畏首畏尾[17]，身其余几？'又曰：'鹿死不择音[18]。'小国之事大国也，德，则其人也[19]，不德，则其鹿也。铤而走险[20]，急何能择？命之罔极[21]，亦知亡矣，将悉敝赋以待于儵[22]，唯执事命之。文公二年[23]，朝于齐，四年，为齐侵蔡，亦获成于楚[24]。居大国之间，而从于强令[25]，岂其罪也？大国若弗图[26]，无所逃命。"

【注释】

①子家：郑公子归生，字子家。执讯：掌管通讯的官。

②赵宣子：赵盾，晋国执政大夫。

③蔡侯：蔡庄公。君：指晋襄公，晋灵公之父。

④侯宣多：郑大夫，因帮助郑穆公继位而恃宠专权。

⑤克减：稍稍平定。克，胜。减，损。

⑥寡君之嫡夷：郑太子，名夷，字子蛮，即后来的郑灵公。

⑦陈侯：陈共公。这里说的是为陈国朝见晋国的事而请命于楚国。

⑧蒇（chǎn）：完成。

⑨往年：去年，指郑穆公十七年，鲁文公十六年，前611年。

⑩烛之武往朝夷：指烛之武陪同太子夷朝见晋国。

⑪密迩：贴近，靠近。

⑫襄：指晋襄公。

⑬绛：晋国都。在今山西翼城东南。

⑭蔑：无，不能。

⑮逞：施展，快心。志：欲望，心愿。

⑯有亡：唯有灭亡。

⑰畏首畏尾：喻指北畏晋，南畏楚。

⑱鹿死不择音：鹿临死时再叫不出好听的声音。一说，“音”通“荫”，意谓鹿在生死关头，顾不上选择庇荫之处。

⑲则其人也：就以人道相事。

⑳铤(tǐng)而走险：急走险地，此处意为逼急了郑就投向楚国。铤，快走的样子。

㉑命之罔极：指晋国的要求没有定准，反复无常。罔，无。极，定准，标准。

㉒悉敝赋：尽征军队与军需物资。赋，这里指军队，因古代按田赋出兵。儵(chóu)：地名。位于晋郑交界处。

㉓文公二年：郑文公二年，即鲁庄公二十三年，前672年。

㉔成：和解，讲和。

㉕强令：强硬的号令。大国施加压力，强制执行。

㉖图：考虑，体谅。

【译文】

郑国的执政子家派遣执讯送给晋国的执政大夫赵宣子一封信，告诉他说：“我们国君即位的第三年，就召请蔡侯和他一起事奉贵国国君。当年九月，蔡侯进入敝邑前去贵国，敝邑由于侯宣多造成的祸难，我们国君因此而不能和蔡侯同行。十一月，稍稍平定了侯宣多，我们就随同蔡侯朝覲执事。十二年六月,归生我辅佐我们国君的嫡子夷,到楚国请求陈侯一起朝见贵国国君。十四年七月,我们国君又到贵国朝见,以完成陈国朝晋的事情。十五年五月,陈侯从敝邑前去朝见贵国国君。去年正月,烛之武陪同夷前往朝见贵国国君。八月,我们国君又前去朝见。陈、蔡两国紧紧挨着楚国而不敢对贵国有二心,那就是由于敝邑的缘故。为什么即便敝邑是这样地事奉贵国国君,还不能免于祸患呢?寡君在位,一次朝见贵国先君襄公,两次朝见贵国国君。夷和我们君主的几个臣下相继来到晋都绛城,我们虽然是小国,这样做也已经无以复加了。现在大国还说:'你们没有让我快意。'敝邑唯有等待灭亡,再不能增加一点什么了。古人有话说:'怕头怕尾,身子还能剩下多少?'又说:'鹿在临死前顾不上发出好听的鸣声。'小国事奉大国,大国以德相待,那就会像人一样恭顺;不是以德相待,那就会像鹿一样。铤而走险,急迫的时候哪里还能选择?贵国要求无度,我们也知道面临灭亡了,只好征发全部军队和军用物资在儵地等待,一切就听您手下人吩咐。文公二年,我国到齐国朝见。四年,为齐国攻打蔡国,也和楚国取得媾和。处于齐、楚两大国之间而屈从于压力,难道是我们的罪过吗?大国如果不加谅解,我们将无法逃避你们的命令。"

晋巩朔行成于郑①,赵穿、公婿池为质焉②。

【注释】

①巩朔:晋大夫,也称士庄伯、巩伯。行成:达成和解。

②赵穿、公婿池:均为晋大夫。质:人质。

【译文】

晋国的巩朔到郑国媾和修好,赵穿、公婿池到郑国去当人质。

王孙满对楚子 宣公三年

【题解】

楚庄王经过多年努力此时已是霸主，面对日益衰落的周王朝，问鼎的大小轻重，是对王权极严重的挑衅。王孙满用“在德不在鼎”反驳他，维护了周王室的尊严。但王孙满说周有“卜世三十，卜年七百”的天命，自己说自己灭亡的时间，让人颇觉失实，因此有人说此篇很可能不是当时说辞的记录，而是后人根据文献档案改编的。

楚子伐陆浑之戎[①]，遂至于雒[②]，观兵于周疆[③]。定王使王孙满劳楚子[④]，楚子问鼎之大小轻重焉[⑤]，对曰：“在德不在鼎。昔夏之方有德也，远方图物[⑥]，贡金九牧[⑦]，铸鼎象物，百物而为之备，使民知神、奸。故民入川泽山林不逢不若[⑧]，螭魅罔两[⑨]，莫能逢之。用能协于上下，以承天休[⑩]。桀有昏德[⑪]，鼎迁于商，载祀六百[⑫]。商纣暴虐，鼎迁于周。德之休明[⑬]，虽小，重也，其奸回昏乱[⑭]，虽大，轻也。天祚明德[⑮]，有所厎止[⑯]。成王定鼎于郏鄏[⑰]，卜世三十[⑱]，卜年七百，天所命也。周德虽衰，天命未改。鼎之轻重，未可问也。”

【注释】

①楚子：指楚庄王，春秋五霸之一。陆浑之戎：古代西北少数民族的一支，原来居住在今甘肃敦煌一带，后迁居到今河南洛河一带。戎是对西北少数民族的称呼。

②雒(luò)：雒水。源出陕西，流经今河南洛阳附近入黄河。

③观兵：检阅军队。这里有耀武扬威之义。周疆：周的边境。

④定王：周定王。王孙满：周大夫。劳：慰劳。

⑤鼎：即九鼎，相传夏禹时用九州进贡的铜铸成，以代表九州。

⑥图物：绘制各地物品。

⑦金：指铜。九牧：九州之长。牧为一州之长。

⑧不若：不顺利，有害的东西。若，顺，利。

⑨螭（chī）魅（mèi）罔（wǎng）两：指山林水泽中的精灵妖怪。

⑩用：因，因而。承：接受。休：保佑。

⑪昏德：品德言行昏聩惑乱。

⑫载祀：年代。载和祀都是年的意思。

⑬休明：美善光明。休，休美，美善。

⑭奸回：奸恶邪僻。回，邪。

⑮祚：赐福。

⑯厎（dǐ）止：定数。厎，一定。

⑰成王：周成王。郏鄏（jiá rǔ）：东周王城，在今河南洛阳。

⑱世：父子相继为一世，即一代。

【译文】

楚王攻打陆浑之戎，于是到达了雒水，在周朝边境上检阅军队示威。周定王派王孙满慰劳楚王，楚王问起九鼎的大小轻重，王孙满回答说："大小轻重在于德而不在于鼎本身。从前夏王朝正当有德的时候，远方物产都画成图，九州的长官进贡青铜，铸造九鼎并把图像铸在鼎上，各种东西都具备，让百姓认识神鬼恶物的形状。所以百姓进入川泽、山林，就不会碰上不顺利的事。妖魔鬼怪，都不会碰上。因而能够使上下和谐，以接受上天的福佑。夏桀的品德言行昏乱，鼎迁到商朝，前后六百年。商纣暴虐，鼎又迁到周朝。德行如果美善光明，鼎虽然小，也是重的；如果邪恶昏乱，鼎虽然大，也是轻的。上天赐福给有德的人，是有一定期限的。成王把九鼎安放在郏鄏，占卜预告传世三十代，享国七百年，这是上天所命令的。周室的德行虽然衰减，天命并没有改变。鼎的轻重，是不能询问的。"

齐国佐不辱命 成公二年

【题解】

鞌之战是晋国的复仇之战，所以战胜之后，晋国要求曾经羞辱过自己的齐君之母为质，颇有泄愤的意思；但作为两国媾和的条件，又加上“尽东其亩”，就真是无礼之至了。对此，国佐虽是战败求和，还是从孝、德、义等几个方面引经据典地申斥晋人，语气虽然委婉，但没有丝毫让步和回旋余地，最后以背城借一的勇气折服对方。所谓义正辞严，本篇可以当之。

晋师从齐师①，入自丘舆②，击马陉③。齐侯使宾媚人赂以纪甗、玉磬与地④，“不可，则听客之所为。”

【注释】

①从：跟随，此处为追击的意思。

②丘舆：齐地名。在今山东益都西南。

③马陉(xíng)：齐地名。在今山东淄博东南。

④齐侯：齐顷公。宾媚人：即国佐，齐上大夫。赂：赠送财物。纪甗(yǎn)：纪为古国，位于今山东寿光南，被齐灭亡。甗，古代炊器。纪甗当是纪国的祭器。磬：古代玉制的打击乐器，也是一种礼器。用祭器与礼器作为赠礼是很重的。

【译文】

晋军追赶齐军，从丘舆进入齐国，攻打马陉。齐顷公派宾媚人送上纪甗、玉磬和土地，说：“如果他们不答应媾和，就随他们怎么办吧。”

宾媚人致赂，晋人不可，曰：“必以萧同叔子为质①，而使齐之封内尽东其亩[2]。”对曰：“萧同叔子非他，寡君之母也，若以匹敌[3]，则亦晋君之母也。吾子布大命于诸侯[4]，而曰必质其母以为信，其若王命何？且是以不孝令也。《诗》曰：‘孝子不匮，永锡尔类[5]。’若以不孝令于诸侯，其无乃非德类也乎[6]？先王疆理天下[7]，物土之宜，而布其利。故《诗》曰：‘我疆我理，南东其亩[8]。’今吾子疆理诸侯，而曰‘尽东其亩’而已，唯吾子戎车是利，无顾土宜，其无乃非先王之命也乎？反先王则不义，何以为盟主？其晋实有阙[9]！四王之王也[10]，树德而济同欲焉[11]，五伯之霸也[12]，勤而抚之，以役王命。今吾子求合诸侯，以逞无疆之欲[13]，《诗》曰：‘敷政优优，百禄是遒[14]。’子实不优，而弃百禄，诸侯何害焉？不然，寡君之命使臣，则有辞矣，曰：‘子以君师辱于敝邑，不腆敝赋[15]，以犒从者，畏君之震，师徒挠败[16]。吾子惠徼齐国之福[17]，不泯其社稷[18]，使继旧好，唯是先君之敝器、土地不敢爱[19]。子又不许，请收合余烬，背城借一[20]。敝邑之幸，亦云从也，况其不幸，敢不唯命是听[21]？’”

【注释】

①萧同叔子：指齐顷公的母亲。萧，国名。同叔，萧国国君的字，是齐顷公外祖父。子，女儿。

②封内：疆域内，即境内。尽东其亩：把田间垄埂全部改成东西向。因为晋国在齐国西边，这样改道，是为了晋人兵车出入齐国方便。

③匹敌：对等，相等。

④吾子：对人的尊称。比“子”要亲热些。

⑤孝子不匮,永锡尔类:出自《诗经·大雅·既醉》。匮,穷尽。锡,赐予,惠及。

⑥无乃:恐怕,表示委婉的语气。德类:道德法式。

⑦疆理:指对田地的规划。疆,划边界。理,分地理。

⑧我疆我理,南东其亩:出自《诗经·小雅·信南山》。南东其亩,指让有的田垅东西向,有的田垅南北向。

⑨阙(quē):过失。

⑩四王(wáng):指禹、汤、周文王、周武王。王(wàng):以德治天下。

⑪济:成,有满足之义。同欲:共同的需求。

⑫五伯(bà):此指夏伯昆吾、商伯大彭和豕韦、周伯齐桓和晋文。伯,通"霸",诸侯的盟主。

⑬无疆:无尽。

⑭敷政优优,百禄是遒(qiú):出自《诗经·商颂·长发》。优优,宽缓的样子。遒,积聚。

⑮腆(tiǎn):厚。

⑯挠败:打败。

⑰徼(yāo):通"邀",招致,求取。

⑱泯:灭亡。

⑲爱:吝惜,舍不得。

⑳背城借一:背靠城墙作最后一战。

㉑敢:表谦敬的副词,含有胆敢或岂敢的意思。这里是岂敢。

【译文】

宾媚人送上礼物,晋国人不答应,说:"一定要让萧同叔的女儿做人质,而且要使齐国境内的田垄全部东向。"宾媚人回答说:"萧同叔的女儿不是别人,是我们国君的母亲。如果从对等地位来说,也就是晋君的母亲。您在诸侯中发布重大命令,说一定要用别人的母亲作为人质来取信,那又怎么对待周天子的命令呢?而且这是用不孝号令诸侯。《诗经》说：‘孝心不尽不竭，永远跟你同列。’如果用不孝号令诸侯，这恐怕不符合道德要求吧？先王划定天下土地疆界，因地制宜，而作有利的布置。所以《诗经》说：‘我划定疆界、分别田里，南向东向开辟田亩。’现在您划定诸侯的疆界田里，却说‘田垄全部东向’而已，只考虑对您的兵车行进有利，不顾地势是否适宜，这恐怕不是先王的政令吧？违反先王就是不合道义，怎么做盟主？晋国确实有过错啊！禹、汤、文王、武王统一天下，树立德行而满足大家的欲望；五位霸主领袖诸侯，自己勤劳而安抚大家，执行天子的命令。现在您要求会合诸侯，来满足没有止境的欲望，《诗经》说：‘政事推行宽大舒徐，各种福禄都将积聚。’您如果确实不能宽大，抛弃各种福禄，对诸侯有什么害处呢？如果您不答应，我们国君命令使臣我，就有另外的话，我们国君命令说：‘您带领贵国国君的军队光临敝邑，敝邑用不富厚的财物，来犒赏您的随从，由于害怕贵国国君的震怒，军队战败了。您能开恩而为齐国求福，不灭亡我们的国家，让敝邑和贵国继续过去的友好，那么先君的破旧器物、土地我们是不敢吝惜的。您如果又不允许，敝邑请求收集残余军队，背靠城墙借机再图一战。敝邑有幸战胜，也会服从贵国的；何况不幸而再战败，岂敢不唯命是听？’”

楚归晋知罃　成公三年

【题解】

楚将知罃送还晋国有不得已之处，所以楚王才“怨我”“德我”“何以报我”这样反复试探。知罃看似直接回答楚王的问题，但实际上是把自己置于事外，只讲从作为臣子的责任和对国家的忠诚的角度自己应该怎么做，不卑不亢，维护了国家和自己的尊严。知罃对楚共王与当年晋文公对楚成王颇有相似之处，这种骨气是很令人钦佩的。

晋人归楚公子穀臣与连尹襄老之尸于楚①，以求知罃②。于是荀首佐中军矣③，故楚人许之。

【注释】

①穀臣：楚庄王的儿子。连尹：官名。襄老：楚臣。宣公十二年（前597）邲之战中，荀首射杀连尹襄老，俘虏了穀臣；其子知罃被楚人俘获。

②知罃（zhì yīng）：晋大夫，即荀罃，荀首之子。

③是：这个时候。荀首：即知庄子。当时为中军副帅。佐中军：中军副帅。佐，副职。

【译文】

晋国人释放了楚国公子穀臣，并把同连尹襄老的尸体归还给楚国，以此要求交换知罃。当时荀首已经是中军副帅，所以楚国人答应了。

王送知罃①，曰："子其怨我乎？"对曰："二国治戎，臣不才，不胜其任，以为俘馘②。执事不以衅鼓③，使归即戮④，君之惠也。臣实不才，又谁敢怨⑤？"王曰："然则德我乎⑥？"对曰："二国图其社稷，而求纾其民⑦，各惩其忿⑧，以相宥也⑨，两释累囚⑩，以成其好。二国有好，臣不与及，其谁敢德？"王曰："子归，何以报我？"对曰："臣不任受怨⑪，君亦不任受德，无怨无德，不知所报。"王曰："虽然，必告不穀。"对曰："以君之灵⑫，累臣得归骨于晋，寡君之以为戮，死且不朽。若从君惠而免之，以赐君之外臣首⑬，首其请于寡君，而以戮于宗⑭，亦死且不朽。若不获命，而使嗣宗职⑮，次及于事⑯，而帅偏师以修封疆，虽遇执事，其弗敢违⑰。其竭力致死，无有二心，以尽臣礼，所以报也。"王曰："晋未可与争。"重为之礼而归之。

【注释】

①王：楚共王。

②俘馘（guó）：俘虏。作战时被对方活捉的人称“俘”，割取对方战死者的左耳称“馘”。

③衅（xìn）鼓：把血涂在鼓上，是古代的一种祭礼。

④即戮：接受杀戮，受死。

⑤谁敢怨：即“敢怨谁”。

⑥德：感激。

⑦纾（shū）：宽解，缓和。

⑧惩：克制。

⑨宥（yòu）：原谅，宽恕。

⑩累囚：拘禁的犯人。

⑪任：承担，担当。

⑫以君之灵：托您的福。灵，福气。

⑬外臣首：指父亲荀首。对楚王而言，荀首是别国之臣，故称外臣。

⑭宗：宗庙。

⑮嗣宗职：继承宗族的世袭官职。

⑯次及于事：轮到我担任军事要职。次，按照顺序。

⑰违：避。

【译文】

楚共王送别知罃，说：“您大概怨恨我吧？”知罃回答说：“两国兴兵，下臣缺乏才能，不能胜任，所以被俘。君王的官员没有杀掉我来衅鼓，让我回国接受诛戮，这是君王的恩惠。下臣实在没有才能，又敢怨恨谁？”楚共王说：“既然这样，那么你感激我吗？”知罃回答说：“两国为自己的国家打算，希望让百姓解脱，各自克制忿怒来互相谅解，两国都释放被俘的囚徒来缔结友好。两国友好，下臣不曾参与其事，又敢感激谁？”楚共王说：“您回去，用什么报答我？”回答说：“下臣不应当有怨恨，君王也不应当受感激,没有怨恨没有感激,不知道该报答什么。"楚共王说:"尽管如此,还是一定要告诉我。"回答说:"托君王的福,被囚的下臣能把骨头带回晋国去,我们国君如果诛戮我,我就是死而不朽了。如果蒙您的恩惠而赦免下臣,把下臣赐给君王的外臣荀首;荀首向我们国君请求,把下臣在宗庙中加以诛戮,也是死而不朽。如果没有得到诛戮的命令,让下臣继承宗族的世职,轮到下臣承担晋国的军事要职,并率领军队加强边境的防御,即使遇上您手下人,也不敢逃避。只有竭尽全力至死,也没有别的念头,用这来尽作为臣下的礼节,这就是用来报答君王的。"楚共王说:"晋国是不能和它抗争的。"隆重地为知罃举行了礼仪,放他回去了。

吕相绝秦 成公十三年

【题解】

《左传》中的行人辞令有的是当时随机应变,冲口而出,大多数则是事先众人拟定好的,此篇即是如此。这篇辞令虽有强词夺理、歪曲事实之处,但结构严整,步步进逼,句法错综,雄辩壮阔,开战国纵横家之先河,对后代的檄文也有很大影响。

晋侯使吕相绝秦①,曰:

【注释】

①晋侯:晋厉公。吕相:魏相,晋大夫魏锜(qí)之子。魏锜又称吕锜,故魏相又称吕相。

【译文】

晋厉公派吕相去秦国宣布绝交,说:

“昔逮我献公及穆公相好[①]，戮力同心[②]，申之以盟誓，重之以昏姻[③]。天祸晋国[④]，文公如齐，惠公如秦。无禄[⑤]，献公即世[⑥]，穆公不忘旧德，俾我惠公用能奉祀于晋[⑦]。又不能成大勋，而为韩之师[⑧]。亦悔于厥心[⑨]，用集我文公[⑩]，是穆之成也[⑪]。

【注释】

①逮(dài)：自从。献公：晋献公。穆公：秦穆公。

②戮(lù)力：并力，合力。

③重：增益，加深。昏姻：即婚姻。昏，同“婚”。

④天祸晋国：指前655年骊姬之乱。晋献公听信骊姬谗言，迫使太子申生自杀，公子重耳流亡于齐、楚等国，公子夷吾流亡至秦。

⑤无禄：无福，不幸。

⑥即世：下世，去世。

⑦奉祀于晋：主持晋国的祭祀，指为晋国君主。

⑧韩之师：指僖公十五年(前645)秦晋韩原之战。晋惠公依靠秦穆公的力量回国立为国君，曾答应回国后割让给秦国城池，但随即负约；晋饥，秦接济粮食，秦饥，晋却不接济；于是有秦晋韩原之战。师，战争，战役。

⑨厥(jué)：其，指秦穆公。

⑩集：成就。

⑪成：成全，帮助。

【译文】

“过去自从我们献公和穆公互相友好，合力同心，用盟誓申明它，又用婚姻巩固它。上天降祸晋国，文公到了齐国，惠公到了秦国。不幸，献公去世，穆公不忘记过去的恩德，使我们惠公能够在晋国主持祭祀，但又没有能完成这一重大功业，反而发动了韩原之战。穆公心里后悔，因此扶助我们文公回国做了国君。这是穆公帮助成全的。

“文公躬擐甲胄①，跋履山川，逾越险阻，征东之诸侯，虞、夏、商、周之胤而朝诸秦②，则亦既报旧德矣。郑人怒君之疆埸③，我文公帅诸侯及秦围郑。秦大夫不询于我寡君④，擅及郑盟，诸侯疾之，将致命于秦⑤。文公恐惧，绥靖诸侯⑥，秦师克还无害⑦，则是我有大造于西也⑧。

【注释】

①躬：亲自。擐(huàn)：穿。胄(zhòu)：头盔。

②胤(yìn)：后代。按，晋帅诸侯朝秦事《春秋》三传皆不载。

③怒：发怒。这里指侵犯。疆埸(yì)：疆界，边境。

④询：商议。

⑤致命：献出生命。这里指拼死决战。

⑥绥靖：安抚。

⑦克：能够。害：损害。

⑧造：成就，功劳。西：指秦国，在晋国西面。此指僖公三十年(前630)秦晋围郑之事。此役本是晋文公因郑依附楚国且为报过郑时郑文公对他无礼的私仇而发起。

【译文】

“文公亲自披甲胄，跋涉山川，逾越艰难险阻，征讨东方的诸侯，让虞、夏、商、周的后裔都来朝见秦国，这也就已经报答过去的恩德了。郑国人侵犯君主的边境，我们文公率领诸侯和秦国一起包围郑国。可是秦国的大夫没有征询我们国君的意见，擅自和郑国订立盟约，诸侯为此愤恨，准备和秦国拼命。文公忧惧，安抚诸侯，秦军得以回国而没有受到损害，这么说来我们对秦国是有极大贡献的。

“无禄，文公即世，穆为不吊[①]，蔑死我君[②]。寡我襄公[③]，迭我殽地[④]，奸绝我好[⑤]，伐我保城[⑥]，殄灭我费滑[⑦]，散离我兄弟，挠乱我同盟，倾覆我国家。我襄公未忘君之旧勋，而惧社稷之陨，是以有殽之师[⑧]。犹愿赦罪于穆公[⑨]。穆公弗听，而即楚谋我[⑩]。天诱其衷[⑪]，成王陨命[⑫]，穆公是以不克逞志于我[⑬]。

【注释】

①吊：友好，友善。

②蔑死我君：或谓当作“蔑我死君”与下句“寡我襄公”对。

③寡：孤，弱。此处用为意动，认为孤弱可欺。

④迭：通“轶(yì)”，突然进犯。殽(xiáo)：同“崤”，地名。在今河南洛宁西北。

⑤奸绝：断绝。奸，通“干”。

⑥保：同“堡”，小城。

⑦殄(tiǎn)：灭绝。费滑：滑国，姬姓，都于费。

⑧殽之师：指鲁僖公三十三年(前627)秦晋崤之战。

⑨赦(shè)罪：赦免罪过，寻求和解。

⑩即：接近，亲近。

⑪天诱其衷：上天的心向着我们。诱，奖，劝勉，鼓励。衷，心。

⑫成王：楚成王。

⑬逞：满足。事见文公十四年(前613)。秦楚合谋不成，由于楚国有人作梗且有内乱。吕相所言不过是外交辞令。

【译文】

“不幸，文公去世，穆公并不友善，蔑视我们已故的国君。欺凌我们襄公，侵犯我们的崤地，断绝我们的友好关系，攻打我们的城池，灭亡我们的滑国，离间我们的兄弟之邦，扰乱我们的同盟之国，颠覆我们的社稷家园。我们襄公没有忘记君主过去的恩德，而又害怕国家的倾覆，所以才有崤之战。但我们还是希望穆公能赦免晋国的罪过。穆公不答应，反而靠拢楚国合谋对付我们。上天有眼，楚成王丧命，穆公侵犯我国的意图因此不能得逞。

“穆、襄即世，康、灵即位。康公①，我之自出②，又欲阙翦我公室③，倾覆我社稷，帅我蝥贼④，以来荡摇我边疆，我是以有令狐之役⑤。康犹不悛⑥，入我河曲⑦，伐我涑川⑧，俘我王官⑨，翦我羁马⑩，我是以有河曲之战⑪。东道之不通⑫，则是康公绝我好也。

【注释】

①康公：秦康公。

②我之自出：即“自我出”。指康公为晋献公女伯姬所生，是晋国的外甥。

③阙(jué)翦：损害。

④蝥(máo)贼：食苗害虫。用来比喻内奸，这里指晋文公之子公子雍。

⑤令狐之役：指鲁文公七年(前620)秦晋令狐之战。令狐，在今山西临猗西南。当时晋襄公死后继承人没有确定，晋人想迎公子雍回国即位，并派人去秦国接他，秦康公以兵送之，后晋立灵公，反而出兵攻击秦人及公子雍。

⑥悛(quān):悔改。

⑦河曲:晋地名。在今山西芮城西风陵渡一带黄河曲流处。

⑧涑(sù)川:水名。即今山西西南部黄河支流涑水河。

⑨王官:晋地名。在今山西闻喜南。

⑩羁(jī)马:晋地名。在今山西永济南。

⑪河曲之战:指发生在鲁文公十二年(前615)的秦晋之战。此战是秦为报令狐之役而发动的。

⑫东道之不通:指两国不相往来。晋国在秦国东面。

【译文】

“穆公、襄公去世,康公、灵公即位。康公,是我国伯姬所生,却又想损害我们公室,颠覆我们社稷,领着我国的奸贼,前来动摇我们的边疆,于是我国才有令狐这次战役。康公还是不肯悔改,进入我国的河曲,攻打我国的涑川,侵占我国的王官,切断我国的羁马,于是我国才有河曲这次战役。东边道路的不通,就是由于康公跟我们断绝友好关系的缘故。

“及君之嗣也[①],我君景公引领西望曰[②]:‘庶抚我乎!’君亦不惠称盟[③],利吾有狄难[④],入我河县[⑤],焚我箕、郜[⑥],芟夷我农功[⑦],虔刘我边陲[⑧],我是以有辅氏之聚[⑨]。君亦悔祸之延,而欲徼福于先君献、穆[⑩],使伯车来命我景公曰[⑪]:‘吾与女同好弃恶[⑫],复修旧德,以追念前勋。’言誓未就,景公即世,我寡君是以有令狐之会[⑬],君又不祥[⑭],背弃盟誓。白狄及君同州[⑮],君之仇雠,而我之昏姻也[⑯],君来赐命曰:‘吾与女伐狄。’寡君不敢顾昏姻,畏君之威,而受命于使[⑰]。君有二心于狄[⑱],曰:‘晋将伐女。’狄应且憎,是用告我。楚人恶君之二三其德也[⑲],亦来告我曰:‘秦背令狐之盟,而来求盟于我，昭告昊天上帝、秦三公、楚三王曰[20]：“余虽与晋出入[21]，余唯利是视。”不穀恶其无成德[22]，是用宣之[23]，以惩不一[24]。’诸侯备闻此言，斯是用痛心疾首，昵就寡人[25]，寡人帅以听命，唯好是求。君若惠顾诸侯，矜哀寡人[26]，而赐之盟，则寡人之愿也，其承宁诸侯以退[27]，岂敢徼乱？君若不施大惠，寡人不佞[28]，其不能以诸侯退矣。敢尽布之执事，俾执事实图利之[29]。”

【注释】

①君：秦桓公。

②引领：伸长脖子。形容盼望心切。

③称盟：举行盟会。

④利：利用，乘机。狄难：指鲁宣公十五年（前594）秦国趁着晋军剿灭赤狄潞氏而讨伐晋国事。

⑤河县：晋地名。在今山西蒲县。

⑥箕：晋地名。在今山西蒲县箕城。郜（gào）：晋地名。在今山西祁县西。

⑦芟（shān）夷我农功：指秦人抢劫收割晋国的庄稼。芟夷，刈割。农功，指农作物。

⑧虔（qián）刘：屠杀。

⑨辅氏之聚：指鲁宣公十五年（前594）晋在辅氏聚众抗秦一事。辅氏，晋地名。在今陕西大荔。

⑩徼（yāo）：通“邀”，招致，求取。

⑪伯车：秦桓公的儿子。

⑫女（rǔ）：通“汝”，你。

⑬令狐之会：指鲁成公十一年（前580）的秦晋之盟。

⑭不祥：不善，不怀好意。

⑮白狄：是狄族的一支，与秦君同在雍州。同州：同在一个州。州，雍州，在今陕西、甘肃全部及青海部分地区。

⑯我之昏姻：白狄女子曾嫁晋文公。

⑰受命于使：接受来使的辞命。

⑱有二心于狄：一方面要攻打狄人，一方面又勾结狄人。

⑲二三其德：德行、行为不确定，反复无常。

⑳昭：明。昊天：皇天。秦三公：穆、康、共三公。楚三王：成、穆、庄三公。

㉑出入：往来。

㉒成德：全德，专一的德行。

㉓宣：公布。

㉔不一：不专一。

㉕昵就：亲昵，亲近。

㉖矜哀：怜悯，同情。

㉗承宁：止息，安静。

㉘不佞：不才，不敏。

㉙俾(bǐ)：使，让，此处有“请”的意思。图：考虑。

【译文】

“等到您继位以后，我们的国君景公伸着脖子遥望西边说：‘大概应该安抚我们了吧！’然而您不肯加恩结盟，反而乘我有狄人骚扰之难的机会，进入我国的河县，焚烧我国的箕地、郜地，抢割我国的庄稼，杀戮我国的边民，我国因此而有辅氏的战役。您也后悔灾祸蔓延，而想求福于先君献公和穆公，派遣伯车来命令我们景公说：‘我跟你共同友好，抛弃怨恨，重新修治以往的恩惠，以追念前人的勋劳。’盟誓还没有完成，景公就去世了，我们国君因此而有令狐的会见，您又不怀善意，背弃了盟誓。白狄跟您同在雍州，是您的仇人，却是我们的姻亲。您派人来命令说：'我跟你去攻打狄人。'我们国君不敢顾惜婚姻关系，害怕您的威严，就接受来使辞命。您又勾结狄人，说：'晋国将要攻打你们。'狄人口头上答应，而心里憎恶你们，因此告诉了我们秦君挑拨狄晋关系。楚国人讨厌您的反复无常，也来告诉我们说：'秦国背弃令狐的盟约，却来向我国请求结盟。明告皇天上帝、秦国的三位先公、楚国的三位先王说："我虽然和晋国有来往，我不过是图谋利益而已。"我讨厌他缺乏固有的道德，因此把真相公布出来，用来惩戒言行不一。'诸侯全都听到了这些话，因此痛心疾首，来亲近我们。我们率领诸侯来听取您的命令，只是为了请求友好。您如果顾念诸侯、怜悯寡人，而赐给我们盟约，那就是我们的愿望，就会让诸侯安定而退走，哪里还敢希求战乱？您如果不施大恩，我们没有本事，就不能率领诸侯退走了。冒昧地把详情全部报告给您，请您认真考虑一下秦国的利益。"

驹支不屈于晋　襄公十四年

【题解】

《春秋》讲"尊王攘夷"，《左传》也不时流露出这种思想，但《左传》又能不有意贬低戎夷，这比后来那些偏执狂妄的尊华贬夷的观点要进步得多。这篇文章就反映了《左传》这一特点。驹支的辩辞用事实说话，并引用中原人的《诗经》典故，逐句辩驳，辞婉理直，最终使晋人认错。从驹支的话中，也可见当时华夏与戎夷的交往，补充了一些史实，具有一定的史料价值。

会于向①。将执戎子驹支②。

【注释】

①会于向：指晋国召集诸侯在向商讨如何对付楚国一事。向，吴地

名。在今安徽怀远。

②戎子驹支：姜戎族首领，名驹支。

【译文】

诸侯在向地会见。晋国人打算拘捕戎子驹支。

范宣子亲数诸朝①，曰：“来！姜戎氏！昔秦人迫逐乃祖吾离于瓜州②，乃祖吾离被苫盖、蒙荆棘以来归我先君③，我先君惠公有不腆之田④，与女剖分而食之⑤。今诸侯之事我寡君不如昔者，盖言语漏泄，则职女之由⑥。诘朝之事⑦，尔无与焉。与⑧，将执女。”

【注释】

①范宣子：士匄(gài)，当时晋国的执政大臣。数：列举罪状，责备。朝：指盟会时设立的朝堂。

②乃：你。瓜州：地名。在今甘肃敦煌。

③被(pī)：同“披”。苫(shān)盖，草编的遮盖物，蓑衣。蒙：冒，戴着。荆棘：这里指用荆棘条编成的帽子。

④腆：丰厚，多。

⑤女(rǔ)：通“汝”，你。剖分：平分。

⑥职：当。女之由：即“由女”，因为你。

⑦诘朝：明天早上。

⑧与：参与。

【译文】

范宣子亲自在朝堂上责备他，说：“过来，姜戎氏！从前秦国人在瓜州驱赶你的祖父吾离，你的祖父吾离身披蓑衣、头戴草帽来归附我国先君。我国先君惠公拥有并不丰厚的田地，还和你们平分而靠它吃饭。

现在诸侯事奉我国国君所以不如以前，是因为说话泄漏机密，应当是你的缘故。明天早晨的诸侯会见，你不要参加了。如果参加，就要拘捕你。”

对曰：“昔秦人负恃其众，贪于土地，逐我诸戎。惠公蠲其大德①，谓我诸戎是四岳之裔胄也②，毋是翦弃③。赐我南鄙之田④，狐狸所居，豺狼所嗥，我诸戎除翦其荆棘，驱其狐狸豺狼，以为先君不侵不叛之臣，至于今不贰。昔文公与秦伐郑，秦人窃与郑盟，而舍戍焉⑤，于是乎有殽之师⑥。晋御其上，戎亢其下⑦，秦师不复，我诸戎实然，譬如捕鹿，晋人角之，诸戎掎之⑧，与晋踣之⑨。戎何以不免？自是以来，晋之百役，与我诸戎相继于时，以从执政，犹殽志也，岂敢离逷⑩？今官之师旅无乃实有所阙⑪，以携诸侯⑫，而罪我诸戎。我诸戎饮食衣服不与华同，贽币不通⑬，言语不达，何恶之能为？不与于会，亦无瞢焉⑭。”赋《青蝇》而退⑮。

【注释】

①蠲(juān)：显示。

②四岳：传说为尧、舜时四方部落首领。裔胄(zhòu)：后代。

③翦弃：灭绝。

④鄙：边疆。

⑤舍戍：留下戍守的人。舍，安置。

⑥殽(xiáo)之师：秦穆公趁晋文公去世，出兵伐郑，在殽地遭到晋人伏击，全军覆没，即殽之战。此战戎人出兵帮助晋国。

⑦亢：同“抗”，抵挡。

⑧掎(jǐ)：拉住。

⑨踣(bó):跌倒。

⑩离逷(tì):疏远,违背。

⑪官:犹言公家,指晋国。师旅:指执政官吏。

⑫以携诸侯:诸侯携有贰心。

⑬贽(zhì)币:见面时赠送的财物。

⑭瞢(méng):烦闷。

⑮《青蝇》:《诗经·小雅》中的篇名。此诗意在谴责进谗的小人,告诫统治者不要听信谗言。

【译文】

戎子驹支回答说:“从前秦国人仗着他们人多,贪求土地,驱逐我们各部戎人。惠公显示了他重大的恩德,说我们各部戎人都是四岳的后代,不能去除丢弃。赐给我们南部边境的田地,狐狸在这里居住,豺狼在这里嗥叫,我们各部戎人砍伐这里的荆棘,驱除这里的狐狸豺狼,作为不侵犯不背叛先君的臣下,直到如今没有二心。从前文公和秦国攻打郑国,秦国人私下和郑国结盟而在那里安排了戍守的军队,因此就有了崤地的战役。晋国在上边抵御,戎人在下边对抗,秦国的军队回不去,实在是我们各部戎人使他们这样的。譬如捕鹿,晋国人抓住角,各部戎人拖住腿,和晋国人合力把它扑倒。戎人为什么还不能免于罪责?从那时以来,晋国的多次战役,我们各部戎人都及时紧跟而上,追随执事,如同崤地战役的态度一样,哪里敢有违背?现在你们的执政者恐怕是有过失,因而使诸侯有了二心,反倒加罪于我们各部戎人。我们各部戎人饮食衣服和中原不同,财礼不相往来,言语不通,能够做什么坏事呢?不参加会见,也没有什么可烦闷的。”赋了《青蝇》这首诗然后退下。

宣子辞焉①,使即事于会,成恺悌也②。

【注释】

①辞：道歉。

②成恺悌：这里是不信谗言的意思。《诗经·小雅·青蝇》中有“岂弟君子，无信谗言”之句，岂弟即恺悌，平易近人。

【译文】

范宣子表示歉意，让他参加会见的事务，显示了平易而不听谗言的美德。

祁奚请免叔向 襄公二十一年

【题解】

君子相惜，交情如水，从叔向与祁奚身上可以看出。文章写叔向与祁奚的性格饱满传神。叔向的“弗应”“不拜”“不告免”，以及他对乐王鲋和祁奚的讨论，表现了他的镇定与知人；祁奚的乘驲而见，数典力谏，表现了他的急公好义。而结尾更是神来之笔，对后来的《世说新语》等有明显影响。

栾盈出奔楚①。宣子杀羊舌虎②，囚叔向③。

【注释】

①栾盈：晋大夫。与大臣范宣子争权失利而逃亡。

②宣子：即范宣子。羊舌虎：晋国大夫。叔向的异母弟，栾盈同党。栾盈出逃后，与箕遗、黄渊等十人一起被杀。

③叔向：即羊舌肸（xī），羊舌虎兄，晋大夫。

【译文】

栾盈逃亡到楚国。范宣子杀了羊舌虎，囚禁了叔向。

人谓叔向曰："子离于罪[1]，其为不知乎[2]？"叔向曰："与其死亡若何？《诗》曰：'优哉游哉，聊以卒岁[3]。'知也。"

【注释】

①离：通"罹"，遭受。

②知：同"智"，明智。

③优哉游哉，聊以卒岁：出自《诗经·小雅·采菽》。叔向因为受弟弟牵连而下狱，所以用此诗表示自己不介入党争，优游卒岁是明智之举。

【译文】

有人对叔向说："您遭受罪罚，恐怕是由于不明智吧？"叔向说："比起死和逃亡来怎么样？《诗经》说：'自在啊逍遥啊，姑且以此度过岁月。'这正是明智啊。"

乐王鲋见叔向[1]，曰："吾为子请。"叔向弗应。出，不拜。其人皆咎叔向。叔向曰："必祁大夫[2]。"室老闻之[3]，曰："乐王鲋言于君无不行，求赦吾子，吾子不许。祁大夫所不能也，而曰必由之，何也？"叔向曰："乐王鲋，从君者也[4]，何能行？祁大夫外举不弃仇，内举不失亲，其独遗我乎？《诗》曰：'有觉德行，四国顺之[5]。'夫子[6]，觉者也。"

【注释】

①乐王鲋(fù)：晋大夫。曾受晋平公的宠爱。

②祁大夫：即祁奚。他曾经举荐仇人解狐和自己的儿子祁午，受到当时人们的称道。

③室老：羊舌氏家臣的首领。

④从：顺从。

⑤有觉德行，四国顺之：出自《诗经·大雅·抑》。觉，正直。

⑥夫子：对人的尊称，老先生。

【译文】

乐王鲋去见叔向，说："我为您去求情。"叔向没有回答。乐王鲋退出，叔向又不拜送。叔向的手下人都责怪他。叔向说："一定要祁大夫才能办成。"家臣首领听到了，说："乐王鲋对国君说的话没有不被采纳照办的，他想去请求赦免您，您不同意。祁大夫所做不到的，而您说一定要由他去办，这是为什么？"叔向说："乐王鲋，是顺从国君的人，哪里能办得到？祁大夫举拔宗族外的人不摒弃仇人，举拔宗族内的人不遗落亲人，难道会独独留下我吗？《诗经》说：'有正直的德行，四方的国家向他归顺。'他老先生就是正直的人。"

晋侯问叔向之罪于乐王鲋[①]。对曰："不弃其亲，其有焉。"

【注释】

①晋侯：晋平公。

【译文】

晋侯向乐王鲋询问叔向的罪过。乐王鲋回答说："不背弃他的亲人，他可能参加了策划叛乱。"

于是祁奚老矣，闻之，乘驲而见宣子[①]，曰："《诗》曰：'惠我无疆，子孙保之[②]。'《书》曰：'圣有谟勋，明征定保[③]。'夫谋而鲜过、惠训不倦者[④]，叔向有焉。社稷之固也，犹将十世宥之，以劝能者[⑤]，今壹不免其身，以弃社稷，不亦惑乎？鲧殛而禹兴[6]，伊尹放大甲而相之[7]，卒无怨色，管、蔡为戮[8]，周公右王[9]。若之何其以虎也弃社稷[10]？子为善，谁敢不勉？多杀何为？”宣子说[11]，与之乘，以言诸公而免之[12]。不见叔向而归，叔向亦不告免焉而朝。

【注释】

①驲(rì)：古时驿站所用的车子。

②惠我无疆，子孙保之：出自《诗经·周颂·烈文》。

③圣有谟勋，明征定保：出自伪《古文尚书·胤征》。谟，谋略。征，证明。

④鲜(xiǎn)：少。

⑤劝：鼓励。

⑥鲧(gǔn)殛(jí)而禹兴：鲧治水无功，舜流放之，继用其子禹而成功。鲧，禹的父亲。殛，流放。

⑦伊尹放大甲而相之：伊尹为商汤之相，太甲是汤的孙子。太甲即位无道，被伊尹放逐三年，改过后才复位，伊尹做他的宰相，而太甲毫无怨言。

⑧管、蔡为戮(lù)：管叔、蔡叔与周公是兄弟，管、蔡帮助殷之武庚叛周，周公辅佐成王，平定叛乱。

⑨右：同“佑”，赞助，辅佐。

⑩虎：羊舌虎。

⑪说：同“悦”，喜悦。

⑫诸：之于。

【译文】

当时祁奚已经告老退休了，听到这个情况，坐上驲车去拜见范宣子，说：“《诗经》说：‘赐给我们的恩惠没有边际，子子孙孙永远保持。’《尚书》说：‘智慧的人有谋略之功，应当相信保护。’谋划而少有过错，教育别人而不知疲倦，叔向是具备的。他是国家的柱石，即使十代子孙有了过错还要赦免，用来勉励有能力的人。现在一次获罪就连本身都不能赦免，抛弃国家的栋梁，这不也使人困惑吗？鲧被流放而禹被起用；伊尹放逐太甲而又做他的宰相，太甲始终没有怨恨的样子；管叔、蔡叔被诛戮，周公辅佐成王。为什么因为羊舌虎就抛弃社稷之臣呢？您做了好事，谁敢不努力？多杀人干什么？”范宣子听了很高兴，和他共乘一辆车子，向晋侯劝说而赦免了叔向。祁奚不去见叔向就回去了，叔向也不向祁奚报告得到赦免而直接去朝见晋平公。

子产告范宣子轻币 襄公二十四年

【题解】

范宣子加重诸侯贡赋借以中饱私囊，子产的信一上来就将“令德”“令名”与“重币”对举，执论正大，然后用赞叹之语论述令德、令名对个人家国的重要，用激危之语论述重币对个人家国的危害，正反论证了修德轻币才是盟主风范。最后“象有齿以焚其身，贿也”的比喻，至今仍有借鉴意义。

范宣子为政，诸侯之币重①，郑人病之②。

【注释】

①诸侯之币重：指诸侯向晋国供奉大量财物。币，财礼。

②病：忧患，苦恼。

【译文】

范宣子执政，诸侯朝见晋国时的贡品很重，郑国人对此感到苦恼。

二月，郑伯如晋①。子产寓书于子西②，以告宣子，曰："子为晋国，四邻诸侯不闻令德③，而闻重币，侨也惑之④。侨闻君子长国家者⑤，非无贿之患⑥，而无令名之难⑦。夫诸侯之贿聚于公室，则诸侯贰，若吾子赖之⑧，则晋国贰。诸侯贰，则晋国坏；晋国贰，则子之家坏，何没没也⑨！将焉用贿？夫令名，德之舆也；德，国家之基也。有基无坏，无亦是务乎？有德则乐，乐则能久。《诗》云'乐只君子，邦家之基'⑩，有令德也夫！'上帝临女，无贰尔心'⑪，有令名也夫！恕思以明德⑫，则令名载而行之，是以远至迩安⑬。毋宁使人谓子'子实生我'⑭，而谓'子浚我以生'乎⑮？象有齿以焚其身，贿也。"宣子说，乃轻币。

【注释】

①郑伯：郑简公。如：往。

②子产：即公孙侨，字子产，郑简公时为卿。寓书：托人捎带书信。子西：公孙夏，郑大夫。

③令德：美德。

④侨：子产自称。

⑤长：犹言治理，领导。

⑥无贿之患：即"患无贿"。贿，财物。

⑦无令名之难：即"难无令名"。令名，好名声。

⑧赖：恃用，倚仗，占为己有。

⑨没没（mò）：犹言昧昧，糊涂，执迷不悟。

⑩乐只君子，邦家之基：出自《诗经·小雅·南山有台》。只，句中助词，无义。

⑪上帝临女，无贰尔心：出自《诗经·大雅·大明》。女，通

"汝",你。

⑫恕思:宽厚、体谅。

⑬迩(ěr):近。

⑭毋宁:宁,宁可。

⑮浚(jùn):榨取。

【译文】

二月,郑伯前往晋国。子产捎信给子西,让他告诉范宣子说:"您治理晋国,四邻的诸侯没听说美德而听说要很重的贡品,侨对这种情况感到迷惑。侨听说君子领导国家和家族,不是担心没有财物,而是害怕没有好名声。诸侯的财货聚集在国君家里,那么诸侯就会离异;如果您从中取利,那么晋国的内部就不团结。诸侯怀有二心,那么晋国就受到损害;晋国内部不一致,那么您的家就受到损害。为什么那么糊涂呢!哪里还用得着财货?好名声,是装载德行远远传播的车子;德行,是国家的根基。有了基础才不至于毁坏,不应当致力于此吗?有了德行就快乐,有了快乐就能长久。《诗经》说:'快乐啊君子,是国家和家族的基础',这是因为有美德吧!'天帝在你的上面,你不要三心二意',这是因为有好名声吧!用宽厚体谅来发扬德行,那么好名声就像车子一样装载着美德四处传播,因此远方的人归附,近处的人安心。您是宁可让人对您说'您确实养活了我',还是对您说'您榨取我来养活自己'呢?象有了象牙而毁了自己,是由于它值钱的缘故。"范宣子很高兴,就减轻了贡品。

晏子不死君难 襄公二十五年

【题解】

臣子如何处理自己与君主的关系,愚忠是否可取?晏子的言论和行动对这个困扰臣子的问题给予了最好的回答。孟子所说"民为贵,社稷次之,君为轻",晏子的言行与此暗合。

崔武子见棠姜而美之[①],遂取之[②]。庄公通焉[③],崔子弑之[④]。

【注释】

①崔武子:崔杼,齐国大臣。棠姜:齐国棠公之妻。

②取:同“娶”,娶妻。

③庄公:齐庄公。通:私通。

④弑(shì):子杀父,臣杀君为弑。

【译文】

崔武子见到棠姜觉得她很美,于是就娶了她。齐庄公和她私通,崔武子杀了齐庄公。

晏子立于崔氏之门外[①],其人曰[②]:“死乎[③]?”曰:“独吾君也乎哉?吾死也。”曰:“行乎?”曰:“吾罪也乎哉?吾亡也[④]。”曰:“归乎?”曰:“君死,安归?君民者[⑤],岂以陵民[⑥],社稷是主[⑦]。臣君者,岂为其口实[⑧],社稷是养[⑨]。故君为社稷死,则死之,为社稷亡,则亡之。若为己死,而为己亡,非其私暱[⑩],谁敢任之[⑪]?且人有君而弑之[⑫],吾焉得死之?而焉得亡之?将庸何归[⑬]?”门启而入,枕尸股而哭。兴[⑭],三踊而出[⑮]。人谓崔子:“必杀之!”崔子曰:“民之望也[⑯],舍之,得民。”

【注释】

①晏子:晏婴,字平仲。历仕齐灵公、庄公、景公三世,曾任齐卿。

②其人:指晏子的随从。

③死:为国君殉难。

④亡:与上文“行”同义,指逃亡国外。

⑤君民：作为民众君主的人。

⑥陵：凌驾于……之上。

⑦社稷是主：即“主社稷”，主持国家政务。

⑧口实：俸禄。

⑨社稷是养：即“养社稷”。养，保养，保护。

⑩私昵：个人宠爱的人。

⑪任之：承担君难，即陪死、陪亡之义。

⑫人有君而弑之：庄公之立，由于崔杼，崔杼得到庄公的宠用，故言“人有君”。人，指崔杼。

⑬庸何：同义连用，哪里。

⑭兴：起来。

⑮三踊(yǒng)：跳了三下。踊，跳跃。

⑯望：仰望，拥戴。

【译文】

晏子站在崔氏的门外，他的手下说：“准备为他而死吗？”晏子说：“他仅是我一个人的国君吗，我要为他而死？”手下说：“准备逃亡吗？”晏子说：“是我的罪过吗，我要逃亡？”手下说：“准备回去吗？”晏子说：“国君死了，回哪里去？作为百姓的君主，难道是要让他的地位凌驾于百姓之上吗？应当是要他主持国政。作为君主的臣下，难道是为了得到他的俸禄吗？应当是要他保护国家。所以君主为国家而死，那么臣下也就为他而死；君主为国家而逃亡，那么臣下也就为他而逃亡。如果君主是为自己而死，为自己而逃亡，不是他私人宠爱的人，谁敢承担责任？而且人家受君主宠爱反而杀死了他，我哪里能为他死？哪里能为他逃亡？但是又能回到哪里去呢？”门开了，晏子进去，把庄公的尸体放在自己腿上而号哭。哭完站起来跳了三下以后才出去。有人对崔武子说：“一定要杀了他！”崔武子说：“他是百姓拥戴的人，放了他，可以得民心。”

季札观周乐　襄公二十九年

【题解】

礼乐是中原文化的核心，中原人引以为傲，并以此作为区别夷夏的重要标准之一。吴国虽自称周太伯之后，但中原人一直视其为蛮夷。季札聘鲁求观周乐，在礼乐的拥有者守护者、号称最知礼的鲁人面前显示自己对礼乐的精到理解，不仅展示个人的文化修养，更展示了吴国的文明程度，表明吴并非蛮夷。吴想争霸，压制楚国，取得中原国家的承认与协助是第一步，季札这次出访中原各国，就带有这一政治目的，而通过对礼乐的理解则是拉近关系的重要手段，应该说季札的请观周乐并不是出于他个人的爱好，而是有着明确的政治性。《左传》的这篇记载还是现存最完整的《诗经》篇目编排的资料，对于后人研究《诗经》具有重要价值。

吴公子札来聘①，请观于周乐②。使工为之歌《周南》《召南》③，曰："美哉，始基之矣④，犹未也⑤，然勤而不怨矣⑥。"为之歌《邶》《鄘》《卫》⑦，曰："美哉，渊乎⑧！忧而不困者也。吾闻卫康叔、武公之德如是⑨。是其《卫风》乎？"为之歌《王》⑩，曰："美哉，思而不惧⑪，其周之东乎⑫？"为之歌《郑》⑬，曰："美哉，其细已甚⑭，民弗堪也。是其先亡乎？"为之歌《齐》⑮，曰："美哉，泱泱乎⑯！大风也哉⑰！表东海者⑱，其大公乎⑲？国未可量也。"

【注释】

①吴：古国名。都城在今江苏苏州，自称是周太王之子太伯之后，姬姓。公子札：即季札，吴王寿梦的小儿子。聘：聘问。

②周乐：周成王曾赐给鲁国天子之乐，所以季札要求欣赏周王室乐舞。

③《周南》《召(shào)南》：见于《诗经》，周、召的乐歌。周、召是周公、召公的封地，在今长江、汉水一带。

④始基之矣：开始为周王奠定教化的基础。

⑤犹未：还没有尽善尽美。

⑥勤：勤劳。

⑦《邶(bèi)》《鄘(yōng)》《卫》：《诗经》中的《邶风》《鄘风》《卫风》，邶、鄘、卫的乐歌。邶，是殷纣王子武庚的封地，在今河南汤阴；鄘，是周武王弟管叔的封地，在今河南汲县；卫，是周武王弟康叔的封地，在今河南淇县。

⑧渊：深。

⑨卫康叔：为卫国始封君，周公之弟。武公：卫康叔九世孙，是卫国的贤君。康叔遭管、蔡之乱，武公遭幽王褒姒之难，因此他们都有担忧，但却不为之困顿。

⑩《王》：《诗经》中的《王风》，东周洛阳附近的乐歌。王，周朝东都，周平王迁都于此，在今河南洛阳。

⑪思：忧虑。惧：畏惧。

⑫周之东：周王室东迁。

⑬《郑》：《诗经》中的《郑风》，郑地的乐歌。

⑭其细已甚：这是说郑诗多言琐细之事，意指郑国政令苛细。

⑮《齐》：《诗经》中的《齐风》，齐地的乐歌。

⑯泱泱：深广宏大的样子。

⑰大风：大国的音乐。

⑱表：表率。

⑲大公：姜太公吕尚，齐国始封君。

【译文】

吴国的公子札前来鲁国聘问，请求观赏周天子的音乐舞蹈。让乐工为他演唱《周南》《召南》，他说："美好啊！开始奠定基础了，还没有完成，然而百姓勤劳而没有怨恨。"为他演唱《邶风》《鄘风》《卫风》，他说："美好啊，深厚啊！哀愁而不窘迫。我听说卫康叔、武公的德行就像这样。这恐怕就是《卫风》吧？"为他演唱《王风》，他说："美好啊！忧虑而不恐惧，恐怕是周室东迁以后的音乐吧？"为他演唱《郑风》，他说："美好啊！但它琐碎得太过分了，百姓不能忍受。它恐怕是要先灭亡的吧？"为他演唱《齐风》，他说："美好啊，宏大啊！这是大国的音乐啊！作为东海一带诸侯的表率，恐怕是太公的国家吧？国家不可限量。"

为之歌《豳》①，曰："美哉，荡乎②！乐而不淫③，其周公之东乎④？"为之歌《秦》⑤，曰："此之谓夏声⑥。夫能夏则大⑦，大之至也，其周之旧乎⑧？"为之歌《魏》⑨，曰："美哉，沨沨乎⑩！大而婉⑪，险而易行⑫。以德辅此，则明主也。"为之歌《唐》⑬，曰："思深哉，其有陶唐氏之遗民乎⑭！不然，何忧之远也？非令德之后，谁能若是？"为之歌《陈》⑮，曰："国无主，其能久乎？"自《郐》以下无讥焉⑯。

【注释】

①《豳(bīn)》：《诗经》中的《豳风》，豳地的乐歌。豳，周代公刘曾迁都于此，西周亡后归于秦，今陕西旬邑、彬县一带。

②荡：博大的样子。

③淫：过度。

④周公之东：指周公遭管、蔡之变，东征三年。

⑤《秦》：《诗经》中的《秦风》，秦地的乐歌。秦人起先住在今陕西、

甘肃一带，后迁至西周故地岐山一带。

⑥夏声：古代中原地区的民间音乐。

⑦能夏则大：此“夏”亦“大”义，云夏声宏大。

⑧其周之旧：周王室东迁后，秦尽有周的旧地。

⑨《魏》：《诗经》中的《魏风》，魏地的乐歌。魏国，西周和春秋时在今山西芮城。

⑩沨沨(fán)：形容音乐婉转悠然。

⑪婉：委婉，多曲折。

⑫险而易行：指乐曲节奏迫促，但音声流畅。险，迫促，狭隘。

⑬《唐》：《诗经》中的《唐风》，唐地的乐歌。唐，周叔虞的封地，在今山西南部。

⑭陶(táo)唐氏之遗民：尧本封陶，后迁至唐，都为尧之旧都，故有此称。

⑮《陈》：《诗经》中的《陈风》，陈地的乐歌。陈国在今河南东南及安徽北部。

⑯《郐(kuài)》：郐地的乐歌。郐也作“桧”，周初封地，在今河南郑州南。讥：评论。

【译文】

为他演唱《豳风》，他说：“美好啊，坦荡啊！欢乐而不过度，大概是周公东征的音乐吧？”为他演唱《秦风》，他说：“这就叫做‘夏声’。能发夏声就是宏大，宏大到极点了，大概是周朝旧地的音乐吧？”为他演唱《魏风》，他说：“美好啊，抑扬婉转啊！粗犷而婉约，急促而易于行腔。如果用德行加以辅助，就是贤明的君主了。”为他演唱《唐风》，他说：“思虑深远啊！大概有陶唐氏的遗民吧！要不是这样，为什么忧思如此深远呢？不是盛德之人的后裔，谁能像这样？”为他演唱《陈风》，他说：“国家没有主人，难道能长久吗？”从《郐风》以下就没有评论了。

为之歌《小雅》[1]，曰："美哉，思而不贰，怨而不言[2]。其周德之衰乎？犹有先王之遗民焉[3]。"为之歌《大雅》[4]，曰："广哉，熙熙乎[5]！曲而有直体[6]，其文王之德乎？"

【注释】

①《小雅》：主要是贵族作品，也有一些民间歌谣，多创作于西周晚期。

②不言：不形于言语。

③先王：指周代文、武、成、康诸王。

④《大雅》：西周时的贵族作品。

⑤熙熙：和美，融洽。

⑥直体：刚劲有力。

【译文】

为他演唱《小雅》，他说："美好啊！忧愁而没有二心，怨恨而不形于言语。大概是周朝德行衰微时的音乐吧？还是有先王的遗民啊。"为他演唱《大雅》，他说："宽广啊，和美融洽啊！抑扬曲折而本体刚劲，恐怕是文王的德行吧？"

为之歌《颂》[1]，曰："至矣哉！直而不倨[2]，曲而不屈[3]，迩而不逼，远而不携[4]，迁而不淫[5]，复而不厌，哀而不愁，乐而不荒[6]，用而不匮，广而不宣[7]，施而不费[8]，取而不贪[9]，处而不底[10]，行而不流[11]。五声和[12]，八风平[13]，节有度[14]，守有序[15]，盛德之所同也。"

【注释】

①《颂》：祭祀所用的乐歌。《诗经》中有周颂、鲁颂、商颂。

②倨(jù):傲慢,放肆。

③屈:卑下。

④携:离开,游离。

⑤迁:变化。淫:过度。

⑥荒:过度。

⑦宣:显露。

⑧费:减少。

⑨不贪:意即易于满足。

⑩处:不动。底:停止。

⑪流:流荡泛滥。

⑫五声:指宫、商、角、徵(zhǐ)、羽五声音阶。

⑬八风:八方之风。一说为东北炎风、东滔风、东南熏风、南巨风、西南凄风、西飂风、西北厉风、北寒风,一说为东方明庶风、东南清明风、南方景风、西南凉风、西方阊阖风、西北不周风、北方广莫风、东北融风。

⑭节:节奏。

⑮守有序:更相鸣奏,次序井然。守,指乐器相守次序不乱。

【译文】

为他演唱《颂》,公子札说:"到达顶点了!正直而不放肆,委婉而不卑下,紧密而不局促,悠远而不散漫,变化而不过分,反复而不厌倦,哀伤而不忧愁,欢乐而不过度,用取而不匮乏,宽广而不显露,施予而不损耗,吸收而不贪婪,静止而不停滞,行进而不流荡。五声协调,八风和谐,节拍有一定的尺度,乐器有一定的次序,这是有盛德的人共同具有的。"

见舞《象箾》《南籥》者①,曰:"美哉,犹有憾②。"见舞《大武》者③,曰:"美哉,周之盛也,其若此乎?"见舞《韶濩》者④,

曰:“圣人之弘也[5]。而犹有惭德[6],圣人之难也。”见舞《大夏》者[7],曰:“美哉,勤而不德,非禹,其谁能修之?”见舞《韶箾》者[8],曰:“德至矣哉!大矣如天之无不帱也[9],如地之无不载也,虽甚盛德,其蔑以加于此矣[10]。观止矣[11]。若有他乐,吾不敢请已。”

【注释】

①《象箾(shuò)》:执竿而舞,是一种显示勇武的舞蹈。箾,即舞蹈者手持的竿。《南籥(yuè)》:这是一种象征文治的舞蹈。籥,古乐器,但也用作舞蹈者手持的道具。

②憾:遗憾,缺憾。

③《大武》:歌颂周武王的乐舞。

④《韶濩(hù)》:歌颂商汤的乐舞。濩,通“頀”。

⑤弘:伟大。

⑥惭德:惭愧,犹言缺点。

⑦《大夏》:歌颂夏禹的乐舞。

⑧《韶箾(xiāo)》:虞舜时的乐舞。又作“箫韶”。

⑨帱(dào):覆盖。

⑩蔑:无,没有。

⑪观止:欣赏到这种音乐实在达到顶点。

【译文】

看到跳《象箾》《南籥》舞,公子札说:“美好啊!但还有些遗憾。”看到跳《大武》舞,他说:“美好啊!周朝兴盛的时候,大概就是这样吧!”看到跳《韶濩》舞,他说:“像圣人那样的伟大,尚且还有缺点,当圣人不容易啊!”看到跳《大夏》舞,他说:“美好啊!勤劳而不自居有德,不是禹,谁能够办到?”看到跳《韶箾》舞,他说:“功德到达极点了,伟大啊,像苍天无不覆盖，像大地无不承载。这样盛大的德行，不能再比它有所增加了。观赏就到这里吧！如果还有其他音乐舞蹈，我不敢再请求了。”

子产坏晋馆垣 襄公三十一年

【题解】

子产是郑国杰出的政治家，尤其以娴于辞令、擅长处理外交关系著称。本文讲的就是在郑朝晋受到怠慢时子产的处置方式与对答辞令。子产在坏馆垣时已经准备好了应对方法，他一方面表明这样做是出于保护贡物的目的，一方面责备晋国不能守文公之教，有失霸主之职，正是义正辞严，强而不激。

子产相郑伯以如晋[①]，晋侯以我丧故[②]，未之见也。子产使尽坏其馆之垣而纳车马焉[③]，士文伯让之[④]，曰：“敝邑以政刑之不修，寇盗充斥，无若诸侯之属辱在寡君者何[⑤]，是以令吏人完客所馆[⑥]，高其闬闳[⑦]，厚其墙垣，以无忧客使。今吾子坏之，虽从者能戒，其若异客何？以敝邑之为盟主，缮完葺墙[⑧]，以待宾客，若皆毁之，其何以共命[⑨]？寡君使匄请命。”对曰：“以敝邑褊小，介于大国，诛求无时[⑩]，是以不敢宁居，悉索敝赋，以来会时事。逢执事之不闲，而未得见，又不获闻命，未知见时，不敢输币[⑪]，亦不敢暴露。其输之，则君之府实也[⑫]，非荐陈之[⑬]，不敢输也；其暴露之，则恐燥湿之不时而朽蠹，以重敝邑之罪。侨闻文公之为盟主也[⑭]，宫室卑庳[⑮]，无观台榭[⑯]，以崇大诸侯之馆，馆如公寝。库厩缮修，司空以时平易道路[⑰]，圬人以时塓馆宫室[⑱]；诸侯宾至，甸设庭燎[19]，仆人巡宫；车马有所，宾从有代[20]，巾车脂辖[21]，隶人、牧、圉各瞻其事[22]，百官之属各展其物。公不留宾[23]，而亦无废事，忧乐同之，事则巡之[24]，教其不知，而恤其不足。宾至如归，无宁菑患[25]，不畏寇盗，而亦不患燥湿。今铜鞮之宫数里[26]，而诸侯舍于隶人，门不容车，而不可逾越；盗贼公行，而夭厉不戒[27]，宾见无时，命不可知，若又勿坏，是无所藏币以重罪也。敢请执事：将何所命之？虽君之有鲁丧，亦敝邑之忧也，若获荐币，修垣而行[28]，君之惠也，敢惮勤劳！"文伯复命。赵文子曰[29]："信，我实不德，而以隶人之垣以赢诸侯[30]，是吾罪也。"使士文伯谢不敏焉。

【注释】

①子产：即公孙侨，字子产。郑简公时为卿。如：往，到。

②晋侯：晋平公。我丧：指鲁襄公之丧。

③馆：接待外宾的馆舍。

④士文伯：名匄(gài)，晋大夫。让：责备。

⑤无若：即无奈。属：臣属。在：存问。

⑥完：修缮。

⑦闬闳(hàn hóng)：馆舍的大门。

⑧缮完葺(qì)：三字同义连言，修缮。

⑨共命：供应满足大家的需求。共，通"供"。

⑩诛求：责求。无时：没有定时。

⑪输币：送缴礼物贡品。币，财物。

⑫府实：府库中的财产物品。

⑬荐陈：古时，客人向主人献礼，先陈列于庭，称为荐陈。

⑭侨：子产自称。

⑮庳(bì):矮小。

⑯观(guàn):宫门两旁的高大建筑。台榭(xiè):平坦的高台为台,台上建有敞屋的为榭。

⑰司空:掌管土木的官员。平易:修理,整修。

⑱圬(wū)人:泥瓦匠人。塓(mì):粉刷。

⑲甸:掌薪火之官称甸人。庭燎:庭中照明的火烛。

⑳宾从有代:指有人来替代宾客的随从。

㉑巾车:掌管车辆的官员。脂:膏脂,即加油。辖:车轴两端的键。

㉒隶人:掌管客馆洒扫之事的人。牧:放牧牛羊的人。圉(yǔ):养马的人。瞻:照料,管理。

㉓公不留宾:不使宾客滞留。

㉔巡:安抚。

㉕无宁:非但没有。菑:同"灾"。

㉖铜鞮(dī):晋国君离宫。故址在今山西沁县南。

㉗夭厉:亦作"夭疠",指瘟疫。

㉘行:离开,回去。

㉙赵文子:晋大夫。

㉚赢:受,接受,接待。

【译文】

子产陪同郑简公去晋国,晋平公由于我们鲁国有丧事的缘故,没有会见郑简公。子产派人全部拆毁晋国宾馆的围墙让车马进入。士文伯责备他说:"敝邑由于政事刑罚不能修明,盗贼到处都是,无奈诸侯的臣属屈尊问候寡君,怎么办?所以命令官吏修缮宾客的馆舍,加高它的大门,加厚它的围墙,以便不让宾客使者担忧。现在您拆毁了它,虽然您的随从能够做好警卫,但别国的宾客怎么办呢?由于敝邑是盟主,才修缮馆舍围墙,来接待宾客。如果都把它毁了,那又用什么来满足宾客的要求呢?我们国君派遣我前来请教。"子产回答说:"由于敝邑窄小，处在大国之间，大国索求贡品又没有一定时间，因此不敢安居，搜罗敝邑的全部财富，带着它前来参加朝会。碰上执事不得空闲，没有能够进见，又得不到命令，不知道进见的日期。我们不敢奉献财币，也不敢日晒夜露。如果奉献，这些就是君主府库中的财物，不经过陈列聘享礼物的正式仪式，那是不敢奉献的。如果日晒夜露，又恐怕一时干燥一时潮湿而导致朽坏，加重敝邑的罪过。侨听说贵国文公做盟主的时候，宫室低小，没有游乐的台榭，却把接待诸侯的宾馆造得又高又大。那时的宾馆如同今天贵国君主的寝宫一样，仓库马房加以修缮，司空按时修整道路，泥瓦工按时粉刷宾馆；诸侯宾客到达，甸人在庭院中点起火炬，仆人巡视宾馆，车马有一定的处所，随从有人替代，巾车为车辖加油，隶人和牧人、圉人各自照料分内的事情；官员们各自展示他们的礼品。文公不让宾客耽误时间，可是也没有简省礼仪，和宾客同忧共乐，遇上意外就安抚慰问；宾客不知道的就加以教导，缺少的就加以周济。宾客到了这里就好像回到家里一样，非但没有灾害，不怕抢劫偷盗，而且也不怕干燥潮湿。现在铜鞮山的宫室绵延几里，诸侯却住在下等人的屋子里，大门进不去车，而又不能翻墙进去；盗贼公然横行，而瘟疫又无法防止。宾客进见没有一定时间，接见的命令也不知道什么时候发布。如果不拆毁围墙，就没有地方收藏财礼而加重罪过了。冒昧地请问执事：准备对我们有什么指示？尽管君主遇到鲁国的丧事，这也是敝邑的忧戚。如果得以奉献财礼，修好围墙然后回去，这是君主的恩惠，我们难道敢害怕辛苦勤劳！”士文伯、回去报告执行命令的情况，赵文子说：“是这样。我们确实德行有亏，用收容下等人的房子去接待诸侯，这是我们的过错啊。”派士文伯去谢罪承认自己不明事理。

晋侯见郑伯，有加礼，厚其宴，好而归之[1]。乃筑诸侯之馆。

【注释】

①好：指好货，即好礼品。

【译文】

晋平公接见郑简公，提高礼仪规格，宴会更加隆重，赠送更加丰厚，才让他回国。于是就修筑接待诸侯的宾馆。

叔向曰[①]："辞之不可以已也如是夫[②]！子产有辞，诸侯赖之，若之何其释辞也？《诗》曰：'辞之辑矣，民之协矣；辞之怿矣，民之莫矣。'[③]其知之矣。"

【注释】

①叔向：晋大夫。

②辞：辞令。已：废弃。

③"辞之辑矣"以下四句：出自《诗经·大雅·板》。辑，和善亲睦。怿(yì)，欢悦。莫，安定。

【译文】

叔向说："辞令不能废弃就像这样吧！子产善于辞令，诸侯因此得利，像这样怎么能说废弃辞令呢？《诗经》说：'辞令融洽，百姓就团结了；辞令动听，百姓就安定了。'他懂得这个道理。"

子产论尹何为邑　襄公三十一年

【题解】

在如何培养人、任用人的问题上，子皮选择了让人边学边干，子产选择了先学后任用。仔细想来，对于重要的职位，子产的意见就显得更为稳妥了。文中表现了子产知无不言的坦诚态度，和子皮从善如流、主动让贤的品德，两人互相信任，互相扶助，是理想的上下级关系的写照。子产善用比喻，层层论证，令人信服。

子皮欲使尹何为邑①。子产曰：“少，未知可否。”子皮曰：“愿②，吾爱之，不吾叛也。使夫往而学焉，夫亦愈知治矣。”子产曰：“不可。人之爱人，求利之也。今吾子爱人则以政，犹未能操刀而使割也，其伤实多。子之爱人，伤之而已，其谁敢求爱于子？子于郑国，栋也。栋折榱崩③，侨将厌焉④，敢不尽言？子有美锦，不使人学制焉⑤，大官、大邑，身之所庇也，而使学者制焉，其为美锦不亦多乎⑥？侨闻学而后入政，未闻以政学者也。若果行此，必有所害。譬如田猎，射御贯⑦，则能获禽⑧，若未尝登车射御，则败绩厌覆是惧⑨，何暇思获？”子皮曰：“善哉！虎不敏。吾闻君子务知大者、远者，小人务知小者、近者。我，小人也。衣服附在吾身，我知而慎之，大官、大邑，所以庇身也，我远而慢之。微子之言⑩，吾不知也。他日我曰：‘子为郑国，我为吾家，以庇焉，其可也。’今而后知不足。自今请虽吾家，听子而行。”子产曰：“人心之不同如其面焉，吾岂敢谓子面如吾面乎？抑心所谓危⑪，亦以告也。”子皮以为忠，故委政焉，子产是以能为郑国。

【注释】

①子皮：郑卿公孙舍之子，名罕虎，为郑上卿。尹何：子皮的家臣。为邑：治理封邑。

②愿：谨慎老实。

③榱(cuī):屋椽。

④厌:通“压”。

⑤制:裁剪。

⑥多:很重要,重要得多。

⑦射御贯:熟悉射箭、驾车。贯,熟习,熟练。

⑧禽:同“擒”。

⑨败绩:指车辆崩坏。厌覆:即“压覆”。

⑩微:无,没有。

⑪抑:不过,可是。

【译文】

子皮想要让尹何治理他的封邑。子产说:“他还年轻,不知道行不行。”子皮说:“他老实谨慎,我喜欢他,他不会背叛我的。让他到了那里再学习,他也会更加懂得为政了。”子产说:“不行。一个人喜欢一个人,总是谋求对他有好处。现在您喜欢一个人却把政事交给他,如同不会用刀子而让他去切割,那样他受到的损伤就会很多。您喜欢一个人,不过是使他受到损伤,还有谁敢讨您的喜欢?您在郑国,是栋梁。栋梁折断椽子崩散,侨就会压在底下,岂敢不把话全部说出来?您有了漂亮的锦缎,是不会让人用来学习裁制的。高级的职位和重要的城邑,是自身的庇护,反而让初学的人去治理,它们比起漂亮的锦缎来,不是更贵重吗?侨听说学习以后才去办理政事,没有听说把办理政事作为学习的。如果真这样做,必定有所损害。譬如打猎,熟习了射箭驾车,就能够获得猎物;如果从没有登上车射过箭驾过车,那么就净害怕车翻了压着人,哪里有工夫去想获取猎物?”子皮说:“好啊,我真是不聪明。我听说君子致力于了解大的、远的,小人致力于了解小的、近的。我是小人啊。衣服穿在我身上,我了解而且爱惜它;高级的职位和重要的城邑是用来庇护自身的,我反而疏远而且轻视它。要是没有您的这番话,我是不会明白的。从前我说:‘您治理郑国,我治理我的家族以庇护自己,那就可以了。'现在才知道这样还不够。从现在起,我请求即使是我家族里的事务,也听凭您办理。"子产说:"人心的不一样就好像他们的面孔,我哪里敢说您的面孔像我的面孔呢?不过是心里觉得危险,就把它告诉您。"子皮认为子产忠诚,就把政事全部交付给他,子产因此能够治理郑国。

子产却楚逆女以兵 昭公元年

【题解】

文中楚太宰伯州犁的指责合情合理,无可辩驳,而郑国子羽干脆直接说破楚人借聘问迎亲袭击郑国的阴谋,使楚人明白郑人已有防范,不敢轻举妄动,这也是小国对付大国的一种手段。全文以伯州犁与子羽的问答为中心,渲染出当时极其紧张的气氛,这也是《左传》的叙事特色之一。

楚公子围聘于郑①,且娶于公孙段氏②,伍举为介③。将入馆,郑人恶之④,使行人子羽与之言⑤,乃馆于外。

【注释】

①公子围:楚共王之子。楚王郏敖(jiá áo)时为令尹,主兵事,后弑郏敖即王位,谥灵王。

②公孙段:字子石,食邑于丰,郑大夫。

③伍举:楚大夫,是伍子胥的祖父。介:副使。

④恶(wù):厌恶。

⑤行人:掌管朝觐聘问的官员。子羽:公孙挥,字子羽。

【译文】

楚国的公子围到郑国聘问，同时迎娶公孙段家的女子。伍举任副使。他们准备入城而住宾馆，郑国人讨厌公子围，派行人子羽同他交谈，公子围就住在了城外。

既聘，将以众逆①，子产患之，使子羽辞，曰："以敝邑褊小，不足以容从者，请墠听命②。"令尹使太宰伯州犁对曰③："君辱贶寡大夫围④，谓围：'将使丰氏抚有而室⑤。'围布几筵⑥，告于庄、共之庙而来⑦。若野赐之⑧，是委君贶于草莽也⑨，是寡大夫不得列于诸卿也。不宁唯是⑩，又使围蒙其先君⑪，将不得为寡君老⑫，其蔑以复矣⑬。唯大夫图之。"子羽曰："小国无罪，恃实其罪⑭。将恃大国之安靖己，而无乃包藏祸心以图之？小国失恃，而惩诸侯⑮，使莫不憾者，距违君命⑯，而有所壅塞不行是惧。不然，敝邑，馆人之属也⑰，其敢爱丰氏之祧⑱。"

【注释】

①众：军队。逆：迎接，迎娶。

②墠（shàn）：清扫地面以供祭祀之用。古代结婚，本应由男方到女方家的祖庙去行迎亲之礼，子产不愿意让公子围及其军队入城，便说要在郊外设一个墠场，代替丰氏之庙。

③令尹：指公子围。太宰：掌管宫廷内外事务、辅助国君治理国家的官员。伯州犁：楚国宗子，楚康王时任太宰。

④贶（kuàng）：赐予。

⑤抚有而室：指将丰氏女子嫁给公子围。抚有，有，"抚"也是有的意思。而，你，你的。有室，有妻子。

⑥布几(jī)筵：布置筵席。几，古人用以依凭身体的矮小桌子。筵，竹席。

⑦庄：楚庄王，公子围的祖父。共：楚共王。

⑧野：郊野。

⑨委：弃，抛弃。

⑩不宁：不仅，非但。

⑪蒙：蒙骗。

⑫老：古时卿大夫的尊称。这里指大臣。

⑬蔑：无，不能。

⑭恃实其罪：依靠大国而无防备是它的罪过。

⑮惩：警戒。

⑯距：通“拒”，抗拒。

⑰馆人之属：意即就像楚国的宾馆。

⑱祧(tiāo)：祖庙。

【译文】

聘问礼完成后，公子围准备带领士兵迎亲。子产为此担心，派子羽去拒绝他，说：“由于敝邑窄小，无法容纳全部随从，请求在郊外开辟墠场，以听取命令。”公子围命令太宰伯州犁回答说：“承蒙君主恩赐我们大夫围，对围说：‘将要把丰氏的女儿嫁给你，让你成家。’大夫围敬备筵席，祭告楚庄王、共王的神庙然后前来。如果在野外恩赐于我，这是把君主的恩赐丢弃在杂草丛中，也是让我们大夫不能处在卿的行列里了。不仅如此，又让大夫围蒙骗他的先君，这样就不能再做我们国君的大臣，恐怕也没有脸面回去了。请大夫斟酌一下。”子羽说：“小国没有罪过，一味依仗大国倒确实是罪过。准备倚仗大国安定自己，可是大国也许包藏祸心在打小国的主意吧？我们怕的是小国失去依靠，而使诸侯得以警戒，使他们没有一个不怨恨，抵触抗拒大国的命令，使大国的命令壅塞不能执行。如果不是这样，敝邑就等于宾馆一样，岂敢爱惜丰氏的祖庙？”

伍举知其有备也，请垂櫜而入①。许之。

【注释】

①垂櫜(gāo)：表示里面没有兵器，没有用武的意思。櫜，装弓矢盔甲的口袋。

【译文】

伍举知道郑国有了防备，请求倒垂弓袋进入。郑国同意了。

子革对灵王 昭公十二年

【题解】

楚灵王是个狂妄的君主，他问子革的三个问题充分暴露了自己的野心。子革采用了欲擒故纵的方法进谏，先随声附和，而顺辞中已寓深意；而后借灵王称赞左史倚相之机引出《祁招》之诗，言语始终不离不即，却击中了灵王的要害。本文是《左传》中最有趣味的段落之一，其中对灵王衣饰形象的具体描写、灵王前后的动作心理描写，都是《左传》中少见的；而中间忽插入灵王入内，析父与子革的对话，故作顿挫，使得文章摇曳生姿，煞是好看。

楚子狩于州来①，次于颍尾②，使荡侯、潘子、司马督、嚣尹午、陵尹喜帅师围徐以惧吴③。楚子次于乾谿④，以为之援。雨雪⑤，王皮冠，秦复陶⑥，翠被⑦，豹舄⑧，执鞭以出。仆析父从⑨。

【注释】

①楚子：楚灵王。狩(shòu)：冬猎。州来：楚地名。在今安徽凤台。

②次：驻扎。颍(yǐng)尾：颍水入淮河的地方称颍尾，在今安徽颍上东南。

③荡侯、潘子、司马督、嚣尹午、陵尹喜：五人都是楚大夫。徐：吴的附属国，在楚、吴之间，今江苏泗洪东南。

④乾(gān)谿：在今安徽亳州东南。

⑤雨(yù)雪：雨作动词用，雨雪即下雪。

⑥秦复陶：秦国所赠的羽衣，可防雨雪。

⑦翠被(pī)：翠羽的披风。

⑧豹舄(xì)：豹皮做的鞋子。

⑨仆析父(fǔ)：楚大夫。

【译文】

楚灵王在州来狩猎阅兵，驻扎在颍尾，派荡侯、潘子、司马督、嚣尹午、陵尹喜领兵包围徐国以威胁吴国。楚灵王驻扎在乾谿，作为他们的后援。下雪了，楚灵王头戴皮冠，身穿秦国的羽衣，外披翠羽披肩，脚蹬豹皮鞋，手拿鞭子走出来。仆析父随侍在侧。

右尹子革夕①。王见之，去冠、被，舍鞭，与之语，曰："昔我先王熊绎与吕伋、王孙牟、燮父、禽父并事康王②，四国皆有分，我独无有。今吾使人于周，求鼎以为分，王其与我乎？"对曰："与君王哉！昔我先王熊绎辟在荆山③，筚路蓝缕以处草莽④，跋涉山林以事天子，唯是桃弧、棘矢以共御王事⑤。齐，王舅也，晋及鲁、卫，王母弟也。楚是以无分，而彼皆有。今周与四国服事君王，将唯命是从，岂其爱鼎⑥？"王曰："昔我皇祖伯父昆吾⑦，旧许是宅⑧。今郑人贪赖其田⑨，而不我与。我若求之，其与我乎？"对曰："与君王哉！周不爱鼎，郑敢爱田？"王曰："昔诸侯远我而畏晋，今我大城陈、蔡、不羹[10]，赋皆千乘[11]，子与有劳焉，诸侯其畏我乎？”对曰：“畏君王哉！是四国者[12]，专足畏也[13]。又加之以楚，敢不畏君王哉？”

【注释】

①右尹：职官名。子革：名丹，郑大夫子然的儿子，由郑奔楚。夕：傍晚进见。

②熊绎：楚国最初受封的国君。吕伋(jí)：齐太公吕尚之子。齐国与周王室通婚，所以下文说齐为王舅。王孙牟：卫国始封君康叔之子。因康叔为周武王同母弟，故下文说卫是周王母弟。燮父：晋国始封君唐叔的儿子。因唐叔为周成王之弟，故下文说晋也是周王母弟。禽父：即伯禽，周公之子，始封于鲁。因周公为周武王同母弟，故下文说鲁也是周王母弟。康王：周成王之子周康王。

③荆山：楚人最早居住的地方，在今湖北南漳西。

④筚(bì)路蓝缕：比喻开创艰难。筚路，柴车，荆竹所制。蓝缕，衣服破烂。

⑤桃弧：桃木弓，用以祛邪。棘矢：用枣木做的箭，用以祛邪除灾。

⑥爱：吝惜，舍不得。

⑦皇祖伯父昆吾：楚国远祖季连之兄名昆吾，因有伯父之称。

⑧旧许是宅：即“宅旧许”。旧许，即许国，在今河南许昌。许后迁往叶、夷，旧地为郑国所有，故称旧许。昆吾曾居住在此。宅，居住。

⑨贪赖：贪利。

⑩不羹(láng)：楚地名。有东西二邑，东邑在今河南舞阳西北，西邑在今河南襄城东南。

⑪赋：军赋，指战车。

⑫国：此指大都大邑。

⑬专：唯独，仅仅。

【译文】

右尹子革傍晚前来进见。楚灵王接见他，脱掉帽子、披肩，扔掉鞭子，同他说道："从前我们的先王熊绎和吕伋、王孙牟、燮父、禽父一起事奉康王，那四个国家都得到颁赐，唯独我国没有。现在我派人到周国，请求把鼎作为颁赐，天子会给我吗？"子革回答说："会给君王的啊！从前我们先王熊绎住在边远的荆山，乘柴车，穿破衣，住在杂草丛中，跋山涉水，事奉天子，只能用桃木弓、枣木箭进贡天子。齐国，是天子的舅父，晋国和鲁国、卫国，是天子的同胞兄弟。楚国因此没有得到颁赐，但他们可都得到了。现在周和四个国家都顺服事奉君王，将会完全听从您的命令，难道还敢吝惜鼎吗？"楚灵王说："从前我们远祖伯父昆吾，居住在许国的旧地。现在郑国人贪图那里的田地，不给我们。我们如果要求归还，会给我们吗？"子革回答说："会给君王的啊！成周不吝惜鼎，郑国哪敢吝惜田地？"楚灵王说："从前诸侯疏远我国却害怕晋国，现在我们大修陈、蔡和东、西不羹的城墙，每地都有战车千辆，您也是有功劳的，诸侯会害怕我们吗？"子革回答说："会害怕君王的啊！这四个城邑，已经够使人害怕的了。又加上楚国全国的力量，诸侯哪敢不怕君王啊！"

工尹路请曰[①]："君王命剥圭以为鏚柲[②]，敢请命。"王入视之。

【注释】

①工尹路：工尹为世职，路是人名。

②剥：割，裂，破开。圭：古玉器，长方形，上尖下方。鏚（qī）：斧。柲（bì）：柄。

【译文】

工尹路请示说:"君王命令破开圭来装饰斧柄,谨请指示。"楚灵王进去察看。

析父谓子革:"吾子,楚国之望也。今与王言如响,国其若之何?"子革曰:"摩厉以须[①],王出,吾刃将斩矣。"

【注释】

①摩厉:即"磨砺",在磨刀石上磨刀。须:等待。

【译文】

析父对子革说:"您是楚国中大家仰望的人。现在和君王应对好像他的回声,国家怎么办?"子革说:"我磨快刀刃等着,君王出来,我的刀子就要砍下去了。"

王出,复语。左史倚相趋过[①],王曰:"是良史也,子善视之!是能读三坟、五典、八索、九丘[②]。"对曰:"臣尝问焉,昔穆王欲肆其心[③],周行天下,将皆必有车辙马迹焉。祭公谋父作《祈招》之诗以止王心[④],王是以获没于祗宫[⑤]。臣问其诗,而不知也,若问远焉,其焉能知之?"王曰:"子能乎?"对曰:"能。其《诗》曰:'祈招之愔愔[⑥],式昭德音[⑦]。思我王度,式如玉,式如金。形民之力[⑧],而无醉饱之心。'"

【注释】

①左史:史官。周代史官有左史、右史之别,一者记言,一者记事。倚相:楚国史官。趋过:在楚王前快步走过,表示敬意。

②三坟、五典、八索、九丘:传说中记载三皇五帝、八卦、九州的

古书。

③穆王：周穆王。肆：不受拘束，放纵。

④祭(zhài)公谋父：周王卿士。祭，畿(jī)内之国，谋父所封。

⑤没：通"殁(mò)"，死。祗宫：周穆王所修宫室。

⑥愔愔(yīn)：安详和平。

⑦式：句首助词。

⑧形民之力：指量度百姓的能力。形，通"型"。

【译文】

楚灵王出来，继续谈话。左史倚相低头快步走过，楚灵王说："这是个好史官，您要好好对待他！这个人能够读三坟、五典、八索、九丘。"子革回答说："下臣曾经问过他，从前周穆王想要放纵他的欲望，走遍天下，要求到处都有他的车辙马迹。祭公谋父作了《祈招》这首诗来遏止穆王的欲望，穆王因此得以在祗宫善终。下臣问他这首诗他却不知道，如果问更远的，他哪里能够知道？"楚灵王说："您能知道吗？"子革回答说："能。这首诗说：'祈招安详和悦，表明了有德者的声音。想起我君王的气度，好像玉，好像金。度量百姓的力量，自己没有醉饱之心。'"

王揖而入，馈不食①，寝不寐，数日。不能自克，以及于难②。

【注释】

①馈(kuì)：进餐。

②以及于难：指翌年楚灵王为公子比所逼迫，自缢而死。

【译文】

楚灵王向子革作揖然后走了进去，吃不下饭，睡不着觉，过了好几天。但终究不能克制自己，因而遇上了祸难。

仲尼曰:"古也有志[①]:'克己复礼,仁也。'信善哉[②]! 楚灵王若能如是,岂其辱于乾谿?"

【注释】

①志:记载。

②信:确实。

【译文】

孔子说:"古时候有记载说:'克制自己回复到礼,这是仁。'真是说得好啊! 楚灵王如果能够这样,难道会在乾谿蒙受耻辱吗?"

子产论政宽猛 昭公二十年

【题解】

子产用水与火比喻政令的宽和猛,形象地阐释了二者的辩证关系。全文以子产的话提出论点,以子太叔的执政实际为例证,以孔子的话为总结提升,如同一篇中心鲜明的小论文,简洁明快,历来受到执政者的重视。

郑子产有疾[①],谓子大叔曰[②]:"我死,子必为政。唯有德者能以宽服民,其次莫如猛。夫火烈,民望而畏之,故鲜死焉[③];水懦弱,民狎而玩之[④],则多死焉,故宽难。"疾数月而卒。

【注释】

①疾:病。

②子大(tài)叔:游吉。郑简公、郑定公时为卿,后继子产执政。

③鲜(xiǎn):少。

④狎:轻慢。玩:忽略。

【译文】

郑国的子产病了,对子太叔说:"我死以后,您必然执政。只有有德的人能用宽大来使百姓服从,其次就没有比严厉更合适的了。火猛烈,百姓看着害怕,所以很少有人死于火;水软弱,百姓轻慢而忽视它,所以很多人就死在水里,所以宽大并不容易。"病了几个月以后子产死了。

大叔为政,不忍猛而宽。郑国多盗,取人于萑苻之泽[①]。大叔悔之,曰:"吾早从夫子,不及此。"兴徒兵以攻萑苻之盗[②],尽杀之,盗少止。

【注释】

①取:通"聚",聚集。萑苻(huán fú)之泽:泽名。因葭苇丛生而便于藏身。

②徒兵:步兵。

【译文】

太叔执政,不忍心用严厉而实行宽大政策。结果郑国盗贼很多,聚集在萑苻泽里。太叔后悔了,说:"我早点听从他老人家的话,就不会到这一步的。"发动步兵攻打萑苻泽的盗贼,把他们全部杀掉,盗贼稍有收敛。

仲尼曰:"善哉!政宽则民慢[①],慢则纠之以猛,猛则民残[②],残则施之以宽。宽以济猛[③],猛以济宽,政是以和。《诗经》曰:'民亦劳止,汔可小康。惠此中国,以绥四方[④]。'施之以宽也。'毋从诡随,以谨无良。式遏寇虐,惨不畏明[⑤]。'纠之以猛也。'柔远能迩,以定我王[⑥]。'平之以和也。又曰:

‘不竞不絿，不刚不柔，布政优优，百禄是遒[⑦]。’和之至也。”及子产卒，仲尼闻之，出涕曰：“古之遗爱也。”

【注释】

①慢：怠慢。

②残：伤害。

③济：停止，引申为调节。

④“民亦劳止”以下四句：出自《诗经·大雅·民劳》。汔（qì），其。

⑤“毋从诡随”以下四句：欺诈叫诡，善变叫随。从，放纵。谨，约束。无良，即无良之人，恶人。式，应该。憯，曾，从来。明，明文规定的法律。

⑥柔远能迩，以定我王：平等地对待远方，温柔地对待近处，以使我王安定。柔，安抚。能，亲善。

⑦“不竞不絿（qiú）”以下四句：出自《诗经·商颂·长发》。絿，急。优优，温和宽厚的样子。遒，聚集。

【译文】

孔子说：“好啊！政策宽大百姓就怠慢，怠慢就要用严厉来纠正，严厉就会使百姓受到伤害，受到伤害就再实施宽大。用宽大调剂严厉，用严厉调剂宽大，政事因此而和谐。《诗经》说：‘百姓已经辛劳，可以让他们稍稍安康；赐恩给中原各国，用以安定四方。’这是实施宽大。‘不要放纵假装附和的人，以约束不良之徒。应当制止侵夺残暴，他们从来不怕法度。’这是用严厉来纠正。‘安抚边远，柔服近地，来安定我王。’这是用和谐来使国家平静。又说：‘不争不急，不刚不柔，施政从容不迫，百种福禄临头。’这是和谐的最高境界。”等到子产死去，孔子听到消息，流着眼泪说：“他具有古人仁爱的遗风啊。”

吴许越成 哀公元年

【题解】

伍员的谏辞先以夏少康中兴来比附勾践，再分析勾践的为人，复分析吴越两国世代为仇的利害关系，由古及今，并对未来作出预言，深刻地说明了“树德莫如滋，去疾莫如尽”的道理。文中记载的少康中兴一段历史不见于《史记·夏本纪》，是一段很重要的夏史资料。

吴王夫差败越于夫椒①，报槜李也②。遂入越。越子以甲楯五千保于会稽③，使大夫种因吴太宰嚭以行成④。吴子将许之。

【注释】

①夫差：春秋末年吴国国君。夫椒：山名。在今江苏吴县西南太湖中。

②槜(zuì)李：在今浙江嘉兴西南。鲁定公十四年(前496)，越国在此大败吴军，吴王阖闾脚伤而死。

③越子：越王勾践。甲楯(dùn)：披甲执楯的士兵。楯，盾牌。会(kuài)稽：山名。在今浙江绍兴南。

④大夫种：即文种，字禽，越国大夫。嚭(pǐ)：伯嚭，吴王夫差的宠臣，官至太宰。

【译文】

吴王夫差在夫椒打败越军，这是报复了槜李之仇，并乘势进入越国。越王带着披甲执盾的士兵五千人守住会稽，派大夫文种通过吴国太宰嚭去求和。吴王打算答应。

伍员曰①："不可。臣闻之：'树德莫如滋，去疾莫如尽。'昔有过浇杀斟灌以伐斟鄩②，灭夏后相③，后缗方娠④，逃出自窦，归于有仍⑤，生少康焉。为仍牧正⑥，惎浇能戒之⑦。浇使椒求之⑧，逃奔有虞⑨，为之庖正⑩，以除其害。虞思于是妻之以二姚⑪，而邑诸纶⑫，有田一成⑬，有众一旅⑭。能布其德，而兆其谋⑮，以收夏众，抚其官职。使女艾谍浇⑯，使季杼诱豷⑰，遂灭过、戈⑱。复禹之绩，祀夏配天，不失旧物。今吴不如过，而越大于少康，或将丰之⑲，不亦难乎！勾践能亲而务施，施不失人，亲不弃劳，与我同壤，而世为仇雠。于是乎克而弗取，将又存之，违天而长寇雠，后虽悔之，不可食已。姬之衰也⑳，日可俟也。介在蛮夷，而长寇雠，以是求伯㉑，必不行矣。"

【注释】

①伍员(yún)：字子胥。其父伍奢为楚大夫，被杀，子胥逃到吴国为大夫。

②过(guō)：古国名。在今山东掖县北。传说夏代东夷族首领寒浞之子浇(ào)封于此。斟灌、斟鄩(xún)：都是夏的同姓诸侯。

③后相：传说中的夏代君主相，夏启之孙。据说夏王太康被后羿夺去王位，寒浞杀后羿，取代夏政。后相依二斟，寒浞子浇灭二斟，后相亡。

④后缗(mín)：相的妻子，有仍氏的女儿。娠(shēn)：妊娠，怀孕。

⑤有仍：古代部族。在今山东济宁东南。

⑥牧正：掌管畜牧的官员。

⑦惎(jì)：毒，仇恨。

⑧椒：浇的臣下。

⑨有虞：原是舜的部落。这里指舜的后代封国，在今河南虞城北。

⑩庖正：掌管膳食的官员。

⑪虞思：虞国君。二姚：虞思的两个女儿。虞国姚姓。

⑫纶：虞地名。在今河南虞城东南。

⑬成：土地面积单位，方十里为一成。

⑭旅：五百步卒为一旅。

⑮兆：始。

⑯女艾：少康之臣，打入浇那里做间谍。

⑰季杼：少康之子。豷(yì)：浇之弟，封于戈。

⑱过、戈：指浇国和豷国。

⑲丰：壮大。

⑳姬：吴国姬姓。

㉑伯(bà)：通“霸”，诸侯盟主。

【译文】

伍员说：“不行。下臣听说：‘建树德行没有比不断培植更重要的，去除毒害没有比扫灭干净更重要的。’从前过国的浇杀了斟灌而攻打斟鄩，灭亡夏后相，夏后相的妻子后缗正怀着孕，从城墙小洞里逃出，回到娘家有仍，生了少康。少康后来做了有仍的牧正，对浇满怀仇恨而能警惕戒备。浇派椒寻找少康，少康逃奔到有虞，做了那里的庖正，因此逃避祸害。虞思因此把两个女儿嫁给他，封他在纶邑，拥有十里见方的田地和五百个步卒。少康能广施恩德，开始实行复国的计划，收集夏朝的余部，安抚他们的官员。派女艾到浇那里去刺探情报，派季杼去引诱豷。这样就灭亡了过国、戈国。恢复了禹的功绩，奉祀夏朝的祖先同时祭祀天帝，没有丢掉原有的天下。现在吴国不如过国，而越国大于少康，如果使越国壮大，不也是我们的灾难吗！越王勾践能够亲近人民而致力于施舍，施行恩惠自然不会失掉人心，亲近人民自然不会抹杀别人的功劳，越国和我国同处一块土地，而世世代代又是仇敌。在这种情况下攻下了而不取归己有，又打算让它存在下去，违背上天而壮大仇敌，以后虽然懊悔，也吃不消了。姬姓的衰微，指日可待。我国介于蛮夷之间而让仇敌壮大，用这样的办法求取霸业，必然是行不通的。”

弗听。退而告人曰：“越十年生聚，而十年教训，二十年之外，吴其为沼乎！”

【译文】

吴王不听从他的意见。伍员退下后告诉别人说：“越国用十年繁衍人口积聚力量，用十年教育训练人民，二十年以后，吴国的宫殿恐怕要成为池沼了！”

卷三

国　语

《国语》是一部先秦时期的历史文献汇编。关于它的作者，司马迁认为是左丘明，但现在的学者一般认为，《国语》是战国中叶一个不知名的史家，根据春秋各国史料汇编而成的。《国语》包括《周语》《鲁语》《齐语》《晋语》《郑语》《楚语》《吴语》《越语》八个部分，但受编者所掌握材料的限制，《国语》所收录的各国史料并不均衡。其中《晋语》最多，有127条，《郑语》最少，只有2条。

从时间来看，《国语》中的记载上起西周穆王时期(前976)，下至东周贞定王十六年(前453)，共约五百多年。它所记载的内容主要是当时各级贵族与治国相关的言论，虽以记言为主，但往往会用简略的语言交代事件的前因后果，因此各篇的记载相对完整独立。

祭公谏征犬戎　周语上

【题解】

这篇文章记载祭公谋父劝谏周穆王以德化怀服外邦，反复阐明了“耀德不观兵”的道理。穆王不听劝告，劳师动众仅得四只白鹿、四只白狼而归。

穆王将征犬戎[1]，祭公谋父谏曰[2]："不可！先王耀德不观兵[3]。夫兵戢而时动[4]，动则威，观则玩，玩则无震。是故周文公之《颂》曰[5]：'载戢干戈[6]，载櫜弓矢[7]。我求懿德，肆于时夏[8]，允王保之。'先王之于民也，茂正其德而厚其性[9]，阜其财求而利其器用[10]，明利害之乡[11]，以文修之，使务利而避害，怀德而畏威，故能保世以滋大。

【注释】

①穆王：即周穆王姬满，西周第五代天子。犬戎：西北戎人的一支。

②祭公谋父：周王卿士，字谋父，封于祭（今河南新郑），故称祭公。

③观：示，显示。

④戢（jí）：收藏，收敛。

⑤《颂》曰：以下出自《诗经·周颂·时迈》，武王伐纣后周公所作。

⑥载：动词前的助词，无实在意义。

⑦櫜（gāo）：收藏弓矢盔甲的袋子。这里指收藏。

⑧肆：陈列，布陈。时：通"是"，这。夏：华夏，指中国。

⑨茂：勉励。

⑩阜：大，增加。财求：即"财赇"，财物，财货。

⑪乡：通"向"，方向。

【译文】

周穆王打算征伐犬戎，祭公谋父进谏道："不可以！我们先王重视德化，不轻易使用武力。武力平时应该收敛，在需要时才能动用；一旦动用，就要显示威力；随便使用武力，就会显得轻率；轻率地滥用武力，就不再具有威慑力。所以周文公所作的《颂》诗说：'收起干戈，藏起弓箭。追求美德，让美德在中华大地施行，我王一定能永久保持。'先王对于百姓，总是勉励他们端正自己的品行，重视培养他们美好的品德；努力增加他们的财富，让他们有好的器物用具；使他们明白利害所在，再用礼法道德教导他们，使他们能够做到趋利避害，心怀感恩而畏惧威严，所以先王能够使王位世代相传并且更加强大。

“昔我先世后稷①，以服事虞、夏。及夏之衰也，弃稷弗务，我先王不窋用失其官②，而自窜于戎、翟之间③，不敢怠业，时序其德④，纂修其绪，修其训典，朝夕恪勤，守以惇笃⑤，奉以忠信，奕世载德⑥，不忝前人⑦。至于武王，昭前之光明而加之以慈和，事神保民⑧，莫不欣喜。商王帝辛⑨，大恶于民，庶民弗忍，欣戴武王⑩，以致戎于商牧⑪。是先王非务武也，勤恤民隐而除其害也⑫。

【注释】

①后稷（jì）：王室的农官，掌管农耕。此指弃，周的始祖，曾为虞舜、夏禹两朝的农官。

②不窋（zhú）：周先王弃之子，与其父相继为稷即农官。

③戎翟：同“狄”，古族名。主要居住在北方，亦为中原人对各少数民族的泛称。

④“时序”二句：序，继续。绪，事业。

⑤惇（dūn）笃：敦厚、实诚。

⑥奕世：累世，世世代代。

⑦忝（tiǎn）：玷污，辱没。

⑧保：养，养育。

⑨商王帝辛：即商代最后一位君王纣，名辛。

⑩戴：拥戴，拥护。

⑪戎：兵戎，指战争。商牧：商朝都城朝歌郊外的牧野，在今河南淇

县南。周武王在这里大败商纣王的军队。

⑫隐：痛苦，苦难。

【译文】

“过去我们祖先后稷，事奉虞、夏两朝。到夏朝衰微时，废除了农官之职，我们的先祖不窋因此失掉官职，逃到西戎、北狄等少数民族之间的地方。他不敢懈怠废弃农事，常常传布先人的美好品德，沿袭祖先流传下来的事业，编修典章制度，从早到晚，勤勤恳恳，谨慎敦厚，忠诚信实，世世代代奉行，没有辱没祖先。武王又发扬前代品德，再加上他慈爱谦和，事奉神灵，养育百姓，没有一个不高兴的。而商纣王受到人民的极端憎恨，百姓忍受不了他的酷政，于是拥戴武王，在牧野和纣王作战并打败了他。这并非武王崇尚武力，而是他体恤百姓的苦难，为百姓除掉祸害。

“夫先王之制：邦内甸服①，邦外侯服②，侯、卫宾服③，夷、蛮要服④，戎、翟荒服⑤。甸服者祭，侯服者祀，宾服者享⑥，要服者贡，荒服者王。日祭，月祀，时享，岁贡，终王⑦，先王之训也。有不祭则修意，有不祀则修言⑧，有不享则修文⑨，有不贡则修名。有不王则修德，序成而有不至则修刑⑩。于是乎有刑不祭，伐不祀，征不享，让不贡⑪，告不王。于是乎有刑罚之辟⑫，有攻伐之兵，有征讨之备，有威让之令，有文告之辞。布令陈辞而又不至，则又增修于德，无勤民于远⑬，是以近无不听，远无不服。

【注释】

①邦内：王畿之内，即天子直辖的地区。甸服：本指耕种王田而服事天子。这里指天子直辖的区域。甸，王田。

②侯服:本指警卫王畿而服事天子,此指天子分封给诸侯的区域。

③侯、卫宾服:诸侯与边疆之间的区域,因距王都较远,故待以宾客之礼。卫,卫畿。宾服,本指定期朝贡而服事天子。宾,宾见。

④夷、蛮要服:指边疆地区。要服,本指按约进见而服事天子。要,取,希求。

⑤荒服:荒远地区。

⑥享:享献,指宾服者每季度向天子贡献祭品。

⑦终王:终世朝觐一次。

⑧言:号令。

⑨文:典法。

⑩序成:以上五者次序已成。

⑪让:责备。

⑫辟:法律。

⑬无:通“毋”,不要。

【译文】

“先王的制度是:王畿之内叫甸服,出了王畿叫侯服,侯服之外到边疆之间叫宾服,蛮夷所居之地叫要服,戎狄所居之地叫荒服。甸服的诸侯提供周王对祖父、父亲的祭品,侯服的诸侯提供周王对高祖、曾祖的祭品,宾服的诸侯则提供周王始祖的祭品,要服的蛮夷之主进献周王对远祖以及天地之神的祭物,戎狄之君则一生朝见一次。祭祀祖父、父亲的祭品每天供应一次,祭祀高祖、曾祖的祭品每月供应一次,始祖祭物每季供应一次,远祖和天地神祭物每年供应一次,朝觐终身一次,这是先王的规定。如果有不提供日祭祭品的,周王就检查自己的心意是否诚恳;如有不进献月祭之物的,周王就检查自己的号令是否失误;如果有不按季度来进献祭物的,周王就要加强文治;如有不来提供岁贡的,周王就要完善尊卑名号;如有终身不来朝贡的,周王就要加强德行修养;这一切都做到了,但还有不遵行的,就采取相应的处罚措施:处罚不日祭的，攻打不月祭的，征伐不季享的，责备不岁贡的，劝告不来朝觐的。有了这样的处罚条例，有攻伐的武力，有征战的准备，有斥责的政令，有劝告的文书。公布了政令，阐明了道理，仍然有不来的，国君就要进一步增进自己的德行，而不是让人民去远征。国君这样做，近的诸侯没有不听从的，远方的部落没有不归附的。

“今自大毕、伯仕之终也①，犬戎氏以其职来王②，天子曰：‘予必以不享征之，且观之兵。’其无乃废先王之训而王几顿乎③？吾闻夫犬戎树惇，能帅旧德而守终纯固④，其有以御我矣！”

【注释】

①大毕、伯仕：犬戎的两位首领。终：指人寿终，去世。

②王：指履行“终王”制度。

③顿：破坏。

④帅：遵循。纯固：专一。

【译文】

“现在自从大毕、伯仕两位犬戎君主去世之后，犬戎都按规定来朝见。您说：‘我要用不纳贡的罪名来征讨他，而且向他们展示武力。’这样做岂不是违反祖先的训导而使王师顿坏吗？我听说犬戎树立了纯朴的德行，能够遵循先代的德行，并且始终如一，他们就有理由抵御我们了。”

王不听，遂征之，得四白狼、四白鹿以归。自是荒服者不至。

【译文】

周穆王没有听从劝谏，仍然去征伐犬戎，只得到四只白狼、四只白鹿回来。从此荒服者不再来朝贡了。

召公谏厉王止谤　周语上

【题解】

这篇文章记述召公劝谏周厉王不要阻止百姓指责朝政过失，提出"防民之口，甚于防川"的观点，反对厉王用杀人的办法来消除指责。厉王不听劝谏，最后被国人流放。

厉王虐①，国人谤王②。召公告曰③："民不堪命矣！"王怒，得卫巫，使监谤者，以告，则杀之。国人莫敢言，道路以目。

【注释】

①厉王：姬胡，西周第十代王。暴虐无道，后在"国人暴动"中被逐。

②国人：都城里的老百姓。谤(bàng)：公开议论指责别人的过失。

③召(shào)公：召穆公姬虎，周王卿士。

【译文】

周厉王暴虐无道，国都百姓纷纷埋怨指责他。召公告诉厉王说："百姓已经忍受不了你的政令了！"厉王听了很生气，便找来卫国的一个巫师，命他去监视指责他的人，巫师一向厉王报告指责他的人，他就将这人抓起杀掉。从此国都的人都不敢说话，路上碰见只用眼神示意。

王喜，告召公曰："吾能弭谤矣①，乃不敢言。"召公曰：

"是鄣之也[②]。防民之口,甚于防川[③]。川壅而溃[④],伤人必多,民亦如之。是故为川者决之使导[⑤],为民者宣之使言。故天子听政,使公卿至于列士献诗[⑥],瞽献典[⑦],史献书,师箴[⑧],瞍赋[⑨],矇诵[⑩],百工谏,庶人传语,近臣尽规,亲戚补察,瞽、史教诲,耆、艾修之[⑪],而后王斟酌焉,是以事行而不悖。民之有口也,犹土之有山川也,财用于是乎出,犹其有原隰[⑫],衍沃也[⑬],衣食于是乎生。口之宣言也,善败于是乎兴,行善而备败,所以阜财用、衣食者也[⑭]。夫民虑之于心而宣之于口,成而行之,胡可壅也?若壅其口,其与能几何[⑮]?"

【注释】

①弭(mǐ):制止,消除。

②鄣(zhàng):阻塞。

③防:堵塞。

④壅:堵塞。溃:决堤泛滥。

⑤导:通畅。

⑥公卿至于列士:指大小官员。周朝官职分公、卿、大夫、士四级。列士,士的总称,分元士、中士、庶士。诗:有讽谏意味的民间诗歌。

⑦瞽(gǔ):盲人,此指乐师,古代乐师多以盲人担任。

⑧箴:劝告,规劝。

⑨瞍(sǒu):盲人而无瞳仁者。赋:公卿列士所献诗。

⑩矇(méng):盲人而有瞳仁者,主弦歌、讽诵。

⑪耆:六十岁的老人。艾:五十岁的老人。修:整治,教导。

⑫原:宽广平坦的土地。隰(xí):低而湿的洼地。

⑬衍:低而平的土地。沃:有河水灌溉的肥沃的土地。

⑭阜：大，丰富。

⑮与（yǔ）：赞成，赞许。

【译文】

厉王很高兴，对召公说："我能够阻止百姓的指责了，他们不敢开口说话了。"召公说："这样做只是用暴力堵住了人民的嘴巴，堵塞百姓嘴巴比堵塞流水的祸患更大。江河流水被堵塞，一旦决口，必定会伤害很多人。堵塞百姓嘴巴也一样。所以治理河道的人，要疏浚河道使水畅通无阻；治理百姓的人，要开导百姓，使他们畅所欲言。所以天子处理政事，让公卿大臣直到列士献上规谏的诗歌，乐官献上乐典，史官献上古代文献，少师进箴言，瞍者朗诵，矇者吟咏，百工都来直言规劝，百姓把意见辗转向上传达，左右近臣尽力规劝，宗室姻亲弥补缺失，乐官和太史施以教诲，元老重臣劝诫天子，然后由天子来斟酌裁决。这样，政事才能推行下去而不违背情理。百姓有口，就像大地上有山有水一样，财物器用从这里产生；就好像土地有平原、洼地，高低良田，吃的穿的都是从这里得到的。百姓议论政事，政事的好坏才能反映出来。实行好的，防范坏的，这是增加财物、器用、衣食的方法。人民在心里考虑，用嘴巴讲，只要思考成熟便会流传开来，怎么可能堵塞呢？如果堵塞百姓的嘴巴，那么会有多少人赞同呢？"

王弗听，于是国人莫敢出言。三年，乃流王于彘①。

【注释】

①流：流放。彘（zhì）：晋地，在今山西霍县。

【译文】

厉王不听召公的劝告，从此，都城的人都不敢议论政事。过了三年，厉王就被流放到彘那个地方去了。

襄王不许请隧 周语中

【题解】

晋文公帮助周襄王复位之后，请求把天子的葬礼赐给他。这里主要记述襄王婉言回绝的一席话，晋文公只好惭愧而还。

晋文公既定襄王于郏①，王劳之以地②，辞，请隧焉③。

【注释】

①晋文公：名重耳，春秋五霸之一。文公是其谥号。襄王：周襄王，因其异母弟夺得王位而逃往郑国，并向晋国求援，晋文公重耳助其在郏地恢复王位。郏：洛邑王城，在今河南洛阳西。

②劳：犒劳，酬劳。

③隧：天子葬礼，开地通路，诸侯无。

【译文】

晋文公帮助周襄王在郏地恢复王位，襄王用田地作酬劳。晋文公推辞不接受，请求在自己死后享受灵柩穿隧而葬的天子葬仪。

王弗许，曰："昔我先王之有天下也，规方千里以为甸服，以供上帝山川百神之祀，以备百姓兆民之用，以待不庭、不虞之患①，其余以均分公侯伯子男②，使各有宁宇③，以顺及天地，无逢其灾害。先王岂有赖焉④？内官不过九御⑤，外官不过九品，足以供给神祇而已，岂敢厌纵其耳目心腹以乱百度⑥？亦唯是死生之服物采章⑦，以临长百姓而轻重布之⑧，王何异之有？

【注释】

①不庭：诸侯不依礼来朝见。不虞：意外的灾难事件。虞，考虑，意料。

②其余：指甸服以外的土地。

③宁宇：安宁的居处。

④赖：利，盈余。

⑤内官：宫中女官。九御：九等姬妾。

⑥厌：足，完全。百度：各种法度。

⑦服物采章：服装用品的花纹和颜色。

⑧临长(zhǎng)：统治。

【译文】

襄王不答应，说："过去我祖先得到天下，划出方圆一千里的地方作为甸服，用此地的产出来祭祀上帝以及山川诸神，满足百官和百姓的日常需要，以及应付不来进贡的和各种意外事件。其余的土地则平均分配给公、侯、伯、子、男，使他们都有安乐的居所，以顺应天地之道，免遭灾害。先王哪里贪图什么私利？天子宫内不过九等姬妾，宫外不过九等人员，足以用来供奉天地神明的祭祀罢了，哪里敢完全放纵耳目心腹之欲来扰乱法度？也只有在这丧葬及衣服器物的花纹和颜色等方面有所不同，用此来统治百官，区别尊卑贵贱，除此之外，作为天子，和其他人又有什么不同呢？

"今天降祸灾于周室，余一人仅亦守府①，又不佞以勤叔父②，而班先王之大物以赏私德③，其叔父实应且憎，以非余一人。余一人岂敢有爱也？先民有言曰：'改玉改行④。'叔父若能光裕大德⑤，更姓改物⑥，以创制天下，自显庸也⑦，而缩取备物以镇抚百姓⑧，余一人其流辟于裔土⑨，何辞之有与？若犹是姬姓也，尚将列为公侯，以复先王之职，大物其未可改也。叔父其茂昭明德[10]，物将自至，余敢以私劳变前之大章[11]，以忝天下？其若先王与百姓何？何政令之为也？若不然，叔父有地而隧焉，余安能知之？”

【注释】

①府：收藏国家文书的地方。这里指先王遗留的法令规章。

②叔父：天子对九州之长同姓者的称呼。这里指晋文公。

③班：分。

④改玉改行（xíng）：古代人戴佩玉以控制步行节奏，身份不同，行走快慢有异，所以说换佩玉，等于是改变身份。

⑤光裕：发扬，弘扬。光，广。裕，宽。

⑥更姓改物：指改朝换代。更姓，建立新朝。改物，改历法，易服色。

⑦庸：功用。

⑧缩取备物：指援引天子的葬仪等。缩，引。备物，完备的礼仪。

⑨流辟：流放。裔土：偏远地区。

⑩茂：勉力，努力。

⑪大章：即服物采章的制度。

【译文】

“现在上天给周王朝降下灾祸，我只是守着先王的府库，加上自己无能，以致烦劳了叔父，如果分赐先王的大礼给您，用来报答您的恩惠，恐怕叔父您接受了我的赏赐之后，也会不满，甚至责备我。我自己又怎么敢吝啬呢？从前有句话说：‘改换佩玉，就要相应改换步伐。’叔父假若能发扬光大您的美德，改变姓氏和服色，创建并掌管天下，显示出自己的功绩，而接受天子的完备礼仪，来统治和安抚百姓，那么我将逃到边远荒凉之处，对此我还有什么可说的呢？如果还是周室姬姓天下，叔父您就还是公侯，来履行先王制定的职责，那么大礼便不可轻易改变了。叔父您如果勉力发扬美德，您要求的隧葬礼仪就会自然到来，我哪敢因酬谢个人的受惠而改变先王重大制度来玷辱天下？这样做又怎么向先王和百姓交代？以后怎么颁布政令呢？如果我的话不对，叔父您有自己的晋国，在您自己的土地上实行隧葬，我又怎么知道呢？”

文公遂不敢请，受地而还。

【译文】

晋文公于是不敢再提隧葬的要求，接受了周襄王酬谢的土地回国去了。

单子知陈必亡　周语中

【题解】

单襄公奉命出使，路过陈国。他通过在陈国的见闻，从内政不修、生产荒废、外交废弛、国君荒淫四个方面入手，引古证今，得出结论：陈国必定灭亡。

定王使单襄公聘于宋[1]，遂假道于陈[2]，以聘于楚。火朝觌矣[3]，道茀不可行也[4]。候不在疆[5]，司空不视涂[6]，泽不陂[7]，川不梁；野有庾积[8]，场功未毕[9]，道无列树，垦田若蓺[10]；膳宰不致饩[11]，司里不授馆[12]，国无寄寓，县无旅舍；民将筑台于夏氏[13]。及陈，陈灵公与孔宁、仪行父南冠以如夏氏[14]，留宾弗见。

【注释】

①定王：周定王姬瑜。单(shàn)襄公：名朝，周定王卿士。聘：国事访问。宋：国名。其都城在今河南商丘。

②假道：借路。借路去第三国，须向所经国的朝庙献束帛为礼。天子遣使访问诸侯本无须借路，然周王室衰弱，故行此礼。陈：国名。其国都在今河南淮阳。

③火：古代星名。又称大火、商星、心宿，出现在立冬前后的早晨。觌(dí)：见，出现。

④茀(fú)：杂草遍地。

⑤候：候人，掌管迎送宾客的官员。

⑥司空：九卿之一，掌管土木、路政、水利。涂：道路。

⑦陂(bēi)：堤岸。这里指修筑堤坝。

⑧庾积：露天堆积的谷物。

⑨场功：指修整禾场、打谷、进仓等一系列农事。

⑩蓺(yì)：茅芽。

⑪膳宰：掌管宾客饮食的官员。饩(xì)：生的粮食、饲料。

⑫司里：掌管客房住宿的官员。

⑬夏氏：指陈国大夫夏徵舒。夏徵舒之母夏姬为陈灵公从祖母，陈灵公及大夫孔宁、仪行父都与她私通，不久夏徵舒杀死陈灵公，自立为陈侯。不久，又被楚庄王所杀，陈国灭亡。

⑭陈灵公：陈国第十三代国君，荒淫无道。孔宁、仪行父：陈灵公宠臣。南冠：楚国帽子。古代国君、大夫穿戴他国冠服是严重的轻狎失礼的行为。夏氏：此处指夏徵舒之母夏姬。

【译文】

周定王派单襄公去访问宋国，就向陈国借道，以便访问楚国。这时候，商星已在东方升起，时令已是立冬前后了，道路上杂草丛生，难以通行。负责接待宾客的官员不在边境上，司空不曾巡视道路，湖泊没有修筑堤坝，江河没有架设桥梁；田野上露天堆积着谷物，打麦场上的农活还没有干完，道路两旁没有成列的树木，田野里荒秽多草；膳宰不供应食物，司里也不招待宾客住宿，国都、小城里没有旅店；老百姓正在夏徵舒家修筑楼台。到了陈国国都，陈灵公和大夫孔宁、仪行父戴着南方楚国的帽子去了夏徵舒家，丢下客人不接见。

单子归，告王曰："陈侯不有大咎，国必亡。"王曰："何故？"对曰："夫辰角见而雨毕①，天根见而水涸②，本见而草木节解③，驷见而陨霜④，火见而清风戒寒。故先王之教曰：'雨毕而除道，水涸而成梁，草木节解而备藏，陨霜而冬裘具，清风至而修城郭宫室⑤。'故夏令曰⑥：'九月除道，十月成梁。'其时儆曰⑦：'收而场功⑧，偫而畚挶⑨，营室之中⑩，土功其始。火之初见，期于司里⑪。'此先王之所以不用财贿⑫，而广施德于天下者也。今陈国，火朝觌矣，而道路若塞，野场若弃，泽不陂障，川无舟梁，是废先王之教也。

【注释】

①辰角见：角星早晨出现。角宿出现在寒露节气。见，同"现"。

②天根：亢、氐宿之间，出现在寒露雨毕后五天。

③本：氐星。寒露后十天氐星早晨出现。

④驷(sì)：房星，出现在霜降时节。

⑤宫：房屋，住宅。

⑥《夏令》：夏代月令。

⑦儆(jǐng)：告诫。

⑧功：事，工作。而：你，你们。

⑨偫(zhì)：置办。畚挶(běn jū)：竹、木、铁做成的盛土、抬土的

器具。

⑩营室：室宿，又称定星，夏历十月黄昏出现在天空的正中。古人认为是营建房屋的好时节。

⑪期：会，集中。

⑫财贿：财货，财物。

【译文】

单襄公返回后，对周定王说："陈侯自以为没有大的过错，国家也必定灭亡。"定王问："为什么？"单襄公回答说："如果早上角星出现，雨季就要结束；天根星出现，河湖就会慢慢干涸；氐宿出现，草木将凋零；天驷出现，开始降霜；心宿出现，凉风将起，就到了准备过冬御寒的时候了。所以先王教诲说：'雨季结束就要修治道路，河湖干涸就要架设桥梁，草木凋落就要储备收藏，寒霜降下就要准备过冬的皮衣，凉风刮起就要修治城郭房屋。'所以夏令说：'九月修整道路，十月修筑桥梁。'这时又告诫：'结束你们场院的农活，将你们的簸箕、筐之类的准备好，当定星出现在天空中，土建工作就要开始。心宿出现，人们就到司里集合修房造屋。'这正是先王不浪费财物却遍布恩惠于天下的缘故。现在陈国心宿已在早上出现，但道路还被野草堵塞，田野、禾场仿佛被遗弃一样没人过问，湖泊不筑堤坝，江河没有桥梁，这是废弃了先王的教诲啊。

"周制有之曰：'列树以表道，立鄙食以守路①。国有郊牧②，疆有寓望③，薮有圃草④，囿有林池⑤，所以御灾也。其余无非谷土，民无悬耜⑥，野无奥草⑦，不夺农时，不蔑民功⑧。有优无匮⑨，有逸无罢⑩，国有班事，县有序民。'今陈国道路不可知，田在草间，功成而不收，民罢于逸乐，是弃先王之法制也。

【注释】

①鄙食：郊外边地所设供应往来路人饮食的馆舍。

②郊牧：国都城外的专区。郊近牧远。郊用作祭祀，牧用作放牧。

③畺(jiāng)：同“疆”，边境。寓望：边境所设寄宿之舍、候望之人。

④薮(sǒu)：长草的沼泽。圃草：茂盛的草。圃，茂盛，繁茂。一说圃草即蒲草，可用来编制草席等器物。

⑤囿：古代帝王畜养禽兽的林苑。

⑥耜(sì)：农具。

⑦奥：深，茂盛。

⑧蔑：弃。

⑨优：盈余，富足。

⑩罢(pí)：疲劳，疲乏。

【译文】

“周朝的制度有这样的规定：‘种植成列的树木以标示道路，野外沿途设立房舍饮食以供应往来过路人。国都近郊有放牧场，边疆上有投宿之处和守护者，沼泽地里有茂盛的草，苑囿里有树木和池塘，这些都是准备防御灾害的。其余都是用来栽种五谷的土地，百姓农具不闲挂着，野外没有荒草。不耽误百姓播种和收获，不浪费人民的劳动成果。使人民富裕而不匮乏，安逸而不疲劳。都城里的事情井井有条，地方上有秩序地轮番服役。’现在的陈国，道路分不清楚，田野里杂草丛生，庄稼成熟也无人收割，百姓因为国君寻欢作乐而精疲力竭，这是废弃先王定下的法度啊。

“周之《秩官》有之曰[①]：‘敌国宾至[②]，关尹以告[③]，行理以节逆之[④]，候人为导，卿出郊劳[⑤]，门尹除门，宗祝执祀[⑥]，司里授馆，司徒具徒[⑦]，司空视涂[⑧]，司寇诘奸[⑨]，虞人入材[⑩]，甸人积薪[⑪]，火师监燎[⑫]，水师监濯[⑬]，膳宰致飧[⑭]，廪人献饩[15]，司马陈刍[16]，工人展车[17]，百官各以物至，宾入如归，是故小大莫不怀爱。其贵国之宾至，则以班加一等[18]，益虔。至于王使，则皆官正莅事[19]，上卿监之。若王巡守，则君亲监之。’今虽朝也不才，有分族于周，承王命以为过宾于陈[20]，而司事莫至，是蔑先王之官也[21]。

【注释】

①《秩官》：周代述职官官典之书，已失传。秩，定品级。

②敌：对等，相当。

③关尹：掌管关门的人。

④行理：又称行李、行人，掌管外交使节朝觐聘问的官员。节：符节，即凭证。逆：迎接。

⑤劳：慰问，犒劳。

⑥宗祝：掌管祭祀的官员。宗，宗伯。祝，太祝。

⑦司徒：掌管土地人民的官员。具徒：调派服务的仆役。

⑧司空：掌管道路的官员。

⑨司寇：掌管刑狱纠察的官员。

⑩虞人：掌管山林水泽的官员。

⑪甸人：掌管柴薪的官员。

⑫火师：掌管王室火烛的官员。燎：照明的火把。

⑬水师：掌管王室洗涤事物务官员。

⑭飧(sūn)：熟食，饭食。

⑮廪人：掌管粮库的官员。

⑯司马：此指指挥圉人养马的官员，异于九卿的“司马”。刍：草料。

⑰工人：监造器物的官员。展：检察，补修。

⑱班：次，秩序。

⑲官正:各部门官员首长。莅事:临事,办理。

⑳过宾:借道的宾客,路过的宾客。

㉑蔑:蔑视,欺侮。

【译文】

“周朝的《秩官》有这样的规定:‘同等地位国家的宾客来访,守关的官员就要上报国君,负责接待的官员要手持符节迎接,候人引导,朝廷的高级官员出城慰劳,把守城门的官员清理城门,负责祈祷的官员主持祭祀典礼,司里安排住处,司徒为客人分派仆役,司空巡视道路,司寇盘查奸人,虞人备好木材,甸人准备柴火,火师监管火烛,水师监督用水和洗涤事务,膳宰送上食物,廪人献上谷米,司马备好草料,工人检修车辆,百官各自送来有关物品,客人如同回到自己家里一样,因此大小官吏无不感激喜悦。如果是尊贵国家的宾客到来,就按次序把礼遇增加一等,更加恭敬。倘若是天子的使臣到来,就要安排各部门的长官亲自接待,由上卿监督他们。若是天子本人巡行,就由国君亲自监督接待事务。’我单朝虽没有才能,也是王族的一员,奉王命借路经过陈国,陈国有关官员却没有一人出面接待,这样做是极端轻视先王的官员。

“先王之令有之曰:‘天道赏善而罚淫,故凡我造国[①],无从匪彝[②],无即慆淫[③],各守尔典,以承天休[④]。’今陈侯不念胤续之常[⑤],弃其伉俪妃嫔,而帅其卿佐以淫于夏氏,不亦渎姓矣乎?陈,我大姬之后也[⑥],弃衮冕而南冠以出[⑦],不亦简彝乎[⑧]?是又犯先王之令也。

【注释】

①造国:指受封的诸侯。

②匪彝:非法。匪,同“非”。彝,常法。

③即:就,接近。慆(tāo)淫:轻慢放纵。

④天休:上天的恩赐。休,美好,吉祥。

⑤胤(yìn)续:子孙继承父祖。胤,后嗣。

⑥大(tài)姬:周武王的长女,嫁给陈国始祖虞胡公为妻。

⑦衮冕:古代帝王与上公的礼服和礼冠。

⑧简:简慢,轻视。

【译文】

“先王的教令有这样的话:‘天道奖赏善良,惩罚淫恶,因此,凡是我朝封立的诸侯国,不能做违背礼法的事情,不要沾染懈怠淫邪的恶习,各自遵守法规,从而接受上天的恩赐。’现在陈侯不考虑传续宗嗣的伦常,抛下自己的正妻妃嫔,率领下属到夏家淫乐,这不是亵渎同姓吗?陈国,是我们大姬的后代子孙啊,现在却掉丢周朝的礼服戴着楚国的帽子外出,这不是轻视礼法吗?这也是违犯先王的教令啊。

“昔先王之教,茂帅其德也①,犹恐陨越②,若废其教而弃其制,蔑其官而犯其令,将何以守国?居大国之间,而无此四者,其能久乎?”

【注释】

①茂:努力。帅:遵循。

②陨越:颠坠,丧失。

【译文】

“从前先王教诲,即使勉力遵循美好的品德行事,还是担心品德败坏。假若废止先王教导、丢掉先王政令,轻视先王的官制、违反先王训令,还凭什么来保住国家呢?陈国夹在大国之间,却没有这四样东西,难道能长久吗?”

六年，单子如楚。八年，陈侯杀于夏氏。九年，楚子入陈[①]。

【注释】

①楚子：楚庄王。

【译文】

周定王六年，单襄公去楚国。周定王八年，陈侯被夏徵舒所杀。周定王九年，楚庄王攻入陈国。

展禽论祀爰居 鲁语上

【题解】

臧文仲派人去祭一只停在城东门的海鸟，展禽认为祭祀是国家政治生活中的一件大事，有严格规定，而把一只海鸟当做神来祭祀是“越礼”，文仲听从了他的批评，承认了自己的错误。

海鸟曰“爰居”[①]，止于鲁东门之外二日[②]，臧文仲使国人祭之[③]。展禽曰[④]：“越哉[⑤]，臧孙之为政也！夫祀，国之大节也，而节[⑥]，政之所成也，故慎制祀以为国典。今无故而加典，非政之宜也。

【注释】

①爰(yuán)居：一种巨型海鸟。据《左传》，此事发生在鲁文公二年(前625)。

②鲁东门：指鲁国都城曲阜东门。

③臧文仲：鲁大夫，复姓臧孙，名辰，谥号文，历仕庄公、闵公、僖公、

文公四朝。

④展禽：鲁大夫，名获，字禽，谥号惠，封地在柳下，故称柳下惠。

⑤越：逾越，越规。

⑥节：仪式制度。

【译文】

有种海鸟名叫“爰居”，停在鲁国都城东门外两天，臧文仲命令都城居民祭祀它。展禽说：“臧孙治理国家违背礼法了啊！祭祀是国家的重要礼仪制度，而仪式制度是国家政治赖以成功的基础，所以要慎重制定祭祀的礼节作为国家大典。现在无缘无故增加典礼，不是处理政事的合适举措。

“夫圣王之制祀也，法施于民则祀之，以死勤事则祀之，以劳定国则祀之，能御大灾则祀之，能捍大患则祀之。非是族也[①]，不在祀典。昔烈山氏之有天下也[②]，其子曰柱，能植百谷百蔬，夏之兴也，周弃继之[③]，故祀以为稷。共工氏之伯九有也[④]，其子曰后土[⑤]，能平九土[⑥]，故祀以为社[⑦]。黄帝能成命百物[⑧]，以明民共财[⑨]，颛顼能修之[⑩]。帝喾能序三辰以固民[⑪]，尧能单均刑法以仪民[⑫]，舜勤民事而野死[⑬]，鲧障洪水而殛死[⑭]，禹能以德修鲧之功，契为司徒而民辑[⑮]，冥勤其官而水死[⑯]，汤以宽治民而除其邪[⑰]，稷勤百谷而山死，文王以文昭，武王去民之秽，故有虞氏禘黄帝而祖颛顼[⑱]，郊尧而宗舜[⑲]，夏后氏禘黄帝而祖颛顼，郊鲧而宗禹，商人禘舜而祖契，郊冥而宗汤，周人禘喾而郊稷，祖文王而宗武王。幕[⑳]，能帅颛顼者也[㉑]，有虞氏报焉；杼[㉒]，能帅禹者也，夏后氏报焉；上甲微[㉓]，能帅契者也，商人报焉；高圉、太王[24]，能帅稷者也，周人报焉。凡禘、郊、祖、宗、报，此五者国之典祀也。

【注释】

①族：种，类。

②烈山氏：即炎帝，传说中的上古部落首领。

③周弃：周的始祖弃，尧舜时为稷官，即农官，人称后稷，后世祀为稷神，即谷神。

④共工氏：传说中的上古共工族的部落首领。伯（bà）：古代诸侯首领。九有：九州。有，用同“域”，州域。

⑤后土：名勾龙，传说是黄帝时的土官。

⑥平：治理。九土：九州的土地。

⑦社：社神，即土地神。

⑧成命：定名，命名。

⑨共财：贡献财用。共，通“供”。

⑩颛顼（zhuān xū）：黄帝之孙，号高阳氏。

⑪帝喾（kù）：黄帝之曾孙，号高辛氏。三辰：日、月、星。这里指帝喾能治历明时。

⑫尧：传说父系社会后期炎黄部落联盟的首领，为陶唐部落长，因号陶唐氏，史称唐尧。单：通“殚”，竭尽。仪：善。

⑬舜：有虞部落长，因号有虞氏，史称虞舜。死于苍梧（在今湖南）的田野。

⑭鲧（gǔn）：颛顼后裔，禹的父亲，奉尧命治水，失败被杀。殛（jí）：流放。

⑮契：帝喾子，为商始祖，尧时任司徒，掌管教化。辑：安定。

⑯冥：契的五世孙，夏时为司空，掌管工程，死于治河，后祀为水神，称玄冥。

⑰汤:商朝的开国之君,契的后裔,灭了夏桀。邪:这里指夏桀。

⑱禘(dì):于圜(yuán)丘祭祀昊天。祖:于明堂祭祀五帝。

⑲郊:于南郊祭祀上帝。宗:与"祖"同。

⑳幕:舜的后裔。

㉑帅:继承。

㉒杼:禹的后裔,曾复建夏朝。

㉓上甲微:契的后裔,曾复振祖业。

㉔高圉(yǔ):传说是弃的后裔。有功于复兴周业。太王:古公亶父,周文王祖父。

【译文】

"圣王制定的祭祀礼法是:制定对人民有益法规的人,就祭祀他;为国家辛勤做事而死的,就祭祀他;劳苦功高安定国家的人,就祭祀他;能够为国抵抗大灾难的,就祭祀他;能够抵御大祸患的,就祭祀他。不属于这几类的,不在祭祀的典礼之列。从前烈山氏主宰天下,他有个儿子叫做柱,能种植多种谷物和蔬菜。夏朝兴起的时候,周弃继承了柱的事业,因此把他当做谷神祭祀。共工氏称霸九州的时候,他儿子叫后土,能治理天下四方的土地,所以把他当做土神祭祀。黄帝能给各种物品命名,使百姓明白地为国家供应财物;颛顼能够光大黄帝的功业。帝喾能依据日、月、星运行规律,让百姓安居乐业。尧能够尽力公平施行刑法,使百姓向善;舜勤于治理民事,以致身死郊野;鲧筑堤堵挡洪水失败被杀;禹能用高尚的德行完成鲧的治水功业;契担任司徒,使百姓和睦;冥辛辛苦苦履行水官的职责而死于水中;汤为政宽厚,除掉了暴君夏桀;稷尽心于农事,死于山中;文王以文德著称;武王消灭了百姓痛恨的殷纣王。所以有虞氏用禘礼祭黄帝、祖礼祭颛顼、郊礼祭尧、宗礼祭舜;夏代用禘礼祭黄帝、祖礼祭颛顼,郊礼祭鲧、宗礼祭禹;商代用禘礼祭舜、祖礼祭契,郊礼祭冥、宗礼祭汤;周代用禘礼祭喾、郊礼祭稷、祖礼祭文王、宗礼祭武王。幕能遵循颛顼的德政,有虞氏对他进行报祭;杼能承继禹的功业，夏后氏对他进行报祭；上甲微能承继契的功业，商朝人便对他进行报祭；高圉和太王能承继稷的功业，周人对他们进行报祭。禘、郊、祖、宗、报，这五种祭礼是国家祭祀大典。

“加之以社稷山川之神，皆有功烈于民者也[1]；及前哲令德之人，所以为明质也[2]；及天之三辰，民所以瞻仰也；及地之五行，所以生殖也；及九州名山川泽，所以出财用也。非是不在祀典。

【注释】

①功烈：功绩。

②质：诚信。

【译文】

“再加上社稷山川的神灵，都是对百姓有功绩的；以及前代圣哲，是被人民所信赖的；天上的日、月、星，是人民所仰视的；地上的水、火、木、金、土，是生养万物的；九州、名山、河流、湖泊，是出产财物、器用的。除此之外，不在国家的祭祀典礼之中。

“今海鸟至，己不知而祀之，以为国典，难以为仁且知矣[1]。夫仁者讲功，而知者处物，无功而祀之，非仁也；不知而不问，非知也。今兹海其有灾乎？夫广川之鸟兽，恒知而避其灾也。”

【注释】

①知：同“智”。

【译文】

“现在，一只海鸟飞来，臧文仲自己不知道它的来历却祭祀它，还作为国家大典，很难说这是仁德和有智慧的。仁爱的人讲究功效，明智的人能够正确处理各种事务。对国家毫无功劳却去祭它，不是仁德；不懂又不问，不是聪明。今年海上恐怕要发生灾难了！海上的鸟兽，常常懂得预先避灾。”

是岁也，海多大风，冬暖。文仲闻柳下季之言①，曰：“信吾过也②，季子之言不可不法也。”使书以为三策③。

【注释】

①柳下季：即展禽，字季。食邑柳下，故称柳下季。

②信：实在，确实。

③策：古代拿竹片或木片写字，用绳子编起来，一篇为一策。

【译文】

这一年，海上大风多，冬天又比往常暖和。臧文仲听了展禽的一席话，说：“这实在是我的过失，季子的话不能不作为准则。”叫人把柳下季的话刻成三份简册。

里革断罟匡君 鲁语上

【题解】

鲁宣公不顾时令，下网捕鱼。太史里革割破并扔掉了渔网，进行规谏。鲁宣公及时醒悟，虚心纳谏。

宣公夏滥于泗渊①，里革断其罟而弃之②，曰：“古者大寒降，土蛰发，水虞于是乎讲罛罶[3]，取名鱼[4]，登川禽[5]，而尝之寝庙[6]，行诸国人，助宣气也。鸟兽孕，水虫成，兽虞于是乎禁罝罗[7]，矠鱼鳖以为夏槁[8]，助生阜也[9]。鸟兽成，水虫孕，水虞于是乎禁罜䍡[10]，设阱鄂[11]，以实庙庖[12]，畜功用也[13]。且夫山不槎蘖[14]，泽不伐夭[15]，鱼禁鲲鲕[16]，兽长麑䴠[17]，鸟翼鷇卵[18]，虫舍蚳蝝[19]，蕃庶物也，古之训也。今鱼方别孕，不教鱼长，又行网罟，贪无艺也[20]。”

【注释】

①宣公：鲁宣公。滥：渍。这里是指下网。泗：泗水，发源于山东，流至江苏。

②里革：鲁大夫。罟(gǔ)：捕鱼网。

③水虞：掌水产及相关政令的官员。讲：布置，安排。罛(gū)：大渔网。罶(liǔ)：捕鱼篓。

④名鱼：大鱼。

⑤川禽：鳖蜃之类。

⑥尝：一种祭祀，以应时的新鲜食品率先祭供祖先。寝庙：宗庙。

⑦兽虞：掌鸟兽及相关政令的官员。罝(jū)：捕兔网。罗：捕鸟网。

⑧矠(zé)：刺取。槁：指鱼干。

⑨阜：生长。

⑩罜䍡(zhǔ lù)：小孔渔网。

⑪鄂：埋有尖木桩的陷阱。

⑫庙庖(páo)：宗庙、厨房。

⑬畜：通“蓄”，储蓄，积蓄。

⑭槎(zhà)：砍伐。蘖(niè)：从被砍过的树上新生出的枝条。

⑮夭：新生的稚嫩小草。

⑯鲲：鱼子。鲕(ér)：鱼苗。

⑰长：使……存活，生长。麑(ní)：小鹿。麇(yǎo)：小麋鹿。

⑱翼：成，长成。毂(kòu)：初生小鸟。

⑲蚳(chí)：蚁的幼虫。蝝(yuán)：蝗的幼虫。

⑳艺：极限，限度。

【译文】

夏天，鲁宣公在泗水深处撒下渔网捕鱼，里革割断了他的渔网扔掉了，说："从前，大寒过去之后，土中蛰伏的虫子逐渐苏醒，负责捕鱼的在这个时候安排大网竹笼去捕捉大鱼，捞起甲鱼、蛤蜊之类，拿去在宗庙祭祀，然后再让百姓去捕捞食用，这有助于宣扬春天的阳气。春季鸟兽孕育，水中生物长成之时，负责打猎的就禁止张网捕兽捕鸟，只许刺取鱼鳖做成鱼干夏天吃，这是帮助鸟兽的生长。到鸟兽长成，水中生物进入孕育季节，负责捕鱼的官员就禁止细眼渔网入水，只设陷阱捕捉走兽，以充实祖庙的祭品和庖厨的美味，这是保护水产资源可供日后取用。至于山中不砍伐新生的枝条，水边不割取幼嫩的植物，不捕小鱼，不捉小鹿以及走兽幼子，捕鸟时要留下雏鸟和鸟卵，捕虫时要放开幼虫，以让万物繁衍，这是古人的教导。现在鱼类正是孕育的时候，不让鱼儿长大，还要设网捕捉，实在是贪得无厌！"

公闻之曰："吾过而里革匡我①，不亦善乎！是良罟也，为我得法。使有司藏之，使吾无忘谂②。"师存侍③，曰："藏罟不如置里革于侧之不忘也。"

【注释】

①匡：纠正。

②谂(shěn)：劝告，规劝。

③师存：名字叫存的乐师。

【译文】

宣公听到这番话后说："我错了，里革纠正我，不是很好吗？这个破了的渔网真好，它为我得到了很好的教训。让有关部门把它保存好，使我不会忘记这一番规劝。"乐师存侍立在宣公之旁，说："保存渔网，不如将里革放在您身旁，那就更不会忘记了。"

敬姜论劳逸　鲁语下

【题解】

这篇文章从公父文伯反对敬姜纺绩的母子冲突入手，引出一篇长论。敬姜通过勤劳的好处和安逸的坏处的分析对比，教育儿子警惕和杜绝"淫心舍力"的恶习。

公父文伯退朝①，朝其母，其母方绩。文伯曰："以歜之家而主犹绩②，惧干季孙之怒也③，其以歜为不能事主乎！"

【注释】

①公父文伯：即公父歜(chù)，鲁大夫，其母为敬姜。

②主：是主母的简称，对贵族家中女主人的称呼。

③干：冒犯。季孙：指季康子季孙肥，时任鲁国主持朝政的正卿，敬姜是季孙的叔祖母。

【译文】

公父文伯退朝后回家，拜望他的母亲，他母亲正在纺麻。文伯说："以我这样的家庭，您还纺麻，我担心季孙发火，可能认为我不能好好事奉母亲！"

其母叹曰："鲁其亡乎！使僮子备官而未之闻邪[1]？居，吾语女。昔圣王之处民也，择瘠土而处之，劳其民而用之，故长王天下。夫民劳则思，思则善心生；逸则淫，淫则忘善，忘善则恶心生。沃土之民不材，淫也；瘠土之民莫不向义，劳也。是故天子大采朝日[2]，与三公、九卿祖识地德[3]；日中考政，与百官之政事、师尹惟旅、牧、相宣序民事[4]，少采夕月[5]，与太史、司载纠虔天刑[6]，日入监九御[7]，使洁奉禘、郊之粢盛[8]，而后即安。诸侯朝修天子之业命，昼考其国职，夕省其典刑，夜儆百工[9]，使无慆淫[10]，而后即安。卿大夫朝考其职，昼讲其庶政，夕序其业，夜庀其家事[11]，而后即安。士朝受业，昼而讲贯，夕而习复，夜而计过无憾，而后即安。自庶人以下，明而动，晦而休，无日以怠。王后亲织玄紞[12]，公侯之夫人加之以纮、綖[13]，卿之内子为大带[14]，命妇成祭服[15]，列士之妻加之以朝服[16]，自庶士以下，皆衣其夫。社而赋事[17]，烝而献功[18]，男女效绩，愆则有辟[19]，古之制也。君子劳心，小人劳力，先王之训也。自上以下，谁敢淫心舍力[20]？

【注释】

①僮：同"童"。备官：居官，做官。未之闻：指没听过做官的道理。

②大采：五彩礼服。朝日：天子每年春分时节祭祀太阳的仪式。

③三公：指太师、太傅、太保，为周朝行政中枢最高长官。九卿：指冢宰、司徒、司马、宗伯、司寇、司空、少师、少傅、少保，为行政各级长官。祖：习。识：知。地德：古人认为土地有生长万物、养育人民的恩德，也可解释为土地的习性。

④师尹：大夫官。惟：与。旅：众士。牧：州牧，此指地方官吏。相：

国相。

⑤少采:三彩礼服。夕月:天子每年秋分之夜祭祀月亮的仪式。

⑥太史:掌管史书及星历的官员。司载:掌管天文的官员。纠:恭。虔:敬。天刑:天体运行的法则。

⑦九御:九嫔,天子宫中的各种女官。

⑧禘(dì):天子祭祀祖先的大祭。郊:天子在国都郊外举行的祭祀天地的典礼。粢盛(zī chéng):祭祀用的谷物。

⑨儆(jǐng):警诫,训诫。工:官。

⑩慆(tāo)淫:懈怠,放荡。

⑪庀(pǐ):治理。

⑫玄统(dǎn):古代冠冕两旁用来悬玉的黑色丝带。

⑬纮(hóng):古代冠冕系在颌下的带子。綖(yán):覆在冕上的布。

⑭内子:卿的正妻。大带:祭服上束腰的带子。

⑮命妇:大夫的妻子。

⑯列士:士的总称,周代分元士、中士、庶士三种。

⑰社:春社,每年春分时祭祀土地神。赋事:指安排农桑一类的事。

⑱烝:冬祭。献功:献祭收获之物。功,农业收成。

⑲愆(qiān):罪过。辟:刑罚。

⑳淫心舍力:放荡心志,不出力。

【译文】

文伯的母亲叹着气说:"鲁国大概要灭亡了吧!使幼稚无知的人占据官位,却不告知为官之道吗?坐下,我告诉你。从前圣明的君主管理人民,选择贫瘠土地让他们去居住,使他们在那里辛勤劳作然后加以任用,所以能够长久地统治天下。百姓勤劳,才去思考,思考才会产生善良之心;安逸就会放纵,放纵就会忘记善良,忘记善良就会产生邪恶之心。居住在肥沃土地上的百姓不成材,就是因为太安逸;贫瘠土地的百姓没有人不趋向道义,是由于勤劳。因此天子每年春分穿着五彩礼服祭祀太阳，与三公、九卿了解、熟悉大地上五谷生长情况；到了日中的时候，考察国家政事与百官中的政事、师尹和旅、牧、相等一起全部安排百姓事务，每年秋分又穿三彩礼服祭祀月亮，和太史、司载恭敬地观看天上变化所显示的征兆；到了黄昏时分，监督宫内女官，使她们把祭祖先、天地的祭品料理干净，然后才去安睡。诸侯早晨办理天子交代的事情和命令，白天考察本国政事，黄昏检查施行法令的情况，晚上告诫百官，使他们不懈怠不放荡，然后才去安歇。卿大夫早晨考察完成分内职责，白天研究处理政事，黄昏将经办的各项事务安排就绪，晚间料理家族事务，然后才能安寝。士人早晨接受学业，白天研习功课，黄昏复习，晚间反省是否有过错，没有过失，然后才能休息。从庶人以下的各类人，天亮劳动，天黑休息，无一日懈怠。王后亲自编织天子冠冕上用来悬玉的黑色丝带，公侯的夫人们编织的，还要加上冠冕上的纮带和覆在冕上的布，卿的正妻编织大带，大夫的妻子缝制祭服，士的妻子还要加制朝服，庶士到一般百姓的妻子各自为自己的丈夫缝制衣服。春分祭祀时安排农事，冬天烝祭时献上谷物布帛，无论男女，都要作出贡献，有过失就要惩罚，这是自古以来的制度。君子以心力操劳，小人以体力操劳，这是先王的训导。自上而下，谁敢放荡不去用力呢？

“今我，寡也，尔又在下位，朝夕处事①，犹恐忘先人之业，况有怠惰②，其何以避辟？吾冀而朝夕修我曰③：‘必无废先人。’尔今曰：‘胡不自安？’以是承君之官，余惧穆伯之绝祀也④。”

【注释】

①处事：办事，做事。

②有：通“又”。

③而：你。修：勉励。

④穆伯：公父文伯之父。

【译文】

"现在我是个寡妇，你职位又不高，从早到晚勤恳做事，还怕忘掉祖宗的业绩，何况又懈怠、懒惰，将怎么避免惩处呢？我希望你时常勉励我说：'一定不要丢弃祖上的功绩！'你今天却说：'为什么不自图安逸？'用这种怠惰的心思接受国君安排你做的官职，我害怕你父亲会绝后了。"

仲尼闻之曰："弟子志之，季氏之妇不淫矣[①]。"

【注释】

①淫：贪图安逸。

【译文】

仲尼听到这件事，说："弟子们记下来，季氏家的这个妇女的确是不贪图安逸啊！"

叔向贺贫　晋语八

【题解】

韩起忧虑贫困，太傅叔向引用晋国栾氏和郤氏两大家族的兴亡历史，认为富奢容易败坏德行而招致灾祸，所以反而向韩起道贺，并正告他应当"忧德"而不应"忧贫"。

叔向见韩宣子[①]，宣子忧贫，叔向贺之。宣子曰："吾有卿之名而无其实[②]，无以从二三子，吾是以忧，子贺我何故？"

【注释】

①叔向:羊舌氏,名肸(xī),字叔向,春秋时晋国大夫。韩宣子:韩起,宣子是谥号。

②实:财富。

【译文】

叔向去见韩宣子,宣子正为自己贫困而忧虑,叔向却向他表示祝贺。宣子说:"我有卿的虚名。却没有相应的财富,无法与同事来往应酬,我正为此发愁,你却祝贺我,这是为什么?"

对曰:"昔栾武子无一卒之田①,其宫不备其宗器②,宣其德行,顺其宪则,使越于诸侯③。诸侯亲之,戎、狄怀之,以正晋国。行刑不疚④,以免于难⑤。及桓子⑥,骄泰奢侈,贪欲无艺⑦,略则行志⑧,假货居贿⑨,宜及于难⑩,而赖武之德,以没其身。及怀子⑪,改桓之行,而修武之德⑫,可以免于难,而离桓之罪⑬,以亡于楚⑭。夫郤昭子⑮,其富半公室,其家半三军,恃其富宠⑯,以泰于国⑰。其身尸于朝,其宗灭于绛⑱。不然,夫八郤,五大夫三卿,其宠大矣。一朝而灭,莫之哀也,惟无德也。

【注释】

①栾武子:栾书,晋厉公、悼公两朝正卿,谥号"武"。一卒之田:即百顷田地。但按规定上卿应有一旅之田,即五百顷的俸禄。古代军队编制百人为卒,五百为旅。

②宫:居室。宗器:祭器。

③越:指栾武子声名远播。

④疚:内心痛苦。

⑤免于难:史载,厉公时,外戚胥童曾拘禁栾书胁迫厉公处死他,厉

公没有听从，释放了栾书。后栾书杀死厉公拥立悼公，有弑君之罪，但悼公也未追究，故曰“免于难”。

⑥桓子：栾黡(yǎn)，栾书之子。悼公时大夫，后任下军元帅。

⑦艺：标准，限度。

⑧略则：侵害法则，即做违法的事。行志：任意行事。

⑨假：借。贿：财物。

⑩宜及于难：栾黡与朝中另一大势力范氏争斗多年，最后范氏被逐，栾黡幸未落败，故曰“宜及于难”。

⑪怀子：栾盈，栾黡之子。平公时任下军佐。晋平公六年(前552)因诬被逐，逃往楚国。三年后起兵失败被杀，栾氏被灭族。

⑫修：研究，学习。

⑬离：通“罹”，遭受。

⑭亡：逃跑。

⑮郤(xì)昭子：郤至，晋国卿。因居功自傲，后为厉公胁迫自杀，家族也被诛灭。

⑯宠：尊贵荣华。

⑰泰：奢汰。

⑱绛：晋国国都。在今山西翼城。

【译文】

叔向回答说：“过去栾武子没有一百顷田地，家里连祭祀宗庙的礼器也不齐全，但他显示他的德行，遵守法制，声名远播于诸侯。诸侯们亲近他，戎、狄归附他，使晋国一切走上正轨。他执行刑法，问心无愧，就依靠这个避免了祸患。他儿子桓子骄傲奢侈，贪得无厌，违法乱纪，为所欲为，放债取利，这种人本该遭祸，却依靠武子德行的余荫，竟得以善终。到了怀子，改变桓子的行为，恢复武子的德行，本该免祸，但由于他父亲的罪恶，结果流亡到楚国。另外，郤昭子家，财富抵得上半个晋国，家中所出军赋抵得上三军的一半，却凭他财势，就在国内非常奢侈。

最后他的尸首在朝堂示众，宗族也在绛都被灭绝。如果不是这样的话，郤家先后有八人担任要职，其中有五位大夫、三位卿相，他们的尊宠也是够大的了。一旦灭亡，却没一人同情，就因为没有德行。

“今吾子有栾武子之贫，吾以为能其德矣，是以贺。若不忧德之不建，而患货之不足①，将吊不暇②，何贺之有？”

【注释】

①货：财物，财富。

②吊：忧虑。

【译文】

“现在您有栾武子的清贫，我以为您也能有他的德行，所以向您祝贺。倘若您不去忧虑无法树立德行，却担心财物不够，我替您忧虑都来不及，又有什么祝贺可言呢？”

宣子拜稽首焉①，曰：“起也将亡，赖子存之。非起也敢专承之，其自桓叔以下嘉吾子之赐②。”

【注释】

①稽(qǐ)首：古代最庄重的一种跪拜礼，叩头至地。

②桓叔：名成师，号桓叔，晋穆侯之子。桓叔之子万，受封于韩邑，以韩为氏，称韩万，故韩起尊桓叔为始祖。

【译文】

宣子稽首跪拜，说：“我韩起几乎要灭亡了，全靠您保全了我。这不是我一个人敢单独承受的，恐怕我的祖宗桓叔以下的世世代代都要感激您的恩赐！”

王孙圉论楚宝　楚语下

【题解】

赵简子向楚国使者问楚宝，公然挑衅楚国的尊严。王孙圉沉着机智地回答说，楚国视为宝贝的是对国家和人民有益的人才和物产，而非叮当作响、徒有其表的美玉。

王孙圉聘于晋①，定公飨之②。赵简子鸣玉以相③，问于王孙圉曰："楚之白珩犹在乎④？"对曰："然。"简子曰："其为宝也，几何矣？"

【注释】

①王孙圉(yǔ)：楚国大夫。聘：聘问，诸侯国之间相互访问。

②定公：晋定公姬午。飨：用酒食招待客人。

③赵简子：赵鞅，晋国正卿。鸣玉：使佩玉发出响声。相(xiàng)：相礼，帮助国君执行礼仪。

④珩(héng)：系在玉佩上的横玉。

【译文】

王孙圉访问晋国，晋定公设宴招待他。赵简子身上的佩玉叮当作响，站在一旁担任赞礼官。他问王孙圉说："楚国的白珩还在吗？"王孙圉回答说："在。"简子说："它被你们当做宝贝有多久了？"

曰："未尝为宝。楚之所宝者，曰观射父①，能作训辞②，以行事于诸侯，使无以寡君为口实③。又有左史倚相④，能道训典，以叙百物，以朝夕献善败于寡君，使寡君无忘先王之业；又能上下说乎鬼神⑤，顺道其欲恶⑥，使神无有怨痛于楚国[7]。又有薮曰云连徒洲[8]，金、木、竹、箭之所生也，龟、珠、角、齿、皮、革、羽、毛，所以备赋[9]，以戒不虞者也，所以共币帛[10]，以宾享于诸侯者也[11]。若诸侯之好币具，而导之以训辞，有不虞之备，而皇神相之，寡君其可以免罪于诸侯，而国民保焉。此楚国之宝也，若夫白珩，先王之玩也，何宝焉？

【注释】

①观(guàn)射(yì)父：楚国大夫。

②训辞：指外交辞令。

③口实：话柄。

④左史倚相：楚国史官。

⑤说：同“悦”，高兴。

⑥顺道：顺应。道，同“导”。

⑦怨痛：同义连用，怨恨。

⑧薮(sǒu)：长水草的沼泽地。云连徒洲：即云梦泽，在今湖北监利北。

⑨赋：兵赋。这里指军备财物。

⑩共：通“供”。币帛：古人用来赠送的礼品。

⑪宾：招待。享：奉献，馈赠。

【译文】

王孙圉回答说：“楚国从不将它看作宝贝。楚国所视为宝物的，叫观射父，他擅长辞令，到诸侯各国去办事，能使人家没法拿我们的国君做话柄。还有一个左史倚相，善于引经据典，论述各种事物，又早晚将前人善恶、成败的情况向我国君陈说，使他不致忘记祖宗功业；他还善于取悦天地神明，顺应他们的好恶，使神明对楚国没有怨恨。还有一片沼泽叫云梦，它连接着徒州，这里盛产金属、木材、竹材、箭竹，还有龟甲、珍珠、兽角、象牙、虎豹皮、犀兕革、鸟羽、牦牛尾，用来提供军用物资，以防范意外事件；这类产物，可以作为礼物，供招待和馈赠诸侯之用。假若诸侯喜欢这些礼物，就辅以优美的文辞，又有对付意外事件的准备，加上神明保佑，我国国君恐怕就能免于得罪诸侯，因此国家和人民得以保全。这些才是楚国的宝贝，至于白珩，只是以前君王的玩物，怎么会把它作为宝贝呢？

“圉闻国之宝，六而已：圣能制议百物，以辅相国家，则宝之。玉足以庇荫嘉谷①，使无水旱之灾，则宝之。龟足以宪臧否②，则宝之。珠足以御火灾，则宝之。金足以御兵乱，则宝之。山林薮泽足以备财用，则宝之。若夫哗嚣之美，楚虽蛮夷，不能宝也。”

【注释】

①玉：用于祭祀的玉器。

②宪臧否：判定是非。宪，判定。臧否，善恶，吉凶。

【译文】

“我听说国家之宝，只有六种而已：圣明之人能够评判各种事务，依靠他辅弼治理国家，就把他当做宝贝。玉器可以保护谷物，不致有水灾旱灾，就把它当做宝贝。龟甲可以判定是非，就把它当做宝贝。珍珠足以抵御火灾，就把它当做宝贝。铜铁金属足以抵抗兵乱，就把它当做宝贝。山林湖泽足以提供财物器用，就把它当做宝贝。至于那些叮当作响的美玉，楚国虽然是蛮夷之国，也不会把它当做宝物。”

诸稽郢行成于吴　吴语

【题解】

越王勾践被吴王夫差打败后，为了取得喘息机会，培养国力，用文种计，再次派诸稽郢卑辞厚礼向夫差求和。诸稽郢不辱使命，利用夫差目光短浅和好虚名的弱点，最终说动了吴王。

吴王夫差起师伐越[1]，越王勾践起师逆之江[2]。

【注释】

①吴王夫差：春秋时吴国国君，吴王阖闾之子。前473年，吴国被越国所灭，夫差自杀。

②越王勾践：春秋时越国国君。前494年，吴攻越，勾践战败，屈身事吴，十年卧薪尝胆，积蓄力量，终于在前473年举兵灭吴。

【译文】

吴王夫差起兵攻打越国，越王勾践发兵江边迎战。

大夫种乃献谋曰[1]："夫吴之与越，唯天所授，王其无庸战。夫申胥、华登简服吴国之士于甲兵[2]，而未尝有所挫也。夫一人善射，百夫决拾[3]，胜未可成。夫谋必素见成事焉[4]，而后履之，不可以授命[5]。王不如设戎，约辞行成[6]，以喜其民，以广侈吴王之心[7]。吾以卜之于天，天若弃吴，必许吾成而不吾足也，将必宽然有伯诸侯之心焉[8]。既罢弊其民[9]，而天夺之食，安受其烬[10]，乃无有命矣。"

【注释】

①种:文种,越国大夫。

②申胥:伍员(yún),字子胥,楚国大夫伍奢之子,因避父兄之难入吴,吴王封以申邑,后称申胥。后因在吴越相争中坚持灭越拒和,且不支持夫差北上争霸,遭夫差嫉恨,赐剑自杀。华登:宋国司马华费遂之子,避祸逃至吴国,为吴大夫。简:精选。服:训练。

③决拾:射箭用具。决,骨制扳指,套在右手大拇指上用以钩弦。拾,革制臂衣,套在左臂上笼住衣袖。

④素见:预料到,预见。

⑤授命:送命,致命。

⑥约辞行成:低声下气求和。成,缔结合约。

⑦广侈:张大,使骄傲自大。

⑧伯(bà):通"霸",称霸。

⑨罢(pí):疲弊。

⑩烬:灰烬。这里指遭受天灾和人祸之后的吴国残局。

【译文】

越国大夫文种献计说:"吴国和越国,都听命于天,大王您可以不用作战。伍子胥、华登选拔和训练的士卒,在战争中还从来没有失败过。一人擅长射箭,一百人就会效法追随,我们没把握取胜。凡是计谋一定要事先料到它会成功,才去执行,不可轻易送命。大王不如作好战斗准备,同时低声下气去求和,使吴国百姓高兴,使吴王骄傲心理膨胀起来。我们拿这件事向天占卜吉凶,上天如果抛弃吴国,吴国一定会同意我们的求和,而认为我国不足提防,吴国必然会产生称霸中原的野心。吴百姓为之筋疲力尽之后,老天再去抢夺他们的粮食,我们就可以稳稳当当地接收这一残局,吴国也就不再受上天的眷顾了。"

越王许诺，乃命诸稽郢行成于吴[①]，曰："寡君勾践使下臣郢不敢显然布币行礼[②]，敢私告于下执事曰[③]：'昔者越国见祸，得罪于天王[④]，天王亲趋玉趾[⑤]，以心孤勾践[⑥]，而又宥赦之。君王之于越也，緊起死人而肉白骨也[⑦]。孤不敢忘天灾，其敢忘君王之大赐乎？今勾践申祸无良[⑧]，草鄙之人，敢忘天王之大德，而思边陲之小怨，以重得罪于下执事？勾践用帅二三之老，亲委重罪[⑨]，顿颡于边[⑩]。今君王不察，盛怒属兵，将残伐越国。越国固贡献之邑也，君王不以鞭箠使之，而辱军士使寇令焉。勾践请盟：一介嫡女[⑪]，执箕帚以晐姓于王宫[⑫]；一介嫡男，奉槃匜以随诸御[⑬]；春秋贡献，不解于王府[⑭]。天王岂辱裁之？亦征诸侯之礼也。'

【注释】

①诸稽郢：越国大夫。

②布币：陈列玉璧束帛等礼品。

③下执事：指吴王身边的办事人员。这是对吴王表示尊敬的说法，表示不配跟吴王直接对话。

④得罪于天王：前496年，吴越交战，勾践射中夫差的父亲阖闾，阖闾伤重而死。天王，天子。这里是对夫差的敬称。

⑤亲趋玉趾：亲自劳驾赶来。这里指吴王亲自参战。

⑥孤：通"辜"，归罪。

⑦緊(yī)：乃，就是。

⑧申：再次，再度。

⑨委：归，承担。

⑩顿颡(sǎng)：叩头。颡，额。

⑪一介：一个。

⑫晐(gāi):备。姓:谓纳女于天子。

⑬槃匜(pán yí):盥洗用具。槃,同“盘”。

⑭解:通“懈”。

【译文】

越王同意了文种的意见,便派诸稽郢向吴王求和,说:“敝国国君勾践派遣小臣诸稽郢前来,不敢公然陈列礼品举行朝见礼,只敢私下里向您的办事官吏禀告说:‘从前越国遭遇祸患,得罪了天王,天王亲自前来讨伐,本已归罪勾践,后来又赦免了他。君王对于越国的恩惠,等于使死人复活,让白骨生出新肉。勾践不敢忘记上天降下的灾难,又怎敢忘掉天王的恩赐?今天勾践重遭祸殃,无德无行,草野边鄙的人,难道敢忘记天王的大恩大德,去计较边疆的小冲突,以致又得罪您手下的办事人员?勾践因此率领他的几名大臣,亲自承担犯下的重罪,在边疆上磕头请罪。现在君王没有详细了解情况,大发雷霆,聚集军队,打算讨伐越国。越国本来是向您纳贡称臣的一块地方,君王不用鞭子驱使它,却屈尊使您的将士执行御敌的命令。勾践请求缔结和约:让一个亲生女儿,拿着簸箕扫帚入宫做您的婢女;让一个亲生儿子,捧着水盆盛具跟随近侍伺候您;春秋两季进贡于王府,不会懈怠。天王难道还要屈尊讨伐我们?这也是天子征讨诸侯所实行的礼制呀。’

“夫谚曰:‘狐埋之而狐搰之①,是以无成功。’今天王既封殖越国,以明闻于天下,而又刈亡之,是天王之无成劳也。虽四方之诸侯,则何实以事吴?敢使下臣尽辞,唯天王秉利度义焉②!”

【注释】

①搰(hú):掘。

②秉：权衡。

【译文】

“俗语说：‘狐狸埋了又刨出，所以不见有成效。’现在天王您既然已经扶植了越国，美德已经天下传扬，您却又要灭亡它，这会使天王的努力没有成果。即使四方的诸侯国，将按照什么标准来事奉吴国呢？恕我冒昧说完了心中想说的话，只请您权衡利弊，考虑道义！”

申胥谏许越成　吴语

【题解】

吴国君臣对诸稽郢的求和行动有不同反应。伍子胥看破了越国卑辞求和别有企图，劝吴王夫差抓住时机，一举消灭敌国。但昏庸的吴王不听劝告，养虎遗患，最终被越国灭亡。

吴王夫差乃告诸大夫曰：“孤将有大志于齐[①]，吾将许越成，而无拂吾虑[②]。若越既改，吾又何求？若其不改，反行[③]，吾振旅焉。”

【注释】

①孤将有大志于齐：意即吴王要进攻齐国。其时齐国国力强盛，是吴国争霸中原的首要障碍。

②而：你们。

③反行：返回来。反，同“返”。

【译文】

吴王夫差于是昭告大夫们说：“我打算向齐国采取重大军事行动，因此想同意越国的求和，你们不要反对。假若越国已经悔改，我还求什么？假若它不悔改，等我从齐国回来，我再兴兵去攻打它。”

申胥谏曰：“不可许也。夫越非实忠心好吴也，又非慑畏吾甲兵之强也。大夫种勇而善谋，将还玩吴国于股掌之上[①]，以得其志。夫固知君王之盖威以好胜也[②]，故婉约其辞，以从逸王志[③]，使淫乐于诸夏之国[④]，以自伤也。使吾甲兵钝弊，民人离落，而日以憔悴，然后安受吾烬。夫越王好信以爱民，四方归之，年谷时熟，日长炎炎[⑤]。及吾犹可以战也，为虺弗摧[⑥]，为蛇将若何？”

【注释】

①还玩：摆弄。还，通“旋”。

②盖威：崇尚威力。盖，崇高，推崇。

③从逸：放纵，放肆。从，同“纵”。

④淫乐：过于沉溺于享乐，贪图享乐。

⑤日长炎炎：蒸蒸日上。日长，天天发展。炎炎，兴盛的样子。

⑥虺(huǐ)：小蛇。

【译文】

伍子胥劝阻说：“不能答应越国的讲和。越国不是真心实意要和吴国友好，也不是惧怕吴国武力的强大。越国大夫文种勇敢有谋略，他将会把吴国玩弄于股掌之间，以实现他的阴谋。他本知道您崇尚武力，又争强好胜，所以言辞谦卑，来使君王您放纵心志，让您到中原诸国去纵情妄为，使我们自己受伤害。让我们的武器损耗士兵疲惫，人民流离失所，国家一天天衰落下去，然后他们稳稳当当地收拾我们的残局。越王在国内讲信用，爱百姓，四方百姓都归附他，五谷丰登，国力将一天天兴盛强大起来。趁我们还可以战胜它时攻打它，如果蛇小不打，等它长成大蛇了，怎么对付？”

吴王曰：“大夫奚隆于越[1]，越曾足以为大虞乎[2]？若无越，则吾何以春秋曜吾军士[3]？”乃许之成。将盟，越王又使诸稽郢辞曰：“以盟为有益乎？前盟口血未干[4]，足以结信矣。以盟为无益乎？君王舍甲兵之威以临使之，而胡重于鬼神而自轻也。”吴王乃许之，荒成不盟[5]。

【注释】

①奚：为何。隆：重视、抬高。

②曾：竟，还。

③春秋：春秋两季的阅兵。曜(yào)：炫耀。

④口血未干：结盟时杀牲饮血，血在嘴边还没有干。

⑤荒成：指口头达成协议。荒，虚，空。

【译文】

吴王说：“您为什么这样抬举越国？越国竟然也值得成为心腹大患吗？若没有越国，我们在春秋二季怎么能炫耀我们的兵力？”于是答应越国的求和要求。即将订立盟约的时候，越王又派诸稽郢推辞说：“您认为盟誓有效吗？上次盟誓涂在嘴唇上的血还没干，足够取得信义了。您认为盟誓没有效果吗？您就放弃武力的威胁，亲自来役使我们好了，为什么您重视鬼神的力量却轻视自己的力量呢？”吴王同意了越王的提议，只是达成和约，没有举行盟誓的仪式。

公羊传

《公羊传》是《春秋公羊传》的简称，儒家的重要经典。相传它是孔子的再传弟子公羊高为解释《春秋》一书所作的，主要是阐发《春秋》中的“微言大义”。它最初是师徒之间口耳相传，并没有形成书面文字，直到西汉景帝时才由公羊寿和胡毋生整理成书。与《左传》相比，略于史实而偏重议论，全书都用自问自答的方式，对每一个词进行解释，体现了鲜明的政治思想。它对《春秋》义理的解释，大多穿凿附会，但由于体现了儒家“大一统”的思想，在西汉受到武帝的推崇，在历代也受到重视。

春王正月　隐公元年

【题解】

本文是对《春秋》经文“元年春王正月”的解说，采用自问自答的形式，提出了“大一统”的中心观点，并阐发了《春秋》“辨尊卑，别嫡庶”的儒家正统思想，指出这样做是为了调整和巩固内部关系，避免争夺。

“元年”者何？君之始年也。“春”者何？岁之始也。“王”者孰谓？谓文王也[①]。曷为先言“王”而后言“正月”？

王正月也。何言乎“王正月”？大一统也。

【注释】

①文王：指周文王。

【译文】

“元年”是什么意思？是君主即位的第一年。“春”是什么意思？是一年的开始。“王”是说谁？说的是周文王。为什么先说“王”然后说“正月”呢？因为这是周王所颁历法的正月。为什么要说“王正月”？是为了强调天下一统。

公何以不言“即位”①？成公意也②。何成乎公之意？公将平国而反之桓③。曷为反之桓？桓幼而贵，隐长而卑，其为尊卑也微，国人莫知。隐长又贤，诸大夫扳隐而立之④，隐于是焉而辞立，则未知桓之将必得立也。且如桓立，则恐诸大夫之不能相幼君也⑤。故凡隐之立，为桓立也。隐长又贤，何以不宜立？立適⑥，以长不以贤，立子，以贵不以长。桓何以贵？母贵也。母贵则子何以贵？子以母贵，母以子贵。

【注释】

①公：鲁隐公，鲁惠公妾所生长子。

②成：成全。

③平：治理。反：同“返”。桓：鲁桓公，鲁惠公嫡子。因惠公死时，其尚年幼，故由隐公摄政，后杀隐公自立为君。

④扳(pān)：同“攀”，援引，挽引。这里指推举。

⑤相：辅佐。

⑥适：通“嫡”。

【译文】

隐公为什么不说“即位”？这是成全隐公的意愿。为什么是成全隐公的意愿？因为隐公准备治理好国家，然后把国家权力交还给桓公。为什么要把国家权力交还给桓公？因为桓公虽然年幼却地位尊贵，隐公虽然年长却地位卑下，这种尊卑的区别很小，国人都不知道。隐公年长又贤良，诸大夫拥戴隐公，立他为国君，隐公如果在这个时候辞让君位，那么他也不知道桓公日后是否一定能够被立为国君。况且如果桓公立为国君，又怕诸大夫不能辅佐年幼的君主。因此总的来说，隐公做国君，是为了日后桓公能立为国君。隐公年长又贤良，为什么不适合立为国君？因为立正妻之子为君，只凭年长而不凭贤良，立偏房的儿子为君，只按尊贵，而不按年长。桓公为什么尊贵？因为他的母亲地位尊贵。母亲尊贵，儿子为什么也尊贵？儿子因为母亲尊贵而尊贵，母亲又因儿子尊贵而尊贵。

宋人及楚人平　宣公十五年

【题解】

本篇是对经文“宋人及楚人平”这一句的解释。楚庄王率兵攻打宋国，包围宋都九个月之久，由于宋国大夫华元和楚国司马子反二人的努力，最终使二国议和。本文褒扬了二者的行为。

外平不书①，此何以书？大其平乎己也②。何大其平乎己？庄王围宋③，军有七日之粮尔，尽此不胜，将去而归尔。于是使司马子反乘堙而窥宋城④，宋华元亦乘堙而出见之⑤。司马子反曰：“子之国何如？”华元曰：“惫矣。”曰：“何如？”

曰:“易子而食之⑥,析骸而炊之⑦。”司马子反曰:“嘻!甚矣惫!虽然,吾闻之也,围者柑马而秣之⑧,使肥者应客。是何子之情也⑨?”华元曰:“吾闻之,君子见人之厄则矜之⑩,小人见人之厄则幸之。吾见子之君子也,是以告情于子也。”司马子反曰:“诺。勉之矣。吾军亦有七日之粮尔,尽此不胜,将去而归尔。”揖而去之。

【注释】

①外平不书:《春秋》以鲁国国君世系记事,只记载鲁国与其他国家讲和的事,一般不记其他诸侯国之间的停战讲和。宋、楚这次讲和《春秋》记载了,是唯一的一次例外。平,讲和。书,书写,记录。

②大:赞扬。

③庄王:楚庄王。鲁宣公十四年(前595),楚国大夫申舟访问齐国,途经宋国时未向宋借道,被宋国杀死。当年九月,楚庄王怒而兴师围宋。

④司马子反:即楚国公子侧,字子反,任司马,掌管军政。乘堙(yīn):登上小土山。

⑤华元:宋大夫。

⑥易:交换。

⑦析:劈开。骸:尸骨。

⑧柑(qián)马:让马嘴里衔一根木棍,不让它进食。

⑨情:这里指道出实情。

⑩厄:灾难。矜:怜悯。

【译文】

鲁国以外的国家停战讲和,《春秋》是不加记载的,这件事为什么要记载?是为了赞扬这次媾和是由两国大夫自己促成的。为什么要赞扬他们私自讲和的行为？楚庄王围困宋国都城，军中的粮食只够吃七天，吃完这些粮食还不能取胜，楚国就要退兵回国。楚庄王于是派司马子反登上土堆，窥探宋国都城中的动静，宋国的华元也登上城里的土堆，并出来见他。司马子反问："你的都城中情况怎么样？"华元说："困顿不堪了！"司马子反问："到了什么程度？"华元回答说："城里的人彼此交换孩子来吃，劈开尸骨当柴烧。"司马子反说："唉！确实困顿到极点了！虽然如此，但是我听说，被围困的人把木棍塞在马嘴里，不让它们吃东西，然后假装喂马，而把肥壮的马牵出来欺骗对方。这次你为什么把真情和盘托出呢？"华元说："我也听说过，君子见到别人困厄而产生怜悯，小人见到别人困厄而幸灾乐祸。我见你是个君子，所以告诉你真情。"司马子反说："我知道了。你们努力守城吧。我们的军队也只有七日口粮了，吃完这些粮食而不能取胜，将要撤兵回国了。"两人拱手作揖而别。

反于庄王①。庄王曰："何如？"司马子反曰："惫矣！"曰："何如？"曰："易子而食之，析骸而炊之。"庄王曰："嘻！甚矣惫！虽然，吾今取此，然后而归尔。"司马子反曰："不可。臣已告之矣，军有七日之粮尔。"庄王怒曰："吾使子往视之，子曷为告之？"司马子反曰："以区区之宋，犹有不欺人之臣，可以楚而无乎？是以告之也。"庄王曰："诺。舍而止。虽然，吾犹取此，然后归尔。"司马子反曰："然则君请处于此，臣请归尔。"庄王曰："子去我而归，吾孰与处于此？吾亦从子而归尔。"引师而去之。故君子大其平乎己也。此皆大夫也，其称"人"何？贬。曷为贬？平者在下也②。

【注释】

①反：同"返"，返回。

②平者在下:讲和的是处于下位的臣子。

【译文】

司马子反回来后向楚庄王复命。楚庄王问:“情况怎么样?”司马子反说:“已经困顿不堪了!”楚庄王问:“到了什么程度?”司马子反回答道:“彼此交换孩子来吃,劈开尸骨当柴烧。”楚庄王说:“唉!他们真是困顿到极点了!虽然如此,我现在还是要攻取这座城邑,然后回国去。”司马子反说:“不行。我已经告诉他们了,我们军中只有七天的口粮了。”庄王气愤地说:“我派你去探测敌情,你为什么要告诉他们这些?”司马子反说:“以区区宋国,尚且有不欺骗别人的臣子,我们楚国难道可以没有吗?所以我就跟他说了。”楚庄王说:“好吧。我要筑营驻扎下来。尽管宋国已经知道我军粮食短缺,我还是要攻取这座城邑,然后回国去。”司马子反说:“既然如此,那么您请留在这里,请求您准许我先回国。”楚庄王说:“你离开我回去,我和谁一起留在这里?我也跟着你回去吧。”于是率军离开了宋国。所以君子赞扬司马子反和华元促成停战媾和。他们二位都是大夫,而《春秋》为什么却称他们为“楚人”“宋人”?原来《春秋》是为了贬低他们。为什么要贬低他们?因为这次媾和的是处于下位的臣子。

吴子使札来聘　襄公二十九年

【题解】

本文是对“吴子使札来聘”经文的解释。文中高度赞扬了吴季札让国的品德,他的让国可敬可佩,提高了吴国的威望。

吴无君、无大夫①,此何以有君、有大夫②?贤季子也③。何贤乎季子?让国也。其让国奈何?谒也,馀祭也,夷昧也，与季子同母者四。季子弱而才，兄弟皆爱之，同欲立之以为君。谒曰："今若是迮而与季子国[4]，季子犹不受也。请无与子而与弟，弟兄迭为君，而致国乎季子。"皆曰："诺。"故诸为君者，皆轻死为勇，饮食必祝曰："天苟有吴国，尚速有悔于予身[5]。"故谒也死，馀祭也立；馀祭也死，夷昧也立；夷昧也死，则国宜之季子者也[6]。

【注释】

①吴无君、无大夫：《春秋》记载吴国的事情时从来不提吴国的国君和大夫，以表示它是蛮夷之邦。

②此何以有君、有大夫：此指《春秋》中"吴子使札来聘"的记录。这里尊称吴国国君为"吴子"，又记录了大夫"札"的名字，这在《春秋》里是例外的一次。

③季子：即季札，吴王寿梦幼子。

④迮(zé)：仓促。

⑤尚：祈求，希望。悔：灾祸。

⑥之：到，传给。

【译文】

《春秋》不承认吴国有国君、大夫，这里为什么又有国君、大夫的称谓呢？这是认为季子贤良的缘故。为什么认为季子贤良呢？因为他辞让不当国君。他是如何辞让的呢？谒、馀祭、夷昧和季子，是同母所生的四个兄弟。季子年纪最小而最有才能，哥哥们都很喜欢他，共同要立他为国君。谒说："现在如果这样仓促地把王位传给季子，季子还是不会接受的。我希望我们不要传位于子而传位于弟，兄弟依次做国君，从而把王位交给季子。"大家都说："好的。"所以这几个人做国君时都舍生忘死，十分勇敢，饮食时必定要祈祷说："上天如果保佑吴国，希望赶快把灾难降到我身上。”所以谒死之后，馀祭继位；馀祭死后，夷昧继位；夷昧死后，国家就应该传到季子手里了。

季子使而亡焉[①]。僚者[②]，长庶也，即之。季子使而反，至而君之尔[③]。阖庐曰[④]：“先君之所以不与子国而与弟者，凡为季子故也。将从先君之命与，则国宜之季子者也。如不从先君之命与，则我宜立者也。僚恶得为君乎？”于是使专诸刺僚[⑤]，而致国乎季子。季子不受曰：“尔弑吾君[⑥]，吾受尔国，是吾与尔为篡也。尔杀吾兄，吾又杀尔，是父子兄弟相杀，终身无已也。”去之延陵[⑦]，终身不入吴国[⑧]。故君子以其不受为义，以其不杀为仁。

【注释】

①使而亡：出使在外，避而不归。

②僚：吴王寿梦的长庶子，季札的庶兄。

③君：以……为君。

④阖庐：又作“阖闾”，《史记》认为是谒之子，《公羊传》认为是夷昧之子。

⑤专诸：著名刺客。阖闾派专诸刺僚。专诸把匕首藏在鱼腹里，借宴会献鱼之机，刺杀了僚，专诸也当场被杀。

⑥弑(shì)：古代臣杀君、子杀父母为弑。

⑦去：离开。之：到。延陵：吴邑名。在今江苏武进。

⑧国：国都。

【译文】

季子出使在外，避而不归。僚是寿梦庶子中年长者，即位为君。季子出使归来，到了吴国也把僚当国君对待。阖庐说：“我们先君之所以不把王位传给儿子而传给弟弟，都是为了最后要把王位传给季子的缘故。如果遵从先君的遗命，那么王位应该传给季子。如果不遵从先君的遗命，那么我是应该立为国君的人。僚凭什么当国君？”阖庐于是派专诸刺杀僚，而把王位交给季子。季子不接受，说：“你杀了我的国君，我接受你交来的王位，这是我和你一起在篡位。你杀了我的兄长，我又杀你，这是父子兄弟相互残杀，一辈子也没个完啊。”于是季子离开吴都到了他的封邑延陵，一直到死也没有再进吴国国都。所以君子认为他不接受君位是道义，不杀阖庐是仁。

贤季子，则吴何以有君、有大夫？以季子为臣，则宜有君者也。“札”者何？吴季子之名也。春秋贤者不名[①]，此何以名？许夷、狄者[②]，不壹而足也。季子者，所贤也，曷为不足乎季子？许人臣者必使臣，许人子者必使子也。

【注释】

①春秋贤者不名：古代士大夫有名有字，称字表示尊敬，《春秋》作者对认为贤德的人只称字，不称名。

②许：赞许，褒扬。

【译文】

认为季子贤良，那吴国怎么就有了国君、大夫呢？因为既然认为季子有资格作为臣子，那就应该有国君了。“札”是什么？是吴国季子的名。《春秋》对于贤能的人不称呼名，这里为什么称名？这是因为赞许夷、狄之人，不能因为他们做了一件值得称道的事情就认为他们已很完美了。季子是《春秋》认为的贤良的人，为什么还认为他不够完美呢？因为赞美人臣一定要使他与人臣的地位相适应，赞美人子一定要使他与人子的地位相适应。

穀梁传

《穀梁传》也称《春秋穀梁传》《穀梁春秋》，为儒家经典之一。全书上起鲁隐公元年(前722)，止于鲁哀公十四年(前481)。其作者相传是子夏的弟子，战国时鲁人穀梁赤。起初也为口头传授，至西汉时才成书。它是我们研究秦汉间及西汉初年儒家思想的重要资料。

郑伯克段于鄢　隐公元年

【题解】

这篇文章通过对“郑伯克段于鄢”六个字的逐字阐释，谴责段的不义，更谴责郑伯的不仁，即他处心积虑，姑息养奸，歼灭弟弟的行为，最后表明了“亲亲”的儒家观点。

“克”者何？能也。何能也？能杀也。何以不言杀？见段之有徒众也。

【译文】

“克”是什么意思？就是能够。能够干什么呢？能够杀人。为什么不直接说杀呢？表明共叔段有军队。

段[1]，郑伯弟也[2]。何以知其为弟也？杀世子、母弟目君[3]，以其目君，知其为弟也。段，弟也而弗谓弟，公子也而弗谓公子，贬之也。段失子弟之道矣。贱段而甚郑伯也。何甚乎郑伯？甚郑伯之处心积虑，成于杀也。

【注释】

①段：郑伯弟，封在京邑。因图谋不轨被郑伯挫败于鄢地，后又逃到共地，故称共叔段。

②郑伯：即郑庄公。

③世子：指帝王或诸侯正妻所生的长子。目君：称为国君。目，称为。《春秋》作者称呼杀死世子或者同母弟弟的君主，都只称国君，不再以兄弟相称，有贬抑的意思。

【译文】

共叔段，是郑伯的弟弟。怎么知道他是弟弟呢？杀掉世子和同母弟的，只称国君，因为这里把郑伯称作国君，就知道共叔段是弟弟。共叔段是弟弟而不称他作弟弟，是公子而不称他作公子，是贬低他的意思，因为共叔段失去了做公子和做弟弟的道义呀。贬斥共叔段，更加贬斥郑伯。为什么更贬斥郑伯呢？是贬斥郑伯处心积虑，达到了杀共叔段的目的。

"于鄢"[1]，远也。犹曰取之其母之怀中而杀之云尔，甚之也。然则为郑伯者宜奈何？缓追逸贼，亲亲之道也[2]。

【注释】

①鄢(yān)：郑邑，在今河南鄢陵西北。

②亲亲之道也:第一个“亲”是动词,“对……亲善”。第二个“亲”是名词,亲人。

【译文】

“于鄢”,是说郑伯追击很远。郑伯追杀共叔段就好像是从母亲怀里抢过婴儿杀掉那样,所以更加贬斥他呀。然而作为郑伯这样应该怎么办呢?慢慢去追赶那逃亡的贼子,这才是对亲人亲善友爱的正确做法。

虞师晋师灭夏阳 僖公二年

【题解】

晋献公想攻打虢国的边境要塞夏阳,向虞国借道。虞国国君贪恋晋国送来的宝马美玉,不听大臣宫之奇劝谏,同意了晋国的要求。夏阳被攻之后,虢国很快灭亡,虞国最终也难逃灭亡的命运。

非国而曰“灭”,重夏阳也①。虞无师,其曰师,何也?以其先晋,不可以不言师也。其先晋何也?为主乎灭夏阳也。夏阳者,虞、虢之塞邑也,灭夏阳而虞、虢举矣②。

【注释】

①夏阳:虢(guó)邑名。又称下阳邑,在今山西平陆东北。

②举:拔取,攻占。

【译文】

不是国家而说“灭”,这是重视夏阳。虞国没有出兵,《春秋》却说虞国军队,这是为什么呢?因为在晋国出兵前,虞国就已经把夏阳推入了死地,所以不能不说是军队。为什么说它在晋国出兵前就把夏阳推入死地了呢？是因为它是灭亡夏阳的主谋。夏阳是虞国和虢国边界上的城邑，灭掉了夏阳，虞国和虢国也就可以攻下来了。

虞之为主乎灭夏阳，何也？晋献公欲伐虢[①]，荀息曰[②]："君何不以屈产之乘、垂棘之璧[③]，而借道乎虞也？"公曰："此晋国之宝也。如受吾币[④]，而不借吾道，则如之何？"荀息曰："此小国之所以事大国也。彼不借吾道，必不敢受吾币。如受吾币，而借吾道，则是我取之中府而藏之外府[⑤]，取之中厩而置之外厩也[⑥]。"公曰："宫之奇存焉，必不使受之也。"荀息曰："宫之奇之为人也，达心而懦[⑦]，又少长于君，达心则其言略，懦则不能强谏，少长于君，则君轻之。且夫玩好在耳目之前[⑧]，而患在一国之后，此中知以上乃能虑之[⑨]。臣料虞君，中知以下也。"公遂借道而伐虢。

【注释】

①晋献公：晋国国君。

②荀息：晋大夫。

③屈：晋邑名。在今山西吉县北，出产良马。乘（shèng）：四马为一乘。这里指马。垂棘：晋地名。出产美玉。

④币：馈赠的财物。

⑤中府：宫中仓库。外府：宫外仓库。

⑥中厩（jiù）：宫中的马棚。外厩：宫外的马棚。

⑦达心：心里明白通达。

⑧玩好（hào）：玩赏之物。

⑨知：同"智"。

【译文】

说虞国是灭掉夏阳的主谋，这是为什么呢？晋献公打算攻打虢国，荀息说："国君为什么不用屈地出产的骏马和垂棘出产的美玉，向虞国借道呢？"晋献公说："这些都是晋国的宝物啊。如果虞国接受了我的礼物，却又不借道给我，那该怎么办呢？"荀息说："这就是小国用来事奉大国的礼数。它不借道给我们，就一定不敢接受我们的礼物。如果接受了我们的礼物，又借道给我们，那么，我们只不过是把美玉从宫中的库房里取出来藏在宫外的库房里，把良马从宫内的马厩中牵出来放在宫外的马厩而已。"晋献公说："宫之奇还在虞国任职呢，他一定不会让国君接受这礼物的。"荀息说："宫之奇的为人，虽然内心通达但性情懦弱，又是从小和国君一起长大的。心里明白，说话就简略；性情懦弱，就不会坚决劝谏；从小和国君一起长大，国君就不会重视他。况且珍宝就在面前，而亡国之灾却在另一个国家灭亡之后，这是中等智力以上的人才能想到的。我料定虞国国君是个中等智力以下的人。"于是，晋献公就向虞国借道去攻打虢国。

宫之奇谏曰："晋国之使者，其辞卑而币重，必不便于虞。"虞公弗听，遂受其币而借之道。宫之奇又谏曰："语曰：'唇亡则齿寒。'其斯之谓与？"挈其妻子以奔曹①。

【注释】

①挈：带领。妻子：妻子和儿女。曹：春秋小国。在今山东定陶西南。

【译文】

宫之奇向虞国国君进谏道："晋国的使者言辞谦卑，礼物十分贵重，肯定会对虞国不利。"虞国国君不听，接受了晋国送来的礼物，借道给了晋国。宫之奇又进谏道："古语说'唇亡则齿寒'，这大概就是说虢国和虞国的关系吧?”宫之奇带上他的妻子儿女一起逃到曹国去了。

献公亡虢,五年[①],而后举虞。荀息牵马操璧而前曰:“璧则犹是也,而马齿加长矣[②]。”

【注释】

①五年:指鲁僖公五年,前655年。

②马齿加长:马的牙齿随年增长,马齿加长,指马的岁数增加。

【译文】

晋献公灭掉了虢国,鲁僖公五年,又占领了虞国。荀息牵着良马、捧着美玉来到晋献公跟前说:“美玉还是老样子,马却变老了。”

礼　记

《礼记》为儒家经典之一，是战国到秦汉年间儒家学者解释说明经书《仪礼》的文章选集，是一部儒家思想的资料汇编。由于涉及面广，其影响甚至超出了《周礼》《仪礼》。《礼记》有两种传本，一种是戴德所编，有八十五篇，今存四十篇，称《大戴礼记》；另一种，也就是我们现在所见的《礼记》，是戴德侄戴圣选编的四十九篇，称《小戴礼记》，保存了大量先秦时期的社会史料。它对于研究先秦以至秦汉时期的婚丧嫁娶制度、家族制度、社会风俗等具有重要的史料价值。

《檀弓》是《礼记》中的一篇，主要记载礼仪制度、注意事项、孔子和门人及其他历史人物有关礼制的言论、行为，分上下两部分。它用一个个事例来说明礼仪制度，其语言简洁质朴，有一定的文学性。

晋献公杀世子申生　檀弓上

【题解】

晋献公听信骊姬谗言，逼申生自尽。申生在蒙冤的情况下，没有采纳重耳劝他申辩或出逃的建议，顺从献公的意志从容就死，临死前仍不忘忧虑国事，尽显忠孝本色。

晋献公将杀其世子申生[①]。公子重耳谓之曰："子盖言子之志于公乎[②]？"世子曰："不可。君安骊姬[③]，是我伤公之心也。"曰："然则盖行乎？"世子曰："不可。君谓我欲弑君也，天下岂有无父之国哉？吾何行如之[④]？"

【注释】

①申生：是晋献公夫人齐姜所生，为世子。晋献公又娶狐氏姊妹，生重耳、夷吾。再娶骊姬，生奚齐。骊姬欲废申生而立奚齐。

②盖：通"盍"，何不。

③安：感到满意，适合心意。

④行如之：三字义近。行，奔亡。如，之，到……去。

【译文】

晋献公打算杀掉他的世子申生。公子重耳对申生说："你为何不对国君表明心意呢？"申生说："不行。国君喜欢骊姬，要是我去申辩，那太伤君王的心了。"重耳说："既然如此，你为什么不逃走呢？"申生说："不行。国君说我企图弑君，天下难道有无父之国吗？我往哪儿逃呢？"

使人辞于狐突曰[①]："申生有罪，不念伯氏之言也[②]，以至于死。申生不敢爱其死[③]。虽然，吾君老矣，子少，国家多难。伯氏不出而图吾君，伯氏苟出而图吾君，申生受赐而死。"再拜稽首乃卒。是以为恭世子也[④]。

【注释】

①狐突：字伯，申生的师傅。

②伯氏之言：鲁闵公二年（前660），献公命申生领兵讨伐东山皋落氏，狐突劝申生趁机逃走，申生没有听从。伯氏，对狐突的敬称。

③爱其死：吝惜性命。

④恭：申生的谥号。“恭”是恭顺敬上的意思，申生明知父命是错误的却顺从了，故谥号“恭”。

【译文】

申生派人去向狐突诀别，说：“申生有罪，没有听从您的话，以致死到临头。申生不敢吝惜性命。尽管如此，国君年事已高，儿子还年幼，国家将多有危难。您不出面为国君谋划国事便罢，您若肯出面为国君谋划，申生我虽死，也蒙受您的恩惠。”申生拜了两拜，然后自杀。所以他被谥为恭世子。

曾子易箦　檀弓上

【题解】

病危的曾子听到童子问席子是否是大夫用的时，意识到自己僭礼，坚持要求儿子和弟子换掉它，体现了知错就改、严格守礼的精神。

曾子寝疾①，病。乐正子春坐于床下②，曾元、曾申坐于足③，童子隅坐而执烛。

【注释】

①曾子：名参，字子舆，春秋时鲁国人，是孔子的弟子。

②乐正子春：子春是曾子的弟子，官任乐正。乐正，公室乐官。

③曾元、曾申：都是曾参的儿子。

【译文】

曾子卧病在床，病情危急。他的弟子乐正子春坐在床下，曾元、曾申坐在曾子脚旁，童子坐在角落里，手里拿着灯烛。

童子曰："华而睆①，大夫之箦与②？"子春曰："止！"曾子闻之，瞿然曰③："呼！"曰："华而睆，大夫之箦与？"曾子曰："然。斯季孙之赐也④，我未之能易也。元，起易箦。"曾元曰："夫子之病革矣⑤，不可以变。幸而至于旦，请敬易之。"曾子曰："尔之爱我也不如彼！君子之爱人也以德，细人之爱人也以姑息⑥。吾何求哉？吾得正而毙焉，斯已矣。"举扶而易之，反席未安而没⑦。

【注释】

①睆（huǎn）：光亮。

②大夫之箦（zé）：箦华美而光洁，是大夫所用，曾子未尝为大夫，因此僮仆有此问。箦，竹席。

③瞿（jù）然：惊骇时瞪大眼睛的样子。

④季孙：鲁大夫。

⑤革（jí）：通"亟"，危急。

⑥细人：小人。姑息：无原则的迁就。

⑦没：通"殁（mò）"，死。

【译文】

童子说："又精美又光洁，这是大夫用的竹席吧？"乐正子春说："住口！"曾子听到吃惊地说："喔！"童子说："又精美又光洁，这是大夫用的竹席吧？"曾子说："是的。这是季孙送给我的，我还没来得及把它换下来。元，你扶我起来，把席子换掉。"曾元说："您老人家病情危急，不宜挪动身子。请等到天亮，再给您老人家换掉。"曾子说："你对我的爱不如那个童子！君子爱人就成全他的德行，小人爱人就迁就他的过失。我还有什么可求的呢？只要能死得合乎正礼，就行了。"大家抬起曾子，换下竹席，他回到席子上，还没躺安稳就死了。

有子之言似夫子 檀弓上

【题解】

对于孔子是否主张“丧欲速贫，死欲速朽”，几个弟子进行了一番争论，最终结论是孔子在谈论礼时都是针对具体的人和具体的事来进行的，不可以偏概全，或形而上学地去理解。

有子问于曾子曰①：“问丧于夫子乎②？”曰：“闻之矣。‘丧欲速贫，死欲速朽。’”有子曰：“是非君子之言也。”曾子曰：“参也闻诸夫子也。”有子又曰：“是非君子之言也。”曾子曰：“参也与子游闻之③。”有子曰：“然。然则夫子有为言之也④。”

【注释】

①有子：名若，孔子的弟子。

②问：通“闻”。丧：丧失。这里指失去官职。夫子：古时对男子的尊称，弟子亦称老师为夫子。

③子游：名偃，孔子的弟子。

④有为(wèi)：有所为，有目的，有针对性。

【译文】

有子问曾子说：“你从夫子那里听说过如何对待失去职位的话吗？”曾子说：“我听到过。‘失去职位要快点穷，死了要快点腐烂。’”有子说：“这不像君子说的话。”曾子说：“我这是从夫子那里听来的。”有子又说：“这不是君子说的话。”曾子说：“我是和子游一起听到夫子这样说的。”有子说：“这样啊。夫子是有所指才这样说的吧。”

曾子以斯言告于子游。子游曰:“甚哉,有子之言似夫子也!昔者夫子居于宋,见桓司马自为石椁[1],三年而不成,夫子曰:‘若是其靡也,死不如速朽之愈也[2]。’死之欲速朽,为桓司马言之也。南宫敬叔反[3],必载宝而朝。夫子曰:‘若是其货也[4],丧不如速贫之愈也。’丧之欲速贫,为敬叔言之也。”

【注释】

①桓司马:即桓魋(tuí),宋国司马,掌管军事。椁(guǒ):棺材外面的大棺,古时棺木内为棺,外为椁。

②愈:更好,较好。

③南宫敬叔:即仲孙阅,鲁国人。曾失去官位离开鲁国,后来返回。

④货:用财物收买别人,行贿。

【译文】

曾子把有子的话告诉了子游。子游说:“有子的话真像是夫子说的!从前,夫子在宋国居住时,看到桓司马为自己造石椁,三年过去了还没有造好。夫子就说:‘如此奢侈,死了不如快点腐烂的好。’死了要快点腐烂,这是针对桓司马说的话。南宫敬叔失去职位以后回国,车上总是载着珠宝去朝拜国君。夫子说:‘像这样行贿,失了官之后还不如很快变穷更好。’失去职位要快点穷,是针对南宫敬叔说的。”

曾子以子游之言告于有子。有子曰:“然。吾固曰非夫子之言也。”曾子曰:“子何以知之?”有子曰:“夫子制于中都[1],四寸之棺,五寸之椁,以斯知不欲速朽也。昔者夫子失鲁司寇[2],将之荆[3],盖先之以子夏[4],又申之以冉有[5],以斯知不欲速贫也。”

【注释】

①制于中都：指孔子任中都宰。中都，鲁邑名。在今山东汶上西。

②司寇：官名。掌管刑狱。孔子曾任鲁国司寇，后去职。

③荆：楚国。

④子夏：卜商，字子夏，孔子的弟子。

⑤申：再，重复。冉有：又称“冉求”，孔子的弟子。

【译文】

曾子把子游的话告诉有子，有子说：“是这样。我本来就说那不是夫子的话。”曾子说：“您是怎么知道的呢？”有子说：“夫子任中都宰的时候，制定了棺厚四寸、椁厚五寸的制度，我因此知道夫子不希望人死之后很快就腐烂。从前，夫子失去了鲁国司寇的职位，将要到楚国去任职。他先派了子夏去说明意图，然后又派冉有去了解情况，所以我知道夫子不希望失去职位以后很快就贫穷。”

公子重耳对秦客　檀弓下

【题解】

晋献公死时，秦穆公劝重耳借此机会回国继位，但狐偃认为时机不成熟，让重耳谢绝了秦穆公的好意。秦穆公的狡诈、狐偃的老谋深算以及重耳的节制在对话中鲜明地表现了出来。

晋献公之丧，秦穆公使人吊公子重耳[①]，且曰：“寡人闻之：‘亡国恒于斯，得国恒于斯。’虽吾子俨然在忧服之中，丧亦不可久也，时亦不可失也，孺子其图之。”以告舅犯[②]。舅犯曰：“孺子其辞焉。丧人无宝，仁亲以为宝。父死之谓何？又因以为利，而天下其孰能说之[③]？孺子其辞焉。”

【注释】

①秦穆公：春秋时秦国国君，前659—前621年在位。吊：吊唁，安慰。

②舅犯：狐偃，字子犯，重耳的舅父。其时重耳被逐出晋国，与狐偃等在外祖家狄人处避难。

③说：同"悦"，高兴，拥戴。

【译文】

晋献公去世后，秦穆公派人去向公子重耳表示哀悼，并且说："寡人听到过这样的话：'失去国家常常是在这种时候，得到国家也常常是在这种时候。'虽然您严肃庄重，正处在忧伤的服丧期间，但悲痛不可太久，得到国家的时机不可轻易错过，希望您考虑一下。"重耳把这些话告诉了舅父子犯。子犯说："您辞谢他的好意吧。流亡在外的人没有什么可宝贵的东西，只有仁爱思亲才是最宝贵的。父亲的死是何等重大悲痛的事情啊？如果想乘机谋取利益，那么天下之人有谁能拥护你呢？您还是辞谢他的好意吧。"

公子重耳对客曰："君惠吊亡臣重耳。身丧父死，不得与于哭泣之哀，以为君忧。父死之谓何？或敢有他志，以辱君义？"稽颡而不拜①，哭而起，起而不私②。

【注释】

①稽颡（sǎng）而不拜：跪下来磕头，但不拜谢。拜，即成拜，指主丧者对吊唁的人先磕头后拜谢，是古代丧礼之一。

②私：私下谈话。

【译文】

公子重耳对秦穆公的使者说："蒙贵国国君恩惠，来慰问亡命之臣重耳。我自己逃亡在外，父亲死了，却无法参加丧礼哭泣哀悼，劳动贵国国君忧虑担心。父亲死是一件哀痛的事，我怎敢别有用心，而有辱贵国国君对我的情义呢？”说罢，跪下叩头，却不行拜谢礼；哭着站起来，也不再与使者私下交谈。

子显以致命于穆公①，穆公曰：“仁夫，公子重耳！夫稽颡而不拜，则未为后也②，故不成拜。哭而起，则爱父也。起而不私，则远利也。”

【注释】

①子显：即秦国大夫公子絷（zhí）。

②后：君，国君。

【译文】

子显把这些情况向秦穆公做了汇报，秦穆公说：“公子重耳真是仁人啊。他叩头却不拜谢宾客，是认为自己不是晋国君主，所以不行拜礼。哭着站起来，是表示哀悼其父。起来后不与宾客私下交谈，是表示不愿谋求个人私利。”

杜蕢扬觯　檀弓下

【题解】

晋大夫知悼子死而未葬，晋平公就和乐师、近臣一起喝酒奏乐。杜蕢机智劝谏，以三次罚酒引起国君的好奇发问，以三次对答批评师旷、李调和自己，启发国君觉悟自责，从而达到进谏的目的。

知悼子卒①，未葬，平公饮酒②，师旷、李调侍③，鼓钟。杜蕢自外来④，闻钟声，曰：“安在？”曰：“在寝⑤。”杜蕢入寝，历阶而升⑥。酌曰:“旷饮斯。”又酌曰:“调饮斯。”又酌,堂上北面坐饮之⑦。降,趋而出。

【注释】

①知(zhì)悼子:知䓨(yīng),晋大夫。

②平公:晋平公。

③师旷:晋国乐官,即下文所称“太师”。李调:晋平公的宠臣,即下文所称“亵(xiè)臣”。

④杜蒉(kuì):晋平公的厨师,即下文所称“宰夫”。

⑤寝:寝宫。

⑥历阶:一个台阶一个台阶地登上去,脚步不停,形容急遽。

⑦北面坐:面朝北跪着。古时君主面南而坐,臣见君则面向北。

【译文】

知悼子去世,还没有安葬,晋平公就喝起酒来,师旷和李调在一旁侍候,并敲钟作乐。杜蒉从外面进来,听到钟声,就问:“在哪儿敲钟?”有人回答说:“在寝宫。”杜蒉走进寝宫,一步一级地走上台阶。他斟了一杯酒,说:“师旷,喝了这杯。”又斟了一杯,说:“李调,喝了这杯。”然后又斟了一杯,在殿堂之上,面朝北面跪坐而饮。喝完之后走下台阶,快步走出寝宫。

平公呼而进之,曰:“蒉,曩者尔心或开予①,是以不与尔言。尔饮旷②,何也?”曰:“子卯不乐③。知悼子在堂,斯其为子卯也大矣。旷也,太师也,不以诏,是以饮之也。”“尔饮调,何也?”曰:“调也,君之亵臣也,为一饮一食忘君之疾,是以饮之也。”“尔饮,何也?”曰:“蒉也,宰夫也,非刀匕是共④,又敢与知防⑤,是以饮之也。”平公曰:“寡人亦有过焉,酌而饮寡人。"杜蒉洗而扬觯[⑥]。公谓侍者曰:"如我死,则必毋废斯爵也[⑦]。"

【注释】

①曩(nǎng):以往,过去。开予:开导我。

②饮(yìn):使……饮酒。

③子卯不乐:相传甲子日、乙卯日分别是商纣和夏桀的忌日,这两天禁止奏乐。

④匕(bǐ):羹匙。共:通"供"。

⑤与:参与。知防:知谏防闲,谏诤君上防范禁止不合礼法之事。

⑥觯(zhì):一种青铜酒器。

⑦爵:一种酒器。此指觯。

【译文】

晋平公喊他进去,说:"杜蒉,刚才你心里也许要开导我,所以我没有主动跟你说话。你罚师旷喝酒,是为什么?"杜蒉回答说:"在甲子、乙卯忌日,君主不得饮酒作乐。如今知悼子的灵柩还停在堂上,这是比甲子、乙卯忌日更重要的事。师旷身为太师,却不提醒您,因此罚他一杯。"平公又问:"你罚李调喝酒,又为什么呢?"杜蒉回答说:"李调是国君您亲近的臣子,却因贪于饮食而忘记君主应忌讳的事情,因此罚他一杯。"平公又问:"你罚自己一杯,又为什么呢?"杜蒉回答说:"我是个厨师,不好好给您侍候饮食用具,却敢越职进谏,因此也罚自己一杯。"平公说:"我也有错,斟上酒罚我一杯吧。"杜蒉洗净觯,斟上酒,举到平公面前,平公对侍者说:"如果我死了,一定不要丢弃这只觯。"

至于今,既毕献,斯扬觯,谓之"杜举"。

【译文】

直到现在，每逢主人敬完酒，就举起手中的觯，人们把这个动作称为杜举。

晋献文子成室　檀弓下

【题解】

晋献文子新宅落成，张老祝贺赵氏的祖宗又能受到祭祀，赵氏家人都能寿终正寝，赵氏宗族得以复兴。赵武答谢，祝贺与答谢都密切结合着赵氏自灭绝后再起的现实，确是"善颂善祷"。

晋献文子成室①，晋大夫发焉②。张老曰③："美哉轮焉④，美哉奂焉⑤。歌于斯⑥，哭于斯，聚国族于斯⑦。"

【注释】

①晋献文子：晋正卿赵武，谥号献文，也称文子。成室：新居落成。

②发：送礼庆贺。

③张老：晋国大夫张孟。

④轮：轮囷，屈曲盘旋而上的样子，引申为高大。

⑤奂：同"焕"，鲜明，光亮，引申为华丽。

⑥歌：古代祭祀时奏乐唱诗，此以"歌"代指祭祀。

⑦国族：国宾与宗族。

【译文】

晋国大夫赵武的新居落成，晋国的大夫们前往庆贺送礼。张老说："多么美啊，这样高大；多么美啊，这样富丽堂皇。既可以在这里奏乐祭祀，又可以在这里举行葬礼，还可以在这里宴请国宾，聚会宗族。"

文子曰:“武也,得歌于斯,哭于斯,聚国族于斯,是全要领以从先大夫于九京也[①]。”北面再拜稽首。君子谓之善颂、善祷。

【注释】

①全要(yāo)领:指不受腰斩、砍头之刑罚。要,同“腰”。领,颈。要、领是古代的两种死刑,即腰斩和砍头。九京:晋国卿大夫墓地的九原。

【译文】

赵武说:“我赵武能够在这里歌舞祭祀,在这里举行丧礼,在这里宴请国宾、聚会宗族,这样我就可以保全我的身首,从而跟随我的先祖先父一起葬于九原了。”说完,就面向北叩头拜谢。当时的君子称赞他们二人一个善于祝颂,一个善于祷告。

卷四

战国策

《战国策》是一部战国时期各国的史料汇编。因其内容是记叙战国时期以纵横家为主的谋臣策士游说各国、为各国诸侯出谋划策的言论，所以起名叫《战国策》，后又简称《国策》。作者已经无法查考。现在流行的本子，是西汉刘向根据战国末年的纵横家著作编辑而成的。全书分东周、西周、秦、齐、楚、赵、魏、韩、燕、宋、卫、中山十二策，共三十三篇（东西周各一篇，秦五篇，齐六篇，楚、赵、魏各四篇，韩、燕各三篇，宋、卫合为一篇，中山为一篇）。所载史事，上起前458年知伯灭范、中行氏，下迄前221年秦统一天下后，高渐离以筑击秦始皇，记录了这一时期诸侯各国在政治、军事、外交等方面的一些重大事件，纂辑了不少谋臣策士纵横捭阖的斗争活动及其有关的谋划或说辞，反映了战国时期各个国家、各个阶级之间尖锐复杂的矛盾和斗争，是后世治史者不可或缺的参考书。

《战国策》同样具有较高的文学价值。书中不少篇章是公认的先秦散文优秀代表作。它的语言犀利，文笔恣肆，论辩周密精辟，又善于用比喻和寓言故事来形象地说明抽象的道理。这些都对后世散文创作的发展有明显影响。

苏秦以连横说秦

【题解】

本文选自《战国策·秦策》。苏秦是战国时期纵横家的代表人物，本文写的就是他发迹的经过。苏秦的发奋苦读，他的先主连横、后主合纵，都是为了博取功名富贵，这代表了战国策士谋利投机的共同心态。其家人对他的前倨后卑，对比鲜明，具有很强的讽刺性。应该注意，《战国策》中苏秦的说辞很多，大多是纵横家后学模拟假托之作，不可确信。

苏秦始将连横说秦惠王曰[①]："大王之国，西有巴、蜀、汉中之利[②]，北有胡貉、代马之用[③]，南有巫山、黔中之限[④]，东有殽、函之固[⑤]。田肥美，民殷富，战车万乘，奋击百万[⑥]，沃野千里，蓄积饶多，地势形便，此所谓天府，天下之雄国也。以大王之贤，士民之众，车骑之用，兵法之教，可以并诸侯，吞天下，称帝而治。愿大王少留意[⑦]，臣请奏其效。"

【注释】

①苏秦：字季子，战国时著名的纵横家。连横：流行于战国期间诸侯国相互争斗的一种策略，指函谷关以西的秦国与楚、齐等国的个别联合。与此相对的"合纵"，则指函谷关以东楚、燕、赵、魏、韩、齐六国的联合抗秦。说(shuì)：劝说。

②巴：包括今四川东部、湖北西部的地区。蜀：今四川中、西部地区。汉中：指今陕西汉中一带。

③胡貉(hé)：产于北方地区的貉皮。貉形似狸，皮可制裘。代马：代，相当于今河北、山西北部地区，多产马。

④巫山：山名。在今四川巫山东。黔中：地名。郡治在今湖南常德。

⑤殽:通"崤",崤山。在今河南洛宁西北。函:函谷关。在今河南灵宝东北。

⑥奋击:这里指奋力作战的将士。

⑦少:稍。

【译文】

苏秦最初用连横的策略去游说秦惠王说:"大王的国家,西面有巴、蜀、汉中的富饶,北面有胡地的貉皮、代地的良马可以利用,南面有巫山、黔中作为屏障,东面有崤山、函谷关这样坚固的门户。土地肥美,人民富足,战车万辆,战士百万,沃野千里,财富丰足,地理形势便利,这正是人们所说的天府,天下的强国啊。凭着大王的贤明、兵士百姓的众多、车马的效用、兵法的教习,足以兼并诸侯,吞灭天下,称帝王而统治诸侯。请大王稍加注意,让我陈述统一天下的功效。"

秦王曰:"寡人闻之,毛羽不丰满者不可以高飞,文章不成者不可以诛罚①,道德不厚者不可以使民,政教不顺者不可以烦大臣②。今先生俨然不远千里而庭教之③,愿以异日。"

【注释】

①文章:指法令。

②烦:调遣。

③俨然:庄重认真的样子。

【译文】

秦惠王却说:"我听说,鸟雀羽毛不丰满便不能飞得很高;法令条文不完备便不能用来实施刑罚;道德行为不高尚便不能役使百姓;政令教化不和顺便不能差遣大臣。现在,先生不远千里,郑重地登廷赐教于我，还是改日再说吧。”

苏秦曰：“臣固疑大王之不能用也[1]。昔者神农伐补遂[2]，黄帝伐涿鹿而禽蚩尤[3]，尧伐驩兜[4]，舜伐三苗[5]，禹伐共工[6]，汤伐有夏[7]，文王伐崇[8]，武王伐纣，齐桓任战而霸天下。由此观之，恶有不战者乎[9]？古者使车毂击驰[10]，言语相结，天下为一；约从连横，兵革不藏[11]；文士并饬[12]，诸侯乱惑；万端俱起[13]，不可胜理；科条既备[14]，民多伪态；书策稠浊[15]，百姓不足；上下相愁，民无所聊[16]；明言章理[17]，兵甲愈起；辩言伟服，战攻不息；繁称文辞，天下不治；舌敝耳聋，不见成功；行义约信，天下不亲。于是，乃废文任武，厚养死士，缀甲厉兵[18]，效胜于战场[19]。夫徒处而致利，安坐而广地，虽古五帝、三王、五霸[20]，明主贤君，常欲坐而致之，其势不能，故以战续之。宽则两军相攻，迫则杖戟相撞，然后可建大功。是故兵胜于外，义强于内；威立于上，民服于下。今欲并天下，凌万乘[21]，诎敌国[22]，制海内，子元元[23]，臣诸侯，非兵不可！今之嗣主，忽于至道[24]，皆惛于教[25]，乱于治，迷于言，惑于语，沉于辩，溺于辞。以此论之，王固不能行也。”

【注释】

①固：本来。

②补遂：古部落名。

③涿(zhuō)鹿：地名。在今河北涿鹿附近。禽：同“擒”。蚩尤：传说中九黎族首领。

④驩(huān)兜：传说是尧的臣下，四凶之一。

⑤三苗：古代部落。在今湖北武昌、湖南岳阳、江西九江一带。

⑥共工：传说是尧的臣下，四凶之一。

⑦有夏：夏朝。这里指夏桀。

⑧崇：商代小国。在今河南嵩县，一说在今陕西西安西沣水侧。这里指崇侯虎。

⑨恶（wū）：哪里。

⑩毂（gǔ）：车轮中央的圆木。这里指车乘。

⑪兵革：武器装备。这里指战争。

⑫饬：通“饰”，巧饰。

⑬端：事端。

⑭科条：法令规章。

⑮稠浊：又多又乱。

⑯聊：依靠。

⑰章：明显。

⑱缀：连缀，缝制。厉：同“砺”，磨砺。

⑲效：实现。

⑳五帝：一般指黄帝、颛顼、帝喾、唐尧、虞舜。三王：指夏禹、商汤和周代的文王、武王。五霸：春秋五霸，通常指齐桓公、晋文公、宋襄公、楚庄王、秦穆公。

㉑凌：超过。万乘：一万辆战车。这里指大国。

㉒诎（qū）：屈服。

㉓子：以……为子。这里指爱护、统治。元元：百姓。

㉔至道：最重要的道。这里指战争。

㉕惛（hūn）：糊涂，不明事理。

【译文】

苏秦说：“我本来就料到大王是不会采用我的主张的。从前，神农讨伐补遂，黄帝讨伐涿鹿因而擒杀蚩尤，唐尧讨伐驩兜，虞舜讨伐三苗，夏禹讨伐共工，商汤讨伐夏桀，周文王讨伐崇侯虎，周武王讨伐殷纣王，齐桓公运用武力称霸天下。由此可见，哪有不曾运用武力而统一天下的呢？古时候，各国使臣的车驾往来频繁，车毂相击。他们以言语说动对方缔结盟约，使天下成为一体；后来实行约纵连横的策略，战争就不停息了；文士都巧饰辞令，各国诸侯疑惑而无所适从；各种事端层出不穷，却无法进行料理；法令条文完备，人民却多作伪；文书政令多而混乱，百姓却愈加贫困；君臣上下都在发愁，民众无所依从；话语讲得明白清楚，道理讲得冠冕堂皇，战争却更为频繁；发言雄辩身着盛装，但争战攻伐仍未停息；旁征博引，讲华丽的言辞，天下因此不得治理；发言者说烂了舌头，听讲者听聋了耳朵，也并未产生什么效果；提倡道义，约以诚信，但天下仍不能和睦相处。于是，各国便废弃文治，采用武力，以丰厚的待遇豢养勇猛敢死之士，制好铠甲，磨砺兵器，在战场上角逐胜负。无所事事而获得利益，安然而坐而开拓疆土，即使古代的五帝、三王、五霸以及那些明主贤君也常想实现这一愿望，在这种情势下也是无法办到的，所以他们还是用战争去继续求取。两军对垒，距离远的就摆开阵势对打，距离近的便短兵相接，只有这样做才能建树大功业。因此，只有军队取胜于外，对内声扬道义才强劲有力；只有国君在上面把威望树立起来，百姓才会在下面服从。现在要想兼并天下，凌驾于大国之上，使敌国屈服，控制海内，抚育百姓，臣服诸侯，非用武力不可！现今在位的君主，忽视用兵这一根本道理，在教化民众上糊涂，在治理国家上混乱，迷惑于花言巧语，沉溺于诡辩文辞。由此看来，大王是一定不能采纳我的主张了。”

说秦王书十上而说不行。黑貂之裘敝，黄金百斤尽，资用乏绝，去秦而归。羸縢履蹻[①]，负书担囊，形容枯槁，面目黧黑，状有愧色。归至家，妻不下纴[②]，嫂不为炊，父母不与言。苏秦喟然叹曰：“妻不以我为夫，嫂不以我为叔，父母不以我为子，是皆秦之罪也。”乃夜发书，陈箧数十[3]，得太公《阴符》之谋[4]，伏而诵之，简练以为揣摩[5]。读书欲睡，引锥自刺其股，血流至足。曰：“安有说人主不能出其金玉锦绣，取卿相之尊者乎？”期年[6]，揣摩成，曰：“此真可以说当世之君矣！”

【注释】

①羸：通“累”，缠绕。縢(téng)：绑腿。屩(juē)：草鞋。

②纴(rèn)：织布帛的丝缕。这里指织机。

③箧(qiè)：箱子。

④太公《阴符》：传说是姜太公兵法。

⑤简：选择。练：熟习。

⑥期(jī)年：一周年。

【译文】

苏秦游说秦惠王的奏章上了十次，但他的主张最终未被采纳。黑貂皮袍穿破了，一百斤黄金花光了，费用没有了，他只好离开秦国回家去。他绑着裹腿，穿着草鞋，背着书箱挑着行囊，面容憔悴，脸色黝黑，面有愧色。回到家中，妻子不走下织机迎接他，嫂子不给他做饭吃，父母不和他讲话。苏秦长叹道：“妻子不把我当丈夫，嫂子不把我当小叔子，父母不把我当儿子，这都是我苏秦的罪过啊。”于是苏秦连夜找书，摆开了几十只书箱，找到了姜太公的《阴符》一书，便埋头诵读，并反复推敲，钻研体会书中精要。读书困乏昏昏欲睡的时候，他便拿锥子刺自己的大腿，以致鲜血一直流到脚后跟。他说：“哪有游说君主而不能掏出他的金玉锦绣，取得卿相高位的呢？”坚持了一年，终于研究成功，他自己说：“这下我确信能够说服当今的国君了！”

于是乃摩燕乌集阙[①]，见说赵王于华屋之下[②]，抵掌而谈。赵王大说，封为武安君[③]，受相印[④]，革车百乘，锦绣千纯[⑤]，白璧百双，黄金万镒[⑥]，以随其后，约从散横，以抑强秦。故苏秦相于赵而关不通[⑦]。

【注释】

①摩：揣摩，模仿。燕乌集阙：燕乌，乌鸦的一种。这里以乌集宫阙之状，比喻博喻宏辞、纵横开阖的说辩艺术。

②赵王：赵肃侯。

③武安：地名。在今河北武安。

④受：同“授”。

⑤纯（tún）：古代计量单位。布帛一段为一纯。

⑥镒（yì）：古代重量单位，二十两为一镒，又说二十四两为一镒。

⑦关：函谷关。

【译文】

于是，苏秦便以燕乌集阙般的说辞，在华丽的宫殿中拜见并劝说赵王。他侃侃而谈，常常击掌有声。赵王听了，十分高兴，封苏秦为武安君，授给他相印，又给他兵车百辆、锦绣千匹，白璧百对，黄金万镒，让他带着去与各国相约合纵，拆散连横，以便抑制强大的秦国。所以苏秦在赵国为相期间，函谷关的交通便断绝了。

当此之时，天下之大，万民之众，王侯之威，谋臣之权，皆欲决于苏秦之策。不费斗粮，未烦一兵，未战一士，未绝一弦，未折一矢，诸侯相亲，贤于兄弟。夫贤人任而天下服，一人用而天下从。故曰：式于政[①]，不式于勇；式于廊庙之内，不式于四境之外。当秦之隆，黄金万镒为用，转毂连骑[②],炫熿于道[③];山东之国[④],从风而服,使赵大重。且夫苏秦特穷巷掘门、桑户棬枢之士耳[⑤],伏轼撙衔[⑥],横历天下,庭说诸侯之主,杜左右之口[⑦],天下莫之伉[⑧]。

【注释】

①式:用。

②转毂连骑:车马成队。

③炫熿:辉煌显耀。熿,同"煌"。

④山东:崤山以东。

⑤特:只,不过。掘(kū)门:凿墙为门。掘,通"窟",洞穴。桑户:桑木为门板。棬(quān)枢:用卷起来的树枝作门枢。

⑥轼:车前横木。撙(zǔn)衔:驭马使之就范。撙,控制。衔,马勒。

⑦杜:塞,堵住。

⑧伉:匹敌,相当。

【译文】

在这时候,尽管天下广大,百姓众多,王侯威严,谋臣权变,但都要取决于苏秦的决策。于是,不费一斗粮食,不劳一个兵卒,没有一个战士参加打仗,没断过一根弓弦,没折过一支箭,就使六国诸侯相互亲睦胜过兄弟。大凡贤人在位就能使天下人信服;一位贤人用事就能使天下人服从。所以说:要在政治上而不是武力上用力气;要在朝廷决策上而不是周边争战上用力气。当苏秦尊显的时候,黄金万镒任凭他使用,随从的车骑络绎不绝,走在路上风光显耀;崤山以东的国家,有如风吹草动般地听从苏秦的指挥,从而使赵国的威望也大大增强。况且苏秦只不过是个居于穷巷陋室里的读书人罢了,但他却能手扶车前横木,控制着马缰绳,走遍天下,在朝堂上游说各国诸侯,使诸侯周围的亲信无话可说,普天之下没有谁能和他抗衡。

将说楚王，路过洛阳。父母闻之，清宫除道[①]，张乐设饮[②]，郊迎三十里。妻侧目而视，侧耳而听；嫂蛇行匍伏，四拜自跪而谢[③]。苏秦曰："嫂，何前倨而后卑也？"嫂曰："以季子位尊而多金[④]。"苏秦曰："嗟乎！贫穷则父母不子，富贵则亲戚畏惧。人生世上，势位富厚，盖可以忽乎哉[⑤]！"

【注释】

①清：清扫。宫：古时房屋的通称。

②张：设，摆设。

③谢：请罪。

④季子：苏秦的表字。

⑤盖：通"盍"，何。

【译文】

后来，苏秦打算去游说楚王，经过洛阳。他的父母听到这一消息，便收拾房舍，清扫街道，设置乐队，摆设酒席，在郊外三十里处迎接他。他的妻子不敢正眼瞧他，侧耳听他说话；他的嫂子趴在地上像蛇一样爬行而来，朝他拜了四拜，跪着自己认错。苏秦问道："嫂子，为什么你过去那样趾高气扬，而现在又这么低声下气呢？"他的嫂子回答："因为现在你地位尊贵而且很有钱。"苏秦叹道："唉！一个人贫困失意，连父母都不把他当儿子看待，有钱有势了连亲人也害怕他。可见，人生在世，对于权势地位荣华富贵，怎么可以忽视啊！"

司马错论伐蜀

【题解】

本文选自《战国策·秦策》，内容所写是秦国向外扩张的重大事件之一。前316年，蜀国发生内乱，于是围绕是出兵伐韩还是伐蜀，秦国大臣之间展开了辩论。张仪主张先伐韩，不主张伐蜀。司马错则主张伐蜀，从正反两方面展开论述，层层铺垫，步步深入，具有很强的说服力。秦惠王采纳了他的意见，一举灭蜀，从而为统一中国奠定了物质基础。

司马错与张仪争论于秦惠王前①。司马错欲伐蜀，张仪曰："不如伐韩。"王曰："请闻其说。"

【注释】

①司马错：战国时秦将。张仪：战国时魏人，曾任秦国的相。

【译文】

司马错与张仪在秦惠王面前进行了争论。司马错主张攻打蜀国，张仪说："不如攻打韩国。"秦惠王说："请让我听听你们的见解。"

对曰："亲魏善楚，下兵三川①，塞𫐐辕、缑氏之口②，当屯留之道③；魏绝南阳④，楚临南郑⑤，秦攻新城、宜阳⑥，以临二周之郊⑦，诛周主之罪，侵楚、魏之地。周自知不救，九鼎宝器必出。据九鼎，按图籍⑧，挟天子以令天下，天下莫敢不听，此王业也。今夫蜀，西僻之国，而戎狄之长也。敝兵劳众不足以成名；得其地不足以为利。臣闻：'争名者于朝，争利者于市。'今三川、周室，天下之市朝也，而王不争焉，顾争于戎狄⑨，去王业远矣。"

【注释】

①三川：指今河南洛阳一带。因有黄河、洛河、伊河，故称"三川"，

地属韩国。

②轘(huán)辕:山名。在今河南偃师东南。缑(gōu)氏:山名。在今河南偃师。

③屯留:在今山西屯留南。太行山的羊肠坂道即经过此地。

④绝:隔断。南阳:在今河南焦作、博爱一带,地属韩国。

⑤南郑:地名。在今河南境内。

⑥新城:韩地。在今河南伊川西南。宜阳:韩地。在今河南宜阳。

⑦二周:西周、东周。

⑧按:通"案",考察,掌握。图籍:指疆域图与户籍。

⑨顾:反而。

【译文】

张仪回答说:"秦国应先与魏国和楚国交好,然后出兵三川,堵住轘辕、缑氏的出口,挡住屯留险道;再让魏国断绝通往南阳之路,楚国进军南郑,秦国攻打新城和宜阳,兵临东西二周的都城近郊,声讨两周君主的罪行,再去侵占楚国和魏国的领土。两周自知难以挽救局势,必然会交出九鼎宝器。秦国据有九鼎,掌握了那里的地图户籍之后,挟制周天子号令天下,天下没有谁敢不听从的,这才是帝王的大业。而如今的蜀国,只是一个西部的偏僻小国,戎狄的头目而已。为此而劳师动众,不足以成就威名;得到该国的土地,也没有多大好处。我听说:'争名就要争于朝廷,争利就要争于集市。'现在三川和周室,就是当今天下朝堂和集市,大王不去争夺,反而要与戎狄去争夺,这离帝王大业相差太远了。"

司马错曰:"不然。臣闻之,欲富国者,务广其地;欲强兵者,务富其民;欲王者,务博其德。三资者备,而王随之矣。今王之地小民贫,故臣愿从事于易。夫蜀,西僻之国也,而戎狄之长也,而有桀、纣之乱。以秦攻之,譬如使豺狼逐群羊也。取其地，足以广国也；得其财，足以富民。缮兵不伤众[1]，而彼已服矣。故拔一国，而天下不以为暴；利尽西海[2]，诸侯不以为贪。是我一举而名实两附，而又有禁暴止乱之名。今攻韩劫天子，劫天子，恶名也，而未必利也，又有不义之名。而攻天下之所不欲，危！臣请谒其故[3]：周，天下之宗室也；韩，周之与国也[4]。周自知失九鼎，韩自知亡三川，则必将二国并力合谋，以因乎齐、赵[5]，而求解乎楚、魏。以鼎与楚，以地与魏，王不能禁。此臣所谓'危'，不如伐蜀之完也。"惠王曰："善！寡人听子。"

【注释】

①缮：整治。

②西海：西方，相对中原而言。

③谒：说明。

④与国：盟国，友好国家。

⑤因：依靠。

【译文】

司马错说："不对。我听说，要使国家富足，就必须开拓疆域；要使兵力强盛，就必须让百姓富足；要成帝王之业，就必须广施恩德。这三个条件具备，王业便随之建立了。现在大王的国土狭小，百姓贫穷，所以我打算从容易做的事情着手。蜀国，的确只是个西部的偏僻小国，戎狄诸国的头儿，眼下还发生了像夏桀、殷纣时那样的内乱。用秦国的军队去攻打它，就像让豺狼去追逐羊群一般容易。夺取蜀国的土地，足以扩大秦国的疆域；获得蜀国的财富，足以使秦国百姓富足。只要打上一仗，不需要损伤民众，而蜀国便已经屈服了。因此，秦国虽然攻取了一个国家，但天下却并不认为残暴；虽然尽得西方的财利，诸侯却并不认为贪婪。这样我国是一次用兵，名利双收，而且还有禁止暴戾、平定祸乱的美名。如果现在去进攻韩国、胁持天子，而胁持天子本来就是很坏的名声，又未必能由此得到好处，反而落个不义的恶名。而且，去攻打天下所不愿攻打的国家，是很危险的！请让我说说其中的道理：周朝，是天下诸侯的宗室；韩国，是周朝的友邦。周一旦知道自己将会因秦国进攻而失去九鼎，韩一旦知道自己将会因秦国进攻而失去三川，那么周、韩二国必然会齐心协力，依靠齐国、赵国的力量，向楚国、魏国求救。周把九鼎给楚国，韩把土地给魏国，这是大王您无法制止的。这就是我所说的危险前景，不如攻打蜀国那么妥善啊。”秦惠王说：“很好！我听您的。”

卒起兵伐蜀，十月取之，遂定蜀。蜀主更号为侯，而使陈庄相蜀[1]。蜀既属，秦益强富厚，轻诸侯。

【注释】

①陈庄：秦国官员。

【译文】

秦国最终发兵攻打了蜀国，并用了十个月时间夺取了它，接着平定了蜀国。蜀国君主的称号被降改为侯，还派陈庄去做了蜀相。蜀国附属秦国后，秦国更加富强，也更轻视诸侯各国了。

范雎说秦王

【题解】

本文选自《战国策·秦策》。记述了范雎到秦国后初次受到秦昭王接见时的情景。在这次谈话中，范雎采取了步步为营、迂回曲折的战术。开始他对秦昭王唯唯再三，欲言又止，以试探秦昭王的真实心意。然后一步步告诉昭王自己要谈的是“匡君臣之事，处人骨肉之间”的大事，但自己愿尽忠而不避死亡，将自己定位在维护秦昭王根本利益的立场上。最后才转到本次谈话的主题，指出宣太后、魏冉专权所造成的危害，从而引起秦昭王的重视。

范睢至①，秦王庭迎范睢②，敬执宾主之礼，范睢辞让。是日见范睢，见者无不变色易容者③。秦王屏左右④，宫中虚无人。秦王跪而进曰：“先生何以幸教寡人？”范睢曰：“唯唯。”有间，秦王复请，范睢曰：“唯唯。”若是者三。秦王跽曰⑤：“先生不幸教寡人乎？”

【注释】

①范睢(jū)：魏国人，字叔。因成功游说秦昭王而拜为相。

②秦王：秦昭王。

③变色易容：改变常态。色，脸色。容，面容。

④屏：使退避。

⑤跽(jì)：古人席地而坐，两膝着地，臀部贴在脚后跟上。臀部不贴脚跟为跪，跪而挺身直腰即为跽，也就是长跪。

【译文】

范睢来到秦国，秦昭王在宫廷前迎接他，对他恭敬地采用了宾主礼节，范睢也客气地推辞谦让。就在当天秦昭王以宾主之礼接见了范睢，看到当时情景的人没有不惊讶失色的。秦昭王屏退身边的人，殿中除了他和范睢空无一人。秦昭王跪着请求说：“先生用什么来指教我呢？”范睢只是应了一声“嗯嗯”。过了一会儿，秦昭王再次请教，范睢仍然只应了一声“嗯嗯”。如此反复三次。秦昭王长跪着说：“先生不愿意指教我吗？”

范雎谢曰:“非敢然也。臣闻昔者吕尚之遇文王也[①],身为渔父而钓于渭阳之滨耳[②]。若是者,交疏也。已一说而立为太师,载与俱归者,其言深也。故文王果收功于吕尚,卒擅天下而身立为帝王[③]。即使文王疏吕望而弗与深言,是周无天子之德,而文、武无与成其王也。今臣,羁旅之臣也[④],交疏于王,而所愿陈者,皆匡君臣之事,处人骨肉之间[⑤]。愿以陈臣之陋忠,而未知王心也,所以王三问而不对者是也。

【注释】

①吕尚:姜姓,字子牙,封于吕,故称吕尚。传说他垂钓于渭水之滨,周文王与他一见如故,便立为统率军队的太师。后佐武王灭纣。

②渭阳:渭水北岸。阳,山南水北。

③擅:拥有。

④羁旅:长期旅居他乡。

⑤骨肉:这里指秦昭王和其母(宣太后)等的关系。

【译文】

范雎向秦王谢罪说:“我不敢这样呀。我听说,当初吕尚遇到周文王的时候,只是垂钓于渭水北岸的一个老渔翁而已。像这种情况,说明他们的交往是疏浅的。随后他通过一次交谈就被立为太师,与周文王同车而归,这是由于他们言谈深切的缘故。因此,周文王也果然在吕尚的辅佐下取得了成功,终于据有天下成为帝王。假如当初周文王疏远吕尚而不同他深谈,这样周室还不具备做天子的德行,而文王、武王也就没有帮助他们成就帝业的人了。如今的我,不过是客居他乡之臣,我和大王的交往很疏浅,而我要陈述的却都是匡正君臣关系的大事，又夹在您的至亲骨肉之间。我本愿意表达对您的浅陋忠诚，可是我不知道大王内心的想法，大王再三问我我都没回答，就是因为这个缘故啊。

“臣非有所畏而不敢言也，知今日言之于前，而明日伏诛于后①，然臣弗敢畏也。大王信行臣之言，死不足以为臣患，亡不足以为臣忧，漆身而为厉②，被发而为狂，不足以为臣耻。五帝之圣而死，三王之仁而死，五霸之贤而死，乌获之力而死③，奔、育之勇而死④。死者，人之所必不免。处必然之势，可以少有补于秦，此臣之所大愿也，臣何患乎？

【注释】

①伏诛：伏法，被杀死。

②漆身：用漆涂身。古代一种刑法。厉：通“疠（癞）”，生癞疮，癞疮。

③乌获：秦武王的力士。

④奔、育：指孟奔、夏育，均为卫国勇士。孟奔，一作“孟贲”。

【译文】

“我不是因为有所畏惧而不敢讲话。即使明知今天把话讲出来，明天就会被处死，但我也不敢因此而畏惧。倘使大王果真能够采纳我的主张，死亡不足以成为我的顾虑，流亡不足以成为我的担忧，浑身涂漆遍体生癞、披头散发成为狂人，也不足以成为我的耻辱。五帝那样的圣人死了，三王那样的仁人死了，五霸那样的贤人死了，乌获那样的力士死了，孟奔、夏育那样的勇士死了。死，是人最终不能避免的。处于这样一种必然趋势之中，如果我的死能够对秦国稍有补益，这便是我的最大心愿了，我还有什么值得顾虑的呢？

“伍子胥橐载而出昭关①，夜行而昼伏，至于蔆水②，无以糊其口，膝行蒲伏③，乞食于吴市，卒兴吴国，阖闾为霸。使臣得进谋如伍子胥，加之以幽囚不复见，是臣说之行也，臣何忧乎？箕子、接舆④，漆身而为厉，被发而为狂，无益于殷、楚。使臣得同行于箕子、接舆，可以补所贤之主，是臣之大荣也，臣又何耻乎？

【注释】

①伍子胥：春秋时楚国人。其父兄为楚平王所杀后，逃到吴国。橐(tuó)：口袋。昭关：在今安徽含山西北小岘山上。

②蔆(líng)水：即溧水。这里指江苏溧阳一带。

③蒲伏：犹“匍匐”。

④箕子：名胥余，商纣王叔父，官太师，封于箕(今山西太谷东)。因谏纣王不听，披发佯狂。接舆：春秋时楚国隐者，姓陆名通。

【译文】

“伍子胥藏身口袋之中逃出昭关，黑夜赶路，白天潜伏，来到蔆水，没有吃的，就跪着爬行，到吴市上讨饭，却最终使吴国兴盛，使阖闾成为霸主。假如我能像伍子胥那样进献谋略，即使把我囚禁起来终生不能再见到大王，只要我的主张得到施行，我又有什么值得担忧的呢？箕子、接舆全身涂漆，遍体生癞，披头散发成为狂人，但对殷朝和楚国毫无益处。假使我与箕子、接舆有同样遭遇可对我认为贤明的君主有所帮助，这便是我最大的荣耀了，我又怎么会感到耻辱呢？

“臣之所恐者，独恐臣死之后，天下见臣尽忠而身蹶也①，是以杜口裹足，莫肯即秦耳②。足下上畏太后之严，下惑奸臣之态；居深宫之中，不离保傅之手③，终身暗惑，无与照奸，大者宗庙灭覆，小者身以孤危，此臣之所恐耳！若夫穷辱之事，死亡之患，臣弗敢畏也。臣死而秦治[4]，贤于生也。"

【注释】

①蹶(jué)：跌到。这里指死亡。

②即：靠近，走向。

③保傅：古代辅导天子及诸侯子弟的官员。

④治：治理得好，指强盛起来。

【译文】

"我所担心的，只是在我死以后，天下人看到我尽忠而被杀，因此便闭口不言，裹足不前，不肯再到秦国来了。大王您对上畏惧太后的威严，对下被奸臣的媚态所迷惑；住在深宫之中，不能摆脱权臣的制约，始终遭受蒙蔽，没人帮助您洞察奸邪，这样下去，大则会使国家灭亡，小则会使您身陷孤立危险境地，这才是我所担心的问题啊！至于个人穷困受辱的事情，死亡流放的祸患，我是不敢害怕的。我死了秦国却能治理好，这便胜过我活着了。"

秦王跪曰："先生是何言也！夫秦国僻远，寡人愚不肖，先生乃幸至此，此天以寡人慁先生[1]，而存先王之庙也。寡人得受命于先生，此天所以幸先王而不弃其孤也。先生奈何而言若此！事无大小，上及太后，下至大臣，愿先生悉以教寡人，无疑寡人也。"范雎再拜，秦王亦再拜。

【注释】

①慁(hùn)：打扰。

【译文】

秦王于是跪着说："先生这是什么话呢！秦国地处偏僻荒远之地，我又愚昧无能，幸蒙先生光临此地，这是上天让我来烦扰先生，好使先王的宗庙得以留存啊。我能得到先生的教诲，这是上天眷顾先王，而不肯遗弃他后人的缘故啊。先生怎么能这样说呢！不论事情大小，上到太后，下到大臣，希望先生悉数教导我，不要怀疑我的诚意。"范雎向秦王拜了两拜，秦王也向范雎拜了两拜。

邹忌讽齐王纳谏

【题解】

本文选自《战国策·齐策》。先以生活小事"比美"问答开篇，引人入胜。继而写邹忌因小悟大，体察出一番政治道理：越是居高位者所受蒙蔽越深，并以此讽谏齐威王。齐威王接受邹忌的意见，悬赏纳谏，广开言路。最终使齐国"战胜于朝廷"。文章寓意深刻，发人深省。

邹忌修八尺有余①，而形貌昳丽②。朝服衣冠③，窥镜，谓其妻曰："我孰与城北徐公美？"其妻曰："君美甚，徐公何能及君也！"城北徐公，齐国之美丽者也。忌不自信，而复问其妾曰④："吾孰与徐公美？"妾曰："徐公何能及君也！"旦日⑤，客从外来，与坐谈，问之："吾与徐公孰美？"客曰："徐公不若君之美也！"明日，徐公来，熟视之⑥，自以为不如。窥镜而自视，又弗如远甚。暮，寝而思之，曰："吾妻之美我者，私我也⑦；妾之美我者，畏我也；客之美我者，欲有求于我也。"

【注释】

①邹忌：齐人，齐威王时任齐相。修：长。这里指身高。尺：周代一尺约合今七寸多。

②昳（yì）丽：光艳美丽。

③朝：早晨。服：穿戴。

④妾：侍女，女性奴仆。

⑤旦日：第二天。

⑥熟：仔细。

⑦私：偏爱。

【译文】

邹忌身高八尺有余，外表清朗俊美。早晨，邹忌穿戴完毕，朝镜子里端详，对他妻子说："我与城北的徐公哪个更美？"他的妻子答道："您美极了，徐公怎么比得上您呀！"城北的徐公，是齐国的美男子。邹忌有点不自信，因而又问他的侍女说："我跟徐公，哪个更美？"侍女回答说："徐公哪里比得过您呢！"第二天，有客人从外面来，和邹忌坐着闲谈，邹忌问客人说："我和徐公，哪个更美？"客人答道："徐公不如您这么美啊！"过了一天，徐公来访，邹忌仔细端详他，自以为不如徐公美。而后又照镜子端详自己，更觉得自己比徐公差得远。晚上，躺在床上思量，说："我的妻子说我美，这是她偏爱我；侍女说我美，这是她惧怕我；客人说我美，这是他想有求于我啊。"

于是入朝见威王曰①："臣诚知不如徐公美，臣之妻私臣，臣之妾畏臣，臣之客欲有求于臣，皆以美于徐公。今齐地方千里，百二十城，宫妇左右，莫不私王；朝廷之臣，莫不畏王；四境之内，莫不有求于王。由此观之，王之蔽甚矣！"王曰："善！"乃下令："群臣吏民，能面刺寡人之过者，受上赏;上书谏寡人者,受中赏;能谤议于市朝②,闻寡人之耳者,受下赏。”令初下,群臣进谏,门庭若市。数月之后,时时而间进。期年之后,虽欲言,无可进者。燕、赵、韩、魏闻之,皆朝于齐。此所谓战胜于朝廷。

【注释】

①威王:齐威王。

②谤议:公开批评议论。市朝:市井,指人众会集的地方。

【译文】

于是,邹忌上朝拜见齐威王,说道:“臣下确实知道自己不如徐公美,由于臣下的妻子偏爱臣下,臣下的侍女畏惧臣下,臣下的客人有求于臣下,所以他们都说臣下比徐公美。如今,齐国方圆千里,有城池一百二十座,宫中嫔妃及左右侍从没有一个不偏爱大王您;朝廷的官吏没有一个不敬畏大王您;国境之内,没有一个人不想求助于您的。由此看来,大王您所受的蒙蔽太严重了!”威王道:“说得好!”于是颁布命令:“不论朝臣、官吏和普通百姓,凡是能够敢于当面指摘我的过失的,给予上等奖赏;通过上书劝谏我的,给予中等奖赏;能够在公共场所批评我而传入我耳中的,给予下等奖赏。”命令一发出,群臣纷纷上朝谏言,王宫就像集市一样热闹。几个月后,来进谏的人已经断断续续。一年以后,虽然有人还想进谏,可是已经没什么可说的了。后来,燕、赵、韩、魏四国听说这件事后,都来齐国朝见。这就是所谓的不动用武力,在朝廷之上就可以战胜诸侯。

颜斶说齐王

【题解】

本文选自《战国策·齐策》。战国时期，七雄争霸，很多文士通过游说诸侯谋取高官厚禄。本文通过颜斶和齐宣王论述“士贵耳，王者不贵”的对话，突出表现了颜斶自尊、自重且清高贞节的形象。

齐宣王见颜斶[①]，曰：“斶前！”斶亦曰：“王前！”宣王不说。左右曰：“王，人君也；斶，人臣也。王曰‘斶前’，斶亦曰‘王前’，可乎？”斶对曰：“夫斶前为慕势，王前为趋士[②]，与使斶为慕势，不如使王为趋士。”王忿然作色曰：“王者贵乎？士贵乎？”对曰：“士贵耳，王者不贵。”王曰：“有说乎？”斶曰：“有。昔者秦攻齐，令曰：‘有敢去柳下季垄五十步而樵采者[③]，死不赦。’令曰：‘有能得齐王头者，封万户侯[④]，赐金千镒。’由是观之，生王之头，曾不若死士之垄也。”

【注释】

①颜斶(chù)：齐国隐士。

②趋：接近。

③柳下季：即展禽。鲁国人。食采邑于柳下，谥惠，又称柳下惠。垄：坟墓。

④侯：古代五等爵位的第二等称侯。

【译文】

齐宣王召见颜斶说：“颜斶过来！”颜斶也说：“大王过来！”宣王听后不高兴了。左右大臣责备颜斶说：“大王，那是为人君主；你颜斶，是为人臣子的。大王说‘颜斶过来’，你也说‘大王过来’，这像话吗？”颜斶答道:“我主动上前,这是趋附权势,大王主动过来,这是礼贤下士,与其让我趋附权势,不如让大王礼贤下士。”宣王勃然变色道:“是做王的尊贵,还是做士人的尊贵?”颜斶答道:“士人尊贵,王不尊贵。”宣王又问:“有什么说法吗?”颜斶答道:“有。过去,秦国攻打齐国,下令说:‘如有人敢到柳下季墓地五十步之内砍柴的,定杀不饶。’还有一道命令说:‘如有人斩获齐王头颅,就封爵万户侯,赏金千镒。’由此来看,活着的君王的头颅,还不如已死去士人的坟墓啊。”

宣王曰:“嗟乎!君子焉可侮哉?寡人自取病耳①!愿请受为弟子。且颜先生与寡人游②,食必太牢③,出必乘车,妻子衣服丽都④。”颜斶辞去曰:“夫玉生于山,制则破焉,非弗宝贵矣,然太璞不完⑤。士生乎鄙野⑥,推选则禄焉,非不尊遂也⑦,然而形神不全。斶愿得归,晚食以当肉,安步以当车,无罪以当贵,清净贞正以自虞⑧。”则再拜而辞去。

【注释】

①病:辱。

②游:交往。

③太牢:祭祀时牛、羊、猪俱全为太牢。

④丽都:华丽。

⑤璞:未雕琢的玉。

⑥鄙:边远的地方。

⑦遂:显达。

⑧虞:通“娱”,乐。

【译文】

宣王说道:“是啊!君子岂可侮辱?我这是自取其辱啊!请求您

收我做学生吧。颜先生与我交游，吃的肯定是美味佳肴，出门必定有车马迎送，妻子儿女穿戴华丽。”颜斶谢绝告辞说：“玉石生于山中，经过琢磨就破损了，不是说经过琢磨的玉就不珍贵，而是璞玉已失去它最本质的东西。士人生于边远荒野，经人推举做了官，不能说不尊贵，而是士人的精神品质不全了。我愿意回归山林，饿了再吃东西，就像吃肉一样有滋味，安闲踱步，就像乘车一样舒适，不会获罪可以算是富贵，内心纯洁行为正直，可以自娱自乐。”说罢，颜斶向宣王拜了两拜，告辞而去。

君子曰：“斶知足矣，归真反璞①，则终身不辱。”

【注释】

①反：同“返”，回归。

【译文】

君子说：“颜斶可以说是懂得知足了，归于自然，返于纯朴，就终身不会受辱了。”

冯煖客孟尝君

【题解】

本文选自《战国策·齐策》。战国时期，养士之风大盛。各国贵族纷纷网罗士人为自己服务，而士也把投靠贵族门下作为自己安身立命的一种途径。冯煖就是孟尝君的一个门客。冯煖与孟尝君虽是豢养与被豢养的关系，但他的择主而栖、为主人竭尽忠诚还是很感人的。文中“弹铗而歌”“焚券贾义”“狡兔三窟”三个小故事使冯煖的性格极其生动鲜明。

齐人有冯煖者[1]，贫乏不能自存，使人属孟尝君[2]，愿寄食门下[3]。孟尝君曰："客何好？"曰："客无好也。"曰："客何能？"曰："客无能也。"孟尝君笑而受之曰："诺[4]。"

【注释】

①冯煖(xuān)：孟尝君的门客。又作"冯谖"或"冯驩"。

②属：嘱托，致意。孟尝君：田姓，名文，齐湣王时为相，封于薛(今山东滕县东南)，号孟尝君。与魏信陵君、赵平原君、楚春申君都养有许多食客，号称"战国四公子"。

③寄食：依附于他人吃饭。

④诺：答应声。

【译文】

齐国有个叫冯煖的人，家境贫寒无法养活自己，便让人去致意孟尝君，希望能到他门下做食客。孟尝君问来人："此人爱好什么？"答道："这人没有什么爱好。"孟尝君又问："此人能做什么？"答道："这人没有什么能耐。"孟尝君笑着同意收留他，说："好吧。"

左右以君贱之也，食以草具[1]。居有顷[2]，倚柱弹其剑，歌曰："长铗归来乎[3]！食无鱼！"左右以告。孟尝君曰："食之，比门下之客[4]。"居有顷，复弹其铗，歌曰："长铗归来乎！出无车！"左右皆笑之，以告。孟尝君曰："为之驾，比门下之车客。"于是乘其车，揭其剑[5]，过其友曰[6]："孟尝君客我。"后有顷，复弹其剑铗，歌曰："长铗归来乎！无以为家！"左右皆恶之，以为贪而不知足。孟尝君问："冯公有亲乎？"对曰："有老母。"孟尝君使人给其食用，无使乏。于是冯煖不复歌。

【注释】

①食(sì):给人吃。草具:粗劣的食物。

②有顷:意指时间短。

③铗(jiá):剑。

④比:按照。

⑤揭:高举。

⑥过:拜访。

【译文】

孟尝君的随从们因为主人看不起冯煖,就给他吃些粗劣的食物。住了没多久,冯煖靠着柱子弹着他的佩剑,唱道:“长剑啊,我们回去吧!没有鱼吃啊!”随从们把这事告诉了孟尝君。孟尝君说:“给他吃鱼,像我的一般门客一样对待他。”住了没多久,冯煖又弹起佩剑,唱道:“长剑啊,我们回去吧!出门没有车坐呀!”随从们都耻笑他,把这事去告诉了孟尝君。孟尝君说:“给他车马,比照门下能坐车的宾客的标准。”于是,冯煖乘着他的车,举着他的剑,去拜访他的朋友,说:“孟尝君把我当上客看待。”这以后又过了没多久,冯煖又弹起他的佩剑,唱道:“长剑啊,我们回去吧!没有可以养家的东西啊!”随从们都讨厌他了,觉得他贪得无厌。孟尝君问道:“冯公有父母吗?”回答道:“有个老母亲。”孟尝君派人供给他母亲吃的用的,不让她缺乏。于是冯煖不再唱歌了。

后孟尝君出记①,问门下诸客:“谁习计会②,能为文收责于薛者乎③?”冯煖署曰:“能。”孟尝君怪之,曰:“此谁也?”左右曰:“乃歌夫‘长铗归来’者也。”孟尝君笑曰:“客果有能也,吾负之,未尝见也。”请而见之,谢曰:“文倦于是,愦于忧④,而性懧愚⑤,沉于国家之事,开罪于先生。先生不羞,乃有意欲为收责于薛乎?”冯煖曰:“愿之。”于是约车治装,载券契而行，辞曰："责毕收，以何市而反？"孟尝君曰："视吾家所寡有者。"

【注释】

①记：通告，文告。

②计会：即会计，计算和管理财务。

③责：同"债（zhài）"。

④愦（kuì）：昏乱。

⑤怍：同"懦（nuò）"。

【译文】

后来，孟尝君出了个告示，问门下的众宾客："谁熟悉会计，能替我到薛地去收债呢？"冯煖签上名，说："我能。"孟尝君有些奇怪，问："这是谁呀？"随从们回答道："就是唱'长剑啊，我们回去吧'的那个人。"孟尝君笑道："这个门客果然有本事，我辜负了他，还没和他见过面呢。"孟尝君把冯煖请来见面，向他道歉说："我被小事弄得疲惫不堪，被忧虑的事情弄得很心乱，再加上天性懦弱愚笨，整天忙于处理国家事务，以致得罪了先生。先生不以为羞耻，竟然愿意为我到薛地去收债吗？"冯煖回答："我愿意。"于是，准备车辆，收拾行装，装上债券契据准备出发，向孟尝君告别时问道："收完了债，用它买些什么东西回来？"孟尝君说："看我家里缺什么就买什么。"

驱而之薛，使吏召诸民当偿者，悉来合券[①]。券遍合，起矫命以责赐诸民[②]，因烧其券。民称万岁。

【注释】

①合券：验对债券。古时的契约，借贷双方各执一半，验证时就看

这两半是否相合。

②矫命：假托（孟尝君）命令。

【译文】

冯煖驱车到了薛地，派小吏把应该还债的老百姓全部招来核对债券。等债券都核对完，冯煖站起身，假托孟尝君的命令，把债款都赏赐给了众百姓，于是烧掉了那些债券。百姓们欢呼万岁。

长驱到齐，晨而求见。孟尝君怪其疾也[①]，衣冠而见之，曰："责毕收乎？来何疾也？"曰："收毕矣。""以何市而反？"冯煖曰："君云'视吾家所寡有者'。臣窃计，君宫中积珍宝，狗马实外厩，美人充下陈[②]。君家所寡有者以义耳！窃以为君市义。"孟尝君曰："市义奈何？"曰："今君有区区之薛，不拊爱子其民[③]，因而贾利之[④]。臣窃矫君命，以责赐诸民，因烧其券，民称万岁。乃臣所以为君市义也。"孟尝君不说[⑤]，曰："诺，先生休矣！"

【注释】

①疾：快，迅速。

②下陈：堂下陈放财物、站立婢妾的地方，因在堂下，故称下陈。

③拊（fǔ）：抚慰，安抚。子：把……当做子女。

④贾（gǔ）：买。

⑤说：同"悦"，高兴。

【译文】

冯煖马不停蹄地驱车回到了齐国，大清早就求见孟尝君。孟尝君对他这么快就回来感到奇怪，穿戴整齐去接见他，问道："债都收完了吗？怎么回来得这么快？"冯煖回答："收完了。""用它买了什么东西回来？”冯煖回答：“您说‘看我家缺什么就买什么’。臣下私自认为，您的宫里堆满了奇珍异宝，猎狗骏马挤满了外面的牲口棚，堂下站满了美女佳丽。您家里缺少的只是‘义’啊！我私下为您买回了‘义’。”孟尝君问：“买回了‘义’是怎么回事呢？”冯煖说：“现在您拥有这小小的薛地，不把老百姓当自己的子女一样爱抚，所以才用商人的方法从他们身上牟利。我私自假托您的命令，把债款都赏赐给了老百姓，又烧掉了债券，老百姓们都欢呼万岁。这就是我为您买‘义’的方式呀！”孟尝君不高兴了，说：“好了，先生算了吧！”

后期年①，齐王谓孟尝君曰②：“寡人不敢以先王之臣为臣③。”孟尝君就国于薛④。未至百里，民扶老携幼，迎君道中，终日⑤。孟尝君顾谓冯煖：“先生所为文市义者，乃今日见之。”

【注释】

①期(jī)年：一周年。

②齐王：指齐湣(mǐn)王。

③先王：这里指湣王亡父齐宣王。

④就：前往。

⑤终日：一整天。

【译文】

过了一年，齐王对孟尝君说：“我不敢把先王的大臣作为自己的臣下。”孟尝君只好前往他的封邑薛地。距离薛地还有一百多里地，老百姓们便扶着老人，带着孩子，在路上迎接孟尝君，整天都是这样。孟尝君回头对冯煖说：“先生为我买回的‘义’，今天我终于见到了。”

冯煖曰："狡兔有三窟，仅得免其死耳。今有一窟，未得高枕而卧也，请为君复凿二窟。"孟尝君予车五十乘，金五百斤，西游于梁[1]。谓梁王曰："齐放其大臣孟尝君于诸侯，先迎之者，富而兵强。"于是，梁王虚上位，以故相为上将军，遣使者、黄金千斤、车百乘，往聘孟尝君。冯煖先驱诫孟尝君曰："千金，重币也；百乘，显使也。齐其闻之矣[2]。"梁使三反，孟尝君固辞不往也。

【注释】

①梁：指魏国都大梁，在今河南开封。

②其：助词，表示推测。

【译文】

冯煖说："狡猾的兔子有三个藏身的洞穴，才仅能免其一死。现在您有了一个洞穴，还不能够高枕无忧，请让我为您再凿两个洞穴吧。"孟尝君给他车五十乘，黄金五百斤，向西去大梁游说。冯煖对魏王说："齐王把他的大臣孟尝君放逐给诸侯国了，首先迎请他的诸侯将会国富兵强。"于是，魏王空出相位，让以前的相做上将军，派使者带着黄金一千斤、车一百乘去请孟尝君。冯煖先驱车回来告诫孟尝君说："黄金一千斤，是很贵重的聘礼；车一百乘，是很显赫的使者。齐王应该听说这一消息了吧。"大梁的使者往返了好几趟，孟尝君坚决推辞不去。

齐王闻之，君臣恐惧，遣太傅赍黄金千斤、文车二驷、服剑一[1]，封书谢孟尝君曰："寡人不祥，被于宗庙之祟[2]，沉于谄谀之臣，开罪于君。寡人不足为也，愿君顾先王之宗庙[3]，姑反国统万人乎！"冯煖诫孟尝君曰："愿请先王之祭器[4]，立宗庙于薛。”庙成，还报孟尝君曰：“三窟已就，君姑高枕为乐矣！”

【注释】

①太傅：官名。齐的高官。赍(jī)：持物赠人。文车：绘有图案的车子。文，花纹。驷：四匹马拉的车。服剑：指齐王的佩剑。

②被：遭受。祟(suì)：灾祸。

③顾：顾念。

④祭器：宗庙里祭祖用的礼器。

【译文】

齐王听说了这个消息，君臣上下都很害怕，派太傅带了黄金一千斤、两辆四匹马拉的彩饰车驾、齐王自佩的宝剑一把，并写信向孟尝君道歉说：“寡人不好，遇到了祖宗降下的灾祸，又被那些阿谀谄媚的臣子所迷惑，得罪了您。我是不值得您帮助的了，但希望您看在先王宗庙的份上，暂且回齐国来治理百姓吧！”冯煖又提醒孟尝君说：“希望您向齐王请求先王传下来的祭器，在薛地建立宗庙。”宗庙建成了，冯煖回来向孟尝君报告说：“三个洞窟已经都建成了，您就高枕无忧，放心享乐去吧！”

孟尝君为相数十年，无纤介之祸者[①]，冯煖之计也。

【注释】

①纤介：细微的。

【译文】

孟尝君做了几十年宰相，没遭受一点灾祸，全靠冯煖的谋划。

赵威后问齐使

【题解】

本文选自《战国策·齐策》。赵威后的前三问，先岁、民，后王，体现了她民贵君轻的民本思想；后四问从用人的角度，婉转批评了齐国政治的现状，也是她重民爱才的民本思想的具体体现。赵威后杰出女政治家的形象跃然纸上。

齐王使使者问赵威后①。书未发②，威后问使者曰："岁亦无恙耶③？民亦无恙耶？王亦无恙耶？"使者不说，曰："臣奉使使威后，今不问王，而先问岁与民，岂先贱而后尊贵者乎？"威后曰："不然。苟无岁，何有民？苟无民，何有君？故有问舍本而问末者耶？"

【注释】

①齐王：战国时齐王田建。赵威后：赵孝成王之母，惠文王妻。惠文王卒，孝成王年幼，太后执政。

②书：书信。

③岁：年成，收成。恙：灾，病。

【译文】

齐王派使臣去问候赵威后。书信还没有拆开，赵威后就问使臣："今年的收成好吗？百姓好吗？齐王好吗？"使臣不高兴，说："我奉了齐王之命出使到威后您这里，现在您不先问候齐王，却先问收成和老百姓，难道卑贱的居先，尊贵的反而居后吗？"赵威后说："不对。如果没有收成，哪会有百姓？如果没有百姓，哪会有国君？所以哪里有不问根本而问末节的呢？"

乃进而问之曰："齐有处士曰锺离子[1]，无恙耶？是其为人也，有粮者亦食[2]，无粮者亦食；有衣者亦衣[3]，无衣者亦衣。是助王养其民者也，何以至今不业也[4]？叶阳子无恙乎[5]？是其为人，哀鳏寡，恤孤独，振困穷[6]，补不足。是助王息其民者也[7]，何以至今不业也？北宫之女婴兒子无恙耶[8]？撤其环瑱[9]，至老不嫁，以养父母。是皆率民而出于孝情者也，胡为至今不朝也[10]？此二士弗业，一女不朝，何以王齐国、子万民乎？於陵子仲尚存乎[11]？是其为人也，上不臣于王，下不治其家，中不索交诸侯[12]。此率民而出于无用者，何为至今不杀乎？"

【注释】

①处士：有才能而隐居不出来做官的人。锺离子：齐国处士。锺离是复姓。

②食(sì)：给人吃。

③衣(yì)：拿衣服给人穿。

④业：成就功业，做官。

⑤叶(shè)阳子：齐国处士。叶阳是复姓。

⑥振：同"赈"，赈济。

⑦息：繁殖。

⑧北宫之女：北宫：复姓。婴兒子：姓北宫名婴兒子，齐国有名的孝女。

⑨环瑱(tiàn)：女子的装饰用品。环，指耳环、手镯。瑱，作耳饰的玉。

⑩朝：上朝接受召见。古代妇女有封号的才能上朝。

⑪於(wū)陵：齐地，在今山东长山。子仲：齐国隐士。

⑫索：求。

【译文】

于是赵威后进一步问道："齐国有个处士叫锺离子，他好吗？这个人的为人啊，有粮食的他给食物吃，没粮食的他也给食物吃；有衣服的他给衣服穿，没衣服的他也给衣服穿。这是个帮助国君养活百姓的人啊，为什么直到现在他还没有做官成就功业呢？叶阳子还好吧？这个人的为人啊，同情那些鳏夫和寡妇，帮助那些孤儿和没有子女的人，救济那些贫困潦倒的人，补给那些缺衣少食的人。这是个能够帮助国君滋生养育百姓的人啊，为什么直到现在还没有做官成就功业呢？北宫家的女儿婴兒子还好吧？她摘掉珠玉首饰，到老不嫁，来奉养父母。她是个引导百姓尽孝心的人啊，为什么直到现在还没让她上朝给予封号呢？这样的两个贤士还没有做官，一个孝女还没上朝，靠什么统治齐国、抚育百姓呢？於陵的子仲还活着吗？这个人的为人啊，上不向君主称臣，下不搞好他的家庭，中不求结交诸侯。这是个引导百姓不为国家的人，为什么到现在还不杀掉他呢？"

庄辛论幸臣

【题解】

本文选自《战国策·楚策》。楚襄王宠信州侯、夏侯等佞臣，奢糜淫逸，不理国政，庄辛进谏指出这样下去楚国必危。襄王反认为他妖言惑众。庄辛只好离开楚国来到赵国。庄辛留居赵国五个月，秦军攻破了楚国国都鄢及郢、上蔡等地，楚襄王逃到陈，派人去请庄辛回来。本文就是庄辛回来后的一次进谏。他用蜻蛉、黄雀、黄鹄、蔡灵侯层层设喻，由小及大，由物及人，最后揭示主题。说理生动透彻，具有很强的感染力和说服力。

臣闻鄙语曰[①]："见兔而顾犬，未为晚也；亡羊而补牢[②]，未为迟也。"臣闻昔汤、武以百里昌，桀、纣以天下亡。今楚国虽小，绝长续短[3]，犹以数千里，岂特百里哉[5]？

【注释】

①臣：庄辛自称。因其为楚庄王后代，故姓庄。

②亡：失掉，丢了。牢：养牲畜的圈(juàn)。这里指羊圈。

③绝：截断。续：连接。

④岂特：何止。

【译文】

臣下听俗话说："见兔顾犬，不算晚；亡羊补牢，不算迟。"臣下听说，从前商汤和周武王依靠百里之地而兴盛起来，夏桀和商纣虽拥有天下却最终灭亡。现在楚国虽小，但是截长补短，还有几千里，何止百里土地呢？

王独不见夫蜻蛉乎[1]？六足四翼，飞翔乎天地之间，俛啄蚊虻而食之[2]，仰承甘露而饮之，自以为无患，与人无争也，不知夫五尺童子，方将调饴胶丝[3]，加己乎四仞之上[4]，而下为蝼蚁食也！

【注释】

①独：难道，表示反问。蜻蛉(qīng líng)：即蜻蜓。

②俛：同"俯"，低头，屈身。虻(méng)：一种飞蝇。

③饴(yí)：用麦芽制成的糖浆。胶：动词，粘。

④仞：八尺为一仞。

【译文】

大王难道没有见过蜻蜓吗？它六只脚四只翅膀，在天地间飞来飞去，低头啄蚊虫和飞虻吃，仰头接甜美的露水喝，它自以为没有什么灾难，和谁也没有争夺，哪晓得那些五尺高的小孩子，正在调糖浆粘网丝，把它从两三丈高的地方粘下来，喂蝼蛄和蚂蚁啊！

夫蜻蛉其小者也，黄雀因是以[①]。俯噣白粒[②]，仰栖茂树，鼓翅奋翼，自以为无患，与人无争也，不知夫公子王孙，左挟弹，右摄丸，将加己乎十仞之上，以其类为招[③]。昼游乎茂树，夕调乎酸咸[④]，倏忽之间[⑤]，坠于公子之手。

【注释】

①因：如同。是：这。以：句末语助词。表示肯定语气。

②噣：同"啄"，鸟啄食。白粒：白米粒。

③类：指黄雀之类，一说作"颈"。招：靶子。

④调乎酸咸：调上醋、盐之类的佐料。

⑤倏（shū）忽：忽然。

【译文】

蜻蜓还是小的哩，黄雀也是这样。它低头啄米粒吃，仰头在枝叶繁茂的树枝上栖息，扑腾着翅膀，自以为没有什么灾难，和谁也没有争夺，哪晓得那些公子哥儿正左手拿着弹弓，右手取弹丸，准备把它从七八丈高的地方射下来，以这类小鸟作靶子。白天还在茂密的树林中游玩，晚上已经被人调上酸咸佐料做成菜肴了，顷刻之间就丧命于公子哥儿之手。

夫雀其小者也，黄鹄因是以[①]。游乎江海，淹乎大沼[②]，俯噣鳝鲤，仰啮蔆衡[③]，奋其六翮[④]，而凌清风，飘摇乎高翔。自以为无患，与人无争也，不知夫射者，方将修其碆卢[⑤]，治其矰缴[⑥]，将加己乎百仞之上，被𥐻磻[⑦]，引微缴[⑧]，折清风而抎矣[9]。故昼游乎江湖,夕调乎鼎鼐[10]。

【注释】

①黄鹄(hú):天鹅。

②淹:栖息。

③蔆(líng)蘅:菱叶和荇菜。蔆,同"菱"。

④六翮(hé):因为鸟翅的主羽一般有六根。这里代指鸟翅膀。

⑤碆(bō):卢:用弓发射打鸟的石箭头。

⑥矰缴(zēng zhuó):系着丝绳的箭。矰,射鸟的箭。缴,系箭的丝绳。

⑦𪊽(jiān):锐利。磻:同"碆(bō)",石箭头。

⑧引:拖着。

⑨抎:通"陨",损失,陨坠。

⑩鼎鼐(nài):古代烹煮食物的器具。鼐,一种大鼎。

【译文】

黄雀还是小的哩,天鹅也是这样。它遨游在江海上,栖息在水池边,低头啄食鳝鱼鲤鱼,仰头咀嚼菱叶荇菜,展开有力的翅膀,驾着清风,在高空飞翔。它自以为没有什么灾难,和谁也没有争夺,哪晓得那射手正在修理黑弓和箭头,整理系有丝绳的箭,要在七八十丈高的空中射中它,它带着锐利的箭头,拖着箭的细丝绳,从清风之中坠地而死。所以白天还在江湖上游玩的天鹅,晚上已被放进锅里烹调了。

夫黄鹄其小者也,蔡灵侯之事因是以[1]。南游乎高陂[2],北陵乎巫山[3],饮茹溪流[4],食湘波之鱼[5],左抱幼妾,右拥嬖女[6],与之驰骋乎高蔡之中[7],而不以国家为事。不知夫子发方受命乎灵王[8],系己以朱丝而见之也。

【注释】

①蔡灵侯:春秋时蔡国国君。前531年被楚灵王诱杀。

②陂(bēi):山坡。

③陵:登。巫山:山名。在今重庆巫山东。

④茹溪:水名。在今重庆巫山北。

⑤湘:湘水。

⑥嬖(bì):宠爱。

⑦高蔡:河南上蔡。

⑧子发:楚国令尹。

【译文】

天鹅还是小的哩,蔡灵侯的事也是这样。他南游高坡,北登巫山,喝着茹溪清泉,吃着湘水中的鱼,左抱年轻的爱妾,右搂宠爱的美女,同她们驰马游乐于上蔡之中,不把国家大事放在心上,他哪晓得子发刚接受楚灵王的命令,正要用红绳子把他捆绑起来去见楚王呢。

蔡灵侯之事其小者也,君王之事因是以①。左州侯②,右夏侯,辇从鄢陵君与寿陵君,饭封禄之粟③,而载方府之金④,与之驰骋乎云梦之中⑤,而不以天下国家为事。而不知夫穰侯方受命乎秦王⑥,填黾塞之内⑦,而投己乎黾塞之外⑧!

【注释】

①君王:指楚顷襄王。

②州侯:与下面提到的夏侯、鄢陵君、寿陵君均是楚顷襄王宠臣。

③饭:动词,吃。封:封邑。

④方府:府库,国库。

⑤云梦:楚国大泽名。在今湖北境内。

⑥穰侯:秦相魏冉,封于穰(在今河南邓县)。秦王:指秦昭王。

⑦黾(méng)塞:即平靖关,在今河南信阳西南,与湖北应山接界。

⑧投:抛弃,驱逐。

【译文】

蔡灵侯的事还是小的哩,大王您的事也是这样。您身边左有州侯,右有夏侯,辇车后面跟着鄢陵君和寿陵君。吃着各封邑进奉来的粮食,载着四方府库缴纳国库的钱财,同他们驰马游乐于云梦泽,而不把国家大事放在心上。您哪晓得穰侯正接受秦王的命令,已出兵占领黾塞之内,而把大王您驱逐到黾塞之外去了!

触詟说赵太后

【题解】

本文选自《战国策·赵策》。危急关头,触詟以叙家常的方式,平息了赵太后的怒气,并说服她心甘情愿地把爱子长安君送到齐国做人质。触詟说服赵太后的主要理论,是父母爱子女就应该从长远为他们打算,让他们为国立功,取得应有的地位。这从另一方面反映出战国中后期传统的世卿世禄制度已受到挑战,选贤任能、以功立世的观念已为一些开明人士所接受。

赵太后新用事①,秦急攻之。赵氏求救于齐②,齐曰:“必以长安君为质③,兵乃出。”太后不肯,大臣强谏。太后明谓左右:“有复言令长安君为质者,老妇必唾其面④!”

【注释】

①赵太后:赵惠文王后,即赵威后。惠文王死,子孝成王年幼,由她执政。用事:掌权。

②赵氏:指赵国。

③长安君:赵威后幼子的封号。质:人质。

④唾其面:当其面吐唾沫,表示愤恨。

【译文】

赵太后刚执政,秦国就加紧进攻赵国。赵国向齐国求救,齐国表示:“一定要把长安君作为人质,才能出兵。”赵太后不肯,大臣们极力劝说。太后明确地对大臣们说:“有谁再说让长安君去做人质的,老太太我一定当他的面吐唾沫!”

左师触詟愿见[①]。太后盛气而揖之[②]。入而徐趋[③],至而自谢[④],曰:“老臣病足,曾不能疾走[⑤],不得见久矣,窃自恕[⑥]。恐太后玉体之有所郄也[⑦],故愿望见。”太后曰:“老妇恃辇而行[⑧]。”曰:“日食饮得无衰乎?”曰:“恃鬻耳[⑨]。”曰:“老臣今者殊不欲食,乃自强步,日三四里,少益嗜食[⑩],和于身[⑪]。”曰:“老妇不能。”太后之色少解。

【注释】

①触詟(zhé):赵国的左师(官名)。《史记·赵世家》及长沙马王堆汉墓出土帛书《战国策纵横家书》又作“触龙”。

②揖:揖让。或“胥”之讹。胥,通“须”,等待。

③徐:慢。趋:快步走。古代臣见君时,按礼节规定应当快步向前走,但触詟病足,不能快走,只能装出“趋”的样子。

④谢:谢罪。

⑤曾不：根本不。曾，加强否定语气。

⑥窃：谦辞。

⑦郄：同“郤(xì)”，空隙，缺陷。这里指不舒服，有毛病。

⑧恃：依靠。

⑨鬻：同“粥”。

⑩少：稍微。益：增加。

⑪和：适。

【译文】

左师触詟求见太后，太后气冲冲地等着他。触詟进门之后蹒跚地小步快走，走到太后跟前谢罪说：“老臣我的脚有毛病，根本走不快，很久没拜见您了，我私下里以脚病原谅自己了。然而恐怕太后玉体欠安，所以希望见到您。”太后说：“我是靠着辇车行动。”触詟问道：“您每天饮食该不会减少吧？”太后说：“只靠吃粥罢了。”触詟说：“老臣我近来特别不想吃东西，就自己勉强散散步，每天走上三四里，稍稍增进了食欲，身体就舒适些了。”太后说：“我可做不到。”太后的脸色稍微缓和了一些。

左师公曰：“老臣贱息舒祺[①]，最少[②]，不肖。而臣衰，窃爱怜之。愿令补黑衣之数[③]，以卫王宫，没死以闻[④]。”太后曰：“敬诺。年几何矣？”对曰：“十五岁矣。虽少，愿及未填沟壑而托之。”太后曰：“丈夫亦爱怜其少子乎[⑤]？”对曰：“甚于妇人。”太后曰：“妇人异甚[⑥]。”对曰：“老臣窃以为媪之爱燕后贤于长安君[⑦]。”曰：“君过矣，不若长安君之甚。”左师公曰：“父母之爱子，则为之计深远。媪之送燕后也，持其踵为之泣[⑧]，念悲其远也，亦哀之矣。已行[⑨]，非弗思也，祭祀必祝之，祝曰：‘必勿使反[⑩]。’岂非计久长，有子孙相继为王也哉？”太后曰：“然。”

【注释】

①贱息：对自己儿子的谦称。

②少(shào)：年少，小。

③黑衣：指宫廷卫士。当时的卫士穿黑衣。

④没(mò)死：冒死。

⑤丈夫：古代男人的通称。

⑥异：特异，特别。

⑦媪(ǎo)：对老年妇女的尊称。燕后：赵威后嫁与燕王的女儿。

⑧持其踵：抓住脚后跟。上古民俗，女儿出嫁，无论贵贱，母亲都要亲手给女儿穿上礼鞋。这里“持其踵”即是赵太后在大门内给女儿穿鞋时所为。

⑨行：出嫁。

⑩反：同“返”。古代诸侯的女儿出嫁别国，除非被废黜或亡国是不能回到母家的。

【译文】

左师公说：“老臣我的儿子舒祺，年纪最小，不成材。而我衰老了，私下里疼爱他。希望能让他当一名侍卫，以保卫王宫，所以我冒死来禀告太后。”太后说：“行。他年纪多大了？”答道：“十五岁了。虽然他年纪还小，但我希望趁自己还没有死的时候把他托付给您。”太后问道：“男人也疼爱他的小儿子吗？”回答说：“比妇人更疼爱。”太后说：“妇人对小儿子疼爱得特别厉害。”回答说：“老臣我私下以为您疼爱燕后胜过长安君。”太后说：“你错了，我对燕后的疼爱不如长安君那么厉害。”左师公说：“父母疼爱子女，就要替他们作长远的打算。当初您送燕后出嫁的时候，抓住她的脚后跟为她哭泣，为她嫁到远方而伤心，也真够哀怜她的。燕后走了以后，您并不是不想念她啊，每当祭祀时一定要为她祝福、祷告，说：‘一定不要让她回来。’这难道不是为她作长久打算，希望她子孙世代做燕王吗？”太后说：“是的。”

左师公曰："今三世以前[①]，至于赵之为赵，赵王之子孙侯者，其继有在者乎[②]？"曰："无有。"曰："微独赵[③]，诸侯有在者乎？"曰："老妇不闻也。""此其近者祸及身，远者及其子孙。岂人主之子孙则必不善哉？位尊而无功，奉厚而无劳[④]，而挟重器多也。今媪尊长安之位，而封以膏腴之地，多予之重器，而不及今令有功于国。一旦山陵崩[⑤]，长安君何以自托于赵？老臣以媪为长安君计短也，故以为其爱不若燕后。"太后曰："诺。恣君之所使之[⑥]。"于是为长安君约车百乘质于齐[⑦]，齐兵乃出。

【注释】

①三世：三代。

②继：继承者。这里指继承侯位的人。

③微独：不仅。微，不，非。

④奉：通"俸"，俸禄。

⑤山陵崩：指君王死，此处是赵太后死的婉辞。

⑥恣：听任，任凭。

⑦约：备。乘：一乘指四马一车。

【译文】

左师公说："从距今三代算起，甚至推算到赵国开始建国的时候，赵王的子孙封侯的，他们的后代还有在侯位的吗？"太后说："没有。"左师公说："不仅是赵国，其他诸侯的子孙封侯的，他们的后代还有在侯位的吗？"太后说："我没有听说过。"左师公说："这是因为封侯者近的灾祸落到自己身上，远的就落到他们的后代身上。难道国君的子孙就一定不好吗？只是因为他们地位尊贵却没有建立功勋，俸禄丰厚却没有劳绩，而拥有的权位太高财富太多啊。现在您使长安君地位尊贵，封给他肥沃的土地，赐给他大量的财宝，而不让他趁此机会为国立功。有朝一日太后不在了，长安君自己凭什么在赵国立足存身呢？老臣我认为您为长安君考虑得太短浅了，所以觉得您对长安君的疼爱比不上对燕后的疼爱。”太后说：“好。听凭您怎样支使他。”于是为长安君备车百辆，到齐国去做人质，齐国就出兵了。

子义闻之曰[①]：“人主之子也，骨肉之亲也，犹不能恃无功之尊，无劳之奉，以守金玉之重也，而况人臣乎！”

【注释】

①子义：赵国贤士。

【译文】

子义听到这件事，说：“国君的儿子，是国君的亲骨肉，尚且不能依靠没有功勋的尊贵地位，没有劳绩的丰厚俸禄，来守住他们的金玉重器，何况做臣子的呢！”

鲁仲连义不帝秦

【题解】

本文选自《战国策·赵策》。鲁仲连在赵王君臣犹豫是否尊秦为帝的关键时刻挺身而出，同辛垣衍展开了激烈的辩论，用大量史事论述了帝秦对赵、魏等国的危害，对辛垣衍本人的危害，从而说服了辛垣衍，也坚定了赵国抗秦的决心与信心。赵国解围后，鲁仲连却辞掉封赠，功成身退，显示了无意名利的“高士”节操。

秦围赵之邯郸[①]。魏安釐王使将军晋鄙救赵。畏秦，止于荡阴[2]，不进。

【注释】

①邯郸：赵国都城，在今河北邯郸西南。

②荡阴：地名。位于赵、魏两国交界处，在今河南汤阴。

【译文】

秦军围困赵国的邯郸。魏国安釐王派将军晋鄙去援救赵国。他们惧怕秦国，停在荡阴，不敢前进。

魏王使客将军辛垣衍间入邯郸[1]，因平原君谓赵王曰[2]："秦所以急围赵者，前与齐闵王争强为帝[3]，已而复归帝，以齐故。今齐闵王益弱[4]。方今唯秦雄天下，此非必贪邯郸，其意欲求为帝。赵诚发使尊秦昭王为帝，秦必喜，罢兵去。"平原君犹豫未有所决。

【注释】

①客将军：其他国家人而在本国做将军的。间入：悄悄地从小路进入。

②因：通过。平原君：赵孝成王之叔，名胜，当时为赵相。

③与齐闵王争强为帝：这里说的是秦昭王曾与齐闵王相约同时称帝，秦昭王为西帝，齐闵王为东帝，但齐闵王后来取消帝号，秦昭王便也随之取消。

④益：更加。

【译文】

魏王派客将军辛垣衍从小路潜入邯郸，通过平原君跟赵王说："秦国之所以加紧围困赵国，是因为以前秦王和齐闵王争强称帝，不久又取消帝号,是因为齐取消帝号的缘故。现在齐国已更加衰弱,如今只有秦国称雄天下,它这次军事行动并非一定要得到邯郸,真正意图是求取帝号。赵国如能派遣使臣尊秦昭王为帝,秦王必然高兴,就会撤兵离开邯郸。”平原君犹豫,拿不定主意。

此时鲁仲连适游赵①,会秦围赵,闻魏将欲令赵尊秦为帝,乃见平原君曰:“事将奈何矣?”平原君曰:“胜也何敢言事?百万之众折于外②,今又内围邯郸而不去。魏王使客将军辛垣衍令赵帝秦,今其人在是,胜也何敢言事?”鲁连曰:“始吾以君为天下之贤公子也,吾乃今然后知君非天下之贤公子也。梁客辛垣衍安在?吾请为君责而归之。”平原君曰:“胜请为召而见之于先生。”

【注释】

①鲁仲连:又名鲁连,齐国隐士。因齐在赵东面,故下文自称“东国鲁连先生”。

②百万之众折于外:指去年秦赵长平之战,结果赵军大败。

【译文】

这时候鲁仲连恰巧在赵国游历,正遇上秦军围困赵国,听说魏国将要让赵国尊秦王为帝,于是去见平原君,说:“事情打算怎么办呢?”平原君说:“我赵胜怎么敢对此事发表意见呢?百万大军挫败在外,如今秦军又深入国内围困邯郸而不撤兵。魏王派客将军辛垣衍来让赵王尊秦王为帝,现在此人还在这里。我怎么敢对此事发表意见?”鲁仲连说:“以前我以为您是当今天下的贤明公子,我现在才知道您不是天下的贤公子啊。魏国客人辛垣衍在哪里?请让我替您责问他,打发他回去。”平原君说:“请让我召他来见先生。”

平原君遂见辛垣衍曰："东国有鲁连先生，其人在此，胜请为绍介而见之于将军。"辛垣衍曰："吾闻鲁连先生，齐国之高士也。衍，人臣也，使事有职。吾不愿见鲁连先生也。"平原君曰："胜已泄之矣。"辛垣衍许诺。

【译文】

平原君就去见辛垣衍，说："齐国有位鲁仲连先生，此人现在这里，我请求为您介绍，让他来见将军。"辛垣衍说："我听说过鲁仲连先生是齐国的高士啊。我是魏王的臣子，使臣的事，有自己的职责。我不想去见鲁仲连先生。"平原君说："我已经把您在这里的消息泄露给他了。"辛垣衍答应了。

鲁连见辛垣衍而无言。辛垣衍曰："吾视居此围城之中者，皆有求于平原君者也。今吾视先生之玉貌，非有求于平原君者，曷为久居此围城之中而不去也①？"鲁连曰："世以鲍焦无从容而死者②，皆非也，今众人不知，则为一身。彼秦，弃礼义、上首功之国也③。权使其士，虏使其民。彼则肆然而为帝④，过而遂正于天下⑤，则连有赴东海而死耳，吾不忍为之民也！所为见将军者，欲以助赵也！"辛垣衍曰："先生助之奈何？"鲁连曰："吾将使梁及燕助之⑥。齐、楚固助之矣。"辛垣衍曰："燕则吾请以从矣。若乃梁⑦，则吾乃梁人也，先生恶能使梁助之耶？"鲁连曰："梁未睹秦称帝之害故也！使梁睹秦称帝之害，则必助赵矣。"辛垣衍曰："秦称帝之害将奈何？"鲁仲连曰："昔齐威王尝为仁义矣，率天下诸侯而朝周。周贫且微，诸侯莫朝，而齐独朝之。居岁余，周烈王崩，诸侯皆吊，齐后往。周怒，赴于齐曰[8]：'天崩地坼[9]，天子下席[10]。东藩之臣田婴齐后至，则斮之[11]。'威王勃然怒曰：'叱嗟[12]！而母婢也[13]！'卒为天下笑。故生则朝周，死则叱之，诚不忍其求也。彼天子固然，其无足怪。"

【注释】

①曷：为何。

②鲍焦：春秋时的隐士，以砍柴拾橡果为生，后抱树而死。一般人以为他的死纯属个人原因，其实是由于对现实的不满。从容：指胸襟宽大。

③上首功：崇尚斩首之功。上，崇尚，看重。

④则：假如。

⑤过而：甚而。遂：竟。正：通"政"，统治。

⑥梁：即魏国。魏惠王徙都大梁，故魏又称梁。

⑦若乃：至于。

⑧赴：同"讣"，报丧。

⑨坼(chè)：裂开。

⑩天子下席：这里是说天子去世，继位天子要在草席上守丧。

⑪斮(zhuó)：斩。

⑫叱嗟(chì jiē)：怒斥声。

⑬而：你。

【译文】

鲁仲连见了辛垣衍却没有说话。辛垣衍说："我看住在这围城里面的人，都是有求于平原君的。现在我观察先生的尊容，却不是有求于平原君的人，为什么久留这被围之城而不离去呢？"鲁仲连说："世上那些认为鲍焦是由于没有豁达胸襟而自杀的人，都错了。现在一般人不了解情况，就认为他是为了自身一人而死。那秦国是个抛弃礼义而崇尚战功的国家，玩弄权术来役使它的士兵，像对待奴隶一样驱使它的人民。如果秦王肆无忌惮地称帝，甚至竟然统治天下，那么我鲁仲连只有去跳东海而死了，我不能忍受做它的臣民！我所以来见将军，是想帮助赵国。”辛垣衍说：“先生怎么样帮助赵国呢？”鲁仲连说：“我准备让魏国和燕国帮助赵国，齐国、楚国本来就帮助它了。”辛垣衍说：“燕国嘛，我愿意让它听从您吧。至于魏国，我就是魏国人，先生怎能让魏国帮助赵国呢？”鲁仲连说：“这是由于魏国没有看清秦国称帝的害处。如果魏国看清了秦国称帝的害处，那就一定会帮助赵国了。”辛垣衍说：“秦国称帝的害处将会怎样呢？”鲁仲连说：“从前齐威王曾经施行仁义，率领天下诸侯朝拜周天子。周国贫穷微弱，诸侯没有一个去朝拜的，而只有齐国去朝拜。过了一年多，周烈王去世了，诸侯都去吊唁，齐王去晚了。周国恼怒，讣告送到齐国说：‘周天子逝世犹如天崩地裂，新继位天子移居草庐苫席守丧，东方藩臣田婴齐竟敢迟到，应杀了他。’齐威王勃然大怒，说：‘呸！你个丫头养的！’结果成了天下笑柄。在天子活着时候朝拜他，死了就叱骂，这实在是忍受不了天子的苛求啊。那周天子本来就是这样，他随便作威作福没什么值得奇怪的。”

辛垣衍曰：“先生独未见夫仆乎？十人而从一人者，宁力不胜[①]，智不若邪？畏之也！”鲁仲连曰：“然梁之比于秦若仆邪？”辛垣衍曰：“然。”鲁仲连曰：“然则吾将使秦王烹醢梁王[②]。”辛垣衍怏然不说[③]，曰：“嘻！亦太甚矣，先生之言也！先生又恶能使秦王烹醢梁王？”鲁仲连曰：“固也，待吾言之。昔者，鬼侯、鄂侯、文王，纣之三公也。鬼侯有子而好[④]，故入之于纣，纣以为恶[⑤]，醢鬼侯。鄂侯争之急，辨之疾[⑥]，故脯鄂侯[⑦]。文王闻之，喟然而叹[⑧]，故拘之于牖里之库百日[⑨]，而欲令之死。曷为与人俱称帝王，卒就脯醢之地也？

【注释】

①宁：难道。

②烹醢(hǎi)：古代的酷刑。烹，下油锅。醢，剁成肉酱。

③怏(yàng)然：不高兴的样子。

④鬼(jiǔ)侯：又作"九侯"。子：古时对子女的通称。这里指女儿。

⑤恶：丑。

⑥辨：通"辩"。疾：急。

⑦脯：肉干。这里用作动词，制成肉干。

⑧喟(kuì)然：叹息的样子。

⑨牖(yǒu)里：也作"羑里"，地名。在今河南汤阴北。库：监牢。

【译文】

辛垣衍说："先生您难道没有看见过奴仆吗？十个奴仆听从一个主人，难道是力气胜不过、智慧不如他吗？是怕他呀！"鲁仲连说："对。那么魏国比起秦国来，就像奴仆对主人吗？"辛垣衍说："是的。"鲁仲连说："既然这样，我将要让秦王烹杀魏王，把他剁成肉酱。"辛垣衍很不高兴地说："咳！先生这话也太过分了！先生又怎能让秦王烹杀魏王把他剁成肉酱呢？"鲁仲连说："当然能啊，等我说说其中的道理吧！从前鬼侯、鄂侯、周文王是商纣的三公。鬼侯有个女儿长得美，所以就把她进献给纣，纣认为她丑陋，就把鬼侯剁成了肉酱。鄂侯为此谏争得急切，辩护得激烈，就把鄂侯做成了肉干。周文王听到了这事，长叹一声，纣因此把周文王拘禁在牖里的监牢中一百天，还想杀了他。为什么跟人家同样称帝称王，结果反而落到被作成肉干、剁成肉酱的地步呢？

"齐闵王将之鲁①，夷维子执策而从②，谓鲁人曰：'子将何以待吾君？'鲁人曰：'吾将以十太牢待子之君③。'夷维子曰：'子安取礼而来待吾君？彼吾君者，天子也！天子巡狩，诸侯避舍，纳筦键④，摄衽抱几⑤，视膳于堂下⑥。天子已食，退而听朝也。’鲁人投其籥[7]，不果纳[8]，不得入于鲁。将之薛，假涂于邹[9]。当是时，邹君死，闵王欲入吊，夷维子谓邹之孤曰[10]：‘天子吊，主人必将倍殡柩[11]，设北面于南方[12]，然后天子南面吊也。’邹之群臣曰：‘必若此，吾将伏剑而死。’故不敢入于邹。邹、鲁之臣，生则不得事养，死则不得饭含[13]。然且欲行天子之礼于邹、鲁之臣，不果纳。今秦万乘之国，梁亦万乘之国，俱据万乘之国，交有称王之名。睹其一战而胜，欲从而帝之，是使三晋之大臣不如邹、鲁之仆妾也[14]。

【注释】

①之：往。

②策：马鞭。

③太牢：牛、羊、猪各一。这里代指接待诸侯的最高礼仪。

④筦(guǎn)键：指钥匙和锁。

⑤摄衽(rèn)：掖起衣襟。抱几(jī)：捧着几案。

⑥视膳：侍候别人吃饭。

⑦投其籥(yuè)：指闭关上锁。籥，通“钥”，锁。

⑧果：成为事实，常以“不果”二字连用。

⑨假：借。涂：同“途”，道路。邹：战国时的小国，在今山东邹县。

⑩孤：父死称孤。这里指新君。

⑪倍殡柩：指把灵柩掉个方向，由原来的坐北朝南，换成坐南朝北，因为天子要面向南。倍，通“背”。

⑫北面：面向北。

⑬饭含：在死人嘴里放粟米称饭，放玉称含。

⑭三晋：指魏、赵、韩三国，是春秋时的晋国分裂而成。

【译文】

“齐闵王要到鲁国去，夷维子拿着马鞭随行，对鲁国人说：‘你们准备用什么礼节来款待我们的国君？’鲁国人说：‘我们将用十太牢款待您的国君。’夷维子说：‘你们从哪里取这样的礼节款待我们的国君呢？我们国君，是天子。天子来视察，诸侯应离开自己居住的宫室，交出锁和钥匙，掖起衣襟，捧起几案，到堂下侍候天子用膳。等天子用餐完毕，才敢告退，回自己的朝堂听政办公。’鲁国人闭关上锁，不予接纳，齐闵王不能进入鲁国。齐闵王将到薛国去，向邹国借道。当时邹国国君刚死，齐闵王打算进去吊唁。夷维子跟邹国国君的儿子说：‘天子来吊唁，丧主一定要背对灵柩，让灵柩头朝北，设在南边，然后天子面朝南来致吊。’邹国的众臣说：‘如果一定要这样，我们将横剑自杀。’所以齐闵王不敢进入邹国。邹、鲁的臣子们，国君生时不能亲身侍候奉养，死后也得不到隆重葬礼，然而齐闵王想对邹、鲁的臣子行天子的礼节时，结果被他们拒绝。现在秦国是拥有战车万辆的大国，魏国也是拥有战车万辆的大国，同样是战车万辆的大国，彼此都有称王的名分。看见秦国打了一次胜仗，就打算就此尊它为帝，这是使三晋的大臣不如邹、鲁的奴婢了。

“且秦无已而帝①，则且变易诸侯之大臣；彼将夺其所谓不肖，而予其所谓贤；夺其所憎，而予其所爱；彼又将使其子女谗妾为诸侯妃姬②，处梁之宫，梁王安得晏然而已乎？而将军又何以得故宠乎？”

【注释】

①已：止。

②谗：在别人面前说陷害某人的坏话。

【译文】

“再说,秦国贪心不止于果真当上了皇帝的话,就会更换诸侯的大臣;它还将剥夺它认为不好的人的权力,而给予它认为好的人;剥夺它所厌恶的人的权力,而给予他所喜欢的人;它又会让它的女儿和善于搬弄是非的侍妾来做诸侯的妃子,住在魏国的宫中,魏王还能平安无事吗?将军你又凭什么能够得到原来的尊荣地位呢?”

于是,辛垣衍起,再拜谢曰:“始以先生为庸人,吾乃今日而知,先生为天下之士也!吾请去,不敢复言帝秦。”

【译文】

于是辛垣衍站起身来,向鲁仲连拜了两拜,致歉说:“开始我以为先生是平凡人,现在我才知道先生是天下的高士啊!我请求离开这里,不敢再说尊秦称帝的事了。”

秦将闻之,为却军五十里。适会公子无忌夺晋鄙军以救赵击秦①,秦军引而去②。

【注释】

①无忌:即信陵君,魏国公子,名无忌。

②引:撤退。

【译文】

秦国将军听说这件事后,为此退兵五十里。恰好赶上魏国公子无忌夺了晋鄙的军权来援救赵国,攻击秦军,秦军就撤退离开了。

于是平原君欲封鲁仲连。鲁仲连辞让者三,终不肯受。

平原君乃置酒，酒酣，起，前，以千金为鲁连寿。鲁连笑曰："所贵于天下之士者，为人排患、释难、解纷乱而无所取也。即有所取者[1]，是商贾之人也，仲连不忍为也。"遂辞平原君而去，终身不复见。

【注释】

①即：如果。

【译文】

于是平原君打算封赏鲁仲连。鲁仲连再三辞让，始终不肯接受。平原君就设下酒宴，酒喝到兴头上，平原君起身上前，献上千金为鲁仲连祝寿。鲁仲连笑着说："天下之士所以可贵，就在于能替人排忧解难，消除祸乱而无所索取。假如有什么索取，那就成了商人了，我鲁仲连可不愿这样做。"于是辞别平原君离开赵国，终身不再见面。

鲁共公择言

【题解】

本文选自《战国策·魏策》。梁惠王于前344年召集逢泽（今开封东南）大会，当时梁强盛，故鲁、卫、宋等国诸侯都来朝见。本文是鲁共公在梁王宴会上的一段祝酒词，他引述历史，劝谏梁王不可贪图美酒、美味、美女、美景，以免导致亡国。

梁王魏婴觞诸侯于范台[1]，酒酣，请鲁君举觞[2]。鲁君兴[3]，避席择言曰："昔者，帝女令仪狄作酒而美[4]，进之禹，禹饮而甘之，遂疏仪狄，绝旨酒[5]，曰：'后世必有以酒亡其国者。'齐桓公夜半不嗛[6]，易牙乃煎、熬、燔、炙[7]，和调五味而进之，桓公食之而饱，至旦不觉，曰：‘后世必有以味亡其国者。’晋文公得南之威，三日不听朝，遂推南之威而远之⑧，曰：‘后世必有以色亡其国者。’楚王登强台而望崩山⑨，左江而右湖，以临彷徨⑩，其乐忘死，遂盟强台而弗登⑪，曰：‘后世必有以高台、陂池亡其国者。’今主君之尊⑫，仪狄之酒也；主君之味，易牙之调也；左白台而右闾须，南威之美也；前夹林而后兰台⑬，强台之乐也。有一于此，足以亡其国，今主君兼此四者，可无戒与？”梁王称善相属。

【注释】

①梁王魏婴：魏惠王。梁，即魏国，因迁都大梁，故又称梁。觞：饮酒器。这里指宴饮。范台：梁国的台观。

②鲁君：鲁共公。

③兴：站起来。

④帝女：传说是夏禹的女儿，或说是尧、舜的女儿。仪狄：传说为禹时的酿酒人。

⑤旨：味美。

⑥嗛：通“慊(qiè)”，满足。

⑦易牙：齐桓公侍臣，因善烹饪而受宠。燔(fán)、炙(zhì)：烤。

⑧南之威：即“南威”，美女名。

⑨楚王：楚庄王。强台：即章华台，在今湖北监利西北。崩山：在今湖北境内。

⑩彷徨：流连忘返的样子。或作“方湟”，水名。

⑪盟：起誓。

⑫尊：酒器。亦作“樽”。

⑬夹林：楚国的一个地名。兰台：宫苑名。在今湖北境内。

【译文】

梁惠王魏婴在范台请诸侯饮酒,酒喝到兴头上,请鲁共公举杯。鲁共公站起身,离开坐席,选好恰当的话题说:“从前,夏禹的女儿让仪狄酿酒,味道很好,就把酒进献给禹,禹喝了觉得味道甜美,于是疏远了仪狄,戒了美酒,说:‘后世一定会有因为贪杯而亡国的。’齐桓公半夜里想吃东西,易牙就煎熬烧烤,调和各种美味进献给齐桓公,桓公吃得很饱,一觉睡到天亮还没觉醒,感叹说:‘后世一定会有因为贪图美味而亡国的。’晋文公得了南之威,一连三天没上朝听政,于是就推开了南之威,疏远了她,说:‘后世一定会有因为贪恋女色而亡国的。’楚王登上强台观赏崩山风景,左边是长江,右边是洞庭湖,流连徘徊,快乐至极,于是发誓不再登上强台,说:‘后世一定会有因为迷恋高台池沼山水风光而亡国的。’现在君王您的酒樽里,是仪狄酿造的那种美酒;君王您的食物,是易牙烹调的那般美味;您左边的白台、右边的闾须,都是南之威般的美女;前面有夹林后面有兰台,有着在强台一样的快乐。这四件事里有了一件,就足以使他的国家灭亡。现在君王您兼有这四件,能不警惕吗?”梁惠王听了,连声称鲁共公说得好。

唐雎说信陵君

【题解】

本文选自《战国策·魏策》。长平之战后,秦军继续向赵都邯郸进攻,赵向魏求救。魏王派大将晋鄙率军往救,又慑于秦的恫吓,命军队按兵不动。魏信陵君窃符救赵,解除了邯郸之围。赵王亲自到城郊迎接信陵君,信陵君颇感自豪。本文就是唐雎在这种情形下向信陵君提出的忠告。

信陵君杀晋鄙[①],救邯郸[②],破秦人,存赵国,赵王自郊迎。唐雎谓信陵君曰[3]:“臣闻之曰,事有不可知者,有不可不知者;有不可忘者,有不可不忘者。”信陵君曰:“何谓也?”对曰:“人之憎我也,不可不知也;我憎人也,不可得而知也。人之有德于我也,不可忘也;吾有德于人也,不可不忘也。今君杀晋鄙,救邯郸,破秦人,存赵国,此大德也。今赵王自郊迎,卒然见赵王[4],愿君之忘之也。”信陵君曰:“无忌谨受教。”

【注释】

①信陵君:魏无忌,魏昭王之子。晋鄙:魏国大将。秦国围赵,魏派晋鄙率兵救赵。

②邯郸:赵国都城,在今河北邯郸西南。

③唐雎(jū):魏国人。

④卒:通“猝”,急促、匆忙的样子。

【译文】

信陵君杀了晋鄙,解了邯郸之围,打败了秦军,保住了赵国。赵王亲自到郊外迎接信陵君。唐雎对信陵君说:“我听到过这样的话:事情有不可知道的,有不可不知道的;有不可忘掉的,有不可不忘掉的。”信陵君问:“这是说的什么意思呢?”唐雎回答说:“别人怨恨我,不可以不知道;我怨恨别人,就不可以让人知道。别人对我有恩德,不可以忘掉;我对别人有恩德,不可以不忘掉。现在您杀了晋鄙,救了邯郸,打败秦军,保住了赵国,这是对赵国的莫大恩德。现在赵王亲自到郊外迎接您,当您一下子见到赵王,我希望您忘掉这件事。”信陵君说:“我一定真诚地接受您的指教。”

唐雎不辱使命

【题解】

本文选自《战国策·魏策》。秦王提出以五百里土地换安陵,实际上是想用诈骗手段吞并安陵。唐雎受命出使秦国,在狡诈残暴的秦王面前,机智勇敢、不畏强暴、坚持正义,最终使秦王长跪致歉,承认安陵虽小而不可辱,从而出色地完成了出使任务。

秦王使人谓安陵君曰[①]:"寡人欲以五百里之地易安陵[②],安陵君其许寡人!"安陵君曰:"大王加惠,以大易小,甚善。虽然,受地于先王,愿终守之,弗敢易。"秦王不说[③]。安陵君因使唐雎使于秦。

【注释】

①秦王:即秦始皇嬴政,其时尚未称帝。安陵君:战国时魏襄王曾封其弟为安陵君,此为安陵君后裔。安陵,魏的附庸小国,在今河南鄢(yān)陵西北。此时魏已被秦所灭。

②易:换。

③说:同"悦",高兴。

【译文】

秦王派人对安陵君说:"我想用方圆五百里的土地来换安陵,安陵君可要答应我!"安陵君说:"大王施与恩惠,以大换小,很好。尽管如此,我从先王那里继承了这块封地,希望能永远守着它,不敢用来交换。"秦王很不高兴。安陵君就派唐雎出使到秦国去。

秦王谓唐雎曰:"寡人以五百里之地易安陵,安陵君不听寡人,何也?且秦灭韩亡魏,而君以五十里之地存者,以君为长者,故不错意也[1]。今吾以十倍之地,请广于君[2],而君逆寡人者,轻寡人与?"唐雎对曰:"否,非若是也。安陵君受地于先王而守之,虽千里不敢易也,岂直五百里哉[3]?"

【注释】

①错意:放在心上。错,通"措"。

②广:扩充。

③岂直:何止。

【译文】

秦王对唐雎说:"我拿五百里的土地来换安陵,而安陵君不听从我,为什么呢?再说秦国灭掉了韩国、魏国,而安陵君凭着五十里的土地幸存下来,是因为我把安陵君看成长者,才没打他的主意。现在我拿十倍于安陵的地方,请求扩大安陵君的地盘,安陵君却违抗我,岂不是轻视我吗?"唐雎回答说:"不,不像您说的那样。安陵君从先王那里继承了这块土地而守着它,即使千里之地也不敢换,何况只是五百里呢?"

秦王怫然怒[1],谓唐雎曰:"公亦尝闻天子之怒乎?"唐雎对曰:"臣未尝闻也。"秦王曰:"天子之怒,伏尸百万,流血千里。"唐雎曰:"大王尝闻布衣之怒乎[2]?"秦王曰:"布衣之怒,亦免冠徒跣[3],以头抢地耳[4]。"唐雎曰:"此庸夫之怒也,非士之怒也。夫专诸之刺王僚也[5],彗星袭月。聂政之刺韩傀也[6],白虹贯日[7]。要离之刺庆忌也[8],苍鹰击于殿上。此三子皆布衣之士也,怀怒未发,休祲降于天[9],与臣而将四矣[10]。若士必怒,伏尸二人,流血五步,天下缟素[11],今日是也!"挺剑而起。

【注释】

①怫(fú)然:愤愤的样子。

②布衣:平民。

③跣(xiǎn):光着脚。

④抢(qiāng):撞。

⑤专诸:春秋时吴国勇士。王僚:据《史记·吴世家》,王僚是春秋时吴王寿梦第三个儿子夷昧之子。寿梦长子诸樊之子公子光(即后来的阖闾)与之争夺王位,派专诸将短剑藏在鱼腹中,借献食的机会,刺死王僚,专诸也被杀。

⑥聂政:战国时魏国勇士。韩傀(guī):韩国的相。韩国大夫严仲子和韩傀有仇,聂政便替严仲子刺死韩傀,自己毁容自杀。

⑦贯:穿过。

⑧要离:春秋时吴国勇士。庆忌:吴王僚之子。吴王阖闾杀死吴王僚后,庆忌出逃至卫国。要离便假装得罪吴王,逃归庆忌,并取得信任,寻机杀死庆忌,然后伏剑自尽。

⑨休祲(jìn):征兆。休,吉兆。祲,凶兆。

⑩与臣而将四:上边的专诸、聂政、要离,加上我将是四个人。这里是说唐雎要效法他们三个刺杀秦王。

⑪缟(gǎo)素:白色丧服。

【译文】

秦王勃然大怒,对唐雎说:“你可曾听说过天子发怒的情形吗?”唐雎回答说:“我没有听说过。”秦王说:“天子一发怒,能横尸百万,流血千里。”唐雎说:“大王可曾听说过老百姓发怒的情形吗?”秦王说:“老百姓发怒,也不过甩掉帽子,赤着脚,把头往地上撞罢了。”唐雎说:“这是平庸无能的人发怒,不是志士发怒。那专诸行刺王僚时,彗星的光尾横扫月亮。聂政行刺韩傀时,白色长虹横穿太阳。要离行刺庆忌时,苍鹰搏击在宫殿之上。这三位都是布衣之士,他们胸中的怒气未暴发出来之时，上天就降下了预兆，现在加上我将成为四个人了。如果志士真要发怒，横在地上的尸首不过两具，流血不过五步，可是天下的人都得穿白色丧服，今天就是这样啊！”说完，拔出宝剑，挺身而起。

秦王色挠[①]，长跪而谢之曰[②]：“先生坐，何至于此！寡人谕矣[③]。夫韩、魏灭亡，而安陵以五十里之地存者，徒以有先生也！”

【注释】

①色挠：脸色沮丧。挠，屈。

②长跪：双膝跪地，直腰挺立，臀部离开脚后跟，以示郑重。谢：道歉。

③谕：明白，领会。

【译文】

秦王脸色沮丧下来，直起身子跪着向唐雎道歉说：“先生请坐！哪会到这种地步！我明白了。那韩国、魏国灭亡，而安陵却凭着五十里的地盘存留下来，只因为有先生您啊！”

乐毅报燕王书

【题解】

本文选自《战国策·燕策》。此信首先对燕惠王的倒打一耙予以反驳，继而表达了自己对燕昭王知遇之恩的铭记不忘，进而表示决不为别国攻打燕国的一片忠心。全文情辞真挚委婉，对后世影响很大，诸葛亮的《出师表》中就处处显现出它的影响。

昌国君乐毅为燕昭王合五国之兵而攻齐[1]，下七十余城，尽郡县之以属燕。三城未下[2]，而燕昭王死。惠王即位，用齐人反间，疑乐毅，而使骑劫代之将[3]。乐毅奔赵，赵封以为望诸君。齐田单诈骑劫[4]，卒败燕军，复收七十余城以复齐。

【注释】

①乐毅：战国时燕将。燕昭王时任亚卿，率燕军破齐，封为昌国君。五国：指赵、秦、魏、韩、燕。

②三城：指即墨、莒(jǔ)、聊城，都在今山东境内。

③骑劫：燕国将领。

④田单：战国时齐人。因用反间计使乐毅奔赵，又击败骑劫，收复齐地而被齐襄王任为相国。诈：欺骗。

【译文】

昌国君乐毅，为燕昭王联合五国的军队去攻打齐国，攻克了七十多座城池，把它们全部设为郡县归属燕国。还有三座城没有攻下，而燕昭王去世了。燕惠王即位，因为齐人的反间计，怀疑乐毅，便派骑劫代替乐毅统兵。乐毅逃到赵国，赵王封他为望诸君。齐国田单用计欺骗骑劫，终于打败燕军，又收回七十多座城池，恢复了齐国。

燕王悔，惧赵用乐毅乘燕之敝以伐燕[1]。燕王乃使人让乐毅[2]，且谢之曰[3]："先王举国而委将军[4]，将军为燕破齐，报先王之仇[5]，天下莫不振动，寡人岂敢一日而忘将军之功哉？会先王弃群臣，寡人新即位，左右误寡人。寡人之使骑劫代将军，为将军久暴露于外，故召将军且休计事[6]。将军过听，以与寡人有隙[7]，遂捐燕而归赵[8]。将军自为计则可矣，而亦何以报先王之所以遇将军之意乎？”

【注释】

①敝：败，疲困。

②让：责怪。

③谢：道歉。

④先王：指已经去世的燕昭王。

⑤先王之仇：指齐曾因燕国发生子之之乱而攻破燕国之事。

⑥计：商议。

⑦隙：裂痕，此处意为怨仇。

⑧捐：抛弃。

【译文】

燕惠王后悔了，害怕赵国任用乐毅乘燕国疲敝的时候攻打燕国。燕惠王于是派人责备乐毅，并且向他表示歉意，说：“先王把整个国家托付将军，将军为燕国攻破齐国，报了先王的仇，天下人无不受到震动，我哪有一天忘记将军的功劳呢？正赶上先王去世，我刚刚即位，左右之人贻误了我。我之所以派骑劫代替将军您，是因为将军长期风餐露宿在外，因而召回将军暂且休息一下，共议国事。将军误信流言，以致与我有了隔阂，就抛弃燕国而投奔赵国。将军为自己打算是可以的，然而又用什么来报答先王对将军的知遇之恩呢？”

望诸君乃使人献书报燕王曰：“臣不佞[1]，不能奉承先王之教，以顺左右之心，恐抵斧质之罪[2]，以伤先王之明，而又害于足下之义，故遁逃奔赵。自负以不肖之罪，故不敢为辞说。今王使使者数之罪[3]，臣恐侍御者之不察先王之所以畜幸臣之理[4]，而又不白于臣之所以事先王之心[5]，故敢书以对。

【注释】

①不佞(nìng):不才。佞,有才智。

②抵:冒犯。斧质之罪:杀身之罪。斧质,是斩人的刑具。质,通"锧",腰斩所用底座。

③数:数说,列举。

④畜(xù):养。幸:宠信。

⑤白:明白。

【译文】

望诸君乐毅于是派人呈上书信回答燕王说:"臣不才,没能奉行和秉承先王的教导,来顺从您左右大臣的心意,恐怕回到燕国触犯死罪,以致有损先王的知人之明,而又害您蒙上不义的名声,所以逃奔赵国。自己甘愿承担不贤的罪名,所以不敢作解释。如今大王派使者列数我的罪过,我恐怕侍候您的人不理解先王栽培和厚爱我的道理,而且也不明白我之所以事奉先王的忠心,所以才敢写这封信作答。

"臣闻贤圣之君,不以禄私其亲,功多者授之;不以官随其爱,能当者处之。故察能而授官者,成功之君也;论行而结交者,立名之士也。臣以所学者观之,先王之举错[①],有高世之心,故假节于魏王[②],而以身得察于燕。先王过举,擢之乎宾客之中[③],而立之乎群臣之上,不谋于父兄,而使臣为亚卿[④]。臣自以为奉令承教,可以幸无罪矣,故受命而不辞。

【注释】

①举错:举措。错,通"措",施行,推行。

②假节于魏王:凭着魏王使节的身份到燕国。假,借。节,外交使臣所持符节。

③擢(zhuó):提拔。

④亚卿:官名。地位仅次于上卿。

【译文】

“我听说圣贤的君王,不拿爵禄私自授予亲信的人,而是授给功劳多的人;不拿官职随意赐予喜爱的人,而是让能够胜任的人担当。所以说,考察能力而授予官职的,是能成就功业的君王;根据品行来结交朋友的,是能树立名声的贤士。我凭所学知识进行观察,先王的举止措施,有高出世俗的理想,所以我才借为魏王出使的机会,得以亲自来燕国接受考察。先王过分抬举我,把我从宾客中提拔起来,置于群臣之上,不曾与宗室大臣们商量,就任命我为亚卿。我自以为奉行命令秉承教导,就可以幸免获罪了,所以接受任命而没推辞。

“先王命之曰:‘我有积怨深怒于齐①,不量轻弱,而欲以齐为事。’臣对曰:‘夫齐,霸国之余教而骤胜之遗事也②,闲于甲兵③,习于战攻。王若欲伐之,则必举天下而图之。举天下而图之,莫径于结赵矣④。且又淮北、宋地,楚、魏之所同愿也,赵若许约,楚、魏、宋尽力,四国攻之,齐可大破也。’先王曰:‘善!’臣乃口受令,具符节,南使臣于赵。顾反命⑤,起兵随而攻齐。以天之道、先王之灵,河北之地,随先王举而有之于济上⑥。济上之军,奉令击齐,大胜之。轻卒锐兵,长驱至国⑦。齐王逃遁走莒⑧,仅以身免。珠玉财宝,车甲珍器,尽收入燕。大吕陈于元英⑨,故鼎反乎历室⑩,齐器设于宁台⑪。蓟丘之植⑫,植于汶篁⑬。自五伯以来,功未有及先王者也。先王以为顺于其志,以臣为不顿命⑭,故裂地而封之,使之得比乎小国诸侯⑮。臣不佞,自以为奉令承教,可以幸无罪矣，故受命而弗辞。

【注释】

①积怨：指燕王哙时齐国乘燕国发生子之之乱而入侵一事。

②霸国：齐桓公曾称霸诸侯，齐湣王也曾自称东帝，因此这里说齐国有称霸的传统。骤胜：多次胜利。

③闲：通“娴”，熟悉。

④径：快。

⑤顾：还。反命：复命。

⑥济：济水，发源于河南，其故道经山东，与黄河并行入海。

⑦国：指齐国都临淄。

⑧莒(jǔ)：地名。在今山东莒县。

⑨大吕：钟名。元英：燕国宫殿。

⑩故鼎：指齐人杀燕王哙时掠走的燕鼎。历室：燕国宫殿。

⑪宁台：燕国的台。

⑫蓟丘：燕国之都，在今北京。

⑬汶：齐国水名，即今之山东大汶河。篁(huáng)：种竹子的田。

⑭顿：停顿，耽误。

⑮比：比照，相当于。

【译文】

“先王命令我说：‘我和齐国有积怨深仇，顾不得自己力量的轻微弱小，打算把齐作为攻伐对象。’我回答说：‘齐国，保持着霸主之国的遗留教化，而且有屡打胜仗的经验，熟悉军事，习惯征战。大王想要讨伐齐国，就必须发动各国共同去对付它。要想发动各国去对付它，没有比结盟于赵国更便捷的了。况且，齐国的淮北和宋地，是楚国、魏国和宋国都希望得到的地方。赵国如果答应了，楚国、魏国、宋国尽力，以四国之力攻齐，就可以大破齐国了。’先王说：‘好！’我于是接受先王口授的命令，准备好符节，南行出使到赵国。回来复命之后，接着就发兵攻齐。依靠上天的佑助和先王的英明，黄河以北的地方，随先王进兵全部收复，直到济水边上。济水边上的军队奉命进击齐军，大败齐军。轻装精锐之师，长驱直入齐都临淄。齐王逃到莒城，仅只身走脱。齐国的珠玉财宝、兵车甲仗以及珍贵器物，统统归于燕国。齐国的大吕巨钟陈列在燕国的元英殿，燕国原先被掠走的大鼎又回到历室宫，齐国的祭器陈列在宁台，我们蓟都郊外的树苗移栽到了齐国汶水的竹园里。从五霸以来，功业没有谁比得上先王的。先王觉得已经如愿以偿，认为臣没有贻误使命，所以分出土地封赏我，使我的地位能够相当于小国诸侯。我不才，自以为奉行命令，承受教导，就可以幸免获罪了，所以接受了分封而没推辞。

“臣闻贤明之君，功立而不废，故著于春秋①；蚤知之士②，名成而不毁，故称于后世。若先王之报怨雪耻③，夷万乘之强国④，收八百岁之蓄积⑤，及至弃群臣之日，遗令诏后嗣之余义⑥。执政任事之臣，所以能循法令、顺庶孽者⑦，施及萌隶⑧，皆可以教于后世。臣闻善作者，不必善成，善始者，不必善终。昔者伍子胥说听乎阖闾⑨，故吴王远迹至于郢⑩。夫差弗是也，赐之鸱夷而浮之江⑪。故吴王夫差不悟先论之可以立功⑫，故沉子胥而弗悔。子胥不蚤见主之不同量⑬，故入江而不改。

【注释】

①春秋：泛指史书。

②蚤知：先知。蚤，通“早”。

③怨：仇。

④夷：平定。

⑤八百岁：齐国历经约八百年。

⑥令诏：命令与训示。后嗣：继承者。

⑦顺：通“训”，教导。庶孽：妾生子。

⑧施(yì)及：达于。萌隶：百姓。

⑨伍子胥：春秋时吴大夫，曾帮助吴王阖闾攻破楚国。后因劝阻夫差伐齐，抵制越国求和，被夫差赐死，尸体沉入江中。

⑩郢(yǐng)：楚国都城，在今湖北江陵。

⑪赐之鸱(chī)夷：这里说的是夫差不像阖闾那样懂得伍子胥的作用，将他赐死后装入皮囊，投于江中。鸱夷，皮革制的口袋。

⑫先论：预见。伍子胥生前曾预言，吴不灭越，越将灭吴。

⑬量：气量。

【译文】

“我听说贤明的君王，功业建立而不再废弛，所以被载入史册；有先见之明的贤士，成就名声而能保持，所以被后世称颂。像先王那样报仇雪恨，踏平万乘强国，收缴齐国八百年来积聚的财富，直到他离世之时，还留下告诫继位子孙的遗训。执政任事的大臣，因此能遵循法令，教导庶子，并推行于平民百姓，这些都可以教育后世。我听说，善于耕作的不一定有好收成，好的开端不一定有好的结束。从前，伍子胥的言说被吴王阖闾接受，所以阖闾能远征到楚国郢都。吴王夫差却不是这样，反而赐给伍子胥一只皮囊把他装了投入江中。吴王夫差不懂得伍子胥的预见可以为吴国建立功业，所以把伍子胥投入江中而不后悔。伍子胥没能及早发现阖闾、夫差两位君主气量不同，所以至死也没有改变自己的态度。

“夫免身全功，以明先王之迹者，臣之上计也。离毁辱之非①，堕先王之名者②，臣之所大恐也。临不测之罪，以幸为利者③，义之所不敢出也。

【注释】

①离：通“罹”，蒙受。

②堕(huī)：毁坏。

③以幸为利：指燕惠王所担心的乐毅助赵伐燕以自利之事。幸，侥幸。

【译文】

“使自身免于祸患，保全破齐的功名，以证明先王知人善任的业绩，是我的上策。自身遭受诋毁和侮辱的错误处置，损害先王的英名，是我最害怕的。面临不可测的罪名，却以侥幸心理求取私利，从道义上讲，这是我绝不敢做的。

“臣闻古之君子交绝不出恶声①；忠臣之去也，不洁其名②。臣虽不佞，数奉教于君子矣。恐侍御者之亲左右之说③，而不察疏远之行也④，故敢以书报，唯君之留意焉。”

【注释】

①交：交情。绝：断绝。

②洁：洗刷，表白。

③侍御者：侍候您的人。这里指燕惠王。

④疏远：被疏远的人，乐毅自指。

【译文】

“我听说古代的君子，与人断绝交情时也不恶语伤人；忠臣离开故国，也不为自己的名声辩白。我虽不才，也曾多次受教于君子。恐怕大王您听信左右的话，而不体察我这被疏远者的行为，所以斗胆用书信作答，希望您留心一阅。”

李 斯

李斯(约前280—前208),战国末年楚国上蔡(今河南上蔡西南)人,出身平民。年轻时曾在郡里当小吏,地位很低。他由老鼠得到启示,认为"人之贤不肖譬如鼠矣,在所自处耳"。从此"老鼠哲学"支配了李斯一生。李斯先到齐国拜著名思想家荀子为师,学习"帝王之术",学成后他审时度势,决定去秦国建功立业。

李斯到秦国后,先在吕不韦门下做舍人,后在秦王政面前崭露头角,纵论天下大势,献计献策,显示了出众的才华,被任为客卿,称为谋臣。前237年,李斯针对秦的逐客令写了著名的《谏逐客书》,劝阻了秦王的逐客行为,保证了秦国人才没有流失,对秦国的强盛起了重要的作用。

从秦王政十七年(前230)到秦始皇二十六年(前221),秦先后灭掉了韩、赵、燕、魏、楚、齐六国,结束了长期分裂的局面,实现了国家的统一。李斯策划参与了灭六国的战争,并在统一之后帮助秦始皇规划政权建设,制定巩固统治的各项制度,促进了历史的发展。在官职上李斯也由廷尉升至一人之下万人之上的丞相。

前210年,秦始皇在沙丘平台(今河北广宗北)病故,李斯、赵高等合谋,篡改秦始皇遗诏,杀扶苏,立胡亥为皇帝。秦二世统治残暴,致使社会矛盾加剧并最终爆发了秦末农民大起义,李斯对此有不可推卸的责任。

前 208 年，李斯遭赵高陷害，被腰斩于咸阳。

谏逐客书

【题解】

战国末年，秦国强大，逼凌侵略六国，韩国首当其冲，就派水工郑国到秦国兴修水利，以此消耗秦的国力，使其无力对韩用兵。秦王嬴政发觉后，接受宗室大臣的建议，下令逐客。李斯也在被逐之列，于是他向秦王写了这封谏书。文章围绕逐客不是统一天下、制服诸侯所应采取的方法这一主旨展开，由古及今，由物及人，摆事实讲道理，铺陈排比，反复论证，极具说服力。秦王看后幡然醒悟，撤销了逐客令。

秦宗室大臣皆言秦王曰①："诸侯人来事秦者，大抵为其主游间于秦耳，请一切逐客②。"李斯议亦在逐中。

【注释】

①秦王：秦始皇，此时尚未统一，故仍称秦王。

②客：指其他诸侯国在秦国做官的人。

【译文】

秦国的宗室大臣都对秦王说："从各诸侯国来事奉秦国的人，大都是为他们的君主游说和离间秦国罢了，请把外来人一律驱逐出境。"李斯也在计划被驱逐的人之中。

斯乃上书曰："臣闻吏议逐客，窃以为过矣。

【译文】

李斯于是上书秦王说："我听说官吏们在计议驱逐外来人，我私下认为这种做法是错误的。

"昔穆公求士[①]，西取由余于戎[②]，东得百里奚于宛[③]，迎蹇叔于宋[④]，求丕豹、公孙支于晋[⑤]。此五子者，不产于秦，而穆公用之，并国二十，遂霸西戎。孝公用商鞅之法[⑥]，移风易俗，民以殷盛[⑦]，国以富强，百姓乐用，诸侯亲服，获楚、魏之师，举地千里，至今治强[⑧]。惠王用张仪之计[⑨]，拔三川之地[⑩]，西并巴、蜀[⑪]，北收上郡[⑫]，南取汉中[⑬]，包九夷[⑭]，制鄢、郢[⑮]，东据城皋之险[⑯]，割膏腴之壤[⑰]，遂散六国之从[⑱]，使之西面事秦，功施到今[⑲]。昭王得范雎[⑳]，废穰侯[㉑]，逐华阳[㉒]，强公室[㉓]，杜私门[㉔]，蚕食诸侯，使秦成帝业。此四君者，皆以客之功。由此观之，客何负于秦哉？向使四君却客而不内[㉕]，疏士而不用，是使国无富利之实，而秦无强大之名也。

【注释】

①穆公：指秦穆公。

②由余：春秋时晋国人，逃到西戎，秦穆公以礼招其归秦，并用其计统一了西戎各部。

③百里奚：其身世说法不一。传说他是楚国宛(今河南南阳)人，曾为楚大夫，后沦落为奴，被秦穆公用五张羊皮赎出，任为秦相，故又称五羖大夫。

④蹇(jiǎn)叔：本岐州(即今陕西)人，游于宋国，经百里奚推荐，秦穆公聘他来做上大夫。

⑤丕豹：晋国人，其父被晋惠公杀害后，投奔秦穆公，为大将，助秦

攻晋。公孙支:字子桑。游于晋,后入秦,秦穆公任他为大夫。

⑥商鞅:姓公孙,名鞅。本是卫国公族,又称卫鞅。因秦孝公曾封之以商地(在今陕西商州),故称商鞅。任秦相十年间,实行变法,使秦国强盛起来。

⑦以:因。

⑧治强:国家稳定,军力强盛。

⑨张仪:魏国人,曾屡任秦相,主张“连横”策略。

⑩三川:指今河南西北一带,因有黄河、洛河、伊河流过境内,故称三川。

⑪巴:今四川东部。蜀:今四川西部。

⑫上郡:魏国属地,在今陕西西北一带。

⑬汉中:今陕西汉中地区。

⑭九夷:泛指当时楚地少数民族。

⑮鄢:楚国旧都,在今湖北宜城南。郢:楚国都,故址在今湖北江陵。

⑯城皋:地名。即今河南荥阳的虎牢。

⑰膏腴之壤:土地肥沃的地区。

⑱从:同“纵”,指合纵,战国时六国共同抗秦的联盟形式。

⑲施(yì):延续。

⑳范雎(jū):字叔,魏国人,曾被秦昭王任为秦相,提出“远交近攻”政策,秦国领土大为拓展。

㉑穰(rǎng)侯:秦昭王舅父魏冉的封号。

㉒华阳:指华阳君。秦昭王舅父芈(mǐ)戎。

㉓公室:朝廷。

㉔私门:王公贵族的势力。

㉕向使:假使。却:拒绝。内:同“纳”。

【译文】

“从前，秦穆公招纳贤士，从西戎聘请了由余，从东方的宛得到百里奚，从宋国迎来蹇叔，从晋国招致丕豹、公孙支。这五位先生，都不是秦国人，可穆公任用他们，兼并了二十个小国，终于称霸西戎。孝公采用商鞅的新法，移风易俗，人民因而富裕兴旺，国家因而富强，百姓乐于为国效力，诸侯都对秦国顺从听命，打败了楚国、魏国的军队，扩展土地上千里，至今国家安定强盛。秦惠王采用张仪的计策，攻占三川地区，西面吞并了巴、蜀之地，北面收取了上郡，南面夺取了汉中，吞并了九夷，控制了楚国的鄢、郢二城，东面占据了成皋的险要，割取了别国肥沃的土地，于是拆散了六国的合纵联盟，迫使他们向西事奉秦国，功业一直延续到现在。昭王得到范雎，废掉穰侯，驱逐了华阳君，加强了朝廷的权力，遏制贵族王室的势力，一步步吞并了诸侯各国，使秦国成就了帝王的基业。这四位君王，都是依靠了外来人的功劳。由此看来，外来人有什么对不起秦国的地方呢？假使当初这四位君王拒绝外来人而不接纳，疏远贤士而不任用，那就会使国家没有雄厚富裕的实力，而秦国也就没有强大的威名了。

“今陛下致昆山之玉①，有随、和之宝②，垂明月之珠，服太阿之剑③，乘纤离之马④，建翠凤之旗⑤，树灵鼍之鼓⑥。此数宝者，秦不生一焉，而陛下说之，何也？必秦国之所生然后可，则是夜光之璧不饰朝廷，犀象之器不为玩好，郑、魏之女不充后宫，而骏马駃騠不实外厩⑦，江南金锡不为用，西蜀丹青不为采⑧。所以饰后宫、充下陈、娱心意、说耳目者，必出于秦然后可，则是宛珠之簪、傅玑之珥、阿缟之衣、锦绣之饰⑨，不进于前，而随俗雅化、佳冶窈窕赵女不立于侧也。夫击瓮叩缶⑩，弹筝搏髀⑪，而歌呼呜呜、快耳目者，真秦之声也;郑、卫、桑间、《韶》《虞》《武》《象》者[12],异国之乐也。今弃击瓮而就郑卫,退弹筝而取韶、虞,若是者何也?快意当前,适观而已矣。今取人则不然。不问可否,不论曲直,非秦者去,为客者逐。然则是所重者在乎色、乐、珠、玉,而所轻者在乎人民也。此非所以跨海内、制诸侯之术也[13]!

【注释】

①致:收罗。昆山:昆仑山,古代传说这里产玉。

②随:春秋时的小国,在今湖北随州。传说随侯有一颗名贵的宝珠,称“随侯珠”。和:春秋时楚国人卞和,据说他在山中发现一块璞玉,献给楚王,称“和氏璧”。

③服:佩戴。太阿(ē):宝剑名。相传春秋楚国人干将、莫邪合铸的宝剑之一。

④纤离:骏马名。

⑤翠凤之旗:以翠羽为装饰的旗子。

⑥鼍(tuó):俗名“猪婆龙”,一种鳄鱼,皮可以蒙鼓。

⑦駃騠(jué tí):古代北方的名马。外厩:马棚。

⑧丹青:红色和青色,泛指颜色。

⑨宛(yuān)珠:宛地出产的珠子。傅:粘贴。玑:不圆的珠子。珥(ěr):耳环。阿缟(gǎo):齐国东阿(今山东东阿)出产的白色的绢。

⑩瓮(wèng):汲水瓦罐。缶(fǒu):小口大腹的瓦罐。秦国的瓮、缶为打击乐器。

⑪筝:弦乐器。搏髀(bì):拍着大腿打拍子。

⑫桑间:卫国濮水边上的一个地名。相传是青年男女聚会的地方。此指桑间之咏,淫靡之音。《韶》《虞》:相传为歌颂虞舜的音乐。

《武》《象》：周初的乐舞。

⑬跨：指占领，据有。

【译文】

“如今陛下收罗到昆山的美玉，有随侯珠、和氏璧之类的珍宝，悬挂明月之珠，佩带太阿之剑，乘骑纤离之马，竖立翠凤旗帜，陈设灵鼍皮鼓。这几样宝物，一件也不产于秦国，而陛下您却喜爱它们，为什么呢？如果必须是秦国出产的然后才可以使用，那么夜光之璧就不会装饰在您的朝廷，犀角象牙制成的器物就不会为您所把玩赏识，郑国和卫国的美女就不会充满您的后宫，骏马駃騠就不会养在您的马棚里，江南的金锡不会用作器具，巴蜀的颜料不能用作彩饰。您所用来装饰后宫的珍宝、充实堂下的姬妾、娱乐心意的器物、愉悦耳目的音乐绘画等，如果一定要出产于秦国然后才可以使用，那么，这些镶嵌着宛珠的簪子、缀有小珠的耳环、东阿白绢做成的衣服、锦缎绣成的装饰品，就不可能进献到您面前，而且那些打扮入时、艳丽窈窕的赵国美女，就不会侍立在您身旁了。那些敲打陶罐瓦器、弹筝拍大腿，呜呜呀呀地歌唱以愉悦耳目的，才是真正的秦国音乐呢。郑、卫一带的民间音乐，《韶》《虞》《武》《象》的古曲，都是异国的音乐。如今，您不听敲击陶罐瓦器的秦乐而听郑、卫二国的音乐，不听弹筝而听《韶》《虞》，像这样做是为什么呢？还不是为了当前心情愉快、看起来舒适罢了。如今用人却不这样，不问可用还是不行，不分是非曲直，不属秦国的人士都离开，凡是外来人都驱逐。这样做只能说明您所重视的是女色、音乐、珠宝、美玉，而所轻视的却是人民。这可不是用来统一天下、制服诸侯的方法啊！

“臣闻地广者粟多，国大者人众，兵强则士勇①。是以泰山不让土壤，故能成其大；河海不择细流，故能就其深；王者不却众庶②，故能明其德。是以地无四方，民无异国，四时充美，鬼神降福，此五帝、三王之所以无敌也。今乃弃黔首以资敌国[3]，却宾客以业诸侯[4]，使天下之士退而不敢西向，裹足不入秦，此所谓'藉寇兵而赍盗粮'者也[5]。

【注释】

①兵：武器。

②众庶：民众。

③黔（qián）首：百姓。黔，黑色。

④却：拒绝，排斥。业：成就功业。

⑤藉：借。赍（jī）：送给。

【译文】

"我听说，土地广阔粮食就充足，国家强大人民就众多，武器精良士兵就勇敢。因此，泰山不舍弃任何土壤，所以能形成它的高大；河海不排斥任何细流，所以能形成它的深广；帝王不拒绝所有百姓，所以能显示他的恩德。因此，土地不论东西南北，民众不分哪个国家，四季都富足美满，鬼神都来降福，这就是五帝三王之所以无敌于天下的原因。如今竟然抛弃百姓去资助敌国，排斥宾客以成就其他诸侯的功业，使天下的贤士退缩而不敢到西方来，停步不敢进入秦国，这就是所谓的'供给敌人武器，送给强盗粮食'。

"夫物不产于秦，可宝者多；士不产于秦，而愿忠者众。今逐客以资敌国，损民以益仇，内自虚而外树怨于诸侯，求国之无危，不可得也！"

【译文】

"东西不出产于秦国，值得宝贵的很多；贤士不出生于秦国，愿意效忠的不少。如今驱逐外来人以资助敌国，损害民众以使仇敌得到好处，对内使自己虚弱，对外与诸侯结怨，想求得国家没有危险，是不可能的啊！”

秦王乃除逐客之令，复李斯官。

【译文】

秦王于是废除了逐客令，恢复了李斯的官职。

楚辞

《楚辞》是《诗经》之后的又一部诗歌总集，是西汉刘向所辑的楚地诗体作品的集子，收录了战国时楚人屈原、宋玉及汉代一些作家的辞赋，其中以屈原的作品为主。这些辞赋的题材、形式、语言、风格都具有浓厚的楚地色彩，所以叫“楚辞”。

楚辞中有很多方言、俗语，句中句末多用“兮”字，以调节语言和韵律，句式参差不齐。它开创了我国古代浪漫主义诗风，与《诗经》一起成为我国古典诗歌现实主义与浪漫主义的两大源头，古典诗歌的典范。

卜居

【题解】

所谓“卜居”即通过问卜来指示自己如何做人、如何处世。屈原被逐三年没能见到楚怀王，尽忠报国反被谗言所害，心烦意乱，于是前去问卜。屈原连设八问，以“宁……将……”的句式，正反两面反复对照，表面上看似乎是他对人生道路和处世原则选择上的疑惑，实际上表达了他对是非颠倒的混浊世界的震惊与愤慨。

屈原既放①，三年不得复见。竭智尽忠，而蔽障于谗，心烦虑乱，不知所从。乃往见太卜郑詹尹曰[2]："余有所疑，愿因先生决之。"詹尹乃端筴拂龟曰[3]："君将何以教之？"

【注释】

①屈原：名平，字原，战国时楚国人。楚怀王时曾任左徒、三闾大夫，后被流放，长期过着流亡生活，最后投汨罗江而死。他传世的代表作品有《离骚》《九歌》《天问》《九章》等。

②太卜：官名。卜筮官之长。

③筴：同"策"，蓍（shī）草。龟：龟壳。龟和策都是古代占卜用的工具。

【译文】

屈原已遭放逐，三年没能再见楚怀王。他竭尽才智，忠贞不贰，却因谗佞小人，被楚怀王疏远隔绝，他心烦意乱，不知如何是好。于是去见太卜郑詹尹，说："我心中有些疑惑，想通过先生您的占卜决定。"郑詹尹摆正蓍草，拂净龟壳，问："您有何见教？"

屈原曰："吾宁悃悃款款[1]，朴以忠乎，将送往劳来[2]，斯无穷乎[3]？宁诛锄草茅以力耕乎，将游大人以成名乎？宁正言不讳以危身乎，将从俗富贵以偷生乎[4]？宁超然高举以保真乎，将哫訾栗斯、喔咿嚅唲以事妇人乎[5]？宁廉洁正直以自清乎，将突梯滑稽、如脂如韦，以絜楹乎[6]？宁昂昂若千里之驹乎，将氾氾若水中之凫乎[7]，与波上下，偷以全吾躯乎？宁与骐骥亢轭乎[8]，将随驽马之迹乎[9]？宁与黄鹄比翼乎[10]，将与鸡鹜争食乎[11]？此孰吉孰凶，何去何从？世溷浊而不清[12]，蝉翼为重，千钧为轻；黄钟毁弃[13]，瓦釜雷鸣[14]；谗人高张，贤士无名。吁嗟默默兮，谁知吾之廉贞？"

【注释】

①悃悃(kǔn)款款:诚实忠信的样子。

②将:还是。送往劳来:随处周旋,巧于应酬。

③斯:连词,则。穷:困境。

④偷:苟且,怠慢。

⑤呢訾(zú zǐ):阿谀奉承的样子。栗斯:小心求媚的样子。斯,虚词。喔咿嚅唲(rú ér):强颜欢笑的样子。妇人:指楚怀王的宠姬郑袖。

⑥突梯:滑溜的样子。滑(gǔ)稽:圆滑的样子。脂:脂膏。韦:熟皮。絜(xié):用绳子围绕圆柱形物体。楹:柱子。

⑦凫(fú):野鸭子。

⑧骐骥:两种良马的名字。亢:通"伉",并。轭:是车辕前面用来驾马的横木。

⑨驽马:劣马。

⑩黄鹄(hú):天鹅。

⑪鹜(wù):鸭。

⑫溷(hùn)浊:混乱污浊。

⑬黄钟:这里是乐器名。

⑭瓦釜:陶土制的器具。

【译文】

屈原说:"我是应该诚恳朴实,保持忠心,还是四处周旋应酬,以免陷于困境呢?是应该锄草耕作,勤劳务农,还是去游说权贵,追求虚名呢?是应该直言不讳,不顾安危,还是顺从世俗,贪图富贵,苟且偷生呢?是应该超脱尘俗,卓尔不群,保持自己的本性,还是阿谀谄媚,强颜欢笑,去事奉楚怀王的宠姬呢?是应该廉洁正直,洁身自好,还是迎合世俗,像油脂那样光滑、像熟牛皮那样柔软地去趋炎附势呢?是应该像日行千里的骏马那样气概轩昂,还是像浮游不定的野鸭那样,随波逐流,苟全性命呢?

是应该与良马并驾齐驱，还是追随劣马的足迹呢？是应该与天鹅比翼齐飞，还是同鸡鸭一道争食呢？所有这些，哪个是吉哪个是凶？我应该何去何从？世道混浊不清，以为蝉翼是重的，以为千钧是轻的；贵重的黄钟遭到毁弃，劣质的瓦器反而发出雷鸣般的声音；谗佞小人飞扬跋扈，贤明之士默默无闻。唉，还是沉默不言吧，有谁知道我的廉洁忠贞呢？”

詹尹乃释策而谢曰：“夫尺有所短，寸有所长，物有所不足，智有所不明，数有所不逮①，神有所不通。用君之心，行君之意。龟策诚不能知此事。”

【注释】

①数：指占卜。逮：及，到。

【译文】

郑詹尹放下蓍草向屈原推辞道：“尺有所短，寸有所长。事物总会有不足之处，智者也有糊涂的时刻，占卜未必事事都能预料，神明也有不能通达之处。就按您的心意，照您的意志办事吧。龟甲和蓍草确实不能预知这些事。”

宋玉对楚王问

【题解】

本文以“对问”的形式，表现了宋玉超然独处、不同流俗的情怀，反映了他在仕途上的失意潦倒以及楚顷襄王时朝政日非、贤能人士受谗毁的现实。写作上宋玉运用了比喻手法，先以曲与和做比照，再以凤凰与鷃、鲲鱼与鲵做比照，从而引出自己志趣绝俗、超然独处的品德与情操。

楚襄王问于宋玉曰[1]:“先生其有遗行与[2]?何士民众庶不誉之甚也[3]?”

【注释】

①宋玉:战国后期楚国人,相传为屈原的学生,在楚怀王、顷襄王时做过文学侍从类的官。

②遗行:可以遗弃的行为,有失检点的品行。

③庶:众。誉:称赞。

【译文】

楚襄王问宋玉说:“先生大概有不检点的行为吧?为什么士人百姓们对你非议得如此厉害呢?”

宋玉对曰:“唯,然。有之。愿大王宽其罪,使得毕其辞。

【译文】

宋玉回答说:“是的,的确如此,确实有这样的事。希望大王宽恕我的罪过,让我把话说完。

“客有歌于郢中者[1],其始曰《下里》《巴人》[2],国中属而和者数千人[3]。其为《阳阿》《薤露》[4],国中属而和者数百人。其为《阳春》《白雪》[5],国中属而和者不过数十人。引商刻羽,杂以流徵[6],国中属而和者不过数人而已。是其曲弥高[7],其和弥寡。

【注释】

①郢：楚国国都，在今湖北江陵。

②《下里》《巴人》：都是楚国通俗的乐曲。

③国：国都。属(zhǔ)：聚集。和(hè)：跟着唱和。

④《阳阿(ē)》《薤(xiè)露》：都是楚国比较高雅的乐曲。

⑤《阳春》《白雪》：都是楚国高雅的乐曲。

⑥引商刻羽，杂以流徵(zhǐ)：古代有五声，即宫、商、角、徵、羽，后又增加了变徵、变宫，成为七声，表示七声音阶的七个音级。这里用音级的复杂变化来形容音乐技巧的高超。

⑦弥：越。

【译文】

"有位客人在郢都唱歌，开始唱的是《下里》《巴人》，城中聚在一起跟着唱的有几千人；后来唱《阳阿》《薤露》，城中聚在一起跟着唱的有几百人；等到唱《阳春》《白雪》时，城中聚在一起跟着唱的不过几十人；当他唱歌时引用商声、刻画羽声、夹杂以流动的徵声，城中聚在一起跟着唱的不过几人而已。这就是说，所唱的曲调愈是高雅，能与之唱和的也就愈少。

"故鸟有凤而鱼有鲲①。凤凰上击九千里，绝云霓②，负苍天，足乱浮云，翱翔乎杳冥之上③，夫藩篱之鷃④，岂能与之料天地之高哉！鲲鱼朝发昆仑之墟⑤，暴鬐于碣石⑥，暮宿于孟诸⑦，夫尺泽之鲵⑧，岂能与之量江海之大哉！

【注释】

①鲲(kūn)：传说中的一种大鱼。

②绝：超越。

③杳：高远。冥：深。

④鷃（yàn）：一种小鸟。

⑤昆仑：即今新疆、西藏地区的昆仑山脉。墟：山脚。

⑥暴（pù）：暴露在阳光之下。鬐（qí）：鱼脊鳍。碣石：山名。在今河北昌黎。

⑦孟诸：泽名。在今河南商丘东北。

⑧鲵（ní）：一种小鱼。

【译文】

“所以鸟中有凤，鱼中有鲲。凤凰展翅高飞九千里，穿越云霓，背负苍天，脚踏浮云，翱翔在极高远的天空，那跳跃在篱笆间的鷃雀怎能和它一样了解天地的高远呢！鲲鱼清晨从昆仑山脚出发，中午在碣石山上歇息，夜晚停宿在孟诸泽，那一尺来深水塘里的小鲵怎能和它一样测量江海的广阔呢！

“故非独鸟有凤而鱼有鲲也，士亦有之。夫圣人瑰意琦行[①]，超然独处，世俗之民，又安知臣之所为哉！”

【注释】

①瑰意琦行：卓越不凡的思想行为。瑰、琦，奇异美好。

【译文】

“因而不只是鸟中有凤，鱼中有鲲，士人之中也有英才。圣人有高洁的情操和美好的行为，超尘脱俗，卓尔不群，那些世俗之人又哪里能够理解我的行为呢？”

卷五

史 记

《史记》是我国第一部纪传体通史，上迄黄帝，下至汉武帝太初年间，记述了三千多年的史事，西汉司马迁著。《史记》列“二十四史”之首，与后来的《汉书》《后汉书》《三国志》合称“前四史”。全书共一百三十篇，包括按年月时间记述帝王言行政绩的十二本纪，记述帝王股肱良臣事迹的三十世家，记载卓荦倜傥、影响巨大的历史人物的七十列传，排列大事年代的十表，记述礼乐制度、天文兵律、社会经济、河渠地理等制度发展的八书，共五个部分，约五十二万六千五百多字。主体部分是本纪、世家和列传。

司马迁创作《史记》的目的是“究天人之际，通古今之变，成一家之言”，就是要通过《史记》探寻天地间万事万物的规律，表达自己的治世理论。

《史记》也是一部优秀的文学著作，开创了我国传记文学的先河，其写人艺术取得了空前的成就。《史记》情感激昂充沛，行文挥洒自如，成为后世散文作家学习的榜样。

由于其杰出的史学和文学成就，《史记》被鲁迅誉为“史家之绝唱，无韵之《离骚》”。

五帝本纪赞

【题解】

本篇是《史记》的开篇《五帝本纪》末尾的赞语，"赞"这种形式，由司马迁首创，后世史书多所沿用。该篇赞语交代了写作《本纪》的史料，说明其紊乱、残缺的情况，及整理编次的重要性。逻辑清晰，颇有说服力。

太史公曰①：学者多称五帝，尚矣②。然《尚书》独载尧以来③，而百家言黄帝，其文不雅驯④，荐绅先生难言之⑤。孔子所传《宰予问五帝德》及《帝系姓》⑥，儒者或不传。余尝西至空峒⑦，北过涿鹿⑧，东渐于海⑨，南浮江淮矣，至长老皆各往往称黄帝、尧、舜之处，风教固殊焉，总之，不离古文者近是⑩。予观《春秋》《国语》，其发明《五帝德》《帝系姓》章矣⑪，顾弟弗深考⑫，其所表见皆不虚。《书》缺有间矣，其轶乃时时见于他说⑬。非好学深思，心知其意，固难为浅见寡闻道也。余并论次，择其言尤雅者，故著为本纪书首⑭。

【注释】

①太史公：是司马迁自称，司马迁曾任太史令。

②尚：久远。

③《尚书》：记录上古政治文诰和部分古代事迹的书，也称《书》《书经》。

④雅：正确。驯：通"训"，可以为训，可为信从。

⑤荐绅：又作"搢绅""缙绅"，是古代高级官员的装束，即在腰带里插笏(hù，上朝时所持手板)，代指有身份地位的人。搢，插。绅，

腰带。

⑥《宰予问五帝德》：见于《大戴礼》。《帝系姓》：见于《孔子家语》。

⑦空峒(tóng)：即崆峒山，在今甘肃平凉，传说黄帝曾问道于此。

⑧涿(zhuō)鹿：涿鹿山在今河北涿鹿东南，山边有涿鹿城，相传黄帝和尧、舜都曾在这里建都。

⑨渐：入，到。

⑩古文：此指用古文字写成的典籍。

⑪发明：阐发，阐述。章：明白，明显。

⑫弟：仅，只是。

⑬轶：通“佚”，散失。

⑭本纪：纪传体史书中的帝王传记称“本纪”。

【译文】

太史公说：读书人常常谈论黄帝、颛顼、帝喾、尧、舜这五帝，已经很久远了。但是《尚书》只记载唐尧以来的事，诸子百家的著述里谈到黄帝的，也常常不可确信，士大夫们很难转述它。孔子所传的《宰予问五帝德》和《帝系姓》，有的儒者并不传授学习。我曾西游崆峒，北到涿鹿，东近大海，南渡江淮，所经过的地方，当地年长的人常常谈到黄帝、尧、舜活动过的地方，各地风俗教化本不相同，但总的来说，与古文文献所载相合的比较接近事实。我读《春秋》《国语》，他们阐发《五帝德》《帝系姓》很是明白，只不过没有深入考察，但二书所记载的事情都不虚妄。《尚书》残缺很久了，它没有记载的内容，往往可从别的著作中看到。如果不是爱好学习而深入思考，善于领会，当然就不易跟见识浅薄、孤陋寡闻的人阐述清楚。我把有关五帝的记载综合起来加以论定编次，选择最为准确可靠的那些材料，写成《五帝本纪》，作为全书的第一篇。

项羽本纪赞

【题解】

《项羽本纪赞》是《项羽本纪》的篇末赞语部分。《史记》中的“本纪”本为记载历代帝王之事的体裁，并未成就霸业的项羽之所以被司马迁列入“本纪”，是因他在秦、汉之间的若干年间，享有帝王一样的权威，也表明了司马迁对项羽的欣赏态度。本文对项羽成、败的原因秉笔直书，体现了对他爱恨交加的复杂情绪。

太史公曰：吾闻之周生曰“舜目盖重瞳子”①，又闻项羽亦重瞳子。羽岂其苗裔邪？何兴之暴也！夫秦失其政，陈涉首难，豪杰蜂起，相与并争，不可胜数。然羽非有尺寸②，乘势起陇亩之中③，三年，遂将五诸侯灭秦，分裂天下而封王侯，政由羽出，号为“霸王”。位虽不终，近古以来未尝有也。及羽背关怀楚④，放逐义帝而自立⑤，怨王侯叛己，难矣。自矜功伐，奋其私智而不师古，谓霸王之业欲以力征经营天下，五年卒亡其国，身死东城⑥，尚不觉寤而不自责，过矣。乃引“天亡我，非用兵之罪也”，岂不谬哉！

【注释】

①重瞳子：双瞳人。后人以重瞳为帝王之相。

②尺寸：一点点凭借，指土地或权力。

③陇亩：田间，民间。

④背关怀楚：放弃关中，怀念楚地。

⑤义帝：即项羽奉立的楚怀王熊心。项羽自号西楚霸王，定都于彭城（今江苏徐州），使义帝自彭城迁至郴县（今湖南郴州），途中让

人杀了义帝。

⑥东城:地在今安徽定远东南。项羽自垓(gāi)下突围,逃往东城,再向南至乌江边自刎而死。

【译文】

太史公说:我听周朝的儒生讲过“舜的眼睛可能有两个瞳人”,又听说项羽也有两个瞳人。项羽莫非是舜的后代?项羽的兴起是多么迅猛啊!秦国政治衰败,陈涉首先起义反秦,各路豪杰也蜂拥而起,相互争夺天下,参加的人数多得数不清。而项羽没有尺寸之地,趁着时势兴起于民间,不过三年,就率领齐、赵、燕、韩、魏五国诸侯的军队灭掉了秦国,然后分割天下,封王封侯,所有政令都由项羽发布,号称“霸王”。虽然项羽的王位没坐多久,但自古以来还不曾有过他这样的人物。等到项羽因怀念楚地而放弃关中、回到彭城,又放逐了当初起义时拥立的义帝而自立为王,再来抱怨各路王侯背叛自己,就太勉强了。夸耀自己的功劳,逞弄个人的聪明才智,不肯师法古代帝王的仁义之道,以为霸王的事业,仅仅通过武力征伐就能统治天下,不过五年就使国家颠覆灭亡,自己也死在东城,尚且至死不悟,还不肯引咎自责,这当然是错误的。竟然说什么“是天要灭亡我,并不是我用兵的罪过”,难道不是很荒唐的吗!

秦楚之际月表

【题解】

“表”也是司马迁在《史记》中首创的一种史书体例,以表格的形式编次某一历史时期的事件。本文为《史记》十个表之第四个表《秦楚之际月表》的序言,概括秦楚之际三次政权的变更,回顾了古代贤君统一天下的艰难历程,点明刘邦最终成就帝业的原因。

太史公读秦楚之际，曰：初作难[1]，发于陈涉[2]；虐戾灭秦[3]，自项氏；拨乱诛暴，平定海内，卒践帝祚[4]，成于汉家。五年之间，号令三嬗[5]，自生民以来，未始有受命若斯之亟也[6]。

【注释】

①作难(nàn)：起事，发难。

②陈涉：即陈胜，字涉，阳城(今河南登封东南)人，秦末农民起义领袖。

③虐戾灭秦：指项羽用武力灭秦并诛杀秦王子婴。

④卒：最终。践：登上。帝祚(zuò)：帝位。

⑤嬗(shàn)：变，变更。

⑥受命：接受天命，改朝换代。亟(jí)：急促。

【译文】

太史公读了秦、楚之际的历史记载，说：最先发难反秦的是陈涉；用武力灭掉秦朝的是项羽；清除混乱，诛灭强暴，平定天下，最终登上帝位，取得成功的是汉家。五年之内，号令变更了三次，自有人类以来，帝王接受天命从没有像这样急促过。

昔虞、夏之兴[1]，积善累功数十年，德洽百姓，摄行政事，考之于天，然后在位。汤、武之王[2]，乃由契、后稷[3]，修仁行义十余世。不期而会孟津八百诸侯[4]，犹以为未可，其后乃放弑。秦起襄公，章于文、缪，献、孝之后，稍以蚕食六国[5]，百有余载，至始皇乃能并冠带之伦[6]。以德若彼，用力如此，盖一统若斯之难也。

【注释】

①虞、夏：即虞舜和夏禹，传说中的远古帝王。

②汤：商朝的建立者。武：周朝的建立者。

③契(xiè)：传说中商的始祖。后稷(jì)：传说中周的始祖。

④不期：没有约定。孟津：古黄河津渡，在今河南孟津东北。

⑤稍：逐渐。

⑥冠带之伦：戴冠束带之辈。这里指六国诸侯。

【译文】

从前，虞、夏兴起，都积累善行和功德数十年之久，恩德润泽百姓，代理执行政事，接受上天的考验，之后才正式登位。商汤、周武王称王，正是由于祖先契、后稷以来讲究仁爱，推行道义，经历十几代。没有事先邀的，在孟津会盟，与会的就有八百诸侯，但武王还认为时机未到，后来商汤才放逐了夏桀，周武王才诛杀了殷纣王。秦国兴起于襄公，强盛于文公、穆公时，献公、孝公之后，逐步侵吞关东六国，经过了一百多年，到秦始皇时才有能力兼并六国诸侯。像虞、夏、商、周那样以德行取天下，像秦朝那样以强力取天下，说明统一天下本来就是这么艰难的。

秦既称帝，患兵革不休，以有诸侯也，于是无尺土之封，堕坏名城①，销锋镝②，钼豪杰③，维万世之安。然王迹之兴，起于闾巷④，合从讨伐，轶于三代。乡秦之禁⑤，适足以资贤者为驱除难耳。故愤发其所为天下雄，安在无土不王？此乃传之所谓大圣乎？岂非天哉？岂非天哉？非大圣孰能当此受命而帝者乎？

【注释】

①堕(huī)：毁坏。

②镝(dí):箭头。

③鉏:同"锄",铲除。

④闾巷:街巷,借指民间。这里指刘邦出身低贱。

⑤乡:通"向",从前。

【译文】

秦始皇称帝后,担心战乱不断,是因为有诸侯并存,因此对功臣和亲族没有一尺土地的分封,并且毁坏有名的城市,销毁兵器,铲除各路豪杰,期望维持万代安宁。但是,新的帝王事业的兴起,来自民间,联合讨伐秦朝的声势,却远远超过夏、商、周三代。从前秦朝所设的各种禁令,正好帮助贤人扫除了灭秦的障碍。所以,刘邦发愤而起,称雄天下,哪里还讲什么没有封土就不能称王的呢?这恐怕就是古书所讲的大圣人了吧?难道不是天意吗?难道不是天意吗?如果不是大圣人,怎么能在这样的时候承受天命而成就帝业呢?

高祖功臣侯年表

【题解】

本文是《史记·高祖功臣侯者年表》的序。该表记载了汉朝开国功臣的经历及其后代的情况,序中分析了古代受封者享国久远、汉代功臣及其后代大多被诛、被废的原因。一正一反,论证有力。

太史公曰:古者人臣功有五品:以德立宗庙、定社稷曰勋①,以言曰劳,用力曰功,明其等曰伐②,积日曰阅。封爵之誓曰:"使河如带,泰山若厉③,国以永宁,爰及苗裔。"始未尝不欲固其根本,而枝叶稍陵夷衰微也④。

【注释】

①宗庙：帝王、诸侯等祭祀祖宗的庙宇。这里指帝业。社稷：土神和谷神，是国家的象征。

②伐：同“阀”，功绩。

③厉：同“砺”，磨刀石。

④稍：逐渐。陵夷：由盛转衰。

【译文】

太史公说：古时候大臣的功绩分为五个等级：凭德行开创帝业、安定国家的，称作勋；凭借言论立下功绩的，称作劳；凭武力立下功绩的，称作功；使功劳等级显著的，称作伐；日积月累建立功绩的，称作阅。汉立之初封爵时的誓词说：“哪怕黄河变得像衣带一样细，泰山变得像磨刀石一样小，各个封国也永享安宁，恩泽子孙后代。”当初分封时朝廷并不是不想使封国的根基牢固，但很多封国后来还是渐渐地衰落了。

余读高祖侯功臣[①]，察其首封，所以失之者，曰：异哉所闻！《书》曰“协和万国”[②]，迁于夏、商，或数千岁。盖周封八百，幽、厉之后[③]，见于《春秋》。《尚书》有唐、虞之侯、伯，历三代千有余载，自全以蕃卫天子[④]，岂非笃于仁义、奉上法哉？汉兴，功臣受封者百有余人。天下初定，故大城名都散亡，户口可得而数者十二、三，是以大侯不过万家，小者五六百户。后数世，民咸归乡里，户益息[⑤]，萧、曹、绛、灌之属或至四万[⑥]，小侯自倍，富厚如之。子孙骄溢，忘其先，淫嬖[⑦]。至太初[⑧]，百年之间，见侯五[⑨]，余皆坐法陨命亡国，耗矣。罔亦少密焉[⑩]，然皆身无兢兢于当世之禁云[⑪]。

【注释】

①侯:封赏,此处用作动词。

②协和万国:出自《尚书·尧典》,原文作“协和万邦”,汉代避刘邦讳,改“邦”为“国”。

③幽:周幽王。厉:周厉王。幽、厉都是暴君。

④蕃:通“藩”,屏障。

⑤息:滋生,繁育。

⑥萧:萧何。曹:曹参。绛:绛侯周勃。灌:灌婴。

⑦淫嬖:放纵邪恶。

⑧太初:汉武帝年号,前104—前101年。

⑨见:同“现”,现存的。

⑩罔:同“网”,法禁之网。

⑪兢兢:小心谨慎的样子。

【译文】

我阅读了高祖分封诸侯的有关史料,考察了起初被封、后来失去爵位的原因,说:分封的传闻跟实际情况不相同啊!《尚书》说“尧以前的各封国都和睦相处”,延续到夏、商时期,约有几千年。周朝时约有八百诸侯受封,经历了幽王、厉王的乱世之后,在《春秋》上还能看到关于他们的记载。《尚书》记载的唐尧、虞舜分封的侯、伯,经历了夏、商、周三代,也有一千多年,仍能自我保全、充当周王室的屏障,难道不是因为他们能坚守仁义、遵行天子的法令吗?汉朝兴起,受到爵位封赏的功臣有一百多人。当时天下刚刚安定下来,大的城市和有名的都城里的人口大都流散逃亡去了,留下来的户口实际上只有十分之二三,所以,大侯的封邑不超过一万家,小侯的封邑只有五六百家。后来经过几代,老百姓都慢慢返回故里,户口越来越多,萧何、曹参、周勃、灌婴的封户,有的多达四万家,小侯的封户也翻倍了,其财富也随着增强。但是,封国的子孙也骄横过度,忘了祖先创业的艰难,行为邪恶放纵起来了。到了太初年间，一百年之内，现存的侯只剩下五个，其余的全都因为犯法而丧命亡国，全都完了。朝廷的法禁之网对他们也稍微严厉了些，但是，那些人失去封爵都是因为没有小心谨慎地遵守当时的法令。

居今之世，志古之道[①]，所以自镜也[②]，未必尽同。帝王者各殊礼而异务，要以成功为统纪[③]，岂可绲乎[④]？观所以得尊宠及所以废辱，亦当世得失之林也[⑤]，何必旧闻？于是谨其终始，表见其文，颇有所不尽本末，著其明，疑者阙之。后有君子，欲推而列之，得以览焉。

【注释】

①志：记。

②镜：借鉴。

③统纪：纲纪，准则。

④绲（gǔn）：缝合，如今天说给布滚边的意思，比喻混同为一。

⑤林：同类事例的聚合汇总。

【译文】

处在今天这个社会，汲取古代的道理，引以为鉴，不必强求和古人完全相同。做帝王的，各自都有不同的礼法和政务，关键在于以成就功业为原则，怎能强求他们完全一样呢？考察这些诸侯王由得到尊宠到遭受贬黜、凌辱的原因，也正是当世政治得失的道理所在，为什么一定要依据古代的传闻呢？于是，我认真地考察了诸侯王废立的经过，并用表格来反映文字记载，许多事情难以说清本末的，就只记下那些比较可信的材料，对有疑问的地方就空着。后世君子如果有人想推究并论列他们的事迹本末的，可以参阅这里的表。

孔子世家赞

【题解】

该篇是《史记·孔子世家》的赞语部分。“世家”是《史记》五种体例之一,主要记载世袭封国诸侯的事迹。孔子并不是诸侯,司马迁出于对他的崇敬和尊重,而将其编入“世家”。

太史公曰:《诗》有之①:“高山仰止,景行行止②。”虽不能至,然心乡往之③。余读孔氏书④,想见其为人。适鲁,观仲尼庙堂、车服、礼器,诸生以时习礼其家,余低回留之,不能去云。天下君王至于贤人众矣,当时则荣,没则已焉。孔子布衣,传十余世,学者宗之。自天子王侯,中国言六艺者折中于夫子⑤,可谓至圣矣!

【注释】

①《诗》:我国最早的一部诗歌总集。又称《诗经》。

②高山仰止,景行行止:出自《诗经·小雅·车舝(xiá)》。止,句尾语气词。景行(háng),大道。

③乡:通“向”,倾向,向往。

④孔氏:即孔子,名丘,字仲尼,春秋末鲁国人。曾做过鲁国司寇,后周游列国。记录其言行的著作主要有《论语》。

⑤六艺:指《易》《礼》《乐》《诗》《书》《春秋》。折中:调和取其中正。

【译文】

太史公说:《诗经》中有这样的句子:“像山岳那样高尚的品德让人景仰,像大道一样光明的行为会吸引人遵从。”虽然我达不到这样的境界，内心却很向往。我读了孔子的著作，就能想象出他为人处世的风范。我到过鲁地，参观孔子的庙堂、车驾、衣服和礼器，看见众多儒生在孔子家庙里按时演习礼仪，我在那里徘徊流连，不舍得离开。天下的君王以至于各代贤人实在是太多了，但他们在世时十分荣耀，一死就埋没无闻了。孔子身为平民，学说却流传了十多代，读书人至今仍然尊崇他。从天子、王侯，中国谈论六艺的人，都以孔夫子的学说为标准，孔子真可以说是至高无上的圣人了！

外戚世家序

【题解】

本文是《史记·外戚世家》的序。列述历代帝王的成败兴衰都和外戚有密切的关系，告诫帝王在选择后妃问题上不可不慎。文章引经据典，情理俱备，论证充分。

自古受命帝王及继体守文之君，非独内德茂也，盖亦有外戚之助焉。夏之兴也以涂山①，而桀之放也以妺喜②。殷之兴也以有娀③，纣之杀也嬖妲己④。周之兴也以姜原及大任⑤，而幽王之禽也淫于褒姒⑥。故《易》基《乾》《坤》⑦，《诗》始《关雎》⑧，《书》美釐降⑨，《春秋》讥不亲迎⑩。夫妇之际，人道之大伦也。礼之用，唯婚姻为兢兢⑪。夫乐调而四时和。阴阳之变，万物之统也，可不慎与？人能弘道，无如命何。甚哉，妃匹之爱⑫，君不能得之于臣，父不能得之于子，况卑下乎？既合矣，或不能成子姓，能成子姓矣，或不能要其终⑬，岂非命也哉？孔子罕称命，盖难言之也。非通幽明之变⑭,恶能识乎性命哉⑮?

【注释】

①涂山:古国名。一说即今安徽当涂山,传说夏禹娶涂山氏女子侨。

②妹喜:传说是有施氏女子,后为夏桀宠妃。

③有娀(sōng):古国名。在今山西运城蒲州。传说有娀氏女子简狄吞燕卵而生契,为殷始祖。

④妲(dá)己:有苏氏女子,后为商纣宠妃。

⑤姜原:有邰(tái)氏女子,姓姜,名嫄,传说是周朝始祖后稷的母亲。大任:挚国任姓女子,周文王母亲。

⑥褒姒(sì):有褒氏女子,周幽王宠妃。褒是国名。姒姓。禽:同"擒"。

⑦《乾》《坤》:《周易》开头两卦,分别代表阳与阴、男与女。

⑧《关雎》:《诗经》首篇,过去解释它是歌颂后妃之德、以教化天下夫妇的。

⑨釐(lí):料理。降:下嫁。《尚书·虞书·尧典》有"釐降二女于妫汭"语,指尧亲自办理把自己的两个女儿嫁给舜的婚事。

⑩亲迎:古代婚嫁,新婿必亲至女家迎娶。

⑪兢兢:小心谨慎的样子。

⑫妃(pèi):匹配,婚配。

⑬要(yāo)其终:指白头偕老。要,求得。

⑭幽明:阴阳,男女。

⑮恶(wū):怎么。

【译文】

自古以来承受天命、开创基业的帝王和那些继承先帝政体,遵守先帝成法的君主,不仅是因为他自身品德高尚,还因为他得到了外戚的辅助。夏朝的兴起,因为夏禹娶了涂山氏之女;而夏桀的被放逐,是因为过于宠爱妹喜。商朝的兴起，是因有了有娀氏之女简狄；而纣王的被诛杀，因为过分宠幸妲己。周朝的兴起，和姜原、大任有关；而幽王被擒，是因过于宠幸褒姒。所以，《易》以《乾卦》《坤卦》为基础，《诗经》以《关雎》为第一篇，《尚书》赞美尧将两个女儿下嫁给舜，《春秋》讥刺不亲自迎娶。夫妇之间的关系，是人类社会中最重要的伦理。礼的实行，唯独在婚姻问题上特别慎重。要是能把音乐调理得和谐了，四时才能协调起来。阴阳的变化，是万物纲领，怎么能不慎重对待呢？虽然人能够弘扬道义，却奈何不了天命。夫妇之间的爱太重要了，君主不能从臣下那里得到这种爱，父亲也不能从儿子那里得到这种爱，更何况处于卑贱地位的人呢？夫妻合欢以后，也许不能孕育子孙，就算能够孕育子孙，也许还不能白头偕老，难道这不是天命吗？孔子极少谈论天命，大概是因为难以谈得明白吧。如果不能通晓阴阳的变化，怎能懂得人性与天命的道理呢？

伯夷列传

【题解】

《伯夷列传》是《史记》七十篇列传的首篇。通篇以议论代叙事，伯夷、叔齐的事迹只在开始作了简单的记述。本文的议论一则颂扬两人对故国的耿耿忠心，一则质疑两人死时毫无怨言的说法，同时透露了对自身遭遇的慨叹，被人称为“列传”的变体。

夫学者载籍极博，犹考信于六艺[①]。《诗》《书》虽缺，然虞、夏之文可知也。尧将逊位，让于虞舜，舜、禹之间，岳牧咸荐[②]，乃试之于位，典职数十年，功用既兴，然后授政，示天下重器。王者大统，传天下若斯之难也。而说者曰：尧让天下于许由[③]，许由不受，耻之逃隐；及夏之时，有卞随、务光者[④]。此何以称焉？太史公曰[⑤]：余登箕山[⑥]，其上盖有许由冢云。孔子序列古之仁圣贤人，如吴太伯、伯夷之伦详矣[⑦]。余以所闻由、光义至高，其文辞不少概见[⑧]，何哉？

【注释】

①六艺：指《诗》《书》《礼》《乐》《易》《春秋》。

②岳：四岳，传说中尧、舜时分掌四方部落的四个首领。牧：九牧，传说为九州之长。

③许由：传说中的隐士。相传他为躲避尧的让位，逃到颍水北、箕山下，尧召他为九州长，他又洗耳于颍水滨，不愿听闻。

④卞随：传说夏桀时人。相传汤灭桀后打算把天下让给他，他不肯接受，投水而死。务光：相传汤也曾让天下给务光，务光不受而隐居。

⑤太史公曰：这里是转述司马迁之父司马谈的话。

⑥箕(jī)山：山名。在今河南登封东南。

⑦太伯：周朝祖先古公亶父的长子，因让位于其弟季历，出走到吴地。

⑧少：稍微，略微。概：梗概，略。

【译文】

有学问的人尽管阅览过广博的书籍，但还是要去六经中核实材料是否可信。《诗经》《尚书》虽然有残缺，但是记载虞、夏的文字还是可以看到的。尧快退位时，让帝位给虞舜，舜和后来的禹，都是由于四岳、九牧的推荐，在各自的职位上接受考验，掌管执政几十年，功效非常显著之后，才把帝位禅让给他们，这样表明帝王的权力是天下重器。帝王是天下主宰，政权的转移是如此之难啊。可是却有传言说：尧曾把天下让给许由，许由不肯接受，还引以为耻，于是逃到山林中隐居起来；夏朝时，又有卞随和务光这样不肯接受禅让的人。根据什么这么说呢？太史公说：我曾登上箕山，山上据说有许由的坟墓。孔子历数古代的仁人、圣人、贤人，像吴始祖太伯和伯夷这类让王位的人，都够详细的。我认为传闻中的许由、务光，他们的道德都至为高尚，为什么经书中记述他们的文辞却难以看到，这是为什么呢？

孔子曰："伯夷、叔齐，不念旧恶，怨是用希①。""求仁得仁，又何怨乎②？"余悲伯夷之意，睹轶诗可异焉③。其传曰：伯夷、叔齐，孤竹君之二子也④。父欲立叔齐，及父卒，叔齐让伯夷。伯夷曰："父命也。"遂逃去。叔齐亦不肯立而逃之。国人立其中子。于是伯夷、叔齐闻西伯昌善养老⑤，"盍往归焉！"及至，西伯卒，武王载木主⑥，号为文王，东伐纣。伯夷、叔齐叩马而谏曰："父死不葬，爰及干戈，可谓孝乎？以臣弑君，可谓仁乎？"左右欲兵之，太公曰："此义人也。"扶而去之。武王已平殷乱，天下宗周，而伯夷、叔齐耻之，义不食周粟，隐于首阳山⑦，采薇而食之。及饿且死，作歌，其辞曰："登彼西山兮，采其薇矣。以暴易暴兮，不知其非矣。神农、虞、夏忽焉没兮，我安适归矣？于嗟徂兮⑧，命之衰矣！"遂饿死于首阳山。由此观之，怨邪非邪？

【注释】

①"伯夷"三句：出自《论语·公冶长》。希，同"稀"。

②"求仁"二句：出自《论语·述而》。

③轶诗：这里指不见于《诗经》的下文所引的《采薇》。轶，通"佚"。

④孤竹：国名。姓墨胎，在今河北卢龙。

⑤西伯昌：即周文王姬昌，因是西方诸侯之长，故称西伯。

⑥木主：木制的灵牌。

⑦首阳山：在今山西永济南。

⑧徂：通“殂(cú)”，死。

【译文】

孔子说：“伯夷、叔齐不记旧日的仇怨，因此心中少有怨恨。”又说：“他们寻求仁而且如愿以偿，又有什么可怨恨的呢？”我悲叹伯夷的意志，看到他们散落在民间的诗歌，感到诧异。有关他们的传记这样说道：伯夷、叔齐，是孤竹君的两个儿子。他们的父亲想让叔齐继位，等父亲死后，叔齐将王位让给伯夷。伯夷说：“这是父亲的决定。”于是就逃掉了。叔齐也不肯即位而逃走了。国人只好拥立孤竹君的二儿子为君。这时伯夷、叔齐听说西伯姬昌能很好地奉养老人，就说：“为什么我们不去投奔西伯呢！”到了周地，西伯已经死了，周武王用兵车载着西伯的木牌位，尊称西伯为文王，向东讨伐商纣。伯夷、叔齐拉住武王的马进谏说：“父亲死了还没安葬，就动起干戈，这能叫孝吗？以臣子的身份诛杀君王，这能叫仁德吗？”旁边的卫士想杀死他们，姜太公吕尚说：“他们可是义士。”便让人把他们扶走了。武王平定殷朝乱政之后，天下归附了周朝，伯夷、叔齐却引以为耻，秉守大义不肯吃周朝的粟米，跑到首阳山上隐居起来，采山上的薇菜来吃。饿到要死了的时候，他们作了一首歌，歌辞是：“登上那首阳山啊，采食那山坡上的薇菜呀。用暴戾代替暴戾啊，还不知道那是错误的呀。神农、虞舜、夏禹这样的圣君很快就消失了呀，我们能到哪里呢？唉呀，我们快死了啊，命运衰微呀！”就在首阳山饿死了。由此看来，他们是有怨恨呢？还是没有怨恨呢？

或曰：“天道无亲，常与善人①。”若伯夷、叔齐，可谓善人者非邪？积仁絜行如此而饿死！且七十子之徒，仲尼独荐颜渊为好学[2],然回也屡空,糟糠不厌[3],而卒蚤夭。天之报施善人,其何如哉?盗跖日杀不辜[4],肝人之肉,暴戾恣睢[5],聚党数千人,横行天下,竟以寿终,是遵何德哉?此其尤大彰明较著者也[6]。若至近世,操行不轨,专犯忌讳[7],而终身逸乐,富厚累世不绝。或择地而蹈之,时然后出言,行不由径[8],非公正不发愤,而遇祸灾者,不可胜数也。余甚惑焉,傥所谓天道,是邪非邪?

【注释】

①"天道"二句:出自《老子》第七十九章。

②仲尼:孔子的字。颜渊:名回,字子渊,孔子的弟子。

③厌:饱足。

④盗跖(zhí):相传为春秋时期的大盗。

⑤恣睢(suī):任意肆虐。睢,恣意。

⑥彰明较著:四字同义,明显,显著。

⑦忌讳:这里指法令禁止之事。

⑧径:小路,引申指邪道。

【译文】

有人说:"天道没有偏私,总是向着善人的。"像伯夷、叔齐这样的,可不可以称为善人呢?积累仁德、洁身自好到这样的人竟然还饿死了!并且,孔子有七十个弟子,他唯独举荐颜回最好学,但是颜回却常常一无所有,连糟糠都吃不饱,终于因此早死。上天对善人的报应,又怎么样呢?盗跖每天都杀害无罪的人,食人肝,残暴凶狠,任意妄为,聚集同伙几千人,横行天下,竟然寿终正寝,这是遵行了什么道德呢?这些是最大的也是最显著的事例呀。至于到了近代,有些人行为不合规范,总是违法犯纪,但终生都安逸享乐,家底殷实几辈子都用不完。

有些人先择好地方再迈脚，看准时机再讲话，走路只走正道，不是公正的事情不肯发愤去做，却仍然惹上灾祸的，多得数不清呀。我为此困惑，如果说这就是所谓的天道，是那样的吗？还是不是那样呢？

子曰："道不同，不相为谋[1]。"亦各从其志也。故曰："富贵如可求，虽执鞭之士，吾亦为之。如不可求，从吾所好[2]。""岁寒，然后知松柏之后凋[3]。"举世混浊，清士乃见。岂以其重若彼，其轻若此哉？

【注释】

①"道不同"二句：出自《论语·卫灵公》。

②"富贵"五句：出自《论语·述而》。

③"岁寒"二句：出自《论语·子罕》。

【译文】

孔子说："主张不同，无法在一起商量事情。"就是说各自按照自己的意愿行事罢了。所以又说："富贵如果可以求得的话，就算是给人作个执鞭的仆人，我也愿意去干。如果富贵不可以求得的话，那就按照我所喜欢的去做。""到了一年中寒冷的时节，才知道松柏的叶子是最晚凋落的。"当全天下都浑浊黑暗的时候，清白的人才能显露出来。难道是因为他们把道德看得那么重，却把富贵看得这样轻吗？

"君子疾没世而名不称焉[1]。"贾子曰[2]："贪夫徇财[3]，烈士徇名[4]，夸者死权，众庶冯生[5]。"同明相照，同类相求。"云从龙，风从虎，圣人作而万物睹[6]。"伯夷、叔齐虽贤，得夫子而名益彰；颜渊虽笃学，附骥尾而行益显[7]。岩穴之士，趋舍有时，若此类名堙灭而不称，悲夫！闾巷之人，欲砥行立名者[8]，非附青云之士，恶能施于后世哉[9]！

【注释】

①君子疾没世而名不称焉：出自《论语·卫灵公》。疾，恨。没世，死。

②贾子：指贾谊，西汉文帝时曾为博士、太中大夫，后又相继为长沙王太傅和梁怀王太傅。引文见其《鹏鸟赋》。

③徇财：为财而死。徇，通“殉”。

④烈士：坚贞不屈的刚强之士。

⑤众庶：大众。冯：同“凭”，依仗。这里引申为看重。

⑥“云从龙”三句：出自《周易·乾卦》。

⑦附骥尾：蚊虻附在千里马的尾巴上也可以日行千里。比喻普通人受到名人的提携。

⑧砥（dǐ）：磨刀石。这里是磨炼的意思。

⑨恶（wū）：何。施（yì）：延续。

【译文】

孔子又说：“君子最怕死后名声不被人们传扬。”贾谊说：“贪财的人为钱财而死，仗义的人为名声而死，喜欢炫耀的人为权势而死，一般老百姓只企求生存。”同能发光的东西才能彼此辉映，同一类的事物才能彼此吸引。“云随龙而生，风随虎而起，圣人出现了万物才被人发现。”伯夷、叔齐虽然贤良，因为得到孔子的称赞，声名才更加显扬；颜回虽然好学，因为有了孔子的提携，德行才更加突显。隐居在山岩洞穴中的贫士，其出仕或者退隐都相机进行，但这类人的名声却埋没而不被人提起，真是可悲呀！民间百姓，要想磨炼操行而树立名声的，如果不是依附孔子这种德高望重的人，怎么能使声名流传于后世呢！

管晏列传

【题解】

该篇是《史记》列传的第二篇,是春秋时期著名政治家管仲、晏婴的合传。这两人同事齐国,都知人善任。写管仲与鲍叔、晏婴与越石父及车夫之间一些逸事,来展现人物的性格,借以抒发作者对他们的景仰之情,和对自身知己难遇的叹息。

管仲夷吾者,颍上人也①。少时常与鲍叔牙游②,鲍叔知其贤。管仲贫困,常欺鲍叔,鲍叔终善遇之,不以为言。已而鲍叔事齐公子小白③,管仲事公子纠④。及小白立为桓公,公子纠死,管仲囚焉。鲍叔遂进管仲。管仲既用,任政于齐,齐桓公以霸,九合诸侯,一匡天下,管仲之谋也。

【注释】

①颍:颍水,源出河南登封,至今安徽寿县正阳关入淮河。

②鲍叔牙:春秋时齐大夫。游:交游,交往。

③已而:后来。公子小白:齐襄公弟,姓姜,名小白,亦即后来的齐桓公。

④公子纠:齐襄公之弟。襄公被杀后,与公子小白争夺君位,失败后被杀。

【译文】

管仲,名夷吾,是颍上人。他年轻时常和鲍叔牙交游,鲍叔牙深知他的贤明。管仲家境贫困,常占鲍叔牙的便宜,鲍叔牙却始终对他不错,从不因这类事而有所怨言。后来鲍叔牙去辅佐齐公子小白,管仲去辅佐齐公子纠。等到公子小白被立为齐桓公以后,公子纠被杀害,管仲也被囚禁起来。鲍叔牙就向齐桓公举荐管仲。管仲被重用后，在齐国执政，齐桓公依靠他成就霸业，曾九次召集诸侯会盟，使天下纳入正轨，都是靠着管仲的谋略啊。

管仲曰[①]："吾始困时，尝与鲍叔贾[②]，分财利多自与，鲍叔不以我为贪，知我贫也。吾尝为鲍叔谋事而更穷困，鲍叔不以我为愚，知时有利不利也。吾尝三仕三见逐于君，鲍叔不以我为不肖，知我不遭时也。吾尝三战三走，鲍叔不以我为怯，知我有老母也。公子纠败，召忽死之[③]，吾幽囚受辱，鲍叔不以我为无耻，知我不羞小节而耻功名不显于天下也。生我者父母，知我者鲍子也。"

【注释】

①管仲曰：下文引自《列子·力命》。

②贾(gǔ)：坐地交易。

③召(shào)忽：齐人，与管仲一起事奉公子纠，公子纠被杀后召忽也自杀。

【译文】

管仲说："我当初贫困时，曾和鲍叔牙一起经商，盈利分财时总是多分给自己，鲍叔牙不认为我贪婪，他是知道我家里贫困啊。我曾替鲍叔谋划事情，反而弄得他更加贫困，鲍叔牙不认为我愚蠢，他知道时机有好有不好。我曾经三次做官却三次被君主免职，鲍叔牙不认为我没有才能，他知道我没有遇到好的时机。我曾经三次出战三次逃跑，鲍叔牙不认为我胆小，他知道我有老母在堂。公子纠失败后，召忽为他而自杀身亡，我也被囚禁起来蒙受耻辱，鲍叔牙不认为我不知羞耻，他知道我不以小节为耻，而以功名不能显扬于天下为耻。生我的是父母，了解我的是鲍叔牙啊。"

鲍叔既进管仲，以身下之，子孙世禄于齐，有封邑者十余世，常为名大夫。天下不多管仲之贤而多鲍叔能知人也。

【译文】

鲍叔牙把管仲荐举起来以后，甘心处于管仲之下，子子孙孙世代在齐国享受俸禄，享有封邑的就有十多代，他们常常是名望很高的大夫。天下人并不称赞管仲的贤能，却称赞鲍叔牙能够识别人才。

管仲既任政相齐，以区区之齐在海滨，通货积财，富国强兵，与俗同好恶。故其称曰："仓廪实而知礼节①，衣食足而知荣辱，上服度则六亲固②。""四维不张③，国乃灭亡。""下令如流水之源，令顺民心。"故论卑而易行，俗之所欲，因而予之，俗之所否，因而去之。其为政也，善因祸而为福，转败而为功。贵轻重④，慎权衡⑤。桓公实怒少姬⑥，南袭蔡，管仲因而伐楚，责包茅不入贡于周室⑦。桓公实北征山戎⑧，而管仲因而令燕修召公之政⑨。于柯之会⑩，桓公欲背曹沫之约⑪，管仲因而信之，诸侯由是归齐。故曰："知与之为取，政之宝也。"

【注释】

①仓廪(lǐn)：粮仓。

②服度：遵礼守法。

③四维：指礼、义、廉、耻。

④轻重：本指钱币。这里指事情的轻重缓急。

⑤权衡：本指秤。这里指得失。

⑥桓公实怒少姬：齐桓公二十九年（前657），桓公与夫人少姬戏于船中，少姬摇荡船只惊吓了桓公，被送回蔡国。蔡国将少姬另嫁后，桓公怒而伐蔡。

⑦包茅：裹成捆的青茅，祭祀时在上边洒酒。

⑧北征山戎：指山戎伐燕，齐桓公为救燕伐山戎。山戎，又称北戎，在今河北北部。

⑨召（shào）公：周代燕国的始祖。

⑩柯：在今山东东阿西南。

⑪曹沫之约：齐桓公五年（前681），齐桓公与鲁庄公在柯，即今山东东阿西南盟会，鲁国的曹沫以匕首挟持桓公，要求归还被侵占的土地，桓公当时答应，但不久便想毁约。

【译文】

管仲执政做了齐国宰相之后，凭着在东海之滨的小小齐国，流通货物，积累财富，国家强大，军事实力雄厚，与老百姓的好恶相同。所以他说：“粮仓满了，老百姓才知道礼节；衣食富足了，老百姓才懂得光荣耻辱；君主遵守法度，内外亲族才能安定和睦。”“礼、义、廉、耻四大纲维得不到张扬，国家就会灭亡。”“颁布政令，要像流水的源头，让它顺从民心。”所以政论评议浅显就容易推行，老百姓想要的，就给予他们，老百姓不想要的，就废除掉。管仲处理政务，善于转祸为福，转败为胜。他重视事情的轻重缓急，谨慎地权衡利害得失。桓公实是因恼恨少姬改嫁，南下攻打蔡国，管仲趁机进攻楚国，谴责楚国长期不向周王室进贡青茅。桓公实际上是为了救援燕国而北伐山戎，管仲趁机责令燕国恢复向周王朝进贡的召公善政。在柯地和鲁国会盟时，桓公想要违背与曹沫订下的盟约，不想归还齐国侵占的鲁国土地，管仲却趁机要桓公信守诺言，诸侯因此都归服齐国。所以说：“懂得给予就是索取的道理，这是治理政事的法宝啊。”

管仲富拟于公室，有三归、反坫[①]，齐人不以为侈。管仲卒，齐国遵其政，常强于诸侯。后百余年而有晏子焉。

【注释】

①三归：供游赏用的三座高台。反坫（diàn）：堂屋两柱间设土台放置酒器。按照礼制，只有诸侯才享有三归和反坫。

【译文】

管仲的财富可以与王公王室相比，他府里筑了只有诸侯才可享有的三归之台和反坫，但是齐国人并不认为这有多么奢侈。管仲死后，齐国依旧遵行他的政策，一直比其他诸侯国强盛。之后大约过了一百多年，齐国又出了个晏子。

晏平仲婴者，莱之夷维人也[①]。事齐灵公、庄公、景公[②]，以节俭力行重于齐。既相齐，食不重肉[③]，妾不衣帛。其在朝，君语及之，即危言[④]；语不及之，即危行[⑤]。国有道，即顺命；无道，即衡命[⑥]。以此三世显名于诸侯。

【注释】

①莱：莱国，古国名。在今山东平度以西。夷维：今山东高密。

②齐灵公：名环。庄公：名光。景公：名杵臼。

③重肉：两道肉菜。

④危言：直言。

⑤危行：谨慎行事。

⑥衡命：权衡利害得失而行动。

【译文】

晏平仲，名婴，莱国夷维人。他服事过齐灵公、齐庄公、齐景公，凭着节约俭朴和办事尽力的作风而受到齐国人的敬重。他担任了齐国宰相之后,吃饭不吃两样肉菜,姬妾不穿绸缎衣裳。他在朝廷上时,齐君谈到的事,他就直言回答;国君没有谈到的事,他也谨慎行事。国君有道时,他就听从命令;国君无道时,他就权衡利害得失才行动。因此他接连三朝都在诸侯中名声传扬。

越石父贤[①],在缧绁中[②]。晏子出,遭之途,解左骖赎之[③],载归。弗谢[④],入闺,久之。越石父请绝。晏子戄然[⑤],摄衣冠谢曰:"婴虽不仁,免子于厄,何子求绝之速也?"石父曰:"不然。吾闻君子诎于不知己而信于知己者[⑥]。方吾在缧绁中,彼不知我也。夫子既已感寤而赎我[⑦],是知己;知己而无礼,固不如在缧绁之中。"晏子于是延入为上客。

【注释】

①越石父:齐人。

②缧绁(léi xiè):拘系犯人的绳索。这里指拘捕。

③骖:指一车三马或四马中两旁的马匹。

④谢:告辞。

⑤戄(jué)然:惊异的样子。

⑥诎(qū):委屈。信:通"伸",伸展。

⑦感寤:即"感悟"。这里指理解。

【译文】

越石父很贤能,却被拘捕了。晏子外出时,在路上遇到他,就解下马车两边的马把他赎了出来,载他一同回到家中。到家后晏子没有向越石父告辞,就进了内室,很久都不出来。越石父请求与他绝交。晏子听了非常惊异,便整理好衣冠出来对越石父道歉说:"我晏婴虽然没有仁德，但是我帮您脱离了困境，为什么您这么快就要求和我绝交呢？”越石父说：“话不能这么说。我听说君子会在不了解自己的人那里受到委屈，而会在了解自己的人那里受到礼待。我被拘捕的时候，他们并不了解我。夫子您既然清楚我的为人把我赎了出来，那就是知己了；既是知己却对我无礼，实在不如仍被拘捕。”晏子于是邀请他进门待为贵宾。

晏子为齐相，出，其御之妻从门间而窥其夫①。其夫为相御，拥大盖，策驷马②，意气扬扬，甚自得也。既而归，其妻请去。夫问其故，妻曰：“晏子长不满六尺，身相齐国，名显诸侯。今者妾观其出，志念深矣③，常有以自下者④。今子长八尺，乃为人仆御，然子之意自以为足，妾是以求去也。”其后夫自抑损⑤。晏子怪而问之，御以实对，晏子荐以为大夫。

【注释】

①御：驾驶马车。这里指赶马车的人。

②策：鞭打，鞭策。驷马：拉一辆车的四匹马。

③志念：思虑。

④自下：甘居人下。指态度谦和。

⑤抑损：谦卑，不自满。

【译文】

晏子在齐国做宰相时，有一回出门，他车夫的妻子从门缝中偷看自己的丈夫。她丈夫为宰相驾车，支着大车盖，鞭打着驾车的四匹马，神气十足，自鸣得意。之后车夫回到家，他的妻子就请求离开他，丈夫问她为什么，妻子说：“晏子身高还不够六尺，却做了齐国的宰相，名声在诸侯当中传扬。今天我看到他出门，思虑深远，态度还常常那么谦和。

而你身高八尺，还在给人家做车夫，但你却心满意足，我因此要求离开你。”此后车夫就变得谦卑起来了。晏子感到奇怪，就问车夫是怎么回事，车夫如实告诉了晏子，晏子便荐举他做了大夫。

太史公曰：吾读管氏《牧民》《山高》《乘马》《轻重》《九府》及《晏子春秋》[1]，详哉其言之也。既见其著书，欲观其行事，故次其传。至其书，世多有之，是以不论，论其轶事。

【注释】

①《晏子春秋》：书名。旧题为晏婴所作，实为后人所作的记录晏子言行的书。

【译文】

太史公说：我阅读了管子的《牧民》《山高》《乘马》《轻重》《九府》等篇和《晏子春秋》，这些著作中都讲得非常详尽。我看过他们的著作以后，就想知道他们的所作所为，所以编写了他们的传记。至于他们的著作，世间到处都能找到，因此这里不加论述，只讲述他们在世间流传的事迹。

管仲世所谓贤臣，然孔子小之[1]。岂以为周道衰微，桓公既贤，而不勉之至王[2]，乃称霸哉？语曰：“将顺其美，匡救其恶，故上下能相亲也[3]。”岂管仲之谓乎？方晏子伏庄公尸哭之，成礼然后去，岂所谓“见义不为，无勇”者邪[4]？至其谏说，犯君之颜，此所谓“进思尽忠，退思补过”者哉[5]？假令晏子而在，余虽为之执鞭，所忻慕焉[6]。

【注释】

①小：小看。

②至王：实行王道。

③“将顺其美”三句：引文出自《孝经·事君》。

④见义不为，无勇：出自《论语·为政》。

⑤进思尽忠，退思补过：出自《孝经·事君》。

⑥忻慕：高兴，羡慕。忻，同“欣”，心喜。

【译文】

管仲是世人所说的贤臣，但是孔子却小看他。难道是孔子认为周王室衰微，桓公虽然贤明，管仲却不勉励他推行王道而只辅佐他称霸吗？《孝经·事君》上说：“顺势推广君王的美德，扶正挽救君王的过错，君臣上下就能亲近了。”难道说的就是管仲吗？晏子伏在庄公尸体上哭吊他，尽了君臣之礼后才离开，这难道就是所谓“见义不为，就是没有勇气”的人吗？至于他直言进谏，冒犯国君的威严，这正是所谓“在朝时想着尽忠，在野时想着弥补过失”的人吗？假如晏子仍然健在，我就算是为他执鞭做车夫，也是我所高兴、羡慕的事。

屈原列传

【题解】

这是《史记·屈原贾生列传》的屈原部分，删掉了其中的屈原作品《怀沙赋》。司马迁在亲自凭吊了屈原投水自沉处之后，感慨系之，写成此篇。本文是现存的关于屈原的最早、最完整的史料，叙议结合，歌颂了屈原的美好品德和出众的才能，为屈原鸣不平的同时，字里行间也流露着对自己身世的强烈自伤情绪。

屈原者，名平，楚之同姓也[①]。为楚怀王左徒[②]。博闻强志，明于治乱③，娴于辞令。入则与王图议国事，以出号令，出则接遇宾客，应对诸侯。王甚任之。

【注释】

①楚之同姓：楚本姓芈(mǐ)，楚武王之子子瑕封于屈(即今湖北秭归东)，其后裔便以屈为姓。

②左徒：楚国的官，仅次于最高行政长官令尹。

③治乱：政治安定和混乱，指治理国家的道理。

【译文】

屈原，又名屈平，是楚王室的同姓。任楚怀王的左徒。他见多识广，记忆力强，清楚治理国家的道理，能言善辩。屈原在内与楚怀王谋划国家大事，发号施令，对外接待别国使者，回答诸侯各国使者的问题。楚怀王很信任他。

上官大夫与之同列①，争宠而心害其能②。怀王使屈原造为宪令，屈平属草稿未定③，上官大夫见而欲夺之④，屈平不与⑤，因谗之曰："王使屈平为令，众莫不知，每一令出，平伐其功⑥，曰以为'非我莫能为'也。"王怒而疏屈平。

【注释】

①上官大夫：上官是复姓，此即下文所说"靳尚"。

②害：嫉妒。

③属(zhǔ)：撰写。

④夺之：用强力使之改变。

⑤与：赞同。

⑥伐：夸耀。

【译文】

上官大夫和屈原同朝做官，想要争到怀王的宠信因而忌妒屈原的才能。怀王叫屈原制定国家法令，屈原刚写出草稿还没有修订完成，上官大夫看见了就想强迫他修改，屈原不同意，因此他就在怀王面前毁谤屈原说："大王叫屈原制定法令，人所共知，每发布一项法令，屈原就夸耀自己的功劳，说'没有我就做不到'。"怀王很生气，从此疏远了屈原。

屈平疾王听之不聪也①，谗谄之蔽明也②，邪曲之害公也，方正之不容也，故忧愁幽思而作《离骚》③。离骚者，犹离忧也。夫天者，人之始也；父母者，人之本也。人穷则反本④，故劳苦倦极⑤，未尝不呼天也；疾痛惨怛，未尝不呼父母也。屈平正道直行，竭忠尽智以事其君，谗人间之，可谓穷矣。信而见疑，忠而被谤，能无怨乎？屈平之作《离骚》，盖自怨生也。《国风》好色而不淫⑥，《小雅》怨诽而不乱⑦。若《离骚》者，可谓兼之矣。上称帝喾⑧，下道齐桓⑨，中述汤、武，以刺世事。明道德之广崇、治乱之条贯，靡不毕见。其文约，其辞微，其志洁，其行廉。其称文小而其指极大⑩，举类迩而见义远。其志洁，故其称物芳；其行廉，故死而不容。自疏濯淖污泥之中⑪，蝉蜕于浊秽，以浮游尘埃之外，不获世之滋垢，皭然泥而不滓者也⑫。推此志也，虽与日月争光可也。

【注释】

①疾：痛恨。听之不聪：听力不好。这里指听信谗言，不辨是非。聪，听得清楚。

②谗谄:毁谤和谄媚。明:看得清楚。

③《离骚》:中国文学史上著名的浪漫主义抒情长诗,屈原代表作。

④反:同"返"。

⑤倦极:同义连文,疲惫,劳苦。

⑥《国风》:《诗经》的组成部分,包括《周南》《召南》等十五国的民歌,多写男女恋情,共160篇。淫:过分。

⑦《小雅》:《诗经》的组成部分,多为指斥朝政缺失、反映丧乱的政治诗,共74篇。

⑧帝喾(kù):传说古帝王名。黄帝曾孙,号高辛氏。《离骚》中有"凤皇既受诒兮,恐高辛之先我"。

⑨齐桓:即齐桓公。《离骚》中有"宁戚之讴歌兮,齐桓闻以该辅"。

⑩指:指文章的主旨。

⑪濯淖(zhuó nào):污水泥沼。

⑫皭(jiào)然:洁白干净的样子。泥:出污泥。滓(zǐ):污染。

【译文】

屈原痛恨怀王听信谗言,被毁谤和谄媚蒙蔽而所见不明,邪恶的小人妨害了公正的人,端方正直的人不被容纳,所以忧愁苦闷而写了《离骚》。离骚,就是说遭到忧患。那苍天,是人类的原始;而父母,是人的根本。人的处境困顿就想回到本源,所以劳苦疲惫时,就不会不喊"天哪";病痛哀伤时,就没有不呼爹叫娘的。屈原刚正端直,竭尽忠忱和智慧辅佐国君,邪恶的小人却来离间他们的君臣关系,可以说处境是很困窘了。诚信却被猜疑,忠诚却被诽谤,能够没有怨恨吗?屈原写作《离骚》,大概是由怨恨引起的啊。《诗·国风》虽然多写男女之情却不过分,《诗·小雅》虽然多指责政事却不宣扬作乱。至于《离骚》,可以说兼有《国风》《小雅》的特点。它远古称颂帝喾,近世称颂齐桓公,中间讲述商汤、周武王,用以讽刺当时政事。阐明了道德的崇高、世事治乱的准则,无不完全表现出来。他文字简约,语辞深微,志趣高洁,行为廉正。

所引事物微小而主旨深远广大，所列事物近在眼前而寓意深远。他志趣高洁，所以常常称引香草；行为廉正，所以至死也不苟且取容。自远于脏水和污泥，像蝉那样脱皮去污，而遨游在尘埃之外，没有染上尘世的污垢，洁白干净，出污泥而不染。推究屈原的这种志趣，就算说和日月争光也是可以的。

屈原既绌①，其后秦欲伐齐，齐与楚从亲②，惠王患之③，乃令张仪详去秦④，厚币委质事楚⑤，曰："秦甚憎齐，齐与楚从亲，楚诚能绝齐，秦愿献商、於之地六百里。"⑥楚怀王贪而信张仪，遂绝齐，使使如秦受地。张仪诈之曰："仪与王约六里，不闻六百里。"楚使怒去，归告怀王。怀王怒，大兴师伐秦。秦发兵击之，大破楚师于丹、淅⑦，斩首八万，虏楚将屈匄⑧，遂取楚之汉中地⑨。怀王乃悉发国中兵，以深入击秦，战于蓝田⑩。魏闻之，袭楚至邓⑪。楚兵惧，自秦归。而齐竟怒不救楚，楚大困。

【注释】

①绌：通"黜"，贬退。

②从亲：合纵结亲。从，同"纵"。

③惠王：秦惠王，名驷。

④张仪：魏人，战国时纵横家。当时为秦相。

⑤委：呈献，进献。质：通"贽"，礼物。

⑥商、於(wū)：在今河南淅川西南。或以为是秦二邑名。商在今陕西商县东南。於在今河南内乡东。

⑦丹、淅：二水名。丹水源于陕西，经河南、湖北入汉水。淅水源于河南，为丹水支流。

⑧屈匄(gài):楚大将军。

⑨汉中:楚地,在今陕西汉中一带。

⑩蓝田:秦县名。治所在今陕西蓝田西。

⑪邓:古国名。其时属楚,在今河南邓县。

【译文】

屈原被罢了官,后来秦国想攻打齐国,齐国和楚国合纵结亲,秦惠王很担心,于是叫张仪假意离开秦国,带着丰厚的礼物去事奉楚王,说:"秦王很憎恨齐国,而齐与楚合纵结亲,楚国如果真能和齐国绝交,秦国愿意献出六百里商、於之地给楚国。"楚怀王贪求土地,信了张仪的话,于是和齐国绝交,派使者去秦国接受土地。张仪欺骗使者说:"我和你们楚王约定的是六里,没听说是六百里呀。"楚国使者生气地离开了,回到楚国报告怀王。怀王怒气冲天,征调大队兵马去攻打秦国。秦国发兵还击,在丹、淅一带大败楚国军队,斩杀楚军八万人,活捉了楚国大将军屈匄,于是侵占了楚国所属的汉中之地。楚怀王于是调发了全楚国的军队,深入秦国出击,两国军队在蓝田大战。魏国听说了,趁机袭击楚国一直打到邓地。楚军害怕后路被截断,只得从秦国撤军。而齐国终因愤怒楚国和自己绝交,没有发兵救援,楚国从此陷入困境。

明年,秦割汉中地与楚以和。楚王曰:"不愿得地,愿得张仪而甘心焉。"张仪闻,乃曰:"以一仪而当汉中地,臣请往如楚。"如楚,又因厚币用事者臣靳尚①,而设诡辩于怀王之宠姬郑袖。怀王竟听郑袖,复释去张仪。是时屈原既疏,不复在位,使于齐,顾反②,谏怀王曰:"何不杀张仪?"怀王悔,追张仪不及。

【注释】

①靳(jìn)尚:楚大夫,与张仪私交甚笃,受张仪贿赂而出卖楚国利益。

②顾反:回来。顾,还。反,同“返”,返回。

【译文】

第二年,秦国割让汉中与楚讲和。楚王说:“我不要汉中地,但愿得到张仪才甘心。”张仪知道后,就说:“以我一个张仪去抵汉中之地,我请求放我到楚国去。”张仪到了楚国,又给掌权的大臣靳尚送了一份厚礼,让他在怀王的宠姬郑袖面前巧言诡辩。怀王竟然听信了郑袖的话,又释放了张仪。当时屈原已被怀王疏远,没有担任左徒之职,出使到齐国去了,回国后,屈原劝谏怀王说:“为什么不杀掉张仪?”怀王悔之不及,派人去追杀张仪却没追上。

其后诸侯共击楚,大破之,杀其将唐昧。

【译文】

后来,各国诸侯联兵攻打楚国,大败楚国,杀掉了楚军大将唐昧。

时秦昭王与楚婚①,欲与怀王会。怀王欲行,屈平曰:“秦,虎狼之国,不可信,不如无行。”怀王稚子子兰劝王行②:“奈何绝秦欢?”怀王卒行。入武关③,秦伏兵绝其后,因留怀王,以求割地。怀王怒,不听。亡走赵,赵不内④。复之秦,竟死于秦而归葬。

【注释】

①秦昭王:名则。

②稚子：小儿子。

③武关：在今陕西商洛西南丹江北岸，是秦国的南关。

④内：接纳，收容。

【译文】

那时秦昭王与楚国通婚，想约请怀王会面。怀王正要出发，屈原说："秦国，是贪婪凶狠的虎狼之国，不可轻信，还是不去为好。"怀王的小儿子子兰却劝怀王出行，他说："为什么要断绝和秦国的良好关系？"怀王终于前往。进入武关，秦国的伏兵断绝了怀王的后路，拘留了怀王，要求楚国割让土地。怀王很愤怒，没有答应。逃亡到赵国，赵国不敢接纳。怀王又回到秦国，最终死在秦国，灵柩运回楚国下葬。

长子顷襄王立，以其弟子兰为令尹[②]。楚人既咎子兰以劝怀王入秦而不反也。

【注释】

①顷襄王：楚怀王长子，名横。

②令尹：楚国最高行政长官。

【译文】

怀王的长子顷襄王继位，任命他的小弟弟子兰为令尹。楚国人都抱怨子兰劝怀王去秦国而不能生还。

屈平既嫉之，虽放流，眷顾楚国，系心怀王，不忘欲反，冀幸君之一悟、俗之一改也[①]。其存君兴国[②]，而欲反覆之。一篇之中三致意焉。然终无可奈何，故不可以反，卒以此见怀王之终不悟也。人君无愚智、贤不肖，莫不欲求忠以自为，举贤以自佐，然亡国破家相随属，而圣君治国累世而不见者，其所谓忠者不忠，而所谓贤者不贤也。怀王以不知忠臣之分，故内惑于郑袖，外欺于张仪，疏屈平而信上官大夫、令尹子兰。兵挫地削，亡其六郡，身客死于秦，为天下笑。此不知人之祸也。《易》曰[3]："井渫不食[4]，为我心恻，可以汲。王明，并受其福。"王之不明，岂足福哉？

【注释】

①冀幸：心存万一的希望。

②存：保护，关怀。

③《易》曰：下文引自《周易·井卦》。

④渫（xiè）：掏去污泥。

【译文】

屈原也憎恨子兰，虽然被流放了，仍然眷恋楚国，惦念怀王，没有忘记想回到都城，总抱着国君万一觉悟、政局有朝一日得到改变的期望。屈原眷念国君、希图振兴国家，想彻底改变当时的国势。《离骚》一篇中就再三表达了这种心理。但是终究不能奈何，所以未能回到都城，也终于由此看出怀王始终没有觉悟。作为国君，不论是愚昧还是聪明、贤明还是不贤明，无一不想求得忠良、贤能的大臣辅佐自己，然而国亡、家破接连地出现，而圣德之君治理国家却一代代都看不到，这是因为所谓的忠良并不忠良，贤能并不贤能啊。怀王不知道忠臣的职责，所以在内被郑袖迷惑，在外被张仪蒙骗，疏远屈平而信任上官大夫、令尹子兰。兵力受挫，国土被割丢掉了六郡，自己也死在秦国，被天下人所讥笑。这就是不能知人善任带来的恶果。《易经》上说："井水已经淘干净了，却没人来喝，让人心里感到难过，因为井水是可以汲饮的嘛。君王如果明白了这个道理，那么天下都会得到福佑。"怀王如此糊涂，怎能享受福佑呢？

令尹子兰闻之大怒，卒使上官大夫短屈原于顷襄王[①]。顷襄王怒而迁之[②]。

【注释】

①短：毁谤。

②迁：流放，放逐。

【译文】

令尹子兰听说屈原对他很不满后非常恼怒，终于唆使上官大夫在顷襄王面前诋毁屈原。顷襄王盛怒之下，将屈原流放到江南去。

屈原至于江滨，被发行吟泽畔[①]，颜色憔悴，形容枯槁[②]。渔父见而问之曰："子非三闾大夫欤[③]？何故而至此？"屈原曰："举世混浊而我独清，众人皆醉而我独醒，是以见放。"渔父曰："夫圣人者，不凝滞于物而能与世推移[④]。举世混浊，何不随其流而扬其波？众人皆醉，何不餔其糟而啜其醨[⑤]？何故怀瑾握瑜而自令见放为[⑥]？"屈原曰："吾闻之，新沐者必弹冠，新浴者必振衣，人又谁能以身之察察[⑦]，受物之汶汶者乎[⑧]！宁赴常流而葬乎江鱼腹中耳[⑨]，又安能以皓皓之白而蒙世之温蠖乎[⑩]！"乃作《怀沙》之赋[⑪]。于是怀石遂自投汨罗以死[⑫]。

【注释】

①被：同"披"。行吟：一边走，一边吟咏。

②形容枯槁：身形面容十分瘦弱，像枯干的树干。

③三闾(lǘ)大夫：楚官名。掌管楚国公族昭、屈、景三大姓的人事

工作。

④凝滞:拘泥,固执。

⑤馎(bū):吃。醨(lí):淡酒。

⑥瑾、瑜:美玉。这里用瑾、瑜比喻人的高才美德。

⑦察察:清洁,干净。

⑧汶汶(mén):污垢。

⑨常流:长流,指江水。

⑩温蠖(huò):一说为昏聩,一说为尘埃。

⑪《怀沙》:屈原《九章》中的一篇,相传为屈原投水前的绝笔。怀沙,一说即下文的“怀石”,一说为怀念楚国国都长沙。

⑫汨(mì)罗:湘江支流,在湖南东北部。

【译文】

屈原到了江边,披散着头发在水边边走边吟诗,他面容憔悴,身体消瘦。一个渔翁见了问他:“您不是三闾大夫吗?怎么又到了这里?”屈原说:“全天下混浊,只有我是清白的,所有人都醉生梦死,只有我是清醒的,因此被放逐了。”渔翁说:“所谓的圣人,都不拘泥于外物而能与世俗一起变化。全天下混浊,您怎么不随大流而掀起更大的浊浪?所有人都醉生梦死,您怎么不跟着吃点酒糟喝点淡酒呢?何苦要坚守美玉般的节操,导致自己被放逐呢?”屈原说:“我听说,才洗完头的人一定要弹去帽子上的灰尘才戴,才洗完澡的人一定要抖掉衣服上的尘土才穿,谁又能以干干净净的身体,去蒙受尘世外物污垢呢!我宁肯跳进那荡荡江水,葬身鱼腹,怎能让自己清白的身体去蒙受那浊世的污染呢!”就作了《怀沙》这篇赋。于是就抱着石头投入汨罗江自沉而死。

屈原既死之后,楚有宋玉、唐勒、景差之徒者①,皆好辞而以赋见称。然皆祖屈原之从容辞令②,终莫敢直谏。其后楚日以削，数十年竟为秦所灭[3]。

【注释】

①宋玉：相传为顷襄王时人，屈原弟子，辞赋家。唐勒：与宋玉同时的辞赋家，作品已失。景差：与宋玉同时的辞赋家。

②从容：委婉含蓄。

③数十年：前223年楚为秦所灭，距顷襄王即位（前299）共76年。

【译文】

屈原死后，楚国有宋玉、唐勒、景差这些人，他们都爱好文学，以辞赋受人称道。但是他们只能模仿屈原婉转的辞令，始终不敢向君王直言进谏。此后楚国领土一天天缩减，几十年后竟然被秦国灭掉了。

自屈原沉汨罗后百有余年，汉有贾生[1]，为长沙王太傅，过湘水，投书以吊屈原。

【注释】

①贾生：即贾谊，洛阳人。西汉政论家、文学家。

【译文】

从屈原自沉汨罗江之后过了一百多年，汉朝出了个贾谊，被贬为长沙王的太傅，路过湘水时，写了篇《吊屈原赋》投进湘水中，以此哀悼屈原。

太史公曰：余读《离骚》《天问》《招魂》《哀郢》，悲其志。适长沙，观屈原所自沉渊，未尝不垂涕，想见其为人。及见贾生吊之，又怪屈原以彼其材，游诸侯，何国不容？而自令若是！读《鹏鸟赋》，同生死，轻去就，又爽然自失矣。

【译文】

太史公说：我阅读《离骚》《天问》《招魂》《哀郢》等作品，为屈原的志向感到悲伤。我去长沙，途中观看了屈原抱石自沉的湘水，未尝不伤感落泪，追思他的为人。等到我读了贾谊的《吊屈原赋》，又奇怪屈原凭着自己的才能，游说各国诸侯，哪国不会接纳他呢？却让自己落到这样的结局！我读到贾谊著的《鹏鸟赋》，他将生死看作同样的事情，把在朝为官和放逐离朝等闲视之，我忽然明白自己错怪贾生了。

酷吏列传序

【题解】

酷吏是指执法严酷、危害臣民的官吏。本篇为记载汉初十名酷吏的《史记·酷吏列传》的序言。序言引用孔子、老子的言论，对比秦末与汉初的吏治，阐明严刑峻法的危害。逻辑严密，论证有力。

孔子曰："道之以政，齐之以刑，民免而无耻。道之以德①，齐之以礼，有耻且格。"②老氏称："上德不德，是以有德，下德不失德，是以无德。""法令滋章，盗贼多有。"③太史公曰：信哉是言也！法令者治之具，而非制治清浊之源也。昔天下之网尝密矣，然奸伪萌起，其极也，上下相遁，至于不振。当是之时，吏治若救火扬沸，非武健严酷④，恶能胜其任而愉快乎？言道德者，溺其职矣⑤。故曰："听讼，吾犹人也，必也使无讼乎"，"下士闻道大笑之"⑥。非虚言也。汉兴，破觚而为圜⑦，斲雕而为朴⑧，网漏于吞舟之鱼，而吏治烝烝，不至于奸，黎民艾安⑨。由是观之，在彼不在此。

【注释】

①道：同“导”，引导。

②“孔子曰”以下六句：出自《论语·为政》。道(dǎo)格，至，归服。

③“老氏称”以下两段引文：出自《老子》。

④武健：勇武刚健。

⑤溺其职：失职，不尽职。

⑥“故曰”以下两段引文：前者出自《论语》，后者出自《老子》。

⑦觚(gū)：棱角。圜：同“圆”。这句是说，把方形物的棱角去掉变成圆形，此指把苛刻的法律改变得简约浑厚。

⑧斲(zhuó)：雕琢。这句是说，把物件上雕刻的文饰削去，而使其回复原来的朴素之貌。

⑨艾安：平安。艾，通“乂(yì)”，治理。

【译文】

孔子说：“用政令来引导他们，用刑法来整顿他们，人民只能免于犯罪却没有廉耻之心。如果用道德来引导他们，用礼数来整顿他们，人民不但有廉耻之心而且顺服。”老子说：“最有道德的人不标榜自己的道德，因此才是真正有道德；无德之人标榜自己不失道德，因此并不是真的有道德。”“法令越繁多严酷，盗贼反倒越来越多。”太史公说：这话说的是啊！法令是治理的工具，却不是使天下大治、变浊为清的根本。从前天下的法令也曾严密，但是奸恶欺诈的事接连不断，最严重的时候，上下互相推诿，导致国家不能振兴。那时候，官吏治理法律事务，就像负薪救火、扬汤止沸那样于事无补，如不采取强硬残酷的办法，怎能胜任其职而心情愉快呢？一味主张以道德来治理的，容易失职了。所以说：“审理诉讼案件，我跟别人一样，不同的是我尽力使诉讼案件不再发生”，“下愚之士一听到别人说起‘道’就加以讥笑”，这不是假话。汉朝初年，破除秦的苛刻律法使之宽厚圆融，铲除奸诈恶俗使之返璞归真，法令之网疏得能把可吞下船只的鱼漏掉，但是官吏的政绩却蒸蒸日上，人民也不再有犯禁的事发生，老百姓生活安稳。这样看来，治理国家的关键在于用道德而不是用严峻的刑法。

游侠列传序

【题解】

游侠是民间一群除暴安良、讲信义、救危扶难的英雄好汉。本篇是《史记·游侠列传》的序言，指出游侠品行可贵，反对世俗重儒轻侠，体现了强烈的平民性。

韩子曰[①]："儒以文乱法，而侠以武犯禁。"二者皆讥，而学士多称于世云。至如以术取宰相、卿大夫，辅翼其世主，功名俱著于春秋，固无可言者。及若季次、原宪[②]，闾巷人也，读书怀独行君子之德，义不苟合当世，当世亦笑之。故季次、原宪终身空室蓬户，褐衣疏食不厌[③]。死而已四百余年，而弟子志之不倦[④]。今游侠，其行虽不轨于正义[⑤]，然其言必信，其行必果，已诺必诚，不爱其躯，赴士之厄困，既已存亡死生矣[⑥]，而不矜其能[⑦]，羞伐其德[⑧]，盖亦有足多者焉[⑨]。

【注释】

①韩子：韩非，战国末期韩国人，曾与李斯受学于荀况，著《韩非子》。以下引文出自《韩非子·五蠹》。

②季次：公皙哀，字季次，孔子的弟子。原宪：字子思，孔子的弟子。

③厌：满足。

④志：怀念。

⑤轨：合。正义：这里指国家法令。

⑥存亡死生：使遇害将亡者得以生存，使仗势害人者死，指打抱不平。

⑦矜：夸耀。

⑧伐：自夸。

⑨多：赞美，称道。

【译文】

韩非子说："儒生利用文献扰乱国家的法度，而游侠凭借武力违犯国家的禁令。"这两种人都受到他的讥刺，可是儒生还是多受世人称道的。至于那些凭借权术做到宰相、卿、大夫，辅佐当世君主的，其功名都已写进历史，我本来没有什么可说的了。至于季次、原宪二人，都是里巷百姓，他们埋头读书，谨守着独善其身的君子风范，坚持道义而不肯随波逐流，世俗对他们却持着讥笑的态度。因此，季次、原宪终其一生住在四壁空空的蓬屋里面，连布衣粗饭都得不到满足。他们已经死去四百多年了，但弟子们却一代代纪念着他们。如今的游侠，他们的行为虽然不合乎国家的正道，但是他们言出必讲信用，行事必有结果，已经承诺的事情必定要兑现，不惜以自己的身家性命去解脱别人的困境，在解救别人脱难以后，他们并不夸耀自己的能耐，羞于宣扬自己的功德，或许也有值得称颂的地方。

且缓急，人之所时有也。太史公曰：昔者虞舜窘于井廪①，伊尹负于鼎俎②，傅说匿于傅险③，吕尚困于棘津④，夷吾桎梏⑤，百里饭牛⑥，仲尼畏匡⑦，菜色陈、蔡⑧。此皆学士所谓有道仁人也，犹然遭此菑⑨，况以中材而涉乱世之末流乎？其遇害何可胜道哉！

【注释】

①虞舜窘于井廪：传说舜未称帝前，其父与其异母弟象合谋欲害

舜,让他淘井而想乘机活埋他,让他修粮仓又想放火烧死他,但都被舜逃脱。

②伊尹负于鼎俎:相传伊尹曾背着鼎俎在人家做厨师。伊尹,商汤贤相。鼎,炊具。俎,砧板。

③傅说(yuè)匿于傅险:傅说,殷王武丁的贤相。传说他在遇见武丁前,曾在傅险做泥瓦匠。傅险,即傅岩,地在今山西平陆东。

④吕尚困于棘津:吕尚,即姜子牙,太公望。他在辅佐周武王灭殷建立周朝前,曾是棘津的食品小贩。棘津,故址在今河南延津东北。

⑤夷吾桎梏(zhì gù):夷吾,管仲,字夷吾。他辅佐公子纠与公子小白争夺王位失败后,曾被囚禁。桎,脚镣。梏,手铐。

⑥百里饭牛:百里,百里奚,秦穆公贤相。他在见穆公前,曾卖身为奴,替人养牛。饭,喂。

⑦仲尼畏匡:孔子路过匡,匡人误以为他是鲁国的仇人阳货,差点使他被害。畏,受到威胁。匡,春秋时卫国之地,在今河南长垣西南。

⑧菜色:面有菜色。指孔子路过陈、蔡两国时,饥饿被困。

⑨菑:同"灾",灾祸,灾害。

【译文】

况且,危难的困境是人们时不时就遇到的。太史公说:从前,虞舜曾受困于淘井和修理仓库之时,伊尹曾背着鼎锅和砧板去做厨师,傅说曾因罪逃到傅岩那个地方去筑墙,吕尚曾在棘津那里穷困潦倒,管仲曾做阶下之囚,百里奚曾帮别人喂牛,孔子在匡地曾受到生命威胁,还在陈、蔡断了粮而面显菜色。这些都是儒生所说的有道德的仁义之人,他们尚且遭受如此灾难,何况是仅有中等才能的人又处在乱世中最昏乱的时期呢?他们遇到的灾害怎能说得完呢!

鄙人有言曰①:"何知仁义,已飨其利者为有德②。"故伯夷丑周，饿死首阳山，而文、武不以其故贬王，跖、蹻暴戾[3]，其徒诵义无穷。由此观之，“窃钩者诛[4]，窃国者侯，侯之门，仁义存”，非虚言也。

【注释】

①鄙人：乡野粗鄙之人。

②飨：同“享”，受到。

③蹻(jué)：庄蹻，与盗跖(zhí)都是古代大盗。

④窃钩者诛：引文出自《庄子·胠箧(qū qiè)》。钩，衣带钩。

【译文】

乡下人有这样的话：“哪能知道什么是仁义什么是不仁义，谁给我好处谁就有德。”伯夷以帮周朝做事为可耻，就不食周粟而饿死在首阳山上，但是周文王、周武王并不因此使得其圣王的声誉有所降低。盗跖、庄蹻凶暴乖戾，但是他们的同伙却永远称颂他们的义气。这样看来，“偷了衣带钩的被斩首，窃国大盗却封王封侯，只有在王侯门内，才有所谓的仁义存在”，这话可真是不假。

今拘学或抱咫尺之义，久孤于世，岂若卑论侪俗[1]，与世浮沉而取荣名哉？而布衣之徒，设取予、然诺[2]，千里诵义，为死不顾世，此亦有所长，非苟而已也。故士穷窘而得委命，此岂非人之所谓贤豪间者邪[3]？诚使乡曲之侠，予季次、原宪比权量力，效功于当世[4]，不同日而论矣。要以功见言信[5]，侠客之义又曷可少哉[6]？

【注释】

①侪(chái)俗：混同于世俗。

②设取予：重视取得与给予。设，建立，这里指重视。

③间者：杰出的人材。

④效功：做出的功效，贡献。

⑤见：同“现”，显著。

⑥少：轻视，鄙视。

【译文】

如今一些拘泥于教条的学者死守着狭隘的道义，长期被世俗所孤立，这样怎能比得上降低论调、迎合世俗，审时度势取得名望和荣誉呢？但是，那些平民出身的游侠，注重取得与给予的原则、信守诺言，因此，义气传到千里之外，并且为义气勇于献身、不顾世人的议论，这也是他们的长处，不是随便就能做到的。所以士人陷入穷困窘迫之时，常常托身给游侠，这难道不是人们所说的贤士豪杰吗？假如把民间这些游侠与季次、原宪等儒生的权力和影响以及他们对当时社会的贡献相比较的话，二者是不可相提并论的。总之，要从功绩的显著、说话的信用来看，游侠的义气又怎能小看了呢？

古布衣之侠，靡得而闻已。近世延陵、孟尝、春申、平原、信陵之徒①，皆因王者亲属，借于有土卿相之富厚，招天下贤者，显名诸侯，不可谓不贤者矣。比如顺风而呼，声非加疾，其势激也。至如闾巷之侠，修行砥名②，声施于天下③，莫不称贤，是为难耳。然儒、墨皆排摈不载。自秦以前，匹夫之侠，湮灭不见，余甚恨之④。以余所闻，汉兴有朱家、田仲、王公、剧孟、郭解之徒⑤，虽时扞当世之文罔⑥，然其私义，廉洁退让，有足称者。名不虚立，士不虚附。至如朋党宗强比周⑦，设财役贫，豪暴侵凌孤弱，恣欲自快，游侠亦丑之。余悲世俗不察其意，而猥以朱家、郭解等令与豪暴之徒同类而共笑之也。

【注释】

①延陵：春秋时吴国公子季札，封于延陵，故称延陵季子。孟尝：孟尝君，齐国贵族田文。春申：春申君，楚考烈王相黄歇。平原：平原君，赵惠文王弟赵胜。信陵：信陵君，魏安釐（xī）王异母弟无忌。此四人被称为“战国四公子”。

②砥：磨炼。

③施：及。这里指传遍。

④恨：遗憾。

⑤朱家、田仲、王公、剧孟、郭解：都是汉初著名的游侠。

⑥扞（hàn）：触犯。文罔：法网。

⑦比周：互相勾结。

【译文】

古代民间的游侠，已经无从听闻了。近代的延陵季子、孟尝君、春申君、平原君、信陵君等人，都是国君的亲戚，凭借着封地、卿相高位等大量财产，招揽天下贤人在诸侯之间声名显赫，不能说他们不是贤者。这好比顺风呼喊，声音并没有加大，但风势激荡会使声音传播得更远。说到民间的游侠，他们修养德行、磨炼名节，名声在天下传扬，人们无不称颂他们的贤能，这是很难得啊。但是，儒家、墨家都排斥游侠，不肯记载到著作中。因此，先秦民间游侠的事迹就都埋没不见了，我为此深感遗憾。我所听说的游侠，汉朝建立以后有朱家、田仲、王公、剧孟、郭解等人，他们虽然时常触犯当时的法令，但是他们在个人的道德上，廉洁谦逊，有值得称道的地方。他们的盛名不是凭空建立的，士人对他们的依靠也并不是毫无根据的。至于那些结党营私的人和豪强狼狈为奸，倚仗财富奴役贫民，仗着暴力侵凌势单力孤者的人，放纵私欲只图自己痛快，游侠也认为这种行为是可耻的。我感到痛心的是，世俗议论没有明察游侠的心意，却随便把朱家、郭解等游侠与豪强暴徒视为同类而一概加以讥笑。

滑稽列传

【题解】

滑稽人物，是指那些凭借幽默、善于以讽喻的语言和不受拘束的行为来劝谏君王的人物。本篇节选自《史记·滑稽列传》，仅选了淳于髡传。本文记述淳于髡三次用隐语向齐王进谏的事，人物呼之欲出。比喻新奇，寓意深刻，笔致生动。

孔子曰："六艺于治一也[①]。《礼》以节人，《乐》以发和，《书》以导事，《诗》以达意，《易》以神化，《春秋》以道义[②]。"太史公曰：天道恢恢，岂不大哉！谈言微中，亦可以解纷。

【注释】

①六艺：即下文的《礼》《乐》《书》《诗》《易》和《春秋》。

②道(dǎo)：阐明。

【译文】

孔子说："六经对于治理是一样的。《礼》用来节制人们的行为，《乐》用来发扬人们之间的和谐，《书》用来记载历史大事，《诗》用来表达人们的情感，《易》用来表现事物之间的变化，《春秋》用来阐明天下的道义。"太史公说：天道广阔无垠，难道不是宽广的吗？谈话微妙而中肯，也可以解决疑难的问题。

淳于髡者[①]，齐之赘婿也[②]，长不满七尺，滑稽多辨[③]，数使诸侯，未尝屈辱。齐威王之时，喜隐，好为淫乐长夜之饮，沉湎不治，委政卿大夫。百官荒乱，诸侯并侵，国且危亡，在于旦暮，左右莫敢谏。淳于髡说之以隐曰："国中有大鸟，止王之庭，三年不蜚又不鸣[4]，王知此鸟何也？"王曰："此鸟不蜚则已，一蜚冲天；不鸣则已，一鸣惊人。"于是乃朝诸县令长七十二人[5]，赏一人，诛一人，奋兵而出。诸侯振惊，皆还齐侵地。威行三十六年。语在《田完世家》中。

【注释】

①淳于髡（kūn）：人名。淳于是复姓。

②赘婿：旧时男子到女家结婚，称赘婿。所生子女要从母姓。

③滑（gǔ）稽：言辩敏捷，善说是非，引人发笑。

④蜚：通"飞"。

⑤县令长：一县的最高行政长官。古代人口万户以上的大县长官为令，万户以下的小县长官为长。

【译文】

有个叫淳于髡的，是齐国的上门女婿，身高不到七尺，诙谐善辩，几次出使诸侯都没有受到屈辱。齐威王时，齐王很爱说隐语，也喜欢通宵达旦地饮酒作乐，沉湎酒色顾不上管理国家大事，把政务都委托给卿大夫去处理。因此，官吏、政事都懈怠、昏乱，诸侯各国都来入侵，齐国眼见就要灭亡了，左右大臣都不敢进谏。淳于髡于是用隐语对齐威王说："都城有只大鸟，停在大王的庭堂上，三年里也不飞也不叫，大王知道这是什么鸟吗？"威王答道："这鸟呀不飞也就罢了，一飞就会直上云霄；不叫也就罢了，一叫就会惊动世人。"于是，威王就召见全国七十二个县的长官，赏赐了其中一个，诛杀了一个，然后率军奋力出击。诸侯都感震惊，纷纷退还了所侵齐国的土地。从此，齐国威震诸侯达三十六年之久。这事在《史记·田敬仲完世家》中可以看到。

威王八年[1]，楚大发兵加齐。齐王使淳于髡之赵请救兵，赍金百斤[2]，车马十驷[3]。淳于髡仰天大笑，冠缨索绝[4]。王曰："先生少之乎？"髡曰："何敢！"王曰："笑岂有说乎？"髡曰："今者臣从东方来，见道旁有穰田者[5]，操一豚蹄、酒一盂，而祝曰：'瓯窭满篝[6]，污邪满车[7]，五谷蕃熟，穰穰满家[8]。'臣见其所持者狭而所欲者奢，故笑之。"于是齐威王乃益赍黄金千镒、白璧十双、车马百驷[9]。髡辞而行，至赵。赵王与之精兵十万、革车千乘[10]。楚闻之，夜引兵而去。

【注释】

①威王八年：前349年。

②赍(jī)：以礼物送人。

③驷：驾同一车的四匹马。

④索：尽。

⑤穰田：祭祀谷神、土地神以求丰收。

⑥瓯窭(ōu lóu)：狭小的高地。篝(gōu)：竹笼。

⑦污邪：水洼地。

⑧穰穰：谷类丰盛。

⑨镒(yì)：古代重量单位，一镒二十两。

⑩革车：一种战车，也称重车，一乘车有甲士步兵七十五人。

【译文】

齐威王八年，楚国出动大军侵犯齐国。齐威王派淳于髡去赵国请求救兵，携带了黄金一百斤和四驾马车十辆。淳于髡仰天大笑，帽子带子都被扯断了。威王问："先生认为礼物少了吗？"淳于髡说："我怎么敢这么说？"威王又问："那么你发笑有什么原因呢？"淳于髡说："我刚从东方来，看到路旁有人在祭祀祈祷庄稼丰收，拿着一只猪蹄、一杯酒，祷告说：'在窄而高的地方收获粮食满笼满筐，在低洼处收获粮食满载车辆，五谷丰登，粮仓满满。’我见他所奉献的祭品太少而要求又太高，因此就笑他。”于是，齐威王就增加礼物，到黄金二万两、白玉璧十双、四驾马车一百辆。淳于髡告辞出发，到了赵国。赵王借给他精兵十万、战车一千辆。楚军听到这个消息，连夜撤兵离开了。

威王大说①，置酒后宫，召髡赐之酒。问曰：“先生能饮几何而醉？”对曰：“臣饮一斗亦醉，一石亦醉②。”威王曰：“先生饮一斗而醉，恶能饮一石哉③？其说可得闻乎？”髡曰：“赐酒大王之前，执法在傍④，御史在后⑤，髡恐惧俯伏而饮，不过一斗径醉矣⑥。若亲有严客⑦，髡帣鞲鞠䐡⑧，侍酒于前，时赐余沥⑨，奉觞上寿⑩，数起，饮不过二斗径醉矣。若朋友交游，久不相见，卒然相睹，欢然道故，私情相语，饮可五六斗径醉矣。若乃州闾之会，男女杂坐，行酒稽留。六博投壶⑪，相引为曹⑫，握手无罚，目眙不禁⑬，前有堕珥，后有遗簪，髡窃乐此，饮可八斗而醉二参⑭。日暮酒阑⑮，合尊促坐⑯，男女同席，履舄交错⑰，杯盘狼藉，堂上烛灭，主人留髡而送客。罗襦襟解⑱，微闻芗泽⑲，当此之时，髡心最欢，能饮一石。故曰酒极则乱，乐极则悲，万事尽然，言不可极，极之而衰。”以讽谏焉。齐王曰：“善！”乃罢长夜之饮，以髡为诸侯主客⑳。宗室置酒，髡尝在侧㉑。

【注释】

①说：同“悦”，高兴。

②石：古代重量单位，一石为十斗。

③恶（wū）：怎么。

④执法：指执行酒令的令官。

⑤御史：掌管监察的官员。

⑥径：即，就。

⑦亲：父母亲。严客：贵客。

⑧帣(juǎn)鞲(gōu)鞠䠐(jì)：卷着衣袖，弯身跪着。帣，卷束衣袖。鞲，袖套。鞠，弯曲。䠐，通“跽”。

⑨余沥：残酒。沥，清酒。

⑩奉觞(shāng)：捧着酒杯。

⑪六博：一种行棋赌博的游戏。投壶：一种投箭入壶的竞赛游戏。

⑫相引为曹：意思是客人自愿组合参与游戏。曹，辈。

⑬眙(chì)：直视。

⑭醉二参：指有二三分醉意。参，通“三”。

⑮酒阑：宴饮将散。阑，尽。

⑯合尊促坐：指将剩余的酒并在一起，促膝而坐。

⑰舄(xì)：木底鞋。

⑱襦(rú)：短衣。

⑲芗泽：香气。芗，通“香”。

⑳诸侯主客：接待各国诸侯的官员。

㉑尝：通“常”。

【译文】

齐威王非常高兴，就在后宫设宴摆酒，招来淳于髡赏赐他喝酒。威王问：“先生喝多少才会醉呀？”淳于髡答道：“我喝一斗也能醉，喝一石也能醉。”威王说：“先生要是喝一斗就醉了，怎么还能喝一石呢？能说说这里面的道理吗？”淳于髡答道：“在大王面前喝大王赏赐的酒，执行酒令的令官就站在身旁，监察人员就站在身后，我恐惧地伏地而饮，不过一斗也就喝醉了。如果说有父母亲的客人光临，我卷起袖子弓身跪着，在父母和客人面前侍酒，有时他们也赐我酒喝，我得起来祝酒，这样反复几次，不过二斗也就醉了。如果是好久不见的老友，突然相逢，欢快地回首往事，互吐衷曲，这样可以喝上五六斗酒才醉。如果是乡间举行集会，男女混杂着坐在一起，彼此敬酒，喝喝停停。一会儿赌赌棋，一会儿投投壶，互相招呼着称兄道弟，和妇女握手也不会受罚，彼此直视也不受禁止，身前有掉落的珠宝耳饰，身后有遗落的金玉发簪，我私心喜欢这样的酒宴，喝了八斗的酒才有二三分醉意。等到傍晚日暮，酒宴也快散了，人们把剩下的酒并在一起，促膝而坐，男女同坐一席，鞋子交错放着，酒杯和菜盘散乱而放，堂上的灯光已经熄灭，主人留下我接着喝，把别的客人都送走了。女主人解开了丝罗短衣的衣襟，隐隐可以闻到她身上的香泽，我这个时候最欢喜，可以喝上一石酒。所以说，饮酒无度就会乱性，欢乐到极点也会引起悲哀，万事都是如此，这话意思是不可走极端，走极端就会走向衰微。”淳于髡用这些话规谏威王。威王说：“说得真好！”于是就取消了通宵达旦的夜饮，任命淳于髡为应对各国诸侯的主客。齐国王室置酒饮宴时，淳于髡常常在旁边作陪。

货殖列传序

【题解】

货殖，是指货物的生产与流通，也就是经商。本篇是《史记·货殖列传》的序言，指出只有各行各业密切配合，才能国富民强，因此，政府应该鼓励经商，而不是与民争利。

《老子》曰：“至治之极，邻国相望，鸡狗之声相闻，民各甘其食，美其服，安其俗，乐其业，至老死不相往来①。”必用此为务，輓近世涂民耳目②，则几无行矣。

【注释】

①“至治之极”以下八句：出自《老子》第八十章，文字略有出入。

②輓：通“晚”。涂：堵塞，闭塞。

【译文】

《老子》说：“治理得当到了极点，邻近国家的百姓彼此望得见，鸡、狗的叫声也可以彼此听得到，百姓都各自认为自己的饮食甘美，自己的衣服漂亮，安于本地的风俗，爱好自己的职业，到老死也不互相往来。”如果一定把这一套作为目标的话，到了近代，就等于堵塞百姓的耳目，就几乎行不通了。

太史公曰：夫神农以前[①]，吾不知已。至若《诗》《书》所述虞、夏以来，耳目欲极声色之好，口欲穷刍豢之味[②]，身安逸乐，而心夸矜势能之荣，使俗之渐民久矣[③]，虽户说以眇论[④]，终不能化。故善者因之，其次利道之[⑤]，其次教诲之，其次整齐之，最下者与之争。

【注释】

①神农：传说中的远古帝王。

②刍豢：泛指各种动物肉。刍，是食草牲畜。豢，是食粮牲畜。

③渐：浸染，潜移默化。

④眇论：指老子式的言论。眇，通“妙”，精微，奥妙。

⑤道：同“导”，引导。

【译文】

太史公说：神农氏以前的情形，我已无法了解。至于像《诗经》《尚书》里讲到的虞、夏以来，人们极力要使自己的耳目得到音乐、女色的享受，极力使嘴巴尝遍牲畜肉类的美味，使身体安于舒服、快乐的环境，而内心又炫耀有权有势、有能力的光荣，让这样的风气熏陶民心很久了，就算挨家挨户地用老子这样精妙的言论去劝导人民，也终于不能改变什么了。所以，最好的办法就是顺其自然，其次是因势利导，再次是教导，再次是用法令来整顿，最下策是与老百姓争利。

夫山西饶材、竹、穀、纑、旄、玉石①，山东多鱼、盐、漆、丝、声色，江南出楠、梓、姜、桂、金、锡、连、丹沙、犀、瑇瑁、珠玑、齿、革②，龙门、碣石北多马、牛、羊、旃、裘、筋、角③，铜、铁则千里往往山出棋置④。此其大较也⑤。皆中国人民所喜好，谣俗被服饮食、奉生送死之具也⑥。故待农而食之，虞而出之⑦，工而成之，商而通之。此宁有政教发征期会哉⑧？人各任其能，竭其力，以得所欲。故物贱之征贵，贵之征贱，各劝其业⑨，乐其事，若水之趋下，日夜无休时，不召而自来，不求而民出之。岂非道之所符而自然之验邪？

【注释】

①山西：太行山以西。穀(gǔ)：楮树，树皮可以做纸。纑(lú)：野麻，可以织布。旄(máo)：牦牛尾，其毛可做旗子的装饰。

②连：未炼之铅。瑇瑁(dài mào)：即玳瑁，一种海龟。

③龙门：龙门山，在今山西河津西北、陕西韩城东北。碣石：碣石山，在今河北昌黎北。旃：通“毡”。

④棋置：分布得像棋子那样密。

⑤大较：大概，大略。

⑥谣俗：民间习俗。被服：指穿戴等。奉生送死：供养生者，埋葬死者。

⑦虞：官名。掌管山林水泽。

⑧政教:政令教化。发征:征调。期会:按期会聚。

⑨劝:勉,努力从事。

【译文】

太行山以西盛产木材、竹子、楮树、野麻、旄牛尾和玉石,太行山以东盛产鱼、盐、漆、丝和音乐、女色,江南出产楠木、梓木、生姜、木樨、金、锡、铅矿石、丹沙、犀牛角、玳瑁、珠玑、兽牙、皮革,龙门山、碣石山以北盛产马、牛、羊、毛毡、毛皮和兽筋、兽角,铜、铁则分布在方圆千里的地方,遍山都是,密如棋子。这是物产分布的大概情形。这些都是中原人喜好的,是老百姓习惯上穿衣吃饭、养生送死所需的东西。所以,要指望农民耕作来解决吃饭,指望虞人发掘土地中的物产,指望工匠制成器物,指望商人使货物流通起来。这难道需要发布政令、征调百姓、定期集会才能做到吗?人们都各自发挥才能,竭尽各自的力量,以得到所需的东西。所以,物价贱了就到贵的地方去卖东西,物价贵了就到贱的地方去买东西,人们各自勉力于自己的本业,乐于从事各自的工作,就像水流下注,日夜不停,不用召唤人们就自己来了,不用去找而人民就把东西生产出来了。这难道不是与自然规律符合而自然发展的验证吗?

《周书》曰[①]:“农不出则乏其食,工不出则乏其事,商不出则三宝绝[②],虞不出则财匮少。”财匮少而山泽不辟矣。此四者,民所衣食之原也。原大则饶,原小则鲜。上则富国,下则富家。贫富之道,莫之夺予,而巧者有余,拙者不足。故太公望封于营丘[③],地潟卤[④],人民寡,于是太公劝其女功[⑤],极技巧,通鱼盐,则人物归之,繦至而辐凑[⑥]。故齐冠带衣履天下,海岱之间敛袂而往朝焉[⑦]。其后齐中衰,管子修之[⑧],设轻重九府[⑨],则桓公以霸,九合诸侯,一匡天下,而管氏亦有三归[10],位在陪臣[11],富于列国之君。是以齐富强至于威、宣也[12]。

【注释】

①《周书》:又名《逸周书》《周志》《汲冢周书》。以下引文不见于今本《逸周书》,大概是古本《逸周书》的佚文。

②三宝:这里指食品、用品和钱财。

③太公望:即姜太公吕望,封于齐。营丘:地在今山东昌乐东南。

④潟(xì)卤:盐碱地。

⑤女功:妇女的刺绣纺织活动。

⑥繦(qiǎng)至而辐凑:这句话是形容来人络绎不绝,像用绳子穿的钱串,像车轮的辐条。

⑦海岱之间:指山东半岛。敛袂:正衣袖以示恭敬。袂,衣袖。

⑧管子:即管仲。

⑨轻重:指物价的高低,是利用物价调节经济的一种办法。

⑩三归:供游赏用的三座高台。

⑪陪臣:春秋时诸侯的大夫对周天子自称为陪臣。

⑫威、宣:指齐威王、齐宣王。

【译文】

《周书》说:"农民不耕种,粮食就会匮乏;工匠不生产,器物就会短缺;商人不经商,食物、用品和钱财就断了来源;虞人不开发山泽,财物就会变少。"财物变少了,山泽也得不到开辟。这四个方面,是人民穿衣吃饭的来源。来源大人民就富裕,来源小人民就贫困。向上可以富国,向下可以富家。贫富的规律,无人可以夺走或赐予,而机智敏捷的人总是有余,愚笨迟钝的人总是不足。所以,姜太公吕望封在营丘,那里是盐碱地,人口也少,于是姜太公勉励妇女刺绣纺织,极力发展工艺的技巧,打通鱼盐运输的渠道,这样,其他地方的人和物就像钱串和车轮辐条一样都聚集到齐国。所以，齐国生产的帽子、带子、衣服、鞋子满布天下，从沿海到泰山之间的诸侯都端正衣袖前来朝拜齐国。后来，齐国一度衰落，管仲治理齐国，设立主管金融货币的九个官府部门，因此齐桓公得以成就霸业，多次会合诸侯，匡正天下，而管仲自己也修筑了三归台，地位仅是陪臣，却比各国国君还要富有。因此，齐国的富强一直维持到齐威王、齐宣王时期。

故曰[①]："仓廪实而知礼节[②]，衣食足而知荣辱。"礼生于有而废于无。故君子富，好行其德，小人富，以适其力。渊深而鱼生之，山深而兽往之，人富而仁义附焉。富者得势益彰，失势则客无所之[③]，以而不乐。谚曰："千金之子，不死于市[④]。"此非空言也。故曰："天下熙熙，皆为利来；天下壤壤[⑤]，皆为利往。"夫千乘之王、万家之侯、百室之君尚犹患贫[⑥]，而况匹夫编户之民乎[⑦]！

【注释】

①故曰：下面的引文出自《管子·牧民》。

②仓廪：粮仓。

③无所之：无所可去。之，往。

④不死于市：不触犯法令，不在街市上被处死。

⑤壤壤：通"攘攘"，纷乱的样子。

⑥千乘(shèng)之王：有千乘兵车的君王。乘，四匹马拉的战车。万家之侯：即万户侯，拥有万户封邑的诸侯。百室之君：指大夫。

⑦匹夫：平民。编户之民：编入户籍的平民。

【译文】

所以说："粮仓满了，百姓就会懂得礼节；衣食富足了，百姓就会知道荣辱。”礼产生于富有，而废弃于贫穷。因此，君子富有了，就乐意行仁；小人富有了，就把精力用在适当的地方。潭水深了才会有鱼存在，山林深了才有野兽来到，人民富有，仁义也就归他所有。富有者得势，才更加显赫；失势了，就连客人也不来了，因而心里不痛快。谚语说：“家有千金的富家子弟，不会因犯法而在闹市处死。”这不是空话。所以说：“天下的人熙熙攘攘，都是为利而来；天下的人来往奔波，都是为利而往。”有千辆战车的国王，有万家封地的诸侯，有百户封邑的大夫，尚且担心贫穷，何况是编入户籍的平民百姓呢！

太史公自序

【题解】

这是《史记》最后一卷《太史公自序》的节选。以对话形式，阐述自己著作《史记》的宗旨，和写作过程中的不幸遭遇，显示了忍辱负重、发愤著书的决心。

太史公曰：“先人有言①：‘自周公卒五百岁而生孔子②。孔子卒后至于今五百岁，有能绍明世③，正《易传》④，继《春秋》，本《诗》《书》《礼》《乐》之际。’意在斯乎！意在斯乎！小子何敢让焉！”

【注释】

①先人：指司马迁的父亲司马谈。

②周公：姬旦，周武王之弟，成王的叔叔。武王死时，成王尚幼，周公摄政。

③绍：继承。

④正《易传》：订正对《易》的解释。《易》分经、传两部分，传是对经的解说。

【译文】

太史公说："先父说过：'周公死后五百年而孔子出生。孔子死后至今又有五百年了，到了继承清明盛世，订正《易传》，续写《春秋》，探求《诗》《书》《礼》《乐》的根本的时候了。'他的意思就在这里吧！他的意思就在这里吧！我怎么敢推辞呢！"

上大夫壶遂曰①："昔孔子何为而作《春秋》哉？"太史公曰："余闻董生曰②：'周道衰废，孔子为鲁司寇③，诸侯害之，大夫壅之④。孔子知言之不用、道之不行也，是非二百四十二年之中，以为天下仪表，贬天子，退诸侯，讨大夫，以达王事而已矣。'子曰⑤：'我欲载之空言⑥，不如见之于行事之深切著明也。'夫《春秋》，上明三王之道⑦，下辨人事之纪⑧，别嫌疑，明是非，定犹豫，善善恶恶，贤贤贱不肖，存亡国，继绝世，补敝起废，王道之大者也。《易》著天地、阴阳、四时、五行，故长于变。《礼》经纪人伦⑨，故长于行。《书》记先王之事，故长于政。《诗》记山川、溪谷、禽兽、草木、牝牡、雌雄，故长于风⑩。《乐》乐所以立，故长于和。《春秋》辨是非，故长于治人。是故《礼》以节人，《乐》以发和，《书》以道事，《诗》以达意，《易》以道化，《春秋》以道义。

【注释】

①上大夫：周王室及诸侯国的官阶分为卿、大夫、士三等，每等又各分为上、中、下三级，上大夫即大夫中的第一级。壶遂：天文学

家，曾参与司马迁主持的太初改律事。

②董生：即董仲舒，汉代儒学大师。

③司寇：掌管刑狱司法的官员。

④壅：阻塞。

⑤子曰：孔子的话见于《春秋纬》。

⑥空言：褒贬议论之言。

⑦三王：三代圣王，指夏禹、商汤、周文王。

⑧人事之纪：人世间的伦理纲常。

⑨经纪：安排调整。

⑩风：教化。

【译文】

上大夫壶遂说："从前孔子为什么著《春秋》呢？"太史公说："我听董仲舒先生说：'周朝的制度衰落废除，孔子在鲁国做司寇，诸侯以他为危害，大夫们也压制他。孔子知道自己的意见不被采纳、主张不能推行，就评论、褒贬二百四十二年的历史，以此作为天下人行为的准则，他斥责天子，贬抑诸侯，声讨大夫，不过是为了阐明王道罢了。'孔子说：'我想，记载褒贬议论的话，不如将褒贬寓于历史事件的记述中，这样更切实明白。'《春秋》这部著作，上能阐明夏禹、商汤、周文王和周武王三王之道，下能分辨人世间的伦理纲常，辨别疑难事情，明辨是非，判定犹豫难决的问题，褒扬善人、压制恶人，推崇贤人、鄙薄不肖，保存已灭亡国家的历史，延续已断绝的世系，补救弊政、振兴衰废，这些都是王道中最重要的。《易》阐明天地、阴阳、四时、五行的关系，所以长于表明变化。《礼》调整人间伦理，所以长于指导行动。《尚书》记载古代帝王的事迹，所以长于指导政事。《诗》记述山川、溪谷、禽兽、草木、牝牡、雌雄，所以长于教化。《乐》使人乐在其中，所以长于使人和乐。《春秋》辨明是非，所以长于治理民众。因此，《礼》用来节制人的行为，《乐》用来引发人的和乐之情，《书》用来指导政事，《诗》用来表达情意，《易》用来表现事物的变化，《春秋》用来阐明道义。

"拨乱世反之正①,莫近于《春秋》。《春秋》文成数万,其指数千②,万物之散聚皆在《春秋》。《春秋》之中,弑君三十六,亡国五十二,诸侯奔走不得保其社稷者不可胜数。察其所以,皆失其本已。故《易》曰③:'失之毫厘,差以千里。'故曰④:'臣弑君,子弑父,非一旦一夕之故也,其渐久矣⑤。'故有国者不可以不知《春秋》,前有谗而弗见⑥,后有贼而不知⑦。为人臣者不可以不知《春秋》,守经事而不知其宜⑧,遭变事而不知其权⑨。为人君父而不通于《春秋》之义者,必蒙首恶之名。为人臣子而不通于《春秋》之义者,必陷篡弑之诛、死罪之名。其实皆以为善,为之不知其义,被之空言而不敢辞。夫不通礼义之旨,至于君不君、臣不臣、父不父、子不子。君不君则犯⑩,臣不臣则诛,父不父则无道,子不子则不孝。此四行者,天下之大过也。以天下之大过予之,则受而弗敢辞。故《春秋》者,礼义之大宗也。夫礼禁未然之前,法施已然之后,法之所为用者易见,而礼之所为禁者难知。"

【注释】

①拨:治理。反:同"返"。

②指:意旨,意向。

③《易》曰:引文出自《易纬·通卦验》,今本《易经》无。

④故曰:引文出自《易·坤卦·文言》。

⑤渐:浸润,发展而来。

⑥谗:指进谗言的人。

⑦贼:指叛逆作乱的人。

⑧守经事:处理一般情况下的事物。经,平常,经常。

⑨权：随机应变。

⑩犯：指被臣下冒犯、侵扰。

【译文】

"如果治理乱世使它回到正轨，没有比《春秋》更合适的了。《春秋》共有几万字，它的精华只有几千字，万物的分合之理都在《春秋》当中可以找到。在《春秋》中，记载杀死国君的事件有三十六起，记载国家灭亡的有五十二个，记载诸侯失政逃亡的多得数不清。考察其原因，都因失去了礼义这个根基。所以，《易》中说：'失之毫厘，差以千里。'所以说：'臣子杀国君，儿子杀父亲，这不是一朝一夕就造成的，而是长时间逐步发展而成的。'因此，一国之君不能不通晓《春秋》，否则的话，跟前进谗言的人看不出，背后叛逆作乱的人也不了解。做臣子的不能不通晓《春秋》，否则的话，办理日常事务就不知道恰当的方法，遇到意外事变也不能随机应变，作为君主、父亲而不通晓《春秋》大义的，终将蒙受首恶的名声。作为臣下、儿子而不通晓《春秋》大义的，一定会陷入杀君杀父的罪行而落得该死的罪名。其实他们都以为自己在做善事，却因不知道《春秋》大义，被人定上莫须有的罪名也不敢辩白。不通晓礼义的主旨，就会导致君不像君、臣不像臣、父不像父、子不像子。君不像君，就会被臣下冒犯；臣不像臣，就会遭到诛杀；父不像父，就会摒弃人伦之道；子不像子，就会忤逆不孝。这四种行为，是全天下的大过错。把全天下大过错的罪名加给他们，他们也只好接受而不敢推卸。因此，《春秋》这部书，是礼义的根本准则。礼把坏事禁止在发生之前，法却是在坏事发生之后实施制裁，法的惩办作用显而易见，而礼的防止作用却难以被人理解。"

壶遂曰："孔子之时，上无明君，下不得任用，故作《春秋》，垂空文以断礼义①，当一王之法。今夫子上遇明天子②，下得守职，万事既具，咸各序其宜，夫子所论，欲以何明？"太史公曰："唯唯[3]，否否，不然。余闻之先人曰：'伏羲至纯厚[4]，作《易》八卦。尧、舜之盛，《尚书》载之，礼乐作焉。汤、武之隆[5]，诗人歌之。《春秋》采善贬恶，推三代之德，褒周室，非独刺讥而已也。'汉兴以来，至明天子，获符瑞[6]，建封禅[7]，改正朔[8]，易服色，受命于穆清[9]，泽流罔极，海外殊俗，重译款塞[10]，请来献见者，不可胜道。臣下百官力诵圣德，犹不能宣尽其意。且士贤能而不用，有国者之耻；主上明圣而德不布闻，有司之过也。且余尝掌其官，废明圣盛德不载，灭功臣、世家、贤大夫之业不述，堕先人所言，罪莫大焉！余所谓述故事，整齐其世传，非所谓作也，而君比之于《春秋》，谬矣。"

【注释】

①垂：流传。空文：指文章。

②明天子：指汉武帝。

③唯唯：恭敬顺从的应答声。

④伏羲：神话传说中的远古帝王。

⑤汤：商朝的建立者。武：周武王，周朝的建立者。

⑥符瑞：吉祥的征兆。

⑦封禅(shàn)：帝王祭祀天地的大典。封，在泰山上筑台祭天。禅，在泰山旁的梁甫山祭地。

⑧正朔：指历法。正，岁首。朔，旧历每月初一。汉武帝恢复使用夏历。

⑨穆清：指天命。穆，美。清，清和。

⑩重(chóng)译：一重重地辗转翻译。款塞：叩塞门。

【译文】

壶遂说："孔子那时，上面没有圣明的国君，身处下位不被重用，所以才写了《春秋》，流传文章来明断礼义之分，作为一代圣王的法则。如今您上遇圣明的天子，在下享有职位，万事齐备，方方面面都各得其宜，您所论述的，是要说明什么呢？”太史公说：“是是，不不，不是这样说。我听先父讲：‘伏羲非常纯朴忠厚，他作了《易经》的八卦。尧、舜那样的盛德，《尚书》给以记载，礼乐由此兴起；商汤、周武王的功业那么兴隆，诗人就来歌颂。《春秋》褒善抑恶，推崇夏、商、周三代的盛德，褒扬周王室，不仅仅是讽刺而已。’汉代兴国以来，到如今的圣上为止，获得过吉祥的符瑞，到泰山祭祀过天地，改革了历法，变更了车马服色，受命于天，恩泽如流水润泽无边，连海外国家和少数民族都通过重重转译叩开关塞，请求前来献礼朝见，这样的事数不胜数。臣下百官极力称颂天子的圣德，仍然不能完全表达心意。况且，士人贤能却不受重用，是当权者的耻辱；天子圣明而他的盛德却不能天下传扬，是主管官员的过错。而且，我曾担任史官，抛开圣明天子的盛德而不加以记载，隐没了功臣、世家、贤大夫的功业而不加以记述，是忘记先父的嘱托，罪过没有比这更大的了！我所说的是记述历史事实，整理、编次世代相传的史料，并不是人们所说的著作，而您把这和《春秋》相比，那就错了。”

于是论次其文。七年而太史公遭李陵之祸[①]，幽于缧绁[②]。乃喟然而叹曰：“是余之罪也夫！是余之罪也夫！身毁不用矣。”退而深惟曰[③]：“夫《诗》《书》隐约者，欲遂其志之思也[④]。昔西伯拘羑里，演《周易》。孔子厄陈、蔡，作《春秋》。屈原放逐，著《离骚》。左丘失明，厥有《国语》。孙子膑脚[⑤]，而论兵法。不韦迁蜀，世传《吕览》[⑥]。韩非囚秦，《说难》《孤愤》[⑦]。《诗》三百篇，大抵贤、圣发愤之所为作也。此人皆意有所郁结，不得通其道也，故述往事，思来者。”于是卒述陶唐以来[8]，至于麟止[9]，自黄帝始。

【注释】

①李陵：李广之孙。武帝时率兵与匈奴作战，败而投降，司马迁为之辩护，得罪受宫刑。

②缧绁：捆绑犯人的绳索。这里指监狱。

③惟：思。

④遂：实现。

⑤膑：一种酷刑，挖掉膝盖骨。

⑥不韦：秦始皇的相国吕不韦。《吕览》：又称《吕氏春秋》，吕不韦为相时让门客纂辑而成。

⑦《说难》《孤愤》：见于《韩非子》。实为韩非到秦国之前撰写的。

⑧陶唐：陶唐氏，即尧。尧曾被封陶，后迁唐。

⑨麟：指汉武帝在雍打猎时获白麟一事，事在元狩元年。

【译文】

于是整理、编次成文。历经七年，太史公因替李陵辩护而遭受灾祸，被幽禁在监狱里。于是喟然叹息道："这是我的罪过啊！这是我的罪过啊！身体残废没有什么用了！"后来仔细考虑说："《诗经》《尚书》意旨隐微而文辞简约，是作者考虑到要实现自己的意志。当初西伯在羑里被拘禁，推演出《周易》。孔子被困在陈、蔡，回鲁国后作了《春秋》。屈原被流放，著作了《离骚》。左丘明失明，这才著作《国语》。孙子膝盖骨被挖，却研究了兵法。吕不韦因罪迁往蜀地，他的《吕览》才得以传世。韩非在秦国被囚，《说难》《孤愤》由此写出。《诗经》三百篇，大都是贤人、圣人抒发愤懑而作的。这些人都因心意有所抑郁闷结，不能实行主张，所以才追述以往，期望于将来。"于是，我终于动手记述历史，从黄帝开始，经陶唐，直到武帝获麟为止。

司马迁

司马迁(约前145—约前90),字子长,左冯翊夏阳(今陕西韩城)人,祖先世代为太史,父亲司马谈在汉武帝时任太史令。《汉书·艺文志》著录有《司马迁赋》八篇,《隋书·经籍志》有《司马迁集》一卷。司马迁早在20岁时,便离开首都长安遍踏名山大川,实地考察历史遗迹,了解到许多历史人物的遗闻轶事以及许多地方的民情风俗和经济生活。在汉武帝元封三年(前108),司马迁接替父亲担任太史令,开始有机会阅览汉朝官藏的图书、档案以及各种史料,他一边整理史料,一边参加改历。等到太初元年(前104),我国第一部历书《太初历》完成,司马迁就接续父亲的意愿继续修撰《史记》。期间因替李陵辩护而下狱,遭受宫刑,蒙受奇耻大辱。出狱后,他发愤著书,终于完成了《史记》这部伟大的著作。

报任安书

【题解】

《报任安书》出自《文选》。信中司马迁叙述了自己的志向与不幸,充满遭受奇耻大辱的悲愤,也体现了自强不息的精神。本文写得百转千回,所谓悲愤出文章,诚非虚言。

太史公牛马走司马迁再拜言[①],少卿足下[②]:曩者辱赐书,教以慎于接物,推贤进士为务。意气勤勤恳恳,若望仆不相师[③],而用流俗人之言。仆非敢如此也。仆虽罢驽[④],亦尝侧闻长者之遗风矣。顾自以为身残处秽,动而见尤[⑤],欲益反损,是以独抑郁而谁与语。谚曰:"谁为为之?孰令听之?"盖锺子期死,伯牙终身不复鼓琴。何则?士为知己者用,女为说己者容[⑥]。若仆大质已亏缺矣[⑦],虽才怀随、和,行若由、夷,终不可以为荣,适足以见笑而自点耳[⑧]。书辞宜答,会东从上来[⑨],又迫贱事,相见日浅,卒卒无须臾之间得竭志意[⑩]。今少卿抱不测之罪,涉旬月,迫季冬,仆又薄从上雍[⑪],恐卒然不可为讳[⑫]。是仆终已不得舒愤懑以晓左右,则长逝者魂魄私恨无穷。请略陈固陋。阙然久不报,幸勿为过。

【注释】

①牛马走:像牛马一样奔走的仆人。这是司马迁自谦的说法。

②少卿:任安,字少卿。

③望:抱怨。师:效法,遵从。

④罢驽:疲弱无能的马。罢,衰弱,无能。驽,劣马。

⑤尤:指责。

⑥说:同"悦",喜悦,宠爱。

⑦大质:身体。

⑧点:黑点。这里作动词,玷污。

⑨东从上来:指太始四年(前93)司马迁随武帝东巡泰山,返回长安一事。

⑩卒卒:犹"猝猝"。间:同"闲",空闲。

⑪薄(bó)从上雍:随汉武帝去雍地祭祀的日子越来越近。薄,迫

近。雍，地在今陕西凤翔南。

⑫不可为讳：不能避讳，指任安死。

【译文】

太史公、愿为您效犬马之劳的司马迁再拜陈言，少卿足下：前些日子蒙您屈尊赐信给我，指教我谨慎处世，并以推举贤才为己任。您情意诚挚恳切，好像是埋怨我不采纳您的意见，反而听信了俗人的话。我是不敢这样的。我虽才能低下，也曾听说过德高望重的长者留下来的风尚。只不过我自认为身体已经残废、地位卑贱，稍有行动就被人指责，本想做点好事却导致不好的结果，因此独自忧闷无人可说。谚语说："为谁而做？让谁来听？"锺子期死后，俞伯牙终生不再弹琴。为什么呢？因为士人只为知己者效力，女子只为爱自己的人打扮。像我，身体已经残废，就算我有随侯珠、和氏璧那样的才能，有许由、伯夷那样高洁的品行，终究不能引以为荣，恰恰足以被人耻笑而使自己受辱罢了。来信本该早回，恰逢随皇帝东巡泰山才回来，又忙些琐事，和您相见的日子很少，我又忙忙乎乎没有一点时间来尽诉我的心意。如今您遭到难以预料的罪名。再过一个月，就近冬末了，我又要随从皇帝去雍地了，恐怕您突遭不幸。那样，我就最终也不能抒发愤懑让你了解，而死去的人因为得不到回信也会抱着无穷的遗憾。请让我大概地陈述鄙陋之见。这么久没有给你回信，希望不要怪罪于我。

仆闻之：修身者，智之符也；爱施者，仁之端也；取予者，义之表也；耻辱者，勇之决也；立名者，行之极也。士有此五者，然后可以托于世，而列于君子之林矣。故祸莫憯于欲利①，悲莫痛于伤心，行莫丑于辱先，诟莫大于宫刑。刑余之人，无所比数②，非一世也，所从来远矣。昔卫灵公与雍渠同载，孔子适陈③；商鞅因景监见，赵良寒心④；同子参乘，袁丝变色[5],自古而耻之。夫中材之人,事有关于宦竖,莫不伤气[6],而况于慷慨之士乎!如今朝廷虽乏人,奈何令刀锯之余荐天下之豪俊哉!仆赖先人绪业,得待罪辇毂下[7],二十余年矣。所以自惟[8],上之,不能纳忠效信[9],有奇策材力之誉,自结明主;次之,又不能拾遗补阙,招贤进能,显岩穴之士[10];外之,不能备行伍,攻城野战,有斩将搴旗之功[11];下之,不能积日累劳,取尊官厚禄,以为宗族交游光宠。四者无一遂,苟合取容[12],无所短长之效,可见于此矣。向者,仆亦尝厕下大夫之列[13],陪奉外廷末议,不以此时引纲维,尽思虑,今已亏形为扫除之隶,在阘茸之中[14],乃欲仰首伸眉,论列是非,不亦轻朝廷、羞当世之士邪?嗟乎!嗟乎!如仆尚何言哉!尚何言哉!

【注释】

①憯(cǎn):惨毒,惨痛。

②比(bì):并列,放在一起。数:计算。

③卫灵公:卫灵公与夫人同车出游,令太监雍渠坐在一旁,又让孔子坐到车上,孔子以为耻辱。雍渠:卫国的宦官。

④"商鞅"二句:因为商鞅是靠太监景监的介绍而见的秦孝公,贤士赵良见此,感到寒心。

⑤同子:即汉文帝时的宦官赵谈。因与司马迁父亲司马谈同名。这里避父讳而称"同子"。参(cān)乘:陪坐在车子右面的人。袁丝:袁盎,字丝,汉文帝时大臣。

⑥伤气:挫伤志气,指感到耻辱。

⑦待罪:谦辞,指做官。辇毂(gǔ):皇帝车驾。

⑧惟:思虑。

⑨纳：进纳。效：贡献。

⑩岩穴之士：隐士，在野的贤士。

⑪搴（qiān）：拔取。

⑫苟合取容：苟且求合以求容身。

⑬厕：忝列。

⑭阘（tà）茸：卑贱。

【译文】

我听说：加强自身修养，是智慧的凭证；乐善好施，是仁德的开端；索取与给予得当，是道义的体现；耻于受侮辱，是勇敢的先决；树立好名声，是品行的最高准则。士人具备了这五点，才能据此立足社会，进入君子的行列。所以，灾祸没有比贪图私利更悲惨的了，悲痛没有比心灵受创更伤心的了，行为没有比让祖先受辱更丑恶的了，耻辱没有比受宫刑更严重的了。遭受宫刑的人，无法与常人相提并论，这不是某一朝代的事，而是由来已久了。从前卫灵公与雍渠同车，孔子感到耻辱，于是离开卫国去往陈国；商鞅经由景监引荐而见秦孝公，赵良为此感到寒心；赵谈陪皇帝坐车，袁盎因而怒容满面：自古以来人们就鄙视宦官。就连中等才能的人，遇到涉及宦官的事，没有不感到羞辱的，何况是慷慨激昂的人呢！现在朝廷虽然缺乏人才，怎么能让我这受过刑罚的人推举天下的豪杰之士呢！我靠着继承父亲的余业，得以在朝廷任职，已有二十多年了。所以自己寻思，对上，我没能效尽忠心与信诚，得到策略出众和才干突出的声誉，以求得圣上的赏识；其次，我又不能为圣上拾遗补阙，进选贤能之人，使隐居者名声显扬，在外，我不能参与军队攻城略地，建立斩将拔旗的功绩；对下，我又不能积累功劳，得到高官厚禄，成为宗族和朋友的荣耀和宠幸。这四方面没有一个方面我实现了的，我苟且求合以求容身，大大小小的建树全都没有，由此都可以看出来。过去，我也曾有幸站在下大夫的行列，在朝堂上事奉圣上、发表些微不足道的议论，那时我没有申张国家的法度，为国竭尽智谋，何况现在身体已残缺、地位低下，处在卑贱者的行列里，竟然还要扬眉吐气，说长道短，那不是蔑视朝廷、羞辱当今的士人吗？唉！唉！像我这样的人还能说什么呢！还能说什么呢！

且事本末未易明也。仆少负不羁之才①，长无乡曲之誉，主上幸以先人之故，使得奏薄伎②，出入周卫之中③。仆以为戴盆何以望天，故绝宾客之知④，忘室家之业，日夜思竭其不肖之才力，务一心营职，以求亲媚于主上。而事乃有大谬不然者⑤。

【注释】

①负：缺少，没有。

②奏薄伎：贡献微薄的才能。奏，贡献。

③周卫：指严密防卫的宫禁。

④知(zhì)：了解，引申为往来，交往。

⑤谬：违背，相反。

【译文】

况且，事情的原委难以明了。我年轻时没有出众的才能，长大后却得不到乡里的推誉，幸赖主上因为我父亲的关系，使我得以贡献微薄的才能，出入在宫禁之中。我认为头顶盆子怎么能望得见天呢，所以断绝了与宾朋的来往，把家庭私事扔在一边，日日夜夜惦记着竭尽我绵薄的才力，致力于本职事务，期望得到主上的信任与赏识。但是事情的结果却和初衷完全相反。

夫仆与李陵俱居门下①，素非能相善也，趋舍异路，未尝衔杯酒、接殷勤之余欢。然仆观其为人，自守奇士，事亲孝，与士信，临财廉，取与义，分别有让，恭俭下人[②]，常思奋不顾身以殉国家之急。其素所蓄积也，仆以为有国士之风。夫人臣出万死不顾一生之计，赴公家之难，斯已奇矣。今举事一不当，而全躯保妻子之臣随而媒孽其短[③]，仆诚私心痛之。且李陵提步卒不满五千，深践戎马之地，足历王庭[④]，垂饵虎口，横挑强胡，仰亿万之师，与单于连战十有余日，所杀过当[⑤]，虏救死扶伤不给[⑥]。旃裘之君长咸震怖[⑦]，乃悉征其左右贤王，举引弓之人，一国共攻而围之。转斗千里，矢尽道穷，救兵不至，士卒死伤如积。然陵一呼劳军[⑧]，士无不起，躬自流涕，沬血饮泣，更张空弮[⑨]，冒白刃，北向争死敌者[⑩]。

【注释】

①李陵：汉将李广之孙，汉武帝时率兵与匈奴作战，矢尽援绝而降。

②俭：约束，克制，不放纵。

③媒孽(niè)：酒曲。这里是酝酿的意思。

④王庭：指匈奴首领单于的王廷。

⑤当：相当，相等。

⑥不给(jǐ)：指顾不上，来不及。

⑦旃裘：匈奴人所用毛毡和皮裘，代指匈奴人。旃，通“毡”。

⑧劳军：慰劳军队。

⑨弮(quān)：弓弩。

⑩死敌：为抗拒敌人而死。

【译文】

我和李陵都在门下任职，一向并没有密切来往，志趣、追求也不相同，不曾在一起饮过酒、表示过殷勤的情谊。但是，我看他的为人，是个能守住操节的奇人，孝顺双亲，对待士人讲信用，对待财物廉洁奉公，按照理义索取或给予，懂得尊卑而能礼让，谦卑自约、礼贤下士，常常想着为国家急难而奋不顾身。他平时修养品德，我认为具有国士的风范。臣子出于宁肯万死、不求一生的考虑，奔赴国家急难，这已是很可贵的了！如今行事一有不妥，那些只顾保全自己和妻小的臣子，就随即夸大他的过失，我私下感到实在痛心。况且李陵率领的步兵不到五千人，深入胡地，一直打到单于的王廷，就好比在虎口边设下诱饵，勇猛地向强大的胡军挑战，向居高临下的亿万敌军发动进攻，与单于接战十多天，所杀敌人超过自己军队的数目，敌军连救死扶伤都来不及。胡人的君长都感震惊，便征调了左贤王、右贤王部下全部军队，出动了所有能拉弓射箭的人，举全国之军一起围攻他们。李陵军转战千里，箭矢耗尽，无路可走，救兵也没有来到，死伤的士卒堆积如山。但是李陵一声呼唤鼓舞，士卒无不复起，人人落泪，血流满面，重又拉开已空的弓弩，冒着敌人的利刃，争着向北与敌人决一死战。

陵未没时，使有来报，汉公卿王侯皆奉觞上寿①。后数日，陵败书闻，主上为之食不甘味，听朝不怡。大臣忧惧，不知所出。仆窃不自料其卑贱，见主上惨怆怛悼②，诚欲效其款款之愚③。以为李陵素与士大夫绝甘分少，能得人之死力，虽古之名将，不能过也。身虽陷败，彼观其意，且欲得其当而报于汉④。事已无可奈何，其所摧败，功亦足以暴于天下矣。仆怀欲陈之，而未有路，适会召问，即以此指推言陵之功⑤，欲以广主上之意⑥，塞睚眦之辞⑦。未能尽明，明主不晓，以为仆沮贰师⑧，而为李陵游说，遂下于理⑨。拳拳之忠，终不能自列⑩，因为诬上，卒从吏议。家贫，货赂不足以自赎⑪，交游莫救视，左右亲近不为一言。身非木石，独与法吏为伍，深幽囹圄之中，谁可告诉者！此真少卿所亲见，仆行事岂不然乎？李陵既生降，颓其家声⑫，而仆又佴之蚕室⑬，重为天下观笑。悲夫！悲夫！事未易一二为俗人言也。

【注释】

①上寿：献祝寿之辞。这里指祝捷。

②惨怆怛悼：四字同义，悲伤。

③款款：恳切忠实的样子。

④当：适当，指适当的时机。

⑤指：意思。

⑥广：宽，宽慰。

⑦睚眦（yá zì）：瞪眼睛，怒目而视。

⑧沮：诽谤。贰师：指贰师将军李广利，汉武帝宠妃李夫人之兄。李陵被围，李广利未能及时救援，司马迁替李陵辩护，因此被认为是在诋毁李广利。

⑨理：即大理寺，掌刑法。

⑩列：陈述，分辩。

⑪货赂：财货。依汉律可用钱赎罪。

⑫颓：堕落，败坏。

⑬佴（èr）：居。蚕室：受过宫刑的人所住的密不透风的屋子。

【译文】

李陵未遭覆没的时候，有使者来汉朝廷报告战况，朝上公卿王侯都向主上举杯祝贺。过了几天，李陵兵败的消息奏闻主上，主上为此吃饭无味，听政不乐。大臣们担心害怕，不知怎么办才好。我私心不考虑自己地位的卑贱，看到主上这么痛心，实在想奉献诚恳的愚昧见解。我认为李陵一直以来对部下，好吃的东西自己不吃，把仅存的少量物品分给别人，因而部下能为他拼死效力，即使古代的名将，也超不过他。李陵虽然失败被俘，看他的心意，是想相机报效汉朝。兵败之事已无可奈何，但他挫败敌人的功劳，也足以彰明天下。我要把所想的这些向主上陈说，却没有机会，恰逢主上召见询问，我就沿着这个思路，论说李陵的功绩，想以此宽慰主上之心，堵塞那些怨恨李陵的言辞。我没能完全表达明白，明主没有洞察我的心意，以为我诋毁贰师将军，而替李陵开脱，于是把我下到大理寺问罪。我诚恳的忠心，终究没有机会表白，因而被定了诬上的罪名。主上最终认准了法吏的判决。我因为家贫，钱财不足以用来赎罪，朋友们也没有谁前来营救，主上身边的人也无人替我说一句话。我不是没有情感的木石，独自和执法官吏打交道，被拘禁在深牢大狱之中，能跟谁去诉说呢！这些正是您亲眼所见，我的情况难道不是这样吗？李陵活着投降了，败坏了他家族的声誉，而我又被关进蚕室中，深为天下人观看取笑。可悲呀！可悲呀！这些事情是不容易对世俗的人一一说明白的。

仆之先非有剖符、丹书之功[①]，文、史、星、历[②]，近乎卜、祝之间[③]，固主上所戏弄，倡优所畜[④]，流俗之所轻也。假令仆伏法受诛，若九牛亡一毛，与蝼蚁何以异？而世俗又不能与死节者次比[⑤]，特以为智穷罪极、不能自免、卒就死耳[⑥]。何也？素所自树立使然也[⑦]。人固有一死，死或重于泰山，或轻于鸿毛，用之所趣异也[⑧]。太上不辱先，其次不辱身，其次不辱理色[⑨]，其次不辱辞令，其次诎体受辱[⑩]，其次易服受辱，其次关木索、被箠楚受辱，其次剔毛发、婴金铁受辱[⑪]，其次毁肌肤、断肢体受辱，最下腐刑极矣！传曰：“刑不上大夫。”[⑫]此言士节不可不勉励也。猛虎在深山，百兽震恐，及在槛阱之中[⑬]，摇尾而求食，积威约之渐也[⑭]。故士有画地为牢，势不可入；削木为吏，议不可对[⑮]，定计于鲜也[⑯]。今交手足，受木索，暴肌肤，受榜箠，幽于圜墙之中，当此之时，见狱吏则头抢地，视徒隶则心惕息⑰。何者？积威约之势也。及以至是，言不辱者，所谓强颜耳，曷足贵乎！

【注释】

①剖符、丹书：汉初规定，凡受封剖符、丹书的有功之臣，子孙有罪可获赦免。剖符，是一剖为二的符，君臣各执其半，以为凭信。丹书，是用朱砂写在铁券上的誓词。

②文、史、星、历：指文献、历史、天文、历法。

③卜：掌占卜的官。祝：掌祭礼的官。

④倡：乐人。优：伶人，演员。

⑤次比：排列，并列。

⑥特：只，不过。

⑦所自树立：自己用来立身的。指职业。

⑧趣(qū)：趋向，归向。

⑨理色：指脸色。理，肌理。色，脸上神色。

⑩诎体：身体被捆绑。诎，通“屈”，弯曲、卷曲。

⑪鬄(tì)毛发、婴金铁：指受髡刑和钳刑。鬄，用刀刮去毛发。婴，缠绕，将铁圈戴在脖子上。

⑫刑不上大夫：出自《礼记·曲礼上》。

⑬槛：关野兽的木笼。阱：捕兽的陷阱。

⑭渐：浸渍，引申为渐进。这里用作名词，指逐渐受感染的结果。

⑮议：审讯，判决。

⑯定计于鲜：打算在受辱前就自杀。鲜，夭死短命，此指自杀。

⑰惕息：恐惧的样子。

【译文】

我的先人并没有受赐剖符、丹书那样的功劳，不过是掌管文献、历史、天文、历法，近似于卜官、祝官一流，本是主上戏弄对象，像乐师、优伶那样豢养，而被世人所轻视。假如我接受处罚遭到杀戮，就像九牛失去一毛，跟死去只蝼蛄、蚂蚁有什么不同呢？而世俗又不把我和那些死于气节的人相提并论，只是认为我智虑穷尽、罪大恶极、不能自脱、终于被杀而已。为什么呢？平日我自己从事的职业使人们有这样的看法罢了。人本来就有一死，有人的死比泰山还要重，有人的死比鸿毛还要轻，这是因为他们死的原因和目的不同。最好是不使祖先受辱，其次是自身不受辱，再次是不使自己的颜面受辱，再次是不在言辞上受辱，再次是身体被绑而受辱，再次是穿上囚服而受辱，再次是戴刑具、被抽打而受辱，再次是剃掉毛发、颈戴铁圈而受辱，再次是毁坏肌肤、截断肢体而受辱，最下等的就是腐刑，受辱到了极点！古书上说："刑罚不施加于大夫以上。"这是说士大夫的气节不可不磨砺。猛虎在深山，百兽感到震恐，一旦猛虎掉进陷坑或被关进笼子，便摇着尾巴向人求食，是因为威力长期以来使它渐渐驯服的缘故。所以，士人即使在地上划个圆圈作监牢，他也不肯进入；削个木头人作法吏，他也不肯对案，而打算在受辱之前就自杀。如今手脚被绑，戴上了刑具，暴露肌肤，被杖打鞭抽，囚禁在牢狱里。在这时候，见到狱吏就赶紧磕头，看见狱卒就心惊胆战。为什么呢？这是由于威力的长期施加造成的。都已到了这种地步，却说自己没有受辱，不过是厚脸皮罢了，有什么可赞扬的呢！

且西伯，伯也，拘于羑里；李斯，相也，具于五刑；淮阴[①]，王也，受械于陈；彭越、张敖[②]，南面称孤，系狱抵罪；绛侯诛诸吕[③]，权倾五伯，囚于请室；魏其[④]，大将也，衣赭衣，关三木；季布为朱家钳奴[⑤]；灌夫受辱于居室[⑥]，此人皆身至王侯将相，声闻邻国，及罪至罔加[⑦]，不能引决自裁。在尘埃之中[⑧]，古今一体，安在其不辱也？由此言之，勇怯，势也；强弱，形也。审矣，何足怪乎？夫人不能早自裁绳墨之外，以稍陵迟[9]，至于鞭箠之间，乃欲引节[10]，斯不亦远乎！古人所以重施刑于大夫者，殆为此也。夫人情莫不贪生恶死，念父母，顾妻子，至激于义理者不然，乃有所不得已也。今仆不幸早失父母，无兄弟之亲，独身孤立，少卿视仆于妻子何如哉？且勇者不必死节，怯夫慕义，何处不勉焉！仆虽怯懦欲苟活，亦颇识去就之分矣，何至自沉溺缧绁之辱哉！且夫臧获婢妾犹能引决[11]，况仆之不得已乎！所以隐忍苟活，幽于粪土之中而不辞者，恨私心有所不尽，鄙陋没世而文采不表于后世也。

【注释】

①淮阴：即汉初大将淮阴侯韩信。刘邦曾因怀疑楚王韩信谋反而将他在陈地抓起来，赦免后降为淮阴侯。

②彭越、张敖：两人在汉初都是王，彭越受封为梁王，张敖为赵王，所以都面南背北而称孤，后来也都因谋反之罪而入狱。

③绛侯：即周勃。这里说他灭掉刘邦妻子吕后的亲族，权势超过春秋五霸，却因谋反罪而被囚禁在专门关押有罪官吏的请室。

④魏其：汉景帝时大将军魏其侯窦婴。这里说他曾穿着囚犯的赭色衣服，戴着头枷、手铐和脚镣。

⑤季布：项羽的大将。项羽失败后，刘邦欲悬赏千金缉拿季布，他便自受钳刑，卖身于鲁国大侠朱家为奴。

⑥灌夫：汉景帝时为郎中将、武帝时为太仆，因得罪丞相田蚡而被囚。

⑦罔：同“网”，法网，刑法。

⑧尘埃之中：指屈辱的境地。下文“粪士之中”义同。

⑨稍:逐渐。陵迟:衰颓,指受挫。

⑩引节:即“死节”,死于名节。

⑪臧获:某些地方对奴婢的称呼。

【译文】

况且,西伯是一方诸侯之长,却被囚禁在羑里;李斯是一国的丞相,遭受五种刑罚;淮阴侯本是王,却在陈地戴上刑具;彭越、张敖都是南面称王的人,却被下狱定罪;绛侯诛灭诸吕,权势超过春秋五霸,却被关押在请室之中;魏其侯是大将军,却穿上赭色囚衣,戴上头枷、手铐和脚镣三种刑具;季布自受钳刑给朱家做奴隶;灌夫被关进居室受辱,这些人都是位至王侯将相,名声传到邻国,等到犯罪刑法加身,却不能自杀而死。在屈辱的境地古今一样,哪里有不受屈辱的呢?由此说来,勇怯、强弱都是形势使然。很明白的了,还有什么值得奇怪的呢?人不能在法律制裁之前就自杀,以致慢慢受挫而颓唐,到了身受杖打鞭抽的时候,才想为气节而死,这不是晚了点吗!古人之所以不轻易对大夫实施刑罚,大概就是因为这个。人之常情,无不贪生怕死、顾念父母妻儿,至于激于义理的人却不是如此,他们是有不得已的地方。如今我不幸父母早早过世,也没有兄弟,独自一人活在世上,你看我对妻子儿女又怎样呢?而且勇敢的人不一定非要为气节而死,怯懦的人要是仰慕节义,哪里找到可以勉励自己不要受辱呢!我虽然怯懦,想要苟且偷生,也很明白舍生就义的道理,哪里至于甘心被囚下狱而受尽污辱呢!而且奴仆婢妾尚且可以自杀,何况我是不得已,不是更该受死吗!我之所以强忍屈辱,苟且偷生,置身在屈辱境地而不自杀,是因为遗恨我心愿未了,卑贱无知而终其一生,我的文章便不能流传后世。

古者富贵而名磨灭,不可胜记,唯倜傥非常之人称焉①。盖文王拘而演《周易》②;仲尼厄而作《春秋》③;屈原放逐④,乃赋《离骚》;左丘失明⑤,厥有《国语》;孙子膑脚⑥,兵法修列；不韦迁蜀，世传《吕览》[7]；韩非囚秦[8]，《说难》《孤愤》；《诗》三百篇，大底贤圣发愤之所为作也。此人皆意有所郁结，不得通其道，故述往事，思来者。乃如左丘无目，孙子断足，终不可用，退而论书策以舒其愤，思垂空文以自见[9]。仆窃不逊，近自托于无能之辞，网罗天下放失旧闻[10]，略考其事，综其终始，稽其成败兴坏之纪[11]，上计轩辕[12]，下至于兹，为十表、本纪十二、书八章、世家三十、列传七十，凡百三十篇。亦欲以究天人之际，通古今之变，成一家之言。草创未就，会遭此祸，惜其不成，是以就极刑而无愠色。仆诚已著此书，藏之名山，传之其人、通邑大都，则仆偿前辱之责[13]，虽万被戮，岂有悔哉！然此可为智者道，难为俗人言也。

【注释】

①倜傥：卓越的样子。

②文王拘而演《周易》：指周文王被拘时推演八卦，形成《周易》。

③仲尼：孔子，名丘，字仲尼。厄：困顿。

④屈原：战国时楚国大夫，后被逐投汨罗江。著有《离骚》。

⑤左丘：春秋时鲁国史官。

⑥孙子：孙膑。著有《孙膑兵法》。膑脚：古代断足的刑罚。

⑦不韦：即吕不韦，秦始皇初为相国。《吕览》：即《吕氏春秋》，为吕不韦组织门客所作。

⑧韩非：战国末年韩国公子，在秦国被李斯谗害致死。著《韩非子》。

⑨垂：流传。

⑩放失：散失。

⑪稽：考察。

⑫轩辕：即黄帝。

⑬责:同“债”。

【译文】

古时候生前富贵而死后却声名不传的人,多得数不清,只有成就卓著、不同凡响的人能受到后人的称道。像周文王被拘禁而推演出《周易》;孔子受困厄而著作《春秋》;屈原被流放才写出《离骚》;左丘明双目失明,写出《国语》;孙膑膝盖骨被剜而编写出兵法;吕不韦迁居蜀地,《吕览》才得以流传于后世;韩非在秦国被捕下狱,写出了《说难》《孤愤》;《诗经》三百篇,大都是贤人、圣人抒发内心的愤懑而作的。这些人都是心里抑郁闷结,得不到宣泄,所以才追述以往的事情,寄希望于后来人。至于左丘明失明,孙子断了脚,再也得不到重用了,于是退而著书立说,以此抒发心中的愤懑,希望文章流传后世使后人能了解自己。近些年,我私下不自量力,依靠拙劣的文辞,搜集天下各处的旧闻,粗略地考订其事实,综合其来龙去脉,考察其成功、失败、兴起、衰亡的规律,上自黄帝,下至于今,写成表十篇、本纪十二篇、书八篇、世家三十篇、列传七十篇,共一百三十篇。也是想用来探究自然和人事之间的关系,通晓由古到今的变化,建立一家之言论。还没有写成,就遭遇了这起灾祸,我为此书未成深感痛惜,所以,遭受腐刑却毫无愠色。如果我真的已写完此书,在名山之中将它珍藏,传到了解我的人和交通发达的大都邑,那么偿还我此前受辱的债,即使我被杀一万次,还有什么可后悔的呢!然而这些话只能对智者去说,难于跟一般的人去讲。

且负下未易居①,下流多谤议②。仆以口语遇遭此祸,重为乡党所戮笑,以污辱先人,亦何面目复上父母之丘墓乎?虽累百世,垢弥甚耳!是以肠一日而九回,居则忽忽若有所亡,出则不知其所往。每念斯耻,汗未尝不发背沾衣也!身直为闺阁之臣③,宁得自引深藏岩穴邪?故且从俗浮沉,与时俯仰,以通其狂惑，今少卿乃教以推贤进士，无乃与仆私心剌谬乎[4]？今虽欲自彫琢，曼辞以自饰[5]，无益，于俗不信，适足取辱耳。要之，死日然后是非乃定。书不能悉意，略陈固陋。谨再拜。

【注释】

①负下：担负着污辱之名。

②下流：地位低下。

③直：只，仅仅。闺阁（gé）之臣：指宦官。阁，小门。

④剌（là）谬：违背。

⑤曼：美。

【译文】

而且，背着侮辱的罪名不易立身当世，地位低下的人常常被人诋毁。我因进言而遭遇这场灾祸，深受家乡人的耻笑，也让祖上受辱被污，还有什么脸面再给父母上坟呢？即使过了一百世，耻辱只会越来越加重！因此，一日之中，愁肠百转千回，平日在家神思恍惚，若有所失，出门不知道要到哪里去。每当想到这种耻辱，没有哪一次不是汗流浃背、沾湿衣服。我不过是宫中的臣仆，怎么能自我引退避居山野呢？所以，暂且跟着世俗随波逐流，与时势俯仰上下，以抒发内心的悲愤。如今少卿竟然叫我推贤举能，不是和我个人的想法相违背吗？现在就算我想用推贤举能的行动来粉饰自己，用甜言美语为自己开脱，也毫无用处，不会得到世俗的信任，只会自取其辱而已。总之，人死了以后才能定功论过。这封信不能充分表达我的心意，只是概略地陈说一下鄙陋之见。再次恭敬地向您致意。

卷六

汉　书

《汉书》也称《前汉书》，记载西汉一代历史，是我国第一部纪传体断代史。作者班固(32—92)，字孟坚，东汉扶风安陵(今陕西咸阳)人。其父班彪曾著有《史记后传》六十五篇，班固有志完成父业，却被人诬告私改国史而下狱。其弟班超替他上书辩白，明帝看过他的书稿也觉得他才能卓异，就任命他为兰台令史，随后升迁为郎，典校秘书，继续修史。班固去世时，《汉书》已大致完成，其妹班昭与马续完成了最后的"八表"与《天文志》。《汉书》最终在汉和帝时期，前后历时近四十年，经两代四人终于成书。

《汉书》共一百篇，分十二纪、八表、十志、七十列传。关于汉武帝以前的史事，基本上取材于《史记》，但因是"奉诏而作"，且班固本人是个正统的儒者，当时也是儒道最盛的时期，因此不像《史记》那样富于激情与人情，文笔上也不如《史记》那样挥洒自如，而处处流露出比较刻板的官方正统意识。从此以后各朝的所谓"正史"基本都沿袭了《汉书》的官方正统化风格，在体裁上也"自尔迄今，无改斯道"了。

高帝求贤诏

【题解】

高帝即汉高祖刘邦，西汉开国皇帝，字季，沛（今江苏沛县）人。在位期间采取了恢复发展生产的措施。他认识到人才对于巩固统治的重要意义，因此颁布此诏令，在全国范围内征求贤才。

盖闻王者莫高于周文①，伯者莫高于齐桓②，皆待贤人而成名③。今天下贤者智能岂特古之人乎④？患在人主不交故也，士奚由进⑤？今吾以天之灵、贤士大夫定有天下，以为一家，欲其长久，世世奉宗庙亡绝也⑥。贤人已与我共平之矣，而不与吾共安利之，可乎？贤士大夫有肯从我游者，吾能尊显之。布告天下，使明知朕意。御史大夫昌下相国⑦，相国酂侯下诸侯王⑧，御史中执法下郡守⑨，其有意称明德者⑩，必身劝，为之驾，遣诣相国府，署行、义、年⑪。有而弗言，觉免。年老癃病⑫，勿遣。

【注释】

①盖：发语词。王（wàng）：动词，成就王业。周文：周文王。

②伯（bà）：称霸。齐桓：齐桓公，春秋五霸之首。

③待：依靠。

④特：只。

⑤奚：何。

⑥亡（wú）：无。

⑦御史大夫：汉朝中枢机构的最高长官之一，掌管机要文书和监察事务。相国：后称丞相，处理国家政事的最高行政长官。

⑧酂(zàn)侯:即萧何。

⑨御史中执法:又称御史中丞,地位仅次于御史大夫。郡守:郡的最高长官。

⑩意:名声。称(chèn):相副。明德:才德。

⑪署:题写。行:事迹,表现。义:同“仪”,相貌。

⑫癃(lóng):衰老病弱。

【译文】

听说古来成就王业的没有谁能超过周文王,成就霸业的没有谁能超过齐桓公,他们都依靠贤人的辅佐而成就功名。如果说到天下贤人的智慧和才能,难道只有古人才具备吗?只怕君主不去结交他们,贤士通过什么途径得到推荐呢?现在我靠老天佑助、贤士大夫们平定并取得天下,完成统一大业,想要使政权长久,世世代代延续不断地奉祠宗庙。贤士们和我一起平定了天下,而不和我一起来治理使其安定发展,怎么可以呢?贤士们愿意和我一起治理国家的,我能让他们地位尊贵,声名显赫,因此布告天下,让天下清楚地知道我的意思。御史大夫周昌把我的求贤诏令下达给相国,相国酂侯萧何将它下达给诸侯王,御史中丞下达给各郡的郡守,如果有名声、才德相符的贤士,地方官一定要亲自去劝勉,给他安排车驾,送到相国府,记下他的表现、容貌和年龄。如果有贤才而官吏不举荐,一经发觉即予免职。年老有病的则不必遣送。

文帝议佐百姓诏

【题解】

文帝,即汉文帝刘恒。此诏令是针对因水旱灾害造成的粮食短缺问题而发,分别从政府和百姓两方面反复设问,寻求症结所在,表达了关心民瘼的迫切心情。

间者数年比不登[①]，又有水、旱、疾、疫之灾，朕甚忧之。愚而不明，未达其咎[②]。意者朕之政有所失而行有过与[③]？乃天道有不顺，地利或不得，人事多失和，鬼神废不享与[④]？何以致此？将百官之奉养或费[⑤]，无用之事或多与？何其民食之寡乏也？夫度田非益寡[⑥]，而计民未加益，以口量地，其于古犹有余，而食之甚不足者，其咎安在？无乃百姓之从事于末[⑦]，以害农者蕃[⑧]？为酒醪以靡谷者多[⑨]，六畜之食焉者众与[⑩]？细大之义，吾未能得其中。其与丞相、列侯、吏二千石、博士议之[⑪]，有可以佐百姓者，率意远思[⑫]，无有所隐！

【注释】

①间：近来。比：屡屡。登：庄稼成熟。

②达：明达，通晓。咎：过错，灾祸。

③意者：或许，恐怕，想来是。

④废：抛弃。享：享用供品。

⑤将：抑，或者。

⑥度(duó)：计量。益：更加。

⑦末：指工商业。

⑧蕃：多。

⑨醪(láo)：酒酿。靡：浪费。

⑩食(sì)：喂养、饲养。

⑪列侯：汉代制度，称异姓封侯者为列侯。二千石：是官员的俸禄。这里指汉代郡守以上的官。博士：掌管书籍文献，通晓古今，为当政者出谋划策的官员。

⑫率意：尽心。

【译文】

近年来连续歉收，又有水灾、旱灾、疾病、瘟疫等灾害，我很忧虑。由于我愚钝而不明智，不明白哪里出了问题。想来是我为政上有失误、行为上有过错吧？还是天时不顺，或未能尽地利，或人事不协调，或鬼神抛弃我而不享用祭品呢？为什么会到这种地步呢？或许是百官的俸禄花费太大、无用的事情办得太多吧？为什么人民的口粮如此缺乏呢？经过丈量，田地并不比以前更少，经过统计，人口也没有比以前更多，按人口均分土地，比古时还要多，而粮食却很匮乏，毛病出在哪里？难道是百姓中从事商业以致耽误农事的人多了？为酿酒浪费的粮食多了？还是六畜饲养太多以致吃了太多粮食呢？这些大大小小的原因，我还不能确知问题所在。所以和丞相、列侯、俸禄二千石的官吏和博士们商议，有可以帮助百姓的，要用心去好好思考，不要有所隐瞒！

景帝令二千石修职诏

【题解】

此诏是汉景帝为整顿吏治而发。先指出饥寒的原因及其危害，接着发出民食缺少的设问，指出病根在于官吏，并就此下达了整顿吏治的命令。

雕文刻镂①，伤农事者也；锦绣纂组②，害女红者也③。农事伤，则饥之本也；女红害，则寒之原也。夫饥寒并至，而能无为非者寡矣。朕亲耕，后亲桑，以奉宗庙粢盛、祭服④，为天下先。不受献，减太官⑤，省繇赋，欲天下务农蚕，素有畜积⑥，以备灾害。强毋攘弱⑦，众毋暴寡，老耆以寿终⑧，幼孤得遂长⑨。今岁或不登⑩，民食颇寡，其咎安在？或诈伪为吏，吏以货赂为市[11]，渔夺百姓[12]，侵牟万民[13]。县丞[14]，长吏也，奸法与盗盗[15]，甚无谓也。其令二千石各修其职[16]。不事官职，耗乱者[17]，丞相以闻，请其罪[18]。布告天下，使明知朕意。

【注释】

①雕：彩画。文：花纹。

②纂(zuǎn)组：赤色绶带。

③女红(gōng)：女工，女子纺织、缝纫等事。

④粢盛(zī chéng)：盛在祭器内供祭祀用的谷物。

⑤太官：掌宫廷膳食之官。

⑥畜：通“蓄”，积蓄，积储。

⑦攘：夺取。

⑧耆(qí)：古代六十岁以上的人称耆。

⑨遂：成。

⑩登：谷物的收成。

⑪货赂：财物。市：交易，做交易。

⑫渔夺：残酷地掠夺。渔，侵占，掠夺。

⑬侵牟：贪取。

⑭县丞：县令的副职。

⑮奸法：因法作奸。与盗盗：助盗为盗。

⑯二千石：指俸禄二千石的郡守和国相。

⑰耗乱：昏乱不明。耗，通“眊(mào)”，不明。

⑱请：追究。

【译文】

对器具一味彩绘装饰、精雕细刻的，是妨害农业生产的事；对衣饰刺绣花纹、编织丝带，是妨害妇女们纺织的事。农业生产受到损害，是百姓饥饿的根源；妇女们纺织受到损害，是百姓寒冷的根源。饥寒交迫，就很少有人能不为非作歹的。我亲自耕种籍田，皇后亲自采桑养蚕，来供给宗庙里的祭品和祭服，为天下人带头。我不接受人们的献纳，减省膳食，减免徭役和赋税，想使天下人致力农桑，平常有所蓄积，以备灾荒。要求强者不要攘夺弱者，势众的不要欺负势单力薄的，老人能得寿终，孤幼儿童能顺利成长。现在有时收成不好，百姓的粮食很缺乏，毛病出在什么地方？或许有奸诈虚伪的人当了官吏，他们以财物为交易，掠夺百姓，残害人民。县丞本是县里众吏之长，却舞弊乱法，助盗为盗，这就完全违背了设长吏的本意。现在命令各地二千石官员们各自督察属下县丞的职能。如果二千石官员不能恪尽职守，昏乱而不察下属奸情，丞相要及时上报，追究他们的罪责。将此广泛传告天下，让天下明白我的意思。

武帝求茂材异等诏

【题解】

此诏令是汉武帝刘彻为命令州郡察举人才而发，指出非常的功业要靠非常的人才来建立，选拔人才要不拘一格，展示了汉武帝的雄才大略。

盖有非常之功，必待非常之人。故马或奔踶而致千里①，士或有负俗之累而立功名②。夫泛驾之马③，跅弛之士④，亦在御之而已。其令州郡察吏民有茂材异等可为将相及使绝国者⑤。

【注释】

①奔踶(dì)：乘则疾奔，立则踢人，指勇烈难驯之马。踶，踢，踏。

②负俗之累：被世俗讥笑的过失。

③泛驾：马有逸气而不循轨辙。泛，通“覂(fěng)”，翻覆。

④跅(tuò)弛：不受礼俗约束而放荡不羁。

⑤州：监察区的名称，汉代设有十三个监察区。郡：指地方行政区。茂材：指有优秀才能的人。异等：指超过常人、出类拔萃的人。绝国：绝远之国。

【译文】

大凡要建立不平凡的功业，必须要依靠不平凡的人来完成。所以勇烈难驯的马却能日行千里，被世人所讥议的士人却能建立功名。那些不循轨辙的骏马，行为放荡不受礼俗约束的士人，也在于驾驭他们而已。命令各州郡考察吏民中出类拔萃、可任将相及出使外国的优秀人才。

贾　谊

贾谊（前200—前168），洛阳（今属河南）人，西汉初年著名的政治家与文学家。曾任博士、太中大夫。因多次上疏提出改革建议，遭到一些为政大臣的排斥和打击，被贬为长沙王太傅，后改任梁怀王太傅。怀王坠马而死，贾谊自伤失职，一年后抑郁而死，年仅三十三岁。

过秦论上

【题解】

“过秦论”，即论述秦朝的过失。文章叙述了秦如何走向强盛，吞并力量远超秦的东方六国，建立了中国历史上第一个统一而强大的封建王朝。然而这样一个兵力强盛、地势险固的强国，却被一群“斩木为兵”的农民起兵推翻，原因何在？通过对比，作者得出结论：“仁义不施，而攻守之势异也。”

秦孝公据殽、函之固①，拥雍州之地②，君臣固守，以窥周室。有席卷天下、包举宇内、囊括四海之意③，并吞八荒之心④。当是时也，商君佐之⑤，内立法度，务耕织，修守战之具；外连衡而斗诸侯[6]。于是秦人拱手而取西河之外[7]。

【注释】

①秦孝公：名渠梁，任用商鞅实行变法，秦国国力大增，开始称雄诸侯。殽：通“崤”，崤山，在今河南洛宁北。函：函谷关，在今河南灵宝东北。这是当时秦国的东关。

②雍州：古九州之一，相当于今陕西、甘肃、青海等部分地区。

③“有席卷”三句：席卷、包举、囊括，都有全部占有的意思。

④八荒：八方。

⑤商君：指商鞅。他由卫入秦，辅佐孝公变法，后被诬谋反遭杀害。

⑥衡：同“横”。斗：使诸侯争斗。

⑦西河：指黄河西岸，原属魏国的地区。

【译文】

秦孝公依据崤山、函谷关的险固地势，拥有雍州的土地，君主臣民一起固守，暗中窥伺周王室。怀有席卷天下、包举宇内、征服四海的壮志，并吞八方的雄心。这期间，商鞅辅佐他，对内制定法令制度，鼓励农耕纺织，修造用于防守攻战的器械；对外实行连横策略，使各诸侯之间互相争斗。于是秦人轻而易举地取得了西河以外的大片土地。

孝公既没，惠文、武、昭蒙故业[1]，因遗策[2]，南取汉中[3]，西举巴蜀[4]，东割膏腴之地，收要害之郡。诸侯恐惧，会盟而谋弱秦，不爱珍器、重宝、肥饶之地，以致天下之士，合从缔交[5]，相与为一。当此之时，齐有孟尝，赵有平原，楚有春申，魏有信陵[6]。此四君者，皆明智而忠信，宽厚而爱人，尊贤而重士，约从离横，兼韩、魏、燕、赵、宋、卫、中山之众。于是六国之士，有宁越、徐尚、苏秦、杜赫之属为之谋，齐明、周最、陈轸、召滑、楼缓、翟景、苏厉、乐毅之徒通其意,吴起、孙膑、带佗、兒良、王廖、田忌、廉颇、赵奢之伦制其兵。尝以什倍之地、百万之众,叩关而攻秦。秦人开关而延敌,九国之师遁逃而不敢进⑦。秦无亡矢遗镞之费⑧,而天下诸侯已困矣。于是从散约解,争割地而赂秦。秦有余力而制其弊,追亡逐北⑨,伏尸百万,流血漂橹⑩。因利乘便,宰割天下,分裂河山。强国请服,弱国入朝。施及孝文王、庄襄王⑪,享国之日浅,国家无事。

【注释】

①惠文、武、昭:指惠文王驷、武王荡、昭襄王则。蒙:继承。

②因:遵循。

③汉中:今陕西汉中一带。

④巴蜀:地在今四川。

⑤合从(zòng):合纵,指六国联合抵御秦国的策略。从,同"纵"。

⑥"齐有"四句:孟尝,孟尝君田文。平原,平原君赵胜。春申,春申君黄歇。信陵,信陵君魏无忌。

⑦九国:指齐、楚、韩、魏、燕、赵、宋、卫、中山。

⑧镞(zú):箭头。

⑨北:败北。

⑩橹(lǔ):大盾牌。

⑪施(yì):延续。

【译文】

秦孝公死后,惠文王、武王、昭襄王继承祖先的基业,遵循传统的策略,向南攻取汉中,向西占领巴蜀,向东割据肥沃富饶的土地,收服地势险要的州郡。各国诸侯因而害怕,聚会结盟来商量削弱秦国,他们不惜用珍贵的器具、重要的宝物、肥饶的土地来招致天下的贤士，以合纵策略订立盟约，相互结为一体。这一时期，齐国有孟尝君，赵国有平原君，楚国有春申君，魏国有信陵君。这四个人，都睿智而忠信，宽厚而仁爱，尊敬贤良重视士人，使六国相约合纵，拆散与秦国的连横，同时联合了韩国、魏国、燕国、赵国、宋国、卫国、中山国的军队。于是，六国的士人，有宁越、徐尚、苏秦、杜赫等人为他们出谋划策，齐明、周最、陈轸、召滑、楼缓、翟景、苏厉、乐毅等人为他们互通信息，吴起、孙膑、带佗、兒良、王廖、田忌、廉颇、赵奢等人统率军队。他们曾经以十倍于秦国的土地、百万军队，进逼函谷关攻打秦国。秦国人打开函谷关迎敌，但九国的军队却躲避逃跑不敢进关。秦国不费一箭一镞而天下诸侯已经陷入困境了。于是合纵分散，盟约解除，六国争着割让土地来送给秦国。秦国更有余力，抓住六国的弱点，追赶败逃之军，伏尸遍地，流淌的血把盾牌都漂起来了。秦国乘着有利形势和时机，割取天下土地，使各国山河分裂。于是强国请求臣服，弱国来秦国朝拜。相沿到秦孝文王、庄襄王，他们在位的时间很短，秦国没有重大事件。

及至始皇，奋六世之余烈①，振长策而御宇内，吞二周而亡诸侯②，履至尊而制六合③，执敲朴以鞭笞天下④，威振四海。南取百越之地⑤，以为桂林、象郡⑥。百越之君俛首系颈⑦，委命下吏。乃使蒙恬北筑长城而守藩篱⑧，却匈奴七百余里⑨，胡人不敢南下而牧马，士不敢弯弓而报怨。于是废先王之道，燔百家之言⑩，以愚黔首⑪。隳名城⑫，杀豪俊，收天下之兵聚之咸阳，销锋镝⑬，铸以为金人十二，以弱天下之民。然后践华为城⑭，因河为池⑮，据亿丈之城，临不测之溪以为固。良将劲弩，守要害之处，信臣精卒，陈利兵而谁何⑯。天下已定，始皇之心，自以为关中之固，金城千里⑰，子孙帝王万世之业也。始皇既没，余威震于殊俗。

【注释】

①余烈：遗留下的功业。

②二周：战国时周分裂为西周、东周两个小国，分别建都于今河南洛阳和巩县。

③六合：天地四方。这里指天下。

④敲朴：杖棒，短者为敲，长者为朴。

⑤百越：泛指东南少数民族各部。

⑥桂林、象郡：是秦所设二郡，在今广西境内。

⑦俛：同“俯”。系颈：以带系颈，表示投降。

⑧蒙恬(tián)：秦国将领。曾率军渡黄河北逐匈奴，修筑长城。

⑨却：击退。

⑩燔(fán)：烧。

⑪黔首：百姓。

⑫隳(huī)：毁坏。

⑬镝：通“镝(dí)”，箭头。

⑭践：据。华(huà)：华山。

⑮河：黄河。

⑯谁何：谁敢呵问。何，通“呵”，呵斥。

⑰金城：坚固的城池。

【译文】

等到了秦始皇，他继承发扬秦国六代遗留下的功业，高举长鞭来驾驭天下，吞并东西二周而灭亡六国诸侯，登上至高无上的皇帝宝座而统治整个中国，拿着棍子木杖役使天下人民，威震四海。向南攻取百越领土，划为桂林郡、象郡。百越的君主们低头系颈，听命于秦朝小吏。于是派遣蒙恬在北边修筑长城来守卫边界，打退匈奴七百多里，使匈奴人不敢南下牧马，匈奴军队不敢挑战复仇。于是秦始皇废弃了古代圣王的治国之道，焚烧了诸子百家的著作，用来愚昧百姓。他毁坏各国名城，杀戮豪杰俊才，收缴天下的兵器，聚集到咸阳，销熔锋刃和箭头，铸造成十二个金人，以削弱天下人民的力量。然后，他凭借华山，把它当做城墙，依托黄河，把它作为护城河，上据亿丈的高大城防，下临深不可测的河流，自以为固若金汤。良将手持强弓，守卫着要害之处；忠信大臣率领精锐士兵，手持锋利兵器盘问出入关卡的行人。天下已经平定，秦始皇的心里，自以为关中这样坚固，犹如千里铜墙铁壁，这是子孙万世称帝称王的基业了。秦始皇死后，他的余威还震慑着边远地区。

然而陈涉①，瓮牖绳枢之子②，氓隶之人，而迁徙之徒也③，材能不及中庸④，非有仲尼、墨翟之贤⑤，陶朱、猗顿之富⑥，蹑足行伍之间⑦，俛起阡陌之中⑧，率罢弊之卒⑨，将数百之众，转而攻秦。斩木为兵，揭竿为旗⑩，天下云集而响应，赢粮而景从⑪，山东豪俊遂并起而亡秦族矣⑫。

【注释】

①陈涉：即陈胜。

②牖（yǒu）：窗户。

③迁徙之徒：被发配到边疆服役的人。

④中庸：中等庸人。

⑤墨翟（dí）：即墨子，春秋后期思想家。

⑥陶朱：即范蠡（lǐ），春秋末越大夫。晚年到陶地经商致富，号称陶朱公。猗顿：春秋时鲁国人，在猗氏经营畜牧业而成巨富。

⑦蹑：践，履。行伍：军队基层组织。

⑧俛：通“勉”，尽力。

⑨罢(pí):疲倦。

⑩揭:举。

⑪赢:背负。景:同“影”。

⑫山东:崤山以东。

【译文】

然而陈涉这个用瓦盆当窗、用绳子系门枢的穷小子,低贱的种田人,被征发守边的人,他的才能不及中等人,没有孔子、墨子的才能,没有范蠡、猗顿的财富,只是夹在军队的底层,在村野中勉力起事,带领疲惫的士兵,指挥几百人的军队,辗转攻打秦朝。他们砍下树木当武器,举起竹竿当大旗,天下百姓像云一样会聚,像回声一样响应,背着粮食像影子一样紧随他,崤山以东的豪杰俊士于是合力而起灭亡了秦朝。

且夫天下非小弱也,雍州之地,殽、函之固,自若也[①];陈涉之位,不尊于齐、楚、燕、赵、韩、魏、宋、卫、中山之君也;锄耰、棘矜[②],不铦于钩、戟、长铩也[③];谪戍之众,非抗于九国之师也[④];深谋远虑,行军用兵之道,非及曩时之士也[⑤],然而成败异变,功业相反。试使山东之国与陈涉度长絜大[⑥],比权量力,则不可同年而语矣。然秦以区区之地,致万乘之权,招八州而朝同列,百有余年矣。然后以六合为家,殽、函为宫。一夫作难而七庙隳[⑦],身死人手,为天下笑者,何也?仁义不施,而攻守之势异也。

【注释】

①自若:如此,和以前一样。

②耰(yōu):平整土地所用农具。棘矜:棘木棍。

③铦(xiān):锋利。铩(shā):大矛。

④抗：同“亢”，高出，超出。

⑤曩（nǎng）：以往，从前。

⑥度（duó）长絜（xié）大：比较长短大小。

⑦七庙：天子宗庙。古代制度规定天子宗庙奉祀七代祖先。

【译文】

秦朝天下并没有减小削弱，雍州的肥沃土地，崤山、函谷关的坚固关隘，和以前一样；陈涉的地位，不比齐国、楚国、燕国、赵国、韩国、魏国、宋国、卫国、中山国的君主们尊贵；种田的锄头、木棍不比钩戟长矛锐利；贬谪服役的队伍，没有高出九国军队的战斗力；深谋远虑，行军用兵的战略战术，比不上从前六国的谋士们，然而结果却发生变化，功业也恰好相反。假如让崤山以东的诸侯国跟陈涉比比长短大小，比比权力大小，那是不能相提并论了。但是秦国以它原来小小的一点地方，取得帝王之权，招来八州诸侯，使他们入朝称臣，也有一百多年了。此后把天地四方作为秦国一家所有，把崤山、函谷关当做自家宫室。不料一个陈涉发难就使秦朝覆灭，国君死在人家手里，为天下人耻笑，这是为什么呢？这是因为不施行仁义，而进攻与防守的势态发生了变化啊。

治安策一

【题解】

本文又名《陈政事疏》，是贾谊针对时政的一篇奏疏。西汉开国之初曾大肆分封诸侯，这带来了诸侯王割据势力同中央政权的矛盾对立。贾谊就此问题向汉文帝提出了“众建诸侯而少其力”的建议，以削弱诸侯王势力，保证中央政权的集中与统一。

夫树国固①，必相疑之势，下数被其殃②，上数爽其忧③，甚非所以安上而全下也。今或亲弟谋为东帝④，亲兄之子西乡而击⑤，今吴又见告矣⑥。天子春秋鼎盛⑦，行义未过，德泽有加焉，犹尚如是，况莫大诸侯⑧，权力且十此者乎！然而天下少安⑨，何也？大国之王幼弱未壮，汉之所置傅、相方握其事⑩。数年之后，诸侯之王大抵皆冠⑪，血气方刚，汉之傅、相称病而赐罢⑫，彼自丞尉以上遍置私人⑬，如此，有异淮南、济北之为邪？此时而欲为治安，虽尧、舜不治。

【注释】

①树国：建立诸侯国。

②数(shuò)：屡次。

③爽：担心。

④亲弟：指汉文帝弟淮南厉王刘长。淮南国都寿春(今安徽寿县)，地在长安东，故曰“谋为东帝”。

⑤亲兄之子：指汉文帝兄刘肥之子济北王刘兴居，他趁文帝抗击匈奴时，欲起兵西去荥阳，败而自杀。乡：通“向”。

⑥吴：指汉高祖侄子吴王刘濞(bì)。

⑦春秋鼎盛：年轻。鼎，正值。

⑧莫大：最大。

⑨少安：稍安。

⑩傅：指朝廷为年幼诸侯设的太傅、少傅。相：朝廷派到诸侯国的最高行政长官。

⑪冠：成年。古时男子二十岁行冠礼。

⑫赐罢：赐予免官，批准退休。

⑬丞尉：县的文武官员。

【译文】

如果封立的诸侯国强大，一定会造成朝廷与诸侯国互相疑忌的情势，在下的诸侯国经常遭受这种灾祸，在上的中央朝廷经常担心这种忧患。这实在不是安定朝廷、保全诸侯的方法。如今皇上的亲弟弟阴谋当东帝，亲哥哥的儿子向西攻击朝廷，现在吴国又被告发了。天子正年富力强，施行仁义，德行、道义没有过失，道德恩泽遍施天下，尚且如此，何况最大的诸侯国权力比这类诸侯国要大十倍呢！但是如今天下暂时比较安定，什么原因呢？因为大国的诸侯王还年幼未成年，朝廷设置的傅、相们正掌握着王国政事。几年以后，如今的诸侯王大都加冠成人，血气方刚，朝廷派去的傅、相不得不称病辞官，那些诸侯王就要把丞、尉以上的官职都安排自己的亲信担任，这样，他们与谋反的淮南王、济北王的行为有什么不同呢？这时再想治理安定，即使唐尧、虞舜也是没法治理的。

黄帝曰："日中必熭[①]，操刀必割。"今令此道顺而全安[②]，甚易；不肯早为，已乃堕骨肉之属而抗刭之[③]，岂有异秦之季世乎[④]？夫以天子之位，乘今之时，因天之助，尚惮以危为安，以乱为治，假设陛下居齐桓之处，将不合诸侯而匡天下乎[⑤]？臣又知陛下有所必不能矣。假设天下如曩时[⑥]，淮阴侯尚王楚[⑦]，黥布王淮南[⑧]，彭越王梁[⑨]，韩信王韩[⑩]，张敖王赵[⑪]，贯高为相[⑫]，卢绾王燕[⑬]，陈豨在代[⑭]，令此六、七公者皆亡恙[⑮]，当是时而陛下即天子位，能自安乎？臣有以知陛下之不能也。天下殽乱，高皇帝与诸公并起，非有仄室之势以豫席之也[⑯]。诸公幸者乃为中涓[⑰]，其次廑得舍人[⑱]，材之不逮至远也。高皇帝以明圣威武即天子位，割膏腴之地以王诸公，多者百余城，少者乃三四十县，德至渥也[⑲]。然其后七年之间，反者九起。陛下之与诸公，非亲角材而臣之也[20]，又非身封王之也，自高皇帝不能以是一岁为安，故臣知陛下之不能也。

【注释】

①熭(wèi)：暴晒。

②今：如果。

③抗刭(jǐng)：杀头。

④季世：末世。

⑤匡：正。

⑥曩(nǎng)：从前。

⑦淮阴侯：韩信。汉初封楚王，后贬为淮阴侯。最后以谋反被杀。楚：在今江苏境内。

⑧黥(qíng)布：即英布，汉初封为淮南王。最后以谋反被杀。淮南：在今安徽境内。

⑨彭越：汉初封为梁王。后以谋反被杀。梁：在今河南境内。

⑩韩信：指韩王信，战国韩国后代。后以谋反被杀。

⑪张敖：刘邦女婿，袭父张耳位为赵王。赵：在今河北境内。

⑫贯高：为张敖相。因刘邦对张敖无礼，怒而欲杀刘邦。

⑬卢绾(wǎn)：汉初封燕王。后被疑谋反逃往匈奴。

⑭陈豨(xī)：汉初封为阳夏侯，统率赵、代两地军队。高祖十二年自立为代王。代：在今河北境内。

⑮亡(wú)恙：无恙。亡，无。

⑯仄室：侧室。这里指庶子，即非正妻所生之子。豫：事先。席：凭借。仄，旁，侧。

⑰中涓：皇帝近侍官员。

⑱厪：通“仅”。舍人：地位次于中涓的近侍官员。

⑲渥：浓，厚。

⑳角材:比较才能。臣:动词,封官。

【译文】

黄帝说:"太阳正当中午一定要晒东西,持刀在手一定要宰割牲畜。"如果照此处理事情,下全上安很容易做到;如果不肯及早行动,已然等到毁了骨肉之亲而使人头落地,难道跟秦朝末代的情形有什么不同吗?身居天子的地位,利用当今的时机,借助上天的佑助,尚且担心错把危险当做安全,错把混乱当做清平,假使陛下处在齐桓公当年的地位,难道就不肯集合诸侯、匡正天下吗?我又知道陛下是一定不会行动的了。假使当今天下就像从前一样,淮阴侯仍在楚国为王,黥布在淮南为王,彭越在梁国为王,韩信在韩国为王,张敖在赵国为王,贯高为赵相,卢绾在燕国为王,陈豨为代王,假使这六七位还在世,在此时陛下登上天子之位,能安心吗?我有理由知道陛下是不能安心的。天下混乱,高皇帝与这几位王公一同起义,他并没有皇帝侧室之子的身份预先凭借。这些王公中幸运的当上了中涓,其次的只不过得个舍人职位,是因为他们的才能相差极远。高皇帝以他的圣明威武登上天子之位,划出肥沃富饶的土地封这几位为王,封地多的有一百多个城邑,少的也有三四十县,德泽非常优厚了。然而在此后七年当中,竟发生了九起反叛事件。陛下您与当今王公们,不是亲自量才授给他们官职的,又不是您亲自封他们为王的,即使高皇帝都不能求得一年的安定,所以我知道陛下也做不到这一点。

然尚有可诿者[①],曰疏[②]。臣请试言其亲者。假令悼惠王王齐[③],元王王楚[④],中子王赵[⑤],幽王王淮阳[⑥],共王王梁[⑦],灵王王燕[⑧],厉王王淮南[⑨],六七贵人皆亡恙,当是时陛下即位,能为治乎?臣又知陛下之不能也。若此诸王,虽名为臣,实皆有布衣昆弟之心[⑩],虑亡不帝制而天子自为者[⑪]。

擅爵人[12]，赦死辠[13]，甚者或戴黄屋[14]，汉法令非行也。虽行，不轨如厉王者，令之不肯听，召之安可致乎！幸而来至，法安可得加！动一亲戚，天下圜视而起[15]，陛下之臣虽有悍如冯敬者[16]，适启其口，匕首已陷其胸矣。陛下虽贤，谁与领此[17]？故疏者必危，亲者必乱，已然之效也。其异姓负强而动者，汉已幸胜之矣，又不易其所以然。同姓袭是迹而动，既有征矣，其势尽又复然。殃祸之变，未知所移，明帝处之尚不能以安，后世将如之何！

【注释】

①诿(wěi)：推托。

②疏：指亲属关系疏远。

③悼惠王：齐悼惠王，汉高祖长子刘肥。

④元王：楚元王，汉高祖弟刘交。

⑤中子：赵隐王，汉高祖第三子刘如意。

⑥幽王：赵幽王，汉高祖子刘友，原是淮阳王，后徙赵。

⑦共(gōng)王：赵共王，高祖子刘恢。原为梁王，后徙赵。

⑧灵王：燕灵王，汉高祖子刘建。

⑨厉王：淮南王刘长，刘邦子。

⑩布衣昆弟：像老百姓中的兄弟关系。

⑪虑：大抵，大概。亡(wú)：无。

⑫爵人：封给人爵位。

⑬辠：同“罪”。

⑭黄屋：皇帝所乘车，车盖以黄缯做里。

⑮圜视：瞪眼怒视。圜，同“圆”。

⑯冯敬：御史大夫。曾揭发淮南王谋反而被刺杀。

⑰领：治理。

【译文】

然而还有一种可以推托的理由，叫做关系疏远。请容许我试着说说亲属关系亲近的情况。假使让悼惠王在齐国为王，元王在楚国为王，高皇帝的儿子如意在赵国为王，幽王在淮阳为王，共王在梁国为王，灵王在燕国为王，厉王在淮南为王，这六七位贵人都健在，这时陛下登上皇帝之位，能够做到天下太平吗？我又知道陛下是不能的。像这些诸侯王，虽然名义上是臣子，其实都怀有与陛下就像老百姓中的兄弟一样的想法，大概没有不想行皇帝之礼、自己做皇帝的。他们擅自封人爵位，赦免死罪，有的甚至乘坐皇帝专用的黄屋车，不实行汉朝法令。有的虽然实行了，但是像厉王那样行为不轨，命令他都不肯听从，一旦要召见他们，又怎么会来呢！即使被召来了，法令又怎么能够施加于他们！如果触动一个亲戚，天下贵族都会怒目而起。陛下的臣子中虽然有冯敬这样勇敢的人，但是他刚刚一开口，利刃已经捅进他胸膛了。陛下虽然贤明，但是与谁一起治理这种行为呢？所以疏远的诸侯王一定危险，亲近的诸侯王一定作乱，这已经是可见的事实。那些异姓王自恃强大而发动叛乱的，汉朝已经侥幸战胜他们了，却又不改变造成他们恃强动乱的根源。同姓王沿袭异姓王的行径而动乱，已经有征兆了，形势似乎又一样了。祸殃的变化，不知会如何发展，圣明的天子处在这样的形势中尚且不能安宁，后世又将怎么办！

屠牛坦一朝解十二牛①，而芒刃不顿者②，所排击剥割，皆众理解也③。至于髋髀之所④，非斤则斧⑤。夫仁义恩厚，人主之芒刃也；权势法制，人主之斤斧也。今诸侯王皆众髋髀也，释斤斧之用，而欲婴以芒刃⑥，臣以为不缺则折。胡不用之淮南、济北？势不可也。

【注释】

①屠牛坦：春秋时的一位宰牛人。

②芒刃：利刃。顿：通“钝”，不锋利。

③理：肌肉纹理。解：关节缝隙。

④髋（kuān）：胯骨。髀（bì）：大腿骨。

⑤斤：古代砍伐树木的工具。

⑥婴：碰，触动。

【译文】

屠牛坦，一天可以宰割十二头牛，而他的刀刃却不会变钝的原因，是他用屠刀捅剥切割，都是沿着关节缝隙来的，至于髋骨、股骨这样的大骨头，不是用小斧就是用大斧。仁义恩厚，是君主手中的利刃；权势法制，是君主的大小斧头。如今的诸侯王，好比髋骨、股骨那样的大骨头，丢开大小斧头，而要用锋利刀刃去劈，我以为利刃不是缺口就是折断。为什么不把仁义恩厚用在反叛的淮南王、济北王身上呢？因为形势不容许。

臣窃迹前事[①]，大抵强者先反。淮阴王楚，最强，则最先反；韩信倚胡[②]，则又反；贯高因赵资，则又反；陈豨兵精，则又反；彭越用梁，则又反；黥布用淮南，则又反；卢绾最弱，最后反。长沙乃在二万五千户耳[③]，功少而最完，势疏而最忠，非独性异人也，亦形势然也。曩令樊、郦、绛、灌据数十城而王[④]，今虽已残亡，可也，令信、越之伦列为彻侯而居[⑤]，虽至今存，可也。然则天下之大计可知已。欲诸王之皆忠附，则莫若令如长沙王；欲臣子之勿菹醢[⑥]，则莫若令如樊、郦等；

欲天下之治安，莫若众建诸侯而少其力。力少则易使以义，国小则亡邪心。令海内之势如身之使臂，臂之使指，莫不制从；诸侯之君不敢有异心，辐凑并进而归命天子，虽在细民，且知其安，故天下咸知陛下之明。割地定制，令齐、赵、楚各为若干国，使悼惠王、幽王、元王之子孙毕以次各受祖之分地，地尽而止，及燕、梁他国皆然。其分地众而子孙少者，建以为国，空而置之，须其子孙生者⑦，举使君之。诸侯之地，其削颇入汉者⑧，为徙其侯国及封其子孙也，所以数偿之。一寸之地，一人之众，天子亡所利焉，诚以定治而已，故天下咸知陛下之廉。地制一定，宗室子孙莫虑不王，下无倍畔之心⑨，上无诛伐之志，故天下咸知陛下之仁。法立而不犯，令行而不逆，贯高、利幾之谋不生⑩，柴奇、开章之计不萌⑪，细民乡善，大臣致顺，故天下咸知陛下之义。卧赤子天下之上而安⑫，植遗腹，朝委裘⑬，而天下不乱，当时大治，后世诵圣。一动而五业附，陛下谁惮而久不为此？

【注释】

①迹：考察。

②倚：依靠，此指投降。

③长沙：指长沙王吴芮。

④樊：樊哙(kuài)，汉初封舞阳侯，后升左丞相。郦：郦商，封曲周侯，后升右丞相。绛：指周勃，封绛侯，文帝时为右丞相。灌：指颍阴侯灌婴，官至太尉、丞相。这四人在封地内只收租税而无行政权。

⑤彻侯：是秦汉二十级爵位的最高一级，又称通侯、列侯。

⑥菹醢(zū hǎi):古代一种把人剁成肉酱的酷刑。

⑦须:等,待。

⑧颇:大量。

⑨倍畔:通“背叛”。

⑩利幾:原项羽的大将。汉初封颍川侯,后叛逆被杀。

⑪柴奇、开章:两人都是淮南王的谋士。

⑫赤子:幼儿。这里指年幼的皇帝。

⑬朝委裘:朝见已故皇上的衣裘。

【译文】

我私下考察以前的事情,大多是强大的诸侯王先反叛。淮阴侯在楚国为王,最强,就最先反叛;韩王信倚仗胡人,接着也反叛;贯高借着赵国资助,接着又反叛;陈豨武器精良,接着又反叛;彭越凭借梁国的实力,接着又反叛;黥布凭借淮南国的实力,接着又反叛;卢绾最弱,就最后反叛。长沙王封地只有二万五千户而已,功劳少却保全最完好,关系远却最忠心,这不仅是因为秉性与众不同,也是形势使然。如果从前让樊哙、郦商、绛侯、灌婴据有几十个城邑而封王,到今天他们家族已经因此而破残衰亡,也是可能的;让韩信、彭越之辈封为通侯,即使他们的后代存活到今天,也是可能的。这样,那么治理天下的策略就可以知道了。想要诸侯王们都忠心依附汉朝,就莫过于让他们都像长沙王那样;想要臣子们不遭杀身之祸,就莫过于让他们像樊哙、郦商那样;想要天下太平安定,莫过于多分封诸侯国从而减弱他们的力量。力量弱小了,就容易用信义管理他们;国小了,就不会产生邪念。使得天下的形势像身体指挥手臂,手臂指挥手指,没有不受制服从的;诸侯国的君主不敢有异心,像辐条凑集向轴心一样而听命于天子,即使是普通百姓,也知道这样安定,所以天下都知道陛下的圣明。分割土地,确定诸侯国的大小规格,使齐国、赵国、楚国各分为若干小国,使悼惠王、幽王、元王的子孙全部按照次序各自继承祖上的领地,直到把领地分完为止,至于燕国、梁国等其他诸侯国也都这样办理。那些领地多而子孙少的诸侯国，也建成若干小诸侯国，让它们空置，等他们有了子孙，全都让他们做这空缺的君主。诸侯国的土地，因犯罪大量削减而划入朝廷管辖的，就迁移他们的国都，等到封他们的子孙的时候，再按照削地的面积数量补偿。他们的一寸土地，一个百姓，天子都丝毫不图利，这确实是为了安邦定国罢了，所以天下都知道陛下的廉洁。封地制度一经确定，宗室子孙没有一个忧虑自己当不上诸侯王，下面没有背叛的念头，上面没有诛伐的意思，所以天下都知道陛下的仁爱。法制确立了没人触犯，法令施行了没人违反，贯高、利幾的阴谋不产生，柴奇、开章的阴谋不萌芽，百姓向善，大臣顺从，所以天下都知道陛下的信义。幼主当政天下也会安定；立遗腹子为君，让臣下朝拜先帝的衮服，天下也不会动乱。当时天下太平，后代称颂圣明。这一举动能成就五方面功业，陛下还担心什么而久久不这样做呢？

天下之势方病大瘇①。一胫之大几如要②，一指之大几如股③，平居不可屈信④，一二指搐⑤，身虑无聊⑥。失今不治，必为锢疾，后虽有扁鹊，不能为已。病非徒瘇也，又苦跋盭⑦。元王之子⑧，帝之从弟也；今之王者，从弟之子也。惠王之子⑨，亲兄子也，今之王者，兄子之子也。亲者或亡分地以安天下，疏者或制大权以逼天子。臣故曰非徒病瘇也，又苦跋盭。可痛哭者，此病是也。

【注释】

①瘇（zhǒng）：脚肿病。

②胫：小腿。要：同“腰”。

③股：大腿。

④信：通“伸”。

⑤搐：抽动。

⑥无聊：无所依靠，难以支撑。

⑦跖(zhí)：脚掌。盭(lì)：扭折。

⑧元王之子：刘郢客，楚元王刘交的儿子。

⑨惠王之子：刘襄，齐悼惠王刘肥的儿子。

【译文】

现在天下的形势，像人正患了腿脚肿大的疾病。一条小腿几乎像腰一样粗，一个脚趾几乎像大腿一样粗，平常已无法屈伸，一两个脚趾抽搐，就担心整个身体没有依靠。错过了当今时机不进行治疗，一定会发展成为不治的顽症，日后即使有扁鹊那样的良医，也无能为力了。毛病不只有腿脚肿大，又苦于脚掌反扭不能行走。楚元王的儿子是皇帝的堂弟，如今在位的是堂弟的儿子。齐悼惠王的儿子是皇帝亲哥哥的儿子，如今在位的是亲哥哥儿子的儿子。亲近的皇族还没有领地来使天下安定，疏远的皇族却控制大权而对天子构成威胁。所以我说毛病不只有腿脚肿大，又苦于脚掌反扭不能行走。我前面所说的可以为之痛哭的，就是这个病啊。

晁 错

晁错（前200—前154），颍川（今河南禹州）人，西汉初著名的政治家。文帝时任太常掌故，后为太子家令（太子即后来的景帝刘启），以有谋略，被称为“智囊”。景帝时任内史、御史大夫。他力主改革政治，奖励农耕，抗击匈奴。对当时日益强大的诸侯王割据势力，力主“削藩”，因而遭到诸侯王的忌恨。前154年，以吴王刘濞为首的七个诸侯王以“诛晁错、清君侧”为名，发动“吴楚七国之乱”，景帝恐惧，杀了晁错以缓解矛盾。

论贵粟疏

【题解】

这篇奏疏写于前168年。西汉王朝建立后，面对秦末战乱遗留下的满目疮痍的破败局面，采取了一系列恢复生产、与民休息的措施，促进了生产的发展与商业的繁荣，但同时也产生了“民背本而趋末”的现象，商人大事聚敛，农民破产流亡。于此晁错提出了“贵粟”的主张。

圣王在上而民不冻饥者，非能耕而食之[①]，织而衣之也[②]，为开其资财之道也[③]。故尧、禹有九年之水，汤有七年之旱[4]，而国无捐瘠者，以畜积多而备先具也[5]。今海内为一，土地人民之众不避禹、汤，加以亡天灾数年之水旱，而畜积未及者，何也？地有余利，民有余力，生谷之土未尽垦，山泽之利未尽出也，游食之民未尽归农也。民贫，则奸邪生。贫生于不足，不足生于不农，不农则不地著[6]，不地著则离乡轻家。民如鸟兽，虽有高城、深池、严法、重刑，犹不能禁也。

【注释】

①食(sì)：给人吃。

②衣(yì)：给人穿。

③资：积蓄。

④汤：商代开国君主成汤。

⑤畜：通“蓄(xù)”，积蓄，储蓄。

⑥地著：附着于故土。

【译文】

圣明的君主在位时老百姓能不受冻不挨饿的原因，并不是因为君主能耕田来供他们饭吃，织布来供他们衣穿，而是因为他能开发天下百姓积聚财物的道路。因此虽然唐尧、夏禹时发生过连续九年的水灾，商汤时发生过连续七年的旱灾，而国家竟没有一个人被丢弃或饿瘦的，正是因为国家积蓄丰足、有备在先啊。如今海内一统，土地人民数量之多不减禹、汤时期，加上没有连续数年的水旱之灾，而国家的积蓄却不及禹、汤之时，这是什么原因呢？这是因为土地尚有余利没开发，民众尚有余力没发挥，生产粮食的土地没有完全开垦，山林湖沼的资源没有全部开发出来，游荡求食的人没有完全回归务农本业。老百姓贫困了，奸诈邪恶就会滋生。贫困产生于不富足，不富足产生于不从事农业生产，不从事农业生产就不能安居乡土，不安居乡土就会轻易离开家乡。结果老百姓像鸟兽那样四散，即使有高高的城墙、深深的护城河、严厉的法令、严酷的刑罚，也还是不能禁止他们。

夫寒之于衣，不待轻暖；饥之于食，不待甘旨[①]；饥寒至身，不顾廉耻。人情，一日不再食则饥[②]，终岁不制衣则寒。夫腹饥不得食，肤寒不得衣，虽慈母不能保其子[③]，君安能以有其民哉！明主知其然也，故务民于农桑，薄赋敛，广畜积，以实仓廪[④]，备水旱，故民可得而有也。

【注释】

①甘旨：味道鲜美。

②再：两次。

③保：养活，保全。

④廪：米仓。

【译文】

人在受寒挨冻时，对于衣着不会奢求轻暖舒适；忍饥挨饿时，对于食物不会奢求鲜美可口；饥寒交迫，就会不顾廉耻了。人之常情，一天不吃两顿饭就会感到饥饿，整年不添衣服就会感到寒冷。如果肚子饿了没有食物吃，身上寒冷没有衣服穿，即使是慈母也不能保全他的儿子，君主又怎能保住他的百姓呢！圣明的君主懂得这个道理，所以让百姓致力于种田养蚕，减轻赋税，增加积蓄，以便充实粮仓，防备水旱之灾，故而能得到民心而拥有人民。

民者，在上所以牧之[①]。趋利如水走下，四方无择也。夫珠玉金银，饥不可食，寒不可衣，然而众贵之者，以上用之故也。其为物轻微易藏，在于把握，可以周海内而亡饥寒之患。此令臣轻背其主，而民易去其乡，盗贼有所劝[②]，亡逃者得轻资也。粟米布帛，生于地，长于时，聚于力，非可一日成也。数石之重[③]，中人弗胜[④]，不为奸邪所利，一日弗得而饥寒至。是故明君贵五谷而贱金玉。

【注释】

①牧：治理。

②劝：鼓励。

③石(dàn)：重量单位，当时的一百二十斤，约为今29、95千克。

④中人：中等体力的人。弗胜：不能胜任。

【译文】

老百姓如何，取决于君主如何管理他们。他们追逐利益，就像水总是往低处流一样，是不管东西南北的。那些珠玉金银，饿了不能吃，冷了不能穿，然而大家都看重它，这是因君主重用它的缘故。这类东西轻便小巧，易于收藏，拿在手里，就可以周游天下而不必担心会遭受饥寒。这会使臣下轻易背叛他的君主，百姓轻易离开家乡，盗贼受到鼓励，逃亡的人有了轻便易带的盘缠。粮食和衣料，生长在地里，按季节成长，又要花很大气力，不是一天之内就能长成的。几石重的粮食，连中等体力的人都扛不动，所以它不为奸诈邪巧之人所贪图，但是如果一天没有粮食、布匹就会遭受饥寒。因此圣明的君主总是以五谷为贵重，以金玉为轻贱。

今农夫五口之家，其服役者不下二人，其能耕者不过百亩，百亩之收不过百石。春耕，夏耘，秋获，冬藏，伐薪樵，治官府，给徭役。春不得避风尘，夏不得避暑热，秋不得避阴雨，冬不得避寒冻，四时之间无日休息。又私自送往迎来，吊死问疾，养孤长幼在其中[①]。勤苦如此，尚复被水旱之灾，急政暴虐[②]，赋敛不时[③]，朝令而暮改。当其有者半贾而卖[④]，亡者取倍称之息[⑤]，于是有卖田宅、鬻子孙以偿债者矣[⑥]。而商贾大者积贮倍息[⑦]，小者坐列贩卖，操其奇赢[⑧]，日游都市，乘上之急，所卖必倍。故其男不耕耘，女不蚕织，衣必文采，食必粱肉，亡农夫之苦，有阡陌之得[⑨]。因其富厚，交通王侯[⑩]，力过吏势，以利相倾，千里游敖[⑪]，冠盖相望[⑫]，乘坚策肥，履丝曳缟[⑬]。此商人所以兼并农人、农人所以流亡者也。今法律贱商人，商人已富贵矣；尊农夫，农夫已贫贱矣。故俗之所贵，主之所贱也；吏之所卑，法之所尊也。上下相反，好恶乖迕[⑭]，而欲国富法立，不可得也。

【注释】

①长(zhǎng)：使……成长，养育。

②急政：催逼征收赋税。政，通“征”，征收赋税。

③不时：不按时节。

④贾：同“价”，价格，价值。

⑤倍称之息：加倍的利息。

⑥鬻(yù)：卖。

⑦贾(gǔ)：商人。

⑧奇(jī)赢：余物余利。

⑨阡陌(qiān mò)：田界。东西向称阡，南北向称陌。

⑩交通：交结。

⑪敖：通“遨”。

⑫冠：礼帽。盖：车盖。

⑬履丝：穿丝织的鞋。曳：拖着。缟(gǎo)：一种白细的丝织品。

⑭乖迕:相违背。

【译文】

当今农民五口之家,其成员为公家服役的不少于两人,能耕种的田地不超过一百亩,一百亩田地的收成不过一百石粮食。春天耕种,夏天锄草,秋天收获,冬天贮藏,还得砍柴采薪,修缮官府,供给杂役。春天不能避风沙,夏天不能避暑热,秋天不能避阴雨,冬天不能避寒冷,一年四季没有一天得以休息。其间还得忙于私人之间的送往迎来,吊丧探病,赡养孤老,抚育幼童。已经如此辛勤劳苦,还可能再遭受水旱之灾,官府急征暴敛,不按时征收赋税,早上刚下命令晚上就更改。农民有粮时只得半价卖出,无粮时不得不向人借贷任其取加倍的利息,于是就有卖田宅甚至卖子孙来还债的。而商人,大的囤积放贷,赚取成倍的利息;小的设摊贩卖,拿着多余的物资、利润,每天游逛都市,乘朝廷急需,出卖货物价格必然加倍。因此这些人中男的不耕田种地,女的不养蚕织布,穿的一定是华丽的衣裳,吃的一定是细粮和肉,没有农民的劳苦,却有田间的收成。他们凭借自己的丰厚财富,交结王侯,势力超过官吏,凭借资产互相倾轧,千里之间,四处游荡,一路上高贵衣冠和豪华车盖相望不绝,乘着坚固的车,骑着肥壮的马,脚蹬丝鞋,身着绫罗。这正是商人兼并农民、而农民流离失所的原因。如今法律鄙贱商人,但商人却已经富贵了;尊重农民,农民却已经贫贱了。因此世俗所尊贵的,正是君主所鄙贱的;官吏所瞧不起的,正是法律所尊贵的。朝廷与世俗的想法完全相反,喜好与厌恶相违背,在这种情况下想使国家富强,法律有效,那是不可能的。

方今之务,莫若使民务农而已矣。欲民务农,在于贵粟。贵粟之道,在于使民以粟为赏罚。今募天下入粟县官①,得以拜爵,得以除罪。如此,富人有爵,农民有钱,粟有所渫②。夫能入粟以受爵,皆有余者也。取于有余,以供上用，则贫民之赋可损[3]，所谓损有余、补不足，令出而民利者也。顺于民心，所补者三：一曰主用足，二曰民赋少，三曰劝农功[4]。今令民有车骑马一匹者，复卒三人[5]。车骑者，天下武备也，故为复卒。神农之教曰："有石城十仞[6]，汤池百步，带甲百万，而亡粟，弗能守也。"以是观之，粟者，王者大用，政之本务。令民入粟受爵至五大夫以上[7]，乃复一人耳，此其与骑马之功相去远矣。爵者，上之所擅，出于口而无穷；粟者，民之所种，生于地而不乏。夫得高爵与免罪，人之所甚欲也。使天下人入粟于边，以受爵免罪，不过三岁，塞下之粟必多矣。

【注释】

①县官：朝廷，官府。

②渫（xiè）：分散。

③损：减少。

④劝农功：鼓励农业生产。

⑤复：免除。卒：指兵役。

⑥仞：古代以七尺或八尺为一仞。

⑦五大夫：一种爵位，纳粟四千石。

【译文】

当今要做的事情，没有比促使老百姓从事农业生产更重要的了。要想使老百姓从事农业，关键在于提高粮食的价值。提高粮食价值的方法，在于使老百姓可以用粮食来求赏免罚。现在号召天下人只要向地方官府交纳粮食，就能得到爵位，或是赎免罪行。这样，富人有爵位，农民有钱财，粮食也能得到分散。能通过交纳粮食来得到爵位的，都是财产有余的人。从财产有余的人那里索取粮食以供给朝廷使用，那么贫民的赋税就能减轻，这就是所谓的损有余而补不足的办法，此令一出，老百姓就会得到利益啊！它顺乎民心，有三方面好处：一是君主需用的物资充足，二是老百姓的赋税减轻，三是鼓励了农业生产。当前下令规定，老百姓能出一匹战马的，可以免除家中三个人的兵役。战马是国家的战备物资，所以可以替人免去兵役。神农氏有遗教说："有十仞高的石头城墙，有百尺宽充满沸水的护城河，有百万带甲的士兵，如果没有粮食，也是守不住的。"由此看来，粮食，是帝王最重要的物资，是国家政务的根本所在。让百姓交纳粮食换取爵位，封到五大夫爵以上，才能免除一个人的兵役，这与那交纳战马的实效相差甚远。爵位，是国君所掌握的，可以开口无穷尽地赏赐给百姓；粮食，是百姓耕种的，可以在地里不断生产出来而不会缺乏。取得高爵与赎免罪罚，是人们非常渴望的事。如果让天下百姓交纳粮食用于边塞，用来换得爵位、赎免罪罚，那么用不了三年，边塞的粮食一定会多起来。

邹　阳

邹阳（约前206—前129），西汉文学家，齐临淄（今属山东）人。起初在吴王刘濞门下任职，刘濞想谋反，邹阳劝谏无效，便与枚乘等人改投梁孝王门下。当时梁孝王有继景帝位的想法，大臣袁盎等反对景帝立梁孝王为嗣，梁孝王与门客羊胜、公孙诡等便商量派人去刺杀袁盎。邹阳以为不可，羊胜等乘机谗毁邹阳，梁孝王将邹阳下狱。邹阳在狱中写信给梁孝王自诉冤屈，梁孝王见信后将他释放，并奉为上宾。

狱中上梁王书

【题解】

这是邹阳在狱中写给梁孝王的信。信中紧紧抓住梁孝王希望得到人材从而成就帝王之业的心理，列举许多历史事实，借古喻今，说明要想成就一番事业，就需要信任忠直之士，远离谗毁之词。谏诤的同时也喊出了自己的冤屈，但却丝毫无乞怜之相，反而写得“气盛语壮”（刘熙载语）。

邹阳从梁孝王游①。阳为人有智略，忼慨不苟合，介于羊胜、公孙诡之间[2]。胜等疾阳，恶之孝王。孝王怒，下阳吏，将杀之。阳乃从狱中上书曰：

【注释】

①梁孝王：刘武。西汉文帝次子，封为梁王。

②羊胜、公孙诡：均为梁孝王门客。

【译文】

邹阳给梁孝王做门客。邹阳为人机智而有谋略，志向远大而不随便附和别人，和羊胜、公孙诡同为梁孝王门客。羊胜等人嫉妒邹阳，在孝王面前说他的坏话。孝王因此恼怒，把邹阳交给了狱吏，要杀掉他。邹阳就从狱中上书给孝王，写道：

“臣闻‘忠无不报，信不见疑’，臣常以为然[1]，徒虚语耳。昔荆轲慕燕丹之义[2]，白虹贯日，太子畏之。卫先生为秦画长平之事[3]，太白食昴[4]，昭王疑之。夫精变天地，而信不谕两主，岂不哀哉！今臣尽忠竭诚，毕议愿知[5]，左右不明，卒从吏讯，为世所疑。是使荆轲、卫先生复起，而燕、秦不寤也！愿大王熟察之。

【注释】

①常：通“尝”，曾经。

②荆轲：战国末年刺客。他从卫国到燕国，正碰上燕太子丹欲向秦王报仇，于是说服逃亡到燕国的秦将樊於期自杀，带着樊於期的头作为礼物，通过秦王宠臣蒙嘉的介绍去见秦王，伺机行刺。传说上天为荆轲的精诚所感，出现了白虹贯日的景象，太子为此而担心刺杀的计划暴露。

③长平之事：秦将白起伐赵，在长平（今山西高平西北）大败赵军，为乘胜灭赵，派秦人卫先生说秦昭王增兵益粮。

④太白：金星。昴（mǎo）：星宿名。古人认为昴宿在赵国分野。

⑤毕议：把计议说尽。

【译文】

"我听说过'忠诚不会不受报答，诚实不会被怀疑'，我曾经以为这话说得对，但现在看来这不过是句空话罢了。从前荆轲仰慕燕国太子丹的道义，他的诚心使得出现白虹横穿太阳的景象，而太子丹却担心他不去秦国。卫先生为秦国策划长平之役，他的忠心使得出现太白星侵入昴宿的天象，而秦昭王却怀疑他。两人的精诚变异了天地，而两位君主还不相信他们，岂不令人悲哀！今天我竭尽忠诚，毫无保留地讲出我的想法，希望得到您的理解，而您不能明鉴，最终听从了狱吏对我的审讯，使我遭到世人怀疑。这就是让荆轲、卫先生再世而燕太子丹、秦昭王仍不觉悟。希望大王您仔细思考一下。

"昔玉人献宝，楚王诛之①；李斯竭忠②，胡亥极刑。是以箕子阳狂③，接舆避世④，恐遭此患也。愿大王察玉人、李斯之意，而后楚王、胡亥之听⑤，毋使臣为箕子、接舆所笑。臣闻比干剖心⑥，子胥鸱夷⑦，臣始不信，乃今知之。愿大王熟察，少加怜焉！

【注释】

①"昔玉人"二句：相传楚人卞和在荆山得一璞玉，两次献给楚王，都被认为是石头，以欺君之罪被砍去双脚。楚文王即位后，他怀抱璞玉坐在荆山下痛哭。文王令工匠剖雕璞玉，果是宝玉，遂称此玉为"和氏之璧"。诛，惩罚。

②李斯：秦代政治家，曾辅佐秦始皇统一中国。后来，胡亥即位，荒淫无道，李斯忠心进谏，反而被诬陷谋反，被腰斩。

③箕子：商代末年君主纣王的叔父。阳，通“佯”，假装。

④接舆：楚国隐士，被称为“楚狂人”。

⑤后：把……放在后边，指不要那样。

⑥比干：殷纣王叔父，因谏纣而被剖心。

⑦子胥鸱(chī)夷：鸱夷，伍子胥自杀后，吴王夫差把他的尸体装进皮袋子投入江中。

【译文】

“从前卞和向楚王献宝，被楚王砍掉双脚；李斯尽忠于秦国，却被胡亥处以极刑。所以箕子要装疯，接舆要逃离尘世隐居，他们都是怕遭受那样的祸患。希望大王您能体察卞和与李斯的心意，而抛弃楚王和胡亥的那种偏听偏信，使我不至于被箕子、接舆所嘲笑。我听说比干被殷纣王挖心，伍子胥自杀后被吴王夫差装入皮袋弃尸江中，我起初还不信，现在才知道是真的。希望大王您细加审察，对我稍加怜惜！

“语曰：‘有白头如新，倾盖如故①。’何则？知与不知也。故樊於期逃秦之燕②，藉荆轲首以奉丹事③；王奢去齐之魏④，临城自刭，以却齐而存魏。夫王奢、樊於期非新于齐、秦而故于燕、魏也，所以去二国死两君者⑤，行合于志，慕义无穷也。是以苏秦不信于天下⑥，为燕尾生⑦；白圭战亡六城⑧，为魏取中山。何则？诚有以相知也。苏秦相燕，人恶之燕王，燕王按剑而怒，食以駃騠⑨；白圭显于中山，人恶之于魏文侯，文侯赐以夜光之璧。何则？两主二臣，剖心析肝相信，岂移于浮辞哉⑩！

【注释】

①倾盖:指道路上两车相遇,车盖相交。

②樊於期:原为秦将,后逃往燕国。因为秦王用重金买他的头,他便自杀以头颅作为荆轲见秦王的礼物。之:到,往。

③藉:同“借”。奉:等于说助。

④王奢:原为齐国大臣,逃亡至魏,当魏国遭到齐的征伐时,以不愿连累魏而自杀。

⑤死两君:为两君而死。

⑥苏秦:战国时期的纵横家,游说六国联合抗秦,后因暗中助燕被齐车裂。

⑦尾生:传说他是个守信的人,因与一女子约定桥下相见,女子未到而洪水涨起,于是抱柱而死。

⑧白圭:原是中山国大将,因失掉六城而将被杀,他便逃到魏国,后来替魏征服中山。

⑨食(sì):给人吃。駃騠(jué tí):良马。这句话是说燕王不听旁人讲苏秦的坏话,反而给他很好的待遇。

⑩浮辞:无根据的流言。

【译文】

“俗话说:‘有人相处到老,相互还是很陌生;有人陌路偶遇,就像老朋友一样一见如故。’为什么呢?在于彼此间的了解和不了解啊。所以樊於期从秦国逃到燕国,把自己的脑袋交给荆轲帮助完成燕太子丹的大事;王奢离开齐国到魏国,在城头自杀,以使齐军退去,保存魏国。王奢、樊於期与齐、秦并不是新交,与燕、魏也没有什么旧谊,他们之所以离开齐、秦二国而为燕太子丹和魏文侯去死,是因为燕太子丹和魏君的行为和他们的志向相合,仰慕道义的心情无比深厚。因此苏秦不能取信于天下各国,对燕国却成为像尾生一样守信的人;白圭在中山国曾打仗丧失六个城池,后来却帮助魏国夺取了中山国。他们为什么这样做?

诚然是彼此相知的缘故啊。苏秦当燕国丞相时,有人到燕王那里去诋毁他,燕王听了按剑发怒,反而把良马的肉赐给苏秦吃;白圭因攻克中山而显贵于魏国,有人到魏文侯面前去诋毁他,文侯听了反而赐给他夜光宝璧。这又是为什么?因为两位国君和两名臣子剖心沥胆互相信任,他们的关系岂能为流言蜚语所动摇!

“故女无美恶,入宫见妒;士无贤不肖,入朝见嫉。昔司马喜膑脚于宋①,卒相中山;范雎拉胁折齿于魏②,卒为应侯。此二人者,皆信必然之画,捐朋党之私③,挟孤独之交,故不能自免于嫉妒之人也。是以申徒狄蹈雍之河④,徐衍负石入海⑤,不容于世,义不苟取比周于朝⑥,以移主上之心。故百里奚乞食于道路⑦,缪公委之以政⑧;宁戚饭牛车下⑨,桓公任之以国。此二人者,岂素宦于朝⑩,借誉于左右,然后二主用之哉?感于心,合于行,坚如胶漆,昆弟不能离,岂惑于众口哉?故偏听生奸,独任成乱。昔鲁听季孙之说逐孔子⑪,宋任子冉之计囚墨翟⑫。夫以孔、墨之辩,不能自免于谗谀,而二国以危。何则?众口铄金,积毁销骨也。秦用戎人由余而伯中国,齐用越人子臧而强威、宣。此二国岂系于俗,牵于世,系奇偏之浮辞哉?公听并观,垂明当世。故意合则胡越为兄弟,由余、子臧是矣;不合则骨肉为仇敌,朱、象、管、蔡是矣⑬。今人主诚能用齐、秦之明,后宋、鲁之听,则五伯不足侔⑭,而三王易为比。

【注释】

①司马喜:战国时人,在宋国受到膑(bìn)刑,后来先后三次做中山

国的相。膑:一种刑法,砍掉膝盖骨。

②范雎:原是战国时魏国人,因被怀疑向齐国透露情报而遭酷刑,肋断牙折,后逃到秦国为相,封应侯。拉:折断。

③捐:抛弃。

④申徒狄:殷末人。蹈:跳入。雍:黄河支流。之:到。河:黄河。

⑤徐衍:周末人。

⑥义不:按道义不,绝不。比周:结党。

⑦百里奚:春秋时虞国人。

⑧缪公:秦穆公。

⑨宁戚:春秋时卫国人。

⑩素宦:一向做官。

⑪季孙:季孙氏,鲁国上卿。

⑫墨翟(dí):又称墨子,战国初鲁人,墨家学派的创始人。

⑬朱:丹朱,尧的儿子,因为不贤,尧传位于舜而不传给他。象:舜后母弟,传说曾与其父谋害舜。管、蔡:是周武王的两个弟弟,封于殷地。武王死,成王继位,周公摄政,管叔、蔡叔同武庚一起叛乱。

⑭侔(móu):相比。

【译文】

"女子无论美丑,一入宫中就会受人嫉妒;士子也无论贤或不贤,一入朝廷就会受人嫉恨。过去司马喜在宋国受到膑刑,最后做了中山国的丞相;范雎在魏国被敲断肋骨打掉牙齿,后来到秦国被封为应侯。这两个人,都深信必定实现的筹划,舍弃营结朋党的私心,怀着孤独清高的态度与人打交道,所以不可避免成为受嫉妒之人。因此,申徒狄跳进雍水漂到黄河,徐衍背着石块跳进大海,他们不被世俗所容,却绝不肯在朝廷结党苟取功名,以蒙蔽君主的心。所以百里奚在路上乞食,秦穆公却把朝政委托给他;宁戚在车下喂牛,齐桓公却委任他治国。这两人岂是因一向在朝廷里当官、借助同僚们造声誉，然后才得到二位君主重用的吗？只要心意相通，行为相合，彼此关系就牢固如胶漆，连亲兄弟也不能离间，又岂能被众人之口所迷惑呢？所以偏听偏信就会产生奸邪，专用某一人就会造成混乱。过去鲁国君主偏听季孙氏的话而赶走了孔子，宋国君主采用了子冉的计谋而囚禁了墨子。以孔子、墨子的能言善辩，尚且无法使自己避免谗言谀语中伤，致使鲁、宋二国陷于危险的境地。这是为什么呢？是因为众人的飞短流长足以使金子熔化，无数诽谤堆积起来足以使骨头销蚀啊。所以秦国任用西戎人由余而称霸中原，齐国任用越国人子臧而威王、宣王得以强盛。这二国哪里是被俗情所拘泥、被世人所牵制、被偏执片面主张所左右的呢？只要公正地听取意见，全面地观察，就能建立当世的英明政治。所以彼此心意相合，则西戎和越国可以成为兄弟，由余、子臧就是例子；心意不合则骨肉同胞也可成为仇敌，丹朱、象、管叔、蔡叔就是例子。如今国君若真能采取齐国和秦国的英明做法，抛弃宋国和鲁国的偏听偏信，那么春秋五霸不足以相比，三王的业绩也是容易做到的。

“是以圣王觉寤，捐子之之心①，而不说田常之贤②，封比干之后，修孕妇之墓③，故功业覆于天下。何则？欲善无厌也④。夫晋文亲其仇，强伯诸侯；齐桓用其仇，而一匡天下。何则？慈仁殷勤，诚加于心，不可以虚辞借也。至夫秦用商鞅之法，东弱韩、魏，立强天下，卒车裂之⑤；越用大夫种之谋⑥，禽劲吴而伯中国⑦，遂诛其身。是以孙叔敖三去相而不悔⑧，於陵子仲辞三公为人灌园⑨。今人主诚能去骄傲之心，怀可报之意，披心腹，见情素⑩，堕肝胆⑪，施德厚，终与之穷达⑫，无爱于士⑬，则桀之犬可使吠尧，跖之客可使刺由⑭，何况因万乘之权、假圣王之资乎！然则荆轲湛七族⑮，要离燔妻子⑯，岂足为大王道哉！

【注释】

①子之：燕王哙的相，他曾骗燕王哙让位于他。

②说：同“悦”，高兴。田常：即陈恒，春秋时齐简公的臣下，简公欣赏他，他却杀了简公。

③修孕妇之墓：传说殷纣王曾剖孕妇之腹以观胎儿，周武王灭殷后，就为被害者修了墓。

④厌：饱，满足。

⑤车裂：一种酷刑，又称五马分尸。

⑥大夫种：指文种，春秋时越王勾践的大臣，助勾践战胜吴国，后来却被迫自杀。

⑦禽：同“擒”，制伏，俘获。伯(bà)：通“霸”，称霸。

⑧孙叔敖：楚人，楚庄王时三度为相而不喜，三度免相而不怨。

⑨於(wū)陵：在今山东邹平东南。子仲：陈仲子，楚王重金聘他为相，他却举家出逃为人灌园。三公：周代指司马、司徒、司空。

⑩见：同“现”，显露。情素：情愫，真挚的感情。

⑪堕(huī)：毁坏。

⑫穷：不顺。达：通达。

⑬爱：吝惜。

⑭跖(zhí)：盗跖，春秋时期鲁国人，相传为当时的大盗。由：许由，尧舜时代的贤人，据说帝尧曾多次向他请教，后来想把君位传给他，遭到了他的严词拒绝。

⑮湛：同“沉”，湮灭。

⑯要离：春秋时吴人。吴王阖闾派他刺杀王子庆忌，他为了接近庆忌，砍断右手，烧死妻子，佯装犯罪逃走。燔(fán)：焚烧。

【译文】

“因此，圣明的君主觉悟到这一点，抛弃子之那样的忠心，而且不喜欢田常那种贤才，封赏比干的后代，修建被害孕妇的坟墓，所以功业覆盖天下。这是什么道理呢？是因为他们向善之心永无满足。晋文公亲近以前的仇敌，终于称霸诸侯；齐桓公任用以前的仇人，终于一匡天下。为什么呢？因为他们心地仁慈，待人恳切，心地真诚，不是用虚言假语可以替代的。至于秦国用商鞅变法，向东削弱东方的韩国、魏国，很快成为天下强国，然而最后却车裂处死了商鞅；越国用大夫文种的计谋，征服强大的吴国而称霸中原，结果又诛杀了文种。因此孙叔敖三次罢相而不怨恨，於陵陈仲子推辞掉三公高位而去给人浇水种菜。如今国君要是真能去掉骄傲之心，怀着有功必报的诚意，袒露心迹，显出真情，肝胆相照，厚施恩德，始终与士人同甘共苦，无所吝惜，那么可以让夏桀的狗冲着尧吠叫，可以让盗跖的刺客去杀许由。何况现在还可以倚仗国君的大权、凭借圣王的资本呢！这样看来，那么荆轲被灭七族，要离烧死妻子儿女，还有必要对大王您说吗！

“臣闻明月之珠、夜光之璧，以暗投人于道，众莫不按剑相眄者[①]。何则？无因而至前也。蟠木根柢，轮囷离奇[②]，而为万乘器者，以左右先为之容也[③]。故无因而至前，虽出随珠、和璧[④]，只怨结而不见德；有人先游[⑤]，则枯木朽株，树功而不忘。今夫天下布衣穷居之士，身在贫羸[⑥]，虽蒙尧、舜之术，挟伊、管之辩[⑦]，怀龙逢、比干之意[⑧]，而素无根柢之容，虽竭精神，欲开忠于当世之君，则人主必袭按剑相眄之迹矣。是使布衣之士不得为枯木朽株之资也。是以圣王制世御俗，独化于陶钧之上[⑨]，而不牵乎卑乱之语，不夺乎众多之口。故秦皇帝任中庶子蒙嘉之言以信荆轲[⑩]，而匕首窃发；

周文王猎泾、渭，载吕尚归[11]，以王天下。秦信左右而亡，周用乌集而王[12]。何则？以其能越挛拘之语[13]，驰域外之议，独观乎昭旷之道也[14]。今人主沉谄谀之辞，牵帷廧之制[15]，使不羁之士与牛骥同皁[16]，此鲍焦所以愤于世也[17]。

【注释】

①眄(miǎn)：斜视。

②轮囷(qūn)离奇：盘绕屈曲的样子。

③容：打扮。

④随珠：随侯的夜明珠。和璧：和氏璧。

⑤游：宣扬推荐。

⑥羸(léi)：身体柔弱。

⑦伊、管：指伊尹、管仲。

⑧龙逢(páng)：关龙逢，夏代贤臣，因强谏桀而被处死。

⑨陶钧：陶工使用的转轮，比喻政权。

⑩中庶子：太子属官。

⑪吕尚：姜姓，字子牙。

⑫用：因为。乌集：乌鸦猝然聚集在一起。这里指偶然相遇的人。

⑬挛拘：拳曲。这里指狭隘偏执的言论。

⑭昭：光明。旷：宽广。

⑮帷：指妻妾宠臣。廧，同“墙”。

⑯皁：同“皂”，喂牛马的槽。

⑰鲍焦：春秋时齐国人，淡泊自守，抱木而死。

【译文】

“我听说把明月之珠、夜光之璧在夜里扔到路上，大家见了没有不按剑互相斜视的。为什么呢？因为它们无缘无故地出现在眼前。弯曲的树根，模样屈曲离奇，却成了君主的器玩，是因为国君身边的人已经事先将它雕琢装饰过了。所以，无故来到眼前，即使投出的是随侯珠、和氏璧，也只能使人结下仇怨而不感恩；而只要有人游说在先，即使是枯木朽株，也能建立功勋而使人难忘。现在天下的布衣穷居之士，又贫穷又病弱，他们即使胸怀尧、舜的治国之术，具有伊尹、管仲的辩才，怀着关龙逢、比干的忠心，但一向没有像树根那样经过雕琢，他们虽然竭尽精神，想向当世的君主亮出自己的忠心，但君主必定会蹈袭按剑斜视的做法来对待他们。这就使得普通士人不能起到枯木朽株那样的作用了。所以圣王治理天下，要像陶工转钧那样独立操纵，不被卑微混乱的言论所牵制，不为众人的七嘴八舌所动摇。所以秦始皇因听信了中庶子蒙嘉的话而信任荆轲，然而遭到匕首突然袭击；周文王在泾水、渭水之间打猎，把吕尚载归朝中，结果称王天下。秦因轻信左右而亡国，周则因任用偶尔相识的人而成就了王业，这是为什么呢？因为周文王能够越过狭隘偏执的言论，突破任何局限的议论，慧眼独具地看到那光明正大的道路。如今人君沉溺于阿谀谄媚的言辞，受到妃妾近臣的牵制，使得不为世俗左右的士人与牛马同槽，这就是鲍焦之所以愤世嫉俗的原因啊。

“臣闻盛饰入朝者不以私污义，底厉名号者不以利伤行①。故里名‘胜母’，曾子不入②；邑号‘朝歌’，墨子回车③。今欲使天下寥廓之士笼于威重之权④，胁于位势之贵，回面污行，以事谄谀之人，而求亲近于左右，则士有伏死堀穴岩薮之中耳⑤，安有尽忠信而趋阙下者哉⑥！”

【注释】

①底厉：同“砥砺”，磨刀石。这里作动词，磨炼修养的意思。

②曾子：春秋时鲁国人。据说他极其孝顺，凡是取名“胜母”的地方都不进，因这名称有违孝道。

③墨子：春秋时哲学家，主张“非乐”。商代曾建别都名“朝歌”，墨子认为这名称不合自己的主张，回车不入。

④寥廓：极高的样子。

⑤堀：同“窟”。薮(sǒu)：生长着很多草的湖泽。

⑥阙下：宫墙下。这里指君王。

【译文】

“我听说服饰庄重上朝的大臣，不会因私心而玷污道义；磨炼品德注重名声的人，不会因贪利而损害德行。所以一个地方名叫‘胜母’，曾子就不肯进去；一个城邑名叫‘朝歌’，墨子就掉转车头。现在要使天下胸怀大志的士子，被威重权力所笼络，被地位显贵者胁迫，改变态度、玷污德行去事奉阿谀谄媚的人，以此求得亲近君主，那么，士子只有隐居在山泽土窟之中直到老死而已，哪里还会有人来向君主效忠而朝见君主呢！”

司马相如

司马相如(前179—前118),字长卿,西汉蜀郡成都(今四川成都)人,著名辞赋家。景帝时为武骑常侍,因病免职,与邹阳、枚乘同为梁孝王门客。汉武帝时,因辞赋受到赏识,召为郎,升孝文园令。其作品辞藻绮丽、气象宏大,以《上林赋》和《子虚赋》为代表。

上书谏猎

【题解】

汉武帝刘彻即位后,对内改革政治经济,对外开疆拓土,使西汉王朝达到极盛。但武帝喜好游猎,经常骑马驾车驰逐野兽。司马相如上书劝谏武帝不要亲自打猎,以免发生危险。行文朴实自然,语气恳切委婉。

相如从上至长杨猎[①]。是时天子方好自击熊豕[②],驰逐埜兽[③]。相如因上疏谏曰:

【注释】

①长杨：宫殿名。故址在今陕西。

②豕（shǐ）：猪。

③埜：同“野”。

【译文】

司马相如跟随皇上到长杨宫打猎。那时天子正喜好亲自搏击熊和野猪，驱车追逐野兽。相如为此上书进谏说：

“臣闻物有同类而殊能者，故力称乌获①，捷言庆忌②，勇期贲、育③。臣之愚，窃以为人诚有之，兽亦宜然。今陛下好陵阻险，射猛兽，卒然遇逸材之兽④，骇不存之地，犯属车之清尘⑤，舆不及还辕，人不暇施巧，虽有乌获、逢蒙之技不得用⑥，枯木朽株尽为难矣。是胡、越起于毂下⑦，而羌、夷接轸也⑧，岂不殆哉？虽万全而无患，然本非天子之所宜近也。

【注释】

①乌获：战国时期秦国的大力士。

②庆忌：春秋时吴王僚之子，跑得极快。

③贲、育：指勇士孟贲和夏育。

④卒然：突然。卒，通“猝（cù）”。

⑤属车之清尘：是对皇帝委婉的称呼，表示敬意。属车，随从之车。

⑥逢（páng）蒙：善于射箭的人。

⑦胡、越：古代对北方、南方少数民族的泛称。毂（gǔ）下：车驾之下。

⑧羌、夷：古代对西方、东方少数民族的泛称。轸（zhěn）：车厢底框。

【译文】

“我听说有些事物虽然同类而能力却超常，所以论力气必称乌获，论敏捷必提庆忌，论勇敢则要数孟贲、夏育。以臣下我的愚陋之见，私下以为人类确实有这种现象，野兽也应该是这样的。如今陛下喜好涉足险峻难行之地，射击猛兽，万一突然遇上凶猛异常的野兽，使它在绝境之下被惊骇，侵犯了圣驾，那时候车乘来不及掉转车头，卫士来不及施展本事，即使有乌获、逢蒙的本领也派不上用场，连枯树烂草都要与您为难了。这好比胡人、越人突然从车轮下窜出，羌人、夷人紧跟在车子后头一样，难道不危险吗？就算是预备周全没有危险，然而那种地方本来就不是身为天子所应该接近的啊。

“且夫清道而后行，中路而驰，犹时有衔橛之变[①]，况乎涉丰草，骋丘墟，前有利兽之乐，而内无存变之意，其为害也不亦难矣！夫轻万乘之重[②]，不以为安，乐出万有一危之涂以为娱[③]，臣窃为陛下不取。

【注释】

①衔橛(jué)之变：指马络头、车钩心一类的断裂。衔，置于马口内用来勒马的铁具。橛，固定车厢底部与车轴之间的木橛。

②万乘：一万辆战车。古代只有天子可拥有万辆战车。这里代指皇帝。

③涂：同“途”，道路。

【译文】

“再说先清除道路而后出行，驱驰在大路之中，还不时可能发生诸如拉断马嚼、车钩心之类断裂而造成的事故，更何况涉足于荒林草莽之中，驰骋在丘陵山野之上，前面有猎取禽兽的快乐，而内心毫无应付变故的警惕，这种场合下很容易发生灾祸！不以天子身份为重，不安于此，却喜好外出到可能发生危险的道路上并以此为乐，我私自以为陛下这样做是不可取的。

“盖明者远见于未萌，而知者避危于无形[①]，祸固多藏于隐微，而发于人之所忽者也。故鄙谚曰：‘家累千金，坐不垂堂[②]。’此言虽小，可以喻大。臣愿陛下留意幸察。”

【注释】

①知：同“智”，聪明，智慧。

②垂堂：靠近屋檐处。屋檐处瓦片容易掉下来伤人。垂，靠近。

【译文】

“大凡聪明的人能在事情尚未萌芽之前就早已预见，智慧的人能在危险尚未形成之时便设法避免，灾祸往往潜伏在细小隐蔽之处，发生于人们疏忽大意之时。所以俗话说：‘家中富有千金，不坐在靠近屋檐的地方。’此话虽然说的是小事，却可以反映大道理。我希望陛下留心注意这一点。”

李　陵

李陵(? —前74),字少卿,西汉陇西成纪(今甘肃秦安)人,名将李广之孙。汉武帝时,任骑都尉。天汉二年(前99),李陵率步兵五千人袭击匈奴,被匈奴大军八万人包围,因寡不敌众,兵尽粮绝,被迫投降。匈奴单于封他为右校王,后病死在匈奴。

答苏武书

【题解】

这是李陵写给出使匈奴而被困的汉朝使节苏武的信,选自《文选》,主要是向苏武表白心迹,说明自己投降匈奴是迫不得已。信中先是渲染了战场的悲壮及自己浴血奋战的情景,又从汉武帝杀死其全家以及杀害其他功臣的事例,说明汉朝的负德。

子卿足下①:

【注释】

①子卿:苏武字子卿。

【译文】

子卿足下：

勤宣令德①，策名清时②，荣问休畅③，幸甚，幸甚！远托异国，昔人所悲，望风怀想，能不依依！昔者不遗，远辱还答④，慰诲勤勤，有逾骨肉，陵虽不敏，能不慨然！

【注释】

①令德：美德。令，美好。

②策名：名字写在官府的简策上。

③荣问：美好的名声。问，通“闻”，声誉。休：美好。畅：通畅，流传。

④辱：谦辞，承蒙。

【译文】

您努力发扬美德，在政治清明的时代为官，美好的名声传遍四方，非常值得庆幸，非常值得庆幸！我远离故土寄身异国，这是古人感到悲伤的，远望故国心中怀念，哪能不令人依依不舍！过去承蒙您不弃，从远方屈身给我回信，谆谆安慰和教诲，情意超过了亲骨肉。我虽然愚昧，哪能不感慨非常！

自从初降，以至今日，身之贫困，独坐愁苦。终日无睹，但见异类①。韦韝毳幕②，以御风雨；膻肉酪浆③，以充饥渴；举目言笑，谁与为欢？胡地玄冰④，边土惨裂，但闻悲风萧条之声。凉秋九月，塞外草衰，夜不能寐。侧耳远听，胡笳互动⑤，牧马悲鸣，吟啸成群，边声四起。晨坐听之，不觉泪下。嗟乎，子卿！陵独何心，能不悲哉！

【注释】

①异类:异族人。

②韦韝(gōu):皮制臂套。毳(cuì)幕:毡帐。

③膻:羊肉的味道。酪浆:用牛羊乳汁做的浆。

④玄:黑色。冰层结得厚实,颜色就深,玄冰形容气候极寒。

⑤胡笳(jiā):我国古代北方民族的管乐器。

【译文】

自从我归降匈奴,直到现在,身处艰难困境,常常一人独坐,发愁苦闷。一天到晚,只能见到异族人,别的什么也看不到。戴着皮臂套、住在毡帐里,用来抵御风雨;吃着带有腥膻气味的牛羊肉,喝着牛羊奶,来充饥解渴;举目四望,跟谁一起谈笑欢乐呢?匈奴之地冰封雪积,塞外之土冻得开裂成块,只听到悲风萧瑟的声音。凄凉的秋天九月,塞外野草枯萎衰落,夜间难以入眠。侧耳细听,远处的胡笳声此起彼伏,牧马悲哀地嘶叫,各种声音交织在一起,在边塞四方响起。清晨起来坐着,听到这些声音,禁不住流下泪水。唉!子卿啊,我难道有什么特别的心肠,能不感到悲伤吗!

与子别后,益复无聊。上念老母,临年被戮①;妻子无辜,并为鲸鲵②。身负国恩,为世所悲,子归受荣,我留受辱,命也何如!身出礼义之乡,而入无知之俗,违弃君亲之恩,长为蛮夷之域,伤已!令先君之嗣③,更成戎狄之族,又自悲矣!功大罪小,不蒙明察,孤负陵心区区之意④。每一念至,忽然忘生。陵不难刺心以自明,刎颈以见志,顾国家于我已矣⑤,杀身无益,适足增羞,故每攘臂忍辱⑥,辄复苟活。左右之人,见陵如此,以为不入耳之欢,来相劝勉。异方之乐,秪令人悲,增忉怛耳⑦。

【注释】

①临年：到了暮年。临，到。

②鲸鲵：鲸鱼。雄曰鲸，雌曰鲵。这里比喻无辜被杀的人。

③先君：已故的父亲。嗣：后代。

④孤负：犹“辜负”。

⑤顾：然而。

⑥攘臂：捋起袖子，露出胳膊，振奋或发怒的样子。

⑦忉怛(dāo dá)：忧伤。

【译文】

自从跟您分手后，更加觉得了无意趣。上念老母，在暮年遭受杀戮；妻子儿女并无罪过，却一同被杀害。我个人有负国家的恩义，被世人悲叹，您回国接受荣耀，我却留在这里蒙受耻辱，这是命运啊，有什么办法！我出身于礼义之邦，却加入愚昧无知的风俗中生活，背离抛弃君长父母的恩德，长久地住在蛮夷的地域，真是伤心啊！让先父的后代，变成戎狄的族人，又为自己感到悲哀！功大过小，可是不被明察，辜负了我的一片苦心。每想到此，就一下子不想活了。我不难做到自杀来表明心迹，自刎来显示志向，但是国家对我已经恩断义绝，自杀没有好处，只是增加羞耻，因此每当我感到愤慨忍受耻辱时，就又苟且地活了下来。身边的人见到我这个样子，便用一些不中听的开心话来劝说勉励我。异国的欢乐，只能更让人悲伤，增加忧愁而已。

嗟乎，子卿！人之相知，贵相知心。前书仓卒未尽所怀，故复略而言之。昔先帝授陵步卒五千[①]，出征绝域，五将失道，陵独遇战。而裹万里之粮，帅徒步之师，出天汉之外[②]，入强胡之域，以五千之众，对十万之军，策疲乏之兵，当新羁之马[③]。然犹斩将搴旗[④]，追奔逐北[⑤]，灭迹扫尘，斩其枭帅，使三军之士视死如归。陵也不才，希当大任[6]，意谓此时，功难堪矣。

【注释】

①先帝：指汉武帝。

②天汉：汉朝疆域。

③当：抵御。新羁：马新加络头。

④搴（qiān）：拔取。

⑤奔、北：败逃的敌人。

⑥希：同“稀”。

【译文】

可叹哪，子卿！人与人的相互了解，贵在相互知心。前次仓促去信，心里的话没说完，因此再简略地说一说。过去先帝给我五千步兵，出征遥远的地方，其他五名将领都迷失了路，唯独我遭遇敌人发生战斗。当时我军带着远征万里的军粮，率领徒步行军的队伍，远出大汉边境之外，深入强劲匈奴的地域，以区区五千人，对付十万敌军，指挥疲乏的战士，抵挡刚装备的轻骑。然而仍然斩将夺旗，追逐逃亡的敌人，就像抹去脚迹、扫除尘灰一样，斩杀了敌人骁勇的将领，使得我三军将士视死如归。我没有什么才干，很少承担重任，心想这时的功劳，实在是寻常难以相比的了。

匈奴既败，举国兴师，更练精兵[1]，强逾十万，单于临阵[2]，亲自合围。客主之形，既不相如[3]；步马之势，又甚悬绝。疲兵再战，一以当千，然犹扶乘创痛[4]，决命争首。死伤积野，余不满百，而皆扶病，不任干戈[5]。然陵振臂一呼，创病皆起，举刃指虏，胡马奔走；兵尽矢穷，人无尺铁，犹复徒首奋呼[6],争为先登。当此时也,天地为陵震怒,战士为陵饮血[7]。单于谓陵不可复得,便欲引还,而贼臣教之[8],遂使复战,故陵不免耳。

【注释】

①练:通"拣",挑选。

②单于:汉时匈奴人对其君主的称呼。

③相如:相比。

④扶:支撑。乘:战胜,克服。

⑤任:胜任。干戈:兵器。

⑥徒首:不戴头盔。

⑦饮血:血泪满面,流入口中。形容极度悲伤。

⑧贼臣:指管敢,本为李陵军候,投降了匈奴。

【译文】

匈奴战败之后,全国动员,重新挑选精兵,人数超出十万人,匈奴单于亲临战阵,亲自指挥包围我军。客军与主军的对阵形势不能相比,步兵与骑兵的形势对比更是悬殊。我军疲惫的将士连续作战,还得以一个对付一千个敌人,但战士们仍然不顾创伤和疼痛,拼命冲锋陷阵。死伤的兵士遍地都是,剩下的不足百人,而且都带着伤病,已经无力拿起武器了。然而,当我振臂一呼时,身带伤病的全都站立起来,举着刀剑刺向敌人,吓得敌骑狼狈逃走;坚持到最后武器箭支都用尽了,兵士手无寸铁,仍然光着头高呼呐喊,争先恐后向前冲杀。那个时候,天地为我震怒,战士为我痛哭。单于认为不可能再捉住我了,便打算退兵回师,然而叛徒管敢把我军情况泄露给单于,就使他们又一次发动攻击,因此我终于不免被俘。

昔高皇帝以三十万众，困于平城[1]。当此之时，猛将如云，谋臣如雨，然犹七日不食，仅乃得免。况当陵者[2]，岂易为力哉？而执事者云云，苟怨陵以不死[3]。然陵不死，罪也。子卿视陵，岂偷生之士而惜死之人哉？宁有背君亲、捐妻子，而反为利者乎？然陵不死，有所为也。故欲如前书之言，报恩于国主耳。诚以虚死不如立节，灭名不如报德也。昔范蠡不殉会稽之耻[4]，曹沫不死三败之辱[5]，卒复勾践之仇，报鲁国之羞。区区之心，窃慕此耳。何图志未立而怨已成，计未从而骨肉受刑。此陵所以仰天椎心而泣血也[6]！

【注释】

①平城：治所在今山西大同东北古城。

②当：像。

③苟：只是。

④会稽之耻：指春秋时吴王夫差攻入越国，越王勾践退守会稽，用范蠡计与吴暂时讲和事。

⑤三败之辱：指春秋时鲁国大将曹沫与齐国交战，屡战屡败，割地求和之辱。

⑥椎(chuí)：敲打。

【译文】

过去高皇帝凭着三十万军队，还被围困在平城。那个时候，他手下的猛将谋臣多如云雨，尚且七天得不到食物，仅能免于被歼灭。何况像我这样的情况，难道容易有所作为的吗？可是皇上身边执事者议论纷纷，只是一味地埋怨我不为国而死。当然，我没有为国而死，这是罪过。子卿您看我这个人，难道是那种苟且偷生而胆小怕死的人吗？是那种宁可背弃君主和亲人，丢下妻子儿女，反而追求私利的人吗？我所以不死，自有我的安排，本来就打算像前次信中所说的，要对国君报答恩义罢了。实在是认为无谓地死去还不如树立名节，身死名灭还不如以实际行动来报答恩德。昔年范蠡不为会稽的国耻殉难，曹沫不为屡次战败的耻辱去死，最终为勾践报了仇，为鲁国雪了恨。我的小小愿望不过是仰慕他们而已。没想到志愿未曾实现怨恨却已结成，计划没得到施行而亲人骨肉却受到刑杀。这是我仰望苍天捶胸痛恨而流下血泪的原因啊！

足下又云："汉与功臣不薄。"子为汉臣，安得不云尔乎！昔萧、樊囚絷①，韩、彭菹醢②，晁错受戮，周、魏见辜③，其余佐命立功之士，贾谊、亚夫之徒④，皆信命世之才⑤，抱将相之具⑥，而受小人之谗，并受祸败之辱，卒使怀才受谤，能不得展。彼二子之遐举⑦，谁不为之痛心哉！陵先将军⑧，功略盖天地，义勇冠三军，徒失贵臣之意，到身绝域之表。此功臣义士所以负戟而长叹者也⑨，何谓"不薄"哉？

【注释】

①萧、樊：萧何、樊哙(kuài)。二人都是辅佐刘邦夺取天下的大功臣，萧何因为民请命被囚禁，樊哙被诬以谋反而拘捕。

②韩、彭：韩信、彭越。二人都在为刘邦打天下时立下大功，后被诬谋反被杀。菹醢(zū hǎi)：把人剁成肉酱的酷刑。

③周、魏：周勃、魏其侯窦婴。见：被。辜：罪。

④亚夫：周亚夫。文帝、景帝时大将，平定了七国之乱，后以谋反罪被杀。

⑤信：确实。

⑥具：才能。

⑦遐举：远走。这里指死亡的下场。

⑧先将军：李陵已故的祖父李广。

⑨戟(jǐ)：古代一种合戈、矛为一体的长柄兵器。

【译文】

足下还说："汉朝对待功臣不薄。"您身为汉朝臣子，怎能不这样说呢！过去萧何、樊哙被逮捕拘囚，韩信、彭越被剁成肉酱，晁错被杀戮，周勃、魏其侯窦婴被判罪，其他一些辅佐天子立下功勋的人士，像贾谊、周亚夫这些人，都确实是当时杰出的人才，身怀将相的才能，却遭到小人的谗言毁谤，全都蒙受灾祸和失败的羞辱，终于身怀才干而受到诽谤，才能得不到施展。他们二人的死，谁能不为他们感到痛心呢！我的先祖父，功勋谋略压倒天下，忠义英勇居三军之首，只因为不合当朝贵臣的心意，结果自杀于边远的塞外。这就是功臣义士身负戈戟而长久叹息的原因，怎么能说汉朝对功臣不薄呢？

且足下昔以单车之使，适万乘之虏①，遭时不遇，至于伏剑不顾②，流离辛苦，几死朔北之野③。丁年奉使④，皓首而归⑤，老母终堂，生妻去帷，此天下所希闻、古今所未有也。蛮貊之人尚犹嘉子之节⑥，况为天下之主乎？陵谓足下当享茅土之荐⑦，受千乘之赏，闻子之归，赐不过二百万，位不过典属国⑧，无尺土之封，加子之勤⑨；而妨功害能之臣尽为万户侯⑩，亲戚贪佞之类悉为廊庙宰⑪。子尚如此，陵复何望哉？

【注释】

①适：到。

②伏剑：以剑自刎。

③朔北：泛指我国长城以北地区。

④丁年：成年。

⑤皓首：白头。

⑥蛮貊(mò)：对四边少数民族的称呼。

⑦茅土之荐：受到分封土地的奖励。古代皇帝的祭坛用五色土建成。分封诸侯时，把诸侯所在方位的泥土用茅草包了送给受封之人，作为分得土地的象征。

⑧典属国：主持少数民族事务的官员。

⑨加：施，奖赏。

⑩万户侯：食邑万户之侯。

⑪廊庙：指朝廷。宰：为首的官员。

【译文】

再说您过去只凭单车使者的身份出使到强大的匈奴，因为时运不济，以至于拔剑自杀也不在乎，又经颠沛流离，千辛万苦，几乎死在北方的荒野上。壮年奉命出使，到白头才回去，老母在家去世，年轻的妻子改嫁，这是天下很少听到、古今未有的事情。蛮夷之人尚且赞赏您的节操，何况身为天下之主的皇上呢？我认为您应享有裂土为侯的晋升，得到千乘车马的赏赐，可是听说您回国之后，赏赐不过二百万钱，职位不过是典属国，没有尺寸之地的封赏，来嘉奖您的功劳；而那帮妨害功业、陷害贤能的人却都被封为万户侯，皇亲国戚贪婪奸佞之人全都成为朝廷的高官。您尚且如此，我还能指望什么呢！

且汉厚诛陵以不死，薄赏子以守节，欲使远听之臣望风驰命，此实难矣，所以每顾而不悔者也。陵虽孤恩①，汉亦负德。昔人有言：“虽忠不烈，视死如归。”陵诚能安，而主岂复能眷眷乎？男儿生以不成名。死则葬蛮夷中，谁复能屈身稽颡[2]，还向北阙[3]，使刀笔之吏弄其文墨耶[4]！愿足下勿复望陵。

【注释】

①孤恩：负恩，背弃恩德。孤：通“辜”。

②稽颡(qǐ sǎng)：屈膝下拜，以额触地行礼。

③北阙：宫殿北面的门楼，是臣子朝见上书的地方。

④刀笔：古代在竹简上刻字记事，用刀子刮去错字，因此把有关案牍的事叫做刀笔。

【译文】

况且汉朝以残酷的诛杀惩治我没有以身殉国的罪过，对您的坚贞守节只给以微薄的奖赏，而希望在远方听命的臣属急切地奔走为国效命，这实在是太难了，所以我常回顾往事并不后悔。我虽然辜负了汉朝的恩义，汉朝对我也寡恩少德。古人有句话说：“虽然忠诚而未能死节，也能做到视死如归。”我如果能安心地死节，可皇上难道还能怀念我吗？男子汉活着不能成就名节，死后就葬身在蛮夷的土地上，谁还能弯腰叩头再回到朝廷，让那些刀笔吏舞文弄墨捏造罪名呢！希望您不要再指望我回汉朝了。

嗟乎，子卿！夫复何言？相去万里，人绝路殊。生为别世之人，死为异域之鬼，长与足下，生死辞矣！幸谢故人，勉事圣君。足下胤子无恙[1]，勿以为念。努力自爱。时因北风，复惠德音[2]。李陵顿首。

【注释】

①胤(yìn)子：儿子。指苏武与一匈奴女子生下的儿子。

②惠：赐。德音：对别人言辞的敬称。

【译文】

哎，子卿！还有什么话可说呢？咱俩相隔万里，人不相往来，走的路也不同。我活着是另一世界的人，死后是异国之鬼，永远与您生离死别了！希望向老朋友们转达我的心意，勉力事奉圣明的君主。您的儿子安然无恙，请勿挂念。望您多加珍重。望不时能借着北风，惠赐您的教诲。李陵顿首。

路温舒

路温舒，字长君，西汉钜鹿（今河北平乡）人。曾任狱吏，宣帝时任临淮太守，很有政绩。

尚德缓刑书

【题解】

这是路温舒在汉宣帝即位之初写的一篇奏疏。主旨是劝宣帝崇尚道德，减省刑罚，让老百姓生活在一个比较宽松的社会环境中。指出了秦汉以来刑狱的罪恶与危害，还指出秦亡的一个重要原因就是实行严刑苛法。

昭帝崩①，昌邑王贺废②，宣帝初即位③，路温舒上书，言宜尚德缓刑。其辞曰：

【注释】

①昭帝：西汉昭帝刘弗陵，武帝刘彻的少子。崩：皇帝死。

②昌邑王：汉武帝孙刘贺。汉昭帝死后，先是刘贺即位，不久被

废黜。

③宣帝:汉武帝曾孙刘询。

【译文】

汉昭帝驾崩,昌邑王刘贺被废黜,宣帝刚刚登上皇位。路温舒呈上奏章,谈应该崇尚德治减缓刑罚。他的奏章说:

"臣闻齐有无知之祸[①],而桓公以兴;晋有骊姬之难[②],而文公用伯[③];近世赵王不终[④],诸吕作乱,而孝文为太宗[⑤]。由是观之,祸乱之作,将以开圣人也。故桓、文扶微兴坏,尊文、武之业,泽加百姓,功润诸侯,虽不及三王[⑥],天下归仁焉。文帝永思至德,以承天心,崇仁义,省刑罚,通关梁,一远近,敬贤如大宾,爱民如赤子[⑦],内恕情之所安,而施之于海内,是以囹圄空虚[⑧],天下太平。夫继变化之后,必有异旧之恩,此贤圣所以昭天命也。往者,昭帝即世而无嗣[⑨],大臣忧戚,焦心合谋,皆以昌邑尊亲,援而立之。然天不授命,淫乱其心,遂以自亡。深察祸变之故,乃皇天之所以开至圣也。故大将军受命武帝[⑩],股肱汉国[⑪],披肝胆,决大计,黜亡义[⑫],立有德,辅天而行,然后宗庙以安,天下咸宁。

【注释】

①无知:公孙无知,春秋时齐国人。齐襄公无道,他杀襄公自立,亦为国人所杀,齐桓公于是归国即位。

②骊姬:春秋时晋献公的宠妃。她想让自己所生子继位,因此设法逼死太子申生,又赶走公子重耳和公子夷吾,后来重耳在秦国帮助下回到晋国,掌握了政权。

③文公:指晋文公重耳。伯(bà):通"霸",称霸。

④赵王：指高祖宠姬戚夫人所生子如意，高祖死后，如意被吕后毒死。

⑤孝文：汉文帝刘恒，原为代王。汉惠帝死，太后吕雉专政，吕氏家族中许多人封王封侯，并图谋作乱。太尉周勃、丞相陈平消灭诸吕势力后，迎立刘恒为皇帝，庙号太宗。

⑥三王：指夏禹、商汤、周文王。

⑦赤子：刚出生的孩子。

⑧囹圄(líng yǔ)：监狱。

⑨即世：逝世。

⑩大将军：指霍光，武帝临终前任命为大司马大将军，辅佐幼主昭帝。

⑪股：大腿。肱：胳膊。这里指辅佐、捍卫。

⑫亡(wú)：无。

【译文】

“我听说，齐国有公孙无知的祸乱，齐桓公才得以兴起；晋国有骊姬的作难，晋文公才得以称霸；近世赵王不得善终，吕氏家族作乱，孝文帝才成为太宗。由此看来，祸乱的发生，其实是为圣明君主的即将出现开创了条件。所以齐桓公、晋文公扶助弱小的国家，振兴衰败的旧业，尊崇周文王、武王的业绩，恩泽施于百姓，功德惠及诸侯，虽然赶不上三代圣王，但天下都归服于他们的仁德了。文帝有深远的思考和崇高的道德，以秉承上天的旨意，崇尚仁义，减省刑罚，开放关卡桥梁，远近一视同仁，尊敬贤臣如同尊敬贵宾，爱护人民如同爱护婴儿，用宽恕之心考虑觉得心安的事，才在四海之内施行，因此监狱里没有犯人，天下太平安宁。大凡经历政局动乱之后，必定有不同于以往的恩惠，这是圣贤君主用以显明上天授予使命的途径。以前昭帝逝世后没有儿子，大臣们为此忧愁，焦急地共同商议，一致认为昌邑王刘贺地位尊贵血统亲近，就引他入宫立为皇帝。然而上天并不授予他帝王的使命，让他内心淫乱，于是自取灭亡。深入地探究祸害发生的原因，原来是上天借此为至圣君主的出现开创条件啊。所以大将军霍光接受武帝的遗命，辅佐汉国，剖肝见胆，决定国家大计，废黜无道昏君，拥立有德明主，辅助上天行事，从此朝廷得以稳定，天下一片安宁。

“臣闻《春秋》正即位[①]，大一统而慎始也。陛下初登至尊，与天合符，宜改前世之失，正始受命之统，涤烦文，除民疾，存亡继绝，以应天意。

【注释】

①正即位：古代帝王新即位，都要改变历法，也叫改正朔。正是一年的开始，朔是一月的开始。

【译文】

“我听说，《春秋》讲帝王即位之初就要改变历法，意思是尊崇天下统一并谨慎地对待新事业的开始。陛下刚刚登上帝位，与天意完全吻合，应一改前代的过失，端正刚刚受命的国家纲纪，涤除繁琐的法律条文，解除百姓的疾苦，让灭亡的家族得到生存，断绝的祭祀得到延续，以顺应上天的旨意。

“臣闻秦有十失，其一尚存，治狱之吏是也。秦之时，羞文学，好武勇，贱仁义之士，贵治狱之吏，正言者谓之诽谤，遏过者谓之妖言[①]，故盛服先生不用于世[②]，忠良切言皆郁于胸，誉谀之声日满于耳，虚美熏心，实祸蔽塞。此乃秦之所以亡天下也！方今天下赖陛下恩厚，亡金革之危、饥寒之患，父子夫妻戮力安家[③]，然太平未洽者，狱乱之也。夫狱者，天下之大命也，死者不可复生，绝者不可复属[④]。《书》

曰：'与其杀不辜，宁失不经。'⑤今治狱吏则不然，上下相驱，以刻为明，深者获公名，平者多后患。故治狱之吏皆欲人死，非憎人也，自安之道在人之死。是以死人之血流离于市，被刑之徒比肩而立，大辟之计岁以万数⑥，此仁圣之所以伤也。太平之未洽，凡以此也。夫人情安则乐生，痛则思死。棰楚之下，何求而不得？故囚人不胜痛，则饰辞以视之⑦；吏治者利其然，则指道以明之；上奏畏却，则锻练而周内之⑧。盖奏当之成，虽咎繇听之⑨，犹以为死有余辜。何则？成练者众，文致之罪明也。是以狱吏专为深刻，残贼而亡极⑩，媮为一切⑪，不顾国患，此世之大贼也。故俗语曰：'画地为狱，议不入⑫；刻木为吏，期不对⑬。'此皆疾吏之风，悲痛之辞也。故天下之患，莫深于狱；败法乱正，离亲塞道，莫甚乎治狱之吏。此所谓一尚存者也。

【注释】

①遏：阻止。

②盛服先生：指儒者，戴儒冠，着儒服，衣冠齐整。

③戮（lù）力：齐心协力。

④繇：同"绝"，断。属：接上。

⑤《书》曰：以下引文出自《尚书·虞书·大禹谟》。

⑥大辟：古代五刑之一，死刑。

⑦视：通"示"，指招供。

⑧周内（nà）：网罗罪名，陷人于罪。内，同"纳"，接纳，容纳。

⑨咎繇（gāo yáo）：又作"皋陶"，相传是舜时掌刑法的官。听：审讯。

⑩亡（wú）：无。

⑪媮（tōu）：苟且。一切：权宜之计。

⑫议：考虑，决计。

⑬期：必定，一定。

【译文】

“我听说秦朝有十大过失，其中有一条至今仍存在，那就是司法官吏的过失。秦朝时，贬黜儒术，崇尚勇力，轻视主张仁义的人士，尊崇主管刑狱的官吏，正直的话被称为诽谤，阻止过错的话被称为妖言，所以宽衣大冠的儒者不被任用，忠良切实的言论都郁结在胸中，浮夸谄谀的美言充斥君主的耳朵，虚假的美名陶醉着君主的心，实在的危机却被掩盖。这就是秦王朝之所以失去天下的原因。如今天下依赖陛下的深厚恩泽，没有战乱的危险、饥寒的忧虑，父子夫妻都齐心协力地治理家业，然而太平的天下之所以不够美满，正是刑狱之灾扰乱社会的缘故。说起刑狱，那是涉及天下人性命的大事，处死的人不可能再活过来，砍断的肢体不可能再接上。所以《尚书》说：‘与其错杀无罪的人，宁可因不按常规办事而失误。’现在主管刑狱的官吏却不是这样，他们上下互相催督，把苛刻当做明察，严酷的获得公正的名声，平和的反而多有后患。因此主管刑狱的官吏，都想置人于死地，这不是因为他们特别憎恨谁，而是保全自己的方法，正在于置人于死地。因此死人的血淋漓于市场，被判刑的人肩挨肩站立，死刑的统计数每年都以万计，这是仁主圣君感到悲伤的原因。太平世道还不够完美，都是由于这个缘故。人之常情是，平安就乐于活着，痛苦就想死去。在严刑拷打之下，有什么口供得不到呢？所以被囚之人受不了痛苦的折磨，就用编造的假话来招供；主持刑狱的人认为这样做对自己有利，就引导囚犯招供自己的罪行；结案上报时担心被驳回，就又罗织罪状使其周密而陷人于罪。大凡罪名一经定案，即使是皋陶来审讯，也会认为犯人死有余辜。为什么呢？这是因为罗织的罪状很多，按律所定的罪名也很明白。因此司法官吏专做严酷而苛刻的事，无止境地残害他人，为了一时的裁决结案，而不顾给国家带来的后患，这是世上的大祸害，所以俗话说：‘在地上画一个牢，人们也不会考虑进去；即使是木雕的狱吏，人们也决不会跟它对质。’这些都是疾恨狱吏的民谣，悲切沉痛的议论啊。所以天下的祸患，没有比刑狱更严峻的；败坏法律扰乱是非，离散亲人堵塞道义，没有比司法官吏更厉害的。这就是前文所说的至今还存在的秦朝十大过失之一。

“臣闻乌鸢之卵不毁[①]，而后凤皇集；诽谤之罪不诛，而后良言进。故古人有言：‘山薮藏疾[②]，川泽纳污，瑾瑜匿恶[③]，国君含诟[④]。’唯陛下除诽谤以招切言，开天下之口，广箴谏之路[⑤]，扫亡秦之失，尊文、武之德，省法制，宽刑罚，以废治狱，则太平之风可兴于世，永履和乐，与天亡极。天下幸甚！”

【注释】

①乌鸢（yuān）：乌鸦和老鹰。

②山薮（sǒu）：山林与湖泽。

③瑾瑜：美玉。

④诟（gòu）：辱骂。

⑤箴：劝告，规诫。

【译文】

“我听说，乌鸦老鹰的蛋不被毁弃，然后才有凤凰飞来；犯了诽谤的罪不被处死，然后才有人进献良言。所以古人说：‘深山池薮隐藏毒秽，江河湖泽容纳污浊，美玉隐藏瑕疵，国君应能忍受辱骂。’希望陛下能革除诽谤的罪名。以招纳切实的言论，让天下人都敢讲话，广开劝谏之路，扫除亡秦的过失，尊崇文王、武王的德政，精简法律条文，放宽刑罚，以求废止刑狱。这样的话，太平的风气就可以在世上兴盛起来,人民永远生活在和平安乐之中,与苍天一样无限长久。天下人将无比庆幸!”

上善其言。

【译文】

皇上认为路温舒的意见很好。

杨　恽

杨恽(？—前54),字子幼,西汉华阴(今陕西华阴)人。丞相杨敞之子,太史令司马迁的外孙。有才干,宣帝时因告发霍光后代谋反有功,被封平通侯,迁中郎将。但喜欢揭人隐私,因此结怨甚多,宣帝近臣太仆戴长乐上书告发杨恽诽谤朝廷,他被免官降为庶人。后来发生日蚀,有人上书说是由于杨恽“骄奢不悔”造成的,杨恽被下狱。从他身上搜出了给孙会宗的信,宣帝遂以大逆不道的罪名判处杨恽腰斩。

报孙会宗书

【题解】

本文是杨恽(yùn)失位在家时写给朋友孙会宗的一封信。信中先回顾了自己的家族及自己的过去,解释自己目前生活状态的原因,接着讲述了自己的所谓“骄奢不悔”的行为,实际上是对孙会宗的反驳。作者将满腹牢骚与不满落于笔下,怨激辛辣,后代有人认为“宛然外祖(司马迁)答任安书风致”。

恽既失爵位家居,治产业,起室宅,以财自娱。岁余,其友人安定太守西河孙会宗[①],知略士也[②],与恽书谏戒之,为言大臣废退，当阖门惶惧[3]，为可怜之意，不当治产业，通宾客，有称誉。恽宰相子[4]，少显朝廷，一朝晻昧语言见废[5]，内怀不服，报会宗书曰：

【注释】

①孙会宗：西河郡(今属内蒙古)人，为安定郡(治所高平在今宁夏固原)太守。杨恽被诛后，他也受牵连被罢官。

②知：同"智"。

③阖：关。

④恽：杨恽，汉昭帝时宰相杨敞的儿子。

⑤晻昧(àn mèi)：不光明正大，不光明磊落。

【译文】

杨恽丢了爵位在家，就治理产业，兴建房宅，以经营家财自娱自乐。过了一年多，他的朋友安定太守、西河人孙会宗，一位有智谋的士人，给杨恽写了一封信，对他加以劝诫，说大臣被免职以后，应当关起门来惶然思过，以博取同情，而不该治理产业，结交宾客，得到赞誉。杨恽是丞相的儿子，年轻时就在朝廷扬名。一时糊涂说了错话而被罢免官职，心里却不服气，他回复孙会宗的信说：

"恽材朽行秽，文质无所底[1]，幸赖先人余业，得备宿卫[2]。遭遇时变[3]，以获爵位，终非其任，卒与祸会。足下哀其愚蒙，赐书教督以所不及，殷勤甚厚。然窃恨足下不深惟其终始[4]，而猥随俗之毁誉也[5]。言鄙陋之愚心，若逆指而文过[6]；默而息乎，恐违孔氏'各言尔志'之义[7]，故敢略陈其愚，唯君子察焉。

【注释】

①所底：无所作为。底，通“抵”，至，达到，成就。

②宿卫：宫廷警卫官。

③遭遇时变：指揭发霍光子孙谋反而获封平通侯一事。

④恨：遗憾。惟：考虑。

⑤猥（wěi）：随意。

⑥指：意思。

⑦孔氏：孔子。

【译文】

“我杨恽不是块好材料，操行也无所取，外在表现和内在品质都无所成就，侥幸依赖祖上留下的功绩，得以到宫廷里充当侍卫之职。遇到朝中变故，我因此得以封爵，但这终究不是我所能胜任的，因此最终还是遇到了这次祸难。您可怜我愚蠢糊涂，承蒙您赐给我书信，对我没办好的地方给予指教监督，情意十分恳切深厚。然而我内心却遗憾您没有深入思考事情原委，而是轻率地跟着世俗舆论来褒贬我。我对您讲出我鄙陋的心里话吧，却似乎是在违逆您的意思而文过饰非；沉默不说吧，又恐怕有悖于孔夫子要弟子‘各言尔志’的教诲。所以斗胆大略陈述一下自己的愚见，希望您能明察。

“恽家方隆盛时，乘朱轮者十人①，位在列卿②，爵为通侯③，总领从官，与闻政事。曾不能以此时有所建明④，以宣德化，又不能与群僚同心并力，陪辅朝廷之遗忘，已负窃位素餐之责久矣。怀禄贪势，不能自退，遭遇变故，横被口语⑤，身幽北阙⑥，妻子满狱。当此之时，自以夷灭不足以塞责，岂意得全首领⑦，复奉先人之丘墓乎？伏惟圣主之恩，不可胜量。君子游道，乐以忘忧；小人全躯，说以忘罪⑧。窃自私念，过已大矣，行已亏矣，长为农夫以没世矣。是故身率妻子，戮力耕桑⑨，灌园治产，以给公上，不意当复用此为讥议也。

【注释】

①朱轮：用丹漆涂的车毂。汉代公卿列侯及俸禄二千石以上的官员才能乘这种朱轮车。

②列卿：汉代中央政府主管各部署的长官。

③通侯：异姓功臣封侯者称通侯，也叫列侯、彻侯。

④曾：而，表转折。

⑤横被口语：横遭口语之祸。此指太仆戴长乐上书告发杨恽平日以言论诽谤朝廷之事。

⑥北阙：宫廷北门楼。大臣们上书奏事或被皇帝召见，都在这里。

⑦首领：头颅。

⑧说：同“悦”，高兴。

⑨戮(lù)力：齐心协力。

【译文】

“当初我家正隆盛的时候，坐朱轮车的就有十人，我本人官位在九卿之列，爵位为通侯，统率着侍从官员，参与政治事务。然而我却不能在这个时候有所建树，以宣扬道德教化，又不能与同僚们齐心协力，辅佐朝廷做些补缺拾遗的工作，已经背负窃据官位白吃俸禄的指责很久了。由于我留恋禄位、贪恋权势，不能自动引退，于是遭到变故，横遭口语之祸，我自己被拘禁在北阙，妻子儿女也都进了监狱。在这时候，自己觉得即使被诛灭全家，也不能抵消罪责，哪里还想到保全性命，再去供奉祖先的坟墓呢？低头想来，那圣明君主的恩德，真是无法计量。君子沉湎在道中，快乐得忘掉了忧愁；小人保全了性命，高兴得忘记了罪过。我私下里想，自己的罪过已经很大，德行已经有了亏缺，那就长期去当农夫以度过余生算了。所以亲自率领着妻子儿女，齐心协力从事农桑，浇灌田园，治理产业，用以供给官府的赋税，想不到因此又遭到一些人的议论和讥笑。

“夫人情所不能止者，圣人弗禁，故君父至尊亲，送其终也，有时而既①。臣之得罪，已三年矣。田家作苦，岁时伏腊②，烹羊炰羔③，斗酒自劳。家本秦也，能为秦声，妇赵女也，雅善鼓瑟④，奴婢歌者数人。酒后耳热，仰天拊缶⑤，而呼乌乌。其诗曰：‘田彼南山，芜秽不治。种一顷豆，落而为萁。人生行乐耳，须富贵何时！’是日也，拂衣而喜，奋褎低昂⑥，顿足起舞，诚淫荒无度，不知其不可也。恽幸有余禄，方籴贱贩贵⑦，逐什一之利。此贾竖之事⑧，污辱之处，恽亲行之。下流之人，众毁所归，不寒而栗。虽雅知恽者，犹随风而靡，尚何称誉之有？董生不云乎：‘明明求仁义，常恐不能化民者，卿大夫意也；明明求财利，尚恐困乏者，庶人之事也⑨。’故‘道不同，不相为谋’⑩。今子尚安得以卿大夫之制而责仆哉？

【注释】

①既：结束。

②伏腊：古代两种祭祀的名称。“伏”在夏季伏日，“腊”在农历十二月。

③炰(páo)：裹起来烧烤。

④雅：向来。

⑤拊：拍。缶(fǒu)：瓦器，秦人用作乐器。

⑥褎:同“袖”。

⑦籴(dí):买入粮食。

⑧贾(gǔ)竖:对商人的蔑称。

⑨“明明”以下六句:见董仲舒《贤良对策》。董生,董仲舒。明明,或写作“皇皇”,即“惶惶”。

⑩道不同,不相为谋:语出《论语·卫灵公》。

【译文】

“凡是从人情上说不能禁止的事,圣人也不会禁止,所以,国君和父亲虽是最尊贵最亲近的,而给他们送终服丧,也有结束的时候。我获罪已经三年了。种田人家劳作辛苦,每逢伏日或腊日,按时祭祀,煮羊肉,烤羊羔,饮酒慰劳自己。我本是秦地人,能唱秦地的歌谣,我的妻子是赵地女子,一向善于鼓瑟,奴婢中能唱歌的也有几个人。喝了酒后耳朵发热,仰面朝天拍打着瓦缶,唱出呜呜的秦声来。歌词是:‘南山坡上来种田,田地荒芜无人管。当初种下一顷豆,豆子掉了只剩杆。人生在世为行乐,富贵等待哪一天?’那一天,我提起衣服心中欢喜,上上下下挥动袖子,跺着脚跳起了舞,确实是纵情欢乐没有节制,不知道这样做是不可以的。我幸而有些余财,正在贱买贵卖,追求那十分之一的利润。这是商贩们做的事,是受污辱的地方,可我亲自去做了。地位卑贱的人,大家都对他进行诋毁,令人不寒而栗。即使一向是了解我的人,也随风倒,哪里还会有人为我说好话呢?董仲舒不是说过吗:‘急切地追求仁义,常担心不能教化老百姓的,是卿大夫的想法;急切地追求财利,常担心贫穷困乏的,是老百姓的事情。’所以,‘信仰不同,就不在一起商量事儿’。现在您怎么还能用卿大夫的标准来责备我呢?

“夫西河魏土①,文侯所兴②,有段干木、田子方之遗风③,漂然皆有节概④,知去就之分。顷者,足下离旧土,临安定,安定山谷之间,昆戎旧壤⑤,子弟贪鄙,岂习俗之移人哉?

于今乃睹子之志矣。方当盛汉之隆，愿勉旃[6]，毋多谈。”

【注释】

①西河：今陕西东部黄河西岸地区。

②文侯：魏文侯，战国时期魏国国君。

③段干木、田子方：两人都是魏文侯的老师。

④漂然：高远的样子。

⑤昆戎：即西戎，殷周时期西部的一个部落。

⑥旃(zhān)：“之焉”的合音，语气词。

【译文】

“西河郡原是魏地，是魏文侯设置的，有古代贤人段干木、田子方遗留下来的好风气，他们都凛然有气节，明白去留进退的道理。近来，您离开故乡，来到安定郡，安定郡地处山谷之间，过去是昆戎族的地界，那里的人性情贪婪浅鄙，难道是习俗改变了您吗？现在我可看清您的志向了。如今正值大汉隆盛之时，希望您好好努力，不必多说了。”

后汉书

《后汉书》是南朝刘宋时范晔所撰的一部纪传体断代史，记载东汉一代历史。范晔完成了本纪十卷，列传八十卷之后获罪被杀，已完成的五篇“志”被毁，人们就用晋司马彪《续汉书》中的三十卷志补入，所以现在见到的《后汉书》有没有“志”的九十卷本和有“志”的一百二十卷本两种。

范晔(398—445)，字蔚宗，顺阳(今属河南)人，东晋末当过彭城王刘义康的参军，刘宋王朝时任尚书吏部郎、宣城太守，后因参与立刘义康为帝的阴谋而被杀。

光武帝临淄劳耿弇

【题解】

本文选自《后汉书·耿弇传》。刘秀即位后，为巩固政权而削平地方割据势力，派建威大将军耿弇讨伐割据青州的张步，耿弇很快取胜。刘秀亲自赶到临淄慰劳耿弇军，发表了这篇讲话。

车驾至临淄①，自劳军，群臣大会。帝谓弇曰②：“昔韩信破历下以开基③，今将军攻祝阿以发迹④，此皆齐之西界，功足相方[5]。而韩信袭击已降，将军独拔勍敌[6]，其功乃难于信也。又田横烹郦生[7]，及田横降，高帝诏卫尉不听为仇[8]。张步前亦杀伏隆[9]，若步来归命，吾当诏大司徒释其怨[10]。又事尤相类也。将军前在南阳建此大策[11]，常以为落落难合[12]，有志者事竟成也！"

【注释】

①车驾：代指皇帝。这里指光武帝刘秀。临淄：在今山东淄博。

②弇（yǎn）：耿弇，字伯昭。曾随刘秀起兵，后拜建威大将军，封好畤侯。

③历下：今山东济南市东。开基：开创基业。

④祝阿：县治在今山东历城西南。

⑤相方：相比。

⑥勍（qíng）：强。

⑦田横：原为齐国贵族，楚汉战争中带兵击败项羽，收复齐地，立田广为齐王，自己为国相。郦生：郦食其，刘邦的谋士。

⑧卫尉：西汉时掌宫门警卫，统领宫廷屯卫兵的官。这里指郦生（郦食其）的弟弟郦商。听：允许。

⑨张步：齐琅琊人，曾于刘秀起兵时在齐地拥兵自重。

⑩大司徒：相当于汉初丞相。此指伏湛，其子伏隆被张步所杀。

⑪南阳：郡名。治所宛县在今河南南阳。大策：指耿弇当初在南阳时向刘秀提出的战略计划，包括消灭张步、平定齐地等。

⑫常：通"尝"。落落：疏阔，大而无当的样子。

【译文】

光武帝来到临淄，亲自慰劳军队，群臣都在这里集会。光武帝对耿弇说："从前韩信攻破历下开创了汉朝的基业，如今将军你攻克祝阿而立身扬名，历下和祝阿这两个地方都是齐国的西部边界，你的功劳足以和韩信相比。但是韩信袭击的是已经投降的敌人，将军你却是独立战胜了强劲的对手，这功劳的取得，比韩信要难啊。另外田横烹杀了郦食其，等到田横投降的时候，高帝诏告卫尉郦商，不允许他与田横结仇。张步从前也杀了伏隆，如果张步前来归降，我也要诏告大司徒伏湛，要他放下和张步的仇怨。这两件事更像了。将军你以前在南阳的时候，就提出了这项重大的计策，我曾经以为这事脱离实际而难以实现，如今看来，真是有志者事竟成啊！”

马援诫兄子严敦书

【题解】

本文选自《后汉书·马援传》。这封信是马援在交阯时针对他的侄子马严、马敦好议论人是非、结交轻薄侠客的言行，对其予以训诫所写。

援兄子严、敦并喜讥议①，而通轻侠客。援前在交趾②，还书诫之曰：

【注释】

①援：马援，东汉初扶风茂陵（今陕西兴平东北）人，字文渊。新莽末，为新城大尹，后跟随刘秀，任伏波将军。

②交趾：郡名。治所在今越南河内西北。趾，又作“阯”。

【译文】

马援的侄儿马严、马敦都喜欢讥笑和议论人事，而且结交轻浮的侠客。马援以前在交阯时，写信回来告诫他们说：

"吾欲汝曹闻人过失如闻父母之名①,耳可得闻,口不可得言也。好议论人长短,妄是非正法②,此吾所大恶也,宁死不愿闻子孙有此行也。汝曹知吾恶之甚矣,所以复言者,施衿结缡③,申父母之戒,欲使汝曹不忘之耳。

【注释】

①欲:希望。曹:等,辈。

②是非:议论好坏。

③施衿(jīn)结缡(lí):父母在女儿出嫁时,要给她系上佩带和佩巾。衿,佩带。缡,佩巾。

【译文】

"我希望你们听到别人的过失,就像听到自己父母的名字一样,耳朵可以听,口中不能说。喜好议论别人的长短,随意评论褒贬国家的法制,这是我最痛恨的,我宁死也不愿听到自己的子孙有这种行为。你们知道我对这种行为痛恨极了,之所以再向你们提起,就像女儿出嫁时,父母亲手给她结上带子,系上佩巾,重申到夫家不可出差错的训诫那样,想让你们不要忘记而已。

"龙伯高敦厚周慎①,口无择言②,谦约节俭,廉公有威,吾爱之重之,愿汝曹效之。杜季良豪侠好义③,忧人之忧,乐人之乐,清浊无所失,父丧致客,数郡毕至。吾爱之重之,不愿汝曹效也。效伯高不得,犹为谨敕之士,所谓刻鹄不成尚类鹜者也④;效季良不得,陷为天下轻薄子,所谓画虎不成反类狗者也。讫今季良尚未可知⑤,郡将下车辄切齿⑥,州郡以为言,吾常为寒心,是以不愿子孙效也。"

【注释】

①龙伯高：龙述，字伯高。原为山都长，汉光武帝看到马援此信，提拔他为零陵郡太守。

②择：通“殬（dù）”，恶。

③杜季良：杜保，字季良。原为越骑司马，因仇家告他“为行浮薄，乱群惑众”，被光武帝免官。

④鹄（hú）：天鹅。鹜（wù）：家鸭。

⑤讫：通“迄”，到，至。

⑥郡将：太守。

【译文】

“龙伯高为人朴实厚道，办事周密谨慎，口无恶言，谦逊平易，生活节俭，廉洁公正，很有威望。我喜爱他，敬重他，希望你们学习他。杜季良为人豪放任侠，很重义气，为别人的忧愁而忧愁，为别人的快乐而快乐，人不论品行好坏，他都和他们交往，父亲出丧时邀请宾客，几郡的人全都来了。我喜爱他，敬重他，却不希望你们学习他。学龙伯高不成，还可以做一个谨慎严肃的士人，也就是所谓‘刻画天鹅不成还像鸭子’；学杜季良不成，就会堕落为世上的轻薄子弟，那就是所谓‘描画老虎不成反而像狗’了。到现在，杜季良以后究竟会怎样还不可知，新来的郡守一到任就对他表示切齿痛恨，州郡官员把这情况告诉我，我常替他寒心，所以不希望我的子孙学习他。”

诸葛亮

诸葛亮(181—234),字孔明,东汉末琅琊阳都(今山东沂南)人。青年时随叔父逃避战乱隐居南阳隆中,经刘备多次邀请,便辅佐刘备建立蜀汉政权,担任丞相职务。从而形成魏、蜀、吴三国鼎立的格局。刘备死后,诸葛亮受遗诏辅佐后主刘禅,一面采取以攻为守的方法北伐曹魏,先后六次出兵均未获成功;另一面采取和解的手段东连孙吴,使蜀汉一直保持了较好的生存环境。234 年死于军中,时年五十四岁。

前出师表

【题解】

本文选自《三国志·蜀书》本传。蜀汉建兴五年(227),诸葛亮率军进驻汉中,准备北伐曹魏。行前深感刘禅暗弱,不无内顾之忧,所以上表劝谏,劝勉刘禅继承先帝遗愿,奋发有为,同时表达了自己的决心。文辞恳切,情感真挚,是章表类的突出代表作。

臣亮言:先帝创业未半而中道崩殂[①]。今天下三分,益州疲敝[②],此诚危急存亡之秋也。然侍卫之臣不懈于内[③],忠志之士忘身于外者[4]，盖追先帝之殊遇[5]，欲报之于陛下也。诚宜开张圣听，以光先帝遗德，恢宏志士之气[6]，不宜妄自菲薄[7]，引喻失义[8]，以塞忠谏之路也。宫中府中[9]，俱为一体，陟罚臧否[10]，不宜异同[11]。若有作奸犯科及为忠善者，宜付有司论其刑赏，以昭陛下平明之治，不宜偏私，使内外异法也。

【注释】

①先帝：指刘备。崩殂(cú)：古时指皇帝的死亡。

②益州：相当于今四川大部及云南、贵州部分地区。疲敝：困乏。

③内：朝廷。

④忠志之士：军中将士。

⑤追：追念。

⑥恢宏：振奋。

⑦妄自菲薄：不知自重，轻视自身价值。

⑧引喻失义：说话不恰当。引喻，称引、譬喻。义，适宜、恰当。

⑨宫：皇宫。府：丞相府。

⑩陟(zhì)：升迁。臧否(zāng pǐ)：善恶。这里指表扬和批评。

⑪异同：偏义于“异”，不同。

【译文】

臣诸葛亮上表进言：先帝开创大业未完成一半，竟中途去世。如今天下分成三国，我蜀汉国力困乏、民生凋敝，这真是生死存亡的危急关头啊。然而朝廷官员在内毫不懈怠，军中将士在外舍生忘死，这都是追念先帝对他们的特殊恩遇，想报答给陛下啊。陛下确实应该广开言路听取群臣意见，以发扬光大先帝遗留下来的美德，振奋鼓舞志士们的勇气，不应随便看轻自己，言谈不当，从而堵塞了忠诚进谏的道路。皇帝宫中和丞相府中，都是一个整体，升赏惩罚，赞扬批评，不应标准不同。如有做坏事违犯法纪的，或尽忠心做善事的，应该一律交给主管部门加以处罚或奖赏，以显示陛下公正清明的治理，不应私心偏袒，使内外法令不同。

侍中、侍郎郭攸之、费祎、董允等①，此皆良实，志虑忠纯，是以先帝简拔以遗陛下②。愚以为宫中之事，事无大小，悉以咨之，然后施行，必能裨补阙漏③，有所广益。将军向宠，性行淑均④，晓畅军事，试用于昔日，先帝称之曰能，是以众议举宠以为督⑤。愚以为营中之事，事无大小，悉以咨之，必能使行阵和穆，优劣得所也。亲贤臣，远小人，此先汉所以兴隆也；亲小人，远贤臣，此后汉所以倾颓也。先帝在时，每与臣论此事，未尝不叹息痛恨于桓、灵也。侍中、尚书、长史、参军⑥，此悉贞亮死节之臣也⑦，愿陛下亲之信之，则汉室之隆，可计日而待也。

【注释】

①侍中：侍从皇帝左右，以备应对顾问的官员。侍郎：宫廷近侍官。

②简拔：选拔。遗（wèi）：交付。

③裨（bì）：增益。阙（quē）：缺点。漏：疏漏，过失。

④淑：和善。均：公平。

⑤督：指向宠任中部督，掌禁卫军。

⑥尚书：协助皇帝处理政务的官。长史：设于丞相、三公府中，行其辅佐之职。参军：丞相府或诸王府中的重要幕僚。

⑦贞亮：忠贞诚实。亮，忠诚坦白。死节：为保全节操而死。这里有以死报国的意思。

【译文】

侍中、侍郎郭攸之、费祎、董允等，这些都是善良诚实的人，他们心志意念忠贞纯正,因此先帝才选拔他们留下来辅佐陛下。我认为宫内的事情,无论大小,都要征询他们的意见,然后再去施行,这样一定能够补正缺点和过失,增益实效。将军向宠,性情平和,办事公正,通晓军事,当年被任用,先帝称赞他能干,因此大家评议推举他为中部督。我认为军营里的事情,无论大小,都要征询他的意见,就一定能够使军队团结和睦,德才高低的人各有合适的安排。亲近贤臣,疏远小人,这是汉朝前期之所以兴盛的原因;亲近小人,疏远贤臣,这是汉朝后期之所以衰败的原因。先帝在世的时候,每次跟我谈论起这些事,没有一次不对桓帝、灵帝发出叹息,感到痛心和憾恨的。侍中郭攸之、费祎,尚书陈震,长史张裔,参军蒋琬,这些都是忠贞坦诚、能以死报国的臣子,希望陛下能够亲近他们,信任他们,这样汉王室的兴盛,就指日可待了。

臣本布衣,躬耕于南阳[1],苟全性命于乱世,不求闻达于诸侯[2]。先帝不以臣卑鄙[3],猥自枉屈,三顾臣于草庐之中,谘臣以当世之事,由是感激,遂许先帝以驱驰[4]。后值倾覆[5],受任于败军之际,奉命于危难之间,尔来二十有一年矣。先帝知臣谨慎,故临崩寄臣以大事也[6]。受命以来,夙夜忧叹[7],恐托付不效,以伤先帝之明,故五月渡泸[8],深入不毛[9]。今南方已定,兵甲已足,当奖帅三军,北定中原,庶竭驽钝[10],攘除奸凶[11],兴复汉室,还于旧都[12]。此臣之所以报先帝,而忠陛下之职分也。至于斟酌损益,进尽忠言,则攸之、祎、允之任也。愿陛下托臣以讨贼兴复之效,不效,则治臣之罪,以告先帝之灵。若无兴德之言,则责攸之、祎、允之咎,以彰其慢[13]。陛下亦宜自谋,以咨诹善道[14],察纳雅言,深追先帝遗诏,臣不胜受恩感激。今当远离,临表涕泣,不知所云。

【注释】

①南阳：郡名。诸葛亮曾隐居于南阳隆中(在今湖北襄阳西)。

②闻：出名。达：显达。

③卑鄙：低微而鄙陋。

④驱驰：奔走效劳。

⑤倾覆：兵败。

⑥寄：托付。

⑦夙夜：朝夕，日夜。

⑧泸：泸水，即金沙江。

⑨不毛：不长草木的荒芜之地。

⑩庶：但愿，或许。

⑪攘除：除掉，清除。奸凶：指曹操。

⑫旧都：指东汉都城洛阳。

⑬慢：怠慢，失职。

⑭咨诹(zōu)：询问。

【译文】

我本是个平民，在南阳郡务农耕种，在乱世中苟且保全性命，不希求在诸侯中获得显贵的名声。先帝不介意我出身卑贱，见识浅陋，不惜屈尊，接连三次到草庐来访看我，征询我对天下大事的看法，因此我深为感激，从而答应为先帝奔走效力。后来遇到兵败，在战事失败、危难之际我接受了任命，那时以来已有二十一年了。先帝深知我做事谨慎，所以临终时把国家大事托付给我。我接受遗命以来，日夜担忧叹息，恐怕托付给我的大任不能完成，从而有损先帝的英明。所以我五月率兵南渡泸水，深入荒凉之地。如今南方已经平定，武库兵器充足，应当鼓励和统率全军，北伐平定中原地区，我希望竭尽自己低下的才能，消灭奸贼，复兴汉朝王室，迁归旧日国都。这是我报答先帝、尽忠心于陛下的职责本分。至于权衡利弊得失，毫无保留地进献忠言，那就是郭攸之、费祎、董允的责任了。希望陛下把讨伐奸贼兴复汉室的大任交给我，如果不能成功，那就惩治我的罪过，用来告慰先帝的英灵。如果没有发扬圣德的言论，那就追究郭攸之、费祎、董允等人的失职，来彰显他们的怠慢。陛下也应该自己思虑谋划，征询治理国家的好办法，明察和采纳正直的进言，深切地追思先帝的遗诏，我就受恩、感激不尽了。如今即将离朝远征，流着泪写了这篇表文，激动得不知说了些什么话。

后出师表

【题解】

建兴六年(228)，魏将曹休被东吴打败，魏军主力东下，关中虚弱，诸葛亮想趁此起兵。但朝廷内部出现了一些反对北伐曹魏的意见，后主刘禅也犹豫不决。诸葛亮因而上了此表，指出乘时伐魏的重要性和必要性，最后以“鞠躬尽力，死而后已”表达了自己的决心。

先帝虑汉、贼不两立①，王业不偏安②，故托臣以讨贼也。以先帝之明，量臣之才，固知臣伐贼，才弱敌强也，然不伐贼，王业亦亡，惟坐而待亡，孰与伐之③？是故托臣而弗疑也。臣受命之日，寝不安席，食不甘味。思惟北征，宜先入南，故五月渡泸，深入不毛，并日而食④。臣非不自惜也，顾王业不可偏安于蜀都⑤，故冒危难以奉先帝之遗意，而议者谓为非计⑥。今贼适疲于西⑦，又务于东⑧，兵法乘劳⑨，此进趋之时也⑩。谨陈其事如左⑪：

【注释】

①汉：指蜀汉。贼：指曹魏。

②偏安：指封建王朝失去中原而苟安于仅存的部分领土。

③孰与：怎么比得过。

④并日而食：两天只吃一天的饭。

⑤顾：只是。

⑥非计：不是上策。

⑦疲于西：指建兴六年(228)诸葛亮初出祁山，曹魏西部的南安、天水、安定三郡叛变归蜀，魏国朝野震恐。

⑧务于东：指建兴六年(228)魏大司马曹休攻吴，在魏、吴边境的石亭被东吴大将陆逊大败。

⑨乘：趁机。劳：劳顿。

⑩进趋：进攻。

⑪如左：如下，古代书写从右往左。

【译文】

先帝考虑到汉室和曹贼不能并存，王业不能偏处一方而自安，所以托付我讨伐奸贼。以先帝的英明，思量我的才干，本知让我去讨伐曹贼，我的才能微弱而敌人力量强大，但是不去讨伐奸贼，王业也会衰亡，与其坐等灭亡，哪里比得上主动去讨伐他们呢？因此毫不迟疑地把讨贼兴汉的大业托付给我了。我自接受任命那天起，就每日睡不安稳，进食不香。思虑北伐中原，应该先安定南方，所以五月率军渡过泸水，深入不毛之地，两日才吃一日的军粮。我不是不爱惜自己，只是王室大业不可偏处在蜀地而自安，所以甘冒危险艰难，来奉行先帝的遗愿，而议政的群臣却以为这并不是上策。如今贼军正在西面疲于奔命，又忙着应付东面的战事，按兵法要抓住敌人疲劳的机会，这正是前去进攻的时机。我恭敬地把对这事的看法陈述如下：

高帝明并日月[①]，谋臣渊深，然涉险被创，危然后安。今陛下未及高帝，谋臣不如良、平[②]，而欲以长策取胜，坐定天下，此臣之未解一也[3]。刘繇、王朗各据州郡[4]，论安言计，动引圣人，群疑满腹，众难塞胸[5]。今岁不战，明年不征，使孙策坐大[6]，遂并江东，此臣之未解二也。曹操智计殊绝于人[7]，其用兵也，仿佛孙、吴[8]，然困于南阳[9]，险于乌巢[10]，危于祁连[11]，逼于黎阳[12]，几败北山[13]，殆死潼关[14]，然后伪定一时尔[15]，况臣才弱，而欲以不危而定之，此臣之未解三也。曹操五攻昌霸不下[16]，四越巢湖不成[17]，任用李服而李服图之[18]，委任夏侯而夏侯败亡[19]。先帝每称操为能，犹有此失，况臣驽下，何能必胜？此臣之未解四也。自臣到汉中，中间期年耳[20]，然丧赵云、阳群、马玉、阎芝、丁立、白寿、刘郃、邓铜等及曲长、屯将七十余人[21]，突将、无前、賨、叟、青、羌散骑、武骑一千余人[22]，此皆数十年之内所纠合四方之精锐，非一州之所有；若复数年，则损三分之二也，当何以图敌？此臣之未解五也。今民穷兵疲，而事不可息[23]，事不可息，则住与行劳费正等[24]，而不及早图之，欲以一州之地与贼持久，此臣之未解六也。

【注释】

①高帝：汉高祖刘邦。明：英明。并：比。

②良、平：张良和陈平，均为汉高祖的著名谋士。

③未解：未能理解。

④刘繇(yóu)：汉末扬州刺史。扬州州治寿春被袁术占领后，他过江逃到曲阿(今江苏丹阳)，孙策渡江攻击，又弃军而逃。王朗：汉献帝时任会稽太守，孙策渡江时投降。

⑤难(nàn)：非议。

⑥坐大:自然地强大起来。

⑦殊绝:远远超过。

⑧孙、吴:孙膑和吴起。孙膑是战国时齐国著名的军事将领。吴起是战国时著名的军事将领。

⑨南阳:东汉郡名。郡治宛(今河南南阳)。建安二年(197),曹操进军宛攻击张绣,曾被流矢击中,长子曹昂战死,曹军大败。

⑩乌巢:地在今河南延津东南。建安五年(200),袁绍重兵攻曹操,兵临官渡(今河南中牟东北),屯大量军粮于乌巢。时曹军粮少兵疲,幸曹操率奇兵夜袭乌巢,继而在官渡大破袁军,才转危为安。

⑪祁连:似指邺(今河北磁县)附近的祁山。建安九年(204)曹操围邺,袁绍少子袁尚败守祁山,曹操两次打败他,还围邺城,被袁将审配的伏兵射中。

⑫黎阳:地在今河南浚县东北。建安八年(203),曹操在黎阳救过袁绍之子袁谭,次年曹操攻邺,而袁谭随之相逼,掠取甘陵等地。

⑬北山:山在今甘肃境内。建安二十四年(219),曹操与刘备争汉中,运粮经北山,被蜀将赵云袭击,曹军损失巨大。

⑭潼关:古代军事要地,当今陕西、山西、河南三省要冲。建安十六年(211),曹操西征马超于潼关,曾被马超追赶于黄河船上。

⑮伪定:诸葛亮认为蜀汉是正统,称曹操为“伪”。

⑯昌霸:东海昌霸。建安五年(200),他背叛曹操,依附刘备,曹操数攻不克。

⑰巢湖:在今安徽。魏以合肥为重镇,相邻的巢湖与吴接界,曹操屡次从巢湖进攻孙权,多无功而还。

⑱李服:即王服。建安四年(199),汉献帝的亲信车骑将军董承带了密诏,与将军吴子兰、王服和刘备等计划杀害曹操,五年(200)春计划泄露,曹操捕杀董承、王服等人。图:图谋,算计。

⑲夏侯：曹魏大将夏侯渊。他留守汉中，被刘备大将黄忠所杀。

⑳期(jī)年：一周年。

㉑曲长、屯将：都是军官。曲和屯，都是军队的编制单位。

㉒突将：冲锋将士。无前：先锋将士。賨(cóng)叟、青羌：都是西南地区少数民族。这里指西南少数民族组成的部队。

㉓事：战事。

㉔正等：正好相等。

【译文】

汉高帝的英明，可以和日月相比，手下的谋臣思广虑深，但是还要历尽艰险遭受战争创伤，经过危难而后才得以安定。如今陛下赶不上高帝，谋臣不如张良、陈平，而想用长久对峙的战略取胜，坐等着平定天下，这是我还不能理解的第一点。刘繇、王朗，各自据有州郡，讲论安定天下的计策，动不动就称引圣人的话，大家满腹疑虑，各种非议充塞胸中。他们今年不作战，明年不出征，结果使孙策自然强大起来，从而吞并了江东，这是我不能理解的第二点。曹操的智谋心计，远远高出常人，他在用兵方面，跟古代孙膑、吴起相仿，然而还被困于南阳，遇险于乌巢，遭危于祁连，被逼于黎阳，几乎大败于北山，差点儿死在潼关，然后才僭称国号而一时得逞，况且我的才干微弱，而想不冒危难而安定天下，这是我不能理解的第三点。曹操曾五次进攻昌霸而没能攻下，四次越渡巢湖都没成功，任用李服，而李服却图谋杀害他，委任夏侯渊，而夏侯渊却战败身亡。先帝常常称赞曹操是个有才能的人，还有这些失误，何况我才能低下，出师怎么能一定胜利呢？这是我不能理解的第四点。自从我进驻汉中地区以来，已经有一年时间了，这期间丧失了赵云、阳群、马玉、阎芝、丁立、白寿、刘郃、邓铜等人，以及曲长、屯将七十多人，突将、无前以及賨叟、青羌组成的散骑、武骑等一千多人，这些都是几十年里从四面八方招集起来的精锐，不是我蜀地一州所能有的；如果再经过几年，就会损失三分之二了，那时当用什么去对付敌人？这是我不能理解的第五点。如今百姓穷困，士兵疲惫，而战事不可能停息，战事不能停息，那么防守和进攻，在劳力和费用上实际相等，如果不趁早策划去征讨敌人，妄想用一州之地，跟曹贼长久对峙，这是我不能理解的第六点。

夫难平者①，事也。昔先帝败军于楚②，当此时，曹操拊手③，谓天下已定。然后先帝东连吴、越④，西取巴、蜀⑤，举兵北征，夏侯授首⑥，此操之失计而汉事将成也。然后吴更违盟，关羽毁败⑦，秭归蹉跌⑧，曹丕称帝⑨。凡事如是，难可逆料⑩。臣鞠躬尽力，死而后已，至于成败利钝⑪，非臣之明所能逆睹也。

【注释】

①平：通“评”，评论。

②败军于楚：指建安十三年(208)，刘备败兵于古楚地当阳长坂事。

③拊(fǔ)：拍。

④东连吴、越：指建安十六年(211)，刘备联合江东孙吴共击曹操事。吴国包括古吴、越两国地。

⑤西取巴、蜀：指建安十六年(211)，刘备率军入巴蜀，建安十九年(214)围成都、取益州事。

⑥授首：交出头颅。

⑦关羽：蜀将。建安二十四年(219)，孙权袭荆州，击杀关羽。

⑧秭(zǐ)归：地在今湖北。指章武二年(222)刘备在秭归被吴军所败。蹉跌(cuō diē)：失足跌倒，比喻失败。

⑨曹丕称帝：220年，曹操之子曹丕废汉献帝，自立为魏文帝。

⑩逆：预，先。

⑪利钝：顺利或困难。

【译文】

在所有事情中最难预测的，就是战事。过去先帝在楚地战败，那时候，曹操高兴得拍手称快，认为天下已经平定了。但是后来先帝东面联合孙吴，西面夺取了巴蜀之地，发兵北伐，斩了夏侯渊的头，这是曹操没算计到的，而复兴汉室的大业眼看就要成功了。但是后来孙吴却违背盟约，关羽战败身亡，先帝伐吴时在秭归又遭挫败，而曹丕称帝。凡事都像这样，难以预料。我只有勤谨地为国尽力，到死为止罢了，至于成功还是失败，顺利还是遭挫折，就不是我的聪明所能够预见的了。

中华经典名著

全本全注全译丛书

钟基　李先银　王身钢　◎译注

古文观止　下

中華書局

卷七

李　密

李密(224—287),字令伯,一名虔,犍为武阳(今四川彭山)人,曾任蜀国尚书郎。晋灭蜀后,晋武帝召他任职,他以祖母年老多病,无人奉养为由推辞,直到祖母去世后,才出任尚书郎、汉中太守等职。最后被谗罢官,死于家中。

陈情表

【题解】

这篇文章是李密写给晋武帝推辞官职的奏章。由陈述孤苦的身世入手,描述自己在奉亲和应诏之间的尴尬处境,从而申明无法应诏的原因。全文骈散相间,感情浓郁深厚,文笔简洁流畅,被赞为“沛然从肺腑中流出,殊不见斧凿痕”。

臣密言:臣以险衅①,夙遭闵凶。生孩六月②,慈父见背③;行年四岁,舅夺母志④。祖母刘,愍臣孤弱,躬亲抚养。臣少多疾病,九岁不行,零丁孤苦,至于成立。既无叔伯,终鲜兄弟⑤,门衰祚薄,晚有儿息⑥。外无期功强近之亲⑦,内无应门五尺之童[8]，茕茕孑立[9]，形影相吊。而刘夙婴疾病[10]，常在床蓐，臣侍汤药，未尝废离。

【注释】

①险衅(xìn)：厄运。

②生孩六月：生下来六个月刚懂得笑的时候。孩，小儿笑。

③见背：犹相弃。背，背离，此指去世。

④舅夺母志：舅父逼迫母亲放弃守寡的志愿而改嫁。

⑤鲜：少。这里指没有。

⑥息：儿子。

⑦期(jī)：是"期服"的简称，指服丧一年。功：丧服有大功、小功，为不同亲疏的死者穿不同丧服，服丧时间也分为九个月、五个月或三个月不等。强近之亲：比较亲近的亲属。

⑧童：僮仆。

⑨茕茕(qióng)：孤立无援的样子。孑(jié)立：单独而立。

⑩婴：纠缠。

【译文】

臣李密呈言：臣由于命运多舛，从小遭遇不幸。生下来才六个月，慈父就去世了；长到四岁，舅父又逼迫母亲改变守节心愿而改嫁。祖母刘氏，怜悯臣孤苦弱小，就亲自抚养。臣从小经常生病，到九岁还不能行走，始终孤独无依，直到长大成人。家族内既没有叔伯，也缺少兄弟，门庭衰落，福分浅薄，很晚才有儿子。外面没有关系密切的亲戚，家里没有照应门户的僮仆，臣平时十分孤单，只有和自己的影子相互慰藉。而祖母刘氏很早就疾病缠身，时常卧床不起，臣事奉她服用汤药，从来没有离开过。

逮奉圣朝，沐浴清化。前太守臣逵[1]，察臣孝廉[2]；后刺史臣荣[3]，举臣秀才[4]。臣以供养无主，辞不赴命。诏书特下，拜臣郎中[5]，寻蒙国恩，除臣洗马[6]。猥以微贱，当侍东宫，非臣陨首所能上报。臣具以表闻，辞不就职。诏书切峻，责臣逋慢[7]；郡县逼迫，催臣上道；州司临门，急于星火。臣欲奉诏奔驰，则以刘病日笃；欲苟顺私情，则告诉不许[8]。臣之进退，实为狼狈。

【注释】

①太守：郡的长官。

②察：考察，举荐。孝廉：汉武帝时所设察举科目，由地方向中央推举孝顺、廉洁的人才。

③刺史：州长官。

④秀才：优秀人才，当时选拔人才的一个科目。

⑤拜：授官。郎中：尚书曹司官员。

⑥除：授职拜官。洗（xiǎn）马：太子属官。

⑦逋（bū）慢：逃避、怠慢。

⑧告诉：报告，诉说。

【译文】

到了当今圣明的朝代，臣身受清明政治的教化。先前是太守逵，推举臣为孝廉；后来刺史荣，荐举臣为秀才。臣因为祖母没有人供养，辞谢没有遵命。陛下特地下达诏书，任命臣为郎中，不久又蒙受国家恩典，任命臣为太子洗马。以臣这样卑微低贱之人去东宫事奉太子，这实在不是臣抛头捐躯所能报答的。臣曾将这些情况全部上表陈述，辞谢不去就职。如今诏书又下，急切严厉，责备臣回避怠慢；郡、县官府催促逼迫，令臣即刻上路；州官登门督促，比星火还急迫。臣想接受诏命马上赶路就职，但祖母刘氏的病情却一天比一天加重；想姑且迁就私情，但虽经上诉苦衷,未蒙准许。臣的处境进退两难,实在狼狈不堪。

伏惟圣朝以孝治天下[①],凡在故老,犹蒙矜育,况臣孤苦,特为尤甚。且臣少事伪朝[②],历职郎署,本图宦达,不矜名节。今臣亡国贱俘,至微至陋,过蒙拔擢,宠命优渥,岂敢盘桓[③],有所希冀?但以刘日薄西山,气息奄奄,人命危浅,朝不虑夕。臣无祖母,无以至今日;祖母无臣,无以终余年。母孙二人,更相为命,是以区区不能废远[④]。臣密今年四十有四,祖母刘今年九十有六,是臣尽节于陛下之日长,报刘之日短也。乌鸟私情[⑤],愿乞终养。

【注释】

①伏惟:旧时奏表中臣对君的敬称。

②伪朝:指三国时的蜀国,李密曾任蜀国郎官。

③盘桓:逗留,辞不赴命。

④区区:形容感情真切的谦辞。废远:放弃奉养祖母而远离。

⑤乌鸟私情:传说乌鸦能反哺,幼鸟长大后会哺养老鸟。

【译文】

臣想到圣明的朝代以孝道治理天下,凡属故旧老人,尚且受到怜恤赡养,何况臣的孤苦情况更为严重。而且臣年轻时曾在伪朝蜀汉任职,做过郎官,原来就希望仕途显达,并不顾惜名誉节操。现在臣是亡国之俘,极为卑微鄙陋,蒙受超常的提拔,恩宠十分优厚,怎敢徘徊观望,而有非分之想?只因祖母刘氏已如同迫近西山的残阳,气息微弱,生命垂危,朝不保夕。臣过去如果没有祖母的抚育,就不能长大活到今天;祖母现在如果没有臣的侍奉,就不能度过余年。臣与祖母二人,相依为命,正是出于这种内心的私情考虑不愿放弃对祖母的侍养而远出做官。

臣密今年四十四岁，祖母刘氏九十六岁，这样看来，臣今后为陛下效劳尽节的日子还长，而报答赡养刘氏的日子却已经很短了。臣怀着乌鸦反哺的私情，乞求能为祖母养老送终。

臣之辛苦[①]，非独蜀之人士及二州牧伯所见明知[②]，皇天后土，实所共鉴。愿陛下矜愍愚诚，听臣微志[③]。庶刘侥幸，卒保余年，臣生当陨首，死当结草[④]。臣不胜犬马怖惧之情，谨拜表以闻。

【注释】

①辛苦：辛酸苦楚。

②二州牧伯：梁州、益州的行政长官。牧伯，州郡行政长官。

③听：允许，同意。

④结草：报恩。根据《左传·宣公十五年》的记载，春秋时的晋国大夫魏颗并未遵从父亲的遗命将其宠妾殉葬，而是让她改了嫁。后来他与秦将杜回交战，只见一个老人结草绊倒杜回，于是将杜回拿下。夜间做梦，梦见老人自称宠妾之父，特来报恩。

【译文】

臣的艰难处境，不但蜀地人士和梁州、益州长官目睹心知，就是天地神明，也都看见了。愿陛下怜悯臣的愚拙和至诚，准许臣卑微的请求。但求祖母刘氏能侥幸地安度余年，臣生时献身，死后变鬼，也应当结草以报答陛下的恩遇。臣怀着犬马一样不胜惶恐的心情，谨慎地奉上此表以让您知道。

王羲之

王羲之（321—379），字逸少，琅琊（今山东临沂）人。家居会稽山阴（今浙江绍兴），是东晋大世家琅琊王氏家族的子弟。曾任江州刺史、会稽内史、右军将军，世称“王右军”。晚年称病辞官，放情山水。他是东晋出色的文学家，也是中国古代著名的书法家，所书《兰亭集序》，笔势如游龙惊凤，被誉为“天下第一行书”。

兰亭集序

【题解】

这篇序文记述了东晋文坛的兰亭雅集。文章超越了汉魏文人单纯哀叹人生短暂的旧套，表现了一种在有限的人生中体味宇宙的旷达，和在无限的宇宙中反观人生的悲凉所交织起来的复杂情绪，而这种情绪才使得它“苍凉感叹之中自有无穷逸趣”。全文集记事、写景、抒情、议论于一体，文笔清新自然，感情真挚隽永。

永和九年[①]，岁在癸丑。暮春之初，会于会稽山阴之兰亭[②]，修禊事也[③]。群贤毕至，少长咸集。此地有崇山峻岭，茂林修竹，又有清流激湍，映带左右，引以为流觞曲水[4]，列坐其次[5]，虽无丝竹管弦之盛，一觞一咏，亦足以畅叙幽情。是日也，天朗气清，惠风和畅。仰观宇宙之大，俯察品类之盛[6]，所以游目骋怀，足以极视听之娱，信可乐也。

【注释】

①永和九年：353 年。永和，东晋穆帝年号，345—356 年。

②兰亭：在今浙江绍兴西南。会稽郡和山阴县的治所都在今绍兴。

③修禊(xì)：古代人于阴历三月上巳日在水边熏香沐浴以祛除不祥的一种仪式。曹魏以后，这一天定为三月三日。

④流觞(shāng)：放在水上的酒杯。人们列坐曲水之旁，让酒杯随水漂流，漂到谁的面前，谁就取杯而饮。

⑤次：次序。

⑥品类：万物。

【译文】

永和九年，正值癸丑。暮春三月初，我们会集在会稽郡山阴县的兰亭，举行修禊活动。众多名流贤士都到齐了，老少济济一堂。这地方山岭高峻，林木繁茂，翠竹挺拔，又有清澈湍急的溪水，掩映环绕着两旁的景物，引溪水作为漂流酒杯的曲折水道，大家依次坐在水侧，即使没有琴、瑟、箫、笛等管弦合奏的盛况，只是一杯酒一首诗，也足以令人畅叙内心情怀。这一天，天气晴朗，空气清新，和风习习，温馨舒畅。抬头观览宇宙的浩大，俯身考察众多物类的兴盛繁茂，借以纵目游赏，舒展胸襟，足可以尽情享受耳目视听的欢娱，实在是快乐。

夫人之相与[1]，俯仰一世，或取诸怀抱，晤言一室之内[2]；或因寄所托，放浪形骸之外[3]。虽取舍万殊，静躁不同，当其欣于所遇，暂得于己，快然自足，曾不知老之将至。及其所之既倦，情随事迁，感慨系之矣！向之所欣，俯仰之间，已为陈迹，犹不能不以之兴怀，况修短随化[4]，终期于尽！古人云：“死生亦大矣[5]。”岂不痛哉！

【注释】

①夫：句首助词，表示要发表评议。相与：结交，交好。

②晤言：面对面地谈话。

③放浪：放浪不羁。形骸：身体。

④修短：人的生命长短。随化：由天地造化决定。化，造化，自然。

⑤死生亦大矣：语见《庄子·德充符》引孔子的话。

【译文】

人们相互交往，俯仰之间就度过了一生，有的人倾吐内心的感悟，与朋友在一室之内促膝倾谈；有的人则在爱好的事物上寄托志趣，纵情狂放地外出游观。虽然他们或内或外的取舍千差万别，沉静躁动各不相同，但当他们遇到可喜的事情，自己暂有所得，感到欣喜万分自我满足时，竟然忘记衰老即将要到来。等到对已获取的事物感到厌倦，情怀就随着事物的变迁而变化，又不免会引发无限的感慨！以前所得到的欢欣，顷刻之间就成为历史的陈迹，对此尚且不能不为之感慨万端，更何况寿命的长短取决于造化天定，最终要归结于穷尽呢！古人说：“死生也是一件大事。”这怎么能不让人悲痛呢！

每览昔人兴感之由，若合一契[1]，未尝不临文嗟悼，不能喻之于怀[2]。固知一死生为虚诞[3]，齐彭殇为妄作[4]，后之视今，亦犹今之视昔，悲夫！故列叙时人，录其所述。虽世殊事异，所以兴怀，其致一也。后之览者，亦将有感于斯文。

【注释】

①契:古代的合同文书,左右两份,中间切断,双方各执一份,以作凭信。后来用来比喻符合、契合的意思。

②喻:通“愉”,愉快,愉悦。

③一死生:把生和死同样看待。一,认为一样,同样看待。

④彭:彭祖,传说中的长寿之人。殇:夭折。

【译文】

每次看到前人所发感慨的缘由,像一张符契那样相合,没有不对着前人的文章感叹悲伤,心里也不能释然愉悦。本来就知道把死和生混为一谈是虚伪荒诞的,把长寿与夭亡等量齐观是荒谬虚妄的,后人看待今人,也就像今人看待前人,这是多么可悲啊!所以要一一列出到会者的姓名,抄录他们所作的诗篇。尽管时代有别,世事变化,但触发人们情怀的动因,其情致是相同的。后代的读者,也将会对这些诗篇有所感慨。

陶渊明

陶渊明(365—427),字元亮,一名潜,世称靖节先生,浔阳柴桑(今江西九江)人,曾任江州祭酒、镇军参军、建威参军,四十一岁时任彭泽令,当了八十多天,因不愿意为“五斗米折腰”,弃职归隐,躬耕田园。他是中国古代最著名的田园隐逸诗人。有《陶渊明集》传世。萧统曾评价陶诗:“语时事则指而可想,论怀抱则旷而且真。”而其文则“文章不群,词采精拔”。

归去来辞

【题解】

本文是记述诗人辞官归田的抒怀之赋,集中抒写了对隐居生活的热切向往之情。诗人将为官的经历总结为“心为形役”,而隐居田园则充满归家的喜悦和满足、拄杖观景的悠闲、回归自然的乐趣、乐天知命的适意,点出“今是而昨非”的人生感悟。全文一气贯注,纯真自然,音节和谐,意味醇厚,被欧阳修推崇为“晋无文章,惟陶渊明《归去来兮辞》而已”。

归去来兮[①]！田园将芜,胡不归！既自以心为形役,奚惆怅而独悲！悟已往之不谏[2]，知来者之可追，实迷途其未远，觉今是而昨非。舟摇摇以轻扬，风飘飘而吹衣。问征夫以前路，恨晨光之熹微。乃瞻衡宇[3]，载欣载奔。僮仆欢迎，稚子候门。三径就荒[4]，松菊犹存。携幼入室，有酒盈樽[5]。引壶觞以自酌[6]，眄庭柯以怡颜[7]。倚南窗以寄傲，审容膝之易安[8]。园日涉以成趣，门虽设而常关。策扶老以流憩[9]，时矫首而遐观。云无心以出岫[10]，鸟倦飞而知还。景翳翳以将入[11]，抚孤松而盘桓。

【注释】

①归去来：归去。来，语气词。

②谏：劝阻，挽回。

③衡宇：以横木为门的房子，形容住处简陋。

④三径：据《文选》李善注所引《三辅决录》说，汉代蒋诩归隐后，只在房前开出三条小路，与两个隐士往来此处指陶渊明的旧居。

⑤樽：盛酒器。

⑥觞(shāng)：酒杯。

⑦眄(miǎn)：斜着眼看。这里形容。悠闲地看着。庭柯：庭院中的树木。

⑧审：领悟。容膝：只能容下双膝，形容地方狭小。

⑨扶老：手杖，拐杖。流：通“游”，游走。

⑩岫(xiù)：山峰。

⑪景：日光。翳翳(yì)：昏暗不明的样子。

【译文】

回去吧！田园快要荒芜了，为什么还不回去！既然自己让心灵受形体的奴役，为什么还要内心失望独自伤悲！我明白了过去的不可追回，知道了未来还可以补救，其实走入迷途还不算远，我觉得现在正确而以往错误。船儿在水中轻轻地摇荡着前进，风儿微微地吹动着我的上衣。向行人打听前面的路程，遗憾晨光还是这样微弱依稀。一看到家门，就一路欢欣一路奔跑。僮仆出来笑脸迎接，年幼的孩子等候在家门口。旧居接近荒废，松树菊花还生长着。拉着幼子的手走进家里，已有美酒盛满酒樽。举起酒壶和酒杯自酌自饮，看着庭园的树枝露出了微笑。倚靠着南窗寄托自己傲然自得的情怀，感到地方虽小却容易安乐逍遥。每天在庭园内散步自然养成乐趣，虽然安了家门却常常关着。拄着拐杖走走停停，有时抬头望远。白云悠闲地飘出山谷，鸟儿飞倦了也知道归来。夕阳暗淡将坠入大地，我仍抚着孤松徘徊流连。

归去来兮，请息交以绝游。世与我而相遗①，复驾言兮焉求②？悦亲戚之情话，乐琴书以消忧。农人告余以春及，将有事于西畴③。或命巾车④，或棹孤舟。既窈窕以寻壑⑤，亦崎岖而经丘。木欣欣以向荣，泉涓涓而始流。羡万物之得时，感吾生之行休。

【注释】

①遗：一作“违”。

②驾言：驾车。言，语助词，《诗经·邶风·泉水》有“驾言出游”。

③畴：田亩。

④巾车：有帷幕的车。

⑤窈窕(yǎo tiǎo)：山水幽深弯曲的样子。

【译文】

回去吧！愿意断绝与世俗的交游。既然这混浊的社会和我的本性不能相容，我再驾车出来又有什么可以追求？我喜欢的是亲戚间知心的交谈，高兴的是弹琴读书来化解忧愁。农人告诉我春天来了，将要到那西边耕种田畴。有时我乘上有帷幕的小车，有时我乘着一叶小舟。有时沿着幽深曲折的溪水探寻山谷，有时也经过高低不平的山丘。树木生机勃勃非常茂盛，泉水细细地开始淌流。我羡慕自然界的万物得到了大好时光，感慨自己的生命将要走到尽头。

已矣乎①！寓形宇内复几时，曷不委心任去留②？胡为遑遑欲何之？富贵非吾愿，帝乡不可期③。怀良辰以孤往，或植杖而耘耔④。登东皋以舒啸⑤，临清流而赋诗。聊乘化以归尽⑥，乐夫天命复奚疑！

【注释】

①已矣乎：算了吧。

②委心：随心，任意。

③帝乡：仙境。

④耘耔(zǐ)：锄草培土。

⑤皋：水边高地。

⑥乘化：顺应自然变化的规律。归尽：走向人生的终点。

【译文】

算了吧！寄身天地之间还会有多少日子，为什么不听任自己的心愿以决定去留？为什么整天匆匆忙忙还想到哪里去？荣华富贵不是我的愿望，缥缈仙境又不可预期。留恋这大好的时光独自往游，或者就像古代的隐士那样把手杖插在地上锄草、培苗。登上东面的高冈放声长啸，来到清澈的溪流尽情赋诗。姑且顺应自然的变化走到尽头，高高兴兴地接受天命还有什么可以疑虑！

桃花源记

【题解】

本文是《桃花源诗》前的小序，约作于永初二年(421)。作者用小说的笔法，以一位捕鱼人的经历为线索展开全篇，描绘了一个风景如画、与世隔绝的小山村，那里没有战乱，民风淳朴，人们自耕自足、怡然自乐，堪称人间乐土，表现了作者对现实的不满和对理想社会、和平生活的向往。全文笔墨冲淡简净，语言精美，境界新奇。

晋太元中[①]，武陵人捕鱼为业[②]。缘溪行，忘路之远近。忽逢桃花林，夹岸数百步，中无杂树，芳草鲜美，落英缤纷[③]。渔人甚异之，复前行，欲穷其林。

【注释】

①太元：东晋孝武帝司马曜的年号，376—396年。

②武陵：郡治在今湖南常德。

③落英：落花。一说为初开的花。

【译文】

晋朝太元年间，有个武陵人以打鱼为生。他沿着一条小溪往前行，忘记走了多远。忽然遇见一片桃树林，在小溪的两岸绵延几百步，其中没有一棵其他的树，散发着清香的绿草新鲜又漂亮，鲜艳的桃花纷纷飘落在草地上。这美丽的景致使渔人很惊奇，他又往前走，想要寻到桃林的尽头。

林尽水源，便得一山。山有小口，仿佛若有光。便舍船，从口入。初极狭，才通人。复行数十步，豁然开朗。

土地平旷，屋舍俨然[①]，有良田、美池、桑竹之属，阡陌交通，鸡犬相闻。其中往来种作，男女衣着，悉如外人。黄发垂髫[②]，并怡然自乐。见渔人，乃大惊，问所从来，具答之。便要还家[③]，设酒杀鸡作食。村中闻有此人，咸来问讯[④]。自云先世避秦时乱，率妻子邑人来此绝境[⑤]，不复出焉，遂与外人间隔。问今是何世[⑥]，乃不知有汉，无论魏、晋。此人一一为具言所闻，皆叹惋。余人各复延至其家[⑦]，皆出酒食。停数日，辞去。此中人语云："不足为外人道也[⑧]。"

【注释】

①俨然：整齐的样子。

②黄发：指头发变白、变黄的老人。垂髫（tiáo）：指头发垂着的儿童。古代幼儿垂发，稍长总角。

③要（yāo）：邀请，约请。

④咸：都，皆。

⑤绝境：与世隔绝的地方。

⑥何世：什么时代。世，时代，朝代。

⑦延：邀请。

⑧不足：不必，不值得。

【译文】

桃林的尽头是溪水的发源地，在那里发现一座山。山上有一个小洞口，洞里好像有些光亮。渔人就舍弃自己的船从洞口进去。开始的一段非常狭窄，刚能通过一个人。又走了几十步，觉得忽然明亮开阔了。只见土地平坦宽广，房屋整整齐齐，有肥沃的田野、幽美的池塘和桑树、竹林之类的植物。田间的小路纵横交错，鸡鸣狗吠的声音彼此都能听得到。其中的人来来往往，耕田种地，男男女女的衣着打扮都和外面的人一样。老人和小孩儿，都高高兴兴，自得其乐。他们看见了渔人，非常吃惊，问他是从哪里来的，渔人详细地回答了他们。他们就邀请他到家里做客，摆下酒杀了鸡做了饭请他。村里的人听说来了这么一个人，都来打听消息。他们自己说，祖先因为逃避秦朝的战乱，带领老婆孩子和乡亲们来到这个与世隔绝的地方，没再出去，于是就和外面的人断绝了来往。他们问渔人现在是什么时代，竟然不知道有个汉朝，更不用说魏朝和晋朝了。这个渔人一件一件详细地讲述给他们听，大家都感叹惋惜不已。其余的人又各自把渔人邀请到家里，都摆出酒饭招待他。渔人停留了几天，要告辞走了。这里边的人叮嘱他说："这里的情况没有必要向外边的人说呀！"

既出，得其船，便扶向路①，处处志之②。及郡下，诣太守说如此③。太守即遣人随其往，寻向所志，遂迷不复得路。

【注释】

①扶：沿着。向路：原来的路。

②志：做标记。

③诣：拜见。太守：郡的长官。

【译文】

渔人出来以后，找到自己的船，就沿着原先的来路返回，沿途处处标上记号。到了武陵郡里，去拜见太守，报告了这些情况。太守立即派人跟着他前去，寻找先前做的标记，结果却迷失了方向再没有找到那条路。

南阳刘子骥①，高尚士也。闻之，欣然规往②，未果，寻病终[3]。后遂无问津者[4]。

【注释】

①刘子骥：刘驎之，字子骥，南阳（今河南南阳）人。好游山水，隐居阳岐，终身不仕。

②规：规划，打算。

③寻：不久。

④问津者：问路的人。津，渡口。

【译文】

南阳郡的刘子骥，是个高雅的名士。听说了这个消息，高高兴兴地打算前往探寻，没有去成，不久就得病去世了。此后就没有再去探寻桃花源的人了。

五柳先生传

【题解】

“五柳先生”是作者自拟的称号。作者借写五柳先生以写自己的性格志向，行文简洁、幽默，风格淡远，寄兴遥深，前人称道为“一片神行之文”。自陶渊明开创这种以第三人称述志抒怀的自传文体后，后世多有仿作，如唐代王绩的《五斗先生传》、白居易的《醉吟先生传》皆是。

先生不知何许人也，亦不详其姓字。宅边有五柳树，因以为号焉。闲静少言，不慕荣利。好读书，不求甚解，每有会意，便欣然忘食。性嗜酒，家贫不能常得。亲旧知其如此，或置酒而招之。造饮辄尽[1]，期在必醉，既醉而退，曾不吝情去留[2]。环堵萧然[3]，不蔽风日，短褐穿结[4]，箪瓢屡空[5]，晏如也[6]。常著文章自娱，颇示己志。忘怀得失，以此自终。

【注释】

①造：至，到达。

②吝情：顾惜，措意。

③环堵：房屋的四壁。萧然：空寂的样子。

④短褐穿结：短的粗布衣服已经破损或是有了补丁。

⑤箪（dān）：竹制食器。

⑥晏如：安然自得的样子。

【译文】

先生不知道是什么地方人，也不清楚他的姓名和字号。他的住房旁边有五棵柳树，因而就以“五柳”为号。他性情闲散宁静，沉默寡言，不羡慕荣华和利禄。喜欢读书，却不死啃书本、钻牛角尖；每次有了心得体会，便高兴得忘了吃饭。他生性爱好喝酒，可惜家境贫穷，不能经常得到。亲戚和老朋友知道他这样，有时就准备好酒邀请他去喝。他只要一去总把酒喝光，每次必醉方休；喝醉了就自己回去，从不拘泥于去还是留。家里四壁空空荡荡，挡不住风雨也遮不住太阳，短短的粗麻布衣服除了破洞就是补丁，盛饭的箪和舀水的瓢常常是空空的，但他却安然自得。平时常写文章自我欣赏，很能以此显示自己的志趣。他忘却世俗的得失，并坚守这个原则直到死去。

赞曰：黔娄有言[1]：“不戚戚于贫贱[2]，不汲汲于富贵[3]。”其言兹若人之俦乎[4]？衔觞赋诗[5]，以乐其志，无怀氏之民欤[6]？葛天氏之民欤？

【注释】

①黔娄:春秋时鲁国隐士,虽家贫却不求仕进,死时衣不蔽体。

②戚戚:忧伤悲戚的样子。

③汲汲:急切地想得到的样子。

④俦(chóu):类。

⑤衔觞(shāng):口里衔着酒杯。这里指饮酒。觞,酒杯。

⑥无怀氏:与下一句的“葛天氏”都是传说中的上古氏族首领,据说他们的时代民风淳朴。

【译文】

赞语说:黔娄曾说过这样的话:“不为贫困低贱而忧虑悲伤,不为荣华富贵而迫切忙碌。”他说的就是这一类人吧!醉酒赋诗,以此抒发自己的情志,是无怀氏时代的人呢?还是葛天氏时代的人呢?

孔稚珪

孔稚珪(447—501),字德璋,会稽山阴(今浙江绍兴)人。南朝刘宋时,曾任尚书殿中郎。齐武帝永明年间,任御史中丞。齐明帝建武初年,上书建议北征。东昏侯永元元年(499),迁太子詹事。死后追赠金紫光禄大夫。史称他"不乐世务,居宅盛营山水","门庭之内,草莱不剪,中有蛙鸣",是一个不乐俗务、热爱山水的文人。

北山移文

【题解】

"移"是古代一种官府文书,一般用来颁布命令、晓谕民众。本文借北山神灵的口吻,嘲讽了当时的名士周颙(yóng)故作高蹈而又醉心利禄。全文用对比手法,将真假隐士、周颙隐居和出山时的不同举止、周颙的得意热闹与北山的失意凄凉进行对比。文章构思巧妙,通过对山川草木拟人化的描写,嬉笑调侃,寓庄于谐。全篇音韵协调、铿锵,朗朗上口,是六朝骈文中的杰出之作。

钟山之英①,草堂之灵,驰烟驿路②,勒移山庭③。

【注释】

①钟山：即紫金山，因在建康即今南京北面，故又名北山。山的南面有草堂寺。

②驰烟驿路：指腾云驾雾般驰骋在驿道上。

③勒：刻石。移：移文。山庭：山林庭园。

【译文】

钟山的英灵，草堂的神明，驱云驾雾奔驰在大路上，把这篇移文刻在山口。

夫以耿介拔俗之标①，潇洒出尘之想，度白雪以方洁②，干青云而直上③，吾方知之矣。若其亭亭物表④，皎皎霞外⑤，芥千金而不盼⑥，屣万乘其如脱⑦，闻凤吹于洛浦⑧，值薪歌于延濑⑨，固亦有焉。岂期终始参差，苍黄反复⑩，泪翟子之悲⑪，恸朱公之哭⑫。乍回迹以心染，或先贞而后黩⑬，何其谬哉！呜呼！尚生不存⑭，仲氏既往⑮，山阿寂寥，千载谁赏？

【注释】

①拔俗：突出世俗之上。

②度：衡量。方：比。

③干：犯，凌驾。

④亭亭：卓然而立的样子。物表：万物之上，等于说世外。

⑤皎皎：洁白明亮的样子。

⑥芥：小草，用作动词，视为小草。

⑦屣(xǐ)：草鞋。此处用作动词，视为草鞋。万乘：指帝位。

⑧凤吹：相传周灵王太子晋不愿继承王位，善吹箫，如凤鸣，常游于伊水、洛水之间。洛浦：洛水边。

⑨薪歌:据说晋人孙登曾在河边遇见一位砍柴的隐士,为他作歌。延濑:长长的河沙岸。

⑩苍黄:青色和黄色。此以染丝可成青成黄喻反复变化。

⑪翟(dí)子:墨翟,战国时人。他见到白色的丝便开始悲伤,因丝可染成黄色,也可染成黑色。

⑫朱公:杨朱,战国时人。他见到歧路便开始哭泣,因歧路可以向南,也可以向北。

⑬黩(dú):污染。

⑭尚生:尚长,字子平,东汉隐士。王莽时有人推荐他做官,他坚决推辞。

⑮仲氏:仲长统,东汉人。州郡召他做官,都称病推辞。

【译文】

那些凭刚正耿直不同流俗的气节,豁达洒脱超出尘世的情怀,纯洁的品格可以和白雪媲美,高尚的志向凌驾于云霄之上的人,我现在才知道他们。至于那些卓然挺立于世俗之外,光洁灿烂胜过云霞,把千金视如草芥而不屑一顾,把帝位看作草鞋而随便脱掉,在洛水之滨吹笙作凤鸣之声,在长河畔听采薪人唱歌,这样的人原本也是有的。但哪里料到还会有人前后不一,反复无常,使人为见到白丝而悲伤的墨翟落泪,为途经岔路而哭泣的杨朱痛哭。有的人暂时避居山林,而身心已被尘世污染,有的人开始时贞洁自守,后来也与世俗同流合污了,这些人是何等荒唐可笑啊!唉,隐居不仕的尚子平已不在人世,称病不出的仲长统也已死去,山丘空虚冷落,千百年来有谁来游赏呢?

世有周子①,俊俗之士,既文既博,亦玄亦史。然而学遁东鲁②,习隐南郭③,窃吹草堂,滥巾北岳④,诱我松桂,欺我云壑。虽假容于江皋,乃缨情于好爵⑤。

【注释】

①周子：旧说是南朝齐代的周颙。

②东鲁：指颜阖，春秋时隐士。《庄子·让王》有他逃官的故事。

③南郭：南郭子綦(qí)，是《庄子·齐物论》中的隐士。

④滥巾：指穿戴着隐士的衣裳头巾以充清高。

⑤缨情：钟情。缨，系。

【译文】

当今世上有位姓周的先生，是个才智超群的人物，既有文采，又有渊博的学识，既通玄学，也精史学。可是他却要仿效颜阖遁世东鲁，学习子綦隐居南郭，偷偷混在草堂滥竽充数，胡乱戴着隐士的头巾住在北山，诱惑我山中的青松丹桂，欺骗我山中的白云幽壑。尽管在这座长江岸边的山里装模作样，而其内心竟念念不忘高官厚禄。

其始至也，将欲排巢父[①]，拉许由[②]，傲百氏[③]，蔑王侯，风情张日[④]，霜气横秋。或叹幽人长往，或怨王孙不游。谈空空于释部[⑤]，核玄玄于道流[⑥]。务光何足比[⑦]，涓子不能俦[⑧]。

【注释】

①巢父：相传为尧时著名隐士。

②拉：折辱。许由：相传为尧时著名隐士。

③百氏：指诸子百家。

④张(zhàng)：遮蔽。

⑤空空：佛教认为一切事物都是虚幻的，空的。释部：佛经。

⑥玄玄于道流：研讨玄而又玄的道家学说。

⑦务光：传说为夏代隐士，拒不接受天子之位而负石沉水。

⑧涓子：传说中的仙人，食术，隐于宕山，寿三百余岁。

【译文】

他刚来的时候，像要排斥巢父，压倒许由，傲视诸子百家，轻蔑将相王侯，风度情致遮天盖日，凛然的心志严如秋霜。有时慨叹隐士一去不返，有时怨恨公子王孙不来山林交游。高谈四大皆空的佛教经典，研讨玄之又玄的道家学说。务光怎么能够和他相比，涓子也不能够与他匹敌。

及其鸣驺入谷[①]，鹤书赴陇[②]，形驰魄散，志变神动。尔乃眉轩席次[③]，袂耸筵上，焚芰制而裂荷衣[④]，抗尘容而走俗状[⑤]。风云凄其带愤，石泉咽而下怆，望林峦而有失，顾草木而如丧。

【注释】

①鸣驺(zōu)：呼喝前行的车马。驺，皇帝的前导卫士。

②鹤书：又称鹤头书，字形如鹤头。古代以这种字体写诏书。陇：山阜。

③眉轩：眉飞色舞。轩，高扬。

④芰(jì)制：菱叶做的衣裳，指隐居者的服装。

⑤抗：高举，显现出。走：奔逐，表现出。

【译文】

然而等到朝廷征聘前导卫士进入山谷，天子的诏书传送到北山，他就手忙脚乱，神魂颠倒，初衷立改，心情激动。于是在宴请使者的席间眉飞色舞，昂首挺胸，随即烧毁了隐居时穿的菱衣荷裳，表现出一副庸俗不堪的嘴脸。风云凄楚满含悲愤，泉石呜咽饱含悲怆，遥望树林山冈茫然有所失，环顾花草树木也怅然神伤。

至其纽金章，绾墨绶①，跨属城之雄，冠百里之首，张英风于海甸②，驰妙誉于浙右③，道帙长摈④，法筵久埋⑤，敲扑喧嚣犯其虑，牒诉倥偬装其怀⑥。琴歌既断，酒赋无续。常绸缪于结课⑦，每纷纶于折狱⑧。笼张、赵于往图⑨，架卓、鲁于前录⑩。希踪三辅豪⑪，驰声九州牧⑫。使其高霞孤映，明月独举，青松落荫，白云谁侣？磵户摧绝无与归⑬，石径荒凉徒延伫⑭。至于还飙入幕⑮，写雾出楹⑯，蕙帐空兮夜鹤怨⑰，山人去兮晓猿惊。昔闻投簪逸海岸⑱，今见解兰缚尘缨⑲。

【注释】

①绾(wǎn)：系。墨绶：黑色绶带，代指县官。

②英风：美好的名声。海甸：滨海之地。

③浙右：浙西，即今钱塘江以北。

④道帙(zhì)：道家的书。帙，书的封套。

⑤法筵：讲佛法的坐席。

⑥牒诉：公文和诉讼。倥偬(kǒng zǒng)：事情纷繁迫促。

⑦绸缪：束缚，纠缠。结课：考课，考核官吏的成绩。

⑧纷纶：忙碌。折狱：断案。

⑨张、赵：指张敞、赵广汉，两人都是西汉名臣。图：政绩。

⑩架：超越。卓、鲁：指卓茂、鲁恭，都是东汉名臣。

⑪三辅：西汉京畿地方分京兆尹、左冯翊、右扶风三个政区，合称三辅。

⑫九州：古代天下划分为九州。牧：一州之长。

⑬磵(jiàn)户：山边的房屋。

⑭延伫(zhù)：翘首盼望。

⑮还飙(biāo)：回旋的风。

⑯写：同“泻”，倾泻。

⑰蕙帐：香草制成的帷帐。

⑱投簪：丢弃固定帽冠用的簪子，比喻弃官。据说西汉疏广曾弃官归隐东海。

⑲解兰：脱下兰花编成的佩饰，比喻脱下隐士的服装。尘缨：尘世间的冠带。

【译文】

等到他身上挂了铜印，系着墨黑的绶带，掌管一个郡中最大的县，成为威风百里的县令时，英名很快传扬到东海边，美誉立时远播于浙东。道家的典籍被长期抛在一边，论佛说法的讲席则长久尘封埋没。鞭打拷问罪犯的喧嚣扰乱他的思想，繁多急迫的文书诉状堵塞了他的胸怀。弹琴作歌的雅事早已中断，饮酒赋诗的闲情也已无法继续。日常总为考核官吏的事务缠身，天天也因审案断案忙忙碌碌。一心想拥有张敞、赵广汉的过去的政绩，超过前代典传中的卓茂、鲁恭；希望追随三辅贤豪的足迹，使自己的名声传遍天下。他走后使这山中的云霞孤单，明月独照，青松空余浓荫，白云有谁为伴？房屋坍塌毁坏，不见有人归来；石径一片荒凉，白白长久等待。以至于旋风吹进了帐幕，云雾泻出于堂前，夜空中的鹤唳好像是怨恨人去蕙帐空，拂晓时的猿啼也像是惊诧隐者出北山。过去听说有人挂冠弃官逃往海边隐居，今天却看到有人解下隐士的兰佩而戴上俗世的冠带。

于是南岳献嘲，北陇腾笑，列壑争讥，攒峰竦诮①。慨游子之我欺，悲无人以赴吊②。故其林惭无尽，涧愧不歇，秋桂遣风，春萝摆月，骋西山之逸议③，驰东皋之素谒④。

【注释】

①攒(cuán)峰：聚在一起的山峰。诮(qiào)：嘲笑，讥刺。

②吊：慰问。

③骋：传播。

④东皋：泛指隐居地。素谒：朴实的言语。

【译文】

于是南山送来嘲讽，北岭传出嗤笑，条条沟壑争相讥议，座座山峰挺身斥责。既感慨出山做官的周先生欺骗了自己，又悲哀没有人为此前来慰问。所以山中的林木羞惭不已，溪涧愧悔莫及，桂树谢绝传播花香的秋风，女萝避开增添春色的明月，西山好像还传播着隐士的清议，东皋还散布着布衣的高论。

今又促装下邑①，浪栧上京②。虽情投于魏阙③，或假步于山扃④。岂可使芳杜厚颜，薜荔蒙耻，碧岭再辱，丹崖重滓，尘游躅于蕙路⑤，污渌池以洗耳⑥。宜扃岫幌⑦，掩云关，敛轻雾，藏鸣湍，截来辕于谷口，杜妄辔于郊端⑧。于是丛条瞋胆，叠颖怒魄，或飞柯以折轮⑨，乍低枝而扫迹。请回俗士驾，为君谢逋客⑩。

【注释】

①促装：束装，打点行李。下邑：相对京城，县称下邑。

②浪栧（yì）：划动船桨。浪，鼓动，划动。栧，桨。

③魏阙（què）：指朝廷。阙，宫门两旁的门楼。

④山扃（jiōng）：山门。

⑤尘：使蒙尘。躅：足迹。

⑥污渌池以洗耳：相传尧欲聘许由为九州长，许由听了便去洗耳。恰逢巢父饮牛，巢父听说了，认为“污我犊口”，把牛牵到上游去饮水。渌池，清池。

⑦扃：关闭。岫（xiù）幌：指山的门户。

⑧杜：堵塞。

⑨柯：树枝。

⑩逋客：逃走的人。此指逃离北山的周颙。

【译文】

现在周先生又在县里忙于置办行装，准备乘船到京城去。虽然他心中向往的是朝廷宫阙，但也许会借路经过山门。岂能让芳洁的杜若厚着脸皮，让薜荔蒙受羞耻，让青青的山岭再受侮辱，让红红的山崖重遭玷污，让芳草路遭受世俗尘游的践踏，让供洗耳的清池受到污染。应该拉紧山间云气的帷帐，紧锁白云的门户，收敛起轻盈的雾霭，掩藏好叮咚的泉流，在山谷口就拦住他的来车，在郊外就堵住他乱闯的马匹。于是丛集的枝条气破了胆，重叠的草芒怒火冲天，有的挥舞枝条打断车轮，有的骤然低拂枝叶扫去车痕。请这个凡夫俗子的车驾转回去，我代表北山之神谢绝这个从山中逃跑的人。

魏　徵

魏徵(580—643),字玄成,魏州曲城(今河北巨鹿)人。从小丧失父母,家境贫寒,但喜爱读书,不理家业,曾出家当过道士,后参加反隋义军,起义失败后转入唐高祖李渊部下,逐渐成为唐太宗李世民的重要文臣。官至左光禄大夫,封郑国公。魏徵是历史上著名的谏臣,病逝后太宗亲临吊唁,痛哭失声,并说:“夫以铜为镜,可以正衣冠;以古为镜,可以知兴替;以人为镜,可以明得失。朕常保此三镜,以防己过。今魏徵殂逝,遂亡一镜矣。”他又是一个历史学家,曾主持《梁书》《陈书》《北齐书》《周书》《隋书》的编纂,并主编《群书治要》,其言论多见于唐人吴兢所撰的《贞观政要》。有《魏郑公诗集》《魏郑公文集》等。

谏太宗十思疏

【题解】

本文是魏徵贞观十一年(637)写给唐太宗的一篇奏疏。全文以“思国之安者,必积其德义”为中心,具体提出了知足知止、谦虚纳下、赏罚公正、慎始敬终、知人善任、爱惜民力等十个建议。作者以事喻理,设喻引论,从正反两方面进行阐述,立论坚实,说理透彻。语气严肃而谦恭,直言不讳而态度诚恳,据说太宗为此亲自写诏书嘉许魏徵,并将此疏放置案头以自警。

臣闻求木之长者，必固其根本；欲流之远者，必浚其泉源[①]；思国之安者，必积其德义。源不深而望流之远，根不固而求木之长，德不厚而思国之安，臣虽下愚，知其不可，而况于明哲乎！人君当神器之重[②]，居域中之大[③]，不念居安思危，戒奢以俭，斯亦伐根以求木茂，塞源而欲流长也。

【注释】

①浚(jùn)：深挖。

②神器：指帝位。

③居域中之大：《老子》第二十五章说："道大，天大，地大，王亦大。域中有四大，而王居其一焉。"

【译文】

臣听说要求树木长得高大，必须巩固它的根干；想要水流得长远，必须疏通它的源头；谋求国家的安定，一定要广积恩德和仁义。水源不深却希望水流长远，根干不牢却想要树木高大，恩德不厚却期望国家安定，臣虽然卑下愚笨，尚且知道这些都是不可能的，何况英明圣哲的人呢！国君担当着帝王的重任，据有天下最崇高的地位，如果不考虑在安乐的时候会出现危难，不以崇尚节俭来革除奢侈，那么也就如同砍伐树根却希望树木繁茂，堵塞源头却想要水流长远一样啊。

凡昔元首[①]，承天景命[②]，善始者实繁，克终者盖寡[③]。岂取之易、守之难乎？盖在殷忧必竭诚以待下[④]，既得志则纵情以傲物。竭诚则吴越为一体，傲物则骨肉为行路。虽董之以严刑[⑤]，振之以威怒，终苟免而不怀仁，貌恭而不心服。怨不在大,可畏惟人[6]。载舟覆舟[7],所宜深慎。

【注释】

①元首:指帝王。

②景命:大命。古代认为君主的权力是上天授予的,故亦称天子。景,大。

③克:能。

④殷忧:深重的忧虑。

⑤董:监督。

⑥人:即“民”字,此避唐太宗李世民讳而改为“人”。

⑦载舟覆舟:用舟和水的关系比喻君主和民众的关系,告诫君主要注意民心向背。语出《荀子·王制》:“君者,舟也,庶人者,水也。水则载舟,水则覆舟。”

【译文】

凡是从古以来的国君,秉承上天的大命,具有良好的开端的确实很多,能够坚持到底的大概是很少。难道是取得天下容易而守住天下困难吗?原来是创业忧患深重的时候,国君一定竭尽诚信地对待下属臣民;等到已经实现志向的时候,就随心任性、轻视他人。竭尽诚意待人就可以使吴、越这样的世仇结成一体,傲气凌人却会使骨肉般的亲人也疏远得像陌路人。在这种情况下,即使用严酷的刑罚来督责,用威严的势力来震慑,最终只不过使人苟且地免受刑罚,而并不感怀帝王的恩德,外表恭顺而内心并不悦服。怨恨不在大小,可怕的只是百姓。国君像船,百姓就像水一样,水可以承载船,也可以使船翻覆,这是应当特别慎重对待的。

诚能见可欲则思知足以自戒,将有作则思知止以安人,念高危则思谦冲而自牧[1],惧满盈则思江海下百川,乐盘游则思三驱以为度[2],忧懈怠则思慎始而敬终,虑壅蔽则思虚心以纳下,惧谗邪则思正身以黜恶,恩所加则思无因喜以谬赏,罚所及则思无以怒而滥刑。总此十思,宏兹九得[3],简能而任之[4],择善而从之,则智者尽其谋,勇者竭其力,仁者播其惠,信者效其忠。文武并用,垂拱而治[5]。何必劳神苦思,代百司之职役哉!

【注释】

①冲:虚,谦和。

②盘游:游乐。三驱:一年打猎三次。驱,打猎时驱赶野兽,借指打猎。

③九得:指宽而栗、柔而立、愿而恭、乱而敬、扰而毅、直而温、简而廉、刚而塞、强而义等九种道德标准。见于《尚书·皋陶谟》。得,原作"德"。

④简:挑选。

⑤垂拱而治:即无为而治。垂拱,垂衣拱手。

【译文】

如果真正能够看见自己喜欢的东西,就想到要知足而警戒自己;将要兴建土木,就想到要适可而止而让百姓安定;考虑到身处高位常有危险,就想到要谦虚而加强自我修养;害怕骄傲自满,就想到要像江海一样处于所有河流的下游以容纳百川;喜欢打猎游乐,就想到帝王打猎要一年三次的法度;担忧松懈懒惰,就想到凡事开始时要谨慎而结束时要严肃;忧虑自己受到蒙蔽,就想到要虚心采纳下面的意见;害怕谗佞奸邪之人,就想到要端正自身而摈斥邪恶;施恩于人,就想到不要因为自己一时高兴而赏赐不当;实行刑罚时,就想到不要因为自己一时恼怒而滥施刑罚。综合上述十个方面的考虑,弘扬贤哲九种美好的品德,选拔有才能的人而加以任用，择取好的意见而善于听从，那么聪慧的人就会贡献他全部的智谋，勇武的人就会拿出他所有的力量，仁爱的人广施他的恩德，诚信的人会竭尽他的忠心。只要文臣武将各得其所同时得到任用，国君就可以垂衣拱手无为而治了。何必亲自耗费精力苦苦思索，代替百官去做他们应该干的事情呢？

骆宾王

骆宾王(约640—约684),婺州义乌(今浙江义乌)人,七岁能作诗,被誉为神童。曾为武功主簿、侍御史,因上书议论朝政,武后时被贬为临海(今浙江天台)县丞,世称“骆临海”。徐敬业起兵讨伐武则天,骆宾王为他写了这篇声讨檄文,后徐敬业兵败,他不知所终。骆宾王和王勃、卢照邻、杨炯合称“初唐四杰”。魏庆之称其诗“格高旨远,若在天上物外,神仙会集,云行鹤驾,想见飘然之状”(《诗人玉屑》)。有《骆宾王文集》十卷。

为徐敬业讨武曌檄

【题解】

本文是骆宾王嗣圣元年(684)为起兵讨伐武则天的徐敬业所写的檄文。文章从维护李唐正统的角度出发,列举武则天的罪行,申明起兵的缘由,宣扬自己的军威,号召各方一起响应以推翻武氏政权。全文文辞严正,气势雄健,用典使事恰到好处,情绪与结构又回环起伏,富有说服力和号召力。相传武则天看到“一抔之土未干,六尺之孤何托”时非常震惊,问作者是谁,并说:“宰相安得失此人!”

伪临朝武氏者[①]，性非和顺，地实寒微[②]。昔充太宗下陈[③]，曾以更衣入侍[④]。洎乎晚节[⑤]，秽乱春宫[⑥]。潜隐先帝之私[⑦]，阴图后房之嬖[⑧]。入门见嫉，蛾眉不肯让人；掩袖工谗[⑨]，狐媚偏能惑主。践元后于翚翟[⑩]，陷吾君于聚麀[⑪]。加以虺蜴为心[⑫]，豺狼成性，近狎邪僻[⑬]，残害忠良，杀姊屠兄，弑君鸩母[⑭]。人神之所同嫉，天地之所不容。犹复包藏祸心，窥窃神器[⑮]。君之爱子，幽之于别宫；贼之宗盟，委之以重任。呜呼！霍子孟之不作[⑯]，朱虚侯之已亡[⑰]。燕啄皇孙[⑱]，知汉祚之将尽；龙漦帝后[⑲]，识夏庭之遽衰。

【注释】

①武氏：武则天。名曌(zhào)，文水(今属山西)人。唐太宗时入宫为“才人”，太宗死后，削发为尼。高宗时被召为嫔妃，并立为皇后，开始参与朝政。中宗继位，以皇太后身份临朝听政。不久废中宗，立睿宗。不久又废睿宗，自称“圣神皇帝”，改国号周。

②地：通“第”，门第。

③下陈：堂下。这里指姬妾。

④更衣入侍：据说汉武帝遇歌女卫子夫，卫子夫因替武帝更衣而得宠幸，成为皇后。

⑤洎(jì)：及，至。

⑥春宫：太子所居宫室。此指当时太子、后来的高宗李治。这里是说武则天在唐高宗未即位时就与他发生了暧昧关系。

⑦私：宠幸。

⑧嬖：卑贱者得到宠爱。

⑨掩袖工谗：像郑袖教人掩袖那样善于进谗言。《战国策·楚策》载：楚王夫人郑袖对新入宫受宠的美人说，楚王爱美人的容貌，

但讨厌美人的鼻子，让美人见到楚王时用袖子掩住鼻子。郑袖又对楚王说，美人掩袖是因为讨厌楚王身上的气味。楚王怒而疏远了美人。

⑩元后：皇后。翚翟（huī dí）：野鸡。唐代皇后的礼服上有翚翟图饰。

⑪聚麀（yōu）：指两头公鹿共有一只母鹿。

⑫虺（huǐ）：一种毒蛇。蜴（yì）：蜥蜴。

⑬狎：亲近。

⑭鸩（zhèn）：鸟名。羽毛有毒，可以浸酒毒死人。

⑮神器：帝位。

⑯霍子孟：霍光，字子孟。汉武帝死，他辅佐幼帝昭帝，昭帝死，又立昌邑王，后因其乱政而废之，扶立宣帝。

⑰朱虚侯：刘章，封朱虚侯。汉高祖死，吕氏家族总揽朝政，刘章等大臣消灭诸吕，迎立文帝。

⑱燕啄皇孙：用赵飞燕故事。西汉成帝时，赵飞燕入宫为皇后，妹为昭仪，姐妹俩都无子，却嫉恨别人，暗中杀害皇子，使成帝无嗣。武则天当政时也有“燕飞来，啄皇孙，皇孙死，燕啄矢”的谣谚。

⑲龙漦（chí）：龙的涎沫。传说夏帝曾将两条自称是褒地二君的龙的涎沫收藏起来。周厉王末年，龙涎流出，一宫女遇上后怀孕生下一女即褒姒。褒姒后来成为周幽王宠妃，并导致了周朝灭亡。

【译文】

非法当朝执政的武氏，本性就不良善温顺，出身实在贫寒低贱。过去充当太宗的才人，利用事奉太宗更衣的机会得到亲近。到了年岁稍大，又在太子宫中淫乱。她隐瞒了和太宗的一段私情，暗暗图谋皇帝后宫的宠幸。选进后宫的妃嫔都遭到她的妒忌，依仗貌美，不肯让别人分去皇帝的宠爱；像郑袖一样善于挑拨离间诬害别人，如狐狸般的妖媚偏偏迷惑住君主。她窃据了皇后的名位，陷皇帝于败坏人伦的境地。加上她有蛇蝎般的心肠，豺狼般的本性，亲近奸臣，残害忠臣；杀姐害兄，弑君毒母。她这样的人，百姓神灵共同痛恨，天地都不能容忍。她还包藏祸心，阴谋篡夺帝位。君王的爱子，被她囚禁在别处；而逆贼武氏的同姓宗族，却被委以重任。唉！霍光那样辅佐幼主的忠臣不再出现；朱虚侯刘章那样诛杀外戚的义士也已经没有。赵飞燕杀害皇子，预示了汉朝即将灭亡；而龙涎化为帝后褒姒，标志着周朝将很快走向衰亡。

敬业，皇唐旧臣①，公侯冢子②。奉先君之成业，荷本朝之厚恩。宋微子之兴悲③，良有以也；袁君山之流涕④，岂徒然哉！是用气愤风云，志安社稷。因天下之失望，顺宇内之推心⑤，爰举义旗，以清妖孽。南连百越，北尽三河⑥，铁骑成群，玉轴相接⑦。海陵红粟⑧，仓储之积靡穷；江浦黄旗⑨，匡复之功何远。班声动而北风起⑩，剑气冲而南斗平。喑呜则山岳崩颓⑪，叱咤则风云变色。以此制敌，何敌不摧！以此图功，何功不克！

【注释】

①敬业：徐敬业。唐开国功臣徐勣的长孙，曾任太仆少卿、眉州刺史，后贬柳州司马。他在扬州兴兵讨伐武则天被击败。

②冢子：嫡长子。

③宋微子：商纣王庶兄，周武王封他于宋。相传微子过殷旧都，触景伤怀，作《麦秀歌》。

④袁君山：即袁安，东汉汝南（今属河南）人。和帝时，见天子幼弱，外戚专权，暗自呜咽流泪。

⑤推心：人心所向。

⑥三河：汉代河南、河东、河内三郡，相当于今河南、黄河南北及山西部分地区。

⑦玉轴：指战车。一说指战船。

⑧海陵：今江苏泰州。红粟：陈年米，年久而发红。

⑨黄旗：唐代皇帝仪仗所用黄色旌旗。徐敬业在扬州起兵时，以拥戴太子李贤复位为号召。

⑩班声：泛指马嘶。

⑪喑(yīn)呜：怒气郁积。

【译文】

敬业是大唐旧臣，公侯的嫡子。继承先辈建立的功业，蒙受本朝的厚恩。宋微子过殷墟而感到悲伤，实在是有道理的；袁安言及外戚专权而流泪，难道是无缘无故！因此，义愤激荡风云，志在安定国家。趁着天下百姓对武氏的失望情绪，顺应海内人心的归向，高举正义之旗，用以清除妖孽之人。向南连接百越之地，向北到达三河诸郡，战马成群，战车相接。海陵红米积贮，仓库的军储无穷无尽；江浦黄旗高扬，光复天下的日期怎会遥远？班马嘶鸣，北风骤起；剑气冲天，与南斗相齐。军士怒气填胸使山岳崩毁，叱咤怒吼使风云变色。拿这样的军队去制服敌人，什么样的敌人不可摧毁！用这样的军队谋求功业，什么样的功业不能成就！

公等或居汉地①，或叶周亲②，或膺重寄于话言③，或受顾命于宣室④。言犹在耳，忠岂忘心！一抔之土未干，六尺之孤何托⑤？倘能转祸为福，送往事居⑥，共立勤王之勋⑦，无废大君之命，凡诸爵赏，同指山河⑧。若其眷恋穷城，徘徊歧路，坐昧先几之兆⑨，必贻后至之诛。请看今日之域中，竟是谁家之天下！

【注释】

①汉地:指唐朝的封地。唐人常借汉说唐事。

②叶(xié):合乎。周亲:至亲。

③膺(yīng):承受。

④宣室:汉未央宫前殿正室。

⑤六尺之孤:未成年的孤儿。此指中宗李显。

⑥往:死者,指高宗。居:生者,指中宗。

⑦勤王:天子有难,臣下起兵相救。

⑧同指山河:指着泰山、黄河盟誓。见《史记·高祖功臣侯者年表序》。

⑨坐:由于,因为。昧:看不清。先几之兆:事先显出的预兆。

【译文】

诸位有的是保有朝廷封地的异姓王侯,有的是皇室至亲,有的承受口头重托在外面肩负重要的使命,有的在朝廷领受君王的遗命。先帝的遗言还在耳边,忠诚的心意难道就可以忘记!先帝坟上的土还没有干,幼小的孤儿托付给什么人?如果能够改变祸患成为福祉,送别先帝高宗,辅立幼主,一道树立勤王的功勋,不忘记先帝的遗命,那么,一切封爵赏赐,都可以指泰山黄河发誓。假使有人仍然留恋孤立无援的城池,在歧路上徘徊不定,因为错过已经显露的吉兆,必定会因丢失时机而招致惩罚。请看今天的国内,究竟是谁家的天下!

王　勃

王勃（约650—676），字子安，绛州龙门（今山西稷山）人。是隋末大儒王通的孙子，曾被视为天才少年，当过朝散郎、沛王府修撰。因写了一篇游戏文章《檄英王鸡》触怒唐高宗，被赶出王府。此后又一度当过虢州参军，但又因得罪同僚而被革职。唐高宗上元二年（675），他到交趾探望父亲，归来渡海时溺水受惊而死，时年二十七岁。王勃是“初唐四杰”之冠，工诗能文，有《王子安集》。

滕王阁序

【题解】

本文一般认为是作者唐高宗上元二年（675）往交趾探望父亲，路过南昌参加阎公宴会时所作。文章层次井然，脉络清晰；由地及人，由人及景，由景及情，丝丝入扣。华丽的辞藻、工稳的对偶、酣畅的笔调、浑融的意境，使其成为骈文名篇。相传主人阎公听到“落霞与孤鹜齐飞，秋水共长天一色”时深为叹服，称赞：“此真天才，当垂不朽矣！”

南昌故郡①，洪都新府。星分翼、轸②，地接衡、庐③。襟三江而带五湖④，控蛮荆而引瓯越⑤。物华天宝，龙光射牛斗之墟⑥；人杰地灵，徐孺下陈蕃之榻⑦。雄州雾列，俊彩星驰。台隍枕夷夏之交⑧，宾主尽东南之美。都督阎公之雅望，棨戟遥临⑨；宇文新州之懿范，襜帷暂驻⑩。十旬休暇，胜友如云，千里逢迎，高朋满座。腾蛟起凤，孟学士之词宗，紫电清霜，王将军之武库。家君作宰⑪，路出名区，童子何知⑫，躬逢胜饯。

【注释】

①“南昌”二句：南昌，一作“豫章”。汉代豫章郡治所南昌（今江西南昌），唐代改为江南道洪州中都督府治所。

②翼、轸（zhěn）：二星宿名。古人用二十八星宿的位置来划分地面上相应的区域。

③衡、庐：衡山、庐山。

④三江：说法不一，一般认为指荆江、松江、浙江。五湖：指太湖、鄱阳湖、青草湖、丹阳湖和洞庭湖。

⑤蛮荆：指楚地。荆即楚。瓯（ōu）越：泛指今浙江南部及福建一带。

⑥龙光射牛斗之墟：据《晋书·张华传》载，张华见牛、斗二星之间有紫气，便问精通天象的雷焕，雷焕说这是由于丰城有宝剑的精气上通于天的缘故。丰城属洪城。

⑦徐孺下陈蕃之榻：徐稚字孺子，南昌人，东汉名士。据《后汉书·徐稚传》载，豫章太守陈蕃素不待客，只有徐稚来才招待，并特为他设一榻，以示尊敬。

⑧台隍枕夷夏之交：这句是说城楼正在夷夏结合部。台隍，城楼。夷，蛮夷之地。夏，华夏之地。

⑨棨（qǐ）戟：有衣套的戟，用做官吏出行时的仪仗。

⑩襜(chān)帷:车的帷幔。

⑪家君作宰:王勃的父亲当时在交趾任职。

⑫童子:王勃自指。当时王勃年仅二十六岁,故称。

【译文】

南昌是旧时豫章郡的治所,是如今洪州都督府的所在。天上是属于翼宿和轸宿两个星宿的分野,地下连接着衡山和庐山两座名山。它把三江作为衣襟,把五湖作为衣带,控制着古代荆楚连接着瓯越。这里物有光华天产珍宝,宝剑发出的光芒直射到牛、斗星座之间;人物杰出大地灵秀,隐士徐稚使太守陈蕃放下了特设的床榻。雄伟的州郡像大雾那样密布;杰出的人才像众星那样飞驰。城楼池壕正处在夷夏接壤的地方,宾客主人囊括了东南地区著名的人物。都督阎公的声望美好卓著,仪仗远来;宇文新州的美好风范,车马暂驻。趁十天一次的休假时间,好友群聚;迎接千里之遥的来宾,高朋满座。文章龙腾凤舞,孟学士是文坛宗匠;紫电清霜,王将军乃武库权威。家父远任县令,我因省亲而路过这座名城;在下无知年少,有幸亲自参加这次盛宴。

时维九月,序属三秋①。潦水尽而寒潭清,烟光凝而暮山紫。俨骖騑于上路②,访风景于崇阿③。临帝子之长洲④,得仙人之旧馆。层峦耸翠,上出重霄,飞阁流丹,下临无地。鹤汀凫渚⑤,穷岛屿之萦回,桂殿兰宫,列冈峦之体势。披绣闼,俯雕甍⑥,山原旷其盈视,川泽盱其骇瞩⑦。闾阎扑地⑧,钟鸣鼎食之家⑨,舸舰迷津,青雀黄龙之轴⑩。虹销雨霁⑪,彩彻云衢⑫。落霞与孤鹜齐飞,秋水共长天一色。渔舟唱晚,响穷彭蠡之滨⑬,雁阵惊寒,声断衡阳之浦。

【注释】

①序：时序，季节。

②俨：整齐的样子。骖騑(cān fēi)：驾车的马，左称骖，右称騑。

③访：特指寻访名胜古迹。

④帝子：指滕王李元婴。

⑤汀：水中平地。凫(fú)：野鸭。渚(zhǔ)：小洲。

⑥甍(méng)：屋脊。

⑦盱(xū)：张大眼睛。骇瞩：看了感到吃惊。

⑧闾阎：里巷的门。

⑨钟鸣鼎食：古时贵族吃饭要鸣钟列鼎，所以它常用来指富贵人家。

⑩轴：船。

⑪霁(jì)：雨雪停止。

⑫云衢：指高空。

⑬响：回声。彭蠡(lǐ)：鄱阳湖的古称。

【译文】

时令正当九月，季节属于深秋。积水退干而池潭清冽，晚烟凝聚而山峦青紫。在大路上整齐地排列着车马，到高山去寻访美景。走到了滕王的长洲，登上了仙人的高阁。山峦高耸，层层叠叠一片翠绿，直插云霄；阁道凌空丹漆彩饰流动欲滴，向下看不到地面。仙鹤野鸭栖宿的河滩沙洲，极尽在岛屿的周围迂曲回环；桂树木兰建筑的宫殿，依傍山冈高低起伏的形状排列。打开华丽的阁门，俯视雕花的屋脊，山岭平原空旷得全部收入眼底，河流沼泽观看得令人感到惊异。门户房舍遍地，都是鸣钟列鼎的人家；舟楫船艇满渡口，都是青雀黄龙的画舵。彩虹消失，雨过天晴，阳光明亮，天空广阔。天边的晚霞和水边的孤鸭一起飞翔，秋天的江水和辽阔的天空连成一色。晚上渔船的歌声，响遍彭蠡湖边；寒夜雁群的惊叫，直到衡阳山下。

遥吟俯畅，逸兴遄飞[①]。爽籁发而清风生[②]，纤歌凝而白云遏。睢园绿竹[③]，气凌彭泽之樽[④]；邺水朱华[⑤]，光照临川之笔[⑥]。四美具，二难并。穷睇眄于中天[⑦]，极娱游于暇日。天高地迥，觉宇宙之无穷；兴尽悲来，识盈虚之有数[⑧]。望长安于日下[⑨]，指吴会于云间[⑩]。地势极而南溟深，天柱高而北辰远。关山难越，谁悲失路之人？萍水相逢，尽是他乡之客。怀帝阍而不见[⑪]，奉宣室以何年[⑫]？

【注释】

①遄(chuán)：急速。

②籁：箫管一类乐器。

③睢(suī)园：汉梁孝王在睢水旁修建的竹园，他常与文人在此聚会。

④彭泽：指东晋末诗人陶渊明，他曾做过彭泽令。

⑤邺水：邺是曹魏兴起的地方，曹氏父子常在此招集文人聚会。当时诗人经常写到这里的荷花。

⑥临川：指南朝诗人谢灵运，他曾做过临川内史。

⑦睇眄(dì miǎn)：斜视。这里作目光上下左右流览讲。

⑧盈虚：指兴衰、贵贱、穷通等。有数：有定数。

⑨日下：太阳落下去的地方。

⑩吴会(kuài)：指今苏州。

⑪帝阍(hūn)：原是传说中天帝的守门人。这里指朝廷。

⑫宣室：汉未央宫前殿正室。

【译文】

远望高歌，登高俯视十分畅快，豪情雅兴迅速翻腾。爽朗明快的箫管响起，清凉的风徐徐吹来，柔细的歌声缭绕，阻住白云停飞。今日盛会，好比梁王睢园绿竹之会，酒量豪情，气势超过了陶渊明；今日赋诗，好比曹氏邺水朱华之作，文采诗才，照映于谢灵运。良辰、美景、赏心、乐事四美俱备，贤明主人和美好宾客二难齐全。极目睇望远空，尽情欢度假日。天高地远，感到宇宙的无穷；兴尽悲来，认识到盛衰自有定数。遥望夕阳西下之处的长安，指点云雾缭绕中的吴会。地势尽于南方，南海深广；天柱高耸于北方，北辰遥远。关山难以逾越，谁会同情失意之人？萍水偶然相逢，都是漂泊他乡之客。怀念朝廷而不能觐见，渴望像贾谊那样奉召在宣室，却不知在哪年？

呜呼！时运不齐，命途多舛①。冯唐易老②，李广难封③。屈贾谊于长沙④，非无圣主，窜梁鸿于海曲⑤，岂乏明时？所赖君子安贫，达人知命。老当益壮，宁知白首之心？穷且益坚，不坠青云之志。酌贪泉而觉爽⑥，处涸辙以犹欢⑦。北海虽赊⑧，扶摇可接⑨；东隅已逝⑩，桑榆非晚⑪。孟尝高洁⑫，空怀报国之心；阮籍猖狂⑬，岂效穷途之哭⑭？

【注释】

①舛：错乱，不顺。

②冯唐：西汉人，以孝著名。到老了还是个职位很低的郎官。

③李广：西汉名将，匈奴畏称其为“飞将军”，与匈奴大小七十余战，但终身未得封侯。

④屈：委屈，指大材小用。贾谊：西汉著名政论家，曾任博士、太中大夫，后贬为长沙王太傅。

⑤窜：放逐，被迫出走。梁鸿：东汉人，因受汉章帝猜忌，曾隐名埋姓于齐鲁一带。

⑥贪泉：传说广州有贪泉，人喝了会贪婪。

⑦涸辙：干涸的车辙。《庄子·外物》有一则寓言说，一条鱼在涸辙里奄奄待毙，哀求过路人给一瓢水，而那人却说要引西江水来救它。鱼便说，那就只好到卖鱼干的地方找我了。鱼处涸辙比喻处境困难。

⑧赊：远。

⑨扶摇：大旋风，比喻时机。

⑩东隅(yú)：东方日出的地方。

⑪桑榆：指日落时余光照在桑树和榆树顶梢，比喻黄昏。

⑫孟尝：东汉时一个贤能的官吏。

⑬阮籍：字嗣宗，三国魏诗人，曾任步兵校尉，世称阮步兵，放荡不拘礼法，与嵇康、刘伶等人在竹林啸傲吟咏，为"竹林七贤"之一。

⑭效：仿效。

【译文】

唉！时运不相同，命运多坎坷。冯唐年纪老大还只是个郎官，李广军功显赫而不得封侯。委屈贾谊流放到长沙，不是没有圣明的君主；逼迫梁鸿隐居在海边，难道缺乏清明的时政？所依仗的是君子安于清贫，达人懂得天命。年纪老了志气应当更加壮盛，谁能理解白发人的雄心壮志？境遇困厄应当更加坚定，不可失落上干青云的气节。喝了贪泉更觉头脑清醒，处于困境还心情愉快。北海虽远，可以乘风而到；朝阳已过，还有晚景可追。孟尝操行高洁，徒然怀有报效国家的忠心；阮籍放荡不羁，怎能学他在无路可走时痛哭流涕？

勃，三尺微命，一介书生。无路请缨，等终军之弱冠①，有怀投笔②，慕宗悫之长风③。舍簪笏于百龄④，奉晨昏于万里⑤。非谢家之宝树⑥，接孟氏之芳邻⑦。他日趋庭，叨陪鲤对⑧，今晨捧袂⑨，喜托龙门。杨意不逢⑩，抚凌云而自惜，锺期既遇[11]，奏流水以何惭[12]？

【注释】

①终军：西汉人。二十多岁时曾请缨抓回南越王。

②投笔：指弃文从武。《后汉书·班超传》说班超先在官府抄文书，后掷笔于地，要“立功异域，以取封侯”。

③宗悫(què)：南朝宋人，年轻时有“愿乘长风破万里浪”的志向。

④簪笏(hù)：古代官员用的冠簪、手版。百龄：百年，一生。

⑤晨昏：古代礼节规定早晚向父母请安。

⑥谢家之宝树：东晋谢安曾称其侄谢玄是“吾家之宝树”。见《晋书·谢安传》。

⑦孟氏之芳邻：传说孟母为了找好邻居曾三次搬家，以使孟子有个成长的好环境。

⑧叨(tāo)：惭愧，表示自谦。鲤对：孔子曾在儿子孔鲤走过庭前时对他进行教育。见《论语·季氏》。

⑨捧袂(mèi)：捧着衣袖的恭敬样子。

⑩杨意：即杨得意，汉武帝时官廷狗监。司马相如便是由他引荐的。

⑪锺期：锺子期，琴师伯牙的知音。

⑫流水：伯牙奏琴，志在流水。

【译文】

我王勃只是腰带三尺的小官，孤立无助的书生。没有门路请缨报国，与终军的弱冠年纪相当；怀着投笔从军的志愿，羡慕宗悫乘风破浪的远大理想。抛开一辈子的前途，到万里之外事奉双亲。虽不及谢家的杰出人才，却有幸交接孟母的好邻居。不久以后到家里庭院学孔鲤那样聆听父亲的教诲，今天拜见阎公荣幸如同登龙门。司马相如没遇到杨得意那样的荐举之人，只能捧着赋而自我惋惜；伯牙既然遇上锺子期那样的知音人士，弹奏起高山流水之曲又有何羞惭？

呜呼！胜地不常，盛筵难再。兰亭已矣[1]，梓泽丘墟[2]。临别赠言，幸承恩于伟饯；登高作赋，是所望于群公。敢竭鄙诚，恭疏短引[3]。一言均赋，四韵俱成。

【注释】

①兰亭：东晋王羲之等文人的聚会之地。

②梓泽：又名金谷园，西晋石崇所建，常在此与当时名流宴饮聚会。

③疏：陈述，撰写。短引：小序。

【译文】

唉！名胜之地不能常游，盛大的筵席难以再遇。兰亭雅集已成了古迹，金谷名园也变为废墟。临别赠言，幸而在饯别盛会上蒙受阎公之恩；登高赋诗，还是仰仗诸公的诗才。请允许我冒昧地倾吐诚意，恭恭敬敬地写下这篇短序。一说每人都请赋诗，四韵八句就写成了。

滕王高阁临江渚，佩玉鸣鸾罢歌舞。
画栋朝飞南浦云，朱帘暮卷西山雨。
闲云潭影日悠悠，物换星移几度秋。
阁中帝子今何在？槛外长江空自流。

【译文】

高高的滕王阁耸立在江渚，佩玉声鸣鸾声停止了歌舞。
画栋雕梁早晨飞过南浦的云，朱红帘幕晚上卷起西山雨雾。
闲暇的云潭中日影晃晃悠悠，景物变换星斗转移几度春秋。
阁中的帝子啊如今在哪里？槛外的赣江水啊空自奔流。

李　白

李白(701—762),字太白,号青莲居士。祖籍陇西成纪(今甘肃秦安),出生于中亚碎叶城(今吉尔吉斯斯坦托克马克城)。五岁时随父迁回四川绵州彰明(今属四川江油)。二十五岁后才出蜀漫游,四十二岁时因道士吴筠等人推荐被唐玄宗任命为翰林学士,不久又因蔑视权贵而遭受谗言去职,安史之乱中曾参加过永王李璘的队伍,却又因李璘与唐肃宗斗争失败而被流放夜郎,后虽遇赦,但漂泊困苦,宝应元年(762)在其族叔当涂令李阳冰处病逝。他是唐代最豪爽飘逸的大诗人,杜甫称赞他“白也诗无敌,飘然思不群”(《春日忆李白》),贺知章见到他的《蜀道难》诗,称之为“谪仙人”,后人称其为“诗仙”。有《李太白全集》。

与韩荆州书

【题解】

本文作于玄宗开元年间,是写给韩朝宗的自荐信。信中首先对韩朝宗赞扬备至,然后简要介绍自己的经历和才能,希望韩朝宗能引荐自己。全文无论是颂扬对方还是介绍自己均不无夸张笔墨,但没有卑躬屈膝,也不失自负傲岸的个性。语言明快流畅、自然奔放,充分显示出作者的胸襟和文才。

白闻天下谈士相聚而言曰："生不用封万户侯[1]，但愿一识韩荆州。"何令人之景慕一至于此！岂不以周公之风，躬吐握之事[2]，使海内豪俊，奔走而归之，一登龙门[3]，则声价十倍！所以龙蟠凤逸之士[4]，皆欲收名定价于君侯。君侯不以富贵而骄之、寒贱而忽之，则三千之中有毛遂[5]，使白得颖脱而出[6]，即其人焉。

【注释】

①万户侯：有食邑万户的诸侯。

②躬：亲身实行。吐握：吐哺握发。据《史记·鲁周公世家》载，周公"一沐三捉发，一饭三吐哺，起以待士，犹恐失天下之贤人"。

③登龙门：据《后汉书·党锢列传·李膺列传》载，李膺声名很高，当时士人能得到他接纳的，都叫"登龙门"。

④龙蟠（pán）凤逸：比喻怀才不遇。蟠，盘旋。逸，奔跑，飞翔。

⑤毛遂：战国时赵平原君的门客。他告诉平原君"使遂早得处囊中，乃颖脱而出"，自荐参加与楚怀王的谈判。

⑥颖脱：锥子的尖透过囊袋露出来，比喻有才者得到机会显示才华。

【译文】

我听说天下善于评论人物的读书人相聚时议论说："活着此生宁愿不封万户侯，但愿结识一下韩荆州。"您怎么会令人景仰敬慕达到这样的程度！还不是因为您具有周公那样的风范，身体力行"三吐""三握"之事，才使天下的豪杰俊秀之士，都争先恐后地投奔在您的门下，一经您的接引就像鲤鱼跃过龙门，声名陡然增加十倍！所以，怀才不遇的英杰之士，都想在您那里获得美名、确定评价。您既不以自己地位的尊贵而傲视他们，也不以他们寒贱的出身而轻忽他们，在您的三千门客之中，必然会有毛遂，如果能给我展示才华的机会，我就是您的毛遂了。

白，陇西布衣[①]，流落楚、汉[②]。十五好剑术，遍干诸侯[③]；三十成文章，历抵卿相。虽长不满七尺，而心雄万夫。皆王公大人许与气义[④]。此畴曩心迹[⑤]，安敢不尽于君侯哉？君侯制作侔神明，德行动天地，笔参造化，学究天人。幸愿开张心颜，不以长揖见拒[⑥]。必若接之以高宴，纵之以清谈，请日试万言，倚马可待[⑦]。今天下以君侯为文章之司命[⑧]，人物之权衡，一经品题，便作佳士。而今君侯何惜阶前盈尺之地，不使白扬眉吐气、激昂青云耶？

【注释】

①陇西：李白的祖籍。

②楚：主要在今湖北一带。汉：今汉水一带。

③干：求。

④许与：称许。

⑤畴曩(nǎng)：往昔。

⑥长揖(yī)：拱手自上而至极下，古时宾主以平等身份相见之礼。

⑦倚马可待：典出《世说新语·文学》。东晋桓温北征，要袁宏立即起草一份文告，袁宏倚在马前，手不停笔，一口气写了七页。后来常用此比喻才思敏捷。

⑧司命：文昌星，相传主管文运。

【译文】

我是陇西的一个平民，流落在楚地汉水一带。十五岁爱好剑术，曾到处拜见过地方上的长官；三十岁精通了写文章，多次拜谒朝中公卿。

我身长虽不满七尺，而雄心在万夫之上。王公大臣称许我的节操和义气。这些我从前的抱负与行事，怎敢不向您尽情吐露呢？您的功业同神明相等，德行感动天地，文笔阐明自然化育的大道，学识透彻地探究了天道与人类社会的奥秘。但愿您能推心置腹、心情愉快，不因为我只肯拱手相见就拒绝我的谒见。假如能用盛大的宴会来接待我，容我纵情畅论，请以一天写一万字的长文测试我，也能够一挥而就。如今，天下文士把您看作评定文章的权威，衡量人物的标准，一经您的品评，就成了德才兼备的人才。那您又何必吝惜庭阶前边那区区一尺之地，不让我扬眉吐气，振奋于青云之上呢？

昔王子师为豫州①，未下车即辟荀慈明②，既下车又辟孔文举③。山涛作冀州④，甄拔三十余人，或为侍中、尚书⑤，先代所美。而君侯亦一荐严协律，入为秘书郎⑥，中间崔宗之、房习祖、黎昕、许莹之徒⑦，或以才名见知，或以清白见赏。白每观其衔恩抚躬⑧，忠义奋发，白以此感激，知君侯推赤心于诸贤之腹中，所以不归他人而愿委身国士。倘急难有用，敢效微躯。

【注释】

①王子师：王允，字子师。东汉灵帝时任豫州刺史，献帝时官至司徒、尚书令。密谋杀掉董卓，后被董卓余党所杀。

②下车：指官吏到任。辟：征召。荀慈明：名爽，一名谞，东汉人，官至司空。

③孔文举：名融，孔子后代。东汉时曾任北海相、太中大夫，后被曹操杀害。

④山涛：西晋名士。曾任冀州刺史，又任吏部尚书。

⑤侍中：西晋时主要侍卫皇帝左右。尚书：当时为朝官，分掌尚书各曹。

⑥秘书郎：官名。掌管图书经籍。

⑦崔宗之：唐代人，名成辅，袭封齐国公。

⑧衔恩：感恩。抚躬：省察自己。

【译文】

过去，王允到豫州做刺史，尚未到任，就征用了荀慈明，到任后又聘用了孔文举。山涛任冀州刺史，考察提拔了三十多人，其中有的人被任命为侍中，有的被任命为尚书，这些都受到了前人的赞美。而您也曾推荐过严协律进入朝廷做秘书郎，又引荐过崔宗之、房习祖、黎昕、许莹等人，他们有的以才华出众为您所知，有的以品格清白为您赏识。我看到他们感恩戴德，常常反省自己，并以忠义奋发图强，我因此内心感动，了解君侯您是如何对他们推心置腹以赤诚相待了，所以不去依附他人，而愿意把自己托付给您，假如您有什么紧急艰难而有需要用我之处，我愿意献身为您效劳。

且人非尧、舜，谁能尽善？白谟猷筹画①，安能自矜？至于制作，积成卷轴，则欲尘秽视听②，恐雕虫小技，不合大人。若赐观刍荛③，请给纸笔，兼之书人，然后退扫闲轩，缮写呈上。庶青萍、结绿④，长价于薛、卞之门⑤。幸推下流⑥，大开奖饰，唯君侯图之。

【注释】

①谟猷(mó yóu)：谋划。

②尘秽视听：玷污读者耳目，自辞之辞。

③刍荛(ráo)：割草打柴的人，多指草野之民。

④青萍：宝剑名。结绿：美玉名。

⑤薛：薛烛，春秋时越国人，善于相剑。卞：卞和，春秋时楚国人，善于识玉。

⑥下流：指处于下位的人。

【译文】

再说，人不是尧舜，谁能十全十美？我在运筹谋划方面，哪敢自夸？至于诗文创作，则已积累成卷轴，很想打扰您请您过目，只怕这些雕章琢句的小玩艺儿，不合乎您的趣味。如果您愿意赏阅草野之人的这些文章，请赐给纸笔和抄手。我将退而洒扫静室，誊清呈上。这些诗赋也许像青萍宝剑和结绿宝石那样，能够在薛烛、卞和的门下提高身价。希望君侯推举我这个地位低下的人，大为嘉奖和鼓励，请君侯加以考虑！

春夜宴桃李园序

【题解】

本文记叙了作者春夜与众兄弟在美丽的桃李园欢饮，畅叙天伦之乐、高谈赋诗的情景，抒发了热爱自然、享受生活的雅兴豪情。文章格调明朗、清新，语言流畅、潇洒。明代画家仇英曾以此为题材画有彩墨画。

夫天地者，万物之逆旅[①]，光阴者，百代之过客。而浮生若梦，为欢几何？古人秉烛夜游[②]，良有以也[③]。况阳春召我以烟景，大块假我以文章[④]。会桃李之芳园，序天伦之乐事[⑤]。群季俊秀[⑥]，皆为惠连[⑦]，吾人咏歌，独惭康乐[⑧]。幽赏未已，高谈转清。开琼筵以坐花，飞羽觞而醉月[⑨]。不有佳作，何伸雅怀？如诗不成，罚依金谷酒数[⑩]。

【注释】

①逆旅:旅舍。逆,迎接。旅,远行的人。

②秉烛夜游:《古诗十九首》有“昼短苦夜长,何不秉烛游”之句,意思是人生短暂,应及时行乐。秉,通“炳”,点燃。

③良:的确,实在。

④大块:天地,指大自然。文章:错杂的色彩花纹。此指大自然中种种美好的形象声色。

⑤序:通“叙”。

⑥群季:诸弟。古人以伯仲叔季作为兄弟间的排行,因以季指代弟。

⑦惠连:谢惠连,南朝文学家,与族兄谢灵运并称“大小谢”。

⑧康乐:谢灵运,袭封康乐侯。

⑨羽觞(shāng):一种双耳酒杯。

⑩金谷酒数:西晋石崇在金谷园宴请宾客,坐中不能赋诗的,罚酒三杯。

【译文】

天地,是万物的旅馆;光阴,是历代的过客。而漂浮不定的人生像梦幻一样,欢乐的日子能有多少?所以古人点亮灯烛在夜里游玩,的确是有道理的。何况和暖的春天以美好的景色在召唤我们,大自然又提供给我们锦绣灿烂的风采。我们聚会在这桃李芬芳的园里,畅叙天伦乐事。诸位贤弟都是俊才秀士,个个比得上谢惠连,只有我所吟咏的歌诗,自愧不如谢灵运。对幽雅景色的欣赏还没有完毕,高超的议论又转为玄远清妙。摆开盛筵坐在花丛之中,传杯弄盏醉于明月之下。没有好的诗歌,怎能抒发我们风雅的情怀?如果谁写不成诗,依照金谷园雅集的前例,罚酒三杯!

李　华

李华(约715—774),字遐叔,赵州赞皇(今河北赞皇)人。唐玄宗开元二十三年(735)中进士后,当过监察御史、右补阙。安史之乱时,他被叛军俘获,不得已接受了官职,乱平后因而被贬职当了杭州司户参军,后因病辞职,隐居山阳,带领子弟务农。他是唐代古文运动的先驱,与萧颖士同称"萧李"。有《李遐叔文集》。

吊古战场文

【题解】

本文是天宝年间作者以监察御史奉使朔方途经古战场时所作。生动描写了古战场的荒凉、凄惨及战争给百姓带来的灾难,议论评价了历代战争的得失成败,呼吁以仁德来服远定边,同时借古讽今,表达了作者热爱和平的善良愿望。全文结构谨严,虚实交错,章法多变,声韵铿锵,风格朴实,一洗六朝浮艳文风。

浩浩乎平沙无垠,夐不见人①。河水萦带,群山纠纷。黯兮惨悴,风悲日曛。蓬断草枯,凛若霜晨。鸟飞不下,兽铤亡群[2]。亭长告余曰[3]:“此古战场也,常覆三军[4]。往往鬼哭,天阴则闻。”伤心哉!秦欤?汉欤?将近代欤[5]?

【注释】

①敻(xiòng):远。

②铤(tǐng):快跑。

③亭长:秦汉制度,十里一亭,设亭长一人,掌管缉捕盗贼。唐代亭长是掌管治安和传达禁令的小官。

④常:通“尝”。三军:军队的通称。

⑤将:还是。

【译文】

辽阔啊,莽莽平沙,一望无垠。万里空旷,不见一人。但见河水萦绕如带,群山交错纵横。天空暗淡凄惨,风声悲号,日色昏黄。蓬根折断,百草枯萎,寒气凛冽像是下霜的清晨。飞鸟在空中盘旋而不肯降落,野兽在地上狂奔而失散了同伴。亭长告诉我说:“这里是古战场,曾经多少部队在这里覆没。往往有鬼的哭声,在天阴雨湿的天气就可以听到。”多么令人痛心啊!这里是秦时的战场?汉时的战场?还是近代的战场呢?

吾闻夫齐、魏徭戍[1],荆、韩召募[2]。万里奔走,连年暴露。沙草晨牧,河冰夜渡。地阔天长,不知归路。寄身锋刃,腷臆谁诉[3]?秦、汉而还,多事四夷[4],中州耗斁[5],无世无之。古称戎、夏[6],不抗王师。文教失宣,武臣用奇。奇兵有异于仁义,王道迂阔而莫为。呜呼噫嘻!

【注释】

①齐、魏:战国时齐国和魏国。徭:劳役。戍:守卫边疆。

②荆、韩：楚国、韩国。召募：招募兵卒、役夫。

③腷(bì)臆：郁闷的心情。

④四夷：四方边境上的少数民族。

⑤中州：中原。耗：损失。斁(dù)：毁坏。

⑥戎：指边疆少数民族。夏：指中原民族。

【译文】

我听说战国时期的齐国、魏国征发士卒，楚国、韩国招募兵丁役夫去戍守边塞，从事征战。戍卒们跋涉于万里征途连年日晒雨淋。清晨在荒漠的草原上放牧，深夜从结冰的黄河上渡过。望故乡地阔天遥，不知何处是归路。性命早已交给了刀刃枪锋，满怀愁闷又向谁诉说？秦汉以来，四方边境战事不断，致使中原凋敝，没有哪个朝代不如此。古人说，不论戎夷还是华夏都不抗拒朝廷的仁义之师。后来礼乐教化废弛，武将擅用奇兵妙计。阴谋诡计与仁义教化不同，王道被认为是迂阔不合时宜。唉！可叹呀！

吾想夫北风振漠，胡兵伺便，主将骄敌，期门受战[①]。野竖旄旗[②]，川回组练[③]。法重心骇，威尊命贱。利镞穿骨，惊沙入面。主客相搏，山川震眩。声析江河[④]，势崩雷电。至若穷阴凝闭，凛冽海隅[⑤]，积雪没胫，坚冰在须，鸷鸟休巢，征马踟蹰，缯纩无温[⑥]，堕指裂肤。当此苦寒，天假强胡。凭陵杀气[⑦]，以相剪屠[⑧]。径截辎重，横攻士卒。都尉新降，将军覆没。尸填巨港之岸，血满长城之窟。无贵无贱，同为枯骨。可胜言哉！鼓衰兮力尽，矢竭兮弦绝，白刃交兮宝刀折，两军蹙兮生死决[⑨]。降矣哉？终身夷狄。战矣哉？骨暴沙砾。鸟无声兮山寂寂，夜正长兮风淅淅。魂魄结兮天沉沉，鬼神聚兮云幂幂[⑩]。日光寒兮草短，月色苦兮霜白。伤心惨目,有如是耶?

【注释】

①期门:军营营门。

②旄(máo)旗:旄牛尾装饰的旗子。

③组练:战士穿的两种衣甲。这里指军队。

④析:崩裂。

⑤海隅:指西北极寒之地。海,瀚海,沙漠。

⑥缯纩(zēng kuàng):指丝、绵做成的衣服。缯,丝织品。纩,绵絮。

⑦凭陵:倚仗,凭借。

⑧剪屠:劫掠屠杀。

⑨蹙(cù):迫近。

⑩幂幂(mì):阴森凄惨的样子。

【译文】

我想象,当北风席卷沙漠的时候,胡兵伺机进犯,主将却骄傲轻敌,敌人到了营门才被迫应战。原野竖立起军旗,将士沿着河岸来回奔驰。军令严,人心惊惶恐惧;军威重,士卒性命微贱。利箭穿骨,飞沙扑面。敌我激烈搏斗,山川被震得头昏眼花。厮杀声撕裂了江河,攻势迅猛崩裂了霹雳闪电。至于天气阴沉、彤云密布,严寒笼罩着边地,积雪没过小腿,坚冰挂上胡须,鹰鹞藏进窝里,战马徘徊不前,士卒的绵衣冰冷,冻断了手指,冻裂了皮肤。在这酷寒的时节,老天却帮助强横的胡人。胡人凭借这肃杀之气,前来抢掠杀戮。他们直接截取我们的军备物资,拦腰冲杀我们的部队。都尉刚投降,将军又战死。将士的尸身堆积在大河两岸,鲜血流满了长城洞窟。不论贵贱,一起化为枯骨。此情此景,岂是语言所能描述!鼓声渐弱了啊力气用尽,箭矢用光了啊弓弦断绝。白刃拼杀啊宝刀折断,两军肉搏啊生死相决。投降吧?将终身沦为夷狄;战斗吧?将尸骨暴露沙漠。鸟无声啊群山寂寂,夜正长啊风声凄厉。魂魄凝结啊天昏沉，鬼神聚集啊云阴森。日光暗淡啊百草短，月色凄苦啊霜惨白。世间叫人心碎、不忍卒睹的情景，竟然有像这样的吗？

吾闻之：牧用赵卒①，大破林胡，开地千里，遁逃匈奴②。汉倾天下，财殚力痡③。任人而已，其在多乎？周逐猃狁，北至太原，既城朔方，全师而还④。饮至策勋⑤，和乐且闲，穆穆棣棣⑥，君臣之间。秦起长城，竟海为关，荼毒生灵，万里朱殷。汉击匈奴，虽得阴山⑦，枕骸遍野，功不补患。

【注释】

①牧：李牧，战国时赵国名将，曾率赵兵大破匈奴中名叫林胡的一支。

②遁逃：使动用法。

③痡（pū）：疲弱。

④“猃狁（xiǎn yǔn）”四句：《诗经・小雅・弓月》有“薄伐猃狁，至于太原”；《小雅・出车》又有“天子命我，城彼朔方”。猃狁：北方少数民族，又作“玁狁”。

⑤饮至：古时征伐完毕，在宗庙告祭祖先，饮酒庆贺的典礼。策勋：把功勋记载于简策。

⑥穆穆：仪表美好，容止庄敬，多用以形容天子。棣棣：仪态文雅安和。

⑦阴山：今河套以北、大漠以南群山的总称。

【译文】

我听说，战国时良将李牧率领赵国的军队，一举大败林胡，为赵国开辟了上千里的土地，驱逐匈奴。汉朝倾全国之力抗击匈奴，却导致人疲财枯。戍守边疆,关键在于用人,岂只在兵力的多少?周朝驱逐猃狁,把他们赶到北面的太原,在北方筑城之后,保全军队凯旋。回到京师,祭祀宴饮,庆功授勋,和睦安适,君臣之间,相敬相安。秦朝修筑长城,关塞东达海边,残害百姓,万里血染。汉武帝北击匈奴,虽然夺取了阴山,留下的尸骨遍布原野,功绩抵不上灾难。

苍苍蒸民①,谁无父母?提携捧负②,畏其不寿。谁无兄弟,如足如手?谁无夫妇,如宾如友?生也何恩?杀之何咎?其存其没,家莫闻知。人或有言,将信将疑,悁悁心目③,寝寐见之。布奠倾觞④,哭望天涯。天地为愁,草木凄悲。吊祭不至,精魂何依?必有凶年,人其流离。呜呼噫嘻!时耶?命耶?从古如斯。为之奈何?守在四夷⑤。

【注释】

①蒸:通"烝",众。

②提携捧负:指搀扶,照顾。

③悁悁(yuān):忧郁的样子。

④布奠倾觞:陈列祭品,把酒倒在地上祭奠死者。

⑤守在四夷:语出《左传·昭公二十三年》:"古者天子守在四夷。"意谓古代天子行王道,施仁政,以德服人,四方各族心悦诚服,为天子各守其土,这就不会有征战了。

【译文】

天下众多的百姓,哪个没有父母?尽心供养,唯恐他们不能长寿。哪个没有兄弟?亲如手足。哪个没有夫妻?彼此相敬如宾,相爱如友。他们活着受到过什么恩惠?残杀他们又因为犯了什么错误?他们是活着还是死去,家人都得不到消息。偶尔听到些传言,也将信将疑。他们内心充满了忧愁疑虑、触目伤心，只能梦中相聚。亲人们洒酒祭奠，泪眼遥望天涯。天地为之哀愁，草木为之悲泣。边塞遥远，吊祭之情难以到达，他们的孤魂将归依何处？大战之后，必有灾荒，百姓又要背井离乡到处逃亡。唉！多么可悲啊！这是时势造成的？还是命运造成的？自古以来就是如此。怎么办呢？只有行王道、施仁义，华夷和睦，使四方各族都来替国家保卫疆土！

刘禹锡

刘禹锡（772—842），字梦得，洛阳人，唐德宗贞元九年（793）中进士。当过太子宾客，因此被称为“刘宾客”，因诗才卓著被白居易称为“诗豪”。曾参与王叔文、王伾领导的革新，失败后被贬朗州司马，一度回长安，又因诗句“玄都观里桃千树，尽是刘郎去后栽”触怒新贵，被贬为连州刺史，近二十年中都任地方行政官员，直到敬宗宝历年间才调回京城任职。后来又曾出任苏州、汝州、同州刺史，开成元年（836）再一次回到东都洛阳任太子宾客。有《刘梦得文集》四十卷。

陋室铭

【题解】

这是一篇千古传诵的名作。作者以比兴手法生动描写了陋室的佳景、高朋、雅事，抒发了自己不慕荣华、安贫乐道的高雅情趣。全文字字珠玑，轻快隽永。

山不在高，有仙则名；水不在深，有龙则灵。斯是陋室，唯吾德馨①。苔痕上阶绿，草色入帘青。谈笑有鸿儒②，往来无白丁[3]。可以调素琴[4]，阅金经[5]。无丝竹之乱耳，无案牍之劳形。南阳诸葛庐[6]，西蜀子云亭[7]。孔子云："何陋之有[8]？"

【注释】

①德馨（xīn）：形容道德高尚。馨，芳香。

②鸿儒：大儒。

③白丁：平民，没有功名的人。

④素琴：不加装饰的琴。

⑤金经：指用泥金颜料书写的佛教或道教经文。

⑥诸葛庐：指诸葛亮未出山前在南阳居住过的草庐，在今湖北襄阳。

⑦子云亭：扬雄字子云，西汉人。今成都玄亭又名子云亭。

⑧何陋之有：出自《论语·子罕》。

【译文】

山不在高，只要住有仙人就会知名；水不在深，只要藏有蛟龙就会显示威灵。这是个简陋的小屋，不过我却德行美好。苔藓悄悄地爬上庭阶，将石阶染成一片翠绿；草色透过帘栊，满室漾着青葱。这里一起谈笑的都是饱学多识的学者，相来往的没有一个缺少见识的白丁。可以弹朴素无华的古琴，可以静心诵读金字书写的经卷。既没有世俗繁弦急管的扰乱听觉，也没有批阅公文案卷的劳碌身心。这就像南阳郡有诸葛亮的草庐，成都府有扬子云的玄亭。正如孔子说的："有什么简陋呢？"

杜　牧

杜牧(803—853),字牧之,号樊川居士,京兆万年(今陕西西安)人,宰相杜佑之孙。唐文宗大和二年(828)中进士,曾长期在各方镇为幕僚,武宗会昌年间又出任过黄州、池州、睦州刺史,大中年间回长安,历任司勋员外郎、史馆修撰、吏部员外郎,最后官至中书舍人。当时人评其诗"情致豪迈,人号为'小杜',以别杜甫"(《新唐书》本传)。杜牧是晚唐文学大家,古文、诗赋、书画无一不精。有《樊川文集》二十卷。

阿房宫赋

【题解】

本文写于唐敬宗宝历年间,是杜牧的成名之作。阿房宫是秦始皇时所建,未竣工而秦亡。作者运用丰富的想象,极力形容阿房宫宫殿之壮丽、宫女之娇美、珍宝之众多,铺陈出宫廷生活的奢侈荒淫,畅论秦朝穷搜民财,终于亡国,意在借古讽今。杜牧自言:"宝历大起宫室,广声色,故作《阿房宫赋》。"(《上知己文章启》)全文虚实相间,辞藻华美,韵律鲜明,结尾含蓄有味。

六王毕[①],四海一,蜀山兀[②],阿房出。覆压三百余里,隔离天日。骊山北构而西折[③]，直走咸阳[④]。二川溶溶[⑤]，流入宫墙。五步一楼，十步一阁，廊腰缦回[⑥]，檐牙高啄，各抱地势，钩心斗角。盘盘焉，囷囷焉[⑦]，蜂房水涡，矗不知其几千万落。长桥卧波，未云何龙？复道行空，不霁何虹？高低冥迷，不知西东。歌台暖响，春光融融，舞殿冷袖，风雨凄凄。一日之内，一宫之间，而气候不齐。

【注释】

①六王：指燕、赵、韩、魏、齐、楚六国君主。

②兀：山顶平秃，树木被砍光。

③骊山：在今陕西临潼东南。

④咸阳：在今陕西咸阳东北。

⑤二川：指渭水、樊水。

⑥缦：回环的样子。回：曲折。

⑦囷囷(qūn)：曲折回旋的样子。

【译文】

六国灭亡，天下统一，蜀山光秃，阿房宫建成。阿房宫覆盖了三百多里的地面，巍峨的宫殿遮天蔽日。从骊山的北面建起，绵延向西面转折直奔咸阳。渭川和樊川水波荡漾，流进阿房宫的围墙。五步路一幢大楼，十步路一座高阁，连接楼阁的走廊像腰带一样曲折回环，滴水的檐牙像鸟嘴在高处啄食，依随着地势绵延起伏廊腰互相连接，纡曲如钩；檐牙彼此相向，像螭龙斗角。盘旋曲折，好像一格格繁密的蜂房，一圈圈迂曲的旋涡，高高耸立着不知有几千万个院落。长长的桥横卧在水上，没有风起云涌，哪里来的龙？楼阁间的通道横贯空中，没有雨过天晴，哪里来的彩虹？四周高低起伏，幽暗迷蒙，让人分不清东西南北。台上歌声嘹亮，热闹温暖，春意和乐；殿中舞袖清凉，风雨凄清。一天之间，一宫之内，而气候竟如此不同。

妃嫔媵嫱①，王子皇孙，辞楼下殿，辇来于秦②。朝歌夜弦，为秦宫人。明星荧荧，开妆镜也；绿云扰扰，梳晓鬟也；渭流涨腻③，弃脂水也；烟斜雾横，焚椒兰也；雷霆乍惊，宫车过也，辘辘远听，杳不知其所之也④。一肌一容，尽态极妍⑤，缦立远视⑥，而望幸焉⑦。有不得见者，三十六年⑧。燕、赵之收藏，韩、魏之经营，齐、楚之精英，几世几年，取掠其人，倚叠如山。一旦不能有，输来其间。鼎铛玉石⑨，金块珠砾，弃掷逦迤⑩，秦人视之，亦不甚惜。

【注释】

①妃：又指太子王侯之妻。嫔(pín)、嫱(qiáng)：都是宫廷女官。媵(yìng)：陪嫁的人。

②辇(niǎn)：人拉的车。

③渭流：渭水。

④杳：无声无响。

⑤尽态极妍：谓极尽姿态之娇美。

⑥缦(màn)：回环曲折。

⑦望幸：妃子盼望天子的宠幸。幸，古代指天子车驾到某处。

⑧三十六年：指秦始皇在位的三十六年。

⑨铛(chēng)：一种平底浅锅。

⑨逦迤(lǐ yǐ)：绵延不断。此指不止一处。

【译文】

六国的妃嫔媵嫱，王子皇孙，辞别本国的楼阁宫殿，坐上车子被拉到秦国。朝朝暮暮，唱歌弹琴，成为秦王的宫人。闪闪星辰是她们化妆时打开的明镜，朵朵绿云是她们清晨梳头时披散的秀发，渭河上泛起的油腻，是她们倾倒的脂粉水；烟雾弥漫，是她们在燃烧椒兰香料；雷霆震耳，是宫车驶过；车轮隆隆由近而远，不知前往何处。宫女的肌肤、容貌都修饰得极尽娇艳，娇立远盼，等候皇帝驾到。有的三十六年都没见到皇帝一面。燕国、赵国收藏的珍宝，韩国、魏国经营的珠玉，齐国、楚国搜罗的奇珍，经历了多少代多少年，剽取掠夺于百姓，堆积如山。一旦保不住，都被运到阿房宫。宝鼎当做铁锅，美玉当做顽石，金子当做土块，珍珠当做沙砾，抛掷得到处都是，秦国人看见了这些宝物，也不大觉得可惜。

嗟乎！一人之心，千万人之心也。秦爱纷奢①，人亦念其家。奈何取之尽锱铢②，用之如泥沙？使负栋之柱，多于南亩之农夫；架梁之椽③，多于机上之工女。钉头磷磷④，多于在庾之粟粒；瓦缝参差，多于周身之帛缕。直栏横槛，多于九土之城郭；管弦呕哑，多于市人之言语。使天下之人，不敢言而敢怒，独夫之心，日益骄固。戍卒叫⑤，函谷举⑥，楚人一炬⑦，可怜焦土。

【注释】

①纷奢：繁华、奢侈。

②锱铢（zī zhū）：古代重量单位。六铢为一锱，一铢则相当于后来一两的二十四分之一。

③椽（chuán）：屋梁上支撑屋面和瓦片的木条。

④磷磷：本指水中有石头突出，这里形容砖木结构建筑物上突出的钉头很多。

⑤戍卒叫：指陈胜吴广起义。陈胜吴广原是戍卒，后在大泽乡

起义。

⑥函谷:即函谷关,在今河南灵宝东北。举:拔,攻占。

⑦楚人一炬:指项羽攻占咸阳后,一把火烧了阿房宫。

【译文】

可叹啊!一个人的心,也就是千万人的心。秦王爱繁华、奢侈,百姓也顾念自己的家。为什么搜刮时颗粒不留,挥霍时看作泥沙?使架房的柱子,比田里的农夫还多;梁上的椽子,比机上的织女还多。梁柱上的一颗颗钉头,比粮仓里的谷粒还多。宫殿上参差交错的一道道瓦缝,比全身绸衣上的丝缕还多。纵横连接的栏干,比九州的城郭还多;咿哑嘈杂的管弦声响,比百姓的话语还多。使天下的百姓,不敢说话而只敢含怒。独裁者的心,却一天天骄横顽固。陈涉起义军振臂一呼,函谷关顿时攻破。楚国人一把大火,可惜啊阿房宫成了一片焦土!

呜呼!灭六国者,六国也,非秦也。族秦者[①],秦也,非天下也。嗟夫!使六国各爱其人,则足以拒秦。秦复爱六国之人,则递三世,可至万世而为君,谁得而族灭也?秦人不暇自哀,而后人哀之,后人哀之而不鉴之[②],亦使后人而复哀后人也!

【注释】

①族:灭族。这里指消灭。

②鉴之:借鉴,引以为戒。

【译文】

唉!灭亡六国的,是六国自己,而不是秦国;消灭秦国的,是秦国自己,而不是天下人。可叹啊!假使六国各自爱惜自己的百姓,就足以抵抗秦国;如果秦国又爱惜六国的百姓,就可以传三世以至万世而做皇帝,谁又能消灭秦国呢?秦国人来不及为自己的灭亡哀叹,只好让后世的人来哀怜它;后世的人哀怜它而不吸取它的教训,也只好让更后来的人再来哀怜后世的人了。

韩　愈

韩愈(768—824),字退之,河南河阳(今河南孟州)人,郡望昌黎(今河北昌黎),后人也称他为“韩昌黎”。死后谥“文”,所以后人也称他为“韩文公”。唐德宗贞元八年(792)中进士,当过观察推官、四门博士、监察御史,贞元十九年(803)因言灾情得罪上司,被贬为连州阳山(今属广东)县令,唐宪宗即位后任江陵府法曹参军、国子监博士,后来一直做到兵部侍郎、吏部侍郎。韩愈是当时的文坛盟主,也是中唐古文运动的领袖,提出“文以载道”的口号,并以“不平则鸣”“穷苦之言易好”的说法补充载道文章缺乏真性情的缺陷,以“辞必己出”的主张提出了“自树立,不因循”的创作风格。韩愈位列“唐宋八大家”之首,被苏轼誉为“文起八代之衰”(《韩文公庙碑》)。有《昌黎先生集》四十卷及《外集》。

原　道

【题解】

这是韩愈一篇著名的哲学论文。他认为儒家的仁义道德才是道的本源,而佛、道两家则破坏了封建的等级秩序,其僧侣加重了百姓的负担,造成了社会的贫困,因此要恢复儒家道统。文章结构谨严,论点鲜明、条分缕析、有破有立,气势充沛,波澜起伏。

博爱之谓仁，行而宜之之谓义，由是而之焉之谓道，足乎己无待于外之谓德。仁与义为定名[①]，道与德为虚位[②]。故道有君子小人，而德有凶有吉。老子之小仁义，非毁之也，其见者小也。坐井而观天，曰“天小”者，非天小也。彼以煦煦为仁[③]，孑孑为义[④]，其小之也则宜。其所谓道，道其所道[⑤]，非吾所谓道也；其所谓德，德其所德[⑥]，非吾所谓德也。凡吾所谓道德云者，合仁与义言之也，天下之公言也。老子之所谓道德云者，去仁与义言之也，一人之私言也。

【注释】

①定名：确定的名称。谓仁义的内容是确定的，只能是好的，不能是坏的。

②虚位：空虚的位置。谓道德的内容是不确定的，可能是好的，也可能是坏的。

③煦煦：小恩小惠。

④孑孑（jié）：谨小慎微。

⑤道：意动用法，以……为道。

⑥德：意动用法，以……为德。

【译文】

广泛地爱一切人叫做仁，实行仁道而合宜叫做义，循此而到达仁义的境界叫做道，自我具足、无须凭借外物叫做德。仁与义是内容具体、意义确定的概念，道与德是内容不具体、意义不确定的名称。因此道有君子之道、小人之道，而德有凶德有吉德。老子藐视仁义，并不是诋毁仁义，而是他的眼界狭小。坐在井里看天，说“天小”，并不是天真的小。他把小恩小惠当做仁，把谨小慎微看成义，那么他藐视仁义是当然的。

他所说的道，是将他所认为的道当做道，不是我所说的道；他所说的德，是将他所认为的德当做德，不是我所说的德。凡是我所说的道德，是结合着仁与义而谈论的，是天下的公论。老子所说的道德，是离开了仁与义而谈论的，是他一个人的说法。

周道衰，孔子没①，火于秦②，黄、老于汉③，佛于晋、魏、梁、隋之间。其言道德仁义者，不入于杨④，则入于墨⑤，不入于老，则入于佛。入于彼，必出于此。入者主之，出者奴之；入者附之，出者污之。噫！后之人其欲闻仁义道德之说，孰从而听之？老者曰："孔子，吾师之弟子也。"⑥佛者曰："孔子，吾师之弟子也。"⑦为孔子者，习闻其说，乐其诞而自小也，亦曰："吾师亦尝师之云尔。"不惟举之于其口，而又笔之于其书。噫！后之人虽欲闻仁义道德之说，其孰从而求之？甚矣！人之好怪也！不求其端，不讯其末，惟怪之欲闻⑧。

【注释】

①没：通"殁（mò）"，死。

②火于秦：指秦始皇焚书。

③黄、老：指汉初流行起来以黄帝、老子为祖的黄老学派。

④杨：杨朱，战国时哲学家，主张"轻物重生""为我"，与儒家思想对立。

⑤墨：墨翟，鲁国人，春秋战国之际思想家。主张"兼爱""非攻"。

⑥"老者曰"以下三句：道家有孔子师从老子的说法。老者，信奉老子学说的人。

⑦"佛者曰"以下三句：佛教称孔子为儒童菩萨，说孔子也是佛教弟

子。佛者，信奉佛教的人。

⑧惟怪之欲闻：即“惟欲闻怪”，代词“之”复指前置宾语“怪”。

【译文】

周道衰微，孔子逝世，秦朝焚毁了儒家的《诗经》《尚书》，汉朝盛行黄老之学，佛教流行于晋、魏、梁、隋之间。那些谈论道德仁义的，不归入杨朱学派，就归入墨翟学派，不归入老子的道家，就归入佛教。归入那家，必然背离这家。归入哪家就尊崇哪家为主，背离哪家就贬抑哪家为奴；归入哪家就附和它，背离哪家就污蔑它。唉！后世之人想要了解仁义道德学说，该依从于谁而听谁的呢？崇奉道家老子学说的人说：“孔子，是我们祖师的学生。”崇奉佛教的人说：“孔子，是我们祖师的学生。”信奉孔子学说的人，听惯了那些说法，喜欢听从那些新奇怪诞的说法而轻视自己，也说：“我们的祖师也曾经以他们为师呢。”不仅口头上说，而且又写进自己的书里。唉！后世之人即使想了解仁义道德学说，又该向谁去探求它呢？人们喜欢新奇古怪之说，也太过分了！不探求它的来源，不追究它的结果，只想听那些怪诞的说法。

古之为民者四①，今之为民者六，古之教者处其一，今之教者处其三。农之家一，而食粟之家六，工之家一，而用器之家六；贾之家一，而资焉之家六②。奈之何民不穷且盗也！

【注释】

①古之为民者四：指士、农、工、商四种人，士是从事教化的人，故下文说“古之教者处其一”。作者认为现在又增加了佛教徒、道教徒，“为民者六”，这两种人也是从事教化的，故“今之教者处其三”。

②资焉：取资于此。

【译文】

古代作为民众的只有四类，当今的民众分为六类；古代进行教化的占其中之一，今天进行教化的占其中之三。务农的只有一家，而吃粮食的有六家；做工的只有一家，而使用器具的有六家；经商的只有一家，而需要商品供应的有六家。怎么能使百姓不困窘和不偷盗呢！

古之时，人之害多矣。有圣人者立，然后教之以相生相养之道，为之君，为之师。驱其虫蛇禽兽，而处之中土。寒然后为之衣，饥然后为之食。木处而颠，土处而病也，然后为之宫室。为之工以赡其器用①，为之贾以通其有无，为之医药以济其夭死，为之葬埋、祭祀以长其恩爱，为之礼以次其先后，为之乐以宣其湮郁②，为之政以率其怠倦③，为之刑以锄其强梗。相欺也，为之符玺、斗斛、权衡以信之④，相夺也，为之城郭、甲兵以守之。害至而为之备，患生而为之防。今其言曰⑤："圣人不死，大盗不止；剖斗折衡，而民不争。"呜呼！其亦不思而已矣！如古之无圣人，人之类灭久矣。何也？无羽毛鳞介以居寒热也⑥，无爪牙以争食也。

【注释】

①赡：供给，满足需要。

②湮郁：心中积闷。

③率：督促。

④符：符节，双方各执一半以为凭信。玺：印信。斛（hú）：量器。权：秤砣。衡：秤杆。

⑤今其言曰：语出《庄子·胠箧》。

⑥鳞介：鳞甲。

【译文】

古时候，民众遭受的祸害多极了。有圣人出来，这才把互相供给生活资料、提供生活条件的道理教给民众，做他们的君主，做他们的老师。替他们驱赶那些虫蛇禽兽而让民众安居于中原。天气冷了，于是教他们做衣服以御寒；肚子饿了，于是教他们种庄稼以获食；巢居在树上会坠落，穴居在洞里易生病，于是教他们构建房屋。教他们做工以供给生活器具，教他们经商以互通有无，教他们医药知识以拯救那些短命夭折者；为他们制定埋葬、祭祀的制度以增长人与人之间的恩爱之情；为他们制定礼节，以分清尊卑先后的次序；为他们制作音乐，以宣泄人们的烦闷；为他们制定政令以督促那些怠惰懒散的人；为他们设立刑法以铲除那些强悍不驯之徒。民众互相欺骗，就为他们制作符节、印玺、量器、衡器以作遵守的凭信；百姓互相争夺，就为他们设置城郭、甲衣、兵器以供守卫。有灾害将要来临，就给他们做好准备；有祸患即将发生，就给他们做好防范。如今道家那些人说："假如圣人不死，大盗就不会止息；砸碎量具，折断衡器，民众就不会争夺。"唉！那也真是不加思考的话罢了！如果古代没有圣人，那么人类早已灭绝了。为什么呢？因为人类没有羽毛鳞甲来对付严寒酷暑，也没有利爪尖牙来夺取食物的。

是故君者，出令者也；臣者，行君之令而致之民者也；民者，出粟米麻丝、作器皿、通货财以事其上者也。君不出令，则失其所以为君；臣不行君之令而致之民，则失其所以为臣；民不出粟米麻丝、作器皿、通货财以事其上，则诛。今其法曰："必弃而君臣[①]，去而父子，禁而相生相养之道。"以求其所谓"清净""寂灭"者。呜呼！其亦幸而出于三代之后[②]，不见黜于禹、汤、文、武、周公、孔子也。其亦不幸而不出于三代之前，不见正于禹、汤、文、武、周公、孔子也。

【注释】

①而:你,你的。

②三代:指夏、商、周三个朝代。

【译文】

因此,君主是发布政令的,臣子是执行君主的政令而将它们推行给民众的,民众是生产粟米丝麻、制作器皿、流通财货以事奉居于其上、统治他们的人的。君主不发布政令,就丧失了他做君主的资格;臣子不推行君主之令而将它们实施于民众,就丧失了他做臣子的资格;民众不生产粟米丝麻、制作器皿、流通财货以事奉在上统治的人,就要受到惩处。如今佛教的法规说:"必须抛弃你们的君臣之义,舍去你们的父子之亲,禁止你们的相生相养之道。"以追求他们所谓的"清净""寂灭"。唉!他们也幸亏出现在三代之后,才没有被夏禹、商汤、周文王、周武王、周公、孔子所贬斥;他们也不幸没有出现在三代之前,没有得到夏禹、商汤、周文王、周武王、周公、孔子的教诲和纠正。

帝之与王,其号虽殊,其所以为圣一也。夏葛而冬裘,渴饮而饥食,其事虽殊,其所以为智一也。今其言曰:"曷不为太古之无事①?"是亦责冬之裘者曰:"曷不为葛之之易也?"责饥之食者曰:"曷不为饮之之易也?"传曰②:"古之欲明明德于天下者,先治其国;欲治其国者,先齐其家;欲齐其家者,先修其身;欲修其身者,先正其心。欲正其心者,先诚其意。"然则古之所谓正心而诚意者,将以有为也。今也欲治其心,而外天下国家,灭其天常③,子焉而不父其父,臣焉而不君其君,民焉而不事其事。孔子之作《春秋》也,诸侯用夷礼则夷之④,进于中国则中国之⑤。经曰:"夷狄之有君,不如诸夏之亡⑥。"《诗》曰:"戎狄是膺,荆舒是惩。"⑦今也举夷狄之法，而加之先王之教之上，几何其不胥而为夷也！⑧

【注释】

①曷不：何不。

②传(zhuàn)：解释儒家经典的书。

③天常：天伦。儒家提倡的君臣、父子等伦理关系。

④夷：这里泛指中原地区之外的少数民族。

⑤中国：指中原地区的各诸侯国。

⑥诸夏：指中原的诸侯国。

⑦戎狄是膺(yīng)，荆舒是惩：引自《诗经·鲁颂·閟(bì)宫》。戎狄，古代指西北地区的少数民族。膺，攻击。荆舒，古代指东南地区的少数民族。

⑧胥：都。

【译文】

五帝与三王，他们的名号虽然不同，而他们之所以成为圣人的原因是一样的。夏天穿葛布衣裳，冬天穿皮毛衣服，渴了就喝水，饿了就吃饭，这些事情虽然不同，但他们之所以被称为人类的智慧，其道理是一样的。如今道家的人说："为什么不实行远古时代的无为而治呢？"这也就等于责怪冬天穿皮衣的人说："为什么不过穿葛衣那样简便的生活？"责怪饿了吃饭的人说："为什么不过只喝水那样简易的生活？"《礼记·大学》篇说："古代想要将其光明的德行发扬于天下的，先要治理好他的国家；想要治理好他的国家的，先要整治好他的家庭；想要整治好他的家庭的，先要修养自己身心的；想要修养自己身心的，先要端正他的心志；想要端正其心志的，先要自己具有诚意。"那么，古代所谓正心而诚意，都是将要因此而有所作为。现在呢，想要修养自己的身心，却将天下国家置之度外，灭绝天伦，儿子不把他的父亲当做父亲，臣子不把他的君主当做君主，民众不做他们该做的事。孔子写作《春秋》时，凡诸侯用夷狄之礼就视之为夷狄；进步到用中国之礼就视之为中国诸侯。《论语》说："夷狄虽有君主，也不如华夏的没有君主。"《诗经》说："戎狄应该打击，荆舒应当惩治。"如今，标举夷狄之法，并放在先王政教之上，还有多久能不全都变成夷狄呢？

夫所谓先王之教者，何也？博爱之谓仁，行而宜之之谓义，由是而之焉之谓道，足乎己无待于外之谓德。其文，《诗》《书》《易》《春秋》；其法，礼、乐、刑、政；其民，士、农、工、贾；其位，君臣、父子、师友、宾主、昆弟、夫妇；其服，麻、丝；其居，宫室；其食，粟米、果蔬、鱼肉。其为道易明，而其为教易行也。是故以之为己，则顺而祥；以之为人，则爱而公；以之为心，则和而平；以之为天下国家，无所处而不当。是故生则得其情①，死则尽其常②。郊焉而天神假③，庙焉而人鬼飨④。曰："斯道也，何道也？"曰："斯吾所谓道也，非向所谓老与佛之道也。尧以是传之舜，舜以是传之禹，禹以是传之汤，汤以是传之文、武、周公，文、武、周公传之孔子，孔子传之孟轲，轲之死，不得其传焉。荀与扬也⑤，择焉而不精，语焉而不详。由周公而上，上而为君，故其事行；由周公而下，下而为臣，故其说长。"然则如之何而可也？曰："不塞不流，不止不行。人其人，火其书，庐其居，明先王之道以道之，鳏寡孤独废疾者有养也。其亦庶乎其可也。"

【注释】

①得其情：合乎情理。

②尽其常：指按伦常以礼丧葬。

③郊：祭天。假：通“格”，到。

④庙：祭祖。飨：通“享”，享用。

⑤荀：荀子，名况，战国末年思想家。扬：扬雄，西汉思想家、文学家。

【译文】

我所说的先王的教化，是什么呢？就是广泛地爱一切人叫做仁，实行仁道而合宜叫做义，循此而到达仁义的境界叫做道，自我具足、无须凭借外物叫做德。其文籍是《诗经》《尚书》《周易》《春秋》，其方法是礼仪、音乐、刑法、政治，其民众是士人、农民、工匠、商人，其人伦关系、名分是君臣、父子、师友、宾主、兄弟、夫妇，其衣服是麻布、丝绸，其居处是房屋，其食物是粟米、果蔬、鱼肉。它作为“道”是明白易懂的，而作为教化是容易施行的。因此，用它修身，则和顺而吉祥；用它对人，则恩爱而公正；用它治心，则和谐而平静；用它治理天下国家，没有用在哪里而不恰当的。因此，人们活着能够合乎情理地生活，死了就能得到合乎礼法的安葬，祀天就能使天神降临，祭祖就能使祖先的灵魂前来享用。若有人问：“这个道，是什么道呢？”回答是：“这是我所说的道，不是刚才说的老子与佛教的道。尧将它传给舜，舜将它传给禹，禹将它传给汤，汤将它传给文王、武王、周公，文王、武王、周公传给孔子，孔子传给孟轲；孟轲死后，这个道就没有得到传人。荀况与扬雄，对它有所拣取但不精粹，论述过一些但不详备。自周公以上，继承道统的都是居上位做君主的人，所以儒道能够实行；自周公以下，传道统的是处下位为人臣的人，所以其学说得以长久流传。”既然如此，该怎么办才可以呢？回答说：“不堵塞佛老之道，儒道就不能流传；不禁止佛老之道，儒道就不能推行。让那些僧道还俗为民，将他们的经籍焚毁，将他们的寺观改作民房，阐明先王之道以引导民众，鳏夫、寡妇、孤儿、孤老、残疾和病人，都能得到供给赡养。那也就差不多可以了吧！”

原 毁

【题解】

本文探求毁谤产生的本源，认为“怠”和“忌”是其本源，同时指出毁谤的恶劣影响并痛斥当时社会风气的积重难返。文章运用对比手法，多用排比句式，层层推进，很有说服力。

古之君子，其责己也重以周[①]，其待人也轻以约。重以周，故不怠；轻以约，故人乐为善。闻古之人有舜者，其为人也，仁义人也[②]。求其所以为舜者，责于己曰：“彼，人也；予，人也。彼能是，而我乃不能是[③]！”早夜以思，去其不如舜者，就其如舜者。闻古之人有周公者，其为人也，多才与艺人也。求其所以为周公者，责于己曰：“彼，人也；予，人也。彼能是，而我乃不能是！”早夜以思，去其不如周公者，就其如周公者。舜，大圣人也，后世无及焉；周公，大圣人也，后世无及焉。是人也，乃曰：“不如舜，不如周公，吾之病也[④]。”是不亦责于身者重以周乎？其于人也，曰：“彼人也，能有是，是足为良人矣；能善是，是足为艺人矣[⑤]。”取其一，不责其二；即其新[⑥]，不究其旧。恐恐然惟惧其人之不得为善之利[⑦]。一善，易修也；一艺，易能也。其于人也，乃曰：“能有是，是亦足矣。”曰：“能善是，是亦足矣。”不亦待于人者轻以约乎？

【注释】

①周：全面。

②“闻古”以下三句：舜是仁义之人的代表。此三句出自《孟子·公孙丑上》：“大舜有大焉，善与人同，舍己从人，乐取于人以为善。”

③“彼，人也”以下几句：本自《孟子·滕文公上》所引颜渊的话：“舜，何人也？予，何人也？有为者亦若是。”

④病：过错，缺点。

⑤艺人：有才能的人。

⑥即：接触。

⑦恐恐然：谨慎小心的样子。不得为善之利：得不到做好人好事的益处。

【译文】

古时候的君子，他们要求自己严格而全面，对待别人宽容而简约。对自己要求严格全面，所以不会松懈怠惰；对人宽容简约，所以别人高兴做好事。听说古代有个叫舜的人，从为人行事看，是个大仁大义之人。探求舜之所以成为舜的缘由，责问自己说：“舜是个人，我也是个人。他能做到的，我怎么就做不到呢！”早也想，晚也想，去掉自己不如舜的方面，靠拢那些近似舜的方面。又听说古代有个周公，从为人行事看，是个多才多艺的人。探求周公之所以成为周公的缘由，责问自己说：“周公是人，我也是人。他能做到的，我怎么就做不到呢！”早也想，晚也想，去掉自己不如周公的方面，靠拢那些类似周公的方面。舜是个伟大的圣人，后代没有人赶得上他；周公也是个伟大的圣人，后代没有人赶得上他。所以这位古代的君子便说：“我不如舜，不如周公，这就是我的缺陷。”这不就是要求自己既严格又全面吗？可是对别人，却说：“那个人，能做到这个，就够得上是个良善之人了；能擅长这个，就称得上是个有才艺的人了。”肯定人家一个方面，而不苛求其他方面；只看人家今日的进步，而不计较他的过去。小心翼翼地唯恐人家得不着做好事应得的好处。做一件好事，是容易办到的；精熟一种技能，也是容易办到的。而古代的君子对于这样的人，就说：“能做到这样，也就足够了。”又说：“能擅长这个，也就足够了。”这不是他对待别人既宽容又简约吗？

今之君子则不然。其责人也详[①]，其待己也廉[②]。详，故人难于为善，廉，故自取也少。己未有善，曰：“我善是，是亦足矣。”己未有能，曰：“我能是，是亦足矣。”外以欺于人，内以欺于心，未少有得而止矣。不亦待其身者已廉乎[③]？其于人也，曰：“彼虽能是，其人不足称也。彼虽善是，其用不足称也。”举其一，不计其十；究其旧，不图其新[④]。恐恐然惟惧其人之有闻也[⑤]。是不亦责于人者已详乎？夫是之谓不以众人待其身[⑥]，而以圣人望于人，吾未见其尊己也。

【注释】

①详：详备，全面。

②廉：少，指不严格。

③已廉：太少。已，太。

④图：考虑。

⑤闻：声誉，名望。

⑥众人：普通人，一般人。待其身：要求自己。

【译文】

如今的君子却不是这样。他要求别人很多很全，要求自己倒很少很低。要求别人既多又全，所以别人就难以做成好事；要求自己又少又低，所以他自己的收获就小。自己并没有做什么好事，却说：“我做好了那个，也就足够了。”自己并没有什么能耐，却说：“我有这点才能，也就足够了。”对外欺骗别人，对己欺骗良心，还没有取得些微的进步就停止不前。这不是现今君子要求自己很少很低吗？他对于别人，却说：“那个人虽然有这个才能,但他的为人不值得称道。那个人虽然善于做这个,但他的才用不值得赞美。”抓住人家某个方面的问题,根本不考虑他多方面的长处;追究人家以往的缺点,完全不考虑他当前新的变化。担惊受怕地唯恐人家有好的名声。这不是现今君子要求别人又多又全吗?这就叫不拿普通人的标准来要求自身,却用圣人的标准去期望别人,我看不出他们这是尊重自己啊。

虽然,为是者,有本有原①,怠与忌之谓也。怠者不能修,而忌者畏人修。吾尝试之矣。尝试语于众曰:“某良士,某良士。”其应者,必其人之与也②,不然,则其所疏远不与同其利者也,不然,则其畏也。不若是,强者必怒于言,懦者必怒于色矣。又尝语于众曰:“某非良士,某非良士。”其不应者,必其人之与也,不然,则其所疏远不与同其利者也,不然,则其畏也。不若是,强者必说于言,懦者必说于色矣③。是故事修而谤兴,德高而毁来。呜呼!士之处此世,而望名誉之光、道德之行,难已!

【注释】

①原:同“源”,根源。

②与:相结交的人。

③说:同“悦”,高兴。

【译文】

尽管如此,做出这些行为的人是有他的根源的,那根源就是所谓的怠惰和妒忌。怠惰,就不能提高自身修养;而妒忌,就害怕人家修养的提高。我曾经试验过。曾试着对众人说:“某某是个贤良之士,某某是个贤良之士。”那与我应和表示赞同的,必定是这个人的伙伴好友;否则,便是跟他疏远和他没有利害冲突的人;再不,就是畏惧他的人。倘若不是这样,性格强硬的必定用言语表示愤怒,性格软弱的也必定在脸色上显露出不满。我又曾试着在众人面前说:“某某不是好人,某某不是好人。”那些不理睬我的话的人,就必定是某某的伙伴好友;否则,便是跟他疏远和他没有利害冲突的人;再不,就是畏惧他的人。倘若不是这样,那么性格强硬的必定用言语表示高兴,性格软弱的也必定在脸色上显露出喜悦。正因为这样,随着事业成功,诽谤也就兴起,随着德望提高,攻讦也就来到。唉!一个读书人生活在当今时代,希望光大名声,推广道德,实在太难了!

将有作于上者,得吾说而存之,其国家可几而理欤①!

【注释】

①几(jī):庶几,差不多。

【译文】

想要有所作为而居于上位的人,听到我上面的话而牢牢记取,那国家大概可以治理好了吧!

获麟解

【题解】

本文以麒麟设喻,通过辨析其“祥”与“不祥”,暗喻自己生不逢时,怀才不遇。文笔委婉、含蓄。

麟之为灵①,昭昭也。咏于《诗》②,书于《春秋》③,杂出于传记百家之书,虽妇人小子皆知其为祥也。

【注释】

①麟：麒麟，古代传说中的一种动物，其性柔和，是吉祥的象征。

②咏于《诗》：《诗经》有《麟之趾》篇。

③书于《春秋》：《春秋·鲁哀公十四年》有“西狩获麟”的记载。

【译文】

麒麟被看作一种灵异之物是明明白白的。《诗经》中有歌咏，《春秋》里有记载，史传和诸子百家的书里也常常提到它，即使是妇女和孩子，都知道麒麟是一种祥瑞之物。

然麟之为物，不畜于家，不恒有于天下。其为形也不类①，非若马、牛、犬、豕、豺、狼、麋、鹿然。然则虽有麟，不可知其为麟也。角者，吾知其为牛；鬣者②，吾知其为马；犬、豕、豺、狼、麋、鹿，吾知其为犬、豕、豺、狼、麋、鹿，惟麟也不可知。不可知，则其谓之不祥也亦宜。虽然，麟之出，必有圣人在乎位，麟为圣人出也。圣人者，必知麟，麟之果不为不祥也。

【注释】

①不类：不好归类。指不像这样，也不像那样。

②鬣(liè)：马颈上的长毛。

【译文】

然而，麒麟这种动物，不养在家里，在天下也不经常出现。它的形状也不容易归类，不像马、牛、狗、猪、豺、狼、麋、鹿那样。因而即使有麒麟，人们也不可能知道它就是麒麟。长角的，我知道它是牛；长着长长鬃毛的，我知道它是马；狗、猪、豺、狼、麋、鹿，我知道它们是狗、猪、豺、狼、麋、鹿。唯独麒麟，不知道它是什么模样。既然不认识，那么说它是个不祥之物似乎也可以。虽说这样，麒麟出现，必定意味着当今在位的帝王是个圣人，麒麟是为圣人而出现。圣人，一定认识麒麟，所以麒麟果真不是不祥之物。

又曰：麟之所以为麟者，以德不以形。若麟之出不待圣人，则谓之不祥也亦宜。

【译文】

再说：麒麟之所以是麒麟，是因为它的德行灵性而不是根据它的外貌形状。假如麒麟竟然没等圣人登上帝位就贸然出现，那么有人要说它不祥自然也是应该的。

杂说一

【题解】

本文是一篇杂感式的小品文，以龙和云喻君和臣，说明二者之间是相互依靠的，这样才能有所作为。文章短小精悍，曲折回环。

龙嘘气成云①，云固弗灵于龙也。然龙乘是气，茫洋穷乎玄间②，薄日月③，伏光景④，感震电⑤，神变化，水下土⑥，汩陵谷⑦。云亦灵怪矣哉！

【注释】

①嘘气：吐气。

②茫洋：浩渺无际的样子。玄间：天空，古代有“天玄地黄”之说。玄是青黑色。

③薄：迫近。

④伏：藏匿，遮蔽。光景：日光。

⑤感：通“撼”，动摇。

⑥水：浸润。

⑦汩(gǔ)：淹没。

【译文】

龙呼出气来变成云，云当然不比龙灵异。但是龙乘驾着这气变成的云，在辽阔无边的太空中到处游动，它逼近日月，遮盖天光，使雷电为之震撼，使变化神奇，使雨水浸润大地，流动于丘陵深谷。这云也可称是灵异奇妙的了啊！

云，龙之所能使为灵也；若龙之灵，则非云之所能使为灵也。然龙弗得云，无以神其灵矣。失其所凭依，信不可欤！异哉！其所凭依，乃其所自为也。《易》曰：“云从龙。”既曰龙，云从之矣。

【译文】

云，是龙的神力使它变成灵异的；至于龙的灵异，就不是云的能力所能使它变成灵异的了。可是，龙如果得不到云，就无法使自己的灵异变化出神了。失去了它所依靠的东西，确实不可以呀！奇怪啊！龙所依靠的东西，竟是它自己所造就的。《易经》说：“云跟着龙。”既然叫龙，云就随从它了。

杂说四

【题解】

本文以千里马不遇伯乐比喻人才的怀才不遇，抨击了统治者不识人才，埋没和摧残人才，为潦倒困窘的人才鸣不平。文章笔锋犀利，层层深入，说理透彻，寓意深远。

世有伯乐[1]，然后有千里马。千里马常有，而伯乐不常有，故虽有名马，只辱于奴隶人之手，骈死于槽枥之间[2]，不以千里称也。

【注释】

①伯乐：春秋时的一个善于相马的人。

②骈死：相比连而死，一并死。槽枥(lì)：马槽和马厩(jiù)。盛马料的叫槽，马厩叫枥。

【译文】

世上有了伯乐，然后才会有千里马被发现；能日行千里的马经常有，然而伯乐却不常见，所以即使有名马，也只是在养马的奴仆厮役手中遭受欺辱，最后与普通的马一并死在马槽、马厩之中，并不作为千里马而著称于世！

马之千里者，一食或尽粟一石，食马者不知其能千里而食也[1]。是马也，虽有千里之能，食不饱，力不足，才美不外见[2]，且欲与常马等不可得，安求其能千里也！

【注释】

①食(sì):喂养。

②见:同“现”。

【译文】

马中那些能日行千里的马,一顿食可能要吃掉一石粟米,喂马的人却不知道它能够日行千里而像千里马那样来喂养它。这匹千里马,虽然有日行千里的能力,却因吃不饱,力气不足,内在的优良素质不能显示出来,即使想做到与普通的马一样也不能够,又怎能要求它能日行千里呢!

策之不以其道[①],食之不能尽其材,鸣之而不能通其意[②],执策而临之曰:“天下无马。”呜呼!其真无马邪?其真不知马也!

【注释】

①策:马鞭。这里用作动词,驾驭。

②通其意:养马的人不懂得马的叫声代表的意思。

【译文】

驾驭千里马,却不能按照驾驭它的方法;喂养千里马却不能满足它的需要使它充分发挥才能;它嘶鸣时,又不能懂得它的心意,却拿着马鞭对着它说:“天下没有好马。”唉!难道是真的没有好马吗?恐怕是人们原本就不会识别好马吧!

卷八

师　说

【题解】

本文以从师与不从师、为子女择师与自己耻于从师、士大夫与巫医百工这三组对比，多方论证，阐述了师的作用及从师的重要性，抨击了当时士大夫耻于从师的风气。韩愈本人亦好为人师，他的朋友柳宗元曾说："独韩愈不顾流俗，犯笑侮，收召后学，作《师说》，因抗颜而为师。"(《答韦中立论师道书》)

古之学者必有师①。师者，所以传道、受业、解惑也②。人非生而知之者，孰能无惑③？惑而不从师，其为惑也，终不解矣。

【注释】

①学者：求学的人。

②受：同"授"，传授。

③孰：谁。

【译文】

古时候求学的人一定有老师。所谓的老师，就是传授真理、讲授学业和解答疑难问题的。人不是生下来就懂道理、有知识的，谁能没有困惑呢？有了困惑却不请教老师，困惑仍为困惑，永远无法解决。

生乎吾前①，其闻道也，固先乎吾②，吾从而师之；生乎吾后，其闻道也，亦先乎吾，吾从而师之。吾师道也③，夫庸知其年之先后生于吾乎④？是故无贵无贱，无长无少，道之所存，师之所存也。

【注释】

①乎：相当于“于”。

②固：本来，确实。

③师道：学习道理。师，动词，学习。

④庸：岂，哪管。

【译文】

比我年纪大的人，他懂得真理本来比我早，我跟从他向他请教；比我年纪小的人，如果他懂得真理也比我早，我也跟从他向他请教。我要学的不过是真理，怎用得着考虑他的年纪比我大还是小呢？因此说，不论贵贱，不论老少，真理在哪里，老师就在哪里。

嗟乎！师道之不传也久矣，欲人之无惑也难矣。古之圣人，其出人也远矣①，犹且从师而问焉②；今之众人③，其下圣人也亦远矣④，而耻学于师。是故圣益圣⑤，愚益愚。圣人之所以为圣，愚人之所以为愚，其皆出于此乎？

【注释】

①出人：超过普通人。

②犹且：尚且。

③众人：一般人，普通人。

④下：低于。

⑤益：更加。

【译文】

唉！从师求教的风气已经很久都没有了，要想人们没有困惑也就太难了。古时候的圣人，比一般人高明太多了，尚且还要拜师求教；如今的一般人呢，比圣人可差得远了，却以向老师请教为耻。所以圣人越发聪明，愚人越发愚昧。圣人之所以能成为圣人，愚人之所以那么愚昧，大概都是由于这个原因吧？

爱其子，择师而教之；于其身也①，则耻师焉，惑矣！彼童子之师，授之书而习其句读者也，非吾所谓传其道、解其惑者也。句读之不知，惑之不解，或师焉，或不焉②，小学而大遗③，吾未见其明也。

【注释】

①于其身：对于他自己。

②不(fǒu)：否。

③小：小事，指“句读之不知”。大：大事，指“惑之不解”。遗：抛弃。

【译文】

人们爱自己的孩子，给他选择老师来教育他；到了自己呢，却羞于找老师去学习，这真是令人费解！那些小孩子们的老师，教孩子们读书、练习断句，这跟我所说的传授真理、解决疑惑可是两码事。不会断句，愿意去找老师请教；有了解不开的疑惑，却不肯去请教老师，这是学了小的知识，却放弃了大的学问，我看不出这种人高明在哪里。

巫医、乐师、百工之人①，不耻相师；士大夫之族，曰师、曰弟子云者②，则群聚而笑之。问之，则曰："彼与彼年相若也③，道相似也。位卑则足羞，官盛则近谀。"呜呼！师道之不复④，可知矣。巫医、乐师、百工之人，君子不齿⑤，今其智乃反不能及⑥，其可怪也欤！

【注释】

①巫医：专门从事用咒语、符箓、卜占、草药等方法以治病、驱邪除祟的人。乐师：以音乐为职业的人。百工：泛指手工业工人，各种工匠。

②云者：如此这般。

③相若：相似。

④复：恢复。

⑤不齿：不屑与他们同列。

⑥乃：竟。

【译文】

巫医、乐师和各种工匠，他们都不以向别人学习为耻；而士大夫之流，一说到老师呀、弟子呀什么的，就会有很多人凑过来嘲笑他们。问他们为什么笑，他们就会说："他和他年龄相近，知识水平也差不多。如果拜比自己地位低的人为师，那是很羞耻的，如果拜地位高的人为师，又近于拍马了。"唉！由此可见拜师求教的风尚是不可能恢复的了。巫医、乐师和各种工匠，君子们不屑与他们为伍，如今君子们的见识反倒赶不上他们，真是太奇怪了！

圣人无常师①。孔子师郯子、苌弘、师襄、老聃②。郯子之徒，其贤不及孔子。孔子曰："三人行，则必有我师。"③是故弟子不必不如师，师不必贤于弟子，闻道有先后，术业有专攻④，如是而已。

【注释】

①常：固定的。

②郯(tán)子：春秋时郯国国君。据说孔子曾向他请教少皞氏时代的官职名称。苌(cháng)弘：东周敬王时大夫。师襄：春秋时鲁国乐官。老聃(dān)：即老子。

③三人行，则必有我师：出自《论语·述而》。

④术业：技术业务。专攻：专门研究。

【译文】

圣人没有固定的老师。孔子就曾经向郯子、苌弘、师襄、老聃都请教过。郯子这班人的品德可赶不上孔子。孔子说过："三个人在一块儿走路，那里面就一定有人可以做我的老师。"所以，弟子不一定就不如老师，老师也不一定比弟子就强。掌握真理有先有后，所学专业各有所长，如此而已。

李氏子蟠①，年十七，好古文，六艺经传皆通习之②，不拘于时③，学于余。余嘉其能行古道④，作《师说》以贻之⑤。

【注释】

①李氏子蟠：李蟠，唐德宗贞元十九年(803)进士。

②六艺：古代称《诗》《书》《礼》《乐》《易》和《春秋》六种经书。经传：经文和传文。传，解释经的著作。

③拘：拘束。时：时俗，指当时耻于从师的习气。

④嘉：赞许。

⑤贻(yí):赠给。

【译文】

有个叫李蟠的青年,十七岁,他爱好古文,已经全面研习了六经的经文和传文。他不受时俗观念的约束,来向我学习,我很赞赏他能施行古人从师学习的正道,所以做了这篇《师说》送给他。

进学解

【题解】

本文写于作者再次担任国子博士期间,“愈自以才高,屡被摈黜,作《进学解》以自喻”(《旧唐书·韩愈传》)。文章假设国子先生与学生的辩论,阐明了进德修业的道理,并借以抒发有才难展的愤懑。文中所说的“业精于勤,荒于嬉;行成于思,毁于随”一语,至今给人以可贵的启迪作用。

国子先生晨入太学①,招诸生立馆下②,诲之曰:“业精于勤,荒于嬉③,行成于思④,毁于随⑤。方今圣贤相逢⑥,治具毕张⑦,拔去凶邪,登崇俊良⑧。占小善者率以录⑨,名一艺者无不庸⑩。爬罗剔抉⑪,刮垢磨光⑫。盖有幸而获选,孰云多而不扬?诸生业患不能精,无患有司之不明⑬,行患不能成,无患有司之不公。”

【注释】

①国子先生:韩愈自称。国子指国子学,唐代的教育主管机构和最高学府,隶属国子监。韩愈当时任国子学博士。太学:此处指国子学。

②馆：学馆。

③嬉：游戏，玩乐。

④行：操行，品德。

⑤随：因循。

⑥圣贤：圣君和贤臣。

⑦治具：法令。毕：完全。张：建立。

⑧登崇：举用推尊。

⑨占：有。率：大都。

⑩名：占有。一艺：一技之长。庸：用。

⑪爬罗剔抉：搜罗发掘，挑拣选择。

⑫刮垢磨光：刮去尘垢，磨之使光。指培养人才时磨砺而使之高尚纯洁。

⑬有司：指官吏。

【译文】

国子先生早上走进太学，把学生们召集起来，站在学舍下面，教导他们说："学业靠勤奋才能做到精湛，一爱上玩乐就会荒废；德行靠思考才能成就，一随波逐流就会毁掉。如今君主圣明、大臣贤良，法令制度也都建立施行了，除掉奸邪的小人，提拔任用有才能的贤人。有点儿德行有点儿本事的人就能被任用，想方设法搜罗、选拔、造就人才。只要有幸被选上，谁说不能发挥才能而扬名呢？你们学生只要关注自己的学业能不能精进，不要担心主管部门的人眼睛不亮；只要关注自己的德行能不能成就，不要担心主管部门不公平。"

言未既[①]，有笑于列者曰[②]："先生欺余哉！弟子事先生[③]，于兹有年矣。先生口不绝吟于六艺之文，手不停披于百家之编[④]，纪事者必提其要，纂言者必钩其玄。贪多务得[5]，细大不捐[6]。焚膏油以继晷[7]，恒兀兀以穷年[8]。先生之业，可谓勤矣。觝排异端[9]，攘斥佛老，补苴罅漏[10]，张皇幽眇[11]，寻坠绪之茫茫[12]，独旁搜而远绍[13]，障百川而东之[14]，回狂澜于既倒[15]，先生之于儒，可谓劳矣。沉浸醲郁[16]，含英咀华[17]，作为文章，其书满家。上规姚姒[18]，浑浑无涯，周诰殷盘[19]，佶屈聱牙[20]，《春秋》谨严，《左氏》浮夸，《易》奇而法，《诗》正而葩[21]，下逮《庄》《骚》，太史所录，子云、相如，同工异曲，先生之于文，可谓闳其中而肆其外矣[22]。少始知学，勇于敢为，长通于方[23]，左右具宜。先生之于为人，可谓成矣[24]。然而公不见信于人，私不见助于友，跋前踬后[25]，动辄得咎。暂为御史[26]，遂窜南夷[27]。三年博士[28]，冗不见治[29]。命与仇谋[30]，取败几时。冬暖而儿号寒，年丰而妻啼饥，头童齿豁[31]，竟死何裨[32]？不知虑此，反教人为？”

【注释】

①既：完。

②列：行列。

③事：事奉。这里指学生跟老师学习。

④披：翻动。编：著作。

⑤务：追求。

⑥捐：抛弃。

⑦膏油：油脂，灯油。晷（guǐ）：日影。

⑧兀兀：劳苦的样子。

⑨觝（dǐ）排：抵拒排斥。

⑩补苴（jū）：弥补。罅（xià）：裂缝。

⑪张皇：张大，光大。幽眇：精深微妙。

⑫坠：落。绪：事业，此指儒家道统。
⑬旁：广泛。绍：继承。
⑭障(zhàng)：动词，防堵。百川：指百家学说。
⑮既：已经。倒：倾泻。
⑯醲(nóng)郁：浓厚。
⑰含英咀华：比喻欣赏、体味或领会诗文的精华。
⑱姚姒(sì)：姚是虞姓，姒是夏姓。这里指《尚书》中的《虞书》《夏书》。
⑲周诰：周时的诰文，指《尚书》中的《大诰》《康诰》《酒诰》《召诰》《洛诰》等篇。殷盘：殷时的盘铭，指《尚书》中的《盘庚》三篇。
⑳佶(jí)屈聱(áo)牙：文字晦涩难解，不通顺畅达。
㉑葩(pā)：文辞华丽。
㉒闳：通"宏"，大。肆：奔放。
㉓方：道理。
㉔成：成熟，完备。
㉕跋前疐(zhì)后：《诗经·豳风·狼跋》有："狼跋其胡，载疐其尾。"是说老狼往前踩住自己颔下的悬肉，往后则被尾巴绊住。比喻进退困难。跋，踏。胡，老狼颔下的悬肉。疐，绊。
㉖御史：御史大夫。专掌监察。
㉗南夷：南方少数民族地区。贞元十九年(803)，韩愈由监察御史贬为阳山(今广东阳山)令。
㉘三年博士：韩愈在元和年间共做了三年国子博士。
㉙冗不见治：指在国子博士这个闲职上，政治才能得不到施展。冗，闲散。见，同"现"。
㉚命：命运。仇：仇敌。谋：打交道。
㉛童：山无草木。这里比喻秃顶。齿豁：牙齿脱落，露出豁口。

㉜竟：最终。裨(bì)：补益。

【译文】

国子先生的话还没说完，队列中就有人笑着说："先生是在骗我们吧！学生跟着先生学习，到现在也有些年头了。先生口里不停地吟诵着六经的文章，手里也不停地翻阅着诸子之书，对于记事的文章一定会提炼出它的主要内容来，对于记言的文章一定会探索出它深奥的道理来。不嫌其多一定要有收获，不论意义大小都不遗漏。太阳下山了，就燃灯继续，一年到头都在孜孜不倦地研读。先生的学业，可以说是够勤奋的吧。抵制异端邪说，排斥道家和佛家的学说，补充儒学的缺漏，阐明深微的含义，探寻那些失传已久的儒家道统，独自广泛搜求，继承孔孟的学说。像拦截洪水那样阻止异端邪说，使它流入东海，挽回被狂澜压倒的正气。先生对于儒家学说，可以说是立了功劳的。沉浸在如美酒般醇厚的典籍中，细细咀嚼体味它们的菁华；写起文章来，堆得屋子满满的。向上学习虞、夏之书，博大而深远；周时的诰文、殷时的盘铭，艰深而拗口；《春秋》文辞简约而谨严，《左传》记事铺张而夸大；《易经》奇幻而有法则；《诗经》纯正而华美；下及《庄子》《离骚》、太史公的《史记》，还有扬雄、司马相如的著作，各有特色，却都是美妙精工。先生的文章，可以说是内里博大而文辞奔放华美。先生年少时就好学，勇于实践，成年以后通达事理，处事得体。先生的做人，可以说是很圆融成熟了。可是在官场上不被上司所信用，在私交上也无人相帮。先生就像狼一样，往前走会踩住自己的胡须，往后退又会被自己的尾巴绊住，动不动就招来指责。当御史没多久，又被降职贬到边远的南方。做了三年的博士，过于闲散，也表现不出什么从政的才能。你的命运就像跟你有仇似的，不定什么时候就会倒霉。暖冬时你的孩子还在叫冷，丰年时你的妻子还在喊饿。头顶秃了，牙齿掉了，你就是到老死，又于事何补呢？你不知道考虑这些，还要来教训别人吗？"

先生曰："吁！子来前[①]！夫大木为宊[②]，细木为桷[③]，欂栌、侏儒[④]，椳、闑、扂、楔[⑤]，各得其宜，施以成室者[⑥]，匠氏之工也。玉札、丹砂、赤箭、青芝[⑦]，牛溲、马勃、败鼓之皮[⑧]，俱收并蓄，待用无遗者，医师之良也。登明选公[⑨]，杂进巧拙[⑩]，纡余为妍[⑪]，卓荦为杰[⑫]，校短量长，惟器是适者[⑬]，宰相之方也[⑭]。昔者孟轲好辩，孔道以明，辙环天下，卒老于行。荀卿守正，大论是弘，逃谗于楚，废死兰陵[⑮]。是二儒者，吐辞为经，举足为法，绝类离伦[⑯]，优入圣域，其遇于世何如也？今先生学虽勤而不由其统，言虽多而不要其中[⑰]，文虽奇而不济于用，行虽修而不显于众。犹且月费俸钱，岁縻廪粟[⑱]，子不知耕，妇不知织；乘马从徒[⑲]，安坐而食，踵常途之役役[⑳]，窥陈编以盗窃[㉑]；然而圣主不加诛，宰臣不见斥[㉒]，非其幸欤！动而得谤，名亦随之。投闲置散，乃分之宜。若夫商财贿之有亡[㉓]，计班资之崇庳[㉔]，忘己量之所称[㉕]，指前人之瑕疵，是所谓诘匠氏之不以杙为楹[㉖]，而訾医师以昌阳引年[㉗]，欲进其豨苓也[㉘]。"

【注释】

①子：你，指弟子。

②宊(máng)：屋梁。

③桷(jué)：屋椽。

④欂栌(bó lú)：柱上承载栋梁的方形短木，即斗拱。侏儒：短椽。

⑤椳(wēi)：门臼。闑(niè)：门中间竖的短木。扂(diàn)：门闩。楔(xiē)：门旁竖的两根长柱。

⑥施：用。

⑦玉札：即地榆。丹砂：朱砂。赤箭：天麻。青芝：又名龙芝。这四

种都是名贵药材。

⑧牛溲(sōu):即牛溺。马勃:又名马屁菌。败鼓之皮:破鼓的皮。这三种都是普通药材。

⑨登:提拔。

⑩杂:一并。

⑪纡余:缓慢之态。

⑫卓荦(luò):卓越,突出。

⑬惟器是适:即“适器”,指根据才能来任用。

⑭方:治术。

⑮兰陵:在今山东苍山西南兰陵镇一带。荀卿曾为兰陵令,后被废,就死在这里。

⑯绝类离伦:超越同类。

⑰要(yāo):求。

⑱縻(mí):同“靡”,耗费。廪(lǐn):米仓。

⑲从:使……跟从。

⑳踵(zhǒng):跟着。役役:拘谨的样子。

㉑窥:看。

㉒见:被。斥:指罢免官职。

㉓财贿:财货,财物。

㉔班资:班列资格,官品。庳(bì):低。

㉕量:分量,指才能的高低。

㉖诘:责问。杙(yì):小木桩。楹(yíng):柱子。

㉗訾(zǐ):指责。昌阳:即菖蒲,据说久服可以延年益寿。引年:延长寿命。

㉘豨(xī)苓:即猪苓,有利尿作用。

【译文】

先生说:“咦!你走到前面来!粗的木料做房梁,细的木料做椽子,斗拱、梁上短柱、门枢、门橛、门闩、门两旁的木柱，都安排得很合适，用以建成房子，那是木匠技术高明的地方。地榆、朱砂、天麻、龙芝、牛溺、马屁菌、破鼓的皮，都收存起来，日后取用，没有遗漏，这是医师高明的地方。选拔人才明察公平，无论能力强弱，都能选用，随和是美好的品德，卓尔不群是杰出的品德，考校个人的优长和短处，根据他们的才能将其安排到合适的工作中，这才是当宰相的本事。从前孟子喜欢辩论，孔子之道才因此发扬光大，可他的车辙遍天下，最后却终老于周游列国的行途中。荀子信守孔子之道，弘扬了儒家博大精深的学说，最终却为了躲避谗言逃到楚国，终于丢了官职死在兰陵。这两个大儒，言论被当成经典，行为被当做别人效法的准则，出类拔萃达到圣人的境界，他们在世上的遭遇又如何呢？现在先生我学习虽然勤奋却没成什么系统，言论虽多却没有把握要点，文章虽然奇特却没有实用，德行虽然修习了却不能出众。何况还年年月月花费国家的俸钱，消耗着国家的粮米，孩子不会种田，妻子也不会织布；骑马时后面跟着奴仆，安然地坐着吃饭。拘谨地按照常规行事，东挪西抄地做着学问；但是圣明的君主并不责罚我，主管的大臣也不斥逐我，难道我还不够侥幸吗？动不动就遭到毁谤，名声跟着被毁。我被弃置在闲散的位置上，正是理所应当的事。如果还要算计财产的有无、官职的高低，忘了自己的本事有多大，还要来指摘前人的毛病，这就好比去责问工匠没拿小木桩来做厅堂的大柱子，指责医师用能延年益寿的菖蒲而让他用利尿导泻的猪苓去做长寿药！”

圬者王承福传

【题解】

这是韩愈为泥水匠王承福所做的传记，从中寄寓了自己的感慨。通过对王承福自食其力的赞赏，从反面暴露了那些不劳而获、尸位素餐的人的丑恶嘴脸。为小民做传,体现了韩愈的亲民思想。

圬之为技[1],贱且劳者也。有业之,其色若自得者。听其言,约而尽[2]。问之,王其姓,承福其名。世为京兆长安农夫[3]。天宝之乱[4],发人为兵[5],持弓矢十三年。有官勋,弃之来归,丧其土田,手镘衣食[6]。余三十年,舍于市之主人,而归其屋食之当焉。视时屋食之贵贱,而上下其圬之佣以偿之。有余,则以与道路之废疾饿者焉。

【注释】

①圬(wū):涂刷墙壁。

②约而尽:简约而周详。

③京兆长安:指京兆府治长安,在今陕西。

④天宝之乱:指天宝十四年(755)安禄山反叛,唐玄宗逃离长安而导致的战乱。天宝,唐玄宗李隆基的年号,742—756年。

⑤发:征发,招募。

⑥镘(màn):泥瓦匠所用的工具。

【译文】

抹墙这个手艺,又卑贱又劳苦。有个人是干这一行当的,看样子倒挺自我满足的。听他讲话,简练却很在理。问他,他说:我姓王,名承福,家里世代都是京兆府长安县的农民。天宝之乱时,政府招募士兵,我就拿了十三年的弓箭。立了功有了官勋,却放弃了,回到老家,老家土地也没了,只好拿起抹墙的瓦刀来维持生计。此后三十多年,就住在雇主家里,付给雇主相应的房钱和饭钱。他根据房钱和饭钱的涨落,来提高或降低泥墙工钱以偿付房钱和饭钱。如果工钱有多余的,就送给路旁那些残废、患病和饥饿的人。

又曰：粟，稼而生者也，若布与帛，必蚕绩而后成者也[①]。其他所以养生之具，皆待人力而后完也。吾皆赖之。然人不可遍为，宜乎各致其能以相生也。故君者，理我所以生者也[②]，而百官者，承君之化者也。任有小大，惟其所能，若器皿焉。食焉而怠其事，必有天殃，故吾不敢一日舍镘以嬉。夫镘易能，可力焉，又诚有功，取其直[③]，虽劳无愧，吾心安焉。夫力易强而有功也[④]，心难强而有智也。用力者使于人，用心者使人，亦其宜也。吾特择其易为而无愧者取焉[⑤]。嘻！吾操镘以入富贵之家有年矣。有一至者焉，又往过之，则为墟矣。有再至、三至者焉，而往过之，则为墟矣。问之其邻，或曰：噫！刑戮也。或曰：身既死而其子孙不能有也。或曰：死而归之官也。吾以是观之，非所谓食焉怠其事而得天殃者邪？非强心以智而不足、不择其才之称否而冒之者邪[⑥]？非多行可愧、知其不可而强为之者邪？将富贵难守、薄功而厚飨之者邪[⑦]？抑丰悴有时、一去一来而不可常者邪[⑧]？吾之心悯焉，是故择其力之可能者行焉。乐富贵而悲贫贱，我岂异于人哉？

【注释】

①绩：把麻、丝等搓捻成线或绳。

②理：治理。

③直：价值。这里指工钱。

④强（qiǎng）：勉强。

⑤特：只是。

⑥称（chèn）：适合。

⑦将：还是。飨：通“享”。

⑧抑：表示选择，或者，还是。丰悴(cuì)：丰富和衰弱。

【译文】

他又说：谷子要经过耕种才能生长，布帛要靠养蚕、纺织才能做成。其他用来维持生计的东西，都要依赖人力才能完成。我都得靠它们来过日子。但是人们不能事事躬亲，而应该各尽其能、互相依赖而生。所以当君主的，是治理我们、使我们得以生存的；各级官吏呢，是推行君主教化的。责任有大小，大家各尽所能，就像不同的器皿有不同的用途一样。只知道吃饭却懒于做事，老天一定会降下灾祸，这就是我一天也不敢放下瓦刀去玩乐的缘故。泥墙的技术很容易就能学会，可以凭着力气去做。确实做出了成绩，拿那份应得的工钱，虽然劳累也不会感到惭愧，我心里是坦然的。人的气力，容易努力用劲而做出成效，脑子却很难勉强使它变得聪明起来，所以出力干活的就供人驱使，用脑力做事的人就驱使别人，这也是理所当然的。我不过是选择了那容易做并且心中无愧的行当来做罢了。唉！我拿着瓦刀到富贵人家干活也有好多年了。有去过一次的，再经过时，那家的房屋已经变成废墟了；有的房子去过两次三次，再经过时，也变成废墟了。问他们的邻居，有的说，唉，房主人犯罪被杀啦！有的说，房主人死了，儿孙保不住这份家业了；有的说，房主人死了以后房子充公了。我从这个就看到，他们不是只吃不做就招来天灾的吗？不是勉强用心而才智不够、不按照自己的才能是否适合去选择职业而盲目冒进的吗？不是干了许多于心有愧的事，明知不行却硬要去做的吗？这是富贵难长久、功劳不大却享受优厚呢？还是兴盛和衰败各有时机、有去有来而不能长久保有呢？我看到这样的房子心里总是很难受，因此我就选择自己力所能及的事来做。至于爱慕富贵、悲怜贫贱，我难道与别人有什么不同吗？

又曰：功大者，其所以自奉也博。妻与子，皆养于我者也，吾能薄而功小，不有之可也。又吾所谓劳力者，若立吾家而力不足，则心又劳也。一身而二任焉，虽圣者不可为也。

【译文】

王承福又说：功劳大的人，当然能拿来供养自己的东西就多了。妻子与儿女都是靠功劳大的人来养活的，若是能力微薄、功劳不大，没有妻子儿女也是应该的。何况那种所谓出力干活的，如果成了家却能力不足，就又得操心了，这样一个人又操劳又操心，即使是圣人也做不到吧。

愈始闻而惑之，又从而思之，盖贤者也，盖所谓独善其身者也①。然吾有讥焉，谓其自为也过多，其为人也过少，其学杨朱之道者邪②？杨之道，不肯拔我一毛而利天下。而夫人以有家为劳心，不肯一动其心以畜其妻子③，其肯劳其心以为人乎哉！虽然，其贤于世之患不得之而患失之者，以济其生之欲、贪邪而亡道、以丧其身者④，其亦远矣！又其言有可以警余者，故余为之传，而自鉴焉。

【注释】

①独善其身：指修身养性，保全己身，不管世事。《孟子·尽心上》："穷则独善其身，达则兼济天下。"

②杨朱：战国时人，成语"一毛不拔"的思想说的就是他。

③畜（xù）：养。

④亡（wú）：无。

【译文】

我开始听到他的话感到疑惑不解，接着又顺着他的思路想了一下，觉得他可能是位贤者，也就是人们常说的独善其身的人吧。但我对他还是有所批评的，因为他为自己考虑过多，为别人考虑过少，难道他是学杨朱那套理论的吗？杨朱的理论，拔自己一根毫毛而利天下也是不肯的。这人把有家室认为劳累操心，不肯动动心思来供养妻子儿女，他怎肯再为别人劳心呢！虽然如此，他比世上那些唯恐得不到又唯恐失掉的人，比那些只为满足私欲、贪得无厌、专走邪门歪道而丢掉道义以致丢了性命的人，那可是超过得太多了！而且，他的言论有使我警戒的地方，因此我为他写这一篇传记，自己引以为鉴。

讳　辩

【题解】

李贺的父亲名晋肃，“晋”与“进士”的“进”同音，因此照当时礼法，李贺应该避讳，不能参加进士科考试。韩愈愤然而起，为声援李贺支持他去参加考试而做了这篇谈论避讳问题的文章。文章为了说明避讳之类的议论是十分荒谬的，引经据典，层层设问，雄辩滔滔，颇有说服力。

愈与李贺书①，劝贺举进士②。贺举进士有名，与贺争名者毁之，曰：“贺父名晋肃，贺不举进士为是，劝之举者为非。”听者不察也，和而倡之③，同然一辞。皇甫湜曰④：“若不明白，子与贺且得罪。”愈曰：“然。”

【注释】

①李贺：字长吉，唐代诗人。因避父讳，终身未能参加进士科考试，只做过奉礼郎一类的小官。

②进士：指唐代科举制度中的进士科。

③和(hè):附和。倡:同“唱”。

④皇甫湜(shí):字持正,唐代文学家。曾跟从韩愈学习古文。

【译文】

我给李贺写信,劝他参加进士科的考试。李贺去参加进士科考试应该能考中,和他争名的人就来攻击他,说:“李贺的父亲名叫晋肃,李贺不参加进士科考试才对,劝他应考的人是不对的。”听这话的人没有仔细想,就随声附和,众口一词。皇甫湜劝我说:“如果不把这事说清楚,你跟李贺都会获罪的。”我说:“是这样。”

律曰:“二名不偏讳[①]。”释之者曰:“谓若言‘徵’不称‘在’、言‘在’不称‘徵’是也[②]。”律曰:“不讳嫌名。”释之者曰:“谓若‘禹’与‘雨’‘丘’与‘莳’之类是也。”今贺父名晋肃,贺举进士,为犯二名律乎?为犯嫌名律乎?父名“晋肃”,子不得举进士。若父名“仁”,子不得为人乎?

【注释】

①二名不偏讳:语出《礼记·曲礼上》,下文所引一条亦同。偏,本作“徧”,全部。

②释之者:指注《礼记》的东汉人郑玄。徵在:孔子母亲的名字。

【译文】

《礼记》说:“两个字的名字只避讳其中一个字。”解释的人说:“就好比说‘徵’字就不说‘在’字、说‘在’字就不说‘徵’字一样。”《礼记》又说:“不避讳声音相近的字。”解释的人说:“就好比说‘禹’和‘雨’‘丘’和‘莳’这类字一样。”如今李贺父亲的名为晋肃,李贺应进士科考试,是犯了两个字的名字只避讳其中一个字的规定呢?还是犯了不避讳声音相近的字的规定?父亲名叫“晋肃”,儿子就不能参加进士科考试。如果父亲的名字叫“仁”，儿子难道就不能做人了吗？

夫讳始于何时？作法制以教天下者，非周公、孔子欤[1]？周公作诗不讳，孔子不偏讳二名。《春秋》不讥不讳嫌名。康王钊之孙，实为昭王。曾参之父名晳[2]，曾子不讳“昔”。周之时有骐期[3]，汉之时有杜度[4]，此其子宜如何讳？将讳其嫌，遂讳其姓乎？将不讳其嫌者乎？汉讳武帝名“彻”为“通”，不闻又讳车辙之“辙”为某字也。讳吕后名“雉”为“野鸡”，不闻又讳“治天下”之“治”为某字也。今上章及诏，不闻讳“浒”“势”“秉”“机”也[5]。惟宦官宫妾，乃不敢言“谕”及“机”[6]，以为触犯。士君子立言行事，宜何所法守也？今考之于经，质之于律，稽之以国家之典，贺举进士为可邪？为不可邪？

【注释】

①周公：周文王子，周武王弟，周王朝的开国大臣。

②曾参：春秋时人，以孝行著名。晳(xī)：曾参父亲的名。

③骐(qí)期：春秋时楚国人。

④杜度：东汉章帝时人。

⑤浒、势、秉、机：这四个字分别与唐太祖名“虎”、太宗名“世民”、世祖名“昞”、玄宗名“隆基”同音。

⑥谕：与唐代宗名“豫”同音。

【译文】

避讳是从什么时候开始的呢？制定礼法制度来教导天下百姓的，难道不是周公、孔子吗？周公作诗没有避讳，孔子只避讳两个字的名字中的一个字，《春秋》也不讥讽那些不避讳声音相近的字。周康王名钊，他孙子的谥号就是昭王。曾参父亲的名字是皙,曾参也不避讳“昔”字。周朝有个人名叫骐期,汉朝有个人名叫杜度,他们的儿子应该怎么避讳呢?是避讳声音相近的字而改姓呢?还是不避讳声音相近的字?汉朝避讳武帝的名。就改“彻”为“通”,没听说又改“车辙”的“辙”为别的什么字;避讳吕后的名,就改“雉”为“野鸡”,没听说又把“治天下”的“治”改为别的什么字。现在上奏章和下诏书,也没听说避讳“浒”“势”“秉”“机”这些字。只有宦官和宫女,才不敢说“谕”字和“机”字,认为说了就触犯了皇上。君子著书做事,应该遵守什么礼法呢?从经典上考察,与规定相对照,拿国家典章来核对,李贺参加进士科考试是可以呢?还是不可以?

凡事父母,得如曾参,可以无讥矣。作人得如周公、孔子,亦可以止矣。今世之士,不务行曾参、周公、孔子之行,而讳亲之名则务胜于曾参、周公、孔子,亦见其惑也。夫周公、孔子、曾参,卒不可胜,胜周公、孔子、曾参,乃比于宦官、宫妾。则是宦官、宫妾之孝于其亲,贤于周公、孔子、曾参者邪?

【译文】

大凡事奉父母,能像曾参那样,就没什么可以指责的。做人能像周公、孔子那样,也可以说是到极点了。现在的读书人不努力学习曾参、周公、孔子的品行,但是避讳亲长的名字却要超过曾参、周公、孔子,由此可见他们的糊涂。那周公、孔子、曾参,最终是不可能超过的,在避讳上超过周公、孔子、曾参,那是把自己等同于宦官、宫女了。那么反而是宦官、宫女孝顺父母,倒比周公、孔子、曾参他们还好些吗?

争臣论

【题解】

争臣是指向君主直言进谏的大臣。阳城出任谏官五年却对朝政不闻不问，韩愈为此写了这篇文章进行讽喻，说明谏官不应仅止于“独善其身”，而必须“兼济天下”才行。文章四问四答，层层递进，是“箴规”类文体的佳作。

或问谏议大夫阳城于愈①：“可以为有道之士乎哉？学广而闻多，不求闻于人也。行古人之道，居于晋之鄙②，晋之鄙人薰其德而善良者几千人③。大臣闻而荐之，天子以为谏议大夫。人皆以为华，阳子不色喜④，居于位五年矣，视其德如在野。彼岂以富贵移易其心哉？”

【注释】

①谏议大夫：掌侍从规谏的官，属门下省。

②晋：古国名。阳城曾隐居的中条山(在今山西南部)、陕州夏县(治所在今山西夏县)都是古代晋国所辖地区。鄙：边境。

③薰：熏陶，感染。几：将近，几乎。

④阳子：即阳城。子，古代对男子的尊称。

【译文】

有人向我问起谏议大夫阳城，说：“阳城可以算得上有道德的人吧？他学问广博而且见多识广，却不想出名。他身体力行古人的立身处世之道，居住在晋地边远的边境，当地人受到他品德的熏陶而品行善良的将近千人。有的大臣听说后就荐举他，天子任命他为谏议大夫。人们都觉得这是他的荣耀，却看不见阳城有什么喜色，他任职已经有五年了，看他的品行仍然和隐居的时候一样。难道他会因为富贵而改变心志吗?”

愈应之曰:“是《易》所谓‘恒其德贞’而‘夫子凶’者也①。恶得为有道之士乎哉②?在《易·蛊》之上九云:‘不事王侯,高尚其事。’《蹇》之六二则曰:‘王臣蹇蹇,匪躬之故③。’夫亦以所居之时不一,而所蹈之德不同也④。若《蛊》之上九,居无用之地,而致匪躬之节,以《蹇》之六二,在王臣之位,而高不事之心,则冒进之患生,旷官之刺兴⑤。志不可则⑥,而尤不终无也⑦。今阳子在位不为不久矣,闻天下之得失不为不熟矣,天子待之不为不加矣,而未尝一言及于政。视政之得失,若越人视秦人之肥瘠,忽焉不加喜戚于其心⑧。问其官,则曰:‘谏议也。’问其禄,则曰:‘下大夫之秩也⑨。’问其政,则曰:‘我不知也。’有道之士,固如是乎哉?且吾闻之:‘有官守者,不得其职则去;有言责者,不得其言则去。’⑩今阳子以为得其言乎哉?得其言而不言,与不得其言而不去,无一可者也。阳子将为禄仕乎?古之人有云:‘仕不为贫,而有时乎为贫。’谓禄仕者也。宜乎辞尊而居卑,辞富而居贫,若抱关击柝者可也⑪。盖孔子尝为委吏矣⑫,尝为乘田矣⑬,亦不敢旷其职,必曰:‘会计当而已矣⑭。’必曰:‘牛羊遂而已矣⑮。’若阳子之秩禄,不为卑且贫,章章明矣⑯,而如此其可乎哉?”

【注释】

①“是《易》”句:原文在《恒》卦六五爻中为:“恒其德贞,妇人吉,夫子凶。”

②恶(wū):怎么。

③“王臣”二句：蹇蹇(jiǎn)，忠心的样子。匪，同“非”。躬，自身。

④蹈：践，履行、实行。

⑤旷：空缺，荒废。刺：讥刺，指责。

⑥则：法则。这里指效法。

⑦尤：过失。

⑧忽：轻忽，不在意。

⑨下大夫：唐代谏议大夫为正五品，相当于古代下大夫。秩：古代官吏的俸禄。

⑩“有官守”以下四句：出自《孟子·公孙丑下》。下文“仕不为贫”二句出自《孟子·万章下》。

⑪抱关：守关门。击柝(tuò)：打更。柝，打更用的梆子。

⑫委吏：管粮仓的小官。

⑬乘(shèng)田：春秋时鲁国管畜牧的小官。

⑭会(kuài)计：掌管财物及出纳。

⑮遂：成功。这里引申为长成。

⑯章章：明显的样子。

【译文】

我回答说：“这就是《周易》上说的，‘长久保持一种德性对男子来说却是危险的’。阳城哪能算是有道德的人呢？《周易·蛊卦》上九的爻辞说：‘不事奉王侯，保持自己高尚的志向。’《蹇卦》六二的爻辞却说：‘臣子忠心耿耿地救助有难的君主，是奋不顾身的缘故。’那是因所处境遇不同，奉行的准则也就不一样。如果像《蛊卦》上九的爻辞所说，处在没被任用的境地，却表现出奋不顾身的操守，那就会产生贪求官位的祸患；像《蹇卦》六二的爻辞所说，处在臣子的职位上，却把不事奉君主的心志看作高尚，那么冒进的祸患就会产生，就会被人指责荒废职守。不能效法这样的心志，也最终避免不了过失。现在阳子做官的时间不能说不长，了解朝政的得失不能说不清楚，天子待他也不能说不优厚，但是他却一句话也没有谈到朝政。他看待朝政的得失，就像越国人看待秦国人的胖瘦一样漠不关心，喜乐和哀愁都无动于衷。询问他的官职，他就说：'谏议大夫。'询问他的俸禄，他就说：'下大夫的官俸。'询问他朝政，他却说：'我不知道啊。'有道德的人，原来就是这样的吗？我看古人说过：'有官职的人，不尽职尽责就应该辞职；担负进谏责任的人，不能提出规谏的意见也应该辞去。'如今阳子认为自己尽了谏议大夫的职责了吗？应该上言规谏却不上言，不上言又不辞职，这都是不对的。恐怕阳子是为了俸禄而做官的吧？古人说过：'做官不是因为家里贫困，但有时候也有因为家里贫困的。'说的就是这种为了俸禄而做官的人。这样的人应该辞去高官去担任卑职，放弃富贵甘居贫寒，做做守门、打更一类的差事就行了。孔子曾经做过管粮仓的小吏，当过管畜牧的小吏，也不敢荒废职守，一定说：'财物账目一定要核对正确才行。'一定说：'要使牛羊肥壮才可以。'像阳子这样的官阶和俸禄，既不低下也不贫寒，这是很明白的，他这么做怎么可以呢？"

或曰："否，非若此也。夫阳子恶讪上者①，恶为人臣招其君之过而以为名者②，故虽谏且议，使人不得而知焉。《书》曰：'尔有嘉谟嘉猷③，则入告尔后于内④，尔乃顺之于外，曰："斯谟斯猷，惟我后之德。"'夫阳子之用心，亦若此者。"

【注释】

①恶(wù)：憎恶。讪(shàn)：讥笑。

②招(qiáo)：举，揭露。

③谟(mó)：计谋。猷(yóu)：谋划。

④后：君主。

【译文】

有人说："不，不是这样的。阳子憎恶讥讽君主的人，讨厌身为臣下却以揭露君主的过错博取名声，所以就算规谏并且议论了朝政得失，却不让别人知道。《尚书》说：'你有好的谋略，就进到里面告诉你的君主，然后在外面顺从、附和，说："这些谋略，都是我们主上的好德行。"'大概阳子的用心，也是这样的。"

愈应之曰："若阳子之用心如此，滋所谓惑者矣[①]。入则谏其君，出不使人知者，大臣宰相者之事，非阳子之所宜行也。夫阳子本以布衣隐于蓬蒿之下[②]，主上嘉其行谊[③]，擢在此位[④]。官以谏为名。诚宜有以奉其职，使四方、后代知朝廷有直言骨鲠之臣[⑤]，天子有不僭赏从谏如流之美[⑥]，庶岩穴之士[⑦]，闻而慕之，束带结发，愿进于阙下而伸其辞说[⑧]，致吾君于尧舜，熙鸿号于无穷也[⑨]。若《书》所谓，则大臣宰相之事，非阳子之所宜行也。且阳子之心将使君人者恶闻其过乎？是启之也。"

【注释】

①滋：更加。

②蓬蒿：蓬草和蒿草。这里泛指民间。

③谊：通"义"。

④擢(zhuó)：提拔，提升。

⑤骨鲠(gěng)：比喻个性正直、刚健。

⑥僭(jiàn)赏：不得当的奖励。僭，过分。

⑦庶：庶几，也许可以，表示希望。岩穴之士：指隐居之士。

⑧伸：通"申"，陈述。

⑨熙:明。鸿号:大名声。

【译文】

我回答说:“如果阳子的用心真是这样的话,那就更是糊涂的人了。入内进谏君主,出来却不让别人知道,这是大臣宰相们的事,并不是阳子应该做的。阳子本是平民,隐居在民间,君主赞赏他的品行,把他提拔到这个职位上。官职名为‘谏议’,当然应该有所作为以与职位相称,让天下的人、子孙后代都知道朝廷有直言敢谏的大臣,都知道天子有不滥施奖赏、从谏如流的美德,以便隐居的人,都听闻慕名,整衣结发,愿意赶赴朝廷陈述自己的建议,使君主像尧舜一样,圣明的名声千载流传。像《尚书》所说的,那是大臣宰相们的事,不是阳子应该做的。况且阳子的用心,是会使做君主的不爱听自己的过失吧?这是向这方面引导他呢。”

或曰:“阳子之不求闻而人闻之,不求用而君用之,不得已而起,守其道而不变,何子过之深也?”

【译文】

有人说:“阳子不求出名却出了名,不求被用而君主却任用了他,不得已而出来做了官,又保持自己的品行不变,您为什么责怪他这么厉害呢?”

愈曰:“自古圣人、贤士皆非有求于闻、用也。闵其时之不平①,人之不乂②,得其道,不敢独善其身,而必以兼济天下也,孜孜矻矻③,死而后已。故禹过家门不入,孔席不暇暖,而墨突不得黔④。彼二圣一贤者⑤,岂不知自安佚之为乐哉⑥?诚畏天命而悲人穷也。夫天授人以贤、圣、才能,岂使自有余而已？诚欲以补其不足者也。耳目之于身也，耳司闻而目司见。听其是非，视其险易，然后身得安焉。圣贤者，时人之耳目也；时人者，圣贤之身也。且阳子之不贤，则将役于贤以奉其上矣；若果贤，则固畏天命而闵人穷也，恶得以自暇逸乎哉？”

【注释】

①闵：同“悯”，忧虑。

②乂（yì）：治理，安定。

③孜孜（zī）矻矻（kū）：勤谨不已的样子。

④突：烟囱。黔：黑。

⑤二圣：指夏禹和孔子。一贤：指墨翟。

⑥佚：通“逸”，安乐，安逸。

【译文】

我说：“自古以来的圣人、贤士都不求出名和被任用。他们忧虑世道不平、老百姓的事没有治理，有了道德学问，也不敢独善其身，而一定要兼济天下，勤勤恳恳，到死才停止。所以大禹治水几次过家门却不进去，孔子回家去席子还没有坐暖就出门了，墨子回家去连厨房的烟囱都没有烧黑就又出门了。这两位圣人、一位贤人，难道就不知道自己安逸是快乐的事情吗？实在是因为他们敬畏天命而又同情百姓的贫苦。上天把圣、贤和才能赐给人，难道是让他们仅仅在这些方面有余罢了？实在是希望他们能弥补别人的不足。耳朵和眼睛对于身体，耳朵负责听而眼睛负责看。听清是非，看清安危，这样身体才能保证安全。圣贤，就是时人的耳朵和眼睛；时人，就是圣贤的身体。阳子如果不是贤人，就应该被贤人驱使以事奉上级；如果他是贤人，那么就应该敬畏天命而且同情人民的贫困，他怎么能只贪图自己的安逸呢？”

或曰："吾闻君子不欲加诸人，而恶讦以为直者[1]。若吾子之论，直则直矣，无乃伤于德而费于辞乎？好尽言以招人过[2]，国武子之所以见杀于齐也[3]，吾子其亦闻乎？"

【注释】

①讦(jié)：攻击别人的短处和隐私。

②尽言：说话没有保留。

③国武子：名佐，春秋时齐国国卿。

【译文】

有人说："我听说，君子不强加于人，而且厌恶通过攻击别人来表明自己的正直。像您这种议论，率直倒是率直，难道不是有损于道德修养而且又浪费言辞吗？喜欢直言不讳地揭露别人的过失，那就是国武子被杀死在齐国的原因，您是不是也听说了呢？"

愈曰："君子居其位，则思死其官；未得位，则思修其辞以明其道。我将以明道也，非以为直而加人也。且国武子不能得善人，而好尽言于乱国，是以见杀。《传》曰：'惟善人能受尽言[1]。'谓其闻而能改之也。子告我曰：'阳子可以为有道之士也。'今虽不能及已，阳子将不得为善人乎哉？"

【注释】

①惟善人能受尽言：出自《国语·周语》。

【译文】

我回答说："君子担任职务，就要考虑到以身殉职；还没有做官时，就要考虑修饰文辞来阐明道理。我要阐明的道理，不是自命正直而且强加于人。何况国武子是因为没有遇到善良的人，却在乱国直言不讳，这样才被杀的。《国语》说:‘只有善良的人才能接受直言不讳的批评。’是说这样的人听到批评之后能够改正。您告诉我:‘阳子可以算得上是有道的人了。’虽然现在还算不上,阳子就不能成为听到批评就改正的好人吗?”

后十九日复上宰相书

【题解】

仕途失意、不得已而通过文章干谒权贵的青年韩愈,三次给宰相上书,这是第二封信,信中不惜自比为“盗贼”“管库”,不卑不亢、毫无扭捏之态,期望当权者能不拘一格提拔人才,情辞恳切,用语婉转。

二月十六日,前乡贡进士韩愈[①],谨再拜言相公阁下[②]:

【注释】

①乡贡进士:唐代由州县荐举出来参加科举考试而考中进士的人称乡贡进士。乡贡,由州县选送。

②再拜:指一拜而又拜。阁下:写信时对对方的尊称。

【译文】

二月十六日,前乡贡进士韩愈,恭敬地向宰相阁下叩拜进言:

向上书及所著文后[①],待命凡十有九日,不得命。恐惧不敢逃遁,不知所为。乃复敢自纳于不测之诛[②],以求毕其说,而请命于左右[③]。

【注释】

①向：以前。

②诛：处罚。

③左右：书信中对对方的称呼，对人不直称其名，只称左右，以表示尊敬。

【译文】

前些日子曾向您呈上书信和所做的文章，等了十九天，还没有见您赐复。我感到惶恐不安却不敢逃避，不知怎么办才好。只得再次斗胆，宁愿蒙受不可预料的处罚，希望充分陈述我的意见，向阁下请教。

愈闻之，蹈水火者之求免于人也[1]，不惟其父兄子弟之慈爱，然后呼而望之也。将有介于其侧者[2]，虽其所憎怨，苟不至乎欲其死者，则将大其声疾呼而望其仁之也[3]。彼介于其侧者，闻其声而见其事，不惟其父兄子弟之慈爱然后往而全之也[4]。虽有所憎怨，苟不至乎欲其死者，则将狂奔尽气，濡手足[5]，焦毛发，救之而不辞也。若是者何哉？其势诚急，而其情诚可悲也。

【注释】

①蹈：踩，陷。

②介：接近。

③仁之：对人发仁爱之心，行仁爱之道。

④全：保全。

⑤濡(rú)：沾湿，润泽。

【译文】

我听说，深陷水深火热之中的人向别人求救，并不因为别人和自己有父母、兄弟、子女这样慈爱的感情，然后才呼唤他们，盼望他们前来施救。如果有人就在一旁，哪怕是自己憎恶和怨恨的人，只要这人还不至于希望自己死去，就会向他大声呼喊，期望他能施行仁义来救自己。那个站在一旁的人，听到他呼救的声音，看见他危险的情形，也并不考虑他是否和自己有父母、兄弟、子女一样慈爱的感情，然后才前去施救。即使他对呼救的人心存憎恶和怨恨，只要还不至于希望他死去，就会拼命奔跑用尽力气，哪怕弄湿自己的手脚，烧焦自己的胡须、头发，也要救他出来而不会推辞。为什么会这样呢？那是因为呼救的人的形势实在危急，他的情态也实在可怜。

愈之强学力行有年矣。愚不惟道之险夷[①]，行且不息，以蹈于穷饿之水火，其既危且亟矣[②]，大其声而疾呼矣，阁下其亦闻而见之矣。其将往而全之欤，抑将安而不救欤？有来言于阁下者曰："有观溺于水而爇于火者[③]，有可救之道，而终莫之救也。"阁下且以为仁人乎哉？不然，若愈者，亦君子之所宜动心者也。

【注释】

①惟：考虑。夷：平坦。

②亟(jí)：急迫。

③溺(nì)：淹没。爇(ruò)：焚烧。

【译文】

我发奋学习、勉力实践已经好多年了。我没有考虑道路的险阻与平坦，一直前行从不停止，以至于陷入穷困饥饿的水深火热之中，处境危险而又急迫，只好大声疾呼，阁下大概也听到了看到了。您是准备前来救我呢，还是安坐不动不来救我呢？有人来向您报告说："有人看到别人落水了、被困在火里了，本来有办法去救，却终于没有去救。”阁下您认为这是有仁爱之心的人吗？如若不然，像我这样的人，也是仁人君子见了应该动心而给予同情的啊。

或谓愈：“子言则然矣，宰相则知子矣，如时不可何？”愈窃谓之不知言者，诚其材能不足当吾贤相之举耳。若所谓时者，固在上位者之为耳，非天之所为也。前五六年时，宰相荐闻，尚有自布衣蒙抽擢者[①]，与今岂异时哉？且今节度、观察使及防御、营田诸小使等[②]，尚得自举判官[③]，无间于已仕未仕者[④]，况在宰相，吾君所尊敬者，而曰不可乎？古之进人者，或取于盗，或举于管库，今布衣虽贱，犹足以方于此[⑤]。情隘辞蹙[⑥]，不知所裁，亦惟少垂怜焉[⑦]。愈再拜。

【注释】

①抽擢(zhuó)：提拔。

②节度：即节度使，负责掌管边疆地区军事、民政和财务的官员。观察使：掌管州县官吏政绩和民事的长官。防御：即防御使，是唐代设于军事重地的官吏，多以刺史兼任。营田：即营田使，唐代边区专掌屯田的官吏。

③判官：唐代为节度、观察和防御使的属官。

④间：区别。

⑤方：比拟，相比。

⑥隘(ài)：窘迫。蹙(cù)：急促。

⑦少：稍。垂：敬辞，用于别人对自己的行动。

【译文】

有人对我说：“您的话对是对，宰相也是了解您的，可时机不允许有什么办法呢?”我私下里认为他不会讲话,他的才能实在是不足以得到我们贤相的荐举罢了。如果说到时机,那本来就是身处高位的人所给予的,并非是老天爷的作为。五六年前,宰相向朝廷荐举人才,尚且还有从平民百姓提拔起来的,和今天相比时机有什么不同吗?何况如今的节度使、观察使,以及防御使、营田使等各种小使,尚且还能自己选用判官,对有没有做官的都一视同仁,何况是宰相,我们君主所尊敬的人,却说不可以吗?古时候进用人才,有的从盗贼中选取,有的从管理仓库的人中提拔,现在我这个无官无职的布衣百姓虽然地位卑贱,但还是足以和那些人相比的。我处境窘迫,言辞急切,不知道自己都是怎么措辞的,只希望您稍稍照顾怜惜一下。韩愈再拜。

后廿九日复上宰相书

【题解】

这是备受冷落的青年韩愈给宰相的第三次上书。文章以求贤若渴的周公与当今对待人才“默默而已”的宰相相对比,抒发进身无路、报国无门的悲愤和不满。“末述再三上书之故,曲曲回护自己。气杰神旺,骨劲格高,足称绝唱。”(吴楚材、吴调侯)

三月十六日,前乡贡进士韩愈①,谨再拜言相公阁下②:

【注释】

①乡贡:唐代由州县荐举出来参加科举考试而考中进士的人,称乡贡进士。

②再拜:指一拜而又拜。

【译文】

三月十六日,前科乡贡进士韩愈,谨向宰相阁下叩拜进言:

愈闻周公之为辅相,其急于见贤也,方一食三吐其哺①,方一沐三握其发②。当是时,天下之贤才皆已举用,奸邪谗佞欺负之徒皆已除去③,四海皆已无虞④,九夷八蛮之在荒服之外者皆已宾贡⑤,天灾时变、昆虫草木之妖皆已销息⑥,天下之所谓礼、乐、刑、政教化之具皆已修理⑦,风俗皆已敦厚,动植之物、风雨霜露之所沾被者皆已得宜⑧,休征嘉瑞、麟凤龟龙之属皆已备至⑨,而周公以圣人之才,凭叔父之亲,其所辅理承化之功又尽章章如是。其所求进见之士,岂复有贤于周公者哉?不惟不贤于周公而已,岂复有贤于时百执事者哉⑩?岂复有所计议、能补于周公之化者哉?然而周公求之如此其急,惟恐耳目有所不闻见,思虑有所未及,以负成王托周公之意,不得于天下之心。如周公之心,设使其时辅理承化之功未尽章章如是,而非圣人之才,而无叔父之亲,则将不暇食与沐矣,岂特吐哺握发为勤而止哉⑪?维其如是,故于今颂成王之德,而称周公之功不衰⑫。

【注释】

①哺:咀嚼的食物。

②沐:洗头。

③谗(chán):说人坏话。佞(nìng):巧言谄媚。

④虞:忧虑,戒备。

⑤荒服:五服之一。古代王畿(jī)外围每五百里为一区划,按远近

距离分五等地区，称五服。荒服是离王畿最远的地区。宾：归顺。

⑥时变：指大自然出现的与时令不符的反常现象。

⑦具：制度。

⑧沾：浸湿。被：覆盖。

⑨休征嘉瑞：四者都指美好吉祥的征兆。休，完善。嘉，美好。麟凤龟龙：四者都是预示吉祥的动物。

⑩百执事：指公卿百官。

⑪特：只是。

⑫衰：消歇。

【译文】

我听说，周公辅佐君主做宰相时，急于接见贤德之士，以至于吃一顿饭要多次吐出口中的饭菜，洗一次头要几次用手把解开的头发挽住。那时，天下的贤才都已被选拔任用了，奸诈邪恶、拨弄是非、巧言谄媚、背信弃义的坏人都已被除掉，四海之内都已太平，那些蛮荒地区的少数民族都已归顺、进贡了，自然灾害和违反时令的现象，以及昆虫草木的妖异现象，都已销声匿迹，天下的所谓礼仪、音乐、刑法、政令等教化人的制度，都已修明整治，民间风俗都已朴实淳厚，动物植物等蒙受风雨霜露的滋润养育，都已各得其所，吉祥的征兆，诸如麒麟、凤凰、灵龟、神龙之类的动物，都全部出现，而周公以圣明的才智，凭着他是君王叔叔的亲近关系，他那辅佐君王治理国家教化百姓的功绩，又都这样显著。那些求见周公的人，难道还有比周公更贤明的吗？不但不能比周公更贤明，难道和当时各部门官员相比更贤明吗？难道他们还能提出什么谋划、建议，能够对周公的教化有所补益吗？但是周公如此求贤若渴，生怕有自己耳朵、眼睛所没有听到、看到的，头脑所没有考虑到的，从而辜负了周成王委托他治国的用意，不能得到民心的拥戴。按照周公这样的用心，如果他当时辅佐治理教化百姓的功绩没有这么显著，他也并没有圣人的才能，也没有作为君王叔叔的亲近关系，那么，恐怕他连吃饭、洗头都没有时间，怎会只是以吃饭时吐食、洗头时挽发为勤劳就够了呢？正因为他是这样的，所以至今人们还在颂扬成王的美德，同时赞美周公的功绩而没有停止。

今阁下为辅相亦近耳。天下之贤才岂尽举用？奸邪、谗佞、欺负之徒岂尽除去？四海岂尽无虞？九夷八蛮之在荒服之外者岂尽宾贡？天灾时变、昆虫草木之妖岂尽销息？天下之所谓礼、乐、刑、政教化之具岂尽修理？风俗岂尽敦厚？动植之物、风雨霜露之所霑被者岂尽得宜？休征嘉瑞、麟凤龟龙之属岂尽备至？其所求进见之士，虽不足以希望盛德，至比于百执事，岂尽出其下哉？其所称说，岂尽无所补哉？今虽不能如周公吐哺握发，亦宜引而进之，察其所以而去就之，不宜默默而已也。

【译文】

如今阁下做宰相和周公的情形大概近似。天下的贤才，难道全都被荐举任用了？那些奸诈邪恶、拨弄是非、花言巧语献媚、背信弃义的坏人，难道都已清除掉了？四海之内难道都已没什么忧虑了？那些蛮荒地区的少数民族难道都已归顺、进贡了？自然灾害和违反时令的现象，以及昆虫草木的妖异现象，难道都已销声匿迹了？天下的所谓礼仪、音乐、刑法、政令等教化人的制度难道都已修补整治了？民间风俗难道都已朴实淳厚了？蒙受风雨霜露滋润的动植物难道都已得各得其所了？吉祥的征兆，像麒麟、凤凰、灵龟、神龙一类的动物难道都已出现了？那些求见的人，虽然不一定指望他们有很高的德行修养，但是和各级官员相比，难道他们的才德全都在百官之下吗？他们的主张、议论，难道对朝廷毫无补益吗？如今虽然不能像周公那样为求贤而吐食、挽发，那也应该召见并举荐他们，考察他们的才德再辞退或任用，不应该这样不理不睬的。

愈之待命，四十余日矣。书再上，而志不得通[①]。足三及门，而阍人辞焉[②]。惟其昏愚，不知逃遁，故复有周公之说焉。阁下其亦察之。古之士三月不仕则相吊[③]，故出疆必载质[④]。然所以重于自进者，以其于周不可则去之鲁[⑤]，于鲁不可则去之齐，于齐不可则去之宋，之郑，之秦，之楚也。今天下一君，四海一国，舍乎此则夷狄矣，去父母之邦矣。故士之行道者，不得于朝，则山林而已矣。山林者，士之所独善自养而不忧天下者之所能安也。如有忧天下之心，则不能矣。故愈每自进而不知愧焉，书亟上[⑥]，足数及门，而不知止焉。宁独如此而已，惴惴焉惟不得出大贤之门下是惧[⑦]。亦惟少垂察焉。渎冒威尊[⑧]，惶恐无已。愈再拜。

【注释】

①通：上达。

②阍(hūn)人：看门的人。

③吊：慰问。

④质：通“贽(zhì)”，古代的见面礼。

⑤之：往，到。

⑥亟(qì)：屡次。

⑦惴惴(zhuì)：恐惧的样子。惟不得出大贤之门下是惧：即“惟惧不得出大贤之门下”。

⑧渎(dú)：轻慢，对人不恭敬。

【译文】

我等候您的答复，已经四十多天了。信接二连三地呈上，心意仍不能让您理解。脚多次去登门，都被看门人挡住。只是因为我生性愚笨，不知道识趣地离开，所以又有了一通关于周公的议论。希望阁下能明察。古时的读书人，三个月没有官职就要彼此慰问，所以一出国界，一定要带着见面礼。但他们重视自荐的原因，是如果在周朝不被任用他们就前往鲁国，在鲁国不被任用就前往齐国，在齐国不被任用就前往宋国，前往郑国，前往秦国，前往楚国。如今天下只有一个君主，四海之内只有一个国家，除此之外就是少数民族的土地了，也就得离开自己的故国了。所以读书人要实现自己的政治主张，如果不被朝廷任用，就只好隐居山林罢了。山林，是读书人中那些独善其身、注重自我修养而不忧虑天下大事的人才能安居的。如果还有忧虑天下大事的心思，就不能这样安居了。所以我才多次自荐而不知羞愧，多次奉上书信，接连登门，而不知休止了。又哪里仅仅如此而已，我还惶恐不安地担心不能出身在您这样的大贤门下。希望您稍稍俯身审察。亵渎冒犯了您的威望和尊贵，心里很感惶恐。韩愈再拜。

与于襄阳书

【题解】

贞元十七年(801)，韩愈任国子监四门学博士，职位闲散，抱负难以施展，就给于襄阳于頔(dí)上书请求引荐。信中讲到，后辈要想扬名建功，离不开前辈的提携；前辈的功业和盛名，需要有为的后来者为之传扬。作者以这二者之间的辩证关系，不卑不亢地进行毛遂自荐。先立论后求荐，真是别具匠心。

七月三日，将仕郎守国子四门博士韩愈[①]，谨奉书尚书阁下[②]。

【注释】

①将仕郎：文散官。守：唐代品级较低的人担任较高官职的叫守。国子：指国子监，中央教育机构。四门：即四门学，为国子监所统辖，其中设博士若干人。

②尚书：官名。阁下：对人的尊称，常用于书信中。

【译文】

七月三日，将仕郎守国子监四门学博士韩愈，恭敬地将此信呈送尚书阁下。

士之能享大名、显当世者，莫不有先达之士、负天下之望者为之前焉[①]；士之能垂休光、照后世者[②]，亦莫不有后进之士、负天下之望者为之后焉。莫为之前，虽美而不彰；莫为之后，虽盛而不传。是二人者，未始不相须也[③]，然而千百载乃一相遇焉。岂上之人无可援、下之人无可推欤？何其相须之殷而相遇之疏也[④]？其故在下之人负其能不肯谄其上[⑤]，上之人负其位不肯顾其下。故高材多戚戚之穷[⑥]，盛位无赫赫之光[⑦]。是二人者之所为皆过也。未尝干之[⑧]，不可谓上无其人；未尝求之，不可谓下无其人。愈之诵此言久矣，未尝敢以闻于人。

【注释】

①先达之士：德行高、学问深的知名先辈。

②休光:美好的光华。亦比喻美德或勋业。

③未始:未尝。须:等待。

④殷:深厚,恳切。

⑤谄:奉承,巴结。

⑥戚戚:忧惧、忧伤的样子。

⑦赫赫:显赫的样子。

⑧干:求。

【译文】

读书人能享有盛名、显耀于当世的,没有一个不是靠德行高、学问深的知名前辈、享有广泛声望的人替他做先导;读书人能留下美名、照耀后世的,也没有一个不是依靠杰出的后辈、享有广泛声望的人来充当他的后继之人。如果没有人做先导,后辈就算才华横溢也不能显扬;如果没有人做后继之人,前辈就算声名显赫也不能流芳百世。这两种人,何尝不是彼此期待,但是千百年才能相逢一次。难道是上面没有可以施以援手的人、下面没有可以举荐的人吗?为什么他们相互期待时那么殷切,相遇的机会却又那么稀少呢?原因就是下面的人恃才傲物不肯奉迎上面的人,上面的人自恃尊贵不肯关照下面的人。因此才高的人多有志难伸,身处上位的人又不能留名后世。这两种人的做法都不对。自己没有去拜谒,就不能说上面的人中没有可以托付的人;自己没有去寻访,就不能说下面的人中没有值得荐举的人。我念叨这些话已经很久了,从不敢冒昧地把这话说给别人听。

侧闻阁下抱不世之才①,特立而独行②,道方而事实,卷舒不随乎时③,文武唯其所用,岂愈所谓其人哉?抑未闻后进之士④,有遇知于左右、获礼于门下者⑤,岂求之而未得邪?将志存乎立功⑥,而事专乎报主,虽遇其人,未暇礼邪?何其宜闻而久不闻也?

【注释】

①不世:非凡,罕有。

②特、独:出众、不随波逐流。

③卷舒:弯曲和伸展。

④抑:然而,表转折。

⑤遇知:受到赏识。左右:旧时书信称对方,不称其本人,而称其左右执事的人,以示尊敬。获礼:获得以礼相待。

⑥将:还是,表示选择。

【译文】

我从旁听说阁下身怀世间罕有的才能,从不随波逐流,道德方正处事务实,进退不随流俗,量才任用文武官员,难道您就是我所说的那种人吗?但是却没听说过有哪位晚辈受到您的赏识和礼遇的,难道是访求过却没有找到?还是有志于建功立业,精力都放到报效君主上了,虽然遇到了贤才,却没有闲暇以礼相待?为什么本该听到您礼遇、举荐后进的事却很久没有听到呢?

愈虽不材①,其自处不敢后于恒人②。阁下将求之而未得欤?古人有言:“请自隗始③。”愈今者惟朝夕刍、米、仆、赁之资是急④,不过费阁下一朝之享而足也⑤。如曰:“吾志存乎立功,而事专乎报主。虽遇其人,未暇礼焉。”则非愈之所敢知也。世之龊龊者既不足以语之⑥,磊落奇伟之人又不能听焉,则信乎命之穷也⑦!谨献旧所为文一十八首,如赐览观,亦足知其志之所存。愈恐惧再拜。

【注释】

①不材：才能平庸，自谦之辞。

②恒人：常人。

③隗(wěi)：郭隗。据《战国策》载，燕昭王为拯救燕国去请教郭隗招贤之道，郭隗建议昭王礼贤待士“先从我郭隗开始”。

④刍、米、仆、赁(lìn)之资：柴草、粮食、仆役及租赁的费用等。刍，草。赁，租用。

⑤一朝之享：一顿早餐的费用。

⑥龊龊(chuò)：器量狭小，拘于小节。

⑦信：确实。

【译文】

我虽然才能平庸，但自我要求却不敢低于常人。阁下是不是想寻访人才而没有找到？古人曾说：“请从我郭隗开始。”我如今只为早晚的柴草、粮食、仆役和租金的开销着急，这些只不过花费阁下一顿早饭的费用就够了。如果阁下说：“我志在建功立业，只把精力放在报效君主上。虽然遇到了人才，却没工夫以礼相待。”那就不是我所敢知道的了。世上那些器量狭小的人不值得我把这些话讲给他们，那些器量宏伟、光明磊落的人又听不见我的话，那么我的命运确实该当穷困！我恭敬地向阁下献上过去所写的十八篇文章，如蒙赐阅，也足以了解我的志向所在。韩愈诚惶诚恐，再拜。

与陈给事书

【题解】

陈给事名京，字庆复，这是韩愈写给陈京的一封信。信中叙述了与陈京多年来的交往，分析了二人后来疏远的原因，委婉地表达了期望恢复交谊的复杂思绪和感情。

愈再拜：愈之获见于阁下有年矣[①]。始者亦尝辱一言之誉。贫贱也，衣食于奔走，不得朝夕继见[②]。其后阁下位益尊，伺候于门墙者日益进[③]。夫位益尊，则贱者日隔；伺候于门墙者日益进，则爱博而情不专。愈也道不加修，而文日益有名。夫道不加修，则贤者不与[④]；文日益有名，则同进者忌。始之以日隔之疏，加之以不专之望[⑤]，以不与者之心，而听忌者之说，由是阁下之庭无愈之迹矣。

【注释】

①阁下：指陈京，唐德宗贞元十九年(803)由考功员外郎升给事中。给事中，是当时门下省的要职，掌管驳正政令的得失。

②继：一直，连续。

③伺候：等候，守候。

④与：赏识。

⑤望：抱怨，不满。

【译文】

韩愈再拜：我有幸结识阁下已经有很多年了。开始也曾蒙您赞赏过一两句。由于贫贱，为了谋生而东奔西走，不能早晚经常来拜见您。后来阁下的地位越来越高，守候在您门前的人一天天多起来。地位越来越高，那么与贫贱者就一天天隔得远了；守候在门前的人一天天多起来，那么喜爱的人多了，感情也就不能专一。我韩愈在道德方面没有加强，文名却越来越高。道德方面没有加强，那么贤人就不会赏识我；文名越来越高，那么跟我同路上进的人便会妒忌我。您我开始因为不能经常见面而疏远，加上我后来对您感情不能专一的私底下的怨气，您又带着不再赏识我的态度，加上听信妒忌我的那些人的谗言，这样阁下的门庭也就慢慢没有我的足迹了。

去年春，亦尝一进谒于左右矣。温乎其容，若加其新也[1]；属乎其言[2]，若闵其穷也[3]。退而喜也，以告于人。其后如东京取妻子[4]，又不得朝夕继见。及其还也，亦尝一进谒于左右矣。邈乎其容[5]，若不察其愚也；悄乎其言[6]，若不接其情也。退而惧也，不敢复进。

【注释】

①加：对待。新：新交的朋友。

②属（zhǔ）：连续不断。

③闵：同“悯”，怜恤，哀伤。

④如：到。东京：即今河南洛阳。妻子：指妻子和儿女。

⑤邈（miǎo）：远，形容表情冷漠。

⑥悄（qiǎo）：沉默寡言。

【译文】

去年春天，我也曾拜见过您一次。您面容和蔼可亲，好像面对新交的朋友；温语不断，好像很哀怜我的不得意。我告辞回家后十分高兴，便把这些情况告诉了别人。后来我去东京洛阳接眷属，又不能早晚经常去拜见您。等我回来，也曾拜见过您一次。您表情冷漠，好像不体谅我的隐衷；沉默不语，好像不理会我的情意。我告辞回家，心里感到很不安，不敢再来拜见您了。

今则释然悟[1]，翻然悔曰[2]：其邈也，乃所以怒其来之不继也；其悄也，乃所以示其意也。不敏之诛[3]，无所逃避。不敢遂进，辄自疏其所以[4]，并献近所为《复志赋》以下十首为一卷，卷有标轴[5]；《送孟郊序》一首，生纸写[6]，不加装饰，皆有指字、注字处[7]，急于自解而谢[8]，不能竢更写[9]，阁下取其意，而略其礼可也。愈恐惧再拜。

【注释】

①释然：疑虑消除后心中平静的样子。

②翻然：形容改变得很快而彻底。

③诛：责备。

④辄(zhé)：就。疏：分条陈述。

⑤标轴：卷轴上作有标记。古代把用纸或帛写的书做成卷子，中心安轴，一卷也为一轴。

⑥生纸：未经煮捶或涂蜡的纸。唐代书写纸分生、熟两种，生纸一般用于草稿或丧事中。

⑦揩字：涂抹的字。注字：添加的字。

⑧谢：道歉。

⑨竢(sì)：等待。

【译文】

现在我才醒悟、很感懊悔，我想：您表情冷漠，正是生气我不经常看望您；您沉默不语，正是用来表示您的心意。您对我生性迟钝的责怪，我是没有地方可逃避的了。我不敢马上就来进见，于是特呈此信说说情由，并献上近来所做的《复志赋》以下诗文十篇，编为一卷，卷轴上作有标记；《送孟郊序》一篇，写在生纸上，没有装饰，又都有涂抹、添字的地方，因为急于表明心迹并向您谢罪，等不及另外誊写清楚了，希望阁下能理解我的心情，而原谅我的无礼也就好了。韩愈惶恐不已，再拜。

应科目时与人书

【题解】

据说这是韩愈在德宗贞元九年(793)参加博学宏词科考试时写给韦舍人的一封自荐信。信中自喻为“非常鳞凡介”的“怪物”,颇为自负而高傲,有求于人却不失身份,与一般不肯露才扬己的投赠之作大异其趣。

月、日,愈再拜。天池之滨[①],大江之濆[②],曰有怪物焉,盖非常鳞凡介之品汇匹俦也[③]。其得水[④],变化风雨,上下于天不难也。其不及水,盖寻常尺寸之间耳[⑤]。无高山、大陵、旷途、绝险为之关隔也[⑥],然其穷涸[⑦],不能自致乎水[⑧],为猵獭之笑者[⑨],盖十八九矣。如有力者,哀其穷而运转之,盖一举手、一投足之劳也。然是物也,负其异于众也,且曰:“烂死于沙泥,吾宁乐之。若俯首帖耳[⑩],摇尾而乞怜者,非我之志也。”是以有力者遇之[⑪],熟视之若无睹也。其死其生,固不可知也。

【注释】

①天池:指南海。《庄子·逍遥游》中说:“南冥者,天池也。”

②大江:这里指长江。濆(fén):水边。

③鳞、介:泛指有鳞和介甲的水生动物。品汇:类别。匹俦(chóu):相比。

④其:如果。

⑤寻常:古代以八尺为寻,二寻为常。

⑥陵:大土山。关隔:阻隔。

⑦穷:困厄。涸(hé):水干。

⑧乎：相当于“于”。

⑨獱（bīn）：一种獭类动物，又称猵（biān）。

⑩俯首帖耳：形容走兽驯服的样子。

⑪是以：因此。

【译文】

某月某日，韩愈叩拜。在南海的水滨，长江的岸边，传说有一种怪物，大概不是普通的鳞甲动物所能相比的。假如它能得到水，那么变风化雨，在天空上上下下，一点也不难。但如果没有水，那么就会被困在方寸之间了。就算并没有高山、大丘、远途、险碍的阻隔，然而困于干涸的地方，不能自己找到水，被小小的水獭所嘲笑，这是非常可能的。这时候如果有一位有力量的人，同情它的困窘而把它运到水里去，这不过举手投足之劳罢了。但是这种怪物呀，却自负于自己的与众不同，还说：“烂死在泥沙里，是我乐意的。但要我俯首帖耳、摇尾乞怜，那绝不是我的心意。”因此，就算有力量的人经过，也看惯了像没有看见一样。到底是死是活，实在是难以预料。

今又有有力者当其前矣，聊试仰首一鸣号焉，庸讵知有力者不哀其穷而忘一举手、一投足之劳①，而转之清波乎？其哀之，命也；其不哀之，命也。知其在命，而且鸣号之者，亦命也。愈今者实有类于是。是以忘其疏愚之罪，而有是说焉。阁下其亦怜察之②。

【注释】

①庸讵（jù）：哪儿。

②其：语气词，表示希望。

【译文】

现在又有一位有力量的人在眼前了，它姑且抬头号叫一声，谁知道有力者一定不会哀怜它困窘的处境，而忘了举手投足之劳，把它运到清水中去呢？如果有人哀怜它，那是命；不哀怜它，也是命。明白一切都由命中注定，还是想号叫一声，也算是命吧。我韩愈现在的处境，实在和它有类似的地方。因此也就忘了自己疏懒迟钝的毛病，说了上面这些话。请阁下哀怜体察我。

送孟东野序

【题解】

这是韩愈送给友人孟郊的临别赠言。孟郊(751—814)，字东野，诗风以奇诡、矫激著称，与韩愈并称“韩孟”，生平颇不得志，五十岁才任溧阳尉。文中，韩愈为之深抱不平，勉励他以“不平”之音来歌唱，寓意深刻，发人深省。

大凡物不得其平则鸣。草木之无声，风挠之鸣①；水之无声，风荡之鸣。其跃也或激之②，其趋也或梗之③，其沸也或炙之④。金石之无声，或击之鸣。人之于言也亦然，有不得已者而后言。其谲也有思⑤，其哭也有怀。凡出乎口而为声者，其皆有弗平者乎！

【注释】

①挠：摇动。

②激：阻遏水势。

③梗：阻塞。

④炙：烧煮。

⑤诃：同“歌”。

【译文】

一般来说事物得不到平静就要发出鸣叫声。草木本没有声音，风摇动它才发出响声；水本没有声音，风激荡它才发出声音。水波腾涌是因为有东西在阻遏它，水流湍急是因为受到阻塞，水的沸腾是因为有火在烧煮它。金属和石头没有声音，有人敲击它就会响。人说话也是如此，有了不得不说的事就要说出来。唱歌呢是因为有了思虑，哭泣呢是因为有所怀念。凡是从口里发出声音的，那都是有所不平的缘故啊！

乐也者，郁于中而泄于外者也，择其善鸣者而假之鸣①。金、石、丝、竹、匏、土、革、木八者②，物之善鸣者也。维天之于时也亦然，择其善鸣者而假之鸣。是故以鸟鸣春，以雷鸣夏，以虫鸣秋，以风鸣冬。四时之相推敚③，其必有不得其平者乎！

【注释】

①假：借助。

②金、石、丝、竹、匏(páo)、土、革、木：中国传统乐器的八种制作材料，也用来指各类乐器。金，钟镈(bó)。石，磬。丝，琴瑟。竹，箫管。匏，笙竽。土，埙。革，鼗(táo)鼓。木，柷敔(zhù yǔ)。

③推敚：推移变化。敚，同“夺”。

【译文】

音乐，是将郁结于心的感情抒发出来，选择善于发声的器物来借助它发声。钟镈、磬、琴瑟、箫管、笙、埙、鼓、柷敔这八类，是器物中善于发声的。天对于四时也是如此，选择善于发声的东西借助它来发声。

所以让鸟为春天歌唱，让雷为夏天轰鸣，让虫为秋天鸣叫，让风为冬天呼啸。四季的推移变化，其中必定有什么地方得不到平静吧！

其于人也亦然。人声之精者为言，文辞之于言，又其精也，尤择其善鸣者而假之鸣。其在唐、虞①，咎陶、禹②，其善鸣者也，而假以鸣。夔弗能以文辞鸣，又自假于《韶》以鸣③。夏之时，五子以其歌鸣④。伊尹鸣殷⑤，周公鸣周⑥。凡载于《诗》《书》六艺，皆鸣之善者也。周之衰，孔子之徒鸣之，其声大而远。传曰："天将以夫子为木铎⑦。"其弗信矣乎？其末也，庄周以其荒唐之辞鸣⑧。楚，大国也，其亡也，以屈原鸣⑨。臧孙辰、孟轲、荀卿⑩，以道鸣者也。杨朱、墨翟、管夷吾、晏婴、老聃、申不害、韩非、慎到、田骈、邹衍、尸佼、孙武、张仪、苏秦之属⑪，皆以其术鸣。秦之兴，李斯鸣之⑫。汉之时，司马迁、相如、扬雄⑬，最其善鸣者也。其下魏、晋氏，鸣者不及于古，然亦未尝绝也。就其善者，其声清以浮，其节数以急⑭，其辞淫以哀，其志弛以肆，其为言也，乱杂而无章。将天丑其德莫之顾邪？何为乎不鸣其善鸣者也？

【注释】

①唐、虞：指上古尧、舜执政的时代，空间上指在上古中国的中原地区。

②咎陶（gāo yáo）：相传为舜时的臣。禹：传说中氏族社会部落首领。

③《韶》：传说为舜时乐官夔（kuí）所作的乐曲。

④五子：传说为夏王太康的五个弟弟，曾作歌讽谏太康。

⑤伊尹：商初贤相，传说他曾作《汝鸠》等文，今佚。

⑥周公：西周初重要政治家，作有《大诰》等文。

⑦"天将"句：出自《论语·八佾(yì)》。木铎(duó)，以木为舌的铃。

⑧庄周：战国时人，著有《庄子》。荒唐：广大空阔、没有边际的样子。

⑨屈原：战国时楚人，有《离骚》等作品传世。

⑩臧(zāng)孙辰：春秋时鲁大夫。孟轲(kē)：战国时思想家。其言行主要见于《孟子》一书。荀卿：战国时思想家。其言行主要见于《荀子》一书。

⑪杨朱：战国时思想家。墨翟：春秋战国之际思想家，其言行主要见于《墨子》一书。管夷吾：字仲，春秋时人，后人收集他的言论编为《管子》一书。晏婴：春秋时人，后人收集其言行资料编为《晏子春秋》一书。老聃(dān)：春秋时思想家，著有《老子》。申不害：战国时人，相传著作《申子》，现仅存其中的《大体》篇。韩非：战国时思想家，著有《韩非子》。慎到：战国时人，著有《慎子》。田骈：战国时人，其著作《田子》一书今已不存。邹衍：战国时人，其文不传世。尸佼(jiǎo)：战国时人，著有《尸子》。孙武：春秋时人，著有《孙子兵法》。张仪：战国时纵横家。苏秦：战国时纵横家。

⑫李斯：曾任秦相。世有《谏逐客书》流传。

⑬司马迁：西汉时人，著有《史记》。相如：即司马相如，西汉时人，辞赋家。扬雄：西汉时人，辞赋家，著作有《太玄》《法言》《方言》等。

⑭数(shuò)：细密。

【译文】

对于人来说也是如此。人的声音中比较精华的是语言，文辞对于语言来说，又是语言中最精华的，所以尤其要选择善于代言的人来借助他们发言。在唐、虞时代，咎陶、禹是善于文辞的，就借助他们来发表言论。夔不能用文辞来发言，又借助自己制作的乐曲《韶》来抒发。夏代，五子用他们的歌来传达心声。伊尹鸣于殷代，周公鸣于周代。凡是记载在《诗经》《尚书》六艺中的，都是文辞提炼得最好的。周朝衰败了，孔子师徒大声疾呼，他们的声音又大又远。经传上说："天将要把夫子当做木铎。"难道这不是真实的吗？周朝末年，庄周用他那玄远恣肆的文辞来抒发。楚，是大国，到它败亡的时候，通过屈原来歌唱行吟。臧孙辰、孟轲、荀卿，是用道来表达的。杨朱、墨翟、管夷吾、晏婴、老聃、申不害、韩非、慎到、田骈、邹衍、尸佼、孙武、张仪、苏秦之流，都用他们的学术来表达。秦朝兴起，李斯出来颂歌。汉代时，司马迁、司马相如、扬雄，是其中最善于文辞的。以后的魏晋时期，文辞上虽然无人赶得上古代，但也从未断绝过。就其中文辞比较好的来说，他们的声音清灵而高浮，节奏繁密而急促，文辞靡丽而哀伤，意志松弛而恣肆，他们的言论呢，是杂乱而无章。莫非是上天认为这时的道德风尚丑恶而不给予关照吗？为什么不让他们当中善于文辞的来表达呢？

唐之有天下，陈子昂、苏源明、元结、李白、杜甫、李观①，皆以其所能鸣。其存而在下者，孟郊东野始以其诗鸣②。其高出魏、晋，不懈而及于古③，其他浸淫乎汉氏矣④。从吾游者，李翱、张籍其尤也⑤。三子者之鸣信善矣，抑不知天将和其声而使鸣国家之盛邪？抑将穷饿其身、思愁其心肠而使自鸣其不幸邪？三子者之命，则悬乎天矣。其在上也，奚以喜？其在下也，奚以悲？东野之役于江南也，有若不释然者，故吾道其命于天者以解之。

【注释】

①陈子昂：唐初诗人。苏源明：唐代人，工文辞。元结：唐代文学

家。李白:唐代诗人。杜甫:唐代诗人。李观:唐代文学家。

②孟郊东野:孟郊字东野,中晚唐诗人。一生贫寒,直到五十岁时才得了个溧(lì)阳县尉的官。

③不懈:无懈可击,指文章精妙。

④浸淫:渗透,接近。

⑤李翱(áo):唐代散文家,曾从韩愈学古文,是"古文运动"的积极参与者。张籍:唐代文学家。尤:特出。

【译文】

唐建立政权以来,陈子昂、苏源明、元结、李白、杜甫、李观,都是借助他们各自的才能来传达心声。今天仍然健在却处于下位的人中,孟东野开始用他的诗来抒发。他的诗高出魏、晋,无懈可击赶得上古人,其他作品也接近汉代的水平了。跟我交游的人中,李翱和张籍是最优秀的。这三位先生的文辞确实是很好的了,但不知道上天将会使他们的声音和谐而歌唱国家的兴盛呢?还是想让他们的身子穷饿、让他们思虑哀愁而吟唱各自的不幸呢?他们三位的命运,就完全决定于上天了。那他们身居高位的有什么可欢喜的?沉沦在下的又有什么可悲叹的?孟东野这次赴江南任职,好像有些难以释然的样子,所以我讲这些命运由天的道理来宽解他。

送李愿归盘谷序

【题解】

这是送友人李愿归隐的序言。文章借李愿之口,描绘了当朝权贵、山林高士和势利小人这三种人物形象,生动逼真,对山林高士大加称赞,借以发泄自己怀才不遇的愤懑。骈散结合,铺叙、议论、抒情水乳交融,兼有辞赋、散文之美。

太行之阳有盘谷[1]。盘谷之间，泉甘而土肥，草木藂茂[2]，居民鲜少。或曰："谓其环两山之间，故曰盘。"或曰："是谷也，宅幽而势阻，隐者之所盘旋[3]。"友人李愿居之[4]。

【注释】

①太行之阳：即太行山南面。阳，山南水北为阳。

②藂(cóng)：聚集，丛生。

③盘旋：盘桓，逗留。

④李愿：韩愈的朋友，当时隐居在太行山南面的盘谷。

【译文】

太行山的南面有个盘谷。盘谷中间，泉水甘甜，土地肥沃，草木茂盛，人烟稀少。有人说："是说它处在两山环绕之中，所以叫'盘'。"有人说："这个谷，所处幽静而山势险阻，是隐居的人盘桓遨游的地方。"我的友人李愿就隐居在这里。

愿之言曰："人之称大丈夫者，我知之矣。利泽施于人，名声昭于时。坐于庙朝[1]，进退百官，而佐天子出令。其在外，则树旗旄[2]，罗弓矢，武夫前呵，从者塞途，供给之人，各执其物，夹道而疾驰。喜有赏，怒有刑。才俊满前，道古今而誉盛德，入耳而不烦。曲眉丰颊，清声而便体[3]，秀外而惠中[4]，飘轻裾[5]，翳长袖[6]，粉白黛绿者，列屋而闲居，妒宠而负恃，争妍而取怜。大丈夫之遇知于天子，用力于当世者之所为也。吾非恶此而逃之[7]，是有命焉，不可幸而致也。

【注释】

①庙：这里指帝王的宗庙，是古代帝王祭祀和议事的地方。

②旄(máo):古代用牦牛尾装饰的旗子。

③便(pián)体:体态轻盈。

④惠:通“慧”。

⑤裾(jū):衣襟。

⑥翳:通“曳(yè)”,拖着。

⑦恶(wù):厌恶。

【译文】

李愿的话是这样说的:“人们称之为大丈夫的,我太了解他们了。他们将利益像雨露那样施及于人,让名望声誉在当世广泛传播。他们坐在庙堂朝廷之上,任免升降官员,辅佐天子发号施令。到了外地,就树起旗子,张开弓箭,武士在前面吆喝开路,随从人员塞满了道路,供应服侍的人,各自拿着东西,在道路两旁飞跑。高兴了就要赐赏,生气了就要施惩罚。很多才俊之士挤满跟前,谈古论今赞扬他盛大的功德,教人听起来很入耳而不会厌烦。还有眉毛弯弯脸庞丰满的美人儿们,声音清越,体态轻盈,容颜秀美,心思聪颖,裙裾飘扬,长袖善舞,略施粉黛,舒舒服服地住在一排排房子里,她们互相忌妒,自负色艺,斗美争妍以博取怜爱。这就是那些受到天子赏识、在当代掌权的大丈夫的所作所为啊。我倒不是厌恶这些而故意逃避,只是命由天定,不是我凭侥幸就能得到的。

“穷居而野处,升高而望远,坐茂树以终日,濯清泉以自洁①。采于山,美可茹②,钓于水,鲜可食。起居无时,惟适之安。与其有誉于前,孰若无毁于其后;与其有乐于身,孰若无忧于其心。车服不维③,刀锯不加,理乱不知,黜陟不闻④。大丈夫不遇于时者之所为也,我则行之。

【注释】

①濯(zhuó):洗涤。

②茹(rú):吃。

③车服:车马与礼服。

④黜陟(chù zhì):指人才的进退,官吏的升降。

【译文】

"过着贫寒生活,居住在山野之间,登高远眺,终日坐在茂密的树林里,用清澈的泉水洗涤使得自身净洁。从山上采摘的果蔬新鲜可口,从水里钓到的鱼虾鲜美入味。作息不需要定时,只考虑舒适就行了。与其当面被人赞誉,不如背后不被人毁谤;与其身体享受快乐,不如内心毫无忧虑。不受车马和礼服的束缚,也不遭刀锯刑戮的惩罚,不了解天下是治是乱,也听不到百官是贬是升。这是那些不得志的大丈夫的作为,我效法这样的行为。

"伺候于公卿之门,奔走于形势之途,足将进而趑趄[①],口将言而嗫嚅[②],处污秽而不羞,触刑辟而诛戮[③],徼幸于万一[④],老死而后止者,其于为人贤不肖何如也?"

【注释】

①趑趄(zī jū):犹豫不前的样子。

②嗫嚅(niè rú):想说而又吞吞吐吐不敢说出来。

③刑辟(pì):刑法,刑律。诛:惩罚,杀戮。

④徼(jiǎo)幸:侥幸。

【译文】

"还有人在公卿大夫的门前伺候着,在势利途中来回奔走,刚要迈出脚又犹豫不敢前,刚想张开口又吞吞吐吐不敢说,处于污秽之中却不知羞愧,触犯了刑律将要遭到诛戮,期望侥幸能够万一如愿,直到老死才罢休，这样做人，好还是不好如何评价呢？”

昌黎韩愈，闻其言而壮之，与之酒而为之歌曰：“盘之中，维子之宫。盘之土，可以稼[①]。盘之泉，可濯可沿[②]。盘之阻，谁争子所？窈而深[③]，廓其有容[④]；缭而曲，如往而复。嗟盘之乐兮，乐且无央。虎豹远迹兮，蛟龙遁藏。鬼神守护兮，呵禁不祥。饮且食兮寿而康，无不足兮奚所望？膏吾车兮秣吾马[⑤]，从子于盘兮，终吾生以徜徉[⑥]。”

【注释】

①稼：种植谷物，亦泛指农业劳动。

②沿：沿水边游览。

③窈（yǎo）：深远，幽静。

④廓：广阔。

⑤膏：给车轴上油。

⑥徜徉（cháng yáng）：安闲自得的样子。

【译文】

昌黎韩愈，听了以后认为他的这些话很豪迈，为他斟酒作歌道：“盘谷之中，有您的居所。盘谷的土地，可供您种植。盘谷的清泉，可以洗涤也可以游览。盘谷山势险阻，谁会来争夺您的地盘？盘谷幽深，广阔而能包容；盘谷弯弯，像是走出去了又绕回原点。哎呀！盘谷的乐趣啊，快乐无边。虎豹躲得远远的啊，蛟龙也逃走深藏。有鬼神守护啊，呵斥禁止不祥。有吃有喝啊健康长寿，没有不满足的啊又有什么奢望？给我的车轴上好油啊喂好我的马，跟随您去盘谷啊，终生在那里栖息徜徉。”

送董邵南序

【题解】

董邵南，寿州安丰(今安徽寿县西南)人。安史之乱后，河北各藩镇势力纷纷招揽贤才，董邵南前往谋求出路，韩愈因此写序赠行。序中对董邵南不能得志于朝廷只好北投的举动不无惋惜，同时委婉地提出自己的建议。文章寄寓深远，言短而意长。

燕、赵古称多感慨悲歌之士[①]。董生举进士[②]，连不得志于有司[③]，怀抱利器[④]，郁郁适兹土，吾知其必有合也。董生勉乎哉！

【注释】

①燕、赵：古国名。燕国辖今河北、辽宁一带，赵国辖今河北、山西一带。这里指当时的河北地区。

②董生：董邵南。生，旧时对读书人的通称。

③有司：官吏。这里指主考官。

④利器：锋利的兵器。此处比喻杰出的才能。

【译文】

自古以来，河北一带涌现出很多慷慨悲歌的壮士。董生参加进士科考试，连着几年都没有被主考官录取，只好怀抱杰出的才能，郁郁不欢地到河北那个地方去，我想他在那里总该有比较好的际遇吧。董生你可要勉力啊！

夫以子之不遇时，苟慕义强仁者[①]，皆爱惜焉，矧燕赵之士出乎其性者哉[②]？然吾尝闻风俗与化移易，吾恶知其今不异于古所云邪[3]？聊以吾子之行卜之也[4]。董生勉乎哉！

【注释】

①强：勉力做到。

②矧(shěn)：况且。

③恶(wū)：怎么。

④吾子：古时对人的尊称，可译为“您”。

【译文】

像您这样怀才不遇，只要是思慕仁义实行仁义的人，都会爱护您的，何况燕赵一带的豪杰之士，他们思慕仁义实行仁义是出于本性呢？但是我也曾听说社会风俗会随着教化而改变，我怎能知道它今天和古代所说的没有差别呢？姑且通过您这次旅行来判断吧。董生啊，勉力啊！

吾因之有所感矣。为我吊望诸君之墓[1]，而观于其市，复有昔时屠狗者乎[2]？为我谢曰：“明天子在上[3]，可以出而仕矣！”

【注释】

①望诸君：乐毅，战国时赵人。曾佐燕昭王破齐，晚年避祸归赵，封于观津(在今河北武邑东南)，称望诸君。

②屠狗者：指高渐离，据《史记·刺客列传》载，高渐离曾以屠狗为业。荆轲刺秦王未遂被杀，高渐离替他报仇，也未遂而死。

③明天子：指唐宪宗。

【译文】

我对您的出行不禁有些感慨。请您到了河北以后为我去凭吊一下望诸君乐毅的坟墓，也希望您到集市上去看看，还有没有像古代那种靠卖狗肉度日的慷慨悲歌之士呢？请替我向他们致意："当今圣明的天子在位，可以出来报效国家啦！"

送杨少尹序

【题解】

杨少尹，名巨源，蒲州（今山西永济）人。他辞官返乡时，韩愈写作此文赠别。文中将他与汉代年老辞官的疏广、疏受相比，衷心赞誉他不贪恋爵禄的美德。表意含蓄而文辞流畅，抑扬婉转。

昔疏广、受二子①，以年老，一朝辞位而去。于时公卿设供张②，祖道都门外③，车数百两④。道路观者，多叹息泣下，共言其贤。汉史既传其事，而后世工画者又图其迹⑤，至今照人耳目，赫赫若前日事⑥。

【注释】

①疏广：西汉时曾为太子太傅。受：疏受，疏广的侄子，与疏受同时为太子少傅。子：古时对男子的尊称。

②公卿：指三公九卿，亦泛指高官。供张（gòng zhàng）：亦作"供帐"，陈设帷帐等用具。供，陈设。张，同"帐"。

③祖道：在道旁祭祀路神并设宴饯行。

④两：同"辆"，量词，用于车辆。

⑤工：擅长。图：画。

⑥赫赫：显赫的样子。

【译文】

从前疏广、疏受两位先生,因为年老,就在某一天一同辞官离开朝廷。当时公卿大臣为他们饯行,在城门外摆帐设宴,送行的车子有几百辆。路边围观的人,多为他们叹息落泪,纷纷称道他们的贤德。汉代史书已经记载了他们的事迹,后世工于绘画的人,又把当时的情景画成了图像,时至今日还那么光彩照人,就像发生在几天前的事情一样。

国子司业杨君巨源①,方以能《诗》训后进②,一旦以年满七十,亦白丞相去归其乡③。世常说古今人不相及,今杨与二疏,其意岂异也?

【注释】

①国子司业:即国子监的副主管官。

②方:始。

③白:报告。

【译文】

国子司业杨巨源先生,起先以自己精通的《诗经》学在国子监教授学生,年纪一满七十,也禀告丞相请求辞职回归故乡。世人常说今人不能与古人相比,如今杨先生与二疏相比,他们的心意难道有什么不同吗?

予忝在公卿后①,遇病不能出。不知杨侯去时②,城门外送者几人、车几两、马几匹,道边观者亦有叹息知其为贤与否?而太史氏又能张大其事③,为传继二疏踪迹否?不落莫否④?见今世无工画者,而画与不画,固不论也⑤。然吾闻杨侯之去,丞相有爱而惜之者,白以为其都少尹⑥,不绝其禄。又为歌诗以劝之⑦,京师之长于诗者,亦属而和之⑧。又不知当时二疏之去，有是事否？古今人同不同未可知也。

【注释】

①忝(tiǎn)：有愧于。用作谦辞。

②侯：古时士大夫之间的尊称。去：离开。

③太史氏：史官。张大：广泛宣扬。

④落莫：冷落，寂寞。莫，通“寞”。

⑤固：先，姑且。

⑥少尹：唐代中期所置的官，相当于郡守的副官。

⑦劝：劝勉，鼓励。

⑧属(zhǔ)：做文章。和(hè)：应和。

【译文】

我惭愧地列在公卿后面，当时正赶上有病没能出去送行。不知道杨君离京的时候，城门外送别的，有多少人、多少辆车、多少匹马？路边围观的人中是不是也有知道他是贤人而赞叹的？当朝史官能不能广泛宣扬这件事，为他立传以继承二疏的事迹呢？使他不至于受到冷落呢？如今世上没有工于绘画的人，画不画成图像，姑且不去管它。但是，我听说杨君离京的时候，有丞相曾表示赏识和惋惜，上奏皇上让他担任他家乡河中府的少尹，不中断他的俸禄。丞相还写诗勉励他，京城那些擅长写诗的人，也都做诗奉和。也不知道当年二疏离开京城的时候，有没有这样的事情？古人和今人相同还是不同，是不能确切了解的。

中世士大夫以官为家，罢则无所于归①。杨侯始冠②，举于其乡③，歌《鹿鸣》而来也④。今之归，指其树曰：“某树吾先人之所种也。某水某丘，吾童子时所钓游也。”乡人莫不加敬，诫子孙以杨侯不去其乡为法⑤。古之所谓乡先生，没而可祭于社者⑥,其在斯人欤?其在斯人欤?

【注释】

①于:动词词头,无实义。

②冠:古代男子二十岁时,行冠礼以示成年。

③举:通过科举考试。乡:指乡试。

④《鹿鸣》:出自《诗经·小雅》,是宴享宾客时所用的诗歌。唐代乡举考试后,州县长官要宴请中举的人,宴会上歌唱《鹿鸣》之诗,后因称“鹿鸣宴”。

⑤法:法式,楷模。

⑥没:通“殁(mò)”,死。社:土地神。这里指祭祀社神的地方。

【译文】

中古时候的士大夫以官府为家,一旦离职就无处可归。杨君刚成年的时候,就通过乡试中举,家乡人歌唱《鹿鸣》之诗欢送他来京。如今他回家乡去,指着家乡的树木说:“那棵树是我先人种的。那条河、那个山丘,是我童年时钓鱼玩耍的地方。”家乡人无不更加敬重他,告诫子孙以杨君不离开故乡作为学习的榜样。古代所说的“乡先生”,死后可以在社庙里受祭的人,可能就是杨君这样的人吧?可能就是杨君这样的人吧?

送石处士序

【题解】

元和五年(810)四月,乌重胤就任河阳军节度使,马上访求贤才,共济国是,随即归隐洛北的处士石洪应邀出山,东都士人作诗饯别,邀请韩愈作序赠之。序中韩愈道明原委,期望乌、石二人同舟共济,合作成功。文章以议论叙事,层层转折,意义深刻。

河阳军节度、御史大夫乌公为节度之三月[①]，求士于从事之贤者[②]。有荐石先生者[③]。公曰："先生何如？"曰："先生居嵩、邙、瀍、穀之间[④]，冬一裘[⑤]，夏一葛[⑥]。食，朝夕饭一盂、蔬一盘[⑦]。人与之钱，则辞[⑧]，请与出游，未尝以事免[⑨]，劝之仕，不应。坐一室，左右图书。与之语道理，辨古今事当否，论人高下，事后当成败，若河决下流而东注，若驷马驾轻车、就熟路[⑩]，而王良、造父为之先后也[⑪]，若烛照，数计而龟卜也[⑫]。"大夫曰："先生有以自老，无求于人，其肯为某来邪？"从事曰："大夫文武忠孝，求士为国，不私于家。方今寇聚于恒[⑬]，师环其疆，农不耕收，财粟殚亡[⑭]。吾所处地，归输之涂[⑮]，治法征谋[⑯]，宜有所出。先生仁且勇，若以义请而强委重焉，其何说之辞？"于是撰书词，具马币[⑰]，卜日以受使者，求先生之庐而请焉。

【注释】

①乌公：即乌重胤。唐元和五年(810)，升任河阳节度使、御史大夫。河阳军，治所在今河南孟州南，因节度使的辖区也是军区，故称河阳军。

②士：古时指有节操、有学问之人。从事：古时由州府长官自行招募任免的僚属称"从事"。

③石先生：石洪，河阳人。曾做过黄州录事参军，后回到河阳隐居。乌重胤到河阳后，召他为幕僚，又奉诏为昭应尉、集贤校理。

④嵩、邙(máng)：二山都在今河南。瀍(chán)、穀：二水都源出于河南，并在洛阳与洛水会合。

⑤裘：用毛皮做的衣服。

⑥葛：用葛织布做的衣服。

⑦盂:一种圆口的器皿。

⑧辞:谢绝。

⑨免:这里指推脱。

⑩驷马:一车套四匹马。

⑪王良:春秋时晋国善于驾车的人。造父(fǔ):周代善于驾车的人,为周穆王驾车。

⑫数计:用蓍草计数算卦。龟卜:用龟甲占卜。

⑬恒:指恒州,治所在今河北正定,属当时成德军。元和四年,成德节度使王士真死,其子王承宗反叛,第二年唐宪宗被迫任命王承宗为成德节度使。

⑭殚:尽。亡(wú):无。

⑮涂:同“途”,道路。

⑯治法征谋:治兵之法,征讨之谋。

⑰币:帛。

【译文】

河阳军节度使、御史大夫乌公,担任节度使后的第三个月,就在贤能的僚属中访求人才。有人推荐石先生。乌公问:“石先生怎么样?”回答说:“石先生住在嵩、邙二山和瀍、穀二水之间,冬天穿一件毛皮大衣,夏天穿一身葛布衣服。早晚吃饭,只有一碗饭、一盘蔬菜。别人送钱给他,他辞谢不收;邀请他一起出游,从不借故推脱;劝他出来做官,他不肯答应。他经常在一间房子里坐着,身旁全是图书。和他谈论道理,辨析古今事件正确与否,评论人物的高下,预测事情的成败,他言语滔滔不绝,就像河水决堤向东奔流而下那样,就像四匹良马拉着轻便的马车行驶在熟悉的道路上,又是王良、造父那样的驾车高手在前后驾驶着,就像灯光照耀那样明察幽微,就像用蓍草算卦、用龟甲占卜那样准确灵验。”乌大夫说:“石先生志在隐居终老,不求于人,他肯为我出山吗?”僚属说:“大夫您能文能武,忠孝两全,是为国家搜罗人才,不是为自己。

如今叛贼在恒州盘踞，军队在边界驻扎，农夫不能耕种收获，财空粮尽。我们所处的地方，是输送军需粮草的必经之路，如何治理、伐叛，确实应该有人出谋划策。石先生仁爱而而又勇敢，若是用大义去聘请他，并执意委以重任，他还能用什么话来推辞呢?”于是写好礼聘的书信，准备了马匹和礼物，选个黄道吉日交付使者，寻访石先生的住处，恳请他出山。

先生不告于妻子，不谋于朋友，冠带出见客，拜受书礼于门内。宵则沐浴，戒行李①，载书册，问道所由，告行于常所来往。晨则毕至张上东门外②，酒三行，且起，有执爵而言者曰③：“大夫真能以义取人，先生真能以道自任，决去就。为先生别!”又酌而祝曰：“凡去就出处何常？惟义之归④。遂以为先生寿!”又酌而祝曰：“使大夫恒无变其初，无务富其家而饥其师，无甘受佞人而外敬正士⑤，无昧于谄言⑥，惟先生是听，以能有成功，保天子之宠命。”又祝曰：“使先生无图利于大夫，而私便其身图。”先生起拜祝辞曰：“敢不敬早夜以求从祝规⑦!”于是东都之人士咸知大夫与先生果能相与以有成也。遂各为歌诗六韵⑧，遣愈为之序云。

【注释】

①戒：准备。

②张(zhàng)：供张，为宴会设置器具。上东门：洛阳城门。

③爵：酒器。

④惟义之归：即“惟归义”。归，归向，依据。

⑤佞(nìng)人：擅长以巧言献媚的人。

⑥昧：昏暗。谄言：奉承的话。

⑦祝：祝愿。规：规劝。

⑧六韵：六次押韵。古诗一般隔行押韵，六韵即为十二行诗。

【译文】

石先生不告诉妻子儿女，没有跟朋友商量，戴冠束带出来见客，在屋里恭恭敬敬地接受了书信和礼物。当夜就沐浴更衣，打点行李，装载书籍，问明道路怎么走，向日常来往的朋友告别。第二天早上，朋友们都前来送行，在上东门外为他设宴饯行，酒过三巡，石先生就要动身的时候，有人举杯祝辞说："乌大夫真能以大义取人，石先生真能担当道义，决定自己的进退。这杯酒为先生您送别！"又有人斟酒祝道："做官还是隐居，哪有什么一定的准则？唯有归向义啊。我就用这杯酒祝先生长寿！"又有人斟酒祝道："希望乌大夫永远不要改变初衷，不要只顾发家致富而让士兵挨饿，不要内心喜欢花言巧语之徒，只在表面上敬重正直之士，不要被奉承的话所蒙蔽，而能一心听从先生的意见，以求成功，保全天子所恩赐的光荣使命。"又有人祝道："希望先生不要在大夫那里图谋私利，假公济私满足个人的私欲。"石先生站起来答辞说："我怎敢不恭恭敬敬、无时无刻都按照各位嘱咐的去做！"于是东都洛阳的人都知道乌大夫与石先生一定能相互配合而有所成就。在座的人便各赋诗六韵，派我韩愈为它们写了这篇序文。

送温处士赴河阳军序

【题解】

该篇和前面的《送石处士序》为姊妹篇，却别开生面。石处士石洪被河阳军节度使乌重胤征聘去之后过了几个月，温处士温造也被乌大夫征聘而去。作者匠心独运，用比喻和反衬代替正面称颂乌大夫的知人善任及温处士的才能出众，读来别有意趣。

伯乐一过冀北之野①，而马群遂空。夫冀北马多天下，伯乐虽善知马，安能空其群邪？解之者曰：“吾所谓‘空’，非无马也，无良马也。伯乐知马，遇其良，辄取之，群无留良焉。苟无良[2]，虽谓无马，不为虚语矣。”

【注释】

①伯乐：相传春秋时秦国人，名孙阳，以善相马著称。现在引申为善于发现、推荐、培养和使用人才的人。冀：古九州之一，指今河北一带。

②苟：如果。

【译文】

伯乐一经过冀北的原野，那里的马群就空了。冀北是天下产马最多的地方，伯乐虽然善于识马，又怎么能使马群空了呢？解释的人说：“我所讲的‘空’，不是说没有马，而是说没有良马。伯乐善于识马，一遇到良马，马上就把它挑走，马群中就留不下良马了。假如没有良马，就算说没有马，也不算瞎说啊。”

东都[1]，固士大夫之冀北也。恃才能深藏而不市者[2]，洛之北涯曰石生[3]，其南涯曰温生[4]。大夫乌公以𫓧钺镇河阳之三月[5]，以石生为才，以礼为罗[6]，罗而致之幕下[7]。未数月也，以温生为才，于是以石生为媒，以礼为罗，又罗而致之幕下。东都虽信多才士[8]，朝取一人焉，拔其尤[9]，暮取一人焉，拔其尤。自居守、河南尹以及百司之执事[10]，与吾辈二县之大夫，政有所不通，事有所可疑，奚所谘而处焉[11]？士大夫之去位而巷处者，谁与嬉游？小子后生，于何考德而问业焉？缙绅之东西行过是都者[12]，无所礼于其庐[13]。若是而称曰:大夫乌公一镇河阳,而东都处士之庐无人焉,岂不可也?

【注释】

①东都:指洛阳。

②市:做买卖。这里指出仕,求官。

③石生:石洪,河阳(今河南孟州南)人。

④温生:温造,并州(即今山西太原附近)人,曾隐居于洛阳一带。

⑤乌公:即乌重胤。铁钺(fū yuè):一种杀人的刑具。这里指掌有军权的节度使。河阳:在今河南孟州南。

⑥罗:网罗。这里指招纳人才的手段。

⑦幕下:幕府中。幕,幕府,古代将帅的幕僚机构。

⑧信:确实。

⑨尤:突出的。

⑩居守:指东都留守。河南尹:河南府长官。司:官署。

⑪奚所:哪里。

⑫缙(jìn)绅:原意是插笏(古代朝会时官宦所执的手板,有事就写在上面,以备遗忘)于带,旧时官宦的装束,转用为官宦的代称。缙,也写作"搢",插。绅,束在衣服外面的大带子。

⑬礼:这里指谒见,拜访。

【译文】

东都洛阳,本来就是士大夫聚集的地方,犹如多产良马的"冀北"。才能出众而隐居不肯出仕的,洛水的北边住着一位石先生,洛水的南边住着一个温先生。御史大夫乌公,以节度使的身份镇守河阳的第三个月,认为石先生是个人才,就备办礼物,把他网罗到自己幕下。没过几个月,又相中温先生是个人才,于是通过石先生的介绍,备办礼物,又把他网罗到自己幕下。东都洛阳虽然确实人才济济,但早上挑走一个,选拔了其中的顶尖人才;晚上挑走一个,又选拔了其中的顶尖人才。因此，从东都留守、河南尹及各个部门的官员，到我们这两县的官员，如果处理政事碰到障碍，遇事有了疑难，到哪儿去咨询从而使问题得到处理呢？离职闲居在家的士大夫，和谁嬉戏交游呢？后辈晚学，到哪儿去考核德行并请教学业呢？东西往来经过洛阳的官员，也无法登门拜访了。遇到类似的情况，就说：御史大夫乌公一镇守河阳，而东都隐居者的住所就没有人才了，难道不可以吗？

夫南面而听天下[①]，其所托重而恃力者惟相与将耳。相为天子得人于朝廷，将为天子得文武士于幕下，求内外无治，不可得也。愈縻于兹[②]，不能自引去，资二生以待老[③]。今皆为有力者夺之，其何能无介然于怀邪[④]？生既至，拜公于军门，其为吾以前所称，为天下贺，以后所称，为吾致私怨于尽取也[⑤]。留守相公，首为四韵诗歌其事[⑥]，愈因推其意而序之。

【注释】

①南面：这里指皇帝。古代以坐北朝南为尊位，皇帝见群臣时面南而坐。听：治理。

②縻(mí)：羁留。

③资：依赖。

④介然：耿耿于怀。

⑤致：转达，表示。

⑥四韵：古诗隔行押韵，故此指八行诗。

【译文】

帝王朝南而坐治理天下，他所倚重而依靠其出力的只有宰相与大将而已。宰相为天子搜罗人才到朝廷，大将为天子搜罗文人武士到幕下,这样的话,国家内外得不到治理,那是不可能的。我羁留在此做县令,不能自行引退,依靠石、温二位先生的帮助而终老。现在他们都被有权力的人夺走了,怎能不使我耿耿于怀呢?温先生到后,在军门拜见乌公,就像我前面所说的那样,应该为国家庆贺得到了这样的人才;就像我后面所说的那样,替我抱怨本地的人才都被选空了。东都留守相公,首先做诗四韵颂扬这件事,我就势顺承他的意思写了这篇序文。

祭十二郎文

【题解】

祭文本为韵文,这篇韩愈为亡侄韩老成而写的祭文却用的是散体。文中韩愈呜咽着追叙自己和侄子幼年的孤苦伶仃、成年后的东奔西走、聚日无多,以及得知侄子死讯时极度哀痛的心情,正如后人所说:“是祭文变体,亦是祭文绝调。”(沈德潜《唐宋八大家文钞》)“读此等文,须想其一面哭、一面写,字字是血,字字是泪。未尝有意为文而文无不工,祭文中千年绝调。”(吴楚材、吴调侯)

年、月、日,季父愈闻汝丧之七日①,乃能衔哀致诚,使建中远具时羞之奠②,告汝十二郎之灵③:

【注释】

①季父:最小的叔父。

②羞:同“馐”,美味的食品。

③十二郎:韩愈次兄韩介之子韩老成,过继给其长兄韩会,因在族中排行十二,故称十二郎。

【译文】

某年某月某日，小叔叔韩愈在得到你去世消息的第七天，才能忍着哀痛倾吐衷情，派建中远路赶去，备办些时鲜祭品，在十二郎灵前祷告：

呜呼！吾少孤[1]，及长，不省所怙[2]，惟兄嫂是依。中年，兄殁南方[3]，吾与汝俱幼，从嫂归葬河阳[4]。既又与汝就食江南，零丁孤苦，未尝一日相离也。吾上有三兄，皆不幸早世，承先人后者，在孙惟汝，在子惟吾，两世一身，形单影只。嫂尝抚汝指吾而言曰："韩氏两世，惟此而已！"汝时尤小，当不复记忆，吾时虽能记忆，亦未知其言之悲也。

【注释】

①孤：幼年丧父。

②省(xǐng)：知道。怙(hù)：依靠。《诗经·小雅·蓼莪(lù'é)》里有"无父何怙"，后来就常用来形容对父亲的依靠。

③殁(mò)：死。

④河阳：在今河南孟州。

【译文】

唉！我从小就成了孤儿，等到长大，连父亲的模样都记不清了，唯有依靠哥哥和嫂嫂。哥哥才到中年，就死在南方，我和你都年幼，跟着嫂嫂把哥哥的灵柩送回河阳安葬。后来又和你到江南宣州谋生，虽然孤苦伶仃，但和你没有一天分开过。我上面有三个哥哥，都不幸早死，承续先人后代的，在孙子辈中只有你一人，在儿子辈中只有我一人，两代都只剩下一人，身子孤单，影子也孤单。嫂嫂曾经一手抚摸着你、一手指着我说："韩家两代人，就只有你们俩了！"你当时更小，可能没有留下什么记忆，我虽然能记得，但当时并没有体会嫂嫂的话有多么悲辛。

吾年十九，始来京城。其后四年，而归视汝[①]。又四年，吾往河阳省坟墓[②]，遇汝从嫂丧来葬。又二年，吾佐董丞相于汴州[③]，汝来省吾，止一岁，请归取其孥[④]。明年，丞相薨，吾去汴州，汝不果来。是年，吾佐戎徐州[⑤]，使取汝者始行，吾又罢去，汝又不果来。吾念汝从于东，东亦客也[⑥]，不可以久。图久远者，莫如西归[⑦]，将成家而致汝[⑧]。呜呼！孰谓汝遽去吾而殁乎[⑨]！吾与汝俱少年，以为虽暂相别，终当久相与处，故舍汝而旅食京师，以求斗斛之禄。诚知其如此，虽万乘之公相，吾不以一日辍汝而就也[⑩]！

【注释】

①视：探望。

②省（xǐng）：多指对长辈的探望。

③董丞相：指董晋。曾任御史中丞、御史大夫，兼任过汴州刺史。汴州，州治在今河南开封。

④孥（nú）：妻子儿女的统称。

⑤佐戎：辅佐军事。韩愈当时在徐州任节度推官。徐州：即今江苏徐州。

⑥东：指汴州、徐州。

⑦西：指河阳。

⑧致汝：接你来。

⑨遽（jù）：突然。

⑩辍：停止。这里指离开。就：就职，上任。

【译文】

我十九岁那年，初次来到京城。之后四年，我回宣州去看你。又过了四年，我到河阳扫墓，碰上你送我嫂嫂的灵柩来安葬。又过了两年，我在汴州辅佐董丞相，你来探望我，住了一年，你要求回去接家眷。第二年，董丞相去世，我离开汴州，你也最终没有来汴州。这一年，我在徐州助理军务，派去接你的人刚出发，我又离职，你又没有来成。我想就算你跟我到东方，东方我们也是客居，不能长久的。作长远打算，不如回到西边，我想先安好家，然后接你来。唉！谁能料到你突然离开我去世了呢！我和你都还年轻，以为虽然暂时分离，终会长久在一起的，所以才放下你跑到京城谋生，指望挣斗斛禄粮的薪俸。要是早知道会是这样的结果，就算给我帝王的宰相职位，我也不愿离开你一天而去就任啊！

去年，孟东野往①，吾书与汝曰："吾年未四十，而视茫茫，而发苍苍，而齿牙动摇。念诸父与诸兄，皆康强而早世，如吾之衰者，其能久存乎？吾不可去，汝不肯来，恐旦暮死，而汝抱无涯之戚也。"孰谓少者殁而长者存，强者夭而病者全乎？呜呼！其信然邪②？其梦邪？其传之非其真邪？信也，吾兄之盛德而夭其嗣乎？汝之纯明而不克蒙其泽乎？少者强者而夭殁、长者衰者而存全乎？未可以为信也！梦也，传之非其真也！东野之书、耿兰之报③，何为而在吾侧也？呜呼！其信然矣！吾兄之盛德而夭其嗣矣！汝之纯明宜业其家者④，不克蒙其泽矣！所谓天者诚难测，而神者诚难明矣！所谓理者不可推，而寿者不可知矣！

【注释】

①孟东野：孟郊字东野，唐代著名诗人。

②其：选择副词，相当于"是……还是……"。

③耿兰：十二郎的仆人。

④业：继承。

【译文】

去年孟东野去你那边，我让他捎信给你说："我年纪虽然还不到四十，却已两眼昏花，头发斑白，牙齿也松动了。想到我的叔伯们和兄长们，都身体好好的就过早地去世，像我这样衰弱的人，怎么能长久地活着呢？我离不开，你又不肯来，生怕我早晚死去，而你将要抱着无边的悲哀。"谁料年轻的死了而年长的还活着，强壮的夭折了而病弱的却保全了呢？唉！这是真的呢？还是做梦呢？还是传来的消息不真实呢？如果是真的，我哥哥品德高尚但是他的儿子却会短命吗？你这样纯洁聪明却不能蒙受先人的恩泽吗？年轻强壮的反而夭折，年长衰弱的反而健在吗？这是不能让人相信的啊！这是梦吧？传来的消息有误吧！可是，东野的信、耿兰的报丧，为什么又明明就在我身边呢？唉！这是真的啊！我哥哥品德美好反而儿子夭折了啊！你纯洁聪明理当继承他的家业，却不能承受先人的恩泽了啊！所谓天，实在猜不透；所谓神，实在是不明察啊！所谓理，实在不能推究；所谓寿，根本不可预知啊！

虽然，吾自今年来，苍苍者或化而为白矣，动摇者或脱而落矣，毛血日益衰，志气日益微，几何不从汝而死也！死而有知，其几何离？其无知，悲不几时，而不悲者无穷期矣！汝之子始十岁，吾之子始五岁，少而强者不可保，如此孩提者[①]，又可冀其成立邪？呜呼哀哉！呜呼哀哉！

【注释】

①孩提：指幼儿。

【译文】

尽管如此，我从今年以来，斑白的头发有的已经全白了，松动的牙齿有的已经脱落了，气血一天天衰弱，精神一天天减退，要不了多久就随你死去了！死后如果有知觉，那我们还能分离多久呢？如果没有知觉，那我哀伤的时间也就不会长久，而不哀伤的日子倒是没有尽头啊！你的儿子才十岁，我的儿子才五岁，年轻强壮的都保不住，这样的小孩子，还能期望他们长大成人吗？唉！真是悲哀啊！真是悲哀啊！

汝去年书云："比得软脚病①，往往而剧。"吾曰："是疾也，江南之人常常有之。"未始以为忧也。呜呼！其竟以此而殒其生乎②？抑别有疾而致斯乎③？汝之书，六月十七日也。东野云，汝殁以六月二日，耿兰之报无月日。盖东野之使者，不知问家人以月日，如耿兰之报，不知当言月日。东野与吾书，乃问使者，使者妄称以应之耳。其然乎？其不然乎？

【注释】

①比：最近。软脚病：即脚气病。这种病从脚起，足胫肿大，浑身软弱无力。

②殒(yǔn)：死亡。

③抑：表示选择，相当于或是、还是。

【译文】

你去年的来信说："最近得了脚气病，时常犯得很厉害。"我回信说："这种病，江南人经常得的。"并没有为此担心。唉！难道竟然是这种病让你丧命的吗？还是有别的重病导致这样的呢？你的信，是六月十七日写的。东野信上说，你死在六月二日；耿兰报丧时没说你死的月日。可能东野的使者不知道向你的家人问明死期，而像耿兰报丧那样，不知道要说明死期。东野给我写信时，曾向使者问过死期，使者不过随口乱说罢了。是这样吗？不是这样吗？

今吾使建中祭汝，吊汝之孤与汝之乳母。彼有食可守以待终丧[1]，则待终丧而取以来；如不能守以终丧，则遂取以来。其余奴婢，并令守汝丧。吾力能改葬，终葬汝于先人之兆[2]，然后惟其所愿。呜呼！汝病吾不知时，汝殁吾不知日，生不能相养以共居，殁不能抚汝以尽哀，敛不凭其棺[3]，窆不临其穴[4]，吾行负神明，而使汝夭，不孝不慈，而不得与汝相养以生、相守以死。一在天之涯，一在地之角，生而影不与吾形相依，死而魂不与吾梦相接，吾实为之，其又何尤！彼苍者天，曷其有极[5]！

【注释】

①终丧：服满父母去世后三年之丧。

②兆：墓地。

③敛：通"殓"，把尸体装入棺材。

④窆(biǎn)：落葬。

⑤曷(hé)：何。

【译文】

如今我派建中来祭奠你，慰问你的儿子和你的奶妈。他们如果有粮食可以守灵到三年丧满，就等丧满后再接他们来；如果无法守满丧期，就马上把他们接来。其余的奴婢，都让他们为你守丧。等到我有能力改葬时，一定把你的灵柩从宣州迁回老家祖先的墓地，此后这些奴婢的去留，听其自愿。唉！你生病我不知道时间，你去世我也不了解日期，你活着时我们不能彼此照应，你死后我又不能抚摸你的遗体致哀，你入殓时我不曾挨着你的棺材，你落葬时我不曾到过你的墓穴，我的行为辜负了神灵,因而使你夭折;我不孝顺不慈爱,因而既不能和你活着彼此照应住在一起,死去相守在一起。我们一个在天涯,一个在地角,你活着影子不能和我的身子相互依偎,你死了灵魂不能和我的梦魂相亲近,这都是我造成的,还能怨谁呢!那苍茫无边的天啊,我的悲哀什么时候才是个头呢!

自今以往,吾其无意于人世矣!当求数顷之田于伊、颍之上[①],以待余年。教吾子与汝子,幸其成;长吾女与汝女,待其嫁。如此而已。呜呼!言有穷而情不可终,汝其知也邪?其不知也邪?呜呼哀哉!尚飨[②]!

【注释】

①伊:伊河,在今河南西部。颍:颍河,在今安徽西部和河南东部,是淮河的支流。

②尚飨(xiǎng):亦作“尚享”。飨,通“享”。

【译文】

从今以后,我对这个世界已没有什么可以留恋的!我打算在伊水、颍水岸边买几顷田,打发我的余生。教育我的儿子和你的儿子,希望他们长大成人;抚养我的女儿和你的女儿,等待她们出嫁。不过如此罢了。唉!话有说完的时候,而哀痛的心情却是没有终了,你知道呢?还是不知道呢?唉!痛心啊!希望你的灵魂来享用祭品啊!

祭鳄鱼文

【题解】

元和十四年(819)韩愈上书《谏迎佛骨表》得罪唐宪宗,被贬为潮州刺史，这是他到任不久后所写。文中韩愈严厉呵责鳄鱼的罪状，一再重申刺史的责任，义正辞严，俨然一封向鳄鱼发出的战斗檄文。

维年月日[①]，潮州刺史韩愈[②]，使军事衙推秦济[③]，以羊一、猪一投恶溪之潭水[④]，以与鳄鱼食，而告之曰：

【注释】

①维：句首语气词。

②潮州：州治在今广东潮安。刺史：唐代州级行政长官。

③军事衙推：唐代节度使、观察使等下属官吏。

④恶溪：指今广东韩江及其上游梅江。

【译文】

某年某月某日，潮州刺史韩愈，派军事衙推官秦济，把一头羊、一头猪投进恶溪的潭水里，把它们给鳄鱼吃，并对鳄鱼说：

昔先王既有天下，列山泽[①]，罔绳擉刃[②]，以除虫蛇恶物为民害者，驱而出之四海之外。及后王德薄，不能远有，则江、汉之间，尚皆弃之以与蛮、夷、楚、越[③]，况潮，岭、海之间[④]，去京师万里哉！鳄鱼之涵淹卵育于此[⑤]，亦固其所。今天子嗣唐位，神圣慈武，四海之外，六合之内[⑥]，皆抚而有之，况禹迹所揜[⑦]，扬州之近地[⑧]，刺史、县令之所治，出贡赋以供天地宗庙百神之祀之壤者哉！鳄鱼其不可与刺史杂处此土也[⑨]！

【注释】

①列：通“迾(liè)”，阻挡。

②罔：同“网”。此处用作动词。擉(chuò)：刺。

③蛮、夷：古时对边远地区少数民族的统称。楚：南方的诸侯国，东周时据有长江、汉水流域的大部分地区。越：东方诸侯国，在今浙江一带。

④岭、海之间：在今湖南、江西、广东、广西边境。海，指南海。

⑤涵淹：隐没，潜伏。

⑥六合：天地上下和四方，犹普天之下。

⑦揜(yǎn)：覆盖。

⑧扬州：古代九州之一，潮州在其境内。

⑨其：这里表示祈使、命令语气。

【译文】

上古帝王拥有天下之后，封锁高山大泽，网捕刀刺，来消除那些危害百姓的毒虫、毒蛇、凶兽，都驱赶到四海之外。后代的帝王德行衰微，不能管辖远方，连长江、汉水之间都扔给蛮、夷、楚、越，何况潮州，在五岭、南海之间，距离京城有万里之遥呢？鳄鱼潜伏在这里繁衍生息，也实在是合适的地方。如今的天子继承了大唐的帝位，神圣、仁慈、威武，四海之外，普天之下，全都在他安抚和领属之下，何况大禹足迹所留、扬州所管辖、刺史县令所治理、交纳贡品和赋税来供应天地宗庙百神祭祀的潮州呢！鳄鱼是不能和刺史一起居住在这片土地上啊！

刺史受天子命，守此土，治此民，而鳄鱼睅然不安溪潭[①]，据处食民、畜、熊、豕、鹿、獐，以肥其身，以种其子孙，与刺史亢拒[②]，争为长雄。刺史虽驽弱，亦安肯为鳄鱼低首下心，伈伈睍睍[③]，为民吏羞，以偷活于此邪？且承天子命以来为吏，固其势不得不与鳄鱼辨。

【注释】

①睅(hàn)然:凶狠的样子。睅,眼睛突出。

②亢:同“抗”,抗拒。

③伈伈(xǐn)睍睍(xiàn):恐惧不敢正视的样子。

【译文】

刺史接受天子的命令,守护这里的土地,治理这里的人民,而鳄鱼却恶狠狠地瞪着眼睛,不安于溪水、潭水,盘踞在这里,吞食人、畜、熊、豕、鹿、獐,来养肥自己,繁衍子孙,与刺史相抗衡,争做一方之主。刺史虽然平庸懦弱,又怎肯在鳄鱼面前俯首帖耳、战战兢兢、给吏民丢脸,在这里苟且偷生呢?况且刺史接受天子的任命来这里为官,形势使得我不得不跟鳄鱼辨明。

鳄鱼有知,其听刺史言:潮之州,大海在其南,鲸、鹏之大[①],虾、蟹之细,无不容归,以生以食,鳄鱼朝发而夕至也。今与鳄鱼约,尽三日,其率丑类南徙于海[②],以避天子之命吏。三日不能,至五日。五日不能,至七日。七日不能,是终不肯徙也,是不有刺史、听从其言也!不然,则是鳄鱼冥顽不灵,刺史虽有言,不闻不知也!夫傲天子之命吏、不听其言、不徙以避之,与冥顽不灵而为民物害者,皆可杀。刺史则选材技吏民,操强弓毒矢,以与鳄鱼从事[③],必尽杀乃止。其无悔!

【注释】

①鹏:传说中的一种大鸟。

②丑类:同义连文,种类,同类。徙(xǐ):迁移。

③从事:办理,处置。这里指战斗、较量。

【译文】

鳄鱼啊！如果你们真有灵性，就听刺史说：潮州这地方，大海在它南边，鲸、鹏一类的大动物，虾、蟹一类的小生物，无不容身、安居在大海里，依靠大海生长、吃喝，你们鳄鱼早晨出发，晚上就可以到达那里了。如今和鳄鱼约定：限你们三天之内，率领同类向南迁到大海里去，避开天子任命的刺史。三天不行的话，就五天。五天不行的话，就七天。如果七天还不行，那就是怎么也不肯搬迁了，那就是眼里没有刺史、不听刺史的话了！否则，那就是鳄鱼愚蠢顽固没有灵性，刺史虽然讲了不少话，你们却听不见、听不明白了！凡是蔑视天子任命的刺史、不听刺史劝诫、不迁走回避刺史，和愚蠢顽劣、不通灵性危害百姓、牲畜的东西，统统都可杀掉。刺史就要挑选武艺高强的吏民，拿着强弓毒箭，和鳄鱼较量，直到斩尽杀绝才罢。你们可不要后悔！

柳子厚墓志铭

【题解】

这是韩愈为柳宗元所写的墓志铭，被誉为“昌黎墓志第一，亦古今墓志第一”（储欣《唐宋八大家类选》）。文中称颂了柳宗元的政治才能和杰出的政绩，及柳宗元对朋友重义气、解放奴婢等事，深深同情他的不幸遭遇。夹叙夹议，情文并茂，深婉有致。

子厚，讳宗元[①]。七世祖庆，为拓跋魏侍中[②]，封济阴公。曾伯祖奭，为唐宰相，与褚遂良、韩瑗俱得罪武后，死高宗朝。皇考讳镇[③]，以事母弃太常博士[④]，求为县令江南[⑤]。其后以不能媚权贵，失御史。权贵人死，乃复拜侍御史[⑥]。号为刚直，所与游皆当世名人。

【注释】

①讳：避讳。在死者名字前加一“讳”字表示尊敬。

②拓跋魏：北魏，鲜卑族拓跋氏所建政权。

③皇考：称呼已故去的父亲，也叫考。

④太常博士：唐太常寺有博士四人，专门讨论谥(shì)法。

⑤县令：县的行政长官。

⑥侍御史：负责纠劾百官、督察郡县及处理御史台内部事务的官。

【译文】

子厚，名宗元。七世祖柳庆，是北魏时的侍中，封济阴公。曾伯祖柳奭，在唐朝曾任宰相，和褚遂良、韩瑗一同得罪了武后，死在高宗朝。父亲柳镇，为了亲自事奉母亲，放弃了太常博士的官职，请求到江南去任县令。后来又因为不能取悦于权贵，失去了殿中侍御史的职位。直到那个权贵死了，才重新被任命为侍御史。以刚直不阿闻名，所交游的都是当时很有名望的人。

子厚少精敏，无不通达。逮其父时，虽少年，已自成人，能取进士第，崭然见头角①，众谓柳氏有子矣。其后以博学宏词授集贤殿正字②。俊杰廉悍③，议论证据今古，出入经史百子，踔厉风发④，率常屈其座人⑤，名声大振，一时皆慕与之交。诸公要人，争欲令出我门下，交口荐誉之⑥。

【注释】

①崭(zhǎn)：高峻，高出。见：同“现”，显示。

②博学宏词：唐代科举所设科目。集贤殿正字：负责刊刻经籍、搜求佚书、校正文字的官员。

③俊：俊秀。杰：出众。廉：廉洁。悍：强悍。

④踔(chuō)厉风发:精神奋发,言论纵横,气势蓬勃。

⑤率:常常。

⑥交口:众口,齐声。

【译文】

子厚小时候就聪明敏捷,没有什么事理不通晓的。当他父亲还健在时,他虽然年轻,已经自立成才,能够考中进士,卓尔不群,显示了出众的才能,大家都说柳家出了个优秀的儿子。以后又参加博学宏词科考试,被任命为集贤殿正字。他俊秀出众,廉洁强悍,发表议论往往引证古今,融会贯通经史百家的学说,意气风发,常常折服在座的人,因此名声大振,一时间人人都想和他交游。那些地位显赫的要人,争着要把他罗致到自己门下,异口同声地称赞举荐他。

贞元十九年①,由蓝田尉拜监察御史②。顺宗即位,拜礼部员外郎③。遇用事者得罪,例出为刺史④。未至,又例贬州司马⑤。居闲益自刻苦,务记览,为词章,泛滥停蓄,为深博无涯涘,而自肆于山水间。元和中⑥,尝例召至京师,又偕出为刺史,而子厚得柳州⑦。既至,叹曰:"是岂不足为政邪?"因其土俗,为设教禁,州人顺赖。其俗以男女质钱⑧,约不时赎,子本相侔⑨,则没为奴婢。子厚与设方计,悉令赎归。其尤贫力不能者,令书其佣,足相当,则使归其质。观察使下其法于他州⑩,比一岁,免而归者且千人。衡、湘以南为进士者,皆以子厚为师。其经承子厚口讲指画为文词者,悉有法度可观。

【注释】

①贞元十九年:803年。贞元,唐德宗年号,785—805年。

②蓝田尉:蓝田县尉,辅佐县令掌管军事。蓝田,在今陕西蓝田。

③礼部员外郎：礼部掌管礼仪的官员。

④例：按例，循例。出：遣出京城。刺史：一州的行政长官。

⑤司马：州刺史的属官。

⑥元和：唐宪宗年号，806—820年。

⑦柳州：州治所在今广西柳州。

⑧以男女质钱：指以子女为贷款的抵押。质，抵押。

⑨子本：利息和本钱。

⑩观察使：考察州县官吏政绩的官。

【译文】

贞元十九年，子厚由蓝田县尉升为监察御史。顺宗即位后，子厚任礼部员外郎。当时遇到当权的人得了罪，他被视为同党按例被遣出京城做州刺史。还没到任，又按例被贬为州司马。子厚职位清闲，更加刻苦上进，专心阅览、记诵，写诗作文，汪洋恣肆就像泛滥的江水、雄厚凝练如同蓄积的湖海，博大精深没有止境，同时尽情地寄情于山水之间。元和年间，曾按例被召回京城，又和其他人一同出京做刺史，子厚被派到柳州。刚到任，他慨叹道："这里难道就不值得做出一番政绩吗？"于是随着当地的风俗，制定了劝谕和禁止的政令，柳州民众都顺从、信赖他。当地风俗：用子女做人质抵押借款，约定到期不能赎回，等到利息和本钱相等时，子女就要沦为债主的奴婢。子厚为借钱的人想方设法，让他们全都能把抵押出去的子女赎回家。其中特别贫穷没有能力赎取的，就让债主记下人质当佣工所应得的酬劳，等到酬劳和借款数额相等时，就要债主归还人质。观察使把这个办法推广到其他州，到一年后，免除了奴婢身份而回到自己家里的就有近千人。衡山、湘江以南考进士的人，都以子厚为老师。那些经过子厚耳提面命指点过的人，所撰写的文章都合乎规范值得借鉴。

其召至京师而复为刺史也，中山刘梦得禹锡亦在遣中[1]，当诣播州[2]。子厚泣曰："播州非人所居，而梦得亲在堂，吾不忍梦得之穷，无辞以白其大人，且万无母子俱往理。"请于朝，将拜疏[3]，愿以柳易播，虽重得罪，死不恨。遇有以梦得事白上者，梦得于是改刺连州[4]。呜呼！士穷乃见节义。今夫平居里巷相慕悦，酒食游戏相征逐[5]，诩诩强笑语以相取下[6]，握手出肺肝相示，指天日涕泣，誓生死不相背负，真若可信。一旦临小利害，仅如毛发比，反眼若不相识，落陷阱，不一引手救，反挤之，又下石焉者，皆是也。此宜禽兽夷狄所不忍为，而其人自视以为得计，闻子厚之风，亦可以少愧矣。

【注释】

①中山：今河北定县。刘梦得禹锡：刘禹锡，字梦得，唐代中期诗人、文学家、哲学家、政治家。

②诣(yì)：往。播州：治所在今贵州遵义。

③疏：向皇帝陈述意见的文书。

④连州：治所在今广东连州。

⑤征：召。逐：追逐。

⑥诩诩：讨好取媚的样子。强(qiǎng)：勉强，做作。相取下：相互装出谦和样。

【译文】

当子厚被召回京城又出京做刺史时，中山人刘梦得禹锡也在遣放之列，应当前往播州作刺史。子厚流泪说道："播州不适宜人居住，而梦得的母亲还健在，我不忍心看到梦得的困窘处境，他也无法向母亲交代，况且也绝没有母子一起去的道理啊。"准备上朝，上疏请求，愿以柳州和播州交换，就算因此再次得罪，虽死无憾。当时正好又有人将梦得的事报告了朝廷，梦得于是得以改为连州刺史。唉！人在困窘时才能表现出他的义气和气节。如今人们平日闲居里巷互相爱慕敬悦，一起吃喝玩乐彼此邀约相随，强颜欢笑表示谦卑友好，频频握手表示肝胆相照，对天发誓，痛哭流涕，表示死也不会相互背弃，似乎像真的一样可信。然而一旦遇到小小的利害冲突，哪怕只有毛发那么细小，也会反目相向，好像从不认识的样子，这个已落入陷阱，那个不但不施以援手，反而乘机排挤，落井下石，到处都是这样啊。这种事情恐怕连禽兽和异族都不忍心做出来，而那些人却自以为得计，他们听到子厚的为人风度的话，也该因此有些惭愧吧。

子厚前时少年，勇于为人，不自贵重顾藉①，谓功业可立就，故坐废退②。既退，又无相知有气力得位者推挽③，故卒死于穷裔④，材不为世用，道不行于时也。使子厚在台、省时⑤，自持其身，已能如司马、刺史时，亦自不斥；斥时，有人力能举之，且必复用不穷。然子厚斥不久，穷不极，虽有出于人，其文学辞章，必不能自力以致必传于后，如今，无疑也。虽使子厚得所愿，为将相于一时，以彼易此，孰得孰失，必有能辨之者。

【注释】

①顾藉：顾惜。

②坐废退：受牵连被贬黜。坐，因罪受牵连。

③推挽：推举提拔。

④穷裔：荒远之地。

⑤台、省：御史台、尚书省均为唐代中央政府机构的名称。

【译文】

子厚年轻时，勇于助人，不知道看重、顾惜自己，以为功名事业可以很快成就，结果反受牵连而遭贬。被贬后，又没有赏识他的有权有势的人拉一把，所以终于死在穷困荒远的地方，才能不被当世所用，主张也未在当时推行。要是子厚在御史台、尚书省任职时，谨慎持身，而能像后来做司马、刺史时一样，也就不会遭受贬斥；要是遭受贬斥时，有人大力举荐他，他也会重新被起用而不会陷入困境。但是如果子厚被贬斥不久的话，他的困窘如果不到达极点，他就算能出人头地，他的文学创作，必定不会自我努力，从而达到像今天这样必然流传后世的水平，这是确定无疑的。虽说让子厚满足了自己的心愿，在某个时期内出将入相，但用那个来换这个，什么是得，什么是失，一定有人能分辨清楚。

子厚以元和十四年十一月八日卒，年四十七。以十五年七月十日归葬万年先人墓侧①。子厚有子男二人，长曰周六，始四岁，季曰周七，子厚卒乃生。女子二人，皆幼。其得归葬也，费皆出观察使河东裴君行立②。行立有节概，重然诺，与子厚结交，子厚亦为之尽，竟赖其力。葬子厚于万年之墓者，舅弟卢遵。遵，涿人③，性谨慎，学问不厌。自子厚之斥，遵从而家焉，逮其死不去。既往葬子厚，又将经纪其家，庶几有始终者。

【注释】

①万年：在今陕西长安境内。

②河东：郡名。在今山西永济蒲州。

③涿：今河北涿州。

【译文】

元和十四年十一月初八,子厚去世,终年四十七岁。十五年七月十日,他的灵柩运回到万年县葬在祖先的坟墓旁。子厚有两个儿子,长子叫周六,才四岁;次子叫周七,子厚死后才生。有两个女儿,都还年幼。子厚的灵柩之所以能运回落葬,费用全部出自观察使河东人裴行立君。行立有节操有气概,信守成诺,跟子厚结交,子厚对他也是尽心尽力,最终竟然全靠他料理后事。把子厚安葬在万年县祖先墓地的,是他的姑舅表弟卢遵。卢遵,涿州人,生性谨慎,问学从不满足。自从子厚被贬以来,卢遵一直跟着他在外安家,直到他去世也没有离开过。将子厚安葬以后,他还将要安置子厚的家属,他真可以说是位有始有终的人啊。

铭曰①:是惟子厚之室,既固既安,以利其嗣人。

【注释】

①铭:铸、刻或写在器物上记述生平、事迹或警戒自己的文字。

【译文】

铭文:这里是子厚的墓室,既牢固又安宁,有利于他的后代。

卷九

柳宗元

柳宗元(773—819),字子厚,祖籍河东(今属山西)。唐德宗贞元九年(793)中进士,唐顺宗永贞元年(805)迁礼部员外郎,积极参与王叔文集团的革新运动,失败后多次被贬,历任永州司马、柳州刺史等职,唐宪宗元和十四年(819)去世,年仅四十七岁。柳宗元诗文皆工,由友人刘禹锡整理编成《柳河东集》。

柳宗元常与韩愈并称为"韩柳",列入"唐宋八大家"之内,但其散文风格与韩愈并不相同,韩文情感充沛,直抒胸臆,气魄雄大,柳文则多数回环曲折,在含蓄隐喻中暗含意旨,读之隽永有味。尤其"永州八记"之类的山水游记作品,清新婉丽,优雅沉静,可谓开创了中唐以后散行古文的另一路径。寓言式小品散文,也已成为文学史上不可替代的经典。

驳复仇议

【题解】

这是柳宗元针对武则天时期谏官陈子昂的《复仇议状》而写的一篇政论文。作者针对"复仇"这个传统道德经典命题中暗含的公法之治与私情之孝双重要求的冲突,进行了正本清源式的分析讨论,根据法本身之曲直裁断是非，说理清楚，逻辑清晰，是一篇说服力很强的文章。

臣伏见天后时[①]，有同州下邽人徐元庆者[②]，父爽为县尉赵师韫所杀[③]，卒能手刃父仇，束身归罪。当时谏臣陈子昂建议诛之而旌其闾[④]，且请“编之于令，永为国典”。臣窃独过之。

【注释】

①天后：即武则天武曌(zhào)，690年自立为皇帝。

②下邽(guī)：在今陕西渭南北，下邽东南渭河北岸属同州。

③县尉：执掌一县军事治安的官员。

④陈子昂：曾受武则天赏识，官至右拾遗。旌：表彰。

【译文】

微臣曾经见到则天皇后时，同州下邽有个人叫徐元庆，他的父亲徐爽被县尉赵师韫杀害，他最后能亲手杀死父亲的仇人并且自捆双手投案自首。而当时谏官陈子昂建议处死徐元庆，然后在他的家乡表彰他的孝义，还请朝廷“将此建议编入律令，永远作为国家定法”。臣私下以为这是错误的。

臣闻礼之大本，以防乱也，若曰无为贼虐，凡为子者杀无赦；刑之大本，亦以防乱也，若曰无为贼虐，凡为治者杀无赦。其本则合，其用则异，旌与诛莫得而并焉。诛其可旌，兹谓滥，黩刑甚矣；旌其可诛，兹谓僭[①]，坏礼甚矣。果以是示于天下，传于后代，趋义者不知所向，违害者不知所立，以是为典可乎？

【注释】

①僭(jiàn):越过。

【译文】

臣听说礼的根本目的是防止动乱,意思是说,不要行凶伤人,儿子为父报仇,杀了别人,依礼就应处死,决不赦免;刑的根本目的也是为了防乱,意思是说,不要行凶伤人,官吏不依法律妄自杀人,依法也应处死,决不赦免。礼和刑的根本目的相合,而实际应用却不一样,那么对杀人者来说,或受表彰,或被诛戮,二者不能兼施。诛戮那该受表彰的人,这是滥杀,滥用刑法太甚了;反之,表彰那该受诛戮的人,叫做僭越,破坏礼义也太甚了。若真的把陈子昂的建议昭示天下传之后代,就会使追慕节义的人不明正途,躲避刑罚的人不辨立身之道,用它作为定法,行吗?

盖圣人之制[①],穷理以定赏罚,本情以正褒贬,统于一而已矣。向使刺谳其诚伪[②],考正其曲直,原始而求其端[③],则刑、礼之用,判然离矣[④]。何者?若元庆之父,不陷于公罪,师韫之诛,独以其私怨,奋其吏气,虐于非辜,州牧不知罪,刑官不知问,上下蒙冒,吁号不闻;而元庆能以戴天为大耻[⑤],枕戈为得礼[⑥],处心积虑,以冲仇人之胸,介然自克[⑦],即死无憾,是守礼而行义也。执事者宜有惭色,将谢之不暇,而又何诛焉?其或元庆之父,不免于罪,师韫之诛,不愆于法[⑧],是非死于吏也,是死于法也。法其可仇乎?仇天子之法,而戕奉法之吏[⑨],是悖骜而凌上也。执而诛之,所以正邦典,而又何旌焉?

【注释】

①制:礼法制度。

②刺：探察。谳(yàn)：审判定罪。

③原：推究。

④判然：明白地。

⑤戴天：共存于天下。《礼记》曰："父之仇，不与共戴天。"

⑥枕戈：以戈为睡觉时的枕头。《礼记》曰："居父母之仇，侵苫枕戈，不仕，弗与共天下也。"

⑦介然：坚贞的样子。

⑧愆(qiān)：失误。

⑨戕(qiāng)：残害。

【译文】

圣人创作礼法制度，穷究事理确定赏罚，根据人情明正褒贬，不过是使礼和法归于一致罢了。假如弄清真伪之情，明察是非曲直，探寻它的起始、缘由，则或依刑法，或守礼制，两者就判然分开了。为什么这样说呢？如果徐元庆的父亲不是因犯法而获罪，赵师韫全是出于私人的怨恨杀了他，发泄其当官的气焰，虐杀无罪的人，而上级州官却不予治罪，执法官吏不予追究审问，上下欺骗遮掩，面对百姓呼吁号啕却充耳不闻。而徐元庆能把与杀父仇人共存天下作为奇耻大辱，把枕戈而眠、不忘报仇看做合乎礼义，他处心积虑地想要戳穿仇人的胸膛，坚定不移地以礼制约束自己，蹈义就死而无恨，这是守礼行义的行为啊。对此主事官应该感到羞惭，连认错赔罪还来不及，又为什么处死他呢？如果徐元庆的父亲确实有罪不能赦免，赵师韫杀他并不违法，那么他的死，并非死于官吏个人的私怨，而是死于王法了。难道可以把王法看成仇敌么？与天子之法为仇，戕杀依法施刑的官吏，那就是狂悖傲慢犯上作乱了。捉住他杀掉，是为了维护王法的尊严，又怎能表彰他呢？

且其议曰："人必有子，子必有亲，亲亲相仇，其乱谁救？"是惑于礼也甚矣。礼之所谓仇者，盖其冤抑沉痛，而号无告也；非谓抵罪触法，陷于大戮[1]。而曰“彼杀之，我乃杀之”，不议曲直，暴寡胁弱而已。其非经背圣，不亦甚哉！《周礼》：“调人[2]，掌司万人之仇。”“凡杀人而义者，令勿仇，仇之则死。”“有反杀者[3]，邦国交仇之。”又安得“亲亲相仇”也？《春秋公羊传》曰：“父不受诛，子复仇可也。父受诛，子复仇，此推刃之道[4]，复仇不除害。”今若取此以断两下相杀，则合于礼矣。且夫不忘仇，孝也；不爱死[5]，义也。元庆能不越于礼，服孝死义，是必达理而闻道者也。夫达理闻道之人，岂其以王法为敌仇者哉？议者反以为戮，黩刑坏礼，其不可以为典，明矣。

【注释】

①大戮：指死刑。

②调人：官名。掌管排解纠纷。

③反杀：指别人有正当的理由杀死自己的亲人，自己还要反过来去杀死别人。

④推刃：相互仇杀。

⑤爱：吝惜。

【译文】

陈子昂的奏议还说：“人必然有儿子，儿子必然有双亲，各人因爱护双亲而互相结仇，这种混乱谁能解救？”这是对礼的认识太迷惑混乱了。礼法上所说的报仇，指的是冤枉压抑沉痛，呼号而无处申告；不是讲犯法当罪而陷于死刑的那种情况。既然如此，却还说什么“他杀了人，我便杀了他”，这就是不论是非曲直，侵害孤寡、威胁弱小罢了。它的诋毁经书、违背圣教不是太严重了么！《周礼》上说：“调人，职掌万民相仇之事。”“凡是杀人而合乎义的，要告诫被杀者子弟不要报仇，如果报仇，就是死罪。""有反过来再去杀人的,全国共同把他视作仇人。"这样,又怎么会"亲亲相仇"呢?《春秋公羊传》说:"父亲不应被杀,儿子复仇是可以的。父亲有罪当诛,儿子为父报仇,这是你来我往的报私仇,这样的报仇并不能消祸除害。"现在如果采取这些原则来决断两下相杀的案件,就合乎礼法了。况且不忘为亲报仇,这是孝;报仇不惜一死,这是义。徐元庆能不超出礼法,执守孝道、殉于节义,他一定是个通达事理、懂得圣人之道的人。一个通达事理、懂得圣人之道的人,难道会是把王法视做仇敌的人么?那些议者反而认为他该受戮,这是滥用刑法、破坏礼义,它不可以作为定法,再明显不过了。

请下臣议,附于令,有断斯狱者,不宜以前议从事①。谨议。

【注释】

①从事:办事,处理。

【译文】

请朝廷将微臣此议颁下,附在法令之后,有断这类案件的,不应该再按过去的意见办事。谨此写下以上意见。

桐叶封弟辨

【题解】

"桐叶封弟"的故事见于《吕氏春秋·重言》《史记·晋世家》和《说苑·君道》等处,宣扬"君无戏言"的思想。柳宗元在这篇文章里从考察这则故事的真实性出发,首先指出帝王的言行均要看实际效果,而不是按照"君无戏言"盲目服从照办,进而从为周公圣人形象辩护的角度,指出周公不可能促成此事，这就从君臣两方均否定了这一故事的合理性和可信性。

古之传者有言：成王以桐叶与小弱弟[1]，戏曰："以封汝。"周公入贺。王曰："戏也。"周公曰："天子不可戏。"乃封小弱弟于唐[2]。

【注释】

①成王：周成王，西周武王之子。小弱弟：指成王的弟弟叔虞。

②唐：古国名。在今山西翼城西。

【译文】

古代著作这样记录说：周成王拿着一片梧桐叶子给年幼的弟弟，开玩笑说："凭着这个给你封国。"周公进来祝贺。成王说："只是个玩笑。"周公说："天子不可以随便开玩笑。"于是封年幼的弟弟叔虞于唐。

吾意不然。王之弟当封邪，周公宜以时言于王，不待其戏而贺以成之也；不当封邪，周公乃成其不中之戏[1]，以地以人与小弱弟者为之主，其得为圣乎？且周公以王之言不可苟焉而已，必从而成之邪？设有不幸，王以桐叶戏妇、寺[2]，亦将举而从之乎？凡王者之德，在行之何若。设未得其当，虽十易之不为病，要于其当[3]，不可使易也，而况以其戏乎！若戏而必行之，是周公教王遂过也[4]。

【注释】

①不中（zhòng）：不恰当，不合适。

②妇、寺：指帝王身边的妇人和宫中的太监。

③要：关键，总之。

④遂：致使，造成。

【译文】

我认为事情不是这样。成王的弟弟理该受封的话，周公应及时向成王进言，不必等他开了玩笑再去祝贺和促成；若不该受封，周公竟将一句不合适的戏言促成事实，拿土地、人民交给年幼的孩子，让他成为一国之主，还能称为圣人吗？再说周公只是认为君王说话不能随随便便罢了，难道一定要听从并促成它吗？万一碰得不巧，成王拿桐叶跟妃嫔、太监开玩笑，也要完全照此办理吗？大凡君王的德性，在于他如何施行政事。如果处理不当，即使更改十次也不为过，总之在于处理得当，使事情不再能更改为止，又何况是对开玩笑的话呢！倘若玩笑也一定要奉行，这就是周公教唆成王犯错误了。

吾意周公辅成王，宜以道①，从容优乐②，要归之大中而已，必不逢其失而为之辞。又不当束缚之，驰骤之，使若牛马然，急则败矣。且家人父子尚不能以此自克③，况号为君臣者邪？是直小丈夫鈌鈌者之事④，非周公所宜用，故不可信。

【注释】

①宜以道：这里指“中道”和下文的“大中”之道。意为办事要不偏不倚，恰如其分。即中正之道。这是柳宗元提倡的一种政治、哲学思想。

②从容：举止行动。优乐：耍笑，娱乐。

③克：克制，约束。

④直：只是，只不过。鈌鈌(quē)：耍聪明的样子。

【译文】

我认为周公辅佐成王，当用中正之道加以引导，让他言行举止和戏耍游乐，最终归于不偏不倚的中道，决不会迎合他的过失来为他找借口。又不应当束缚他，驱迫他，像对待牛马那样，操之过急则会坏事。要说平常家庭父子之间，尚且不能用这种方式来约束，何况还有君臣的名分呢？这不过是见识短浅而又自作聪明的人干的事，不是周公所该做的事，所以不足凭信。

或曰：封唐叔，史佚成之①。

【注释】

①史佚(yì)：周武王时太史佚。《史记·晋世家》记载这段故事把促成桐叶封弟的人说成是史佚。

【译文】

有人说：封唐叔这件事，是太史佚促成的。

箕子碑

【题解】

箕子在商周之际纣王政治昏暗时佯装疯狂以避祸，武王伐纣代商建周，箕子又传授治国大道《洪范》给武王，他忠贞又富于政治智慧，历来受人称道。柳宗元这篇文章则将箕子的经历上升为“大人之道”的三个原则，指出他在改朝换代之际隐忍求全，准备将来协助武庚有所作为，最终延续了殷商祭祀，具有伟人品质。

凡大人之道有三：一曰正蒙难①，二曰法授圣，三曰化及民。殷有仁人曰箕子[2]，实具兹道，以立于世。故孔子述六经之旨，尤殷勤焉[3]。

【注释】

①正蒙难：坚持正道，不惜遭受磨难。

②箕子：名胥余，商纣王叔父，因封在箕地，又称箕子。

③殷勤：情意恳切。

【译文】

大凡做伟人的处世之道有三条：一是蒙受患难而坚守正道，二是将正法大道传授给圣王，三是施教化及于万民。殷朝有个仁人叫箕子，确实是具备了这些处世之道而立身于世。因而孔子在阐述"六经"的宗旨大义时，对他特别致以崇敬之意。

当纣之时，大道悖乱，天威之动不能戒，圣人之言无所用。进死以并命[1]，诚仁矣，无益吾祀，故不为；委身以存祀，诚仁矣，与亡吾国，故不忍。具是二道，有行之者矣。是用保其明哲，与之俯仰，晦是谟范[2]，辱于囚奴，昏而无邪，隤而不息[3]。故在《易》曰："箕子之明夷[4]。"正蒙难也。及天命既改，生人以正，乃出大法，用为圣师，周人得以序彝伦而立大典[5]。故在《书》曰："以箕子归，作《洪范》[6]。"法授圣也。及封朝鲜，推道训俗，惟德无陋，惟人无远，用广殷祀，俾夷为华，化及民也。率是大道，藂于厥躬[7]，天地变化，我得其正，其大人欤？

【注释】

①并：通"屏"，舍弃。

②晦：昏暗，隐蔽。谟：谋划，谋略。范：法，原则。

③隤(tuí):跌倒。

④箕子之明夷:出自《易经·明夷》卦,象征黯君在上、明臣在下,明臣隐藏起自己的智慧。明夷,卦名。

⑤彝:常规。伦:人伦。

⑥《洪范》:《尚书》中的一篇,相传为禹时的文献,箕子增订并献给周武王。

⑦藂(cóng)于厥躬:将好的品德集于一身。藂,聚集、丛生。厥,其。

【译文】

在殷纣王统治天下时,圣法大道颠倒混乱,上天的震怒不能引起他的警戒,圣人的话语也不起作用。在那时冒死进谏,豁出性命,的确称得上"仁"了,但无益于殷人宗祀的延续,所以箕子不这么做;委身新的王朝以求先人宗祀的留存,也的确称得上"仁",但等于是参与了灭亡自己国家的行动,所以箕子也不忍做。这两条路子,都已经有人走过了。于是箕子便保持住聪明才智,跟着世俗浮沉,藏匿起胸中的韬略,辱身于被囚禁的奴隶中间,表面昏昏然而骨子里毫无邪气,外形颓放而精神上进不息。所以《易经》上说道:"箕子之明夷。"就是说他在蒙受患难时能隐忍以坚守正道。待到殷朝灭亡,周朝代兴,周朝以正道教化人民,箕子便拿出他的宏大法规,作为圣王的老师,而周人也才能借此规范社会伦常,创立国家典章。所以《尚书》上说道:"箕子回到镐京,作《洪范》篇。"这就是拿正法授予了圣王。再到箕子受封于朝鲜,在那里推行王道,训民化俗,恩德遍及而不问出身鄙陋,仁爱广施而不论关系远近,用以光大殷人的宗祀,使夷地变为华夏,这就是教化普及于万民。这许多重大的处世原则,集中在他一人身上,天地间变化万端,箕子却能坚持正道,大概就是伟人吧?

於虖①!当其周时未至,殷祀未殄,比干已死②,微子已去③,向使纣恶未稔而自毙④,武庚念乱以图存⑤,国无其人,谁与兴理？是固人事之或然者也！然则先生隐忍而为此，其有志于斯乎？

【注释】

①於虖(wū hū)：犹“呜呼”，感叹词。

②比干：商朝大臣，因进谏被纣王剖心而死。

③微子：名启，纣王庶兄，因劝谏纣王却不被采纳而出走。武王灭商，他自缚降周，被封于宋，保存了商宗族。

④稔：庄稼成熟。此指罪恶发展到极点。

⑤武庚：名禄父，纣王子。周武王灭商，封武庚以存殷祀。武王死，武庚与管叔、蔡叔反叛被杀。

【译文】

唉！当那周王朝尚未建立，殷王朝尚未灭亡，比干已死，微子离去，设使纣王的罪恶尚未满盈即已死去，武庚想发动叛乱以图谋复辟，这时国中若没有箕子这样的人才，谁能辅助治理天下呢？这本来也是人事中可能会有的情况。那么，先生肯忍辱负重去这样做，大概对这个前景有所考虑期待吧？

唐某年，作庙汲郡[1]，岁时致祀。嘉先生独列于《易》象，作是颂云。

【注释】

①汲郡：治所在今河南汲县西南。

【译文】

大唐某年，在汲郡建立箕子庙，每年按时祭祀。我钦佩先生的行为独能列名于《易经》的卦象，特作此颂词。

捕蛇者说

【题解】

《捕蛇者说》是柳宗元在永州任职期间写的一篇著名的寓言体散文,文章低沉忧郁,通过开头对异蛇之毒的渲染,中间蒋氏自述的三代人捕蛇凶险悲惨的遭遇,而这些都比不上苛捐杂税对农民的盘剥和贪官污吏的借机压榨,记录了当时底层人民的悲愤心声,是感染力强烈的千古名文。

永州之野产异蛇①,黑质而白章②,触草木尽死,以啮人,无御之者。然得而腊之以为饵③,可以已大风、挛踠、瘘、疠④,去死肌,杀三虫⑤。其始,太医以王命聚之⑥,岁赋其二,募有能捕之者,当其租入,永之人争奔走焉。

【注释】

①永州:治所在今湖南零陵。

②质:质地。章:花纹。

③腊(xī):风干。

④已:止,治愈。挛踠(luán wǎn):四肢弯曲不能伸展。瘘(lòu):颈部肿。疠(lì):恶疮。

⑤三虫:指人体内的寄生虫。古代道家把人的脑、胸、腹称为“三尸”,虫入三尸,就会生病。

⑥太医:皇帝的医师。

【译文】

永州山野出产一种奇异的蛇,黑色身体上长着白色花纹。它触到草木,草木全枯死;咬到人,人没法医治。但捕杀、晾干了这种蛇做成药饵,可用来治麻风、曲肢、颈部脓肿、恶性疮疥,去除坏死的肌肉,杀死侵害人体的三尸虫。当初,太医奉皇帝诏命征集这种蛇,每年收取两次,招募能捕捉它的人,用蛇充抵应交的租税,永州人都争着去做这件事。

有蒋氏者,专其利三世矣。问之,则曰:“吾祖死于是,吾父死于是,今吾嗣为之十二年,几死者数矣。”言之,貌若甚戚者。

【译文】

有个姓蒋的,专门享受捕蛇免租的好处已有三代了。问到他有关情形,他说:“我祖父死在这上头,我父亲死在这上头,如今我接着干了十二年,好几次也差点儿送命。”说时,脸色似乎显得很忧伤。

余悲之,且曰:“若毒之乎?余将告于莅事者[①],更若役,复若赋,则何如?”蒋氏大戚,汪然出涕曰:“君将哀而生之乎?则吾斯役之不幸,未若复吾赋不幸之甚也。向吾不为斯役,则久已病矣[②]。自吾氏三世居是乡,积于今六十岁矣,而乡邻之生日蹙[③],殚其地之出,竭其庐之入,号呼而转徙,饥渴而顿踣[④],触风雨,犯寒暑,呼嘘毒疠,往往而死者相藉也。曩与吾祖居者[⑤],今其室十无一焉;与吾父居者,今其室十无二三焉;与吾居十二年者,今其室十无四五焉,非死则徙尔,而吾以捕蛇独存。悍吏之来吾乡,叫嚣乎东西,隳突乎南北[⑥],哗然而骇者,虽鸡狗不得宁焉。吾恂恂而起[⑦],视其缶[⑧],而吾蛇尚存,则弛然而卧[⑨]。谨食之,时而献焉。退而甘食其土之有,以尽吾齿[⑩]。盖一岁之犯死者二焉,其余则熙熙而乐，岂若吾乡邻之旦旦有是哉！今虽死乎此，比吾乡邻之死则已后矣，又安敢毒邪？"

【注释】

①莅(lì)事者：负责的人。

②病：困苦。

③蹙(cù)：窘迫。

④顿踣(bó)：困顿倒毙。

⑤曩(nǎng)：从前，当初。

⑥隳(huī)突：骚扰。

⑦恂恂：小心谨慎的样子。

⑧缶(fǒu)：一种口小肚大的罐子。

⑨弛然：放心的样子。弛，放松，不紧张。

⑩齿：指人的年龄。

【译文】

我为他难过，便说："你怨恨这差使吗？我将向管事的人报告，让他更换你的差使，恢复你的赋税，你看怎样？"姓蒋的听了大为伤心，眼泪汪汪地说："大人您是哀怜我，想让我活下去吗？那么我干这个差使的不幸，不及恢复我的赋税的不幸那样严重。假使当初我不应这个差，早已经困窘不堪了。自从我家三代居住此乡，累计至今有六十年了，而乡邻们的生活一天比一天窘迫，他们拿出田里的所有出产，上交家里的一切收入，哭哭啼啼迁徙漂泊，饥渴交加地仆倒在地，吹风淋雨，冒寒犯暑，呼吸着毒雾瘴气，由此而死去的人往往积尸成堆。先前和我祖父同时居住此地的，现今十户人家里剩不到一家；和我父亲同时居住的，现今十家里剩不到两三家；和我本人同住十二年的，十家里也剩不到四五家，不是死了，就是搬走了，而我却因为捕蛇独自活下来。每当凶悍的差吏来到我们村，到处狂喊乱叫，到处骚扰毁坏，吓得人们乱嚷乱叫，连鸡狗也不得安宁。这时候，我便小心翼翼地爬起身来，探视一下那只瓦罐，见我捕获的蛇还在里面，于是又安然睡下。平时精心喂养，到时候就献上去。回家就能美美地享用土田里的出产，来安度我的天年。这样，一年里头冒生命危险只有两次，其余时间便怡然自得，哪像我的乡邻们天天有这种危险呢！现在即使死在这上头，比起我乡邻们的死已经是晚了，又怎么敢怨恨呢？”

余闻而愈悲。孔子曰：“苛政猛于虎也[①]。”吾尝疑乎是，今以蒋氏观之，犹信。呜呼！孰知赋敛之毒，有甚是蛇者乎！故为之说，以俟夫观人风者得焉[②]。

【注释】

①苛政猛于虎也：语出《礼记·檀弓》。

②人风：民风民情。应作“民风”，唐人避唐太宗李世民的讳，改为“人风”。

【译文】

我听了愈加悲伤。孔子说过：“繁重的赋税和徭役比老虎更凶猛。”我曾经怀疑过这句话，如今拿蒋姓的事例来看，说的还是真情。唉！有谁知道横征暴敛对老百姓的荼毒，比这毒蛇更厉害呢？因此写了这篇文章，留待考察民情风俗的官吏参考。

种树郭橐驼传

【题解】

这是一篇以种树比喻治国治民政治原则的传记体寓言作品。文章认为治国与种树一样，要顺应百姓，而不要过多地干扰他们。这篇文章比喻巧妙，文字朴实流畅，也表达了柳宗元在政治革新方面的观点。

郭橐驼，不知始何名。病偻[①]，隆然伏行，有类橐驼者[②]，故乡人号之“驼”。驼闻之曰：“甚善，名我固当。”因舍其名。亦自谓“橐驼”云。其乡曰丰乐乡，在长安西。驼业种树，凡长安豪家富人为观游及卖果者，皆争迎取养[③]。视驼所种树，或迁徙，无不活，且硕茂，蚤实以蕃[④]。他植者虽窥伺效慕，莫能如也。

【注释】

①偻：脊椎弯曲，俗称驼背。

②橐(tuó)驼：骆驼。

③取养：雇用。

④蚤：通“早”。蕃：繁多。

【译文】

郭橐驼这个人，不知原名叫什么。他患有伛偻病，驼着背低头弯腰地走路，有点像骆驼，所以乡里人给他取了个“驼”的外号。郭橐驼听到后说：“很好啊，给我取这个名字挺恰当。”于是他放弃了原名。也自称橐驼。他的家乡叫丰乐乡，在长安城西边。郭橐驼以种树为业，长安城的富豪人家为了种植花木以供玩赏，还有那些以买卖水果为生的人，都争着召请雇用。大家看到郭橐驼栽种或者移植的树，没有不成活的，而且长得高大茂盛，果实结得又早又多。别的种树人即使暗中观察模仿，也没有谁能比得上。

有问之，对曰：“橐驼非能使木寿且孳也，能顺木之天[①]，以致其性焉尔[②]。凡植木之性，其本欲舒，其培欲平，其土欲故，其筑欲密。既然已，勿动勿虑，去不复顾。其莳也若子[3]，其置也若弃，则其天者全而其性得矣。故吾不害其长而已，非有能硕茂之也；不抑耗其实而已，非有能蚤而蕃之也。他植者则不然，根拳而土易[4]；其培之也，若不过焉则不及。苟有能反是者，则又爱之太殷，忧之太勤，旦视而暮抚，已去而复顾。甚者爪其肤以验其生枯[5]，摇其本以观其疏密，而木之性日以离矣。虽曰爱之，其实害之；虽曰忧之，其实仇之。故不我若也，吾又何能为哉！”

【注释】

①天：天性，指树木的自然生长规律。

②致其性：使它按照自己的习性成长。

③莳（shì）：栽种。

④根拳：树根拳曲。土易：换上新土。

⑤爪：用指爪抓。

【译文】

有人问他有什么诀窍，他回答说：“我郭橐驼并不能使树木活得长久、长得茂盛，只是能顺应树木的天性，让它尽性生长罢了。大凡种植树木的特点是：树根要舒展，培土要均匀，根上带旧土，筑土要紧密。这样做了之后，就不要再去动它，也不必担心它，尽可离开不管。栽种时就像抚育子女一样细心，种完后就像丢弃它那样不管。那么它的天性就得到了保全，从而按它的本性生长。所以我只不过不妨害它的生长罢了，并没有能使它长得高大茂盛的诀窍；只不过不抑制减少它的果实罢了，也并没有能使果实结得又早又多的诀窍。别的种树人却不是这样，种树时树根卷曲，又换上新土；培土不是过分就是不够。如果有与这做法不同的，又爱得太深，忧虑太多，早晨去看了，晚上又去摸摸，离开之后又回头去看看。更过分的做法是抓破树皮来验查它是死是活，摇动树干来观察栽土是松是紧，这样就日益背离它的天性了。这虽说是爱它，实际上是害它；虽说是担心它，实际上是与它为敌。所以他们种的树都比不上我种的，我又有什么特殊能耐呢？"

问者曰："以子之道，移之官理可乎？"驼曰："我知种树而已，官理非吾业也。然吾居乡，见长人者好烦其令①，若甚怜焉，而卒以祸。旦暮吏来而呼曰：'官命促尔耕，勖尔植②，督尔获，缫缫而绪③，蚤织而缕④，字而幼孩⑤，遂而鸡豚⑥。'鸣鼓而聚之，击木而召之。吾小人辍飧饔以劳吏者⑦，且不得暇，又何以蕃吾生而安吾性邪？故病且怠。若是，则与吾业者其亦有类乎？"

【注释】

①长人者：管辖人的人，指官吏。

②勖(xù)：勉励。

③缫(sāo)：煮茧抽丝。而：你们。绪：丝头。

④缕：线。

⑤字：养育。

⑥遂：成长。

⑦飧(sūn)：晚饭。饔(yōng)：早饭。劳：慰劳，招待。

【译文】

问的人说："把你种树的方法，转用到做官治民上，可以吗？"郭橐驼说："我只知道种树而已，做官治民不是我的职业。但是我住在乡里，看见那些当官的喜欢不断地发号施令，好像很怜爱百姓，结果却给百姓带来灾难。早早晚晚那些小吏跑来大喊：'长官有令：催促你们耕地，勉励你们种植，督促你们收割，早些缫你们的丝，早些织你们的布，养好你们的小孩，喂大你们的鸡、猪。’一会儿打鼓一会儿敲梆地招聚大家，我们这些小民早上晚上放下饭碗去招待那些小吏都忙不过来，又怎能使我们人丁兴旺、人心安定呢？所以我们才这样困苦疲劳。这样的官吏，与我所从事的种树大概也有相似的地方吧？”

问者嘻曰：“不亦善夫！吾问养树，得养人术。”传其事以为官戒也。

【译文】

问的人赞叹说：“这不是蛮好嘛！我问种树的道理，却得到了治民的方法。”于是，我把这件事记载下来，作为官吏们的鉴戒。

梓人传

【题解】

这篇文章也和前面的《种树郭橐驼传》一样，是一篇托物寓意的文章。前面部分通过对木匠杨潜在组织施工方面的才能和大匠风范的描述，为后面对宰相统领百官治理国家的分析，铺垫了一个巧妙的对比隐喻基础，指出宰相工作重点在选拔和任用合适的人才，使得他们各安其位，各乐其业，进而表达对当时朝廷大政和官员选拔任用的意见。

裴封叔之第①，在光德里②。有梓人款其门③，愿佣隙宇而处焉④。所职寻引、规矩、绳墨⑤，家不居砻斫之器⑥。问其能，曰：“吾善度材，视栋宇之制，高深、圆方、短长之宜，吾指使而群工役焉。舍我，众莫能就一宇⑦。故食于官府，吾受禄三倍;作于私家,吾收其直大半焉[8]。”他日,入其室,其床阙足而不能理[9],曰:“将求他工。”余甚笑之,谓其无能而贪禄嗜货者[10]。

【注释】

①裴封叔:名瑾,柳宗元妹夫,曾做过唐长安县令。第:府第,居所。

②光德里:旧址在西安西南郊。

③款:敲击。

④佣:雇佣,指以劳力抵房租。隙宇:空屋。

⑤职:掌管,持有。寻引:用来计量长度,八尺为寻,十丈为引。规矩:木工工具,规用来校正圆形,矩用来校正方形。绳墨:用来画直线的木工工具。

⑥居:置备,积存。砻(lóng):磨砺用的工具。

⑦就:成,造成。

⑧直:价值。这里指报酬。

⑨阙(quē):残缺。

⑩货:钱物。

【译文】

裴封叔的家在长安城内光德里。一天,有个木匠来敲他的门,希望能租一间空屋居住。这位木匠持有寻引、规矩、绳墨,但他居室中却不存放磨砺、砍削的工具。问他有什么本领,他说:“我善于估算木材,根据房屋的规模,选用高深、圆方、短长适当的材料,分配指派工匠们干活。没有我,大家连一间房子也造不出来。所以我在官府做工,工资是一般工匠的三倍;如果在私人家做工,我收取工钱的一大半。”一次,我走进他的房中,见他的床缺了腿却不能自己修理,说:“要请其他工匠。”我觉得他十分可笑,认为他是个没有能耐却贪图财物的家伙。

其后，京兆尹将饰官署[①]，余往过焉。委群材[②]，会众工。或执斧斤[③]，或执刀锯，皆环立向之。梓人左持引，右执杖，而中处焉。量栋宇之任，视木之能，举挥其杖曰："斧！"彼执斧者奔而右；顾而指曰："锯！"彼执锯者趋而左。俄而斤者斫，刀者削，皆视其色，俟其言，莫敢自断者。其不胜任者，怒而退之，亦莫敢愠焉。画宫于堵[④]，盈尺而曲尽其制，计其毫厘而构大厦，无进退焉[⑤]。既成，书于上栋曰"某年某月某日某建"，则其姓字也。凡执用之工不在列。余圜视大骇，然后知其术之工大矣。

【注释】

①京兆尹：京兆府的长官，即管理京城的最高长官。

②委：积聚，堆积。

③斧斤：斧头。

④宫：房屋。这里指房屋的平面设计。堵：墙。

⑤进退：指增减，出入。

【译文】

后来京兆尹将要整修官署，我去探望。只见那里堆积了许多木材，集合了一群工匠，有的拿着斧头，有的拿着刀锯，都面向那个木匠围成一圈。那木匠左手拿着引绳，右手拿着杖，站在中间。他估算房屋的规模，审察木头的用场，然后举杖一挥说："用斧头！"那些拿斧头的便跑到右边；又回头一指说："用锯子！"那些拿锯子的便跑到左边。一会儿，拿斧头的忙着砍，拿刀的忙着削，都看他眼色，等他发话，没有敢自做主张的。其中那些不能胜任工作的，他便愤怒地将他们撤下，也没有谁敢表露不满和怨恨。他在墙上画出的房屋的图形，只一尺见方却能详尽周到地绘出它的规模，计算出房子的一毫一厘，据此建成大厦，竟没有一点出入。官厅建成后，他在屋梁上写道："某年某月某日某人建"，"某人"是他的姓名。那些干活的工匠都不能列名其上。我绕着新房子看了一圈，大吃一惊，这才懂得他的技术真够精深高超的。

继而叹曰：彼将舍其手艺，专其心智，而能知体要者欤[1]？吾闻劳心者役人，劳力者役于人。彼其劳心者欤？能者用而智者谋，彼其智者欤？是足为佐天子相天下法矣！物莫近乎此也。彼为天下者本于人。其执役者，为徒隶、为乡师、里胥[2]；其上为下士，又其上为中士、为上士；又其上为大夫、为卿、为公[3]。离而为六职[4]，判而为百役[5]。外薄四海[6]，有方伯、连率[7]。郡有守，邑有宰，皆有佐政。其下有胥吏[8]，又其下皆有啬夫、版尹[9]，以就役焉，犹众工之各有执技以食力也。彼佐天子相天下者，举而加焉，指而使焉，条其纲纪而盈缩焉[10]，齐其法制而整顿焉，犹梓人之有规矩、绳墨以定制也。择天下之士，使称其职；居天下之人[11]，使安其业。视都知野，视野知国[12]，视国知天下，其远迩细大，可手据其图而究焉，犹梓人画宫于堵而绩于成也。能者进而由之[13]，使无所德；不能者退而休之，亦莫敢愠。不衒能[14]，不矜名。不亲小劳，不侵众官，日与天下之英才讨论其大经[15]，犹梓人之善运众工而不伐艺也[16]。夫然后相道得而万国理矣。相道既得，万国既理，天下举首而望曰："吾相之功也。"后之人循迹而慕曰："彼相之才也。"士或谈殷、周之理者，曰伊、傅、周、召，其百执事之勤劳而不得纪焉，犹梓人自名其功而执用者不列也。大哉相乎！通是道者，所谓相而已矣。其不知体要者反此。以恪勤为公[17]，以簿书为尊[18]，衒能矜名。

亲小劳，侵众官，窃取六职百役之事，听听于府庭[19]，而遗其大者、远者焉，所谓不通是道者也。犹梓人而不知绳墨之曲直、规矩之方圆、寻引之短长，姑夺众工之斧斤刀锯以佐其艺，又不能备其工[20]，以至败绩，用而无所成也。不亦谬欤？

【注释】

①体要：总体要领，指关键。

②徒隶：服役的犯人。这里泛指社会底层从事各种劳动的人。乡师：一乡之长。里胥：一里之长。这里泛指各基层小官吏。

③下士、中士、上士、大夫、卿、公：原是西周时期级别不同的官吏的称号。这里泛指各种大小官僚。

④六职：据《周礼·天官·小宰》，六职是治、教、礼、敬、刑、事六种职事。这里泛指各种不同的事务。

⑤判：分。

⑥薄：迫近，靠近。

⑦方伯：一方诸侯之长。连率：统辖十国的诸侯。这里指各地方长官。

⑧胥吏：办理文书的小吏。

⑨啬(sè)夫：辅助县令管理赋税、诉讼等事务的乡官。版尹：主管户籍的官吏。

⑩盈缩：指调整增减。

⑪居：安置。

⑫国：指诸侯王的封地。

⑬由：用。

⑭衒(xuàn)：卖弄，夸耀。

⑮大经：根本的原则，法则。

⑯伐：自我夸耀。

⑰恪勤：谨慎勤恳。

⑱簿书：官府中的文书簿册。这里泛指处理公文案牍。

⑲听听：通“龂龂(yín)”，争辩的样子。

⑳备：完备，完成。

【译文】

后来我感叹道：那个木匠是个放弃他的手艺，专门运用他的智力，因而能够抓住事物关键的人吗？我听说用脑力的人役使别人，用体力的人被人使唤。那个木匠该是个用脑力的人吧？有技能的具体操作，有智慧的只管谋划，那个木匠该是个有智慧的人吧？这足可以为辅佐天子治理国家的人效法！天下的事情没有比这两者更相似的了。治理国家以人为根本。那些具体供职服役的人，是徒隶，是乡师、里胥；级别稍微高一点的是下士，下士上面是中士、上士，再往上是大夫、卿、公。可以分为六种职别，又细分为各种差事。京城之外直至四方边境，有方伯、连率等高级地方官员。郡有郡守，邑有县宰，都有僚属助理。下面有胥吏，再往下还有啬夫、版尹，这些人都是用来担当职役的，就像工匠们各有技能、凭自己的手艺吃饭一样。那辅佐天子治理国家的人，推荐并委任他们，指挥并使用他们，梳理纲纪而进行增减，规范法制而加以整顿，就像那位木匠有规矩、绳墨用来确定格局、规模一样。他选择天下的人才，使他们能够称职；他安顿天下的百姓，使他们能够乐业。他看了京城便能了解乡村，看了乡村便能了解封邑，看了封邑便能了解全国，那远近小大的地方，他都可以手拿地图考究出来，就像那位木匠在墙上画好房屋、按图建筑即可取得建成的功效一样。有才能的人，按正常途径推荐他，使他不必感激谁的恩德；没有能力的，就把他罢免回乡，也没有谁敢怨恨。他不炫耀自己的才能，不夸大自己的名声，不亲自干琐碎的小事，不侵犯各级官员的分内职权。每天只是与天下的杰出人士讨论治国的重大方针，就像那位木匠善于指挥众工匠而不夸耀自己的手艺一样。这样才算是找到了做宰相的正道，整个国家也就得到了治理。找到做宰相的正道，国家得到治理之后，全国百姓都会景仰地说："这是我们宰相的功劳啊！"后世人追念他的业绩而羡慕地说："那宰相真有才能啊！"有些谈论殷、周之治的读书人只称赞伊尹、傅说、周公、召公，而那些从事各种具体事务的官员虽然终日辛劳，却在史书上没有记载，就像那位木匠在屋梁上写上自己的姓名表功，而那些干活的工匠却不能列名一样。伟大啊宰相，通晓这些道理的，只有宰相而已。那些不识大体不懂要领的人与此相反，他们将恭谨劳苦当做一心为公，把处理公文作为重任。炫耀自己的能力，夸大自己的声名。亲自去干琐碎的小事，侵夺各级官员的职权，包揽各种差事，在政事厅堂上辩论、争吵，却忽略了重大长远的事业，这就是不通晓做宰相方法的人啊。就像木匠不知绳墨的曲直、规矩的方圆、寻引的短长，姑且夺过工匠们的斧头刀锯来帮他们干活，活儿又干不好，以致把事情弄糟，不能取得成就，这难道不荒谬吗？

或曰："彼主为室者，傥或发其私智，牵制梓人之虑，夺其世守而道谋是用[①]，虽不能成功，岂其罪邪？亦在任之而已。"余曰："不然。夫绳墨诚陈，规矩诚设，高者不可抑而下也，狭者不可张而广也。由我则固，不由我则圮[②]。彼将乐去固而就圮也，则卷其术，默其智，悠尔而去，不屈吾道，是诚良梓人耳。其或嗜其货利，忍而不能舍也，丧其制量，屈而不能守也，栋桡屋坏[③]，则曰：'非我罪也。'可乎哉？可乎哉？"

【注释】

①世守：固有的经验法则。道谋：即筑室道谋，意为造房子时请教往来过路之人，必因人多意见不一，房子也造不成。

②圮(pǐ):倒塌。

③桡(náo):弯曲变形。

【译文】

有人说:“那建房的主人,如果为了表现自己的聪明,就牵制木匠的规划打算,不用木匠世代相传的技艺,却听信采纳过路人的意见,那么房子虽然不能建成,难道是木匠的罪过吗?不过在于任用他的房主而已。”我说:“不对。如果经过绳墨、规矩的测量,长短尺寸已经确定,高的地方就不能压低,窄的地方就不能扩大。按照我木匠的意见办,房子就能坚固;不按照我的意见办,房子就会倒塌。如果那个房主乐意放弃坚固而宁愿选择倒塌,那么木匠就该收回自己的方法,隐藏自己的智慧,悠然自得地离开,坚持自己的主张而不屈服,这才是个真正的好木匠。如果他贪图房主的财物,忍气吞声舍不得离去,那就丧失了原则,屈从他人而不能坚持自己的主张,结果屋梁被压弯,房子倒塌,却说:‘不是我的过错。’这可以吗?这可以吗?”

余谓梓人之道类于相,故书而藏之。梓人,盖古之审曲面势者[①],今谓之“都料匠”云[②]。余所遇者,杨氏,潜其名。

【注释】

①审曲面势:审察木材的曲直形状。审,考核。面,观察。

②都料匠:负责建筑的设计和指挥任务的总工匠。

【译文】

我认为那木匠的方法与做宰相相似,所以写下文章来留存。木匠大概是古时审察材料曲直大小长短等势态的人,现在叫做“总工匠”。我遇到的那位木匠姓杨,姑且隐去他的名字。

愚溪诗序

【题解】

愚溪即永州近郊的冉溪，元和五年(810)，柳宗元贬官永州，在郊外探访发现了景色明秀的冉溪，他就在溪边结庐而居，并将冉溪改名为愚溪，并将附近的泉、池、沟、丘等均用“愚”冠名，作了《八愚诗》，后来诗歌亡佚，只有诗前这篇序文流传下来。全文虽写愚溪之景，却处处以“愚”字统领，借景自喻认为世上愚者“莫若我也”，景色与胸怀融合为一，是一篇妙佳的小品散文。

灌水之阳有溪焉①，东流入于潇水②。或曰：“冉氏尝居也，故姓是溪为冉溪。”或曰：“可以染也，名之以其能，故谓之染溪。”余以愚触罪，谪潇水上③。爱是溪，入二三里，得其尤绝者家焉。古有愚公谷，今余家是溪，而名莫能定，土之居者犹龂龂然④，不可以不更也，故更之为“愚溪”。

【注释】

①阳：水的北面。灌水：湘江的一个支流，在今广西东北部。

②潇水：湘江的一个支流，与灌水都在当时的永州境内。

③余以愚触罪，谪潇水上：此指作者参加王叔文变法改革运动，失败后被贬为永州司马一事。

④龂龂(yín)然：争辩的样子。

【译文】

灌水的北面有一条小溪，向东流入潇水。有人说：“有户姓冉的人家曾在这里住过，所以那条溪水被称为冉溪。”又有人说：“这溪水可以用来染色，以它的功用来命名，所以称它为染溪。”我因为愚昧无知而犯了罪，被贬谪到潇水边来。我爱上了这条小溪，沿溪上溯二三里，发现一个景色绝佳的地方，就在那里安了家。古代有个“愚公谷”，现在我安家在溪旁，而溪名究竟叫什么难以确定，当地居民仍在为此争论不休，看来不能不给它改个名了，所以改称它为“愚溪”。

愚溪之上，买小丘，为愚丘。自愚丘东北行六十步，得泉焉，又买居之，为愚泉。愚泉凡六穴，皆出山下平地，盖上出也。合流屈曲而南，为愚沟。遂负土累石，塞其隘[1]，为愚池。愚池之东为愚堂，其南为愚亭，池之中为愚岛。嘉木异石错置，皆山水之奇者，以余故，咸以“愚”辱焉。

【注释】

①隘：狭窄的地方。

【译文】

我在愚溪的上游买下一个小山丘，叫它愚丘。从愚丘向东北方向走六十步远，找到一处泉水，又买了下来，称为愚泉。愚泉总共有六个泉眼，都涌出于山丘下面的平地处，原来泉水是由地下涌出的。六股泉水汇合后弯弯曲曲往南流去，形成水沟，叫愚沟。于是堆土砌石，把河道的狭窄处堵塞起来，积成水池，叫愚池。愚池东边是愚堂，南面是愚亭，水池中央是愚岛。其间交错排列着美好悦目的树木和奇异的石块，这些都是罕见的山水奇景，因为我的缘故，它们都被屈辱地蒙受了“愚”的名号。

夫水，智者乐也。今是溪独见辱于“愚”，何哉？盖其流甚下，不可以灌溉；又峻急，多坻石[1]，大舟不可入也；幽邃浅狭，蛟龙不屑，不能兴云雨。无以利世，而适类于余，然则虽辱而愚之,可也。

【注释】

①坻(chí):水中小洲。

【译文】

水本来是聪明人所喜爱的。现在这条溪水却不幸被用“愚”字玷辱,这是什么原因呢?原来是它的水位很低,无法用来灌溉农田;又加上水流湍急,有许多石块突出水面成为小洲,大船开不进去;而且水道幽深,既浅又狭,蛟龙不愿在其中居住,不能兴云作雨。它对世人没有什么益处可言,而这些恰和愚昧无知的我相类似,所以即使让它受点委屈,用“愚”字称呼它,也是完全可以的。

宁武子“邦无道则愚”①,智而为愚者也;颜子“终日不违如愚”②,睿而为愚者也。皆不得为真愚。今余遭有道③,而违于理,悖于事,故凡为愚者莫我若也夫④。然则天下莫能争是溪,余得专而名焉。

【注释】

①宁武子:名俞,春秋时卫国大夫。《论语·公冶长》中说他“邦无道则愚”,意思是说他在盛世的时候能表现出自己的聪明才智,乱世的时候却显得愚昧无知。

②颜子:名回,孔子学生。《论语·为政》:“吾与回言终日,不违,如愚。”意思是说,孔子与颜回说话,颜回从来不发表和孔子不同的见解,好像愚人。

③有道:指政治清明安定的时代。

④莫我若:即“莫若我”。

【译文】

古代的宁武子“国家政治黑暗时便显出愚昧”，那是聪明人的装傻；颜回“整天提不出不同的见解，好像很笨”，那是通达人貌似愚钝。他们都不是真的愚蠢。现在我遇上清明的时世，所作所为却违背了事理，所以世上再没有像我这样愚蠢的人了吧。正因为如此，天下的人谁也不能和我争这条溪水，我可以独自占有它并给它命名了。

溪虽莫利于世，而善鉴万类[①]，清莹秀澈，锵鸣金石[②]，能使愚者喜笑眷慕，乐而不能去也。余虽不合于俗，亦颇以文墨自慰，漱涤万物[③]，牢笼百态[④]，而无所避之。以愚辞歌愚溪，则茫然而不违，昏然而同归，超鸿蒙[⑤]，混希夷[⑥]，寂寥而莫我知也。于是作《八愚诗》，记于溪石上。

【注释】

①鉴：照。

②锵鸣金石：像敲钟击石一样发出清脆悦耳的声音。

③漱涤：洗涤。这里形容描写的万事万物如同洗过一样鲜明生动。

④牢笼：包罗，概括。

⑤鸿蒙：指宇宙形成前的混沌状态。

⑥希夷：指空虚玄妙的境界。《老子》称：“视之不见名曰夷，听之不闻名曰希。”

【译文】

愚溪虽然对世人没有什么用处，但它能映照万物，秀丽清澈，水声铿锵就像演奏金石音乐，悦耳动听，能使愚人欢喜爱慕，快活得流连忘返。我虽然和世俗不合，平素也还能用写文章做诗来安慰自己，鲜明生动地描摹各种事物，表现它们的千姿百态，没有什么可以逃过我的笔端。用我愚笨的文辞来歌颂愚溪，茫茫然和愚溪不相背离，昏昏然和它融为一体，超越天地宇宙，融入空虚寂静，在寂寥空阔中达到了忘我的境地。于是我写了《八愚诗》，刻在溪边的石头上。

永州韦使君新堂记

【题解】

本文作于柳宗元在永州任职数年后，新任永州刺史韦某刚到任，便组织人力在城内一处荒地开挖池沼，垒石造山，植草栽花，建起一座厅堂皆备的园林。柳宗元为这座新堂写了这篇记文，除记叙了新堂建设的始末，通过描述永州原来的荒僻险恶，韦使君建成新堂后的精美形制，最终却是隐喻这种除旧布新的举措是为了“因俗成化”和“废贪立廉”，堪称托物言志的佳作。

将为穹谷、嵁岩、渊池于郊邑之中①，则必辇山石②，沟涧壑③，陵绝险阻④，疲极人力⑤，乃可以有为也。然而求天作地生之状，咸无得焉。逸其人，因其地，全其天，昔之所难，今于是乎在。

【注释】

①穹谷：深谷。嵁(kān)岩：峭壁。

②辇：原意为人拉的车。这里意思是运送。

③沟：名词用作动词，沟通，开凿。

④陵：超越。

⑤疲极：疲惫倦怠。这里是使动用法。

【译文】

如果要在城郊营造深谷、峭壁和深池，那就必须用车子运载山石，开凿山涧沟壑，翻越险阻，耗尽人力，才可能成功。但是想以此得到天造地设般的自然景观，却是完全办不到的。不用耗费人力，因地制宜，又保存其天然之美，这在过去是很难做到的事情，如今却在永州这里实现了。

永州实惟九疑之麓①。其始度土者②，环山为城。有石焉，翳于奥草③，有泉焉，伏于土涂④，蛇虺之所蟠⑤，狸鼠之所游。茂树恶木，嘉葩毒卉，乱杂而争植，号为秽墟。

【注释】

①九疑：即九嶷山，在今湖南宁远。

②度(duó)：测量。

③翳(yì)：遮蔽。奥：深。

④伏：遮掩。涂：污泥。

⑤虺(huǐ)：一种毒蛇。

【译文】

永州地处九嶷山下。最早来这里测度地势规划开发的人，环绕着山修筑起了城市。这里的山石被遮蔽在深草丛中，山泉被掩埋在污泥之下，成了一个毒蛇盘踞、野狸田鼠出没的处所。好树和恶木，鲜花和毒草，杂居一处竞相争长，因此被人称为污秽荒废的丘墟。

韦公之来既逾月①，理甚无事。望其地，且异之，始命芟其芜②，行其涂③。积之丘如，蠲之浏如④。既焚既酾⑤，奇势迭出。清浊辨质，美恶异位。视其植，则清秀敷舒⑥；视其蓄，则溶漾纡余[⑦]。怪石森然，周于四隅，或列或跪，或立或仆，窍穴逶邃[⑧]，堆阜突怒[⑨]。乃作栋宇，以为观游。凡其物类，无不合形辅势，效伎于堂庑之下[⑩]。外之连山高原、林麓之崖，间厕隐显[⑪]，迩延野绿，远混天碧，咸会于谯门之内[⑫]。

【注释】

①韦公：当时任永州刺史。汉代以来又尊称刺史为使君。

②芟(shān)：清除。

③行：流通，疏导。

④蠲(juān)：清洁。浏如：水流清澈的样子。

⑤酾(shī)：疏导。

⑥敷舒：枝叶舒展的样子。

⑦溶漾纡余：泉水动荡曲折。

⑧逶邃：曲折幽深的样子。

⑨突怒：形容石头突出耸立的样子。

⑩庑(wǔ)：堂下四周的屋子。

⑪间厕：互交错杂。

⑫谯门：城门上的瞭望楼。

【译文】

韦公来到永州任刺史已有一个多月，政绩显著，清净无事。他视察这块地方，觉得不同寻常，才派人割除荒草，疏通水道。割掉的草堆积成山，疏浚后的泉水顿见澄清。烧掉了杂草，疏导了水流，奇特的景致层出不穷地涌现。清泉污泥分别开来，美树恶草不再混杂。这时再来看那树木，青翠挺拔，舒展自如；看那泉水，微波粼粼，曲折萦回。怪石耸立，遍布在四周，有的排列成行，有的如同跪拜，有的站立，有的卧倒，洞穴曲折幽深，石山峥嵘矗立。于是在这里建造起厅堂，以供观赏游览之用。这些美妙景物，无不以地势为依托，在堂屋廊檐前一展各自的风姿。新堂外的连接山岭的高原、林木覆盖的山崖,相互交错或隐或现,近处与翠绿的原野相连,远处与碧蓝的天空一色,仿佛一齐奔凑汇集到城内来了。

已乃延客入观,继以宴娱。或赞且贺曰:"见公之作,知公之志。公之因土而得胜,岂不欲因俗以成化?公之择恶而取美[①],岂不欲除残而佑仁?公之蠲浊而流清,岂不欲废贪而立廉?公之居高以望远,岂不欲家抚而户晓?夫然,则是堂也,岂独草木、土石、水泉之适欤?山、原、林麓之观欤?将使继公之理者,视其细[②],知其大也[③]。"

【注释】

①择:舍弃,摈弃。一说应作"释"。

②视:治理,处理。

③知:主持,掌管。

【译文】

新堂建成后,韦公邀请客人们前来参观,接着又设宴娱乐。有人边赞美边表示祝愿说:"看到韦公您这番盛举,便知道您的胸怀抱负。您因地制宜开辟出优美的景观,难道不就意味着顺应习俗来推行教化吗?您芟除恶木毒草而选取嘉树鲜花,难道不就意味着铲除凶暴而保护善良的人们吗?您把浊水化为清流,难道不就意味着惩办贪污提倡廉洁吗?您登高望远,难道不就是想让千家万户的百姓都得到安抚晓谕吗?果真如此,那么建这个新堂又何止是为了草木、土石、清泉令人惬意、山原林麓便于观赏呢?它将使继您之后来治理永州的人,治理他的小政务,同时掌管他的大政纲。"

宗元请志诸石，措诸壁[1]，编以为二千石楷法[2]。

【注释】

①措：安置。

②二千石：汉代郡守的俸禄为二千石，后来则成为州郡一级长官的代称。

【译文】

我请求将上述内容铭刻在石碑上，嵌置在政事大厅壁里，作为后来刺史们效法的楷模。

钴鉧潭西小丘记

【题解】

本文是柳宗元所作《永州八记》中的一篇。文章前半部分写景，用牛马饮溪、熊罴登山等描摹丘上怪石，生动形象，又详细描述了小丘经整治后嘉木美竹并林立、高山浮云入胸怀的清凉景色，及流水欢快、鸟兽献艺的热闹场景。令人愉快的场景之后却是作者怀才不遇，被弃置在偏僻的永州而无人赏识。以小丘为喻，巧妙地抒发自己的胸怀，读之自然隽永，恬淡有味。

得西山后八日[1]，寻山口西北道二百步[2]，又得钴鉧潭[3]。西二十五步，当湍而浚者为鱼梁[4]。梁之上有丘焉，生竹树。其石之突怒偃蹇[5]，负土而出，争为奇状者，殆不可数。其嵚然相累而下者[6]，若牛马之饮于溪；其冲然角列而上者[7]，若熊罴之登于山。

【注释】

①西山:在永州(今湖南零陵)城西。

②寻:介词,沿。

③钴鉧(gǔ mǔ)潭:因潭的形状像熨斗而得名。钴鉧,熨斗。

④浚(jùn):水深。鱼梁:水中的小土堰,中间留有缺口放置捕鱼工具。

⑤突怒:形容石头突起耸立的样子。偃蹇:形容山石错综盘踞的样子。

⑥嵚(qīn)然:倾斜的样子。

⑦冲然:突出向前的样子。

【译文】

找到西山以后的第八天,我沿着山口向西北探行二百步,又探得了钴鉧潭。离潭西二十五步,在流急水深处筑有一道拦水坝。坝上有个小土丘,丘上生长着竹子树木。小丘上的石头有的突出高起,有的屈曲俯伏,都露在土层外,竞相形成奇特怪异的形状,几乎数都数不清。那些倾斜重叠俯伏向下的,就像牛马在溪边饮水;那些高耸突出、如兽角斜列争着往丘上冲的,就像熊罴在山上攀登。

丘之小不能一亩,可以笼而有之。问其主,曰:“唐氏之弃地,货而不售①。”问其价,曰:“止四百。”余怜而售之②。李深源、元克己时同游,皆大喜,出自意外。即更取器用,铲刈秽草,伐去恶木,烈火而焚之。嘉木立,美竹露,奇石显。由其中以望,则山之高,云之浮,溪之流,鸟兽之遨游,举熙熙然回巧献技③,以效兹丘之下。枕席而卧,则清泠之状与目谋,瀯瀯之声与耳谋④,悠然而虚者与神谋,渊然而静者与心谋。不匝旬而得异地者二⑤,虽古好事之士,或未能至焉!

【注释】

①货而不售：指卖而卖不出去。货，卖。售，卖出。

②售：买。

③举：全，都。熙熙然：快乐的样子。回巧献技：运用技巧，呈献绝技。回，运用。

④潆潆(yíng)：溪水流动的样子。谋：合，接触。

⑤匝(zā)：周，满。

【译文】

这小丘小得不到一亩，可以包拢来据为己有。我问小丘的主人是谁，有人回答说："这是唐家废弃的土地，想卖掉，却卖不出去。"我又问地价多少，答道："只要四百金。"我同情小丘的不遇而买下了它。当时，李深源、元克己与我一起游览，都十分高兴，觉得这是意想不到的收获。于是就又取来了锄头镰刀等一应用具，铲除败草，砍掉杂树，点起大火焚烧去一切荒秽。美好的树木挺立起来，秀美的竹林也浮露出来，奇峭的山石也得以显现。站在土丘的竹木山石间放眼望去，只见远山耸峙，云气飘荡，溪水淙淙，鸟兽自由自在地游玩，万物都和谐畅快地运用技巧，呈献绝技，在这小丘之下为我们表演。就着小丘枕石席地而卧，山水清凉明爽的景色使我双目舒适，汩汩的流水之声又分外悦耳，悠远空阔的天空与精神相通，深沉至静的大道与心灵相合。我不满十天却得到了两处胜景，即使是古时喜嗜山水的人，也未必能有我这样的幸运。

噫！以兹丘之胜，致之沣、镐、鄠、杜[①]，则贵游之士争买者，日增千金而愈不可得。今弃是州也，农夫渔父过而陋之[②]，价四百，连岁不能售。而我与深源、克己独喜得之，是其果有遭乎[③]？书于石，所以贺兹丘之遭也。

【注释】

①致：搬到，放到。沣(fēng)：水名。镐(hào)：古代周武王都城。在今陕西长安西北丰镐村附近。鄠(hù)：在今陕西户县附近。杜：在今陕西户县北。这四处都与当时的都城长安相距不远。

②陋之：瞧不上它。

③遭：际遇，机遇。

【译文】

唉！凭着这小丘的美景，如果放到京城长安附近沣、镐、鄠、杜等地，那么爱好游乐的豪门贵族人士竞相争购，即使每日增价千金也不一定能买到。现在被弃置在这荒僻的永州，农人渔夫经过也看不上眼，求价仅四百金，却多年卖不出去。而我与深源、克己偏偏为获得了它而高兴，这难道是确实有所谓遭际遇合吗？我将这篇文章书写在石上，用来庆贺这个小丘碰上了好运气。

小石城山记

【题解】

《永州八记》脉络相通，以作者在永州郊野的游踪为线索，依次记叙了八处胜景。文章都不长，结构却有相似之处，即描述山水秀丽及被发现和修饰的过程，对其景色作生动描摹，从融情入景中抒发个人遭贬谪的幽怨。本文即是通过小石城山山石和竹木的嘉美，讨论造物主的有无，以及是否故意把小石城山安排在荒凉无人赏识的南方，抒发了自己的深沉感慨。

自西山道口径北，逾黄茅岭而下，有二道。其一西出，寻之无所得；其一少北而东，不过四十丈，土断而川分，有积石横当其垠[1]。其上为睥睨梁欐之形[2],其旁出堡坞,有若门焉。窥之正黑,投以小石,洞然有水声,其响之激越,良久乃已。环之可上,望甚远。无土壤而生嘉树美箭,益奇而坚,其疏数偃仰[3],类智者所施设也。

【注释】

①垠:边界。

②睥睨(pì nì):城上的矮墙。梁欐(lì):房屋的栋梁。

③数(cù):密。

【译文】

从西山道口一直往北走,越过黄茅岭下去,有两条路。一条路向西,沿着这条路寻找风景,一无所获;另一条路稍微偏北朝东,往前走不过四十丈,路就被一条河流割断了,有一座石山横挡在路上。石山顶部宛若城墙和房屋梁栋。旁边耸出一块好像城堡,那里似乎有一道门。朝里面看,黑洞洞的,扔一块小石头进去,传出"扑通"入水的声音,清亮激越,过了许久才消失。环绕着山道可以走到山顶,站在山顶之上能望得很远。这里没有土壤,却生长着嘉树美竹,形状奇特质地坚硬,林竹分布疏密有致、高低错落,好像是智者精心构置的。

噫!吾疑造物者之有无久矣。及是,愈以为诚有。又怪其不为之于中州[1],而列是夷狄[2],更千百年不得一售其伎[3],是固劳而无用。神者傥不宜如是,则其果无乎?或曰:"以慰夫贤而辱于此者。"或曰:"其气之灵,不为伟人,而独为是物。故楚之南少人而多石。"是二者,余未信之。

【注释】

①中州:指黄河中下游一带文化发达地区。

②夷狄:古代称东方少数民族为夷,称北方少数民族为狄。这里泛指远离中州的边远地区。

③更:经历。伎:同“技”,技艺。

【译文】

啊!我怀疑造物主的有无已经很久了。看到这里的景致,愈发相信造物主确实存在。但又奇怪它不把这座小石城山布置在中原,却放在这荒凉偏僻的夷狄之邦,哪怕经历了千百年也不能显现自己的奇异景色,这实在是费力而无用。造物主好像不应当干这样的事,那么它果真是不存在的吗?有人说:“这是用来安慰蒙受屈辱被贬谪于此的贤人的。”有人说:“这里的天地灵气不能造就伟人,却独独钟情于物类。所以楚地之南少人而多奇石。”这两种说法,我都不相信。

贺进士王参元失火书

【题解】

中国古代由于某人的某项不幸而祝贺,一般是分析虽然遭遇了物质上的损失,却在精神方面获得了提升的机遇,本文则庆幸富于财货的王参元因失去财货而得以显露自身的才能得到应有的提拔赏誉,从而对当时官员选举任用中贿赂盛行和清廉官员受到诬陷排挤的现实进行了沉痛讽刺。

得杨八书①,知足下遇火灾②,家无余储。仆始闻而骇,中而疑,终乃大喜,盖将吊而更以贺也③。道远言略,犹未能究知其状,若果荡焉泯焉而悉无有④,乃吾所以尤贺者也。

【注释】

①杨八:名敬之,排行八。柳宗元的亲戚,王参元的好友。

②足下:对收信人王参元的敬称。王参元,唐宪宗元和二年(807)进士。王参元在长安的家遭火灾以后,被贬到永州的柳宗元写了这封信给他。

③吊:慰问遭遇不幸的人。

④荡焉泯焉:荡然无存。

【译文】

收到杨八来信,得悉您家遭到火灾,家里烧得什么都没剩下。听到这一消息,我始则大惊,接着又有些疑惑,而最终则非常高兴,因此本来想慰问您,却一变而为要向您道喜了。您家离此路远,书信言辞简略,我还不能确知具体灾情,如果真烧得精光,什么也没有剩下,那正是我更要向您祝贺的原因了。

足下勤奉养,乐朝夕,惟恬安无事是望也。今乃有焚炀赫烈之虞[1],以震骇左右[2],而脂膏滫瀡之具[3],或以不给,吾是以始而骇也。

【注释】

①炀(yáng):焚烧。赫:火光,火势。虞:忧,不幸。

②左右:这里用不直接称呼对方而称其周围左右之人的方法,表示一种敬意。

③滫(xiǔ):淘米水。瀡(suǐ):起柔滑作用的作调料,指淀粉一类。

【译文】

您平素尽心事奉父母,早晚省视,只希望安宁平和过日子。如今却遭遇了大火肆虐的祸患,使您震惊不安,而油盐调料等日用品又会匮乏,我因此听到失火消息十分吃惊。

凡人之言皆曰:盈虚倚伏,去来之不可常。或将大有为也,乃始厄困震悸,于是有水火之孽①,有群小之愠,劳苦变动,而后能光明,古之人皆然。斯道辽阔诞漫②,虽圣人不能以是必信,是故中而疑也。

【注释】

①孽:灾祸。

②诞漫:荒诞无垠。

【译文】

常人总是说:盛衰祸福相互依存,相互转化,得失不会是一成不变的。也许将来大有作为,而开头会遭到种种困苦惊吓,于是有水火的灾难,有小人的怨怒,身心经受各种劳苦颠沛的磨炼,而后能有光明坦荡的前途,古代人都是那样的。我以为这种说法不着边际,荒诞不经,即使古代的圣人也不认为它是确实可信的,因此我接着不免有所疑惑。

以足下读古人书,为文章,善小学①,其为多能若是,而进不能出群士之上,以取显贵者,盖无他焉,京城人多言足下家有积货,士之好廉名者,皆畏忌不敢道足下之善,独自得之心,蓄之衔忍,而不出诸口,以公道之难明,而世之多嫌也。一出口,则嗤嗤者以为得重赂②。

【注释】

①小学:文字、音韵、训诂方面的学问。

②嗤嗤者:好讥笑别人的人。赂:礼物。

【译文】

像您这样能读古人的书,又能写文章,对文字、音韵、训诂又有专长，具备如此众多的才学的人，而在仕进上却不能高出于一般的士人，达到显赫的地位，这没有别的原因，而是京城中很多人说您府上广积财富，那些爱好廉洁名声的士大夫因此害怕、忌讳，也不敢称道您的长处，只好自己看了藏在心里，忍住不说出口，因为公理难以伸张，世情又多猜忌。一旦有人说出称赞您的话，那班以讽刺攻击为能事的小人就以为那人必定得到您的厚礼了。

仆自贞元十五年见足下之文章①，蓄之者盖六七年未尝言。是仆私一身而负公道久矣，非特负足下也。及为御史尚书郎，自以幸为天子近臣，得奋其舌②，思以发明足下之郁塞③，然时称道于行列④，犹有顾视而窃笑者。仆良恨修己之不亮，素誉之不立，而为世嫌之所加，常与孟几道言而痛之⑤。

【注释】

①贞元：唐德宗的年号，785—805年。贞元十五年(799)至柳宗元参与二王革新，中间大概有六七年。

②奋其舌：摇动其舌，指进言，劝谏。

③郁塞：指怀才不遇。

④行列：同位者，同僚。

⑤孟几道：孟简，字几道。

【译文】

我从贞元十五年就读到您的文章，把看法放在心里大约有六七年，从来也没有向人谈起过。这是我为了替自己打算而长久违背公道，不止是对不起您个人。等到我做监察御史后，又任尚书郎，自以为有幸能做皇帝身边的臣子，可以放胆说话，想乘此彰明您受阻滞的情况，但有时向同辈谈到这个想法，仍然有相视而暗笑我的。我实在是痛恨自己的品德修养还不足以使人亮察，素来清白的名声还未能确立，因而遭到世人的猜忌，我经常与友人孟几道谈起这件事，并对此痛心不已。

乃今幸为天火之所涤荡，凡众之疑虑，举为灰埃。黔其庐[①]，赭其垣[②]，以示其无有，而足下之才能，乃可以显白而不污，其实出矣，是祝融、回禄之相吾子也[③]！则仆与几道十年之相知，不若兹火一夕之为足下誉也。宥而彰之[④]，使夫蓄于心者咸得开其喙[⑤]，发策决科者授子而不慄[⑥]。虽欲如向之蓄缩受侮，其可得乎？于兹吾有望于子！是以终乃大喜也。

【注释】

①黔：黑。这里指烧黑。

②赭：红。这里指烧红。

③祝融、回禄：传说中的火神。相：帮助。

④宥而彰之：指王参元从财富的牵累中解脱出来，大家就可以放心表彰他的才学了。宥，宽赦。

⑤喙：鸟嘴。这里借指口。

⑥发策：在科举考试中制定考题。决科：评定考试成绩，授予官职。

【译文】

现在正好您的家财被天火烧得精光，众人的疑虑也全部化为灰尘。房屋烧得焦黑，墙壁烧得赤红，显示您家已一无所有，然而您的才能，就明白显露出来而不致被辱没，您的才能得以显露，这真是祝融、回禄在帮助您啊！我与孟几道与您十年之久的相知，还不及一晚上的火给您带来的好名誉呢。这场大火解脱了你，大家也能称赞您了，使那些将赞美藏在心里的人都能张开嘴说出来，主持考试的能放心选拔您而不必担惊受怕。即使想像过去那样顾虑重重不敢出头，以致受到讥笑羞辱，还能做得到吗？对您今后的发展，我从此就信心十足了！因此我最终大为高兴。

古者列国有灾，同位者皆相吊。许不吊灾[①]，君子恶之。今吾之所陈若是，有以异乎古，故将吊而更以贺也。颜、曾之养[②]，其为乐也大矣，又何阙焉？

【注释】

①许不吊灾：据《左传·昭公十八年》载，宋、卫、陈、郑四国发生火灾，许国却没有去慰问。

②颜、曾：指颜回、曾参，都是孔子的弟子。

【译文】

在古代如果一个诸侯国遇到火灾，其他诸侯国总是要来慰问的。春秋时，许国不去吊慰遭火灾的邻国，君子对此十分厌恶。现在我说了上面这样的一番话与古人有所不同，所以把本来的慰问变成祝贺了。颜渊安于清贫、曾参孝以养亲，这里面的乐趣也真够多了，还有什么欠缺的呢？

王禹偁

王禹偁(954—1001),字元之,济州钜野(今山东巨野)人。宋太宗太平兴国八年(983)中进士,此后曾数度任地方官,并一度任翰林学士、知制诰,后因遇事直谏、得罪执政而被贬谪,最后卒于黄州知州任上,人称王黄州,其散文与诗词俱佳,清新淡雅,意境旷远,为后人称颂,曾自编《小畜集》三十卷传世。王禹偁的文章明晰流畅,富有内在的节奏感,可以说后来的宋代散文家多数人继承了他这种细腻优美的文风。

待漏院记

【题解】

待漏院是北宋承袭唐朝制度建立的,为百官等待上朝之地。王禹偁(chēng)做这篇文章时担任大理寺评事,通过对宰相在此等待上朝时所思考内容的猜测,分出贤相、奸相及庸碌之人的区别,希望他们能为生民考虑,多行善政。全文多用排比,整齐精炼富有感情,有极强的感染力和说服力。

天道不言,而品物亨、岁功成者[①],何谓也?四时之吏[②],

五行之佐[3],宣其气矣[4]。圣人不言,而百姓亲、万邦宁者,何谓也?三公论道[5],六卿分职[6],张其教矣。是知君逸于上,臣劳于下,法乎天也。古之善相天下者,自咎、夔至房、魏[7],可数也。是不独有其德,亦皆务于勤耳。况夙兴夜寐,以事一人,卿大夫犹然,况宰相乎!

【注释】

①品物:万物。品,众。岁功:一年中的农业收获。

②四时之吏:古代顺应春、夏、秋、冬四季变化的官员。

③五行之佐:古代顺应金、木、水、火、土五行而施政的辅佐官员。

④宣其气:古人认为万物的生长、四时的运转都由于一种内在的"气"的促动。这里是说,使万物、四时顺守自然的规律生长和运转。宣,疏导。

⑤三公:按《周礼》的说法,三公是指太师、太傅、太保。这里指朝廷中的最高一级官员。

⑥六卿:《周礼》中指天官冢宰、地官司徒、春官宗伯、夏官司马、秋官司寇、冬官司空。这里指朝廷中分管各部的大臣。

⑦咎(gāo)、夔(kuí):传说中舜的大臣。咎即皋陶。房:房玄龄,唐太宗时名相。魏:魏徵,唐太宗时名相。

【译文】

天道并不说话,而万物却能顺利生长,庄稼能得到好收成,这是为什么呢?就是由于掌握四时和统辖五行的天神,使四时风雨顺畅通达的结果。皇帝并不说话,而百姓却能亲睦,万国安宁,这是为什么呢?就是由于三公商讨了大计,六卿分掌自己的职责,推广了皇帝的教化的结果。这就可以明白,君主在上清闲安逸,臣子在下辛勤劳苦,是取法于天道的缘故。古代善于辅助国君治理天下的,从皋陶、夔到房玄龄、魏徵，屈指可数。他们不只是有德行，也都是十分勤于职守的。早起晚睡，为天子效劳，卿大夫都是这样，何况是宰相呢！

朝廷自国初因旧制，设宰相待漏院于丹凤门之右①，示勤政也。乃若北阙向曙②，东方未明，相君启行，煌煌火城③！相君至止，哕哕鸾声④。金门未辟，玉漏犹滴⑤。撤盖下车，于焉以息。待漏之际，相君其有思乎⑥？

【注释】

①丹凤门：汴京皇城的南门。

②北阙：原指宫殿北面的门楼，大臣等候朝见或上书奏事的地方。后为帝王宫禁的通称。向曙：天快亮。

③煌煌：明亮。火城：百官朝会时宫门前的灯火仪仗。

④哕哕（huì）：有节奏的车铃声。鸾：车铃。

⑤漏：古代标有刻度的计时工具。

⑥其：大概。

【译文】

朝廷自建国之初沿袭前代制度，在丹凤门的右边设置了宰相待漏院，表示要勤于政务。当北面的宫阙映出一线曙光，东方还没有亮，宰相就从家里动身上朝了，那仪仗队的烛火多么辉煌灿烂啊！宰相到了待漏院，车马停了下来，而那一阵阵有节奏的铃铛声还在回响着。那时，宫门还没有打开，玉制漏壶里的水还在滴着。于是便收拢车篷，下车到待漏院里稍事休息。在等待早朝的时候，宰相大概有许多考虑吧？

其或兆民未安，思所泰之；四夷未附，思所来之；兵革未息，何以弭之①；田畴多芜，何以辟之；贤人在野，我将进之；

佞人立朝，我将斥之；六气不和[2]，灾眚荐至[3]，愿避位以禳之[4]；五刑未措，欺诈日生，请修德以釐之[5]。忧心忡忡，待旦而入。九门既启，四聪甚迩[6]。相君言焉，时君纳焉。皇风于是乎清夷[7]，苍生以之而富庶。若然，则总百官[8]，食万钱[9]，非幸也，宜也！

【注释】

①弭：消除，平息。

②六气：指阴、阳、风、雨、晦、明六种自然现象。

③灾眚（shěng）：灾异。荐至：接连不断地来。

④禳（ráng）：祭祷消灾。

⑤釐（lí）：治理。

⑥四聪：古代国君随时视察四方民情称为四聪。这里代指皇帝。

⑦清夷：清明平静。

⑧总：统率。

⑨食万钱：享受优厚的俸禄。

【译文】

他们有的考虑的是百姓还没有安居乐业，怎样使他们平安富裕；四方的少数民族还没有服从，怎样使他们前来归顺；战争还没有停止，用什么方法去平定它；农田还有很多荒芜的，用什么办法将它们开垦；有贤能的人才还在民间，我将把他们选拔上来；奸邪的小人还待在朝廷里，我要把他们贬斥出去；天时不正，灾祸不断，我愿意辞掉相位，向上天祷告来消除灾难；各种刑罚还没有废除，社会上欺诈行为经常发生，我要修养德行，加强治理。怀着这样深深的忧虑，等待天亮上殿去。当皇宫的大门一打开，善听各方意见的皇帝离得很近。宰相向天子报告了他这些想法，君主一一采纳。社会风气因此而清平，人民生活因此而富裕。如果这样，那么宰相统率百官，享受很高的俸禄，便不是侥幸受宠，而是十分应该的啊！

其或私仇未复，思所逐之；旧恩未报，思所荣之；子女玉帛，何以致之；车马玩器，何以取之；奸人附势，我将陟之①；直士抗言，我将黜之；三时告灾，上有忧色，构巧词以悦之；群吏弄法，君闻怨言，进谄容以媚之。私心慆慆②，假寐而坐。九门既开，重瞳屡回③。相君言焉，时君惑焉。政柄于是乎隳哉④，帝位以之而危矣。若然，则死下狱，投远方，非不幸也，亦宜也！

【注释】

①陟：提升。

②慆慆：纷乱不息的样子。

③重瞳：据说舜、项羽都是重瞳。这里指天子。

④隳(huī)：毁坏，败落。

【译文】

他们有的考虑的却是私仇还没有报复，怎样才能驱逐仇人；旧恩还没有报答，怎样使自己的恩人享受荣华富贵；金钱美女，用什么方法搜罗到手；车马古玩，用什么伎俩夺取过来；奸邪小人依附我的权势，我将提拔他；正直的人直言指责我，我将把他贬黜；春、夏、秋三季发生灾情，报告上来，皇上忧虑，我要编些花言巧语使他高兴；官吏们贪赃枉法，皇上听到了怨恨的言论，我又要用谄媚的姿态博取他的欢心。私心纷乱不息，坐在待漏院里打瞌睡。当皇宫的大门打开，皇帝屡次注视，宰相对他说些假情况，皇帝被迷惑了。政权因此毁坏，皇帝也因此而有倒台的危险。如果这样，那么这宰相被下狱处死，或者被流放远方，不是不幸,也是十分应该的。

是知一国之政,万人之命,悬于宰相,可不慎欤?复有无毁无誉,旅进旅退[1],窃位而苟禄,备员而全身者[2],亦无所取焉。

【注释】

①旅:众。

②备员:充数,虚充职位。

【译文】

由此可以明白一国之政,万人之命,都系在宰相身上,难道宰相可以不小心谨慎吗?此外,还有那种既没有人咒骂,也没有人称赞,随大流进退,窃取高位而一味贪图厚禄,顶个名额而只知道保全自己的人,也是毫不可取的。

棘寺小吏王禹偁为文[1],请志院壁,用规于执政者。

【注释】

①棘寺:即大理寺,掌管刑狱的最高机构。

【译文】

大理寺的小官吏王禹偁作这篇文章,希望书写在待漏院的墙壁上,用以劝诫执政的宰相。

黄冈竹楼记

【题解】

这是王禹偁于真宗咸平二年(999)被贬为黄州刺史时所写的一篇记文。文中除详细描述在竹楼上所能看到的江山胜景、听到的雨雪琴棋声足以开阔胸怀外,表现出来的逍遥自在遨游宇外的愿望,其实是被贬谪后自我平衡的一种方式。末段详述自己被屡屡调动的经历,又慨叹竹楼寿命有限,自己来年不知在何处,更是透出无奈的悲凉。

黄冈之地多竹[①],大者如椽,竹工破之,刳去其节[②],用代陶瓦。比屋皆然[③],以其价廉而工省也。

【注释】

①黄冈:在今湖北黄冈。

②刳(kū):削刮。

③比屋:家家户户。比,并着,连着。

【译文】

黄冈地区盛产竹子,大的粗得像椽子,竹工破开它,刮去节疤,用来代替陶瓦。家家户户都是这样,因为竹瓦既便宜又省工。

子城西北隅[①],雉堞圮毁[②],蓁莽荒秽[③]。因作小楼二间,与月波楼通。远吞山光,平挹江濑[④],幽阒辽夐[⑤],不可具状。夏宜急雨,有瀑布声;冬宜密雪,有碎玉声。宜鼓琴,琴调和畅;宜咏诗,诗韵清绝;宜围棋,子声丁丁然;宜投壶[⑥],矢声铮铮然。皆竹楼之所助也。

【注释】

①子城:城门外的套城,也称“月城”。

②雉堞(dié):女城城墙上呈齿状的矮墙,泛指城墙。圮(pǐ)毁:倒塌。

③蓁(zhēn)莽:野草丛生。

④平挹:平视。挹,汲取,看取。江濑(lài):江滩上的急流。

⑤阒(qù):寂静。敻(xiòng):遥远。

⑥投壶:古代的一种游戏,用箭状的筹棒去投长颈形的壶,按投中次数来分胜负。

【译文】

在月城的西北角,女墙都塌毁了,草木丛生,荒芜污秽。我在那里盖了两间小竹楼,跟原有的月波楼接通。眺望远山,山光尽收眼底,平视江中急流,好像可以舀取,清幽寂静,辽远开阔,无法一一描绘出来。夏天适宜听骤雨,小楼上有瀑布的轰鸣声;冬天适宜听密雪,小楼上有碎玉落地的沙沙声。适宜弹琴,琴声和谐流畅;适宜吟诗,诗韵清新绝俗;适宜下棋,棋盘上落子声丁丁悦耳;适宜投壶,箭投入壶里也铮铮动听。这些美妙的声音,都是竹楼给予的。

公退之暇,被鹤氅衣①,戴华阳巾②,手执《周易》一卷,焚香默坐,消遣世虑③。江山之外,第见风帆沙鸟、烟云竹树而已④。待其酒力醒,茶烟歇,送夕阳,迎素月,亦谪居之胜概也。

【注释】

①鹤氅(chǎng)衣:鸟羽编织的衣服,道士服。

②华阳巾:道士戴的头巾。

③世虑：世俗的念头。

④第：只。

【译文】

办完公事的闲暇时间，披着鹤氅衣，戴上华阳巾，手拿《周易》一卷，焚香默坐，消除世俗杂念。除了水色山光之外，只见风中白帆、沙洲鸥鸟、茫茫烟云、苍苍竹树罢了。等到醉意全消，煮茶的烟火也熄了，我送走夕阳，迎来皓月，这也是谪居生活中的赏心悦目的佳境啊。

彼齐云、落星[①]，高则高矣；井幹、丽谯[②]，华则华矣。止于贮妓女，藏歌舞[③]，非骚人之事，吾所不取。

【注释】

①齐云：五代韩浦所建齐云楼，故址在今江苏苏州。落星：三国孙权所建落星楼，故址在今江苏南京落星山。

②井幹(hán)：井幹楼，汉武帝时在长安所建。丽谯(qiáo)：丽谯楼，魏武帝曹操所建。

③歌舞：指能歌善舞的人。

【译文】

那齐云楼、落星楼，高确是高了；井幹楼、丽谯楼，华丽确是华丽了。但它们只不过是用来蓄藏乐妓，安顿歌儿舞女，这不是诗人应做的事，我是不屑于去做的。

吾闻竹工云："竹之为瓦，仅十稔[①]；若重覆之，得二十稔。"噫！吾以至道乙未岁[②]，自翰林出滁上；丙申[③]，移广陵[④]；丁酉[⑤]，又入西掖[⑥]；戊戌岁除日[⑦]，有齐安之命[⑧]；己亥闰三月[⑨]，到郡。四年之间，奔走不暇，未知明年又在何处，岂惧竹楼之易朽乎？后之人与我同志[10]，嗣而葺之[11]，庶斯楼之不朽也。

【注释】

①稔(rěn)：谷熟为稔。古代一年收获一次，所以也称一年为一稔。

②至道乙未岁：指宋太宗至道元年，即995年。本年王禹偁因私下议论孝章皇后丧礼获罪，由翰林学士贬滁州。

③丙申：至道二年，即996年。

④广陵：州治在今江苏扬州。该年有人诬王禹偁买马舞弊，宋太宗不信，但把他从滁州调往广陵。

⑤丁酉：至道三年，即997年。

⑥西掖：中书省，中央的行政机构。因位于皇宫西边，故称西掖。

⑦戊戌岁除日：宋真宗咸平元年，即998年。除日，除夕，大年三十。是年王禹偁编写《太祖实录》，因直书史实，被贬到齐安。

⑧齐安：黄州齐安郡，治所在今湖北黄冈。

⑨己亥：咸平二年，即999年。

⑩同志：志同道合。

⑪嗣：继续。葺：修理。

【译文】

我听竹工说："用竹做瓦，只能用十年；如果铺两层，就可以管二十年。"唉！我在至道元年，由翰林学士被贬到滁州；至道二年调到扬州；至道三年又到中书省任职；咸平元年的大年夜，奉命调来齐安；咸平二年闰三月到了郡城。四年之中，奔走不停，还不知道明年又在什么地方，难道还怕竹楼容易朽坏吗？希望后来的人跟我志趣相同，能接着修整它，或许这座竹楼就永远不会朽坏吧？

李格非

李格非，字文叔，济南(今属山东)人。宋神宗熙宁九年(1076)中进士，此后曾任礼部员外郎，提点京东路刑狱等职，徽宗即位后被定为“元祐党人”而罢官。李格非在北宋中后期文坛名气颇大，所作多为学术性和政论性文章，其女李清照后来成为著名词人。

书《洛阳名园记》后

【题解】

李格非曾编过一部散文集《洛阳名园记》，描述北宋时洛阳城里十多所园林的景物风貌。然而作者又特意作了这篇“书后”，指出他记录这些名园具有讽喻意图，即通过对比唐代公卿贵戚在洛阳营造豪华府邸、终因唐末战乱焚荡悉尽，讽喻当今官员在朝任职时只知放纵满足私欲，想在退休后安享园林之乐，有重蹈唐亡覆辙之险。

洛阳处天下之中，挟殽、黾之阻①，当秦、陇之襟喉②，而赵、魏之走集③，盖四方必争之地也。天下当无事则已，有事则洛阳必先受兵④。予故尝曰：“洛阳之盛衰，天下治乱之候也⑤。”

【注释】

①殽(xiáo):通“崤”,崤山,在今河南洛宁北。黾(méng):黾隘,古隘道名。即今河南信阳西南的平靖关。

②秦:今陕西一带。陇:今陕西西部及甘肃一带。

③赵:战国时国名。这里指今山西、陕西、河北一带。魏:战国时国名。这里指今河南北部、山西西南部一带。走集:往来必经的险要之地。

④受兵:遭遇兵事。

⑤候:征兆。

【译文】

洛阳地处天下的中央,挟有崤山、黾隘的险阻,正当秦陇的咽喉要害之地,也是赵、魏的必经要道,是四方必争之地。天下太平则罢了;如果有事,则洛阳必定先受兵灾。所以我曾经说:“洛阳的盛衰,是天下治乱的征兆。”

唐贞观、开元之间①,公卿贵戚开馆列第于东都者②,号千有余邸。及其乱离,继以五季之酷③,其池塘竹树,兵车蹂蹴④,废而为丘墟,高亭大榭,烟火焚燎,化而为灰烬,与唐共灭而俱亡,无余处矣。予故尝曰:“园囿之兴废,洛阳盛衰之候也。”

【注释】

①贞观:唐太宗年号,627—649年。开元:唐玄宗年号,713—741年。贞观、开元年间是唐代最兴盛的时期。

②开、列:建造,设置。第:宅第。

③五季:指后梁、后唐、后晋、后汉、后周五代。

④蹴(cù):用脚踢。

【译文】

唐朝贞观、开元年间，公卿贵戚在东都洛阳营造的馆舍府邸，号称有一千余座。到了唐末遭遇战乱，流离失所，接下来又是五代的惨兵重祸，洛阳馆舍府第中的池塘竹树，被兵车践踏，荒废成为丘墟，高亭大榭，被烟火焚烧，化为一片灰烬，都与唐朝一同灭亡，没有剩余了。所以我曾经说："园囿的兴废，是洛阳盛衰的征兆。"

且天下之治乱，候于洛阳之盛衰而知[1]；洛阳之盛衰，候于园囿之兴废而得，则《名园记》之作，予岂徒然哉？

【注释】

①候：动词，预测。

【译文】

既然天下的治乱，考察洛阳的盛衰可以得知；洛阳的盛衰，考察园囿的兴废可以得知，那么，我作《名园记》，岂是没有用处的吗？

呜呼！公卿大夫方进于朝，放乎一己之私，自为之，而忘天下之治忽[1]，欲退享此，得乎？唐之末路是已。

【注释】

①治忽：这里指治乱。忽，怠忽，轻慢怠惰。

【译文】

唉！公卿大夫入仕朝廷，一味放纵一己私欲，只知道谋私利而忘却天下治理的好坏，想隐退下来享受林泉之福，可以吗？唐朝灭亡的情况就是这样啊。

范仲淹

范仲淹(989—1052),字希文,苏州吴县(今属江苏)人。宋真宗大中祥符八年(1015)中进士,曾在朝廷任职并权知开封府,后因与执政意见不合,外迁为饶州刺史,后数年因经略陕西、抵御西夏元昊有功,还朝为枢密副使,迁参知政事,仁宗庆历年间曾主持推动"庆历新政",后又宣抚河东、陕西,卒谥文正。范仲淹为北宋名臣,能词善文,有《范文正公文集》传世。

严先生祠堂记

【题解】

严子陵,被称为古代隐士的典范。范仲淹在这篇文章中着重刻画了严子陵不慕富贵、清高耿直的高尚品格,在称赞了光武帝大度能容之外,在末段尤其肯定严子陵独立人格垂范后世"大有功于名教",也是全篇主旨和作者自己的心志追求。

先生[①],光武之故人也,相尚以道。及帝握《赤符》[②],乘六龙[③],得圣人之时,臣妾亿兆[④],天下孰加焉[⑤]?惟先生以节高之。既而动星象[6],归江湖,得圣人之清,泥涂轩冕[7],天下孰加焉?惟光武以礼下之。

【注释】

①先生:即严光,字子陵,东汉人。年轻时曾与汉光武帝刘秀一同游学,光武帝即位后,他改名隐居,光武帝接他到京师洛阳,授官谏议大夫,他也不肯接受,回到富春山,以耕钓为生。

②握《赤符》:指儒生彊华向刘秀奉上《赤伏符》,其谶(chèn)文大意是刘秀发兵,汉室将要恢复。刘秀便以为是天降祥瑞的征兆而即帝位。

③乘六龙:六龙指《周易·乾》卦的六爻。《周易·乾》有"时乘六龙以御天",是说国君凭借六爻所象征的阳气来驾御天地。

④臣妾:作动词用,统治,役使。

⑤加:超过。

⑥动星象:据《后汉书·严光传》载,严光与光武帝睡在一起时,严光把脚放在光武帝肚子上。第二天太史官就报告说:客星犯帝座甚急。光武帝笑答道:那是我与老朋友严子陵在一起的缘故。

⑦轩冕:古代高官乘坐的车子和所戴的礼帽。这里代指官爵。

【译文】

先生是光武帝的老朋友,他们一向以道义相互推重。及至光武帝得《赤伏符》的祥瑞,乘六龙而称帝,达到了圣人顺应时势的境界,统治亿兆臣民,普天之下有谁超过他的崇高?只有先生以其节操高出其上。后来二人的交谊感应星象异动,先生退隐江湖,达到了圣人超逸清高的境界,视高官厚禄如粪土,普天之下又有谁超过他的谦下?只有光武帝以礼敬甘居其下。

在《蛊》之上九[①]，众方有为，而独“不事王侯，高尚其事”，先生以之；在《屯》之初九[②]，阳德方亨，而能“以贵下贱，大得民也”，光武以之。盖先生之心，出乎日月之上；光武之量，包乎天地之外。微先生不能成光武之大[③]，微光武岂能遂先生之高哉？而使贪夫廉，懦夫立，是大有功于名教也[④]。

【注释】

①《蛊》：《周易》卦名。该卦第六爻中的阳爻称“上九”。前几爻象辞都显示整治其事，独第六爻说：“不事王侯，高尚其事。”

②《屯》：《周易》卦名。该卦第一爻中的阳爻称“初九”。

③微：如果没有。

④名教：纲常，教化。

【译文】

《周易·蛊》卦的上九一爻的象辞讲道：其他爻都在热衷于讲事功，这一爻却独能表示“不事奉王侯，行事高蹈绝俗”，这就是先生立身的依据；《屯》卦初九一爻的象辞讲道：阳刚之气正在发扬，因而能“以尊贵之身礼敬卑贱之人，大得民心”，这就是光武帝立身的依据。本来先生的志意就是高出日月之上的，光武帝的气量就是包容天地之外的。但没有先生就不能成就光武帝气量的宏大，没有光武帝难道能促成先生志意的高超吗？先生让贪婪者变得廉洁，怯懦者变得坚强，这真是大大有功于名教的。

仲淹来守是邦，始构堂而奠焉。乃复为其后者四家[①]，以奉祠事。又从而歌曰：云山苍苍，江水泱泱[②]。先生之风，山高水长。

【注释】

①复:免除徭役。后:后裔。

②泱泱:水深广无边的样子。

【译文】

仲淹来本州任地方官后,开始筑起祠堂祭奠先生。然后又免除先生后嗣四家的赋税,让他们管理祠庙祭祀之事。并从而作歌颂扬道:云山苍茫一片,江水浩大无边。先生的高风亮节,就像山一样崇高水一样长远。

岳阳楼记

【题解】

这篇文章作于"庆历新政"失败后范仲淹谪居外地时期,以其叙事简明,写景传神和议论真切而为世人传诵。本文的巧妙之处在于将岳阳楼的自然风光中阴沉晦暗与晴明可喜的两种景象,用色彩丰富的对偶句详尽描摹,韵律整齐富有音乐美感。更为重要的是作者将自己"先天下之忧而忧,后天下之乐而乐"的宏大抱负融入文中,使得外界景物超脱了一己私情界限,而成为承载天下公心的浩浩历史长流,使这篇文章的思想性远超同代。

庆历四年春①,滕子京谪守巴陵郡②。越明年,政通人和,百废具兴。乃重修岳阳楼,增其旧制,刻唐贤、今人诗赋于其上,属予作文以记之③。

【注释】

①庆历四年:1044 年。庆历,宋仁宗年号,1041—1048 年。

②滕子京：名宗谅，字子京，与范仲淹同年进士。据《宋史·滕宗谅传》载，他因被诬陷贬为岳州知州。巴陵郡：即岳州，治所在今湖南岳阳。

③属：同“嘱”，委托，嘱咐。

【译文】

庆历四年春天，滕子京被贬官为岳州知州。到了第二年，这地方政务通达顺利，人民安居乐业，许多被搁置下来的事业也都兴办起来了。于是他又重修了岳阳楼，扩大了它原有的规模，并将唐朝名人和当代文人的诗赋刻在上面，并嘱托我写篇文章来记述这件事。

予观夫巴陵胜状，在洞庭一湖①。衔远山，吞长江，浩浩汤汤②，横无际涯③；朝晖夕阴，气象万千。此则岳阳楼之大观也，前人之述备矣。然则北通巫峡④，南极潇湘⑤，迁客骚人⑥，多会于此，览物之情，得无异乎？

【注释】

①洞庭：即洞庭湖，在今湖南岳阳西。

②浩浩汤汤(shāng)：水势浩大的样子。

③横：广阔。

④巫峡：在长江上游的四川巫山。

⑤极：尽，远通。潇湘：潇水与湘水在湖南零陵汇合后也称潇湘。

⑥迁客：被贬的官吏。骚人：诗人、文人。因《离骚》而得名。

【译文】

在我看来，岳州的美景全在洞庭这一个湖上。它衔接着遥远的山峦，吞吐着奔腾的长江，浩浩荡荡，无际无涯；清晨阳光灿烂，傍晚暮霭萦回，气象开阔，千变万化。这正是岳阳楼的雄伟景观，前人早已淋漓尽致地描绘过了。然而这里北边连通巫峡，南边远达潇湘，那些被贬官员、善感诗人常常在这里聚会，他们观赏景物的心情，只怕也会有所不同吧？

若夫霪雨霏霏[1]，连月不开，阴风怒号，浊浪排空[2]；日星隐曜[3]，山岳潜形；商旅不行，樯倾楫摧；薄暮冥冥[4]，虎啸猿啼。登斯楼也，则有去国怀乡[5]，忧谗畏讥，满目萧然，感极而悲者矣。

【注释】

①霪(yín)雨霏霏：连绵的细雨。霪，久雨。

②排：击，冲向。

③曜(yào)：光辉。

④薄：迫近。

⑤去国：离开国都，指被贬官。

【译文】

在那种绵绵阴雨不断，接连几个月没有晴天的日子里，阴惨的风在水面呼号，浑浊的浪冲向天空；太阳星辰丧失了晶莹的光芒，山岳潜藏了巍然的躯体；行商淹滞停留，航船桅断桨折；暮色渐转昏黑，虎低啸猿哀啼。这个时候登楼观景，就会感到离开京城，思念家乡，担心诽谤，害怕讥讽，满目萧条凄凉，感慨万千而十分悲凉了。

至若春和景明[1]，波澜不惊；上下天光，一碧万顷；沙鸥翔集，锦鳞游泳[2]；岸芷汀兰[3]，郁郁青青[4]。而或长烟一空，皓月千里，浮光耀金，静影沉璧，渔歌互答，此乐何极！登斯楼也，则有心旷神怡，宠辱皆忘，把酒临风，其喜洋洋者矣！

【注释】

①景：日光。

②锦鳞：代指鱼。因鱼鳞闪耀光彩。游泳：古代浮水为游，潜水为泳。

③芷(zhǐ)：香草。汀(tīng)：水边的平地。

④郁郁：形容香气很浓。青青：茂盛的样子。

【译文】

至于到了春光和煦、阳光明媚的时节，风儿静静，浪涛不惊；无边天色青，万顷波光影，远近交融，归于碧澄；洁白的沙鸥时而独自飞翔，时而聚合成群；锦鳞游鱼往复嬉戏，上下浮沉；岸上白芷，洲上香兰，香气浓郁，郁郁葱葱。有时高空云烟消散明净，长天月光千里普照；月光跳跃在水面，好比耀眼的金光；而圆月静卧于水中，又如沉入湖底的璧玉；渔夫的歌声此唱彼和，这种快乐无穷无尽！这个时候登楼对景，就会感到心胸开阔，精神爽朗，恩宠和耻辱全忘，迎着和风饮着美酒，真是喜气洋洋！

嗟夫！予尝求古仁人之心，或异二者之为。何哉？不以物喜，不以己悲。居庙堂之高①，则忧其民；处江湖之远②，则忧其君。是进亦忧，退亦忧。然则何时而乐耶？其必曰“先天下之忧而忧，后天下之乐而乐”欤！噫！微斯人③，吾谁与归？

【注释】

①庙堂：宗庙和明堂，代指朝廷。

②江湖：泛指五湖四海各地。唐以后往往指落魄流浪之处。

③微：如果不是。

【译文】

唉！我曾经探求过古代仁义之人的思想，或者不同于上述两种状态。为什么呢？不因外界事物的影响而悲哀欢喜，也不因个人的处境好坏而欢喜悲哀。在朝廷任职，就担忧百姓生活不富足；在民间闲居，就担忧皇帝政治不清明。这样，做官发愁，不做官同样发愁，那么什么时候才会高高兴兴呢？他们一定会回答说“在世人忧愁之前就忧愁，在世人快乐以后才快乐”吧！唉！如果不是这样的人，我和谁在一起呢？

司马光

司马光(1019—1086),字君实,陕州夏县(今山西夏县)人。宋仁宗宝元元年(1038)中进士,历仕仁、英、神、哲四三朝,神宗时因坚决反对王安石变法,离开朝廷闲居洛阳,十多年间不谈政事,倾尽全力主持编成大型编年体通史《资治通鉴》,哲宗即位后曾任门下侍郎、尚书左仆射,当政八月而卒,谥文正。司马光的文学作品见于《司马文正公集》《涑水记闻》等处,简练质朴,论辩有力。

谏院题名记

【题解】

司马光擅长写史论和政论类文章,长处在于逻辑性强,关怀强烈,而文学性显得相对不足。这篇不足二百字的小文章,却简洁朴实,短句整齐并富有节奏感,议论叙事融为一体,不事雕琢,观点鲜明气势充沛,力争用简明的语言充分表达政治主张,这也代表了北宋中期的一种文风倾向。

古者谏无官,自公、卿、大夫至于工、商,无不得谏者。汉兴以来始置官①。夫以天下之政,四海之众,得失利病,萃于一官使言之[2],其为任亦重矣。居是官者,当志其大,舍其细;先其急,后其缓;专利国家,而不为身谋。彼汲汲于名者[3],犹汲汲于利也,其间相去何远哉!

【注释】

①"汉兴"句:汉代始设谏议大夫,是专职谏官。

②萃:集中。

③汲汲:心情急迫不肯休息的样子。

【译文】

古时候没有专门的谏官,上自朝廷公、卿、大夫,下至工匠、商贩,没有谁不能进谏。汉王朝建立后,才设置了谏官。以天下政事之繁杂,四海人口之众多,得失利弊,都集中到一个谏官身上由他来进谏,谏官的任务也够重了。担任这一官职的人,应专注国家大事而放弃细枝末节;先考虑急切之事,而后再议论不急之务;只为国家谋利而不为一己打算。那些热衷于敢谏之名的人,也与热衷于私利的人一样,与真正的谏官原则相距何其遥远!

天禧初[1],真宗诏置谏官六员,责其职事。庆历中[2],钱君始书其名于版[3]。光恐久而漫灭,嘉祐八年[4],刻著于石。后之人将历指其名而议之曰:某也忠,某也诈,某也直,某也曲。呜呼!可不惧哉[5]?

【注释】

①天禧:宋真宗年号,1017—1021年。

②庆历:宋仁宗年号,1041—1048年。

③钱君:一说为钱惟演,字希圣,博学能文,很受真宗赏识。一说为

钱惟演之侄钱明逸，字子飞，庆历四年(1048)为右正言，谏院供职。一说为钱公辅，曾任天章阁待制。

④嘉祐八年：1063年。嘉祐，宋仁宗的年号，1056—1063年。

⑤惧：令人警戒。

【译文】

天禧初年，真宗皇帝下诏设置谏官六员，规定了他们论谏的职责范围。庆历年间，钱君才把他们的名字书写在壁版上。我深恐年久字迹模糊磨灭，于嘉祐八年将它们刻在石头上。后来人将会一一指着这些名字评论说：某某人忠直，某某人狡诈，某某人刚正，某某人邪曲。啊！难道我们可以不心存戒惧吗？

钱公辅

钱公辅(1021—1072),武进(今江苏武进)人。宋仁宗皇祐元年(1049)中进士,曾任知制诰,英宗即位后因忤旨被贬官。神宗即位后拜天章阁待制,又因不满王安石变法而出知江宁府,后又徙知扬州,因病辞官后卒于家。

义田记

【题解】

义田本指官府建立以其收入救济灾民的田产,以私人之力建立义田并能行之有效的为数极少,而范仲淹为其本宗建立的义田,却做到了管理有方,所用合宜。钱公辅在这篇文章中,赞美范仲淹乐善好施的品格,以及这种不为一己谋私利,尽其所有周济帮助他人的行为的社会教化意义,批评了那些只顾私人小家享用,不能接济族人和帮助贤人的庸官。全文中心明确,语言朴实,感情深切,文学性与思想性并佳。

范文正公[1],苏人也。平生好施与,择其亲而贫、疏而贤者,咸施之。方贵显时,置负郭常稔之田千亩[2],号曰“义田”，以养济群族之人。日有食，岁有衣，嫁娶凶葬皆有赡[③]。择族之长而贤者主其计，而时共出纳焉[④]。日食，人一升；岁衣，人一缣[⑤]。嫁女者五十千[⑥]，再嫁者三十千；娶妇者三十千，再娶者十五千；葬者如再嫁之数，葬幼者十千。族之聚者九十口，岁入给稻八百斛[⑦]，以其所入，给其所聚，沛然有余而无穷[⑧]。屏而家居俟代者与焉[⑨]，仕而居官者罢莫给。此其大较也。

【注释】

①范文正公：范仲淹，谥文正。

②负郭：靠近城郭。负，倚靠。稔(rěn)：庄稼成熟。

③赡：补助。

④时共出纳：按时计算支出与收入。

⑤缣(jiān)：双丝细绢。这里指一匹丝织物。

⑥五十千：即五十贯，古代将钱穿成一串，每千个为一贯。

⑦斛(hú)：古代计量单位。

⑧沛然：充裕的样子。

⑨屏(bǐng)：退隐。俟代：等待任用。代，代替，指接替前任官职。

【译文】

范文正公仲淹，是苏州府人。他平生乐善好施，挑选那些关系亲近却贫穷、疏远却贤明的人，都给予周济。当初他显贵为高官的时候，购置了靠近城郭的常年有好收成的土地一千亩，称为“义田”，用来赡养接济同族的人。使他们天天有饭吃，年年有衣穿，嫁女儿、娶媳妇、遇灾祸、死后送葬等，都给予钱财。他遴选同族里年龄大而又有德行的人主持此事，按时支出收入。每天口粮一人发一升米，每年衣服一人发一段绸。嫁女儿的，给五十贯钱，改嫁的给三十贯；娶媳妇的，给三十贯钱，续弦再娶的给十五贯；办丧事的，给的钱和改嫁的数目一样，葬小孩的，给十贯。住在一块儿的族人有九十口，每年收入八百斛稻谷，用这笔收入，供给这群聚居的族人，让他们生活过得很宽裕，没有亏空的时候。那些罢了官回乡闲居、等候任职的人，就给他们接济，外出做官有职位的，就停发供给。这是义田大概的情况。

初，公之未贵显也，尝有志于是矣，而力未逮者二十年①。既而为西帅②，及参大政，于是始有禄赐之入，而终其志。公既殁，后世子孙修其业，承其志，如公之存也。公虽位充禄厚③，而贫终其身。殁之日，身无以为敛④，子无以为丧，惟以施贫活族之义，遗其子而已。

【注释】

①逮：达到。

②既而为西帅：宋仁宗庆历三年（1043）范仲淹任陕西经略安抚招讨副使。

③位充：职位高。

④敛：通“殓”。

【译文】

当初，文正公还没有显达的时候，就曾有心兴办义田，然而二十年来，他的经济力量一直没有达到。等他出任陕西经略安抚副使和参知政事，才开始有赏赐、俸禄的收入，终于实现了他的愿望。文正公去世后，后代的子孙经管着他的产业，继承他的遗志，就像他在世时一样。文正公虽然官位很高，俸禄很优厚，但是他一生清贫。到死的这一天，他家里没有钱装殓他，他的儿子没有钱办丧事，只是把布施穷人、养活亲族的道义，传给了他的子孙。

昔晏平仲敝车羸马[①]，桓子曰[②]："是隐君之赐也。"晏子曰："自臣之贵，父之族，无不乘车者；母之族，无不足于衣食者；妻之族，无冻馁者；齐国之士，待臣而举火者三百余人[③]。如此，而为隐君之赐乎？彰君之赐乎？"于是齐侯以晏子之觞[④]，而觞桓子。予尝爱晏子好仁，齐侯知贤，而桓子服义也。又爱晏子之仁有等级，而言有次第也。先父族，次母族，次妻族，而后及其疏远之贤。孟子曰："亲亲而仁民，仁民而爱物。"[⑤]晏子为近之。今观文正公之义田，贤于平仲，其规模远举，又疑过之。

【注释】

①晏平仲：名婴，春秋时齐国大夫。

②桓子：春秋时齐国贵族。

③举火：生火做饭。

④齐侯：指齐景公。觞(shāng)：酒器。

⑤亲亲而仁民，仁民而爱物：语出《孟子·尽心上》。

【译文】

从前晏平仲坐着破车子，骑着瘦马，桓子对他说："你这是隐瞒君王给你的赏赐。"晏子说："自从我做了高官以后，父亲的族人，没有不坐着车子的；母亲的族人，没有衣食不足的；妻子的族人，没有受冻挨饿的；齐国的士人，等着我资助生火做饭的有三百多人。像这样，是瞒住君王赏赐呢？还是显扬君王的赏赐呢？"齐侯听了晏子这一番话，便拿晏子酒杯，罚桓子吃酒。我曾经很佩服晏子爱好仁德，齐侯赏识贤能，桓子能够信服大义。我又佩服晏子好仁而分清等级，讲话有伦次，先说父族，再说母族，第三说妻族，最后才说到那些关系疏远却又贤能的人。孟子说："能够亲近亲人，才能施仁爱给老百姓，能施仁爱给老百姓，才能爱惜万物。"晏子差不多就是这样的人。现在从文正公兴办义田的行动来看,他比晏子还要贤明,义田的规模之大和影响之久远,恐怕要胜过晏子。

呜呼!世之都三公位[①],享万钟禄[②],其邸第之雄、车舆之饰、声色之多、妻孥之富[③],止乎一己而已,而族之人不得其门者,岂少也哉?况于施贤乎!其下为卿,为大夫,为士,廪稍之充、奉养之厚[④],止乎一己而已,而族之人操壶瓢为沟中瘠者[⑤],又岂少哉?况于它人乎!是皆公之罪人也。

【注释】

①都:居。三公:古时丞相、太尉、御史大夫合称三公。这里泛指高官。

②万钟禄:形容俸禄极多。钟,古代的量器,六斛四斗为一钟。

③孥:子女。

④廪稍:公家给予的粮食。

⑤沟中瘠者:因贫困而饿死沟中的人。

【译文】

唉!世上那些身居三公高位,享受万钟俸禄,宅第雄伟,车马华丽,歌伎舞女成群,妻妾儿子豪侈,这一切只供他一家享用,但是亲族不能踏进他的家门的,难道还少吗?何况是接济那些贤能的人呢!在三公以下的那些做卿、做大夫、做士,官俸充足,待遇优厚,只供个人享用而已,而亲族中的人手拿饭瓢到处乞讨,穷苦得饿死在沟壑之中的,又难道会少吗?何况还要去照顾他人呢!这些人在文正公面前都是罪人。

公之忠义满朝廷,事业满边隅,功名满天下,后世必有史官书之者，予可无录也。独高其义，因以遗其世云。

【译文】

文正公的忠义事迹传遍朝廷，他的事业遍布于边陲地区，功劳声名响彻天下，后代一定有史官会记下来的，我可以不再写什么。只是推崇文正公的道义行为，因而作这篇记使之流传于世。

李　觏

李觏(1009—1059),字泰伯,建昌南城(今属江西)人,屡试不第,遂以传道授徒自任,在后世总结出的北宋儒学传承体系中具有相当地位,世称盱江先生,有《盱江集》传世。李觏在学术方面贡献突出,在文学创作上主张经世致用,其文也大多与弘扬教化,育人传道有关。

袁州州学记

【题解】

本文详细记叙了袁州州学在官绅士民各方的合力协作下,最终得以建成的过程,尤其是借建成后的祭礼上李觏(gòu)自己的讲话,表达了儒学对于维系人心,辅助政治,维护社会稳定等方面的重要功能,勉励各位学生树立经国济民大志,勿贪图眼前小利。文章结构清晰,意旨明确,此后的南宋和元代,出现了一大批类似的建立州学县学的记文,而此文堪为代表。

皇帝二十有三年[①],制诏州县立学。惟时守令,有哲有愚[②],有屈力殚虑,祗顺德意[③];有假官借师[④],苟具文书。或连数城,亡诵弦声[5]。倡而不和,教尼不行[6]。

【注释】

①皇帝:指宋仁宗。这一年是庆历五年(1045)。

②哲:智。

③祇(zhī):恭敬。

④假官借师:虚设教官学师。

⑤诵弦:本来指弦歌诵读,此指读书。

⑥尼(nì):阻止。

【译文】

宋仁宗皇帝继位二十三年时,颁下诏书,命令每州每县都要设立学校。当时的州县长官,有的贤能,有的昏昧,有人尽心竭力,恭敬地顺从皇帝的旨意;有人却徒有教官学师之名,随便写个奉诏文书敷衍塞责。以致有些地区一连几座城邑,都听不到读书的声音。皇帝倡导而地方官却不应和,教化受到阻碍而不能推行。

三十有二年,范阳祖君无泽知袁州[1]。始至,进诸生,知学宫阙状,大惧人材放失,儒效阔疏,亡以称上意旨[2]。通判颍川陈君侁[3],闻而是之,议以克合[4]。相旧夫子庙狭隘不足改为,乃营治之东[5]。厥土燥刚,厥位面阳,厥材孔良[6]。殿堂门庑,黝垩丹漆[7],举以法[8]。故生师有舍,庖廪有次。百尔器备,并手偕作。工善吏勤,晨夜展力,越明年成。

【注释】

①范阳:县治在今河北涿县。祖君无泽:即祖无泽。袁州:治所在今江西宜春。

②亡(wú):没有,无。

③通判:官名。宋代州、府置通判与知州、知府共理政事。陈君侁(shēn):即陈侁,字复之。

④克合:指观点一致。

⑤治:治所,官署衙门。

⑥孔:很。

⑦黝垩(è)丹漆:漆成黑红各种颜色。垩,白土,用来刷墙。

⑧举以法:都按照规矩。

【译文】

宋仁宗继位的第三十二年,范阳人祖无泽君出任袁州知州。他刚上任,就召见当地儒生,了解到州里学宫残阙破败的情况,非常担心长此以往会使人才散失,儒学的功效也日渐削弱,不符合皇帝的旨意。本州通判颍川人陈侁君听说后,很赞同祖无泽的见解,两人讨论后意见很一致。他们看到旧的夫子庙地方狭窄,无法改建学宫,于是就在知府衙门的东面营造新的学宫。那里的土地干燥坚硬,地势向阳,使用的材料也很精良。学宫的殿堂、大门、走廊,涂上黑色的粉和红色的漆,都按照前代的法度。因为这样,儒生和老师都有了自己的屋舍,厨房和库房也都排列齐整。各种器具都准备齐全,大家便协力破土动工兴建学宫。由于工匠技艺娴熟,官吏督促勤快,白天黑夜不停地施工,过了一年学宫便建成了。

舍菜且有日[①]。盱江李觏谂于众曰[②]:惟四代之学,考诸经可见已。秦以山西鏖六国[③],欲帝万世,刘氏一呼而关门不守,武夫健将卖降恐后,何耶?《诗》《书》之道废,人惟见利而不闻义焉耳。孝武乘丰富[④],世祖出戎行[⑤],皆孳孳学术[⑥]。俗化之厚,延于灵、献[⑦]。草茅危言者[⑧],折首而不悔,功烈震主者，闻命而释兵。群雄相视，不敢去臣位，尚数十年。教道之结人心如此。今代遭圣神，尔袁得圣君，俾尔由庠序践古人之迹[9]。天下治，则谭礼乐以陶吾民[10]；一有不幸，尤当仗大节，为臣死忠，为子死孝。使人有所赖，且有所法，是惟朝家教学之意。若其弄笔墨以徼利达而已[11]，岂徒二三子之羞，抑亦为国者之忧。

【注释】

①舍菜：入学之初祭祀先圣先师的一种仪式。舍，通“释”，陈设。菜：指芹藻一类的祭祀物。

②盱(xū)江：又名汝水，在今江西东部。谂(shěn)：规谏。

③山西：崤山以西。崤山在今河南洛宁西北。鏖(áo)：激战。

④孝武：西汉武帝。

⑤世祖：东汉光武帝。

⑥孳孳：同“孜孜”，勤勉不懈的样子。

⑦灵、献：东汉灵帝、献帝。

⑧草茅：代指在野之人。危言：直言，真言。

⑨庠(xiáng)序：指学校。殷代称庠，周代称序。

⑩谭：光大。

⑪徼：谋求，要求。利达：指牟利和做官。

【译文】

学宫开学祭祀孔子的日子已经选定，盱江人李觏劝勉大家说：虞、夏、商、周四代兴建学校的事，只要考查一下经书就可以知道了。秦国凭借崤山以西的实力，与关东六国激烈战斗，原想万代称帝。可是，刘邦率领军队振臂一呼，函谷关的关门便守不住，秦国的许多武臣勇将，都争着献关投降，这是为什么呢？是因为秦国废弃了《诗经》《尚书》的道理，使得人们只贪图私利却不顾仁义道德。汉武帝刘彻在国富民安的时代登基，汉光武帝刘秀出身在军队里，他们都认真地提倡学术，不倦地推行儒道。汉朝风俗教化淳厚，一直延续到汉灵帝、汉献帝的时代。当时，那些身处草莽而敢直言进谏的人，即使杀头也不悔恨；那些功绩显赫、威震天下的将领，一听到皇帝的命令就交出兵权。到了汉末群雄相争，谁也不敢称帝，这种政治局面尚且维持了数十年。儒家教化道德能维系人心的威力竟然如此巨大。如今有幸遇到了圣明的皇帝，你们袁州地方又得到这样一位贤明的长官，使你们能够通过学校的教诲追随古代圣贤的踪迹。天下安定的时候，要传授礼乐，陶冶百姓的情操；一旦遇到社会动荡，那就更应该依靠道义节操，作为臣子，为朝廷效忠而献身，作为儿子，为尽孝而死。要使百姓有所信奉，有所效法，这便是朝廷和家庭重视教化的根本用意。假使有人舞文弄墨只是为了谋取功名富贵，这哪里仅仅是你们的羞耻，同样也是治理国家的人所忧虑的。

欧阳修

欧阳修(1007—1072),字永叔,号六一居士,吉州永丰(今属江西)人。欧阳修四岁丧父,在母亲辛苦持守下勤学成才,于宋仁宗天圣八年(1030)中进士,后历任京朝外朝诸官。范仲淹等推行"庆历新政"时,他积极支持参与,后被牵连贬官,仁宗皇祐元年(1049)回朝。此后到嘉祐年间,曾任枢密副使、参知政事等职,晚年因不赞成王安石新法而引退,卒谥文忠,有《欧阳文忠公集》传世。欧阳修是北宋第一位在诗、词、散文各方面均有突出成就的文人,是当时公认的文坛领袖,赏识提拔了苏轼、曾巩等一批人才,被视为北宋诗文革新潮流的领导者和推动者。

朋党论

【题解】

"朋党"在中国传统政治中是一个常用的贬义词,政治上对立双方往往指斥对方引朋结党,皇帝出于巩固皇权和控制臣僚的目的,也常常予以打击抑制。欧阳修做这篇文章时,正当保守派人物吕夷简等在政治暂时失势后大肆制造舆论攻击"庆历新政",罪名之一就是引用朋党。欧阳修在本文中开宗明义提出关键在于区分君子小人,君子结党对国家有利无害,只有各怀私心的小人结党才会蠹害国家。全文引证史实分析国家兴亡与君子党和小人党的关系，说理充分，史论融合自然，是一篇很出色的论战文字。

臣闻朋党之说，自古有之，惟幸人君辨其君子小人而已①。大凡君子与君子，以同道为朋；小人与小人，以同利为朋。此自然之理也。

【注释】

①幸：希望。

【译文】

臣听说关于“朋党”的说法，自古就有，只希望君主能辨识他们是君子还是小人就可以了。大体说来，君子与君子，以理想志趣相同结成朋党；小人与小人，以私利一致结成朋党。这是很自然的道理。

然臣谓小人无朋，惟君子则有之。其故何哉？小人所好者，利禄也；所贪者，货财也。当其同利之时，暂相党引以为朋者①，伪也。及其见利而争先，或利尽而交疏，则反相贼害②，虽其兄弟亲戚，不能相保。故臣谓小人无朋，其暂为朋者，伪也。君子则不然。所守者道义，所行者忠信，所惜者名节。以之修身，则同道而相益；以之事国，则同心而共济③。终始如一，此君子之朋也。故为人君者，但当退小人之伪朋，用君子之真朋，则天下治矣。

【注释】

①党引：结成私党互相勾结。

②贼害：二字同义，伤害，残害。

③济：救助。

【译文】

然而臣又认为小人没有朋党，只有君子才有。其原因是什么呢？小人所好的是利禄，所贪的是货财。当他们利益一致的时候，暂时互相勾结而为朋党，这种朋党是虚伪的。等到他们见利而争先恐后，或者到了无利可图而交情日益疏远的时候，就会反过来互相残害；即使对其兄弟亲戚也不会互相保全。所以臣认为小人并无朋党，他们暂时结为朋党是虚伪的。君子就不是这样。他们所依据的是道义，所履行的是忠信，所爱惜的是名誉气节。用它们来修养品德，彼此志趣相同又能够互相取长补短；用它们来效力国家，则能够和衷共济，把事办成。自始至终一贯如此，这就是君子的朋党。所以做君主的，只应该摈斥小人虚伪的朋党，信任君子真正的朋党，只有这样天下就大治了。

尧之时，小人共工、驩兜等四人为一朋[①]，君子八元、八恺十六人为一朋[②]。舜佐尧，退四凶小人之朋，而进元、恺君子之朋，尧之天下大治。及舜自为天子，而皋、夔、稷、契等二十二人并立于朝[③]，更相称美，更相推让，凡二十二人为一朋，而舜皆用之，天下亦大治。《书》曰[④]："纣有臣亿万，惟亿万心；周有臣三千，惟一心。"纣之时，亿万人各异心，可谓不为朋矣，然纣以亡国。周武王之臣三千人为一大朋，而周用以兴[⑤]。后汉献帝时，尽取天下名士囚禁之，目为党人[⑥]。及黄巾贼起[⑦]，汉室大乱，后方悔悟，尽解党人而释之，然已无救矣。唐之晚年，渐起朋党之论[⑧]。及昭宗时[⑨]，尽杀朝之名士，或投之黄河[⑩]，曰"此辈清流，可投浊流"。而唐遂亡矣。

【注释】

①共工、驩(huān)兜:传说与三苗、鲧(gǔn)一起称为尧时的“四凶”。《尚书·舜典》:“流共工于幽州,放驩兜于崇山,窜三苗于三危,殛鲧于羽山。”

②八元:传说上古高辛氏的八个有德才的臣子。八恺:传说上古高阳氏的八个贤臣。

③皋、夔(kuí)、稷、契:传说中舜时的贤臣。皋,即皋陶(yáo),掌管刑法;夔掌管音乐;稷,后稷,掌管农事;契掌管教育。

④《书》曰:引文出自《尚书·泰誓》。

⑤用:因,因此。

⑥“后汉”以下三句:指东汉末年的“党锢之祸”。汉献帝,刘协,东汉最后一个皇帝。党锢之祸是汉顺、桓、灵帝时期的事,与献帝无关。目,称为,视同。

⑦黄巾贼起:指汉灵帝中平元年(184)张角领导的农民起义,义军以头缠黄巾为标志,故称“黄巾军”。贼,是封建统治阶级对农民义军的蔑称。

⑧唐之晚年,渐起朋党之论:指唐穆宗至宣宗年间以李德裕为首的李党和以牛僧孺为首的牛党互相倾轧的“牛李党争”,两党之争持续了四十多年。

⑨昭宗:唐朝末年的一个皇帝。

⑩或投之黄河:唐朝末年权臣朱温诬陷被贬宰相裴枢及其他大臣为朋党,杀害他们的时候,他的谋士李振献言说:“此辈自谓清流,宜投于黄河,永为浊流。”朱温接受了他的意见。事见《旧五代史·梁书·李振传》。

【译文】

尧的时候,小人共工、驩兜等四人结为一朋党,君子则有八元和八恺共十六人共为一朋党。舜辅佐尧,斥退四凶小人的朋党,进用八元八恺君子的朋党，唐尧的天下得以大治。等到舜自己做了天子，皋陶、夔、后稷、契等二十二人一起在朝廷做官，彼此称赞，互相谦让，共二十二人为一朋党，舜都重用他们，天下也治理得非常好。《尚书》上说："商纣王有臣亿万人，亿万人各有异心；周有臣三千人，却合成一条心。"商纣王的时候，亿万人心各不相同，可说没有朋党，然而却因此亡国。周武王的臣子三千人结成一个大朋党，但周却因此而兴起。东汉献帝时候，把天下所有名士禁锢起来，视为同党之人，直到黄巾军起义，汉室大乱，这才后悔醒悟，把党人都免罪释放出来，可是已经无法挽救汉朝了。唐朝晚年，又逐渐兴起朋党的说法。到唐昭宗时，朱温把在朝名士都杀了，有的还被投到黄河里，说是"这些人自称清流，可以投他们到浊流里去"。唐朝也随之灭亡了。

夫前世之主，能使人人异心不为朋，莫如纣；能禁绝善人为朋，莫如汉献帝；能诛戮清流之朋，莫如唐昭宗之世。然皆乱亡其国。更相称美、推让而不自疑，莫如舜之二十二臣，舜亦不疑而皆用之。然而后世不诮舜为二十二人朋党所欺①，而称舜为聪明之圣者，以能辨君子与小人也。周武之世，举其国之臣三千人共为一朋，自古为朋之多且大莫如周，然周用此以兴者，善人虽多而不厌也②。

【注释】

①诮（qiào）：责备。

②厌：满足。

【译文】

前代的君主中，能让人人各怀异心不结朋党的，莫过于商纣；能禁绝好人结为朋党的，莫过于汉献帝；能残杀"清流"结成朋党的，莫过于唐昭宗时代。然而都因此致乱而使他们亡国。而彼此称赞、互相谦让而不自相猜忌的，莫过于舜的二十二位臣子，舜也并不怀疑他们且都加以亲用。然而后人并不讥讽舜被二十二人结成的朋党所欺骗，反倒称赞舜是聪明的圣人，是因为他能够辨识君子和小人。周武王时代，他的邦国里臣子三千人全都结为一个朋党，自古以来结为朋党的，人数之多与规模之大都莫过于周，可是周却因此而振兴，那是贤人再多也不满足的缘故呵。

嗟呼！治乱兴亡之迹，为人君者可以鉴矣！

【译文】

唉！历史上治乱兴亡的史迹，做君主的可以引为鉴戒啊！

纵囚论

【题解】

“纵囚”是指唐太宗贞观年间曾经释放一批死囚，并与他们约定来年受刑之期，结果到期这些死囚如数返回而皆得赦免。这件事通常被人引用作为君主取信于民的历史例证，欧阳修则在本文中从情理和史实两个方面，指出这种记录不足为信，即使真有也不足取法。论断明晰而章法严谨，其结论和建议均令人信服。

信义行于君子，而刑戮施于小人。刑入于死者，乃罪大恶极，此又小人之尤甚者也。宁以义死，不苟幸生，而视死如归，此又君子之尤难者也。方唐太宗之六年[①]，录大辟囚三百余人[②]，纵使还家[③]，约其自归以就死。是以君子之难能，期小人之尤者以必能也。其囚及期，而卒自归无后者，是君子之所难，而小人之所易也。此岂近于人情哉？

【注释】

①唐太宗六年：即贞观六年(632)。

②大辟(pì)：死刑。

③纵：释放。

【译文】

诚信和礼义适用于君子，而刑罚诛戮则施加于小人。刑罚重到该判死刑，本来是罪大恶极，这样的罪犯，又是小人中尤其恶劣的。宁肯为义而死，不肯苟且侥幸活着，能够视死如归，这又是君子也很难做到的事情。而在唐太宗即位的第六年，审查死罪囚犯三百多人，太宗都放他们回家，又约定期限，让他们按期自动回来接受死刑。这是君子都难以做到的事，来期望小人中的恶劣分子一定能够做到。而那些囚犯到了约定期限，最终自动回来，没有一个超过期限的，这是君子都难以做到的，小人却轻易做到了。这难道合乎人之常情么？

或曰：罪大恶极，诚小人矣。及施恩德以临之，可使变而为君子。盖恩德入人之深，而移人之速，有如是者矣。曰：太宗之为此，所以求此名也。然安知夫纵之去也，不意其必来以冀免[①]，所以纵之乎？又安知夫被纵而去也，不意其自归而必获免，所以复来乎？夫意其必来而纵之，是上贼下之情也[②]，意其必免而复来，是下贼上之心也。吾见上下交相贼以成此名也，乌有所谓施恩德与夫知信义者哉[③]？不然，太宗施德于天下，于兹六年矣，不能使小人不为极恶大罪，而一日之恩，能使视死如归，而存信义，此又不通之论也。

【注释】

①意：料到，估计。

②贼：盗窃。这里指窥察，窥测。

③乌：哪里。

【译文】

有人说：罪大恶极的，的确是小人。但等到施加恩德到他们身上时，也可使他们变成君子。可见恩德感人之深，改变人的性情之快，竟能达到这种程度。我回应说：太宗之所以这样做，正是为了得到恩德深入人心的好名声。然而又怎知他放囚犯们回家，不是事先料到囚犯们一定回来以求赦免，所以才释放他们呢？又怎知囚犯们被放回家，不是事先料到自动返回后必然被赦免，所以才如期返回的呢？料到他们必然回来才放了他们，是在上的太宗窥探到了下面囚犯们的隐情；料到自己必能免死才又返回，是囚犯们窃得了太宗的心事。我只看到他们上下相窥探而成就了各自的好名声，哪里真有所谓的施予恩德与懂得信义的事呢？不然的话，太宗施恩德给天下人，到这时已经六年了，并不能使小人不犯极恶大罪，然而一天放归的小恩德却能使小人们视死如归，还坚守信用道义，这又是说不通的道理啊。

然则何为而可？曰：纵而来归，杀之无赦。而又纵之，而又来，则可知为恩德之致尔[①]。然此必无之事也。若夫纵而来归而赦之，可偶一为之尔；若屡为之，则杀人者皆不死，是可为天下之常法乎？不可为常者，其圣人之法乎？是以尧、舜、三王之治[②]，必本于人情。不立异以为高，不逆情以干誉[③]。

【注释】

①致：招来。

②三王：指夏禹、商汤、周文王和周武王。他们都是儒家尊崇的古代有道明君。

③干：求取。

【译文】

那么怎样做才恰当呢？我认为：放了这些囚犯，等他们自动归来时，便杀了他们，并不赦免。以后再释放同样的死囚，如果他们依旧能自动回来，这才可以知道他们是受恩德感化才回来的。然而这是现实中绝对不会有的事。如果放了他们，他们又自动回来，便从而赦免了他们，这只能偶尔做一次；如果屡次这样，那么凡是杀人的就都免去死罪，这能成为天下的定法吗？如果不能作为定法，难道还算是天子制定的法吗？因此尧、舜、禹、汤、文、武的治世，一定是从人情出发。不以标新立异来表示高明，也不肯悖逆人情来求取名誉。

释祕演诗集序

【题解】

释祕演和石曼卿都是欧阳修的知交好友，两人均因不合于世而或困顿或退隐，欧阳修本文的重点即在于抒发这种怀才难遇的感慨。文章开头先叙说自己结交天下贤士的愿望和行动，并通过石曼卿而谈到了释祕演的为人和行事风格，重在表现其人，对于诗歌本身仅“雅健”“可喜”寥寥数语，却也能让人通过其人推想其诗，并及于一类士人的时代境遇，而不限于对一家诗作具体成就的称赞，此是其高明处。

予少以进士游京师[①]，因得尽交当世之贤豪。然犹以谓国家臣一四海[②]，休兵革，养息天下以无事者四十年，而智谋雄伟非常之士，无所用其能者，往往伏而不出，山林屠贩，必有老死而世莫见者，欲从而求之不可得。

【注释】

①京师：指北宋都城汴梁，在今河南开封。

②臣一：臣服统一。

【译文】

我年轻时以进士身份游历京城，因而能够广交当代的贤人豪杰。然而我还认为国家统一，不再用兵，天下休养生息而太平无事已有四十年之久，而智谋杰出、志向高远的不寻常人物，没有机会施展才能，往往隐居不出，山林和市井屠贩里面，必定有老死都未被发现的人才，想去那里追随寻访他们，却无法办到。

其后得吾亡友石曼卿[①]。曼卿为人，廓然有大志[②]。时人不能用其材，曼卿亦不屈以求合。无所放其意[③]，则往往从布衣野老[④]，酣嬉淋漓，颠倒而不厌。予疑所谓伏而不见者，庶几狎而得之[⑤]，故尝喜从曼卿游[⑥]，欲因以阴求天下奇士[⑦]。

【注释】

①石曼卿：名延年，宋城（今河南商丘）人。诗人。

②廓然：广阔的样子。

③放：抒发。

④布衣：平民百姓。野老：乡村老人。

⑤庶几（jī）：也许可以。狎（xiá）：亲近、亲密。引申为无拘无束。

⑥尝:通“常”。

⑦阴:私下,暗地里。

【译文】

后来终于遇到现已故世的朋友石曼卿。曼卿为人,心胸开阔,志向远大。当时的人不能重用其才能,曼卿也不愿委屈自己去迎合。他无处抒发自己的心意,就常常跟平民和野老饮酒嬉乐,尽情酣醉,直至醉倒也不厌倦。我疑心所谓隐居不让人发现的人,也许会在接近他们时找到,所以我常常喜欢跟曼卿在一起,想通过他来暗中寻访天下杰出的人物。

浮屠祕演者①,与曼卿交最久,亦能遗外世俗②,以气节自高。二人欢然无所间③。曼卿隐于酒,祕演隐于浮屠,皆奇男子也。然喜为歌诗以自娱。当其极饮大醉,歌吟笑呼,以适天下之乐④,何其壮也!一时贤士,皆愿从其游,予亦时至其室。十年之间,祕演北渡河,东之济、郓⑤,无所合,困而归。曼卿已死,祕演亦老病。嗟夫!二人者,予乃见其盛衰,则予亦将老矣。

【注释】

①浮屠:梵文佛陀的音译。这里指和尚。

②遗:抛弃。外:远离。

③间:距离,隔阂。

④适:达到,享受。

⑤济:济州。治所在钜野,即今山东巨野南。郓(yùn):郓州。治所在须昌,即今山东东平西北。

【译文】

祕演和尚,与曼卿交往时间最久,也能超脱世俗,以讲求气节来自守清高。他俩亲密无间。曼卿隐匿在酒肆中，秘演隐匿在寺庙里，他们都是有奇才特行的男子。又喜欢作诗自我消遣。当他们尽情纵饮而大醉，长歌吟啸狂笑高呼，来求得天下最大的欢乐时，那情景是多么豪壮啊！当世贤士都愿意跟他们交游，我也常到他们的住处去。之后十年，秘演向北渡过黄河，向东到了济州、郓州一带，不曾遇到志同道合的人，困穷而归。曼卿去世，秘演也年老多病。唉！这两个人啊，我亲眼看到他们由盛而衰，那么我也快衰老了。

夫曼卿诗辞清绝，尤称秘演之作，以为雅健有诗人之意。秘演状貌雄杰，其胸中浩然，既习于佛，无所用，独其诗可行于世，而懒不自惜。已老，胠其橐①，尚得三四百篇，皆可喜者。

【注释】

①胠(qū)：打开。橐(tuó)：口袋。

【译文】

曼卿的诗极为清新，他尤其称许秘演的作品，认为写得高雅雄健，饶有诗人意趣。秘演的形貌英俊挺拔，胸襟开阔广大，做了和尚以后，再没有施展才能的机会，唯独他的诗可以流传于世间，但他懒散不珍惜自己的作品。到了晚年，打开装诗稿的口袋，还能找到三四百篇，都是令人喜爱的作品。

曼卿死，秘演漠然无所向。闻东南多山水，其巅崖崛峍①，江涛汹涌，甚可壮也，遂欲往游焉。足以知其老而志在也。于其将行，为叙其诗，因道其盛时以悲其衰。

【注释】

①崛嵂(jué lǜ):陡峭。

【译文】

曼卿去世后,祕演茫茫然深感寂寞而无处可去。听说东南地方多山水名胜,那里奇峰突兀,悬崖陡绝,江涛汹涌,气势极为壮观,就想去那里游览。足见他虽然年纪老了,志向却依然远大。在他将要远行时,我给他的诗集写了序,借此回顾一下他盛年的情景并悲叹他的衰老。

卷十

梅圣俞诗集序

【题解】

梅圣俞即北宋著名诗人梅尧臣，是欧阳修的知交好友。本文是欧阳修在诗人去世后为其整理诗集后所做的纪念性文章，饱含倾慕和同情。文中提出了“诗穷而后工”的著名创作观，指出并不是诗能使人穷，而是处于穷窘蹇滞之境的诗人更能体会生活的味道，抒发沉郁的胸臆。

予闻世谓诗人少达而多穷[①]，夫岂然哉？盖世所传诗者，多出于古穷人之辞也。凡士之蕴其所有而不得施于世者[②]，多喜自放于山巅水涯之外，见虫鱼草木、风云鸟兽之状类，往往探其奇怪，内有忧思感愤之郁积，其兴于怨刺，以道羁臣寡妇之所叹[③]，而写人情之难言。盖愈穷则愈工，然则非诗之能穷人，殆穷者而后工也。

【注释】

①达：显达。穷：与“达”相反，穷困不得志。

②蕴其所有：有才华、有抱负。蕴，蓄积。

③羁(jī)臣：宦游或贬谪在异乡做官的人。

【译文】

我听世人说诗人很少显达，多数穷困，难道真是这样吗？大概因为世上流传的诗歌，多数出于古代困窘之士笔下的缘故罢。大凡士子们胸怀才智而又不能施展于社会的，大多乐意让自己放浪于偏僻的山头、水边这种尘世之外的地方，当他们看到虫鱼草木、风云鸟兽等物类形态，往往深入观摩探究它们的奇特奥秘，他们内心郁积着许多对社会的忧思和愤慨，很想写诗来抒发怨恨讽刺时世，借以表达逐臣、寡妇的悲伤慨叹，抒写人们难以述说的情怀。大概诗人的遭遇越困窘写出的诗才能越高妙，这样说来，并非写诗本身使人困窘，恐怕是处于困境，诗才会写得好。

予友梅圣俞[①]，少以荫补为吏[②]，累举进士，辄抑于有司[③]，困于州县凡十余年。年今五十，犹从辟书[④]，为人之佐，郁其所蓄不得奋见于事业。其家宛陵[⑤]，幼习于诗，自为童子，出语已惊其长老。既长，学乎六经仁义之说，其为文章，简古纯粹，不求苟说于世[⑥]，世之人徒知其诗而已。然时无贤愚，语诗者必求之圣俞。圣俞亦自以其不得志者，乐于诗而发之，故其平生所作，于诗尤多。世既知之矣，而未有荐于上者。昔王文康公尝见而叹曰[⑦]："二百年无此作矣！"虽知之深，亦不果荐也。若使其幸得用于朝廷，作为"雅""颂"，以歌咏大宋之功德，荐之清庙[⑧]，而追商、周、鲁《颂》之作者，岂不伟欤！奈何使其老不得志而为穷者之诗，乃徒发于虫鱼物类、羁愁感叹之言？世徒喜其工，不知其穷之久而将老也，可不惜哉！

【注释】

①梅圣俞：梅尧臣，字圣俞，宣州宣城(今安徽宣城)人。

②荫(yìn)：指子孙因前辈有功，享受恩典而被赐以官爵。梅尧臣因

叔父梅询而受荫,得任河南主簿。

③辄(zhé):总是。抑:压抑,压制。

④辟(bì)书:招聘文书。

⑤宛陵:今安徽宣城。

⑥说:同"悦",高兴。

⑦王文康:即王曙,字晦叔,谥号文康。宋仁宗时任宰相。

⑧清庙:宗庙。

【译文】

我的朋友梅圣俞,年轻时因承受祖先恩荫补授到一份小小的官职,虽然几次被推荐去应考进士,总受到主考官的压制,困顿在区区州县之间已十多年。今年他五十岁了,还得靠别人聘用,只能给别人做做帮手,许多才智郁积在心里,无法在事业中去展现。他家乡在宛陵,幼年就学习写诗,孩童时写出的诗句已使父老长辈惊异。长大后,学习了六经的仁义学说,写成文章简朴纯正富有古风,不肯苟且迎合,取悦世人,世人不过知道他的诗罢了。但当时人不论贤愚,谈论到诗歌必然会向圣俞求教。圣俞自己也总把他不得志的心情乐于用诗来抒发,所以他平生的写作,以诗歌为多。可惜世人虽然知道他的诗名,却没有人向朝廷举荐。以前王文康公见了他的诗作,这样赞叹过:"已经两百年没有这样的好作品了!"虽然相知很深,最终也未举荐。如果圣俞有幸得到朝廷重视,写出如《诗经》中雅、颂那样的大作,用来歌咏我们大宋的功德,奉献给皇家宗庙,得以追随商颂、周颂、鲁颂的作者,岂不是很了不起吗!为什么会使他到老还不能得志,只能写些困窘者的诗歌,徒然描写虫鱼之类的特态,抒发羁愁感叹的情怀?世人不过是喜爱他诗歌写得工巧,却不知道他已穷困很久,就快要老死了,能不叫人为之惋惜吗?

圣俞诗既多,不自收拾。其妻之兄子谢景初,惧其多而易失也，取其自洛阳至于吴兴以来所作[①]，次为十卷[②]。予尝嗜圣俞诗[③]，而患不能尽得之，遽喜谢氏之能类次也[④]，辄序而藏之。其后十五年，圣俞以疾卒于京师，余既哭而铭之[⑤]，因索于其家，得其遗稿千余篇，并旧所藏，掇其尤者六百七十七篇[⑥]，为一十五卷。呜呼！吾于圣俞诗，论之详矣，故不复云。庐陵欧阳修序。

【注释】

①吴兴：今浙江湖州。梅尧臣曾先后居住于洛阳、吴兴两地。

②次：编。

③嗜(shì)：喜欢，爱好。

④遽(jù)：立刻。类：分类。

⑤铭：动词，做墓志铭。

⑥掇(duō)：拾取，摘取。尤者：特别出色的作品。

【译文】

圣俞写诗很多，自己却不收集保存。他妻子的侄儿谢景初担心圣俞的诗太多容易散失，就选取他从洛阳到吴兴这段时间里所写的作品，编为十卷。我曾非常爱读圣俞的诗作，一直担心不能得到他的全部作品，非常高兴，谢氏能这样分别编集他的作品，所以给他写篇序文，并把这部书珍藏起来。从那以后，十五年又已过去，圣俞因疾病在京都去世了，我痛哭着为他写了墓志铭以后，又向他家里求索遗文，得到遗稿一千多篇，连同过去所珍藏的，选出其中最好的六百七十七篇，重分为十五卷。唉！我对圣俞的诗作，过去已评论得很详尽了，在这里就不再多说了。庐陵欧阳修写了这篇序。

送杨寘序

【题解】

传统的赠序大都包含对人的劝勉、期望及双方的交情等内容，这篇赠序却把较大篇幅放在谈自己学琴及对琴理的体会上，并谈到琴声陶冶性情的功能，最后才提到了送行的事。实际上作者写琴，正是劝友人以琴自随，弹琴自娱，进而能“平其心以养其疾”，来应对仕途屡不得志又将处偏远之地的人生逆境。

予尝有幽忧之疾①，退而闲居，不能治也。既而学琴于友人孙道滋，受宫声数引②，久而乐之，不知其疾之在体也。

【注释】

①幽忧：过度忧伤。

②宫声：指宫调式。古代以五声（宫、商、角、徵、羽）中的宫声为主的调式。引：琴曲的数量单位。

【译文】

我曾经患过内心过度忧伤的疾病，退职闲居静养，也没能治好。后来跟着友人孙道滋学琴，学会了几支曲子，久而久之便爱上了它，也就不觉得自己疾病在身了。

夫琴之为技小矣，及其至也，大者为宫①，细者为羽，操弦骤作，忽然变之，急者凄然以促，缓者舒然以和，如崩崖裂石，高山出泉，而风雨夜至也，如怨夫寡妇之叹息②，雌雄雍雍之相鸣也③。其忧深思远，则舜与文王、孔子之遗音也；悲愁感愤，则伯奇孤子、屈原忠臣之所叹也④。喜怒哀乐，动人必深，而纯古淡泊，与夫尧舜三代之言语、孔子之文章、《易》之忧患、《诗》之怨刺无以异。其能听之以耳，应之以手，取其和者，道其湮郁⑤，写其幽思⑥，则感人之际，亦有至者焉。

【注释】

①宫：为最低音。下文“羽”是最高音。

②怨夫：成年无妻的男子。

③雍雍：鸟和鸣声。

④伯奇：周宣王大臣尹吉甫的儿子，为父亲所猜忌，投河自尽。屈原：战国时楚国人。受陷害而被长期放逐，投汨(mì)罗江而死。

⑤道(dǎo)：疏导。湮郁：阻塞。

⑥写：同“泻”，倾吐，宣泄。

【译文】

弹琴不过是小技艺，如果造诣达到很高水平，从声音洪亮的宫声，到声音尖细的羽声，骤然弹拨琴弦，声音变化急切，节拍急切的凄清而急促，节拍缓慢的悠缓而平和，有的就像山崩石裂，高山上喷泻出泉水，深夜里风雨突临，又有的像鳏男寡女的哀怨叹息，雌雄鸟儿的相和啼鸣。那份深沉的忧思，简直就是大舜、周文王、孔子留下的声音；那份悲愁感愤，简直就是孤儿伯奇、忠臣屈原的哀叹。那喜怒哀乐之情，感人至深，那古朴淡泊之意，与尧、舜、三代的言语、孔子的文章、《周易》里的忧患、《诗经》里的怨刺没什么两样。如果能用耳朵听出来，用手弹出来，选取与自己心境相协调的以排解忧郁，宣泄幽思，那么它感动人的时候，也能使人悟得人生的真谛。

予友杨君①，好学有文，累以进士举，不得志。及从荫调②，为尉于剑浦③，区区在东南数千里外，是其心固有不平者。且少又多疾，而南方少医药，风俗饮食异宜[4]。以多疾之体，有不平之心，居异宜之俗，其能郁郁以久乎？然欲平其心以养其疾，于琴亦将有得焉。故予作琴说以赠其行。且邀道滋酌酒，进琴以为别[5]。

【注释】

①杨君：即杨寘(zhì)，字审贤。

②荫(yìn)：子孙因先辈有功，享受恩典而被授以官爵。

③剑浦：在今福建南平。

④异宜：不适宜。

⑤进琴：奉献琴曲。

【译文】

我的朋友杨君，爱好学习又有文才，多次去应考进士，都未能如愿考中。等到仰仗祖辈恩荫补缺，才当上剑浦县的县尉，剑浦只是东南数千里外的一个小小的地方，他的心境自然愤愤不平。何况他自幼多病，南方又缺医少药，风俗与饮食也不适合他。这样以他多病的身体，怀着愤愤不平的心情，居住在风俗习惯不相适宜的地方，能忧郁地长久支持下去吗？然而，要想抚平他的心来养好他的病，从弹琴中也许可以得到益处。因此，我写了这篇谈论琴的文章送他远行。还邀请道滋一同饮酒，弹琴为他送别。

五代史伶官传序

【题解】

这是摘自《新五代史·伶官传》的一段著名史论。作者通过后唐庄宗李存勖复仇前励精图治，继位后宠幸伶官最终受其祸害杀身亡国的事例，揭示出“忧劳可以兴国，逸豫可以亡身”的统治经验，指出“智勇多困于所溺”，统治者应该克制私欲，防微杜渐。文章短小有力，议论虽少而感情充沛。

呜呼！盛衰之理，虽曰天命，岂非人事哉？原庄宗之所以得天下[①]，与其所以失之者，可以知之矣。

【注释】

①原：考察。庄宗：五代时后唐庄宗李存勖(xù)。后梁龙德三年(923)称帝，建都洛阳，国号唐，同年灭后梁，三年后即同光三年(925)兵变被杀。

【译文】

唉！国家兴盛衰亡变化的规律，虽说是出于天意，难道不也是人力作用的缘故吗？我们探究后唐庄宗为什么能够取得天下，又是怎样失掉它的原因，就可以懂得这个道理。

世言晋王之将终也[①]，以三矢赐庄宗而告之曰：“梁[②]，吾仇也；燕王[③]，吾所立；契丹与吾约为兄弟[④]，而皆背晋以归梁。此三者，吾遗恨也。与尔三矢，尔其无忘乃父之志[⑤]！”庄宗受而藏之于庙。其后用兵，则遣从事以一少牢告庙[⑥]，请其矢，盛以锦囊，负而前驱，及凯旋而纳之。

【注释】

①晋王：即李克用，李存勖之父。唐末平黄巢有功，拜河东节度使，封晋王。

②梁：指五代后梁。后梁太祖朱温曾参加黄巢起义，后降唐，封梁

王，曾与李克用父子长期交战。

③燕王：刘守光，晋王曾封他为燕王。

④契丹：居住在辽河上游一带的少数民族，916 年建契丹国，后改称辽国。辽太祖耶律阿保机曾与晋王约为兄弟。

⑤其：语气副词，一定。乃：你。

⑥从事：三公及州郡长官的僚属。这里泛指一般官员。少牢：古代祭祀，牛、羊、猪各一称太牢，只有羊、猪为少牢。

【译文】

世人传言晋王李克用临死的时候，曾把三枝箭赐给庄宗，并告诫他说："梁，是我们的仇敌；燕王，本是我们扶立的；契丹，曾和我们结为兄弟，可是他们都背叛了后晋而依附于梁。这三件事，是我遗留下的三大遗恨。给你三枝箭，你一定不要忘记你父亲的心愿啊！"庄宗接受了这三支箭，收藏在太庙里。此后每逢打仗，先派人用一少牢祭祀太庙，然后把箭"请"下来，放在织锦的袋子里，背着箭冲杀在最前面，等到胜利归来，再把箭送回太庙。

方其系燕父子以组①，函梁君臣之首②，入于太庙，还矢先王，而告以成功，其意气之盛，可谓壮哉！及仇雠已灭③，天下已定，一夫夜呼④，乱者四应，仓皇东出，未见贼而士卒离散，君臣相顾，不知所归，至于誓天断发，泣下沾襟，何其衰也！岂得之难而失之易欤？抑本其成败之迹⑤，而皆自于人欤⑥？

【注释】

①方：正当。系：捆绑。组：古代指丝带。这里指绳索。

②函：匣，盒子。这里用作动词，用木盒子装。

③仇雠(chóu):仇人。

④一夫:指皇甫晖。后唐庄宗杀死大臣郭崇韬,一时人心浮动,军士皇甫晖乘时作乱,攻入邺都。

⑤本:考察原因。

⑥自:由于。

【译文】

当他用绳子捆绑了燕王父子,用木匣装着梁国君臣的人头,送到太庙,把箭还给先王,祭告已经报仇雪恨、完成遗愿的时候,精神气概是那样旺盛,真称得上是雄壮啊!等到仇敌已经消灭,天下平定,一名男子夜里几声呼叫,叛乱者就四方响应,庄宗慌乱中带兵向东出逃,还没有见到敌人,将士就已溃散,君臣面面相觑,不知投奔何方,乃至于大臣割断自己的头发,对天发誓以死尽忠,君臣相泣,泪湿衣襟,又是何等凄惨衰弱!难道真是得天下难而失掉容易?还是推究他成功与失败的原因,其实都是由于人的作用呢?

《书》曰:“满招损,谦得益①。”忧劳可以兴国,逸豫可以亡身②,自然之理也。故方其盛也,举天下之豪杰,莫能与之争;及其衰也,数十伶人困之③,而身死国灭,为天下笑。夫祸患常积于忽微④,而智勇多困于所溺⑤,岂独伶人也哉!

【注释】

①满招损,谦得益:出自《尚书·大禹谟》。

②逸豫:安逸。

③数十伶人困之:926年,伶人郭从谦指挥一部分禁卫军作乱,李存勖中流矢而死。伶人,乐官。

④忽微:细小。

⑤溺：沉迷。

【译文】

《尚书》说："自满带来损害，谦虚使人受益。"忧患辛劳可以使国家兴盛，安逸享乐能够断送自身，这是必然的规律。所以当他强大的时候，天下的英雄都不能和他对抗；转到衰败落魄的时候，几十个伶人就可以制服他，以致身死国亡，被天下人讥笑。祸患和危难，常常是由一些小事积累形成的，富有智慧勇气的人，则往往被他沉迷的东西困扰消耗掉，这是普遍规律，难道仅仅是伶者的事吗！

五代史宦者传论

【题解】

宦官之祸是唐代中后期衰亡的主要原因，北宋人对此多有论述。这篇文章通过将宦官与女祸对比，指出宦官乱政有深刻的制度原因，往往因为君主与外朝大臣之间缺乏信任而导致"势孤"，越是势孤惧祸越倚重宦官，最后越陷越深，直至国灭身亡，宦官集团也随之覆灭。史识卓绝，推理严密，令人信服。

自古宦者乱人之国①，其源深于女祸。女，色而已，宦者之害，非一端也。

【注释】

①宦者：宦官。

【译文】

自古以来，宦官败乱国家，其根源比女人造成的祸害更深。女人，不过是靠美色惑乱帝王罢了，宦者的危害，可不止一条。

盖其用事也近而习[①]，其为心也专而忍。能以小善中人之意[②]，小信固人之心，使人主必信而亲之。待其已信，然后惧以祸福而把持之[③]。虽有忠臣、硕士列于朝廷[④]，而人主以为去己疏远，不若起居饮食、前后左右之亲为可恃也。故前后左右者日益亲，则忠臣、硕士日益疏，而人主之势日益孤。势孤，则惧祸之心日益切，而把持者日益牢。安危出其喜怒，祸患伏于帷闼[⑤]，则向之所谓可恃者[⑥]，乃所以为患也。患已深而觉之，欲与疏远之臣图左右之亲近，缓之则养祸而益深，急之则挟人主以为质。虽有圣智，不能与谋。谋之而不可为，为之而不可成，至其甚，则俱伤而两败。故其大者亡国，其次亡身，而使奸豪得借以为资而起，至抉其种类[⑦]，尽杀以快天下之心而后已。此前史所载宦者之祸常如此者，非一世也。

【注释】

①用事：所担任的事务。近：接近皇帝。习：亲狎，不正常的亲密关系。

②中(zhòng)：迎合。

③祸福：偏义复词，取“祸”字义。把持：控制。

④硕士：品节高尚，学问渊博之士。

⑤帷闼(tà)：比喻皇室之内。闼，指门内。

⑥向：以前。

⑦抉(jué)：挖出。种类：指宦官的同类。

【译文】

因为他们的职务是接近君主，容易形成亲密的关系，这些人心计也专一而残忍。他们会做些小小的好事，以迎合人的心意，在小事上表现他们的忠诚，以巩固对他们的好感，使君主必然信任亲近他们。等到已经取得君主的信赖，然后就用祸福来恐吓挟制他。这时候尽管朝中有忠臣贤士和正人君子，君主以为他们和自己的关系比较疏远，不如事奉他的生活起居、成天跟着他的宦官那样亲切可靠。所以成天不离左右的宦官越来越亲密，忠臣、正人君子越来越疏远，君主的处境自然就越来越孤立。处境孤立，惧祸心理就越来越深切，于是挟制他的宦官们的地位也就越来越牢固。君主的安危决定于这些人的喜怒，祸患就潜伏在皇宫帷帐和大门的左右，于是过去认为可靠的人，正是现在的祸源。祸患已经很深，君主才察觉出来，想同疏远的臣属商量铲除左右亲近的宦官，如果行动迟缓，祸患就会发展得更严重；要是操之过急，那些人就会挟持君主作为人质。这时候尽管有上智之士，也不能够再和他商议对策。就是商议出了计谋，也没法实行，即使实行了也不能成功，到了严重地步，就会两败俱伤。所以最严重的可以亡国，其次可以使个人送命，并引发有权势的奸人乘机起事，直到全部挖出宦官及党羽，统统杀光以大快世人之心，才算罢休。过去历史上记载的宦官之祸的结局往往如此，不是一朝一代啊。

夫为人主者，非欲养祸于内而疏忠臣、硕士于外，盖其渐积而势使之然也。夫女色之惑，不幸而不悟，则祸斯及矣[①]。使其一悟，捽而去之可也[②]。宦者之为祸，虽欲悔悟，而势有不得而去也，唐昭宗之事是已[③]。故曰“深于女祸”者，谓此也。可不戒哉？

【注释】

①斯：连词，就。

②捽(zuó)：揪。

③唐昭宗：李晔。因采取抑制宦官势力的措施，宦官刘季述等于光化三年(900)借机幽禁他，第二年才让他复位。

【译文】

那些做帝王的，并不是故意要在宫中养成祸患，在宫外疏远忠臣和正人君子，祸患都是日积月累逐步形成的情势造成的。沉迷于女色，倘若不幸一直执迷不悟，当然祸患就要临头。可是只要一旦醒悟，把她们抓出来就可以赶走。宦者造成的祸患，即使想悔悟，那处境也让你没有办法把他们铲除，唐昭宗的事就是这样。所以说“宦官比女人造成的祸害更深”，就是指这种情况。难道能不警惕吗？

相州昼锦堂记

【题解】

相州昼锦堂是北宋仁宗、英宗、神宗三朝名臣韩琦在故乡相州所建造的一座公馆，用以表示“衣锦还乡”之意。此文则从分析“一介之士”的荣耀观开始，批评这种求一时一地之荣的做法不足取，随后以赞扬的口吻对韩琦歌功颂德，称他高勋卓节必不从俗，似乎是“为贤者讳”，然而细读之下，也有几分委婉反讽之意。

仕宦而至将相，富贵而归故乡，此人情之所荣，而今昔之所同也。盖士方穷时，困厄闾里[1]，庸人孺子，皆得易而侮之[2]，若季子不礼于其嫂[3]，买臣见弃于其妻[4]。一旦高车驷马，旗旄导前[5]，而骑卒拥后，夹道之人相与骈肩累迹[6]，瞻望咨嗟[7]，而所谓庸夫愚妇者，奔走骇汗，羞愧俯伏，以自悔罪于车尘马足之间。此一介之士得志于当时，而意气之盛，昔人比之衣锦之荣者也。

【注释】

①困厄：困苦危难。闾(lǘ)里：乡里。

②易：轻慢。

③季子：即苏秦。据《战国策·秦策一》载，苏秦游说秦国失败后回到家里，嫂嫂不为他做饭。

④买臣：即朱买臣。据《汉书·朱买臣传》载，朱买臣家里很穷，砍柴为生，妻子不耐贫困，离婚另嫁。

⑤旄(máo)：用牦牛尾做装饰的旗帜。

⑥骈肩：并肩。累迹：脚印压着脚印，形容人群拥挤。

⑦咨嗟：赞叹。

【译文】

做官做到将军宰相，富贵后回到故乡，这是人们引以为荣的事，也是古往今来相同的心理。大概读书人在失意时，困窘于乡里，就连没有见识的常人和小孩子，也敢于轻视他，欺侮他，比如苏秦就受到嫂子的无礼怠慢，朱买臣也让妻子抛弃了。可是，当他们一旦乘上四匹马拉着的高车，旗帜在前面开道，骑兵在后面跟随，道路两边的人肩碰肩脚踩脚地争相观望啧啧称羡，而那些毫无见识的男男女女，更是来回奔忙，吓得出汗，羞愧地俯伏在车马扬起尘埃的地下，表示谢罪。这就是一个读书人得志于当时，盛气逼人的阵势，古人将他比作穿锦衣一般荣耀。

惟大丞相魏国公则不然①。公，相人也。世有令德，为时名卿。自公少时，已擢高科②，登显士③。海内之士闻下风而望余光者④，盖亦有年矣。所谓将相而富贵，皆公所宜素有，非如穷厄之人侥幸得志于一时，出于庸夫愚妇之不意，以惊骇而夸耀之也。然则高牙大纛⑤，不足为公荣，桓圭衮裳[6]，不足为公贵，惟德被生民[7]，而功施社稷，勒之金石[8]，播之声诗，以耀后世而垂无穷[9]，此公之志而士亦以此望于公也，岂止夸一时而荣一乡哉？

【注释】

①魏国公：即韩琦，字稚圭，北宋相州安阳（今属河南）人。仁宗时曾任陕西安抚使，与范仲淹一起抗御西夏入侵，名重一时。后任枢密副使，参与“庆历新政”改革，改革失败后出任地方官。此后又任枢密使、宰相，英宗时封魏国公。神宗即位，任司徒，外出兼任相州、大名府等知府。

②擢（zhuó）：擢第，科举考试登第。

③显士：显赫的官职。

④下风：风的下方。喻身处下位，钦服道德高尚的人。余光：（沾取）荣耀。

⑤高牙大纛（dào）：象牙羽毛装饰的大旗，用在军队或仪仗队中。

⑥桓圭：古代帝王、三公祭祀朝聘时所执玉器。衮（gǔn）裳：古代帝王、三公所穿的礼服。

⑦被：施加。

⑧勒：雕刻。

⑨垂：流传。

【译文】

唯有大丞相魏国公不是这样。魏国公是相州人。世代都有美好的德行，又是当时有名望的高官。魏国公在年轻时便已高中进士，担任显要的官职。海内读书人闻风下拜而瞻望他风采的情景，已经有好多年了。所谓做将相而享有富贵，都是他本来拥有的，不像那些潦倒之辈一时侥幸得意，出乎没有见识的人的意料，便夸耀自己的声势借以吓唬他们。可见，那些豪华的车马仪仗，并不足以使魏国公感到荣耀，象征权力的桓圭和华贵的官服，也不足以使他感到高贵，只有将恩惠德行遍施于百姓，为国家建功立业，并将这些铭刻在金石上，以诗乐颂扬，光耀后代，流芳百世，才是魏国公的志向，士子们也希望魏国公能做到这些，哪里是为了夸耀于一时、荣耀于一地呢？

公在至和中①，尝以武康之节②，来治于相，乃作昼锦之堂于后圃。既又刻诗于石，以遗相人③。其言以快恩仇、矜名誉为可薄④，盖不以昔人所夸者为荣，而以为戒。于此见公之视富贵为何如，而其志岂易量哉！故能出入将相，勤劳王家，而夷险一节⑤。至于临大事，决大议，垂绅正笏⑥，不动声色，而措天下于泰山之安⑦，可谓社稷之臣矣。其丰功盛烈所以铭彝鼎而被弦歌者⑧，乃邦家之光，非闾里之荣也。

【注释】

①至和：宋仁宗年号，1054—1056年。

②武康之节：韩琦曾任武康军节度使，兼并州知州，并州治所在今山西太原。

③遗(wèi)：赠给。

④快恩仇：满足于报恩复仇。

⑤夷：指平时。险：指处于危难之际。一节：一致。

⑥垂绅正笏(hù)：沉着稳重的样子。绅，束在外面的大带。笏，臣属上朝时所持的手板。

⑦措：安排。

⑧盛烈：大业。烈，功业。彝(yí)鼎：这里是古代青铜器的通称。被弦歌：谱入歌诗。

【译文】

魏国公在仁宗至和年间，曾以武康节度使的身份兼管相州，在后园修筑了昼锦堂。又在石上刻了诗，留给相州人民。诗中把快意于个人恩怨、炫耀自己名誉的行为看作可鄙薄的，魏国公从不把过去人们夸耀的事当做荣耀，反而以此为警戒。由此可见魏国公把荣华富贵看成怎么回事，他的志向哪能轻易衡量出来的啊！因此他才能够出将入相为皇室效力，不论是处于天下太平或遭遇患难，都是一样。至于面临大事，决断大的议程，他也同样是垂着衣带，拿起笏板，不动声色，把国家治理得如同泰山般牢固，真可以说是安民定邦的重臣。魏国公的这些丰功伟绩，应当刻上彝鼎，谱入歌诗，这是国家的光荣，而不止是一乡一地的荣耀啊。

余虽不获登公之堂，幸尝窃诵公之诗，乐公之志有成，而喜为天下道也。于是乎书。

【译文】

我虽然没有去过昼锦堂，却曾有幸拜读过魏国公的诗，我深为他的志向得以实现而高兴，也乐于向世人述说，便写了这篇文章。

丰乐亭记

【题解】

欧阳修于庆历五年(1045)贬官任滁州知州的次年，作了此文。开篇记叙自己寻找五代末战争遗迹不可得，进而引出太平已久的话题，赞颂北宋政权使战乱平息、百姓安居的功德。文章首尾均描写丰乐亭周边的幽静环境与秀丽景色，并及百姓之乐，从而自然地把这两种感情和谐地统一到文章中。

修既治滁之明年[①]，夏，始饮滁水而甘，问诸滁人，得于州南百步之近。其上则丰山耸然而特立，下则幽谷窈然而深藏[②]，中有清泉滃然而仰出[③]。俯仰左右，顾而乐之。于是疏泉凿石，辟地以为亭，而与滁人往游其间。

【注释】

①滁(chú)：滁州，今安徽滁州。

②窈然：幽暗深远的样子。

③滃(wěng)然：涌出的样子。

【译文】

我在掌管治理滁州的第二年夏天，才发现滁州的水喝起来很甘甜，于是向滁州人打听这泉水的来源，在州城南面百步的近处找到了它。那个地方上有丰山高耸挺立，下有幽谷深邃幽暗，中间有一股清泉，水势翻滚向上涌出。在这里，无论俯视仰望，还是左顾右盼，都令人心旷神怡。于是我督工疏通泉流，凿去岩石，平整了一块地方，建造起亭子，和滁州人一起到那里游玩。

滁于五代干戈之际[①]，用武之地也。昔太祖皇帝尝以周师破李景兵十五万于清流山下[②]，生擒其将皇甫晖、姚凤于滁东门之外，遂以平滁。修尝考其山川，按其图记，升高以望清流之关，欲求晖、凤就擒之所，而故老皆无在者，盖天下之平久矣。自唐失其政，海内分裂，豪杰并起而争，所在为敌国者[③]，何可胜数？及宋受天命，圣人出而四海一[④]。向之凭恃险阻[⑤]，刬削消磨，百年之间，漠然徒见山高而水清[⑥]。

欲问其事，而遗老尽矣。今滁介江淮之间，舟车商贾、四方宾客之所不至，民生不见外事而安于畎亩衣食⑦，以乐生送死。而孰知上之功德，休养生息，涵煦于百年之深也⑧？

【注释】

①五代：指后梁、后唐、后晋、后汉、后周。

②太祖皇帝：即宋太祖赵匡胤。当时他任后周殿前都点检。李景：即李璟(jǐng)，南唐皇帝。清流山：在今滁州附近。

③所在：到处。

④圣人：对帝王的尊称。这里指宋太祖赵匡胤。

⑤向：以前。

⑥漠然：安静的样子。

⑦不见外事：不接触外界。畎(quǎn)亩：田地。畎，田地中间的沟。

⑧涵煦(xù)：滋润养育。

【译文】

滁州在五代战乱时，是一个经常用兵的地方。从前我大宋太祖皇帝曾率领后周的军队，在清流山下打败了南唐李璟的十五万大军，在滁州东门外，活捉了李璟的大将皇甫晖和姚凤，从而平定了滁州。我曾考察过那里的山川地形，按照地图和记载，登高眺望清流山关口，想找到皇甫晖和姚凤被擒的地方，可是那些知道往事的老人都已不在世了，这是因为天下太平的日子已经很长久了吧。自从唐朝混乱失政以来，国家分裂，豪杰同时起兵，互相争夺，到处割据称王，相互对峙而成为敌国的，哪里数得过来？直到宋朝承受天命，圣人出现而后天下得以统一。从前那些战争时所凭借的险要阻碍，都逐渐被铲除和削平了，近百年来天下安宁无事，处处山高水清。想问问往事，而当年的老人都已不复在世。如今滁州地处长江、淮河之间，是一个过往车船、商人和四方宾客都不到的地方，百姓习于不接触外界的事情，只是安于自己的农耕生活，乐意这样过活并老死于此。有谁知道皇上的恩泽使天下休养生息，滋润哺育民众已达百年之久呢？

修之来此，乐其地僻而事简，又爱其俗之安闲。既得斯泉于山谷之间，乃日与滁人仰而望山，俯而听泉，掇幽芳而荫乔木①，风霜冰雪，刻露清秀，四时之景无不可爱。又幸其民乐其岁物之丰成，而喜与予游也。因为本其山川②，道其风俗之美，使民知所以安此丰年之乐者，幸生无事之时也。

【注释】

①掇(duō)：拾取，摘取。

②本：动词，根据。

【译文】

我来到此地，喜欢这里偏僻宁静，政事简明，也喜欢这里风俗的安逸悠闲。在山谷间寻得这股清泉以后，就每天和滁州人仰望高山，俯听流泉，春日采撷幽香的花草，夏日享受绿树的荫凉，秋天的风霜，冬日的冰雪，雕琢出清丽灵秀，四季风景没有一时不可爱。又幸逢这里的百姓乐得庄稼丰收，乐意与我一同游玩。因此，我依据这里的山川地理，叙说当地民俗风情的淳朴美好，使百姓知道之所以能平安地享受丰年之乐，是因为有幸生活在太平的年代。

夫宣上恩德，以与民共乐，刺史之事也①。遂书以名其亭焉。

【注释】

①刺史：宋代习惯作知州的别称。

【译文】

宣扬皇上的恩德，并以此与百姓共享快乐，这本是刺史的职责。于是我写了这篇文章，把这座亭子命名为“丰乐亭”。

醉翁亭记

【题解】

这篇游记虽然与《丰乐亭记》创作背景近似，但由于直抒胸臆，突出太守“乐”于山水、游人“乐”于生活安逸及太守“与民同乐”而能自遣胸怀这个主题，并且安插了大量的骈文对偶句描写景物，使得全文色彩缤纷、气韵灵动，全篇各段连用“也”字结尾，抑扬顿挫，读之朗朗上口，不愧为宋人散文中的千古名篇。

环滁皆山也①。其西南诸峰，林壑尤美②。望之蔚然而深秀者③，琅琊也④。山行六七里，渐闻水声潺潺，而泻出于两峰之间者，酿泉也。峰回路转，有亭翼然临于泉上者⑤，醉翁亭也。作亭者谁？山之僧智仙也。名之者谁？太守自谓也⑥。太守与客来饮于此，饮少辄醉，而年又最高，故自号曰醉翁也。醉翁之意不在酒，在乎山水之间也。山水之乐，得之心而寓之酒也。

【注释】

①滁(chú)：在今安徽滁州。

②壑(hè)：深谷，深沟。

③蔚然：草木茂盛的样子。

④琅琊(láng yá)：琅琊山，在今安徽滁州西南。

⑤翼然：像鸟张开翅膀一样。

⑥太守：郡的长官。宋代废郡设州，本无太守之职，但人们习惯上也常把知州称太守。

【译文】

环绕着滁州城四面都是山。西南方向几座山峰，树林和山谷尤为秀丽。远远望去，那浓绿荫翳、幽深挺秀的地方，就是琅琊山。走上六七里山路，渐渐地就可听到淙淙的溪水声，那从两峰间倾泻而出的，就是酿泉。山势回环，路径曲折蜿蜒，忽然看到一座亭子亭檐翘起，如飞鸟展翅般高踞于泉上，这就是醉翁亭。建造亭子的是谁呢？就是这座山上的僧人智仙。谁给亭子起的名字呢？就是自号“醉翁”的滁州太守。太守与客人来这里饮酒，喝一点就醉，而且年纪最大，所以就自号“醉翁”。醉翁的意趣不在于酒，而在于山水之间。与自然山水交融互参的乐趣，从内心领悟而得，又寄寓到酒中。

若夫日出而林霏开①，云归而岩穴暝②，晦明变化者，山间之朝暮也。野芳发而幽香，佳木秀而繁阴，风霜高洁，水落而石出者，山间之四时也。朝而往，暮而归，四时之景不同，而乐亦无穷也。

【注释】

①若夫：至于。霏（fēi）：雾气。

②暝（míng）：昏暗。

【译文】

至于太阳出来时，林间云雾渐渐飘散，烟云归聚时，山岩洞穴就晦暗难辨，这种晴朗阴沉的变化，就是山中的清晨与黄昏。野花绽放幽香，林木秀美繁茂，风气高爽，霜色洁白，溪水低落，山石显露，这就是山中四季的景致变化。清早进山，傍晚归来，四季景象各不相同，其中乐趣也无穷无尽啊。

至于负者歌于涂，行者休于树，前者呼，后者应，伛偻提携[1]，往来而不绝者，滁人游也。临溪而渔，溪深而鱼肥，酿泉为酒，泉香而酒洌[2]。山肴野蔌[3]，杂然而前陈者，太守宴也。宴酣之乐，非丝非竹，射者中[4]，弈者胜，觥筹交错[5]，起坐而喧哗者，众宾欢也。苍颜白发，颓乎其中者[6]，太守醉也。

【注释】

①伛偻(yǔ lǚ)提携：指驼背弯腰的老人和需要牵抱的小孩子。

②洌(liè)：清醇。

③野蔌(sù)：野菜。

④射：指投壶游戏中把箭投向壶内。

⑤觥(gōng)：酒器。筹：酒筹，行酒令时用来计数的签子。

⑥颓：倒。

【译文】

至于背扛肩挑的人在山路上唱歌，行路的人在树下歇脚，前面的吆喝，后面的应答，老老少少，往来不绝，这是滁州人在游山玩水。临溪钓鱼，溪水深而鱼肥美；以泉酿酒，泉水香而酒清洌。山珍野菜，交错杂陈摆在面前，是太守宴请宾客的筵席。宴饮酣畅的乐趣，不在于管弦音乐，投壶的投中了，下棋的得胜了，酒杯和酒筹杂乱交错，有的站起有的坐着说笑喧闹，这是宾客们欢乐的场面。那个面容苍老，满头白发，醉醺醺地靠在众人中间的，是醉了酒的太守。

已而夕阳在山[1]，人影散乱，太守归而宾客从也。树林阴翳[2],鸣声上下,游人去而禽鸟乐也。然而禽鸟知山林之乐,而不知人之乐;人知从太守游而乐,而不知太守之乐其乐也。醉能同其乐,醒能述以文者,太守也。太守谓谁[3]?庐陵欧阳修也[4]。

【注释】

①已而:不久。

②阴翳(yì):树木枝叶繁茂。

③谓:用同"为"。

④庐陵:今江西吉安。欧阳修先世为庐陵大族,因而这里他以庐陵人自称。

【译文】

不久,夕阳渐渐落到山边,人影散乱,这是游宴罢散,宾客们纷纷随从太守归去。树林浓密遮蔽成荫,上上下下一片鸟鸣,这是游人离去后禽鸟的欢唱。然而,禽鸟只知栖息山林的快乐,却不知人们游山玩水的快乐;人们只知跟着太守游山玩水的快乐,却不知太守是因他们的快乐而快乐。喝醉时,能和大家一起享受乐趣;酒醒了,又能用文章把它记叙下来,这个人就是太守。太守是谁呢?就是庐陵的欧阳修。

秋声赋

【题解】

《秋声赋》作于欧阳修回京任职的嘉祐四年(1059),他当时已经五十三岁,经历了宦海沉浮和几次政治变动,人生体验和感慨广大深沉。本文以"秋声"为引子,抒发草木被秋风摧折的悲凉,延及更容易被忧愁困思所侵袭的人,感叹"百忧感其心,万事劳其形",也是作者自己对人生不易的体悟。

欧阳子方夜读书[1]，闻有声自西南来者，悚然而听之[2]，曰："异哉！"初淅沥以萧飒[3]，忽奔腾而砰湃[4]，如波涛夜惊，风雨骤至。其触于物也，𫓩𫓩铮铮[5]，金铁皆鸣，又如赴敌之兵，衔枚疾走[6]，不闻号令，但闻人马之行声。予谓童子："此何声也？汝出视之。"童子曰："星月皎洁，明河在天[7]。四无人声，声在树间。"

【注释】

①欧阳子：欧阳修自称。

②悚（sǒng）然：吃惊的样子。

③淅沥：雨声。萧飒（sà）：风声。

④砰湃：波涛汹涌的声音。砰，同"澎"。

⑤𫓩𫓩（cōng）铮铮（zhēng）：金属相碰撞的声音。

⑥衔枚：在嘴里衔一根小棒，棒两端引两根带子系在颈后，以防止出声。

⑦明河：指银河。

【译文】

欧阳子正在夜里读书，听到有声音从西南方向传来，不禁悚然而听，惊道："奇怪呵！"这声音初听时如淅沥的雨声和萧飒的风声，忽然变得汹涌澎湃，像是夜间波涛涌起，暴风雨骤然而至。它碰在物体上，叮叮当当，犹如铜铁金属相击，再听时又像奔赴战场的军队正口衔短枚快速行走，听不见号令，只有人马行进的声音。我对书童说："这是什么声音？你出去看看。"书童答道："月色皎洁，星空灿烂，浩瀚银河，高悬中天。四下里没有人声，那声音来自树林间。"

予曰:“噫嘻,悲哉!此秋声也,胡为乎来哉?盖夫秋之为状也,其色惨淡,烟霏云敛①;其容清明,天高日晶;其气慄冽②,砭人肌骨③;其意萧条,山川寂寥。故其为声也,凄凄切切,呼号奋发。丰草绿缛而争茂④,佳木葱茏而可悦。草拂之而色变,木遭之而叶脱。其所以摧败零落者,乃一气之余烈⑤。

【注释】

①霏(fēi):云雾飞散的样子。敛:聚集。

②慄冽:犹“凛冽”。

③砭(biān):刺。原指古代治病刺穴的石针,这里指刺。

④缛(rù):茂盛。

⑤一气:指秋气。余烈:余威。

【译文】

我叹道:“唉,好悲伤啊!这是秋天的声音呀,它为什么来到世间?秋天是这样的:它的色调凄凉惨淡,烟雾飞扬云气聚集;它的形貌晴明,天空高旷,阳光灿烂;秋风凛冽,刺人肌骨;它的意境冷落苍凉,山河寂静空旷。所以它发出的声音时而凄切低沉,时而呼啸激扬。绿草如茵丰美繁茂,树木葱茏令人怡悦,然而秋风一旦拂过,草就要变色,树就要落叶。这能使草木摧折凋零的,便是一种肃杀秋气的余威。

“夫秋,刑官也①,于时为阴②,又兵象也,于行为金③。是谓天地之义气,常以肃杀而为心。天之于物,春生秋实,故其在乐也,商声主西方之音④,夷则为七月之律。商,伤也,物既老而悲伤。夷,戮也,物过盛而当杀。

【注释】

①刑官：古代以天地四时与职官相配，刑官司寇为秋官。

②于时为阴：古时人们以春夏为阳，秋冬为阴。

③行：五行，即金、木、水、火、土。

④商声：五声（宫、商、角、徵、羽）之一。

【译文】

“秋天，在职官是刑罚之官，在时令上属阴，又象征着用兵，在五行中属金。这就是所谓的‘天地之义气’，它常常以肃杀为本心。上天对于万物，是要它们在春天生长，在秋天结实，所以秋天在音乐五声中又属商声，商声是代表西方的乐调，而七月的音律是夷则。商，也就是‘伤’，万物衰老了就会悲伤。夷，是杀戮之意，事物过了繁盛期，就会遭遇杀戮摧折。

“嗟夫！草木无情，有时飘零。人为动物，惟物之灵，百忧感其心，万事劳其形，有动乎中，必摇其精①。而况思其力之所不及，忧其智之所不能，宜其渥然丹者为槁木②，黟然黑者为星星③。奈何非金石之质，欲与草木而争荣？念谁为之戕贼④，亦何恨乎秋声？”

【注释】

①摇：耗费。

②渥（wò）然：润泽的样子。槁（gǎo）木：枯木。

③黟（yī）然：黑的样子。星星：鬓发斑白的样子。

④戕（qiāng）贼：残害。

【译文】

“唉！草木本来无情，尚且不免按时衰败零落。人为动物，在万物中又最有灵性，万千忧愁来煎熬他的心，琐碎烦恼的事情来劳累他的身体，心中有所触动，必然会损耗精力。何况常常思考自己的力量所办不到的事情，忧虑自己的智力所不能解决的问题，自然会使他鲜红滋润的肤色变得枯槁，乌黑光亮的须发变得花白。人为什么要用并非金石的肌体，去跟草木竞争一时的荣盛呢？仔细思量自己到底被什么伤害摧残，又怎么可以去怨恨这秋声呢？”

童子莫对，垂头而睡。但闻四壁虫声唧唧，如助予之叹息。

【译文】

书童没有应答，低头沉沉睡去。只听到四壁虫声唧唧，像是在助应我的叹息。

祭石曼卿文

【题解】

石曼卿与欧阳修交情很深，二人以诗文相交，相互推崇。然而石曼卿为人狂放，蔑视礼法规矩，在仕途上屡屡不能得志，一生冷落，漠然而终。祭文三段皆以“呜呼曼卿”呼告开头，追思称扬逝者的诗文成就与不朽声名。回到眼前坟墓凄清境况时描写细致感人，最后追忆两人的交情。全文低沉呜咽，感人极深。

维治平四年七月日①，具官欧阳修②，谨遣尚书都省令史李敭至于太清③，以清酌庶羞之奠④，致祭于亡友曼卿之墓下⑤，而吊之以文曰：

【注释】

①维:发语词。治平四年:1067 年。治平,宋英宗的年号,1064—1067 年。

②具官:唐宋以来,公文函牍上应写明官爵品位的地方常简省作“具官”。

③尚书都省:即尚书省。令史:三省六部及御史台的低级事务员。李敭(yì):事迹不详。太清:石曼卿的故乡,他死后葬在这里。地在今河南商丘附近。

④清酌:祭祀用的清酒。庶羞:品多为庶,肴美为羞。

⑤曼卿:石延年,字曼卿,北宋人。工诗善书。官至太子中允、秘阁校理。

【译文】

治平四年七月某日,具官欧阳修郑重委派尚书都省令史李敭来到太清,以醇洌的清酒和丰盛的佳肴作为祭品,拜祭于亡友曼卿墓前,同时宣读这篇祭文来凭吊:

呜呼曼卿!生而为英,死而为灵。其同乎万物生死,而复归于无物者,暂聚之形①;不与万物共尽,而卓然其不朽者②,后世之名。此自古圣贤莫不皆然,而著在简册者昭如日星③。

【注释】

①暂聚:暂时聚合的形体。

②卓然:出类拔萃的样子。

③简册:指史书。

【译文】

曼卿啊!你生时是英杰,死后为神灵。那和万物一样有生有死,消亡于无形的,是暂存一时的躯体;不与万物共同消亡,能卓立不朽的,是流传后世的英名。自古以来一切圣贤莫不如此,而载入史册的,就像太阳和星辰一样灿烂永久。

呜呼曼卿!吾不见子久矣[①],犹能仿佛子之平生[②]。其轩昂磊落[③],突兀峥嵘而埋藏于地下者[④],意其不化为朽壤,而为金玉之精。不然,生长松之千尺,产灵芝而九茎。奈何荒烟野蔓,荆棘纵横,风凄露下,走磷飞萤[⑤]?但见牧童樵叟,歌吟而上下[⑥],与夫惊禽骇兽[⑦],悲鸣踯躅而咿嘤[⑧]。今固如此,更千秋而万岁兮,安知其不穴藏狐貉与鼯鼪[⑨]?此自古圣贤亦皆然兮,独不见夫累累乎旷野与荒城[⑩]!

【注释】

①子:你,指石曼卿。

②仿佛:依稀记得。

③轩昂:气度高昂的样子。磊落:光明正大。

④突兀:高耸的。峥嵘:卓异,不平凡。

⑤走磷:夜空中磷氧化而产生的青光。

⑥上下:在墓前来回地走。

⑦与夫:以及。

⑧踯躅(zhí zhú):徘徊不前。咿嘤(yī yīng):象声词。啼叫声。

⑨狐:狐狸。貉(hé):形似狸的一种动物。鼯(wú):即飞鼠。鼪(shēng):即黄鼠狼。

⑩累累:重叠相连的样子。城:指坟墓。

【译文】

曼卿啊!我见不到你已很久了,但还大致记得你在世时的情景。

你的气度轩昂不凡，胸怀坦荡磊落，才干特异超出常人，尽管这一切已埋于地下，想来不会化作腐朽的泥土，而定将变为金玉的精华。不然的话，就长成挺拔千尺的苍松，孕育并列九茎的灵芝。可现在这里怎么竟弥漫着荒凉烟云，到处荆棘丛生，风雨凄苦，霜露降临，磷火幽游，飞萤舞动？只见你的墓前，牧童樵夫且歌且行，还有受惊的鸟兽徘徊悲鸣。眼下就已经是这样子，再经历千年万代，哪知道不会有狐、貉、鼯、鼪之类在此挖洞栖身？这也是自古以来圣贤们都要遭遇到的情景，难道看不见那一片旷野上接连不断的荒坟！

呜呼曼卿！盛衰之理，吾固知其如此，而感念畴昔①，悲凉凄怆，不觉临风而陨涕者②，有愧夫太上之忘情。尚飨③！

【注释】

①畴(chóu)昔：从前。

②陨(yǔn)涕：落泪。

③尚飨(xiǎng)：表示希望死者享用祭品。尚，希望。飨，享用。

【译文】

曼卿啊！我知道事物盛衰兴亡的道理原本如此，可感念往昔岁月，悲凉凄怆油然而生，禁不住临风落泪，惭愧不能像圣人那样超脱忘情。丰洁的祭品，敬请你来享用！

泷冈阡表

【题解】

这是欧阳修为祭祀埋葬在泷冈的父母亲而作的一篇墓表文。一般说来墓表文字中都会极力称赞死者生前的嘉言懿行及美好道德，这篇文章也不能例外，但作者却是通过讲故事的方式来记叙和展开，其中不乏细节性的描述表现人物的性格，例如其母讲述的父亲生前关于讼狱的对话，父亲对教育后代的关心等，均是生动的生活场景。感情真挚出自肺腑，语言不事雕饰，使得此文在墓表类文章中独树一帜，为人称道。

呜呼！惟我皇考崇公①，卜吉于泷冈之六十年②，其子修始克表于其阡③，非敢缓也，盖有待也。

【注释】

①皇考：旧时对亡父的敬称。崇公：欧阳修的父亲欧阳观死后封崇国公。

②卜吉：占卜选择墓地。泷（shuāng）冈：在今江西永丰的凤凰山上。

③克：能。表：修造墓碑。阡（qiān）：墓道。

【译文】

唉！想我先父崇国公，选择吉日在泷冈安葬的六十年后，他的儿子欧阳修才能在墓道上立碑撰表，这不是敢故意拖延，而是有所期待。

修不幸，生四岁而孤①。太夫人守节自誓②，居穷自力于衣食，以长以教，俾至于成人。太夫人告之曰："汝父为吏廉而好施与，喜宾客，其俸禄虽薄，常不使有余，曰：'毋以是为我累。'故其亡也，无一瓦之覆、一垄之植以庇而为生③，吾何恃而能自守耶？吾于汝父，知其一二，以有待于汝也。自吾为汝家妇，不及事吾姑④，然知汝父之能养也。汝孤而幼，吾不能知汝之必有立，然知汝父之必将有后也。吾之始归也⑤，汝父免于母丧方逾年⑥。岁时祭祀，则必涕泣曰：'祭而丰，不如养之薄也。’间御酒食[7]，则又涕泣曰：‘昔常不足，而今有余，其何及也！’吾始一二见之，以为新免于丧适然耳。既而其后常然，至其终身未尝不然。吾虽不及事姑，而以此知汝父之能养也。汝父为吏，尝夜烛治官书，屡废而叹[8]。吾问之，则曰：‘此死狱也，我求其生不得尔。’吾曰：‘生可求乎？’曰：‘求其生而不得，则死者与我皆无恨也。矧求而有得耶[9]！以其有得，则知不求而死者有恨也。夫常求其生，犹失之死，而世常求其死也？’回顾乳者抱汝而立于旁，因指而叹曰：‘术者谓我岁行在戌将死[10]，使其言然，吾不及见儿之立也，后当以我语告之。’其平居教他子弟[11]，常用此语。吾耳熟焉，故能详也。其施于外事，吾不能知。其居于家，无所矜饰[12]，而所为如此，是真发于中者耶！呜呼！其心厚于仁者耶！此吾知汝父之必将有后也。汝其勉之。夫养不必丰，要于孝[13]；利虽不得博于物，要其心之厚于仁。吾不能教汝，此汝父之志也。”修泣而志之不敢忘。

【注释】

①孤：幼年丧父。

②太夫人：指欧阳修的母亲。

③垅：田埂。庇：庇护。

④姑：媳妇对婆婆的称呼。

⑤始归：刚出嫁。

⑥免于母丧：指母亲死后，守丧期满。

⑦间：间或，偶尔。

⑧废：停止。

⑨矧(shěn):况且。

⑩术者:算命的人。岁行在戌:指木星运行到戌那一年。岁,岁星,即木星。古人认为木星十二年绕天一周,因此把木星运行的轨道十二等分,配上十二地支,用来纪年。

⑪平居:平时,平日。

⑫矜饰:夸张修饰。

⑬要:关键。

【译文】

我实在很不幸,生下来四岁就失去了父亲。母亲立誓守节,家境贫困,就靠她一个人维持全家衣食生计,她抚养教导我,终于使我长大成人。她告诉我说:“你父亲为官清廉,乐善好施,喜欢交接宾客,俸禄虽微薄却不求节余,说:‘不要让钱财成为我的累赘。’因此他去世后,没有留下一间房子、一垄土地,让我们能够赖以为生,那么我靠什么安贫守节呢?主要是我知道你父亲的一些事情,因而对你有所期望。自我嫁到你家做媳妇时,我没能赶上事奉婆婆,可我知道你父亲是个能孝养父母的人。你现在没了父亲,年纪也还小,我不能预料你将来一定有什么建树,但我相信你父亲必然能后继有人。我当初嫁到你家的时候,你父亲服完母丧刚过一年。逢年过节祭祀,他必定伤心落泪说:‘祭祀父母再丰盛,也比不上在世的微薄奉养。’有时吃点酒菜,他也会泪流满面地说:‘以前家用常常拮据,现在生活宽裕了,却无法孝敬父母!’起初一两次,我还以为他是刚刚服完母丧,免不了这样哀痛。可是后来见他常常这样,一直到去世未尝不是如此。我虽然没能事奉婆婆,可是通过这件事,就知道你父亲是非常孝顺的。你父亲做官时,曾在夜里点着蜡烛审阅官府断狱的文书,屡屡放下文书叹息。我问他怎么了,他便说:‘这是该判死罪的案子,我想为他寻条活路,可惜没有办法。’我问:‘犯了死罪的人也可以活命吗?’他说:‘我尽力为他开脱还是不成,那么死者和我也都没有遗恨了。况且经我设法努力,有的犯人确实可以免去死罪呢!正因为有人能够得到赦免，所以我知道不替他们寻求活路就被处死的人是有遗恨的。像这样尽量为判死罪的人开脱，仍然免不了有人被误判处死，何况世上的刑狱之官大多是要治人死罪。'他回头，看到奶妈正抱着你站在旁边，于是指着你叹息道：'算命的人说我在岁星行经戌年时便要死去，假使他说的话应验了，我看不到儿子长大成人了，将来一定要把我的话告诉他。'平时他教导别的子弟也常说这些话。我听熟了，所以能详细讲述给你。他在外面办理公家的事，我无从知道。在家里，他从不装腔作势，他的行为如此，确实是发自内心的啊！唉！他的心肠比仁者还要宽厚呢！这就是我知道你父亲肯定会子孙绵延的道理。孩子，你千万要勉励自己啊！孝养父母未必要多么丰厚，关键是要孝顺；对待众人，虽不能广济博施，重要的是要心地仁厚。我没什么可以教导你的，这些都是你父亲的心愿。"我流着泪记下了这些话，一辈子都不敢忘记。

先公少孤力学，咸平三年进士及第①，为道州判官②，泗、绵二州推官③，又为泰州判官④，享年五十有九，葬沙溪之泷冈⑤。太夫人姓郑氏，考讳德仪，世为江南名族。太夫人恭俭仁爱而有礼，初封福昌县太君⑥，进封乐安、安康、彭城三郡太君⑦。自其家少微时，治其家以俭约，其后常不使过之，曰："吾儿不能苟合于世，俭薄所以居患难也。"其后修贬夷陵⑧，太夫人言笑自若，曰："汝家故贫贱也，吾处之有素矣⑨。汝能安之，吾亦安矣。"

【注释】

①咸平三年：1000 年。咸平，宋真宗年号，998—1003 年。

②道州：治所在今湖南道县。判官是州府长官的僚属。

③泗(sì)、绵：泗州治所在今安徽泗县，绵州治所在今四川绵阳。推

官：与判官一样为州府长官僚属，掌司法。

④泰州：治所在今江苏泰州。

⑤沙溪：地在今江西永丰南。

⑥福昌县：在今河南宜阳一带。太君：旧时官吏母亲的封号。宋朝大臣的母亲分别加封国太夫人、郡太君、县太君。

⑦乐安：治所在今山东惠民。安康：郡属今陕西。彭城：治所在今江苏徐州。

⑧夷陵：今湖北宜昌。

⑨素：向来。这里指习惯。

【译文】

先父也是幼年丧父，但能勤奋学习，咸平三年考中进士，先后做过道州判官，泗州、绵州推官，还做过泰州判官，享年五十九岁，葬在沙溪的泷冈。先母姓郑，她父亲名德仪，世代都是江南的名门望族。先母为人恭敬节俭，仁爱宽厚，而又注重礼节，起初封为福昌县太君，后又进封为乐安、安康、彭城三郡太君。从我家早年贫寒时起，先母就节俭持家，后来一直不让家用超过当初的标准，她说："我儿子不能苟且迎合世俗，只有节俭才能应付以后的患难日子。"后来我被贬官到了夷陵，先母仍谈笑自若说："你家原本贫贱，我早已习惯这样的日子了。你能安心于这种生活，我也就安心了。"

自先公之亡二十年，修始得禄而养。又十有二年，列官于朝，始得赠封其亲。又十年，修为龙图阁直学士、尚书吏部郎中①，留守南京②。太夫人以疾终于官舍，享年七十有二。又八年，修以非才入副枢密③，遂参政事④。又七年而罢。自登二府⑤，天子推恩，褒其三世。盖自嘉祐以来⑥，逢国大庆，必加宠锡⑦。皇曾祖府君⑧，累赠金紫光禄大夫、太师、中书令⑨；

曾祖妣，累封楚国太夫人；皇祖府君，累赠金紫光禄大夫、太师、中书令兼尚书令[10]；祖妣，累封吴国太夫人；皇考崇公，累赠金紫光禄大夫、太师、中书令兼尚书令；皇妣，累封越国太夫人。今上初郊[11]，皇考赐爵为崇国公，太夫人进号魏国。

【注释】

①龙图阁直学士：宋代加给侍从官的荣誉头衔。龙图阁是保管皇帝御书和典籍的地方，设有学士等官，直学士的品位仅次于学士。尚书吏部郎中：宋代尚书省吏部设郎中若干人，掌官员的任免、赠封等事。

②留守南京：宋代的南京应天府、西京河南府、北京大名府各置留守一人，以知府兼任。南京应天府，治所在今河南商丘。

③副枢密：又称枢密副使或同知枢密院事，是中央最高军事机关的副长官。

④参政事：即参知政事，实际上的副宰相。

⑤二府：指枢密院与中书省。

⑥嘉祐：宋仁宗的年号。

⑦锡：赏赐。

⑧府君：后世子孙对祖先的敬称。

⑨金紫光禄大夫：加金章紫绶的光禄大夫。光禄大夫，在宋代为文职阶官称号，是散官，正三品。太师：三公之一，宋代无实职。中书令：宋代一般为赠官。

⑩尚书令：宋代赠官。班次在中书令之上。

⑪今上：当今皇上。初郊：初次在郊外举行祭天之礼。

【译文】

自先父逝世后二十年，我才开始得到官禄来奉养母亲。又过了十二年，我到朝廷做官以后，才能使父母获得封赠。又过十年，我任龙图阁直学士、尚书吏部郎中，留守南京。先母因病在官舍逝世，享年七十二岁。又过八年，才能平常的我被任命为枢密副使，接着充任参知政事。七年后被罢免。从我进入二府为官，天子推广恩泽，褒奖我家三代。自嘉祐年间以来，每逢国家大庆，必定给予恩赐封赏。先曾祖父累赠至金紫光禄大夫、太师、中书令；先曾祖母一再受封至楚国太夫人；先祖父累赠至金紫光禄大夫、太师、中书令兼尚书令；先祖母一再受封至吴国太夫人；先父崇国公累赠至金紫光禄大夫、太师、中书令兼尚书令；先母一再受封至越国太夫人。当今神宗皇帝即位后第一次郊祀，赏赐先父崇国公的爵位，先母则晋封为魏国太夫人。

于是小子修泣而言曰："呜呼！为善无不报，而迟速有时，此理之常也。惟我祖考，积善成德，宜享其隆。虽不克有于其躬①，而赐爵受封，显荣褒大，实有三朝之锡命②，是足以表见于后世，而庇赖其子孙矣。"乃列其世谱，具刻于碑。既又载我皇考崇公之遗训，太夫人之所以教而有待于修者，并揭于阡③。俾知夫小子修之德薄能鲜，遭时窃位，而幸全大节，不辱其先者，其来有自。

【注释】

①躬：身体。这里指亲身、自身。

②锡：赐予。

③揭：记载。阡：墓道。

【译文】

于是我流着泪说："唉！做善事绝不会没有回报，只不过时间或迟或早各有时候罢了，这是世上的常理。我的祖先，世代积善而成仁德，理应享受丰厚的报偿。虽然他们在世时没能得到，但是身后能够赐爵受封，显赫荣耀，褒扬光大，又确有仁宗、英宗、神宗三朝颁发的诏命，这就足以昭明后世，并庇荫保护他们的子孙了。”于是我排列出世系家谱，一一刻在碑上。然后又记载先父崇国公的遗训，以及先母对我的教诲和期待，一并刻在了墓表上。使人们知道我的德行浅薄，才能有限，不过逢时机窃居高位，但却能侥幸保全大节而不辱没祖先，这是有其原由的。

熙宁三年①，岁次庚戌，四月辛酉朔，十有五日乙亥，男推诚、保德、崇仁、翊戴功臣②，观文殿学士③，特进④，行兵部尚书⑤，知青州军州事⑥，兼管内劝农使⑦，充京东路安抚使⑧，上柱国⑨，乐安郡开国公⑩，食邑四千三百户，食实封一千二百户，修表。

【注释】

①熙宁三年：1070年。熙宁，宋神宗的年号，1068—1077年。

②推诚、保德、崇仁、翊(yì)戴：这些是宋代赐给臣属的褒奖之词。

③观文殿学士：宋朝制度，免去宰相后才授此官职，实为皇帝侍从顾问。

④特进：宋代文散官第二阶，正二品。

⑤行：兼。宋代兼任低职为行。兵部尚书：尚书省兵部长官。

⑥知青州军州事：宋代朝臣管理州一级地方行政兼管军事，简称知事。青州，治所在今山东益都。

⑦内劝农使：州官兼管农事。

⑧京东路：辖今河南、山东、江苏一带。路，宋代行政区划名称。安抚使：路的军政长官。

⑨上柱国：宋代勋官十二级中的最高一级。

⑩开国公:宋代封爵十二级中的第六级。

【译文】

熙宁三年,也就是庚戌年,四月初一辛酉日,十五乙亥日,子推诚保德崇仁翊戴功臣、观文殿学士、特进、行兵部尚书、知青州军州事,兼管内劝农使、充京东路安抚使、上柱国、乐安郡开国公,食邑四千三百户、食实封一千二百户,欧阳修敬撰此表。

苏　洵

苏洵(1009—1066),字明允,号老泉,眉山(今四川眉山)人。苏洵二十七岁始知发奋读书,宋仁宗嘉祐初年,与其子苏轼、苏辙一同进京应试,受到翰林学士欧阳修赏识荐举,文名震响。后曾任校书郎、文安县主簿等职。其散文质朴雄浑,议论犀利,尤以策论著名。文集后编为《嘉祐集》。苏洵与其子苏轼、苏辙合称"三苏",均名列"唐宋八大家"内。

管仲论

【题解】

这是一篇历史人物评论,立意新颖。世人论管仲,多称赞其辅佐齐桓公实现"尊王攘夷"之功,而很少有人将桓公死后齐国多年内乱终至衰弱与管仲联系起来,苏洵通过分析齐国自身形势及与晋国对比,指出管仲去世时不能积极荐举贤才,违背了宰相的主要职责。全文逻辑严密,一气呵成,史识卓然。

管仲相威公[①],霸诸侯,攘夷狄[②]。终其身齐国富强,诸侯不敢叛。管仲死,竖刁、易牙、开方用[③],威公薨于乱,五公子争立，其祸蔓延，讫简公，齐无宁岁。

【注释】

①管仲：名夷吾，字仲，春秋时齐国人。齐桓公时被任命为卿，在他的辅佐下，齐国一跃成为春秋五霸之一。威公：即齐桓公。这里改桓为威，是宋代人为避宋钦宗赵桓名讳的缘故。

②攘：排斥。夷狄：古代对少数民族的称呼。

③竖刁：春秋时齐国宦官。易牙：春秋时齐桓公宠幸的近臣，著名厨师。开方：卫国公子。

【译文】

管仲为相辅佐齐桓公，称霸诸侯，攘斥夷狄。管仲在世时，齐国一直国富兵强，诸侯没有敢反叛的。管仲死后，竖刁、易牙、开方进用掌权，齐桓公在宫廷内乱中死去，五个公子争夺君位，这个祸端一直蔓延不绝，直到一百多年后齐简公时，齐国没有安宁的年份。

夫功之成，非成于成之日，盖必有所由起；祸之作，不作于作之日，亦必有所由兆。故齐之治也，吾不曰管仲，而曰鲍叔[①]；及其乱也，吾不曰竖刁、易牙、开方，而曰管仲。何则？竖刁、易牙、开方三子，彼固乱人国者，顾其用之者，威公也。夫有舜而后知放四凶，有仲尼而后知去少正卯[②]。彼威公何人也？顾其使威公得用三子者，管仲也。仲之疾也，公问之相。当是时也，吾意以仲且举天下之贤者以对，而其言乃不过曰竖刁、易牙、开方三子，非人情[③]，不可近而已。

【注释】

①鲍叔：即鲍叔牙，春秋时齐大夫。曾向齐桓公举荐管仲。

②仲尼：孔子字仲尼。据史书记载，孔子任鲁国司寇时，诛杀了乱政的鲁大夫少正卯。

③非人情：管仲认为他们不合人情。相传竖刁为进齐宫而自阉；易牙杀子而迎合君主；开方原是卫国公子，后来抛弃双亲，到齐国臣事齐桓公。

【译文】

事情的成功，不是成就于宣告成功的那一天，一定有它的缘由；祸患的形成，也不是形成于实际发生的那一天，也一定有它的前兆。所以齐国的安定兴旺，我不认为是管仲的功劳，而要归功于始荐管仲的鲍叔牙。后来齐国动乱，我不说是由于竖刁、易牙、开方，而认为是由于没有举贤自代的管仲最先引起。为什么这样说呢？竖刁、易牙、开方三个人，他们固然是给齐国制造动乱的奸人，不过重用他们的，是齐桓公。有了虞舜这个圣人，然后才知道放逐共工、驩兜、三苗、鲧等四凶；有了孔子这个圣人，然后才知道除掉少正卯。与圣人相比，那齐桓公算什么人呢？使桓公能够起用这三个奸人的，正是管仲啊。管仲病笃不起时，桓公问管仲谁可以继他为相。在这个事关齐国日后安危的重要时刻，我以为管仲将要荐举天下的贤才来回答桓公，可是管仲仅仅说了竖刁、易牙、开方三个人违反人之常情，不可亲近而已。

呜呼！仲以为威公果能不用三子矣乎？仲与威公处几年矣，亦知威公之为人矣乎？威公声不绝于耳，色不绝于目，而非三子者则无以遂其欲。彼其初之所以不用者，徒以有仲焉耳。一日无仲，则三子者可以弹冠而相庆矣[①]。仲以为将死之言可以縶威公之手足耶[②]？夫齐国不患有三子，而患无仲，有仲，则三子者，三匹夫耳。不然，天下岂少三子之徒哉？虽威公幸而听仲，诛此三人，而其余者，仲能悉数而去之耶？呜呼！仲可谓不知本者矣。因威公之问[3]，举天下之贤者以自代，则仲虽死，而齐国未为无仲也。夫何患三子者？不言可也。

【注释】

①弹冠：弹去帽上的灰尘。

②絷(zhí)：用绳索绊马足。这里是束缚的意思。

③因：顺着。

【译文】

唉！管仲认为桓公果真能够不重用这三个人么？管仲与桓公相处好多年了，也应当了解桓公的为人吧？桓公的耳朵离不了音乐，眼睛离不了女色，如果不重用这三个人，桓公就无法满足他的声色欲望。桓公起先之所以不起用他们，只不过因为有管仲在朝罢了。一旦管仲死了，那么这三个人就可以弹冠相庆、期待高升了。管仲难道以为临终前的一番嘱咐，就可以束缚住桓公的手脚吗？齐国并不担心这三个奸人，却怕失去管仲；只要管仲在世，这三个人只不过是并无权势的匹夫罢了。不然的话，天下难道还缺少竖刁、易牙、开方这类奸人吗？即使桓公幸而听从管仲的意见，杀了这三个人，可是其余的奸佞小人，管仲能够全部除掉吗？唉！管仲可以说是个不懂得根本的治国大计的人了。如果借桓公问他的机会，荐举天下的贤者以取代自己为相当政，那么管仲虽然死了，齐国也并不是没有管仲那样的人才。何必担心这三个人呢？这中间的道理不说世人都明白。

五伯莫盛于威、文[1]。文公之才，不过威公，其臣又皆不及仲；灵公之虐，不如孝公之宽厚。文公死，诸侯不敢叛晋，晋袭文公之余威，犹得为诸侯之盟主百余年。何者？其君虽不肖[2]，而尚有老成人焉[3]。威公之薨也[4]，一败涂地，无惑也，彼独恃一管仲，而仲则死矣。

【注释】

①五伯(bà)：即春秋五霸。伯，通"霸"。威：指齐桓公。文：指晋文公。

②不肖：不贤明，不成器。

③老成人：指老成练达的大臣。

④薨(hōng)：周代诸侯之死称薨。

【译文】

春秋五霸中，国势的强盛没有能超过齐桓公、晋文公的。晋文公的才能没有超过齐桓公，他的臣子又都不如管仲；此后晋文公之孙晋灵公为政暴虐，不如齐桓公之子齐孝公待人宽厚。然而晋文公死后，诸侯不敢背叛晋国，晋国承袭文公的余威，还能将诸侯盟主之位维持一百多年。这是为什么呢？晋国后继的国君虽然不贤明，可是还有先朝老成持重的大臣在主持大局。齐桓公死后，齐国就一败涂地，这是毫无疑问的，因为他仅仅依靠一个管仲，而管仲已经死了。

夫天下未尝无贤者，盖有有臣而无君者矣。威公在焉，而曰天下不复有管仲者，吾不信也。仲之书[1]，有记其将死论鲍叔、宾胥无之为人[2]，且各疏其短，是其心以为数子者皆不足以托国，而又逆知其将死[3]，则其书诞谩不足信也[4]。吾观史鳅[5]，以不能进蘧伯玉，而退弥子瑕，故有身后之谏；萧何且死[6]，举曹参以自代。大臣之用心，固宜如此也。夫国以一人兴，以一人亡。贤者不悲其身之死，而忧其国之衰，故必复有贤者，而后可以死。彼管仲者，何以死哉？

【注释】

①仲之书：指《管子》，后人根据管仲的思想言论编纂而成。

②宾胥无：齐桓公时大夫。

③逆知：预知。

④诞谩(màn)：荒诞虚妄。

⑤史鳍(qiū)：春秋时卫国大夫。他多次为卫灵公不用贤臣蘧(qú)伯玉，却宠爱善于逢迎的弥子瑕而进谏，但卫灵公一直不听，于是，他就让儿子在自己死后将尸身放到灵公窗下，表示死后仍要进谏。灵公终于醒悟，用蘧伯玉而不用弥子瑕。

⑥萧何：西汉初丞相。病中向汉惠帝推荐曹参继之为相。曹参任丞相时，也恪守萧何成法。

【译文】

天下并不是没有贤人，往往是有贤臣而没有明君去重用他。桓公在世时，说天下不会再有管仲这样的治国之才，我是决不相信的。世传为管仲所著的《管子》一书中，记载管仲临终时，评论鲍叔牙、宾胥无二人的为人，并且还指出了他们各自的短处，这样在管仲的心目中，认为鲍叔牙等都不足以托付国家重任，而且管仲又预料到他快要死了，那么可见《管子》这部书荒诞虚妄不足为信。我看春秋时卫国大夫史鳍，由于不能使卫灵公进用贤者蘧伯玉而疏远幸臣弥子瑕，所以在死后进行尸谏；汉丞相萧何临终时，推荐曹参接替自己。大臣的用心，本来就应该是这样的啊。国家往往由于一个贤者执政而兴盛，也由于一个贤者去位而衰亡。贤能的大臣并不为自己死去而悲伤，却为他的国家衰落而担忧，所以一定要找到贤者接替，然后才可以安然离世。没有做到这一点的管仲，怎么就这样撒手而去了呢？

辨奸论

【题解】

这是一篇争议较多的名文。其争议之处则在于文中的“今有人”是否为王安石，以及本文是否真为苏洵所作。抛开这些争论，本文论点清晰，论说精妙，亦足以发人深省。文章主旨涉及中国古代政治中人才识别任用这个重大问题，引用历史掌故贴切有力，描画生动，分析深刻，因此自宋朝以后屡屡为人提起。

事有必至，理有固然。惟天下之静者，乃能见微而知著。月晕而风，础润而雨[1]，人人知之。人事之推移，理势之相因[2]，其疏阔而难知[3]，变化而不可测者，孰与天地阴阳之事？而贤者有不知，其故何也？好恶乱其中，而利害夺其外也。

【注释】

①础：房柱下面的基石。

②理势：情理和形势。相因：相互承袭。

③疏阔：广阔无边，渺茫不清。

【译文】

事情有它必定要达到的地步，情理有它本该如此的确定性。只有心境静穆的有识之士，才能从微小的先机征兆中，预知日后将发生的重大变化。月亮四周出现白色光带，预示快要起风，房柱底下的石墩发潮湿润，预示快要下雨，这是平常人都知道的。至于世间人事变迁，情理形势的前后承续变化，抽象渺茫难以理解，千变万化不可预测，又怎能与天地阴阳的变化相比呢？然而有些贤者反而看不到这些联系，这是为什么呢？这是因为他们情感上的好恶扰乱了正常思考，实际上的利害关系又牵制影响了他们的行动。

昔者，山巨源见王衍曰[①]："误天下苍生者，必此人也。"郭汾阳见卢杞曰[②]："此人得志，吾子孙无遗类矣。"自今而言之，其理固有可见者。以吾观之，王衍之为人，容貌言语，固有以欺世而盗名者，然不忮不求[③]，与物浮沉。使晋无惠帝[④]，仅得中主，虽衍百千，何从而乱天下乎？卢杞之奸，固足以败国，然而不学无文，容貌不足以动人，言语不足以眩世[⑤]。非德宗之鄙暗[⑥]，亦何从而用之？由是言之，二公之料二子，亦容有未必然也[⑦]。

【注释】

①山巨源：山涛字巨源，西晋人。曾任吏部尚书、太子少傅、右仆射等。王衍：字夷甫。晋惠帝时任宰相，但他终日清谈，不理政事，后被石勒所杀。

②郭汾阳：即郭子仪，唐代名将。因平定安史之乱有功，被封为汾阳郡王。卢杞：字子良。唐德宗时任宰相，任职期间，曾陷害杨炎、颜真卿等人，后被贬官。

③忮(zhì)：忌恨。求：贪求。

④惠帝：晋惠帝司马衷。在位期间，其妻贾后专权，酿成"八王之乱"。

⑤眩：迷惑，迷乱。

⑥德宗：唐德宗李适(kuò)。因猜忌有功的大臣而信任卢杞，致使朝政混乱。藩镇叛乱时，曾离京逃命。

⑦容：或许。

【译文】

从前，晋代人山涛见了还是儿童的王衍，就说："将来给天下百姓带来灾难的，一定是这个人。”唐代郭子仪见了犹未得志的卢杞，就说：“要是这家伙当政得志，我的子孙就将遭难灭族了。”在今日来说，其中的道理固然可以预见。不过依我看来，王衍这个人，才貌和言辞固然可使他借以欺蒙当代，盗取虚名。但是王衍不嫉妒不贪贿，与世浮沉追随大流。假如当时没有晋惠帝这样的低能痴愚之辈，只要一个才能中等的人来当皇帝，那么即使有千百个王衍，又怎能乱天下呢？卢杞的奸邪谄佞，固然足以败坏国家，然而卢杞不学无术没有文才，相貌丑陋不吸引人，语言粗鄙不足以迷惑当世。假如不是由于唐德宗鄙陋昏庸，又哪能重用他呢？由此说来，山涛与郭子仪二人当初对王衍、卢杞的预料，或许还有不正确的地方。

今有人，口诵孔、老之言，身履夷、齐之行①，收召好名之士、不得志之人，相与造作言语，私立名字，以为颜渊、孟轲复出②，而阴贼险狠，与人异趣。是王衍、卢杞合而为一人也，其祸岂可胜言哉？夫面垢不忘洗，衣垢不忘浣③，此人之至情也。今也不然，衣臣虏之衣，食犬彘之食④，囚首丧面，而谈《诗》《书》，此岂其情也哉？凡事之不近人情者，鲜不为大奸慝⑤，竖刁、易牙、开方是也。以盖世之名，而济其未形之患，虽有愿治之主，好贤之相，犹将举而用之。则其为天下患，必然而无疑者，非特二子之比也。

【注释】

①履：实行。夷、齐：指伯夷、叔齐，商朝末年孤竹国国君之子。相传他们兄弟间互相推让，不肯继任君位，因此逃往周地。周武王伐纣后，他们又誓不食周粟、不踏周地，最后饿死在首阳山。

②颜渊：即颜回，孔子的得意弟子。

③浣(huàn):洗。

④彘(zhì):猪。

⑤鲜(xiǎn):少。慝(tè):奸邪,邪恶。

【译文】

现在有个人,嘴里念着孔子、老子仁义道德的言论,自身履行伯夷、叔齐清廉的操守,聚集了一批爱慕虚名、仕途不得志的士人,一起著书立说,私下里相互标榜,自以为是颜渊、孟轲再世,然而这人内心阴险狠毒,志趣与常人背道而驰。这是把容貌言语足以欺世的王衍和奸邪谄佞足以败国的卢杞集于一身了,这种人今后带来的祸害难道能说得完吗?脸上弄脏了,就要洗脸,衣服弄脏了,就得洗衣服,这是人们正常而真实的感情。上面提到的这个人却不是这样,穿着奴仆囚徒穿的衣服,吃着猪狗吃的粗粝食物,像囚犯一样头发蓬乱不梳,像居丧之家面容肮脏而不洗,居然高谈《诗经》《尚书》等圣贤经典,这难道是出于他的内心真情吗?大凡做事不合人之常情的,极少不是大奸大恶的,春秋时齐桓公宠幸的竖刁自阉入宫,易牙杀子为羹,开方母死不归,就是例子。这个人利用遍于海内的大名声,来促成目前尚未形成的祸患,虽然有一心求治的君主,爱好贤人的宰相,还是将推举而重用他。那么这个人祸害天下,将是必定发生而毫无疑问的,不是王衍和卢杞可以相比的。

孙子曰[①]:“善用兵者,无赫赫之功。”使斯人而不用也,则吾言为过,而斯人有不遇之叹,孰知祸之至于此哉?不然,天下将被其祸[②],而吾获知言之名[③],悲夫!

【注释】

①孙子:名武,战国时齐人。

②被:遭受。

③知言之名:能知人和预言的名声。

【译文】

孙武说过："善于用兵的人，没有辉煌显赫的战功。"假如上面说的这个人不为朝廷重用，那么我的话错了，他就会怀有不遇明主的慨叹，但又有谁了解这种人的祸害竟会达到这种地步呢？不然，全天下都要蒙受他造成的大灾难，这样我得到了善于知人富有远见的美名。那就太可悲了啊！

心 术

【题解】

苏洵所作策论中与政治、军事相关者不少，这篇讨论将领素质的文章把"为将之道"的重点放在"治心"上，进而扩展到战前准备、治军法则及具体强弱应对战术等问题。北宋抑制武将而以文人领兵，固然有其缺陷，却也给文人思考战争问题以"经世致用"提供了机会，苏洵此论即其代表之作。

为将之道，当先治心。泰山崩于前而色不变，麋鹿兴于左而目不瞬①，然后可以制利害，可以待敌。

【注释】

①左：附近。瞬：眨眼。

【译文】

做将领的原则，首先应当修养心志。即使是泰山在眼前崩塌，也能做到面不改色，麋鹿突然从身边奔过，也能做到目不转睛，只有这样，才能够把握战争情势变化的利害关系，才可以应付敌人。

凡兵上义[1]，不义，虽利勿动。非一动之为利害，而他日将有所不可措手足也。夫惟义可以怒士[2]，士以义怒，可与百战。

【注释】

①上：崇尚。

②怒士：激起士兵的愤怒。

【译文】

大凡行军打仗都崇尚正义，不是出于正义，即便有利可图，也不要行动。这并不是因为兵马一动会有损害，而是因为以后将会有难以应付的局面。只有正义能激怒士兵，士兵为正义所激怒，就可以百战百胜了。

凡战之道：未战养其财，将战养其力，既战养其气，既胜养其心。谨烽燧[1]，严斥堠[2]，使耕者无所顾忌，所以养其财；丰犒而优游之[3]，所以养其力；小胜益急，小挫益厉，所以养其气；用人不尽其所欲为，所以养其心。故士常蓄其怒、怀其欲而不尽。怒不尽则有余勇，欲不尽则有余贪。故虽并天下[4]，而士不厌兵[5]，此黄帝之所以七十战而兵不殆也[6]。不养其心，一战而胜，不可用矣。

【注释】

①烽燧：报警的烽火，白天称烽，晚上称燧。

②斥堠(hòu)：原指探望敌情的土堡。这里指瞭望。

③优游：悠然自得。

④并：吞并，统一。

⑤厌兵：厌恶战争。

⑥殆：通“怠”，懈怠。

【译文】

大凡作战的原则是：战前要积蓄贮备好财力物力，临战前要养精蓄锐，战斗开始要保持士气，取胜后要保持斗志。谨慎认真地做好烽燧报警工作，严密安排哨兵侦察探望，使种田的人没有顾忌，这样来积存财力物力；给予士兵以丰厚的犒赏，使他们能够充分地放松休整，以此使士兵保存他们的力量；打了小胜仗更要振作精神，受到小挫折更要给予激励，以此来保持士气；用人时不要完全满足他的所有要求，以此来保持他的斗志。因此，一定让士兵经常保持对敌人的愤恨，有所希求而没有完全得到满足。义愤没有完全发泄，就会有使不完的勇气；欲望没有完全满足，就会有进取之心。所以即使兼并了天下，士兵们也不会厌恶战争，这就是黄帝经历七十余战，士兵仍然不懈怠的原因。不培养和引导军心，打了一次胜仗，这支军队也就不能再打了。

凡将欲智而严，凡士欲愚。智则不可测，严则不可犯，故士皆委己而听命，夫安得不愚？夫惟士愚，而后可与之皆死。

【译文】

凡是做将帅的，要富有智谋而又号令严明，士兵则应该愚昧一点。富有智谋，就使人感到深不可测，号令严明，就使人不敢冒犯，因此士兵都能不顾自己而听从命令，这样怎么能不愚昧一点呢？只有士兵愚昧一点，然后才能够同将帅一起去拼死作战。

凡兵之动，知敌之主[①]，知敌之将，而后可以动于险。邓艾缒兵于蜀中[②]，非刘禅之庸，则百万之师可以坐缚，彼固有所侮而动也[③]。故古之贤将，能以兵尝敌，而又以敌自尝[④]，故去就可以决[⑤]。

【注释】

①主：首领。

②邓艾：三国时魏将。曾领兵从深山险道进攻蜀汉，兵至成都城下，蜀汉后主刘禅投降，蜀汉灭亡。缒(zhuì)：系在绳子上从高处放下来。

③侮：轻视。

④尝敌：试探敌军。

⑤去就：离开或者进攻。

【译文】

大凡行军打仗，要了解敌方主将，然后才可以采取冒险的行动。三国时邓艾，用绳子把士兵吊下悬崖峭壁去偷袭蜀汉，如果不是后主刘禅昏庸无能，那么邓艾的百万大军，就要束手就擒，而邓艾确实是轻视刘禅才敢采取那样的行动的。所以古代明智贤能的将领，既能够用一定兵力去试探敌方的虚实，又能够得用敌方来检验自己的军队，因此是进攻还是避战撤退就能做出自己的决断。

凡主将之道，知理而后可以举兵[①]，知势而后可以加兵[②]，知节而后可以用兵[③]。知理则不屈，知势则不沮，知节则不穷[④]。见小利不动，见小患不避，小利小患，不足以辱吾技也，夫然后有以支大利大患[⑤]。夫惟养技而自爱者，无敌于天下。故一忍可以支百勇，一静可以制百动。

【注释】

①理：这里指战争的基本规律。

②势：这里指敌我双方的形势。

③节：分寸，时机。

④穷：困境。

⑤支：撑，对付。

【译文】

大凡担任主将的方法，在于通晓事理而后才可以发兵，了解敌我情势然后才可以交战，懂得节制约束然后才可以指挥战斗。通晓事理就不至于轻易屈服，了解敌我双方情势就不会沮丧，懂得节制约束就不会陷入困境。看见小利益不盲动，看见小患不回避，因为这些小利小患，不值得自己去施展本领，只有做到这一步，然后才可以正确应对大利大患。只有善于培养自己的各种本领，而又能保存自己力量的人，才能无敌于天下。因此一个“忍”字，可以应付上百次的无谋之勇，一个“静”字，可以制服上百次的轻举妄动。

兵有长短，敌我一也。敢问：“吾之所长，吾出而用之，彼将不与吾校[①]；吾之所短，吾蔽而置之，彼将强与吾角[②]，奈何？”曰：“吾之所短，吾抗而暴之[③]，使之疑而却；吾之所长，吾阴而养之，使之狎而堕其中[④]。此用长短之术也。”

【注释】

①校（jiào）：较量，对抗。

②角：争斗。

③抗：举。暴（bào）：显露。

④狎(xiá):忽视。

【译文】

军队各有长处和短处,这在敌方和我方都是一样。请问:"如果我方的长处,我拿出来利用它,敌方将不会同我较量;我方的短处,我掩盖起来搁置一边,可是敌方一定要同我较量,该怎么办呢?"回答是:"我方的短处,我故意地把它暴露出来,使敌方产生疑惑而退却;我方的长处,我暗中保护住它,使敌方疏忽大意而中计。这就是运用长处和短处的方法。"

善用兵者,使之无所顾、有所恃。无所顾,则知死之不足惜;有所恃,则知不至于必败。尺箠当猛虎①,奋呼而操击;徒手遇蜥蜴,变色而却步;人之情也。知此者,可以将矣。袒裼而案剑②,则乌获不敢逼③;冠胄衣甲,据兵而寝④,则童子弯弓杀之矣。故善用兵者以形固⑤,夫能以形固,则力有余矣。

【注释】

①箠:鞭子,棍杖。

②袒裼(tǎn xī):脱衣露体。案:通"按"。

③乌获:战国时秦国大力士。

④据兵:拿着兵器。兵,兵器。

⑤以形固:以军队在外的形态使阵地巩固。

【译文】

善于用兵的人,应该使士兵无所顾忌,又要使他们有所仰仗。士兵无所顾忌,就明白战死不值得可惜;有所仰仗,就知道不至于一定失败。一个人手中即使只有尺把长的木棍,遇见了猛虎,也可以大喝一声,拿起木棍去攻击它；可如果空着两手，即使遇到蜥蜴，也会吓得变了脸色而却步不前；这是人之常情。知道这个道理的，就可以为将带兵了。如果袒胸露臂，紧握着剑柄，那么乌获那样的大力士，也不敢靠近他；如果披盔戴甲，却抱着武器睡觉，那么小孩也可以拉弓射箭，把他杀死。所以善于用兵的人，能利用军势森严来巩固自己，而能用军势来巩固自己，他的力量就绰绰有余了。

张益州画像记

【题解】

张益州即张方平，曾受朝廷之命前往益州，安定当地因谣言导致的民心骚乱。张方平治理有方，除平息谣言外还整顿了社会秩序，获得当地民众信任感激，故为之画像留念。此文除叙述本事始末外，着重强调了张方平在缓和朝廷与蜀中民众紧张关系方面的作为。文章平实质朴，文末用《诗经》四言体概述始末，古朴而富含感情，体现了作者高超的语言驾驭能力。

至和元年秋[①]，蜀人传言有寇至边。边军夜呼，野无居人。妖言流闻，京师震惊[②]。方命择帅，天子曰："毋养乱，毋助变，众言朋兴[③]，朕志自定。外乱不作，变且中起[④]。既不可以文令，又不可以武竞，惟朕一二大吏。孰为能处兹文、武之间，其命往抚朕师。"乃推曰："张公方平其人[⑤]。"天子曰："然。"公以亲辞[⑥]，不可，遂行。冬十一月，至蜀。至之日，归屯军，撤守备，使谓郡县："寇来在吾，无尔劳苦。"明年正月朔旦[⑦]，蜀人相庆如他日，遂以无事。又明年正月，相告留公像于净众寺。公不能禁。

【注释】

①至和元年：1054年。至和，宋仁宗赵祯的年号，1054—1056年。

②京师：指北宋京城汴梁，即今河南开封。

③众言朋兴：各种说法同时兴起。

④且：将。

⑤张方平：字道安，官至太子太保。

⑥亲：父母。

⑦朔：旧历每月初一。

【译文】

至和元年秋天，蜀人传言有敌寇侵犯边境。边境防守军队夜里呼叫，城外也没有人敢居住了。谣言流传开来，京师大为震惊。正当朝廷准备下令选派将帅时，天子说："不要姑息延误酿成祸乱，也不要轻率调兵助使变乱发生，尽管谣言蜂起，但我的主意是坚定的。外患还未兴起，只怕内乱已从内部发生。这既不能用文书命令让他们遵守法度，也不能用武力去同他们较量，我只需要一两个大臣去处理。谁能兼用文的感召教化和武力较量两种方法，我就派谁去安抚军队。"大家推举说："张公方平就是这样的人。"天子说："可以。"张公以赡养双亲为由表示推辞，但没有得到允许，于是就出发了。冬季十一月，他到了蜀地。到达的当天，就遣返了屯守在边境的军队，撤除了边境的守备，并派人到各郡县去告谕说："敌寇来了全由我负责，用不着劳累你们。"第二年的正月初一，蜀地百姓像往常一样相互庆贺新年，从此也就平安无事了。又过了一年的正月，人们商定，要把张公的画像留在净众寺里。张公无法禁止大家。

眉阳苏洵言于众曰[①]："未乱易治也，既乱易治也。有乱之萌，无乱之形，是谓将乱，将乱难治，不可以有乱急，亦不可以无乱弛。惟是元年之秋，如器之攲[②]，未坠于地。惟尔张公，安坐于其旁，颜色不变，徐起而正之。既正，油然而退，无矜容。为天子牧小民不倦，惟尔张公。尔繄以生[③]，惟尔父母。且公尝为我言：'民无常性，惟上所待。人皆曰蜀人多变，于是待之以待盗贼之意，而绳之以绳盗贼之法。重足屏息之民[④]，而以碪斧令[⑤]，于是民始忍以其父母妻子之所仰赖之身，而弃之于盗贼，故每每大乱。夫约之以礼，驱之以法，惟蜀人为易。至于急之而生变，虽齐、鲁亦然。吾以齐、鲁待蜀人，而蜀人亦自以齐、鲁之人待其身。若夫肆意于法律之外，以威劫齐民[⑥]，吾不忍为也！'呜呼！爱蜀人之深，待蜀人之厚，自公而前，吾未始见也。"皆再拜稽首曰[⑦]："然。"

【注释】

①眉阳：在今四川眉山。

②攲(qī)：倾侧。

③尔繄(yī)以生：即"尔以繄生"。繄，此。

④重(chóng)足屏息：指因恐惧叠足而立不敢移动，不敢呼吸。重足，并起双脚。

⑤碪斧：指刑具。碪，同"砧(zhēn)"。

⑥齐民：指平民百姓。

⑦稽(qǐ)首：古时的一种跪拜礼，叩头至地，是九拜中最恭敬的。

【译文】

眉阳人苏洵对众人说："变乱还没发生，容易治理，变乱已经发生，也容易治理。有变乱正在酝酿中，但还没有发生实际变乱，这叫做将乱，将乱的状况是最难治理的：既不能因有变乱的萌芽而操之过急，也不能因为变乱还没发生就放松警惕。至和元年秋天蜀中的局势，就好像器物已经倾斜,但还没有掉到地上。只有你们的张公,安稳地坐在旁边,面不改色,慢慢地站起来,扶正了它。扶正之后,又从从容容地引退,而且没有骄矜自夸的神情。帮助天子治理百姓而不知疲倦的,只有你们的张公。你们全靠他才生存下来,他就是你们的父母。而且张公曾经对我说过:'百姓没有固定不变的性情,只看上边官员如何对待他们。人们都说蜀人常常发生变乱,于是上面就用对待盗贼的态度去对待他们,用处理盗贼的法令去惩罚他们。对于本来已经小心翼翼的百姓,却用严刑峻法去镇压,于是百姓才忍心拿他们父母妻儿所仰赖的身体,去投靠盗贼,所以往往酿成大乱。如果用礼义去约束他们,用法度去役使他们,只有蜀人是最容易治理的。至于为政太苛逼迫他们而发生变乱,即使是在号称礼乐之邦的齐鲁之地,也会这样。我用对待齐鲁百姓的办法来对待蜀人,而蜀人也会用齐鲁地方百姓的标准来约束自己。至于超出法度之外为所欲为,用权势欺压百姓,我不忍心做呀!'唉!爱护蜀人如此深厚,对待蜀人如此仁慈,在张公以前的官员中,我不曾看见过呢。"大家听了,都再三叩拜说:"是这样的。"

苏洵又曰:"公之恩在尔心,尔死,在尔子孙。其功业在史官,无以像为也。且公意不欲,如何?"皆曰:"公则何事于斯?虽然,于我心有不释焉①。今夫平居闻一善②,必问其人之姓名与其邻里之所在,以至于其长短、小大、美恶之状,甚者或诘其平生所嗜好③,以想见其为人。而史官亦书之于其传,意使天下之人,思之于心,则存之于目。存之于目,故其思之于心也固。由此观之,像亦不为无助。"苏洵无以诘④,遂为之记。

【注释】

①不释：放不下。

②平居：平日，平素。

③诘：追问。

④诘：反驳。

【译文】

苏洵又说："把张公的恩德铭记在你们心里，你们死了，就铭记在你们子孙的心里。他的功业将由史官来记载，不必画像了。况且张公心里也不愿这样，你们看怎么办呢？"大家都说："张公怎么会在乎画像？虽然这样，我们心里却深感不安。现在就是平时在家里听说有人做了一件好事，都必定要问一问那人的姓名和他所住的地方，以至于他身材的高矮、年岁的大小、容貌的美丑等等，甚至有的人还要问到他的生平和嗜好，由此来想见他的为人。史官也会把这些情况写在他的传记里，意思是让天下的人，不仅在心里都纪念着他，而且在眼里也能看见他。眼里留存着他的容貌，所以心里对他的纪念之情也就牢固了。这样看来，画像也不是没有用。"苏洵再无法反驳他们了，于是替他们写了这篇画像记。

公南京人[①]，为人慷慨有大节，以度量雄天下。天下有大事，公可属[②]。系之以诗曰：天子在祚[③]，岁在甲午。西人传言[④]，有寇在垣[⑤]。庭有武臣，谋夫如云。天子曰嘻，命我张公。公来自东，旗纛舒舒[⑥]。西人聚观，于巷于涂。谓公暨暨[⑦]，公来于于[⑧]。公谓西人："安尔室家，无敢或讹。讹言不祥，往即尔常。春尔条桑[⑨]，秋尔涤场。"西人稽首，公我父兄。公在西囿，草木骈骈[⑩]。公宴其僚，伐鼓渊渊[⑪]。西人来观，祝公万年。有女娟娟，闺闼闲闲[⑫]。有童哇哇，亦既能言。昔公未来，期汝弃捐。禾麻芃芃[13]，仓庾崇崇[14]。嗟我妇子，乐此岁丰。公在朝廷，天子股肱[15]。天子曰归，公敢不承？作堂严严，有庑有庭[16]。公像在中，朝服冠缨。西人相告，无敢逸荒[17]。公归京师，公像在堂。

【注释】

①南京：今河南商丘一带。

②属(zhǔ)：托付。

③祚(zuò)：帝位。

④西人：蜀人。

⑤垣：墙。这里指边境。

⑥纛(dào)：古代仪仗队或军队的大旗。舒舒：军旗飘扬的样子。

⑦暨暨：果敢坚毅的样子。

⑧于于：从容自信的样子。

⑨条：修剪。涤场：打扫打谷场。

⑩骈骈：草木繁茂的样子。

⑪伐鼓：击鼓。渊渊：鼓声舒缓的样子。

⑫闺闼(tà)：女子住的内屋。

⑬芃芃(péng)：茂盛的样子。

⑭庾(yǔ)：露天谷仓。崇崇：高耸的样子。

⑮股肱(gōng)：比喻左右辅助得力的人。股，大腿。肱，肘臂到肩的部分。

⑯庑(wǔ)：厅堂四周的廊屋。

⑰逸荒：安逸放荡。

【译文】

张公是南京人，为人慷慨豪迈而又节操高尚，以器度宽广闻名于天下。国家遇有大事，张公是可以委托的。我在文章末尾附一首诗来记述他的事迹：大宋天子登宝位，岁在甲午四方宁。忽闻蜀人传谣言，道是敌寇犯边境。朝廷武将彬彬立，文臣谋士聚如云。天子有旨志自定，派我张公往抚平。公从东方来上任，旌旗招展猎猎风。蜀人争相观重臣，街巷填满无余空。皆言张公貌坚毅，神情镇静且从容。张公温言劝蜀人："各自家室好安顿，无根谣传莫要听。谣言本非吉祥物，料理生计农道正。春日采桑剪柔枝，秋高打谷实粮囤。"蜀人叩头拜张公：公似父母又如兄。公在蜀中西园里，草木茂盛郁葱葱。公开筵席请同僚，奏乐击鼓响咚咚。蜀人纷纷来拜望，愿公寿比万年长。蜀中少女多窈窕，闺阁娴静媚妖娆。蜀中婴儿话呀咿，如今已会学人语。当初张公未到时，心肝只怕要遗弃。如今庄稼多丰茂，宽阔粮仓立两道。妇女儿童生蜀中，丰年欢喜非常情。张公昔日立阙庭，天子倚为得力臣。今有圣旨召回归，张公怎敢不遵命？建起殿堂真庄严，既有房廊又有庭。张公画像挂殿中，穿着朝服结冠缨。蜀人劝勉相告诫，不再怠惰起逸心。张公人虽归京城，画像永留慰蜀中。

苏　轼

苏轼(1037—1101),字子瞻,号东坡居士,眉山(今属四川)人。他与父亲苏洵,弟弟苏辙合称“三苏”,都是古文名家。而苏轼本人的诗、词、书、画均成就非凡,是“三苏”乃至整个宋代文人中名气最大、对后世综合影响力最为深远的文学艺术天才。苏轼早于嘉祐二年(1057)即中进士,但旋遭母忧,正式任职后又遇到王安石变法和旷日持久的新旧党之争。苏轼有自己的观点,不依附于其中任何一方,故虽有才而为各方所提防乃至忌恨,屡不得意,长期在地方上的杭州、密州、徐州等地任职,并曾被远谪儋州等地,颠沛流离,但这些坎坷的经历和政治上的疏远闲散,反而使得他的文学艺术成就日益提升,真可谓“失之东隅,收之桑榆”。

刑赏忠厚之至论

【题解】

这是苏轼于宋仁宗嘉祐二年(1057)应进士时所作的成名策论,大受主考官欧阳修赏识,称“老夫当避此人,放出一头地”,也由此奠定了苏轼的文坛地位。本文立论清晰,文笔顺畅,从刑罚和爵赏各自的本来功能出发,推究古代圣君无论赏罚均以爱民忧民为本,指出“仁可过,义不可过”,宁宽勿苛的“忠厚之至”原则,对当时聚讼纷纭的刑赏轻重问题,以儒家经典为依据,参以圣王事迹,最后引《诗经》《春秋》为证,论证充分严密,结构圆融自然。

尧、舜、禹、汤、文、武、成、康之际①,何其爱民之深,忧民之切,而待天下以君子长者之道也!有一善,从而赏之,又从而咏歌嗟叹之,所以乐其始而勉其终。有一不善,从而罚之,又从而哀矜惩创之②,所以弃其旧而开其新。故其吁俞之声③,欢休惨戚④,见于虞、夏、商、周之书。成、康既没,穆王立而周道始衰⑤,然犹命其臣吕侯⑥,而告之以祥刑⑦。其言忧而不伤,威而不怒,慈爱而能断,恻然有哀怜无辜之心⑧,故孔子犹有取焉。

【注释】

①尧:唐尧。舜:虞舜。禹:夏禹。汤:商汤。文:周文王。武:周武王。成:周成王。康:周康王。

②哀矜:怜悯。惩创:惩戒。

③吁:表示不以为然的叹息声。俞:表示应允的声音。

④休:喜悦。

⑤穆王:周穆王,周康王孙。

⑥吕侯:相传周穆王时任司寇。

⑦祥刑:善于用刑。

⑧恻然:悲伤的样子。

【译文】

尧、舜、禹、汤、文、武、成、康的时候,圣君爱护人民何其深厚,关心人民何其真切,完全是用君子长者的忠厚德行来对待天下百姓啊!百姓有一点善行，就及时奖赏他，又及时歌唱赞美他，以此表达对他良好开端的赞赏，勉励他善始善终。有一点恶行，就及时处罚他，又及时对他表示同情加以劝诫，这是帮助他摈弃旧日错误，走上自新之路。所以嗟叹赞许的声音，欢乐悲戚的情绪，在虞、夏、商、周各代的文献中都可见到。成王和康王逝世后，周穆王即位，周王朝的王道开始衰微，但是穆王还吩咐臣子吕侯，告诉他善于用刑的方法。他的话忧戚而不悲伤，威严而不愤怒，慈爱而能决断，悲天悯人而又有哀怜无罪者的心理，所以孔子对此还有所肯定。

传曰："赏疑从与，所以广恩也。罚疑从去，所以慎刑也。"当尧之时，皋陶为士[①]，将杀人，皋陶曰杀之三，尧曰宥之三[②]。故天下畏皋陶执法之坚，而乐尧用刑之宽。四岳曰："鲧可用[③]。"尧曰："不可。鲧方命圮族[④]。"既而曰："试之。"何尧之不听皋陶之杀人，而从四岳之用鲧也？然则圣人之意，盖亦可见矣。《书》曰："罪疑惟轻，功疑惟重；与其杀不辜，宁失不经[⑤]。"呜呼！尽之矣[⑥]。可以赏，可以无赏，赏之过乎仁；可以罚，可以无罚，罚之过乎义。过乎仁，不失为君子；过乎义，则流而入于忍人。故仁可过也，义不可过也。

【注释】

①皋陶(gāo yáo)：传说虞舜时的司法官。

②宥(yòu)：宽容，饶恕，赦免。

③鲧(gǔn)：传说是夏禹的父亲。

④方：违抗。圮(pǐ)：毁坏。

⑤经：成规，原则。

⑥尽：相近。

【译文】

《尚书》传文说："准备赏赐时，如果还有怀疑，宁可赏赐，以便扩大恩泽。准备处罚时，如果还有怀疑，宁可赦免，以表示慎于用刑。"在尧的时候，皋陶做执法官，准备处决一个罪犯，皋陶三次说杀掉他，尧却接连三次说宽恕他。所以天下人惧怕皋陶执法的坚决，而喜欢尧用刑的宽大。四方诸侯的首领说："鲧可以任用。"尧说："不行。鲧违抗命令，残害族人。"后来又说："试试他吧。"为什么尧不听从皋陶杀人的主张，而同意四方诸侯首领任用鲧的建议呢？圣人的心意，由此可以见到了。《尚书》说："对罪行有疑问，当从轻处理；对功劳有怀疑，就从重赏赐；与其错杀一个无辜者，宁愿自己承担失刑的责任。"唉！这几句话把"刑赏忠厚之至"的含义都说尽了。可以赏，可以不赏的，赏他是过于仁慈了；可以罚，可以不罚的，罚他是超过了道义边界。过于仁慈宽厚，还不失为君子；超过了道义的边界，便堕落成为残忍之人了。所以仁慈可以过度，道义的边界则不容跨越。

古者赏不以爵禄，刑不以刀锯。赏之以爵禄，是赏之道行于爵禄之所加，而不行于爵禄之所不加也。刑以刀锯，是刑之威施于刀锯之所及，而不施于刀锯之所不及也。先王知天下之善不胜赏，而爵禄不足以劝也[①]，知天下之恶不胜刑，而刀锯不足以裁也。是故疑则举而归之于仁，以君子长者之道待天下，使天下相率而归于君子长者之道[②]，故曰忠厚之至也。

【注释】

①劝：劝勉，鼓励。

②相率：相继，一个接一个。

【译文】

古时不用爵位和俸禄来赏赐，不用刑具执行刑罚。赏赐只用爵位和俸禄，那么赏赐的作用便只局限在能够得到爵位和俸禄的那些功劳的范围内，而不能推行到尚未达到赐予爵位和俸禄的范围。刑罚只用刀子和锯子，这是刑罚的威力只能局限在刀锯之刑所及的方面，却不能威慑那些不至于受刀锯之刑的恶行。先王知道天下的善行不可能一一赏赐，爵位和俸禄也不足以用来劝勉所有人行善，又知道天下的恶行不可能一一施罚，而且刀锯之刑也不足以制裁惩罚他们。所以对赏罚有怀疑时，就完全以仁慈为宗旨去处置，以君子长者的忠厚德行来对待天下百姓，使天下万民相互仿效君子长者的忠厚之道，所以说这是忠厚到了极点。

《诗》曰："君子如祉，乱庶遄已。君子如怒，乱庶遄沮。"[①]夫君子之已乱[②]，岂有异术哉？制其喜怒，而无失乎仁而已矣。《春秋》之义：立法贵严而责人贵宽，因其褒贬之义以制赏罚[③]，亦忠厚之至也。

【注释】

①"《诗》曰"以下四句：引自《诗经·小雅·巧言》。祉（zhǐ），福，引申为喜悦。庶，大概。遄（chuán），迅速。已，止。沮，停止。

②已：平息。

③因：依。制：控制，把握。

【译文】

《诗经》说："君子喜听贤人言，祸乱眼看就平息。君子怒责谗人语，灾祸很快得消弭。"君子对于制止祸乱，难道有特别的方法么？也不过是控制个人喜怒，使它不违背仁厚原则罢了。《春秋》的大义原则：立法贵在严厉，而处罚贵在从宽，按照它表扬和批评的原则来把握赏罚的尺度，这也是忠厚到了极点。

范增论

【题解】

范增是秦末楚汉相争过程中的一个关键人物，历来对他的评价以同情叹惜为主，而此文则指出当初范增建议拥立义帝是为项氏家族笼络人心，后来又不能谏阻项羽杀义帝，实际上已违背初衷，其矛盾在项羽杀死义帝委任的卿子冠军宋义之时早已酿成，而范增"不知几"，不能及时离开，终致受猜疑愤恨而死。但作者也肯定范增是一位为对手所畏惧的英杰，不苛责古人以全能。

汉用陈平计①，间疏楚君臣。项羽疑范增与汉有私②，稍夺其权③。增大怒曰："天下事大定矣，君王自为之，愿赐骸骨归卒伍④。"归未至彭城，疽发背死⑤。苏子曰⑥：增之去善矣，不去，羽必杀增。独恨其不早耳。

【注释】

①汉：指汉高祖刘邦。陈平：秦末楚汉相争时，原为项羽部属，后投奔刘邦，成为汉高祖重要谋臣，并历任汉惠帝、吕后、文帝时丞相，封曲逆侯。

②项羽：名籍，字羽，楚国贵族出身。秦亡后，自称西楚霸王，封刘邦为汉王，在与刘邦争夺天下的斗争中失败自杀。范增：项羽的重要谋臣，曾屡劝项羽杀刘邦而项羽不听。

③稍：渐渐。

④赐骸(hái)骨：意思是退休回乡。骸骨，尸骨。卒伍：秦代乡里基层组织，这里指家乡。

⑤疽(jū)：恶疮。

⑥苏子：苏轼自称。

【译文】

汉高祖用陈平的计策，离间疏远西楚的君臣关系。于是项羽怀疑范增与汉高祖暗中来往，逐渐削减他的权力。范增大怒说："天下局势现在已经大定了，以后君王您自己看着去治理，希望您开恩让我这把老骨头回到老家去。"他回乡途中还没到彭城，就背上发毒疮死了。苏子说：范增走得对啊，如果不离去，项羽必定会杀死他。只是遗憾他没有早点离开。

然则当以何事去？增劝羽杀沛公[①]，羽不听，终以此失天下，当于是去耶？曰：否。增之欲杀沛公，人臣之分也，羽之不杀，犹有君人之度也，增曷为以此去哉？《易》曰："知几其神乎[②]！"《诗》曰："相彼雨雪，先集维霰[③]。"增之去，当于羽杀卿子冠军时也[④]。陈涉之得民也，以项燕、扶苏[⑤]。项氏之兴也，以立楚怀王孙心[⑥]。而诸侯叛之也，以弑义帝。且义帝之立，增为谋主矣。义帝之存亡，岂独为楚之盛衰，亦增之所与同祸福也。未有义帝亡而增独能久存者也。羽之杀卿子冠军也，是弑义帝之兆也。其弑义帝，则疑增之本也，岂必待陈平哉？物必先腐也，而后虫生之；人必先疑也，而后谗入之。陈平虽智，安能间无疑之主哉？

【注释】

①沛公：指汉高祖刘邦。

②几：微小。

③相彼雨雪，先集维霰（xiàn）：出自《诗经·小雅·頍弁》。相，视。霰，小雪珠。

④卿子冠军：指宋义。卿子，是对人的尊称。冠军，指楚怀王封宋义为上将，位在其他将领之上。

⑤项燕：楚国名将，项羽祖父。扶苏：秦始皇长子，被其弟秦二世胡亥谋害。

⑥心：楚怀王的孙子熊心。项梁曾立熊心为怀王。项羽自称西楚霸王后，又尊熊心为义帝。

【译文】

那么，应该因什么事情离去呢？范增劝项羽杀刘邦，项羽不听，结果因此失掉天下，范增应当在这个时候离去吗？回答说：不是。范增建议杀刘邦，这是尽臣子的职责，项羽不杀刘邦，说明他还有君主的度量，范增为什么要因这件事离去呢？《周易》说："能根据微小预兆知道事情的趋势，大概就是神明吧！"《诗经》说："看那下雪之前，先凝集降落的只是小雪屑。"范增的离开，应该在项羽杀卿子冠军宋义的时候。陈涉得到百姓拥护，是因为他借用了项燕和公子扶苏的名义。项氏的兴起，是因为立楚怀王孙子熊心为义帝号召人心。而后来诸侯反叛，是因为他杀了义帝。并且立义帝一事，范增是主谋。义帝的存亡，何止关系到楚的盛衰，也和范增的祸福密切相关。不会有义帝死了，范增却独能长久存活的道理。项羽杀卿子冠军宋义，是杀害义帝的前兆。而他杀害义帝时，就开始怀疑范增了，哪里一定要等待陈平去离间呢？物体一定是先腐烂了，然后才生出虫来；人必定自己先有疑心，然后才会听别人的谗言。陈平虽然聪明，怎么能够离间那不疑心臣下的君主呢？

吾尝论义帝，天下之贤主也：独遣沛公入关[①]，不遣项羽，识卿子冠军于稠人之中，而擢以为上将[②]，不贤而能如是乎？

羽既矫杀卿子冠军[3]，义帝必不能堪[4]。非羽弑帝，则帝杀羽，不待智者而后知也。增始劝项梁立义帝，诸侯以此服从，中道而弑之，非增之意也，夫岂独非其意，将必力争而不听也。不用其言而杀其所立，羽之疑增，必自是始矣。

【注释】

①关：关中之地。义帝派宋义、项羽救赵，而令刘邦攻咸阳，并约定谁先到达关中，谁就为王。

②擢(zhuó)：提拔。

③矫：假托。义帝封宋义为上将、项羽为次将、范增为末将，派他们率兵救赵，宋义途中畏缩不前，被项羽所杀。

④堪：忍受。

【译文】

我曾经评论义帝，说他是天下的贤明君主：他只派刘邦率兵入关，而不派项羽去，他从许多将领中发现了宋义，提拔他为上将，不贤明能够这样做吗？项羽既然假托义帝的命令杀了宋义，义帝一定不能忍受。不是项羽杀害义帝，就是义帝杀掉项羽，这是不需特别聪明的人就能知道的。范增起初劝项梁立义帝，诸侯因此服从调度指挥，中途杀害义帝，这不是范增的意思，岂但不是他的意思，并且他必定是极力反对，而项羽不听从。不听他的话，杀害了他所拥立的义帝，项羽对范增的怀疑，必定是从这时就开始了。

方羽杀卿子冠军，增与羽比肩而事义帝[1]，君臣之分未定也。为增计者，力能诛羽则诛之，不能则去之，岂不毅然大丈夫也哉？增年已七十，合则留，不合则去，不以此时明去就之分，而欲依羽以成功名。陋矣[2]！虽然，增，高帝之所畏也。增不去，项羽不亡。呜呼！增亦人杰也哉！

【注释】

①比肩：并肩，意思是地位相当。

②陋：学识疏浅。

【译文】

在项羽杀掉宋义时，范增和项羽都处在做义帝臣子的平等地位，君臣的名分还没有确定。替范增考虑，有力量能够杀死项羽就杀死他，不能够就干脆离开他，这岂不是很果断的大丈夫么？范增的年纪已经七十了，和项羽合得来就留，合不来就离开，不在这时候明确是去还是留，却想依靠项羽来成就自己的功名。真是见识浅陋啊！话虽这样说，范增毕竟是汉高祖也害怕的人。范增不离去，项羽也不会灭亡。唉！范增也算是人中的豪杰啊！

留侯论

【题解】

留侯张良辅佐刘邦建立汉王朝的功勋历来为人称颂，苏轼在这篇史论中，重点分析了张良之所以能含蓄忍耐等待时机的原因，以及这种"能忍"的能力在秦末群雄相争时的重要作用，并驳斥了通常将圯上老人视为鬼神的庸俗说法，指出这是前朝隐士高人应对世乱，选取和培养安定天下人才的策略。立论新颖而逻辑清晰，视角独特，令人油然信服。

古之所谓豪杰之士，必有过人之节①，人情有所不能忍者。匹夫见辱，拔剑而起，挺身而斗，此不足为勇也。天下有大勇者，卒然临之而不惊[2]，无故加之而不怒，此其所挟持者甚大[3]，而其志甚远也。

【注释】

①节：节操。

②卒：通“猝(cù)”，突然。

③挟持：抱负。

【译文】

古代所说的豪杰人物，必定有超过凡人的节操，以及一般人在感情上不能忍受的气度。普通人一旦受侮辱，就会拔出宝剑站起来，挺身去跟对方搏斗，但这算不上是勇敢。天下有堪称大勇的人，他突然面临意外而不惊慌，无故受到侮辱而不愤怒，这是因为他的抱负很大，而他的志向又很高远。

夫子房受书于圯上之老人也[1]，其事甚怪。然亦安知其非秦之世有隐君子者[2]，出而试之？观其所以微见其意者[3]，皆圣贤相与警戒之义，而世不察，以为鬼物，亦已过矣。且其意不在书。当韩之亡、秦之方盛也，以刀锯鼎镬待天下之士[4]，其平居无事夷灭者不可胜数[5]。虽有贲、育[6]，无所获施。夫持法太急者，其锋不可犯，而其势未可乘。子房不忍忿忿之心，以匹夫之力，而逞于一击之间。当此之时，子房之不死者，其间不能容发，盖亦危矣。千金之子，不死于盗贼。何哉？其身可爱，而盗贼之不足以死也。子房以盖世之才，不为伊尹、太公之谋[7]，而特出于荆轲、聂政之计[8]，以侥幸于不死，此圯上老人所为深惜者也。是故倨傲鲜腆而深折之[9]，彼其能有所忍也，然后可以就大事。故曰："孺子可教也。"

【注释】

①子房：张良字子房。汉初封为留侯。圯(yí)上之老人：即黄石公。据说他在桥上让张良为他拣鞋，与张良约见又两次责怪他迟到，几次考验之后才拿出《太公兵法》一书送给张良。圯，桥。

②隐：隐居。

③见：同"现"，显现。

④鼎镬(huò)：即鼎锅，杀人刑具。

⑤夷灭：消灭，杀尽。

⑥贲(bēn)、育：指孟贲、夏育，古代勇士。

⑦伊尹：商初大臣。曾佐商灭夏。太公：姜太公吕尚，辅佐周武王灭商，为周朝开国大臣。

⑧特：只。荆轲：战国时齐人。为燕太子丹刺杀秦王，失败被杀。聂政：战国时韩人。为严仲子谋刺韩国韩傀(kuǐ)。

⑨倨(jù)：傲慢。鲜腆(xiǎn tiǎn)：无礼，指说话不礼貌。腆，善，美好。折：摧折，侮辱。

【译文】

张良从桥上老人那里接受了兵书，这事很奇怪。然而怎么知道这位老人不是秦朝时隐居的高士，这时出来考验张良？看那老人隐约显露出他的用意，都是圣人、贤士相互警戒的道理，世人不详加考察，以为他是鬼怪，也太不正确了。而且老人的用意并不在那本兵书上。当韩国灭亡，秦国正强大的时候，用刀、锯、鼎、镬残酷迫害天下的士人，那些安分守己、毫无罪过而被杀害的人，多得数不清。这时即使有孟贲、夏育那样的勇士，也对局势无能为力。一个执法非常严厉的政权，它的锋芒不可触犯，它的形势也没有可乘之机。但张良却不能克制内心的愤恨，想凭一人之力用大铁椎一击来达到目的。当时，张良虽然没有被抓住杀死，和死亡却已经只差毫发了，真是太危险了。富贵人家的子弟，不会死于盗贼之事。为什么呢？因为他的性命珍贵，不值得为盗贼之事而死。张良有超过世人的才能，不作伊尹、周公那样安邦定国的打算，却只用刺客荆轲、聂政那样行刺的办法，只是侥幸才得以不死，这是桥上那位老人为他深感痛惜的原因啊。因此，老人故意用傲慢无礼的行为深深地折辱他，使他能有忍耐之心，然后才可以成就伟大的事业。所以说："这孩子还可以教育。"

楚庄王伐郑，郑伯肉袒牵羊以迎①。庄王曰："其主能下人，必能信用其民矣。"遂舍之。句践之困于会稽②，而归臣妾于吴者，三年而不倦。且夫有报人之志，而不能下人者，是匹夫之刚也。夫老人者，以为子房才有余，而忧其度量之不足，故深折其少年刚锐之气，使之忍小忿而就大谋。何则？非有平生之素，卒然相遇于草野之间，而命以仆妾之役，油然而不怪者③，此固秦皇之所不能惊，而项籍之所不能怒也④。

【注释】

①郑伯：指郑襄公。

②句践：也作"勾践"，春秋末越国国君。被吴王夫差战败，屈服请和，在吴国做了三年人质。会稽（kuài jī）：山名。在今浙江。

③油然：感到自然的样子。

④项籍：字羽，秦末起兵，后败于刘邦。

【译文】

楚庄王出兵讨伐郑国，郑襄公袒露上身牵着羊去迎接。楚庄王说：

“郑国的国君能够这样屈己尊人,必定能够让百姓信任、服从。”于是就撤军离去。越王勾践被吴国军队围困在会稽山,就率臣下妻子投降吴国,做吴王的奴仆,三年没有丝毫厌倦。如果只有报仇的志向,而不屈己从人,那不过是一个普通人的刚强。那位老人认为张良才能有余,就是担心他的度量不足,所以就深深地折辱他青年人刚强锐利之气,使他能够忍住小的愤怒而去完成远大的谋略。为什么这样呢?老人和张良从来不相识,在野外突然相遇,却命他做捡鞋穿鞋这样奴仆、婢妾干的差事,而张良自然愉快地去做而不以为怪,这正是秦始皇不能使他惊怕,而项羽也不能使他发怒的原因。

观夫高祖之所以胜、项籍之所以败者,在能忍与不能忍之间而已矣。项籍唯不能忍,是以百战百胜而轻用其锋①;高祖忍之,养其全锋而待其敝,此子房教之也。当淮阴破齐而欲自王②,高祖发怒,见于词色。由是观之,犹有刚强不能忍之气,非子房其谁全之?

【注释】

①锋:锋芒。这里指精锐部队。

②淮阴:指淮阴侯韩信。当刘邦被项羽困于荥(xíng)阳时,韩信夺得齐地,请自立为假王,刘邦大怒,经张良提醒,才立韩信为齐王,并让他发兵击楚。

【译文】

考察汉高祖之所以取胜、项羽之所以失败的原因,就在于他们能够忍耐与不能忍耐的区别罢了。项羽正因为不能忍耐,所以虽然百战百胜却轻易消耗了兵力;汉高祖能够忍耐,保存全部兵力等待项羽的衰亡,这是张良指教他的。在韩信攻破齐国,想使自己做齐王时,汉高祖大怒,怒气显露在言辞和脸色上。由此看来,他还有刚强而不能忍耐的习气,除了张良,又有谁能成全他呢?

太史公疑子房以为魁梧奇伟[1],而其状貌乃如妇人女子,不称其志气。呜呼!此其所以为子房欤!

【注释】

①太史公:指《史记》作者司马迁。

【译文】

太史公原以为张良高大魁梧,但实际上他的身材、相貌竟像妇人女子,和他的志向气概并不相称。唉!这就是张良之所以是张良的原因吧!

贾谊论

【题解】

这同样是一篇"翻案式"的人物史论,作者一改传统习见中对贾谊怀才不遇遭受排挤的同情,首先指出人才被用的困难及需要的条件,指出有些人才不能为时君所用,也与其个人有关。进而分析了汉文帝当初在动乱中受诸位元老大臣拥立,有生死之盟,当时政治不可能允许猝然展开全面革新,而贾谊认识不到这种大势,"志大而量小",只能郁郁以终。虽有后见之明的成分在内,但仍令人信服,且更增一层慨叹。

非才之难,所以自用者实难[1]。惜乎!贾生[2],王者之佐,而不能自用其才也。

【注释】

①自用：发挥自己的才能。

②贾生：贾谊，西汉洛阳（今属河南）人。汉文帝时曾召为博士，任太中大夫，后被贬为长沙王太傅和梁怀王太傅，三十三岁即抑郁而死。

【译文】

一个人有才能并不难，怎样使自己的才能得到运用才真正困难。可惜啊！贾谊有辅佐帝王的大才，却不能使才干得到发挥。

夫君子之所取者远，则必有所待；所就者大，则必有所忍。古之贤人，皆负可致之才①，而卒不能行其万一者，未必皆其时君之罪，或者其自取也。

【注释】

①致：成就功业。

【译文】

君子远大的志向想要实现，那就一定要有所等待；宏伟的事业要想成就，那就一定要有所忍耐。古代的贤人，都具备成就功业的才能，最终却不能发挥它的万分之一，这未必都是当时君主的过错，有的实在是自己造成的。

愚观贾生之论，如其所言，虽三代何以远过①？得君如汉文，犹且以不用死，然则是天下无尧、舜，终不可有所为耶？仲尼圣人，历试于天下，苟非大无道之国，皆欲勉强扶持，庶几一日得行其道②。将之荆③，先之以冉有④，申之以子夏。君子之欲得其君，如此其勤也。孟子去齐，三宿而后出昼⑤,犹曰:“王其庶几召我。”君子之不忍弃其君,如此其厚也。公孙丑问曰⑥:“夫子何为不豫⑦?”孟子曰:“方今天下,舍我其谁哉?而吾何为不豫?”君子之爱其身,如此其至也。夫如此而不用,然后知天下果不足与有为,而可以无憾矣。若贾生者,非汉文之不能用生,生之不能用汉文也。

【注释】

①三代:指夏、商、周。

②庶几:也许可以。表示希望。

③荆:楚国。

④冉有:和下文子夏都是孔子的弟子。

⑤昼:齐地。在今山东淄博一带。

⑥公孙丑:战国时齐国人。孟子的弟子。

⑦豫:高兴。

【译文】

我考察贾谊的言论,如果真能按他所主张的那样治理,即使是夏、商、周三代又怎能远远超过他?贾谊遇上了汉文帝这种贤君,尚且因为未被重用而抑郁死去,那么天下如果没有尧、舜,就注定不能有所作为吗?孔子是圣人,遍游天下各诸侯国以求一试自己的治国之道,只要不是暴虐无道的国家,都想勉力加以扶助,希望有一天能实行他的治国之道。孔子将要到楚国去应聘,先让冉有去,再让子夏去,以表明自己的意向。君子想遇上信任自己的君主,是这样的辛勤不舍。孟子离开齐国的时候,在昼这个地方住了三个晚上才离去,还说:“齐王也许还会召我回朝。”君子不忍心舍弃他的国君,是如此的情意深厚。公孙丑问道:“先生为什么不高兴?”孟子说:“当今的天下,除了我还有谁能担当治理的重任呢?我为什么要不高兴?”君子爱惜尊重他自己,是这样的周到啊！如果像这样做了还不被任用，然后才断定天下确实不值得奋发有为，也可以没有遗憾了。至于像贾谊这样，并不是汉文帝不能用他，而是他不能让汉文帝重用自己啊。

夫绛侯亲握天子玺而授之文帝①，灌婴连兵数十万②，以决刘、吕之雌雄，又皆高帝之旧将，此其君臣相得之分，岂特父子骨肉手足哉？贾生，洛阳之少年，欲使其一朝之间，尽弃其旧而谋其新，亦已难矣。为贾生者，上得其君，下得其大臣，如绛、灌之属，优游浸渍③，而深交之，使天子不疑，大臣不忌，然后举天下而唯吾之所欲为，不过十年，可以得志。安有立谈之间，而遽为人"痛哭"哉④？观其过湘为赋以吊屈原，萦纡郁闷⑤，趯然有远举之志⑥，其后以自伤哭泣，至于夭绝，是亦不善处穷者也。夫谋之一不见用，则安知终不复用也？不知默默以待其变，而自残至此。呜呼！贾生志大而量小，才有余而识不足也。

【注释】

①绛侯：即周勃。秦末随刘邦起事，汉代封为绛侯。

②灌婴：西汉初大臣。与周勃等共谋与齐王联合，平定诸吕，拥立文帝。

③优游：从容不迫的样子。浸渍：慢慢渗透。

④遽(jù)：急，突然。痛哭：贾谊《治安策》中谈及当时形势，有"可为痛哭者一，可为流涕者二，可为长太息者六"这样的话。

⑤萦纡：盘旋弯曲，回旋曲折。

⑥趯(tì)然：心情激动或冲动的样子。远举：高飞。这里意思是退隐。

【译文】

绛侯周勃亲自捧着皇帝的玉玺交给汉文帝,灌婴统兵几十万来决定刘、吕两大政治势力的胜负,他们又都是汉高祖的老部将,那种君臣之间生死与共、相互投合的亲密情分,岂止是父子兄弟的骨肉之亲才有的呢?贾谊不过是洛阳城里的一个年轻后生,却想让皇帝在一朝一夕的短时间里,完全抛弃元老勋臣和既定国策,另搞新的一套,也就太难了。作为贾谊,如果上面能够得到皇帝的信任,下面能够得到周勃、灌婴这班元老大臣的支持,从容不迫地跟他们搞好关系,逐渐渗透同他们结成深交,使得皇帝不猜疑他,大臣不忌恨他,然后才能使整个国家按照自己的主张去治理,不超过十年,就能实现自己的宏图大志。哪有在刚见面站着交谈的顷刻之间,就突然对皇帝谈论值得痛哭流涕的天下形势呢?我看他经过湘水作赋凭吊屈原,郁结着忧郁愁闷,心情激荡不安,有高飞远举的退隐之意,后来终于因为自伤怀才不遇、忧愁哭泣而过早去世,这正是不善于在困窘不得志的逆境中生存的表现啊。自己的谋略一次不被采用,又何以见得最终都不会被采用呢?不懂得默默地等待时势的变化,却自我摧残到这种地步。唉!贾谊是志向远大而器量狭小,才能有余而识见不足啊。

古之人,有高世之才,必有遗俗之累。是故非聪明睿智不惑之主[①],则不能全其用。古今称苻坚得王猛于草茅之中[②],一朝尽斥去其旧臣,而与之谋。彼其匹夫略有天下之半[③],其以此哉!愚深悲生之志,故备论之。亦使人君得如贾生之臣,则知其有狷介之操[④],一不见用,则忧伤病沮[⑤],不能复振,而为贾生者,亦谨其所发哉[⑥]!

【注释】

①睿智：见识卓越，富有远见。

②苻坚：南北朝时前秦皇帝。王猛：年轻时贩卖畚箕，隐居华山，受苻坚征召而出，屡有升迁。

③略：夺取。这里指占有。

④狷(juàn)介：正直孤傲。

⑤病沮：灰心丧气。

⑥所发：所为。这里指处世。

【译文】

古代的人，有出类拔萃的才能，必定有鄙弃世俗而导致的不利。因此不是那种明智通达、不受蒙蔽的君主，就不可能充分使用他的才能。古往今来人们都称赞前秦苻坚在草野百姓中得到王猛，短时间里全部撇开他的旧臣而跟王猛一人谋划国事。像苻坚这样一个普通人而夺取了半个天下，大概就因为这一点吧！我深深地同情贾谊的志向，所以详尽地加以讨论。也是为了让做君主的知道，假如得到贾谊这种臣子，要懂得他们孤高正直、与世寡合的操守性格，一旦不被任用，就会忧郁伤感乃至沮丧颓废，不能重新振作起来，而作为贾谊这样的才子，也应该谨慎地立身处世啊！

晁错论

【题解】

晁错是汉初中央、地方对峙的政治变局中的重要人物，当初他极力建议汉景帝削藩，吴楚等七国诸侯遂以“诛晁错以清君侧”为名起兵反叛，汉景帝临乱听取袁盎的建议杀掉晁错，见叛乱仍然持续方才后悔。后人也由此多同情晁错一心为国反受极刑的冤枉。而苏轼此文则以天下形势和豪杰英雄所应承担的风险责任为视角，指出晁错自己也犯有事先考虑不周和临阵推卸责任的错误，其悲剧有自为成分，有理有据，令人信服。

天下之患，最不可为者，名为治平无事，而其实有不测之忧。坐观其变，而不为之所①，则恐至于不可救。起而强为之，则天下狃于治平之安②，而不吾信。惟仁人君子豪杰之士，为能出身为天下犯大难，以求成大功。此固非勉强期月之间③，而苟以求名之所能也。天下治平，无故而发大难之端，吾发之，吾能收之，然后有辞于天下。事至而循循焉欲去之④，使他人任其责，则天下之祸，必集于我。

【注释】

①所：处置，安排。

②狃（niǔ）：习以为常。

③期（jī）月：一个月。

④循循：退缩不前。循，通“遁”。

【译文】

天下的祸患，最难处理的是表面上太平无事，实际上却隐藏着难以预测的隐患。如果坐视祸患发展而不采取应对措施，那就可能发展到不可挽救的地步。如果起来强制加以解决，天下人又会因为习惯于表面的太平生活而不相信我的看法。只有仁人君子、豪杰之士，才能挺身而出，为天下长治久安冒最大的风险，以求成就伟大的功业。这当然不是通过仅仅一个月的短期努力，又企图从中苟且求名的人所能办到的。天下太平无事，平白无故地挑起大祸的事端，我引发了它，我又能平定它，这就能够有充分理由说服天下人。如果事到临头，自己却退缩不前想避开它，让别人承担责任，那么天下的祸患，必定会集中在我一个人身上。

昔者晁错尽忠为汉[1]，谋弱山东之诸侯。山东诸侯并起[2]，以诛错为名。而天子不之察，以错为之说。天下悲错之以忠而受祸，不知错有以取之也。

【注释】

①晁错：西汉景帝时为御史大夫。力主削藩，七国之乱爆发后，景帝听从袁盎的建议，杀晁错以平叛乱。

②山东：指崤山以东地区。

【译文】

当年晁错忠心耿耿，为汉朝谋划削弱崤山以东各诸侯国的势力。山东诸侯一齐起兵，以"杀晁错，清君侧"为名。而皇帝不加明察，用晁错的过失向他们解说。天下人悲悯同情晁错忠于汉朝而遭杀身之祸，不明白晁错有自取其祸的原因。

古之立大事者，不唯有超世之才，亦必有坚忍不拔之志。昔禹之治水，凿龙门[1]，决大河[2]，而放之海。方其功之未成也，盖亦有溃冒冲突可畏之患[3]，惟能前知其当然，事至不惧，而徐为之图[4]，是以得至于成功。夫以七国之强，而骤削之，其为变岂足怪哉？错不于此时捐其身，为天下当大难之冲而制吴、楚之命，乃为自全之计，欲使天子自将而己居守。且夫发七国之难者谁乎？己欲求其名，安所逃其患？以自将之至危，与居守之至安，己为难首，择其至安，而遗天子以其至危，此忠臣义士所以愤怨而不平者也。当此之时，虽无袁盎[5]，亦未免于祸。何者？己欲居守，而使人主自将，以情而言，天子固已难之矣，而重违其议[6]，是以袁盎之说得行于其间。使吴、楚反,错以身任其危,日夜淬砺[7],东向而待之[8],使不至于累其君,则天子将恃之以为无恐。虽有百盎,可得而间哉?

【注释】

①龙门:今山西河津西北。

②大河:指黄河。

③溃冒冲突:洪水冲破堤防,奔腾泛滥。

④徐:缓慢。这里有从容的意思。

⑤袁盎:历任齐相、吴相,因与吴王刘濞(bì)有关系,经晁错告发,被废为庶人。七国反叛时,他建议景帝杀晁错。

⑥重:大,很。

⑦淬(cuì):把烧红了的铸件往水、油或其他液体里一浸立刻取出来,用以提高合金的硬度和强度。砺:磨刀剑。

⑧东向:面向东。七国都在京城长安的东或东南边。

【译文】

古代建立大功业的人,不仅有超越当世的杰出才能,而且一定要有坚忍不拔的意志。从前大禹治水,凿开龙门,疏通黄河,引导洪水入海。当他治水尚未成功的时候,当然也会有洪水冲垮河堤奔腾泛滥的可怕忧患。只是他事先能预料到必然会有这种情况,事到临头就不会畏惧,而能从容地想法对付,因此得以大功告成。试想吴楚那样的七个强大藩国,要突然削弱它们的势力,发生叛乱难道值得奇怪吗?晁错不在这个关键时刻豁出自己的性命,为天下站到担当这场大危难的最前头,置吴楚七国于死地,却反而为了自我保全,想让皇帝亲自率领军队迎战而自己留守京城。况且引发七国之乱的究竟是谁呢?自己想要获得削藩建功的美名,又怎能逃避它所带来的祸患?以亲自率领军队迎战这种最大的危险,跟留守京城这种最大的安全,自己明明是引发叛乱的祸首，却选择了最安全的差使，而把最危险的任务送给了皇帝，这正是忠臣义士极其愤恨不平的缘故啊。这种时候，即使没有袁盎，晁错也难以免除杀身之祸。为什么呢？自己想安居留守，而让皇帝亲自带兵出征，从情理上说，皇帝对此本来就已经很难忍受了，因此心里很反感他的建议，这样，袁盎的挑拨谗言才能乘机起作用。假如吴楚七国反叛时，晁错亲自担当最危险的任务，日夜操练军队，厉兵秣马，向东进军以等待破敌机会，使危险的局势不至于牵累皇帝，那么景帝一定会依仗晁错而无所畏惧。这样，即使有一百个袁盎，又哪里有机会挑拨离间呢？

嗟夫！世之君子欲求非常之功，则无务为自全之计。使错自将而讨吴、楚，未必无功。惟其欲自固其身，而天子不悦，奸臣得以乘其隙。错之所以自全者，乃其所以自祸欤？

【译文】

唉！世上的君子如果企求获得不平凡的功业，那就不要致力于寻求保全自己的办法。假如晁错亲自率领军队讨伐吴、楚，未必不能建功。正因为他想保全自身，而使皇帝不高兴，奸臣才有了挑拨离间的机会。如此看来晁错用以自我保全的办法，岂不正是他自取其祸的原因吗？

卷十一

上梅直讲书

【题解】

梅直讲即梅尧臣，北宋诗人，时官国子监直讲。本文是仁宗嘉祐二年(1057)作者中进士后写给参评官梅尧臣的感谢信。围绕知己相乐的中心，交代了撰写感谢信的缘由，并赞扬欧阳修与梅尧臣的公正、客观的可贵精神。全文委婉有致，言辞不卑不亢。

轼每读《诗》至《鸱鸮》①，读《书》至《君奭》②，常窃悲周公之不遇。及观《史》，见孔子厄于陈、蔡之间，而弦歌之声不绝，颜渊、仲由之徒相与问答。夫子曰："'匪兕匪虎，率彼旷野③。'吾道非耶？吾何为于此？"颜渊曰："夫子之道至大，故天下莫能容。虽然，不容何病？不容然后见君子。"夫子油然而笑曰："回，使尔多财，吾为尔宰④。"夫天下虽不能容，而其徒自足以相乐如此。乃今知周公之富贵，有不如夫子之贫贱。夫以召公之贤，以管、蔡之亲，而不知其心，则周公谁与乐其富贵？而夫子之所与共贫贱者，皆天下之贤才，则亦足以乐乎此矣。

【注释】

①《鸱鸮(chī xiāo)》：《诗经·豳风》中的一篇。古人认为这首诗是

周公写给成王，以表明他东征管、蔡之志的。

②《君奭(shì)》:《尚书》中的一篇。古人认为这是周公写给召公，以表明自己心意的。奭，召公姬奭，周文王庶子，与周公共佐成王。

③匪兕(sì)匪虎，率彼旷野：出自《诗经·小雅·何草不黄》，意思是说，不是犀牛，不是老虎，却在旷野上奔跑。匪，同“非”。兕，犀牛一类的野兽。率，来往奔跑。

④宰：管家。

【译文】

我每次读《诗经》读到《鸱鸮》篇，读《尚书》读到《君奭》篇，常常私下悲叹周公不被人了解。等到看了《史记》，看到孔子在陈、蔡二国之间受困，而弹琴唱歌之声不断，颜渊、仲由这些弟子和孔子相互问答。孔子说：“‘不是犀牛不是虎，却奔跑在旷野上。’我推行的道不对吗？我为什么落到这个地步？”颜渊说：“老师的道太宏大了，所以天下不能容纳。即使这样，不被容纳又有什么妨碍？不被容纳然后才显示出君子的本色。”孔子禁不住笑着说：“颜回！假如你有很多财产，我就当你的管家。”天下虽不能容纳孔子，但他们师徒却能这样自我满足，互相和乐。于是我现在才明白周公的富贵，有不如孔子的贫贱的地方。凭召公那样的贤明，凭管叔、蔡叔的骨肉之亲，却不理解周公的用心，那么，周公和谁一起享受富贵的快乐呢？和孔子共度贫贱的人却都是天下的贤人才士，那也足够由此而快乐了。

轼七八岁时，始知读书，闻今天下有欧阳公者①，其为人如古孟轲、韩愈之徒；而又有梅公者从之游，而与之上下其议论。其后益壮，始能读其文词，想见其为人，意其飘然脱去世俗之乐，而自乐其乐也。方学为对偶声律之文，求升斗之禄，自度无以进见于诸公之间。来京师逾年，未尝窥其门。今年春，天下之士群至于礼部，执事与欧阳公实亲试之，轼不自意获在第二。既而闻之，执事爱其文②，以为有孟轲之风，而欧阳公亦以其能不为世俗之文也而取。是以在此，非左右为之先容③，非亲旧为之请属④，而向之十余年间，闻其名而不得见者，一朝为知己。退而思之，人不可以苟富贵，亦不可以徒贫贱。有大贤焉而为其徒，则亦足恃矣。苟其侥一时之幸，从车骑数十人，使闾巷小民聚观而赞叹之，亦何以易此乐也！传曰“不怨天，不尤人”⑤，盖“优哉游哉，可以卒岁”⑥。执事名满天下，而位不过五品，其容色温然而不怒，其文章宽厚敦朴而无怨言，此必有所乐乎斯道也，轼愿与闻焉。

【注释】

①欧阳公：欧阳修。

②其文：指苏轼的《刑赏忠厚之至论》。

③先容：事先致意或介绍推荐。

④属(zhǔ)：托付。

⑤不怨天，不尤人：出自《论语·宪问》。

⑥优哉游哉，可以卒岁：出自《左传·襄公二十一年》。

【译文】

我在七八岁时，才知道读书学习，听说现在天下有一位欧阳公，他的为人像古代的孟轲、韩愈一类前辈；还有一位梅公，与他往来交游，而且同他议论古今。后来我长大一些，才开始读他的文章，由此而想象他的为人，认为他必是潇洒地摆脱世俗的乐趣而自得其乐的。那时我正在学习讲究声律对偶的诗赋，去谋求微薄的官俸，估计知道没有进见各位前辈的资格。来到京城一年多，从来不曾上门拜见。今年春天，全国的读书人都汇聚到礼部，先生您和欧阳公都亲自主持考试，我没有想到会获得第二名。不久听说，承先生赏识我的文章，认为有孟轲的文风，而且欧阳公也因为我能不写世俗所崇尚的文章而录取我。我所以能在被录取的行列，既不是由先生手下的人先为我疏通，也没有亲朋旧友为我请求嘱托，然而过去十多年间，只听说其名而不得见面的人物，有一天却成了知己。退下来我想一想这件事，人不可苟且地贪图富贵，也不可以平白地沦为贫贱。世有大贤而自己能成为他的学生，那也足以作立身的依托了。如果凭一时的侥幸做了大官，身后跟着数十个车马随从，使街坊小民围观而赞扬，又怎能换取我与大贤相知的乐趣呢！《论语》上说"不抱怨上天，不怨恨别人"，大概就因为自己有"从容悠闲、自得其乐可以过一辈子"的那种情趣。先生的名声传遍天下，而官级不过五品，您的脸色温和而没有怒气，文章宽厚淳朴而没有怨言，这一定有乐于此道的缘由，我希望能听到您的高论。

喜雨亭记

【题解】

本文是仁宗嘉祐七年(1062)作者任凤翔府签判时所作。通过记叙亭子命名的缘由、作亭的经过，描写久旱得雨的欢乐情景和自己的喜悦心情，表现出作者关心百姓生活的真挚感情。全文围绕"喜""雨""亭"，集议论、描写和抒情于一体，笔调灵活多变，余味无穷。

亭以雨名。志喜也①。古者有喜，则以名物，示不忘也。周公得禾，以名其书②；汉武得鼎，以名其年③；叔孙胜敌④，以名其子。其喜之大小不齐，其示不忘一也。

【注释】

①志：记。

②"周公"二句：传说周成王曾赐周公异株合穗的谷子，为此，周公写下了《嘉禾》。此文已佚，《尚书》仅存其篇名。

③"汉武"二句：西汉武帝于元狩六年（前117）在汾阴得一宝鼎，遂改年号为元鼎。

④叔孙胜敌：这里指春秋时鲁国的叔孙得臣率兵攻打狄人，俘获其国君侨如。

【译文】

这座亭子以"雨"来命名。是为了记一件喜庆的事。古代有了喜庆的事，就用此命名事物，表示永不忘记。周公得到成王赏赐的一株异株合穗的谷子，就以《嘉禾》作他著作的篇名；汉武帝在汾阴得到宝鼎，便以元鼎作自己的年号；叔孙得臣打败狄人侨如，就以"侨如"作他儿子的名字。他们的喜庆之事大小不同，表示不忘的用意是一样的。

予至扶风之明年[①]，始治官舍。为亭于堂之北，而凿池其南，引流种树，以为休息之所。是岁之春，雨麦于岐山之阳[②]，其占为有年[③]。既而弥月不雨，民方以为忧。越三月，乙卯乃雨，甲子又雨，民以为未足。丁卯大雨，三日乃止。官吏相与庆于庭，商贾相与歌于市，农夫相与忭于野[④]，忧者以喜，病者以愈，而吾亭适成。

【注释】

①扶风：即凤翔府，治所在今陕西凤翔。苏轼曾于宋仁宗嘉祐六年（1061）任凤翔签判。

②岐（qí）山：在今陕西岐山。阳：山南。

③有年：指丰收。年，年成，收成。

④忭(biàn)：欢乐。

【译文】

我到扶风的第二年，才开始营建官府房舍。在厅堂北面建了一座亭子，在亭子的南面开凿了一口池塘，引来流水种植树木，作为休息的场所。这年春天，在岐山的南面下了一场麦雨，占卜的结果以为是丰年之兆。接着是整月不下雨，百姓正为此着急。过了三月份，四月初二才下了雨，隔了九天的甲子日又下雨，百姓却认为还没下足。十四日那天又下大雨，连下了三天才停止。官吏们在衙院里相互庆贺，商人在集市上一起歌唱，农民在田野里一同欢笑，担忧的人因此而高兴，患病的人因此而痊愈，而我的亭子恰好也在这时建成。

于是举酒于亭上，以属客而告之①，曰："五日不雨可乎？"曰："五日不雨则无麦。""十日不雨可乎？"曰："十日不雨则无禾。""无麦无禾，岁且荐饥②，狱讼繁兴而盗贼滋炽。则吾与二三子③，虽欲优游以乐于此亭④，其可得耶？今天不遗斯民，始旱而赐之以雨，使吾与二三子得相与优游而乐于此亭者，皆雨之赐也。其又可忘耶？"

【注释】

①属(zhǔ)客：劝客饮酒。属，斟酒相劝。

②荐饥：连年饥荒。荐，频频，一再。

③二三子：你们。

④优游：悠闲自得的样子。

【译文】

于是在亭上开设酒宴，向客人劝酒并问道："再过五天不下雨，可以吗?”大家说:“五天再不下雨,就收不到麦子了。”“再过十天不下雨可以吗?”大家又说:“过十天再不下雨就收不到谷子了。”“收不到谷子和稻子,就会连年饥荒,诉讼案件就会增多而且强盗窃贼会更加猖獗。那么,我和诸位即使想悠闲自得地在这座亭中聚会游乐,能做到吗?现在,幸喜上天没有遗弃这里的百姓,刚旱不久就赐降大雨,使我与诸位能够一起悠闲自得地在这座亭中玩乐,都是这场大雨的恩赐。这又怎么可以忘记呢?”

既以名亭,又从而歌之,曰:“使天而雨珠,寒者不得以为襦[①];使天而雨玉,饥者不得以为粟。一雨三日,伊谁之力[②]?民曰太守[③]。太守不有,归之天子。天子曰不然,归之造物。造物不自以为功,归之太空。太空冥冥,不可得而名。吾以名吾亭。”

【注释】

①襦(rú):短袄。

②伊:语助词,无义。

③太守:郡的长官。宋时虽已改郡为州或府,但太守仍然用作“知州”或“知府”的别称。

【译文】

给亭子命名以后,又接着歌唱它,歌词道:“假使上天降下的是珍珠,受冻的人不能拿它做短袄;假使上天降下的是宝玉,挨饿的人不能拿它当米饭。如今一场大雨连下了三天,是谁的力量?百姓说是太守。太守不自以为有这种力量,把它归功于天子。天子不自为然,把它归功于造物主。造物主又不自认功劳,把它归功于太空。太空渺茫深远,找不到什么来命名。我就自己用‘雨’来命名我的亭子。”

凌虚台记

【题解】

本文是作者为其上司凤翔府知府陈希亮所造高台撰写的记事文章。通过记叙凌虚台建造的经过,借物抒情,感叹兴废无常,并发挥议论,指出应当求索真正“足恃”的东西。反映了作者勇于探索、积极进取的乐观精神。全文虚实结合,叙事具体实在,议论深沉,发人深省。

国于南山之下①,宜若起居饮食与山接也。四方之山,莫高于终南②,而都邑之丽山者③,莫近于扶风④。以至近求最高,其势必得。而太守之居,未尝知有山焉。虽非事之所以损益,而物理有不当然者⑤。此凌虚之所为筑也。

【注释】

①国:指都城。此作动词,指建都城。

②终南:终南山,在今陕西西安南。

③丽:附着。

④扶风:在今陕西凤翔。

⑤物理:事物的道理。

【译文】

在终南山下建城,起居饮食等日常生活应该时时和山接触。四周的山,没有比终南山更高的,而周围的城郭,也没有比扶风更靠近终南山的了。在靠山最近的地方探求山的最高处,是必然能做到的。然而扶风太守住在这里,竟然不知道终南山的存在。这虽然不是对时政有损害或利益的问题,但是从事理来说却是不应该的。这就是建造凌虚台的原因。

方其未筑也，太守陈公杖履逍遥于其下，见山之出于林木之上者，累累如人之旅行于墙外而见其髻也[1]，曰："是必有异。"使工凿其前为方池，以其土筑台，高出于屋之檐而止。然后人之至于其上者，恍然不知台之高，而以为山之踊跃奋迅而出也。公曰："是宜名凌虚。"以告其从事苏轼[2]，而求文以为记。

【注释】

①累累：重叠连接的样子。

②从事：属吏。当时苏轼在凤翔府任大理评事签判。

【译文】

当凌虚台还没有建造的时候，太守陈公曾经拄杖着履，在山下从容自在地游玩，看到高出林木之上的山峦重重叠叠，就像墙外有人行走，而墙内的人只能看见行人的发髻似的，太守便说："这里一定有奇异的景色。"于是让工匠在山前开凿了一口方形的池塘，用挖出的泥土筑成一座高台，一直筑到高出屋檐为止。然后，凡登上土台远眺的人，恍惚间不知是因为土台高而看到群峰，反而以为那些山峦是突然间跳出来的。陈公说："这个高台应起名为凌虚。"他把这个意思告诉他的属吏苏轼，并请苏轼为此写一篇记文。

轼复于公曰："物之废兴成毁，不可得而知也。昔者荒草野田，霜露之所蒙翳[1]，狐虺之所窜伏[2]。方是时，岂知有凌虚台耶？废兴成毁，相寻于无穷[3]，则台之复为荒草野田，皆不可知也。尝试与公登台而望，其东则秦穆之祈年、橐泉也[4]，其南则汉武之长杨、五柞[5]，而其北则隋之仁寿、唐之九成也[6]。计其一时之盛，宏杰诡丽，坚固而不可动者，岂特百倍于台而已哉！然而数世之后，欲求其仿佛⑦，而破瓦颓垣无复存者，既已化为禾黍荆棘丘墟陇亩矣⑧，而况于此台欤！夫台犹不足恃以长久，而况于人事之得丧，忽往而忽来者欤？而或者欲以夸世而自足，则过矣。盖世有足恃者，而不在乎台之存亡也。”既以言于公，退而为之记。

【注释】

①蒙翳（yì）：蒙盖遮蔽。

②虺（huǐ）：毒蛇。

③相寻：连续不断。

④秦穆：即秦穆公，春秋五霸之一。祈年、橐（tuó）泉：春秋时秦国的两座宫名。相传分别为秦惠公、秦孝公所造，秦穆公的墓就在这两宫附近。

⑤长杨、五柞（zuò）：汉代宫殿名。

⑥仁寿：隋文帝时所建宫殿。唐贞观五年（631）改名为九成宫。

⑦仿佛：大致面貌。

⑧陇：通“垄”。

【译文】

苏轼回复陈公说：“事物的荒废、兴起、成功、毁坏，是无法预测得到的。从前这里是荒草丛生的野地，被霜露覆盖，狐狸毒蛇潜伏出没。那时，哪里有人料到会建起凌虚台呢？荒废、兴起、成功、毁坏相交更迭，永无穷尽，这凌虚台是否又会重新变为荒草野田，都是无法预料的。我曾与您登台远望，东面是秦穆公的祈年宫、橐泉宫；南面是汉武帝的长杨宫和五柞宫；北面则是隋代的仁寿宫、唐代的九成宫。想当年它们兴盛一时，恢宏奇丽，坚固而不可摧毁，哪里只是胜过凌虚台的百倍而已呢！但是几个世代之后，再想看看它们当初的大致面貌，却连破瓦断墙都不存在了，早已变成长满庄稼的田地和布满荆棘的荒丘了，更何况凌虚台这样的土台呢！这样的土台尚不可保证其长存，又何况人生的得失，忽去忽来、捉摸不定呢？假如有人想以这类东西向世人夸耀而自满，那就错了。世上是有足以依靠的东西，但不在于土台的存在或消失。”我向陈公说了以上的话，回来作了这篇记文。

超然台记

【题解】

苏轼于神宗熙宁七年(1074)调任密州知州，第二年修复了一座残破的楼台，其弟苏辙为台取名“超然”，于是苏轼撰写了这篇文章。全篇紧紧围绕“超然”二字议论、抒情、描写。从正、反两方面引出无往不乐、随遇而安、超然物外的主旨。行文晓畅洒脱，余音绕梁不止。

凡物皆有可观。苟有可观，皆有可乐，非必怪奇伟丽者也。哺糟啜醨[①]，皆可以醉；果蔬草木，皆可以饱。推此类也，吾安往而不乐？

【注释】

①哺(bū)：吃。啜(chuò)：喝。醨(lí)：淡酒。

【译文】

大凡外物都有值得观赏的地方。只要值得观赏，就都会使人快乐，不一定非要奇异壮美不可。吃酒糟饮淡酒，都能使人醉倒；吃瓜果蔬菜、野草树皮，都可以使人饱腹。以此类推，我到哪里找不到快乐？

夫所为求福而辞祸者，以福可喜而祸可悲也。人之所欲无穷，而物之可以足吾欲者有尽。美恶之辨战于中[①]，而去取之择交乎前，则可乐者常少，而可悲者常多，是谓求祸而辞福[②]。夫求祸而辞福，岂人之情也哉？物有以盖之矣[③]。彼游于物之内，而不游于物之外。物非有大小也，自其内而观之，未有不高且大者也；彼挟其高大以临我，则我常眩乱反复[④]，如隙中之观斗，又乌知胜负之所在[⑤]？是以美恶横生而忧乐出焉，可不大哀乎？

【注释】

①中：内心。

②辞：舍弃。

③盖：遮蔽。

④眩：两眼昏花的样子。

⑤乌：怎么。

【译文】

那些追求幸福而躲避祸患的人，认为幸福令人高兴而祸患使人悲哀。人的欲望没有止境，而能够满足我们欲望的外物却是有限的。美好与丑恶的辨别常在心中斗争，舍弃和求取的抉择交替摆在面前，于是可以快乐的事往往很少，可以悲哀的事常常很多，这叫做追求祸患而辞避幸福。追求祸患而辞避幸福，哪里是人之常情呢？这是外物对人心有所蒙蔽的缘故。那些人只游心于物之内，而不曾在物之外活动。万物本无大小之别，从它内部来观察，没有既不高又不大的。那些居高临下、以大凌小逼近我的，常使我头昏目眩、颠三倒四，恰如透过小小的缝隙而观战，又怎能知道胜败的关键在哪儿呢？因此美好与丑恶错杂产生，忧愁与欢乐也交替出现，能不感到莫大的悲哀吗？

予自钱塘移守胶西[1]，释舟楫之安而服车马之劳[2]，去雕墙之美而庇采椽之居[3]，背湖山之观而行桑麻之野。始至之日，岁比不登[4]，盗贼满野，狱讼充斥，而斋厨索然[5]，日食杞菊。人固疑予之不乐也，处之期年而貌加丰，发之白者，日以反黑。予既乐其风俗之淳，而其吏民亦安予之拙也。于是治其园囿，洁其庭宇，伐安邱、高密之木[6]，以修补破败，为苟完之计。而园之北，因城以为台者旧矣，稍葺而新之[7]。时相与登览，放意肆志焉。南望马耳、常山[8]，出没隐见，若近若远，庶几有隐君子乎[9]？而其东则庐山[10]，秦人卢敖之所从遁也[11]。西望穆陵[12]，隐然如城郭，师尚父、齐威公之遗烈犹有存者[13]。北俯潍水[14]，慨然大息[15]，思淮阴之功[16]，而吊其不终。台高而安，深而明，夏凉而冬温。雨雪之朝，风月之夕，予未尝不在，客未尝不从。撷园蔬[17]，取池鱼，酿秫酒[18]，瀹脱粟而食之[19]，曰："乐哉！游乎！"

【注释】

①钱塘：宋代两浙路治所，地在今浙江杭州。胶西：山东胶河以西地区。这里指密州。苏轼于宋神宗熙宁七年(1074)调任密州知州。

②服：适应。

③采椽(chuán)：采伐的木椽未经修饰。此指房舍粗朴简陋。

④比：屡屡。登：收成，庄稼成熟。

⑤斋厨：指厨房。索然：空荡无物。

⑥安邱、高密：属当时密州的两个县。

⑦葺(qì)：修理。

⑧马耳、常山：二山均在密州城附近。

⑨庶几：可能。

⑩庐山：山在密州城东，非今之江西庐山。

⑪卢敖：秦朝博士。为秦始皇求仙药不得，逃到高密的庐山。

⑫穆陵：穆陵关故址在今临朐东南的大岘山上，春秋时为齐国南境。

⑬师尚父：吕尚，即姜太公。周朝开国大臣，封于齐国。齐威公：即齐桓公。

⑭潍水：即今潍河。

⑮大(tài)息：太息，叹息。

⑯淮阴：西汉淮阴侯韩信，曾在潍水两岸破楚军二十万，汉初因谋反罪被杀。

⑰撷(xié)：采摘。

⑱秫(shú)酒：黄米酒。

⑲瀹(yuè)：煮。脱粟：脱去皮壳，未曾精制的糙米。

【译文】

我从钱塘调任出守密州，放弃了江河乘船的安逸，而忍受着坐车骑马的辛劳；离开了雕梁画栋的住宅，而栖身于粗朴简陋的房舍；离开那湖光山色的美景，而奔走在这遍地桑麻的荒郊僻野。刚来的时候，庄稼连年歉收，盗贼遍地，诉讼案件繁多，而厨房里也是空荡荡的，每天只以枸杞野菊充饥。人们自然猜度我不会有什么快乐了，我在这里住了一年，面容却更加丰腴，头上的白发一天天变黑。我已经喜欢此地淳朴的风俗，而这里的官吏百姓也习惯了我的愚拙。于是我修治了田园苗圃，清理了庭院房舍，砍伐了安邱、高密两县的大树，用来修补破损之处，只做简单修缮的打算。在园子的北面，原来靠城墙建成的一座高台已经破旧不堪，我就稍加修整，使它焕然一新。我时常与友人一起登台远眺，毫无顾忌地抒情言志。从台上向南眺望，马耳山、常山在云雾中时隐时现，似近若远，大概那里隐居着德才兼备的君子吧？高台的东面是庐山，秦朝博士卢敖逃遁隐居的地方。从台上向西望去，高高的穆陵关隐隐约约，宛如一座城堡，姜太公、齐桓公留下的赫赫功业，还有保存下来的。从高台北面俯瞰潍水，不禁慨然叹息，追思淮阴侯当年的战功，哀叹他竟然未得善终的下场。这座台子高大而稳固，深广又明亮，夏天凉爽冬天温暖。无论雨洒雪飘的清晨，还是风清月华的夜晚，我没有不来此台的，宾客也没有不来陪伴的。我们采摘园中的菜蔬，捕捞池中的鲜鱼，酿造黄米美酒，煮食糙米粗饭，大家边品尝边赞叹："多么快乐啊！在这里畅游！"

方是时，予弟子由适在济南①，闻而赋之，且名其台曰"超然"，以见予之无所往而不乐者，盖游于物之外也。

【注释】

①子由：苏辙字子由，当时在齐州即今济南做官。

【译文】

在这时，我的胞弟子由刚好在济南做官，听说这情景，便写作一篇赋，并且为高台取名为"超然"，以此来表示我无论到哪里都不会不快乐，其原因就在于我超然于物外。

放鹤亭记

【题解】

本文是作者于神宗熙宁十一年(1078)任徐州知州时所作。文章记叙了云龙山隐士张天骥建亭、放鹤的事迹，描写了作者与隐士在亭中饮酒、欢娱的情景，引出隐居之乐胜于南面之君的主旨。全文叙事、描写、议论错杂并用，主题鲜明，笔致凝练。

熙宁十年秋[①]，彭城大水[②]。云龙山人张君之草堂[③]，水及其半扉。明年春，水落，迁于故居之东、东山之麓。升高而望，得异境焉，作亭于其上。彭城之山，冈岭四合，隐然如大环，独缺其西一面，而山人之亭，适当其缺。春夏之交，草木际天，秋冬雪月，千里一色。风雨晦明之间，俯仰百变。山人有二鹤，甚驯而善飞，旦则望西山之缺而放焉，纵其所如，或立于陂田[④]，或翔于云表，暮则傃东山而归[⑤]，故名之曰"放鹤亭"。

【注释】

①熙宁十年：1077年。熙宁，宋神宗赵顼（xū）的年号，1068—1077年。

②彭城：县治在今江苏徐州。

③云龙：山名。在今徐州南。张君：即张天骥，隐居于云龙山，自称云龙山人。

④陂（bēi）：水边。

⑤傃（sù）：向。

【译文】

熙宁十年的秋天，彭城一带暴发洪水。云龙山人张天骥的草堂，竟被大水淹到大门一半高的位置。第二年的春天，水退了，他就把家迁移到故居东边、东山的山脚下。登高远眺，发现了一处奇异的地方，就在那上面建造了一座亭子。彭城县的山，岗岭四面合抱，隐约望去好像一个大环，只缺少西面的一角，而云龙山人的亭子恰好正对着那个缺口。春夏之交，草木繁茂，似与天际相接；秋冬时节，月光雪景，千里一片银白。刮风、下雨、阴暗、晴朗的天气变化中，俯视、仰望山间的景象，更是变化万千。云龙山人养了两只鹤，训练得很顺服并善于飞翔，每当清晨，就向着西山的缺口处放出去，任其自由飞翔，有时落在水边田里，有时高翔在白云之端，到傍晚便向东山归来，因此云龙山人把亭子命名为“放鹤亭”。

郡守苏轼，时从宾佐僚吏往见山人，饮酒于斯亭而乐之。挹山人而告之曰[①]：“子知隐居之乐乎？虽南面之君，未可与易也。《易》曰：‘鸣鹤在阴，其子和之[②]。’《诗》曰：‘鹤鸣于九皋，声闻于天[③]。’盖其为物清远闲放，超然于尘埃之外，故《易》《诗》人以比贤人君子。隐德之士，狎而玩之[④]，宜若有益而无损者，然卫懿公好鹤则亡其国[⑤]。周公作《酒诰》[⑥]，卫武公作《抑》戒[⑦]，以为荒惑败乱，无若酒者，而刘伶、阮籍之徒[⑧]，以此全其真而名后世。嗟夫！南面之君，虽清远闲放如鹤者，犹不得好，好之则亡其国。而山林遁世之士，虽荒惑败乱如酒者，犹不能为害，而况于鹤乎？由此观之，其为乐未可以同日而语也。”

【注释】

①挹（yì）：酌酒。

②鸣鹤在阴，其子和之：出自《易经·中孚》。

③鹤鸣于九皋，声闻于天：出自《诗经·小雅·鹤鸣》。九皋，深泽。

④狎：亲近。

⑤卫懿公：据《左传·鲁闵公二年》载，卫懿公喜欢鹤，平时封鹤以各种爵位，让鹤乘车。后来狄人攻打卫国，卫人因国君好鹤，不愿出战，卫懿公因此亡国。

⑥《酒诰》：《尚书》中的一篇，传说是周公所作，用来告诫康叔。

⑦《抑》：《诗经·大雅》中的一篇，相传是卫武公所作，用来自我警戒的。

⑧刘伶、阮籍：都是西晋时人，以嗜酒闻名。常以醉酒掩饰政治立场。

【译文】

郡守苏轼，时常陪着宾客僚属去拜望山人，在放鹤亭上饮酒感到十分快乐。郡守向山人敬酒并对他说："您知道隐居的乐趣吗？即使是南面而坐君临天下的帝王，也无法与之交换。《周易》上说：'鹤在隐蔽幽深的地方鸣叫，它的小鹤便会随声应和。'《诗经》上也曾说：'鹤在沼泽深处鸣叫，它的声音会直传到天上。'这是因为鹤的气质清高旷远、悠闲自在，超然于尘世之外，所以《周易》《诗经》都用它来比喻贤人、君子。归隐山林而又道德高尚的贤能之士，亲近它、赏玩它，似乎是有益而无害的，而卫懿公却因为喜爱鹤而使自己的国家灭亡。周公作《酒诰》，卫武公作《抑》，都认为能使人事业荒废、性情迷惑、政治腐败、国家动乱的，没有比酒更可怕的东西了，然而像刘伶、阮籍这些人，竟是以醉酒来保全了他们的真性从而名传后世。唉！南面而坐的君主，即便是像鹤这样清高旷远、悠闲自在的飞禽也不能爱好，爱好它就会亡国。而隐居山林、逃避尘世的人，纵使是酒这种能使人事业荒废、性情迷惑、政治腐败、国家动乱的东西，也不能伤害他，更何况是鹤呢？由此看来，隐居的乐趣和做帝王的乐趣是不可以相提并论的。"

山人欣然而笑曰："有是哉！"乃作放鹤、招鹤之歌曰："鹤飞去兮西山之缺。高翔而下览兮，择所适。翻然敛翼，宛将集兮，忽何所见，矫然而复击。独终日于涧谷之间兮，啄苍苔而履白石。鹤归来兮，东山之阴①。其下有人兮，黄冠草履②，葛衣而鼓琴。躬耕而食兮，其余以汝饱③。归来归来兮，西山不可以久留。"

【注释】

①阴：山北水南。

②黄冠：道士之冠。

③汝饱：喂饱你。

【译文】

云龙山人高兴地微笑着说："有这样的道理啊！"于是，我就作了放鹤、招鹤的歌，歌词是："鹤飞去啊，飞向西山的山口。高高地飞翔而向下俯瞰啊，选择一个栖息的好地方。骤然收敛羽翼，好像准备降落下来，忽然又好似看到了什么，矫健地重又振翅高翔。独自终日飞翔在山涧峡谷之间啊，嘴啄青苔而脚踩白石。鹤归来啊，飞到东山的北面。山下有一个人啊，头戴黄冠，脚穿草鞋，身穿葛衣在弹琴。亲自耕作，自食其力，用剩下的食物喂养你们。归来啊归来，西山不可以长久停留。"

石钟山记

【题解】

本文是一篇以记游来昭示哲理的散文，通过记叙考察、探究"石钟山"得名缘由的过程，说明凡事必须亲临实践、调查研究，才能获得真相，切不可主观臆断、轻信传言。文章将抽象的说理寓于生动的记叙中，议从记发，记从议起，富有感染力和说服力。

《水经》云[①]："彭蠡之口有石钟山焉[②]。"郦元以为下临深潭[③]，微风鼓浪，水石相搏，声如洪钟。是说也，人常疑之。今以钟磬置水中[④]，虽大风浪不能鸣也，而况石乎！至唐李渤始访其遗踪[⑤]，得双石于潭上，扣而聆之，南声函胡[⑥]，北音清越，枹止响腾[⑦]，余韵徐歇。自以为得之矣。然是说也，余尤疑之。石之铿然有声者，所在皆是也，而此独以钟名。何哉？

【注释】

①《水经》：是古代一部专记水道河流的地理书，相传为汉代桑钦所著，一说为西晋郭璞所著。

②彭蠡(lí)：即今鄱阳湖。

③郦(lì)元：即郦道元，北魏人，曾为《水经》作注。

④磬(qìng)：古代石或玉制的打击乐器。

⑤李渤：唐人，字濬之。文宗时拜太子宾客。曾作《辨石钟山记》。

⑥函胡：犹"含糊"，模糊不清。这里指声音厚重模糊。

⑦枹(fú)：鼓槌。

【译文】

《水经》上说："彭蠡湖的湖口，有一座石钟山。"郦道元认为所以得名是因为山下对着深潭，微风吹动波浪，湖水和石头互相撞击，发出洪钟般的响声。这种说法，人们常常怀疑它的正确性。现在把钟和磬放置在水中，即使有很大的风和浪也不能发出响声，更何况是石头呢！到了唐代李渤，他开始循着郦道元到过的地方，在深潭上面找到两块石头，敲击它，听它发出的声音，南面的石头发出的声音厚重而模糊，北面的石头发出的声音清亮而高亢，鼓槌停止敲击，而响声还在升腾，这余音慢慢地消失。李渤便认为找到石钟山命名的原因了。然而对于这种说法，我却更加怀疑。石块能发出铿铿声音的，到处都有，但只有这座山偏偏用"钟"来命名。是什么缘故呢？

元丰七年六月丁丑①，余自齐安舟行适临汝②，而长子迈将赴饶之德兴尉③，送之至湖口，因得观所谓石钟者。寺僧使小童持斧，于乱石间择其一二扣之，硿硿然[4]，余固笑而不信也。至其夜月明，独与迈乘小舟至绝壁下。大石侧立千尺，如猛兽奇鬼，森然欲搏人。而山上栖鹘[5]，闻人声亦惊起，磔磔云霄间[6]。又有若老人咳且笑于山谷中者，或曰："此鹳鹤也[7]。"余方心动欲还，而大声发于水上，噌吰如钟鼓不绝[8]。舟人大恐。徐而察之，则山下皆石穴罅[9]，不知其浅深，微波入焉，涵澹澎湃而为此也[10]。舟回至两山间，将入港口[11]，有大石当中流，可坐百人，空中而多窍[12]，与风水相吞吐，有窾坎镗鞳之声[13]，与向之噌吰者相应，如乐作焉。因笑谓迈曰："汝识之乎？噌吰者，周景王之无射也[14]；窾坎镗鞳者，魏庄子之歌钟也[15]。古之人不余欺也！"

【注释】

①元丰七年：1084年。元丰，宋神宗年号，1078—1085年。

②齐安：在今湖北黄冈西北。苏轼这一年由齐安调任汝州即临汝，临汝即今河南临汝。

③迈：苏轼长子苏迈，字伯达。饶：饶州，治所在今江西鄱阳。德兴：即今江西德兴。尉：县尉。

④硿硿(kōng)然：象声词。

⑤鹘(hú)：一种猛禽。

⑥磔磔(zhé)：鸟鸣声。

⑦鹳鹤：一种水鸟。

⑧噌吰(chēng hóng)：洪亮的钟声。

⑨罅(xià)：裂缝。

⑩涵澹：水旋转流动的样子。

⑪港口：水的分流处。

⑫窍：窟窿。

⑬窾（kuǎn）坎镗鞳（tāng tà）：象声词。

⑭无射（yì）：原为古代十二乐律之一。这里指钟。东周景王时曾铸成无射钟。

⑮魏庄子：春秋时晋大夫魏绛。据史传记载，晋侯曾将郑国所送编钟、女乐分一半赐给魏绛。

【译文】

元丰七年六月初九，我从齐安乘船到临汝去，同时大儿子苏迈要到饶州的德兴县就任县尉，我送他到湖口，因而得以看到传说中的石钟山。寺院里的和尚让一个小童拿着斧头，在乱石中挑选其中的一两块来敲击，发出硿硿的声响，我只是笑笑而并不相信是这么回事。到了夜里月光明亮时，我单独同儿子苏迈坐着小船，划到陡峭的石壁下。巨大的岩壁耸立在水边，高达千尺，形态犹如凶猛的野兽和奇特的鬼怪，阴森森地，像要扑击我们似的。而栖息在上的鹘鸟，听到人的声音也惊恐地飞起来，磔磔地鸣叫着飞上云霄。又有像老人在山谷中边咳嗽边笑的声音，有人说："这是鹳鹤。"我正心里害怕，打算回去，忽然听到从水上发出很大的声音，噌吰噌吰像撞钟、敲鼓一样，响个不停。船夫十分害怕。我慢慢地察看，原来山下都是石头的孔洞和裂缝，不知到底有多深，微小的波浪冲进去，在孔隙间激荡澎湃就发出这样的声音来。小船转回行到两座山之间，快要进入湖水的分流处，有一块大石头横挡在水流中央，石上大约可坐百人，中间是空的而且有很多小洞，风卷着水灌进这块大石中，一吞一吐，于是发出窾坎镗鞳的声音，同刚才噌吰噌吰的响声互相应和，如同奏乐一样。我因而笑着对苏迈说："你知道吗？噌吰的声音，像周景王的无射钟发出的声音；这窾坎镗鞳的声音，像是魏庄子编钟发出的声音。古人把这座山命名石钟山并没有欺骗我们啊！"

事不目见耳闻，而臆断其有无，可乎？郦元之所见闻殆与余同，而言之不详。士大夫终不肯以小舟夜泊绝壁之下，故莫能知。而渔工水师虽知而不能言[1]。此世所以不传也。而陋者乃以斧斤考击而求之[2]，自以为得其实。余是以记之，盖叹郦元之简，而笑李渤之陋也。

【注释】

①水师：水手。

②斧斤：斧头之类的工具。考：敲打。

【译文】

凡事不是亲眼所见、亲耳所闻，只凭主观想象来判断它有没有，可以吗？郦道元的所见所闻大概和我相同，但是讲得不详细。一般士大夫又始终不愿像我这样乘小船夜晚停在绝壁之下仔细观察，所以没有谁能了解真相。而打鱼人和船夫，即使知道真相却说不出道理来。这就是石钟山用“石钟”命名的来历不能流传于世的原因。而那些见识浅陋的人竟然以用斧头敲打石块的方法来寻求“石钟”命名的原因，还自以为找到了正确的答案。我因此记下这次游历的经过，既叹惜郦道元记载的简单，又好笑李渤见识的浅陋。

潮州韩文公庙碑

【题解】

本文是哲宗元祐七年(1092)作者应潮州知州王涤的请求而为韩愈庙所作的碑文。文章对韩愈在儒学、文学和政治方面的成就作了高度评价和热情颂扬，是颂赞韩愈的压卷之作，所谓“及东坡之碑一出，而后众说尽废”(洪迈)。全文结构谨严，文势遒劲，颇有韩愈“奇崛”之风。

匹夫而为百世师，一言而为天下法，是皆有以参天地之化、关盛衰之运。其生也有自来，其逝也有所为。故申、吕自岳降[①]，傅说为列星[②]，古今所传，不可诬也。孟子曰："我善养吾浩然之气。"是气也，寓于寻常之中，而塞乎天地之间。卒然遇之[③]，则王公失其贵，晋、楚失其富，良、平失其智[④]，贲、育失其勇[⑤]，仪、秦失其辨[⑥]。是孰使之然哉？其必有不依形而立，不恃力而行，不待生而存，不随死而亡者矣。故在天为星辰，在地为河岳，幽则为鬼神[⑦]，而明则复为人[⑧]。此理之常，无足怪者。

【注释】

①申、吕：指申侯、吕伯。申侯是周宣王时的功臣，吕伯是周穆王时的功臣。传说他们出生时，高山上有神灵出现。《诗经·大雅·崧高》："维岳降神，生甫及申。"甫即吕伯，申即申侯。

②傅说(yuè)：商代武丁时的贤臣，传说他死后飞升上天，成为列星之一。《庄子·大宗师》说傅说"乘东维，骑箕尾，而比于列星"。

③卒：通"猝"。

④良、平：张良、陈平。汉高祖刘邦的开国功臣。两人足智多谋，多次使刘邦转危为安。

⑤贲(bēn)、育：孟贲、夏育，两人都是传说中的勇士，据称力大无穷。

⑥仪、秦：张仪、苏秦。战国时的辩士，以能言善辩著称。辨：通"辩"。

⑦幽：指幽冥之处。

⑧明：指人世间。

【译文】

一个普通人而能够成为百代的师表，他的片言只语可以为天下后世所仿效，这样的人都是参助天地化育万物、关系国家盛衰兴亡的人。他们之所以降生在世上是有来历的，他们的去世也是有某种缘由的。贤能的卿士申伯、吕侯出生是高山降神；辅佐殷朝中兴的贤相傅说死后化为星辰，这些事从古传颂到今，不可能是捏造的。孟子说："我善于涵养我的至大至刚之气。"这种气，它存在于寻常事物之中，而充塞于天地之间。突然遇到这种气，王公大臣就会失去他们的高贵，晋、楚大国就会失去他们的富有，张良、陈平就会失去他们的智慧，孟贲、夏育就会失去他们的勇力，张仪、苏秦就会失去他们善辩的口才。是什么原因使他们这样呢？必然有一种不依靠形体而站立，不依仗外力而运行，不等待出生而存在，不随着死亡而消逝的东西。这种东西，在天上就化为日月星辰，在地上就化为河流山岳，在幽冥处就化为鬼神，在人间就重又变成了人。这是很平常的道理，不值得奇怪。

自东汉以来，道丧文弊，异端并起，历唐贞观、开元之盛①，辅以房、杜、姚、宋而不能救②。独韩文公起布衣③，谈笑而麾之④，天下靡然从公⑤，复归于正，盖三百年于此矣。文起八代之衰⑥，而道济天下之溺，忠犯人主之怒⑦，而勇夺三军之帅⑧，此岂非参天地、关盛衰、浩然而独存者乎？盖尝论天人之辨，以谓人无所不至，惟天不容伪；智可以欺王公，不可以欺豚、鱼⑨；力可以得天下，不可以得匹夫匹妇之心。故公之精诚，能开衡山之云⑩，而不能回宪宗之惑⑪；能驯鳄鱼之暴⑫，而不能弭皇甫镈、李逢吉之谤⑬；能信于南海之民⑭，庙食百世⑮，而不能使其身一日安于朝廷之上。盖公之所能者天也，其所不能者人也。

【注释】

①贞观:唐太宗李世民的年号,627—649年。开元:唐玄宗李隆基前期的年号,713—741年。这两个时期历史上称为太平盛世。

②房、杜、姚、宋:房玄龄、杜如晦是唐太宗时重要大臣,姚崇、宋璟在唐玄宗前期相继为相。

③韩文公:韩愈,字退之,谥号"文",又称韩文公。

④麾:挥动,挥手。

⑤靡然:倒下的样子。

⑥八代:指东汉、魏、晋、宋、齐、梁、陈、隋。

⑦忠犯人主之怒:唐宪宗迷信佛教,派人迎取佛骨入宫供奉,韩愈上表进谏,言辞激烈,触怒了宪宗,几乎被处死,幸得大臣相救,被贬为潮州刺史。

⑧勇夺三军之帅:唐穆宗时,镇州(今河北正定)叛乱,韩愈奉命前去宣抚,大臣都担心韩愈有被杀的危险,但他用谈话说服叛乱将士归顺了朝廷,平息了叛乱。三军,指军队。

⑨豚(tún)、鱼:泛指小动物。豚,小猪。

⑩能开衡山之云:据韩愈《谒衡山南岳庙》诗中说,他有一次路过衡山,正逢秋雨,他诚心祷告,马上云开雨止。

⑪不能回宪宗之惑:指宪宗迎佛骨入宫,韩愈力谏不听一事。

⑫能驯鳄鱼之暴:韩愈被贬为潮州刺史之初,听说当地鳄鱼危害百姓,便作《祭鳄鱼文》,令鳄鱼远走。据说鳄鱼当天就走了。这种说法可能有神化韩愈的成分。

⑬不能弭(mǐ)皇甫镈(bó)、李逢吉之谤:韩愈被贬为潮州刺史以后,曾上表谢罪,宪宗有悔意,想将他官复原职,遭宰相皇甫镈极力诋毁,没有复职。穆宗时,宰相李逢吉曾弹劾韩愈,韩愈被降职。弭,消除。

⑭南海:古代郡名。潮州临南海,所以借南海代指潮州。

⑮庙食百世：指死后世代享受祭祀。

【译文】

从东汉以来，儒家之道沦丧、文风颓坏，各种异端邪说蜂拥而起，经历了唐代贞观、开元的盛世，起用了房玄龄、杜如晦、姚崇、宋璟这样的贤明卿相进行辅佐，却仍不能救弊起衰。只有韩文公从一个平民的身份奋起，谈笑间一挥手，天下就一起倾倒于他面前并听从他，使道与文重又回归正统，到今天大概已有三百年了。韩文公倡导的文风使从东汉到隋代已经衰败了八代的文风重又振作起来，他提倡的儒家道统拯救了沉溺于佛老思想的天下人心，他的忠谏触犯皇帝使之大怒，而他的智勇却胜过了三军的统帅，这难道不就是参助天地化育万物、关系国家盛衰兴亡、胸中充满至大至刚之气而独立存在的人吗？我曾经论析过天与人的区别，认为人凭借智力没有做不出来的事，而天则容不得虚伪的东西；人的智慧可以欺骗王公大臣，却不能欺骗猪、鱼等纯任天性的小动物；人们凭借武力可以取得天下，却不能得到普通男女的心。因此，韩文公专一真诚的心意能够驱散衡山上空的乌云，却不能解开唐宪宗心头的迷惑；能够驯服残忍的鳄鱼，而不能消除皇甫镈、李逢吉的诽谤；能取信于南海的百姓，世代被他们立庙祭祀，却不能使自己在朝廷有一日安宁。这是因为韩文公所擅长的是顺应天道，不擅长的是处理人事。

始潮人未知学[①]，公命进士赵德为之师[②]，自是潮之士皆笃于文行，延及齐民[③]，至于今，号称易治。信乎孔子之言：“君子学道则爱人，小人学道则易使也[④]。”

【注释】

①潮：指潮州，治所在今广东潮安。

②赵德：与韩愈同时的学者，善为文，号为“天水先生”。韩愈曾推荐赵德任海阳县尉，主持州学。

③齐民：平民百姓。

④“君子”二句：出自《论语·阳货》。

【译文】

起初，潮州人不懂得读书学习，文公就委派进士赵德当他们的老师，从此，潮州的读书人都真诚努力地学习文章和礼仪，这种风气影响到一般民众，直到现在，潮州是出了名的容易治理的地方。孔子的话确实正确：“君子学习了道德礼仪就会有仁爱之心，百姓学习了道德礼仪就容易驱使。”

潮人之事公也[①]，饮食必祭，水旱疾疫，凡有求必祷焉。而庙在刺史公堂之后，民以出入为艰[②]，前太守欲请诸朝作新庙，不果。元祐五年[③]，朝散郎王君涤来守是邦[④]，凡所以养士治民者，一以公为师。民既悦服，则出令曰：“愿新公庙者听。”民欢趋之。卜地于州城之南七里，期年而庙成[⑤]。

【注释】

①事：事奉。

②艰：这里是不方便的意思。

③元祐五年：1090年。元祐，宋哲宗年号，1086—1090年。

④朝散郎：七品文官。

⑤期（jī）年：一整年。

【译文】

潮州百姓祭祀韩文公，每顿饭必祭奠他，遇到水涝、干旱、疾病、瘟疫，凡是有什么需求一定要到祠堂去祈祷文公的神灵保佑。而韩文公庙在刺史公堂的后面，百姓去祭祀出入很不方便。前任太守想请求朝廷改建一座新庙，没有成功。元祐五年，朝散郎王涤来做这里的地方官，他培养读书人、治理百姓，一律仿效韩文公的做法。百姓对他的治理心悦诚服之后，他就发布命令说："愿意重新修建韩文公庙的人听我的命令。"民众就兴高采烈地着手修建。选择了距潮州城南七里的地方为庙址，用了一年时间新庙就修成了。

或曰："公去国万里而谪于潮①，不能一岁而归②。没而有知③，其不眷恋于潮也审矣④。"轼曰："不然。公之神在天下者，如水之在地中，无所往而不在也。而潮人独信之深、思之至，焄蒿凄怆⑤，若或见之。譬如凿井得泉，而曰水专在是，岂理也哉？"

【注释】

①去国：离开国都。国，国都。

②不能一岁而归：韩愈在潮州待了七个月。

③没：通"殁(mò)"，死。

④审：明白。

⑤焄蒿凄怆：在祭奠时飞腾的香气中，悲从中来。焄，同"熏"。蒿，雾气蒸腾的样子。

【译文】

有人说："文公离开京城万里之遥，而被降职到潮州去，不到一年就被召回了。假如他死后有知的话，他对潮州没有留恋之情是很显然的。"我说："不是这样，文公的神灵在天底下，就好像水在地下一样，没有什么地方不能到达。而只有潮州人对他的信仰如此之深、思念又如此之切，祭祀的香火缭绕不绝，人们的感情凄怆真挚，好像又看到了韩文公一样。

譬如凿井挖出了泉水，而说水只存在于这个地方，难道有这样的道理吗？”

元丰元年①，诏封公昌黎伯②，故榜曰“昌黎伯韩文公之庙”。潮人请书其事于石，因作诗以遗之③，使歌以祀公。其辞曰：公昔骑龙白云乡，手抉云汉分天章④，天孙为织云锦裳⑤。飘然乘风来帝旁，下与浊世扫秕糠⑥。西游咸池略扶桑⑦，草木衣被昭回光⑧。追逐李、杜参翱翔⑨，汗流籍、湜走且僵⑩，灭没倒影不能望。作书诋佛讥君王，要观南海窥衡、湘⑪，历舜九嶷吊英、皇⑫。祝融先驱海若藏，约束蛟鳄如驱羊。钧天无人帝悲伤⑬，讴吟下招遣巫阳。犦牲鸡卜羞我觞⑭，于粲荔丹与蕉黄。公不少留我涕滂⑮，翩然被发下大荒⑯。

【注释】

①元丰元年：1078年。元丰，宋神宗年号，1078—1085年。

②昌黎：治所在今辽宁义县。伯：爵位的一种。

③遗（wèi）：送。

④云汉：指银河。天章：指天上的日月星辰。

⑤天孙：织女，传说织女是天帝的孙女。

⑥秕糠（bǐ kāng）：这里指各种异端邪说。

⑦咸池：传说中太阳沐浴的地方。略：巡行。扶桑：神木名。传说太阳从这里升起。屈原《楚辞》有“饮余马于咸池兮，总余辔乎扶桑”。

⑧衣被：穿衣。这里指受惠。

⑨李、杜：李白、杜甫。

⑩籍、湜（shì）：张籍、皇甫湜。僵：仆倒。

⑪要（yāo）：要服，古代离王城极远的地方。衡：衡山。湘：湘水。

⑫九嶷(yí):九嶷山,在今湖南。

⑬钧天:天的中央。

⑭犦(bó)牲:祭祀用的犎(fēng)牛。鸡卜:即占卜。羞:进献。觞:一种酒器。

⑮少:稍稍。

⑯大荒:传说中极远的地方。此指人间。

【译文】

元丰元年,宋神宗下诏书追封韩文公为昌黎伯,因此新庙的匾额上就题写“昌黎伯韩文公之庙”。潮州人请我把韩文公的事迹刻在石碑上,我因此作了一首诗给他们,让他们咏歌来悼念韩文公。这首诗是这样的:您当年骑神龙驾白云遨游帝乡,亲手挑出区分银河和日月星辰的彩章,美丽的织女为您织出云锦般漂亮的衣裳。您飘然而下来自天帝身旁,降临人间为了扫除俗世的鄙陋文章。您西游咸池还巡行过扶桑这日出的地方,草木也承受了您的恩泽华光。您追随李白、杜甫与他们一起翱翔,张籍、皇甫湜与您相形见绌惭愧地退避一旁,您高尚的道德光辉夺人眼目使人不能仰望。您曾写出诋佛的奏章劝诫君王,却遭贬斥来到南海这荒远的地方,经过舜的葬地九嶷,凭吊了尧的女儿女英、娥皇。火神祝融为您开路,海神率怪物深深躲藏,您所到之处为民除害,驱赶鳄鱼如驱羔羊。九天之上缺少贤才,上帝心中为之悲伤,又派巫阳来到人间,把您召回天上。今天献上我微薄的祭品,还有鲜红的荔枝和香蕉黄黄。您这么快就离开了人间,使我们不由得涕泪成行。请您披发轻快地飞到大荒接受我们的祝飨。

乞校正陆贽奏议进御札子

【题解】

本文是作者在哲宗元祐年间担任翰林学士兼侍读学士时与同僚吕

希哲等上呈哲宗的奏章。文章列举陆贽在政治、军事和经济等多方面向唐德宗所提出的建议和劝谏,直谏哲宗借鉴陆贽的奏议以成就功业。全文模仿陆贽的文笔,运用排比、比喻、对偶,征引史实,笔力纵横,气势澎湃。

臣等猥以空疏[1],备员讲读[2]。圣明天纵[3],学问日新。臣等才有限而道无穷,心欲言而口不逮[4],以此自愧,莫知所为。窃谓人臣之纳忠,譬如医者之用药,药虽进于医手,方多传于古人。若已经效于世间,不必皆从于己出。

【注释】

①猥(wěi):自谦辞。此处有玷辱职守之意。

②讲读:指翰林院的侍讲学士和端明殿的侍读学士。

③天纵:天禀,用来称赞帝王。

④逮:达到。

【译文】

臣等以空虚浅薄的学识,充任侍读和侍讲。陛下天赋圣明睿智,学问日益长进。臣等才学有限而圣贤之道却无穷无尽,心里想讲解清楚,口头却不能表达,因此自觉惭愧,不知怎么做才好。私下里以为,人臣向帝王进谏忠言,就如同医生用药,药虽然经过医生之手献上,药方却大都是从古人那里传下来的。假如这些药方已经在世间产生了良好效果,就不一定都由医生手里开出。

伏见唐宰相陆贽[1],才本王佐,学为帝师,论深切于事情,言不离于道德,智如子房而文则过[2],辨如贾谊而术不疏[3],上以格君心之非[4],下以通天下之志,但其不幸,仕不遇时。德宗以苛刻为能[5],而贽谏之以忠厚;德宗以猜忌为术,而贽劝之以推诚；德宗好用兵，而贽以消兵为先；德宗好聚财，而贽以散财为急。至于用人听言之法，治边御将之方，罪己以收人心，改过以应天道，去小人以除民患，惜名器以待有功，如此之流，未易悉数。可谓进苦口之药石，针害身之膏肓[6]。使德宗尽用其言，则贞观可得而复[7]。

【注释】

①陆贽（zhì）：字敬舆，唐德宗时任宰相。

②子房：西汉张良，字子房。

③贾谊：西汉文学家、政治家。

④格：正，纠正。

⑤德宗：唐德宗李适（kuò）。即位之初果敢有为，引起藩镇的不满，建中四年（783）发生泾师之变，被迫逃往奉天。叛乱平息后，他变削藩为姑息藩镇，猜忌大臣，刚愎自用，宠用宦官，聚敛无厌，终于使唐王朝积重难返，走向覆亡。

⑥针：治疗。膏肓：古代医学把心尖脂肪称为膏，心脏和隔膜之间称肓，认为是药物无法达到的地方。这里指严重的疾病。

⑦贞观：是唐太宗的年号，这里指"贞观之治"。

【译文】

我们觉得唐代的宰相陆贽，才能可以辅佐帝王，学问可以成为帝王的老师，他的议论能深刻地切中事理，他的言论都不偏离道德规范，他的智慧如同张良而文才却超过了他，他的才辩如同贾谊而谋略却不空疏，对上可以纠正皇帝的失误，对下可以开导百姓的心志，但他很不幸运，没有遇到好时机。德宗待人以苛刻为能事，而陆贽却劝他要忠厚；德宗以怀疑忌妒为手段，而陆贽却劝他要诚恳；德宗喜欢用兵打仗，而陆贽却劝他以消除战争为当务之急；德宗喜欢聚敛财富，而陆贽却认为散财于民是迫切的事。至于任用官吏、听取意见、安定边境、驾驭大将的方法,归罪自己以争取民心,勇于改过以顺应天道,要排除小人为民解难,要珍惜官爵以封赏功臣,如此等等,无法全部列举。可以说进献的是苦口的良药,治疗的是危害身体的顽疾。假如德宗都能采用陆贽的意见,贞观之治那样的盛世可以重新出现。

臣等每退自西阁①,即私相告,以陛下圣明,必喜贽议论。但使圣贤之相契,即如臣主之同时。昔冯唐论颇、牧之贤,则汉文为之太息②。魏相条晁、董之对③,则孝宣以致中兴④。若陛下能自得师,则莫若近取诸贽。夫六经三史⑤,诸子百家,非无可观,皆足为治。但圣言幽远,末学支离⑥,譬如山海之崇深,难以一二而推择。如贽之论,开卷了然,聚古今之精英,实治乱之龟鉴⑦。臣等欲取其奏议,稍加校正,缮写进呈。愿陛下置之坐隅⑧,如见贽面,反复熟读,如与贽言,必能发圣性之高明,成治功于岁月。

【注释】

①西阁:宋朝皇帝听讲的地方。

②“昔冯唐”以下二句:冯唐在汉文帝时任中郎署长,曾向文帝称道战国时的赵国名将廉颇和李牧,汉文帝刘恒慨叹道:“嗟乎!吾独不得廉颇、李牧为吾将。”

③魏相:汉宣帝时宰相,所呈奏书中往往引用汉代晁错、董仲舒的言论。条:列举。晁:晁错,汉景帝时著名的政治家。董:董仲舒,汉武帝时著名的思想家,曾建议“罢黜百家,表章六经”。

④孝宣:西汉皇帝刘询,为人聪明刚毅,高才好学,为政励精图治,史称“中兴”。

⑤六经:指《书》《诗》《易》《礼》《春秋》和《乐》六部儒家经典。三史:指《史记》《汉书》和《后汉书》三部史学著作。

⑥末学:与经学相对而言,指诸子的书和史书。

⑦龟鉴:借鉴。龟,古代用龟甲占卜,龟即卜卦。鉴,即镜子。

⑧坐:同"座"。

【译文】

臣等每次从西阁退出,就私下里相互谈论,认为陛下您这样的天赋英明,一定会喜欢陆贽的意见。只要圣主和贤臣的意见相合,就如同圣主和贤臣生活在同一时代。从前冯唐议论廉颇、李牧的贤能,汉文帝为没能遇到这样的贤才而叹息。魏相上书列举晁错、董仲舒的治国对策,汉宣帝采纳后实现了西汉的中兴。如果陛下您自己想找个老师,再没有比就近从唐朝选择陆贽更合适的了。六经三史、诸子百家,不是没有什么可看之处,都足以用来统治国家。但是圣人的言论深邃奥妙,史书、诸子百家的议论又琐碎支离,这些理论和经验都如山一样高峻、海一样深沉,难以从中选择一二。但陆贽的议论,翻开书一看就明白了,它吸收了从古至今的政见精华,实在是治理国家的借鉴。臣等准备选取他的奏议,稍加校正,誊写清楚后献给皇上,希望陛下把它放在座位旁边,就如同看见了陆贽本人,反复熟读他的奏议,就好像与陆贽交谈,一定能够启发陛下圣明的天性,在短期内完成治理天下的大业。

臣等不胜区区之意[①],取进止[②]。

【注释】

①区区:诚挚。

②取进止:听从裁处。取,听取。进止,进退。这里指取舍。

【译文】

臣等诚恳的心意不能尽于言辞,是取是舍听候陛下裁夺。

前赤壁赋

【题解】

本文是苏轼因乌台诗案被贬黄州团练副使时所作。全篇以主客问答的形式,以风与月为主景,山与水为辅衬,紧扣风与月展开描写与议论,阐发了变与不变的哲理,以“物各有主”得到解脱,表现了作者乐观旷达的胸襟。全文文辞华美,行文跌宕起伏,具有一种恣肆雄健的阳刚之美。

壬戌之秋[①],七月既望[②],苏子与客泛舟游于赤壁之下[③]。清风徐来,水波不兴。举酒属客,诵《明月》之诗[④],歌“窈窕”之章[⑤]。少焉,月出于东山之上,徘徊于斗、牛之间[⑥]。白露横江,水光接天。纵一苇之所如,凌万顷之茫然。浩浩乎如冯虚御风[⑦],而不知其所止,飘飘乎如遗世独立,羽化而登仙[⑧]。

【注释】

①壬戌:宋神宗元丰五年,1082年。

②既望:旧历每月十六日。既,过了。望,旧历每月十五日。

③赤壁:这里是指湖北黄冈的赤鼻山,又称赤壁。而三国时发生曹刘大战的赤壁在今湖北蒲圻。

④《明月》之诗:指《诗经·陈风·月出》。

⑤“窈窕”之章:指《月出》一诗的首章,其中有“舒窈纠兮”之句,“窈纠”即“窈窕”。

⑥斗、牛:星宿名。斗宿和牛宿。

⑦冯虚御风:腾空驾风而行。冯,同“凭”,凭借。

⑧羽化:道家用语,成仙。

【译文】

元丰五年秋,七月十六日,我和客人一起坐船到赤壁的下面游览。清凉的风悠悠吹来,江面上没有波澜。我高举着斟满的酒杯向客人敬酒,吟诵起《诗经·陈风·月出》里"舒窈纠兮,劳心悄兮"的首章。一会儿,月亮从东山升起,在斗宿和牛宿之间逗留不前。白茫茫的水汽横浮在江面,闪闪的波光遥接着天边。放任我们的一苇轻舟自在而行,越过茫茫无边的万顷烟波。江面浩大无边,我们好像乘着天风在太空飞行,不知道飞到哪儿才能休止。飘舞翩翩,仿佛远离人世,无牵无挂,飞升仙境。

于是饮酒乐甚,扣舷而歌之。歌曰:"桂棹兮兰桨①,击空明兮溯流光。渺渺兮予怀,望美人兮天一方。"客有吹洞箫者,依歌而和之。其声呜呜然,如怨如慕,如泣如诉,余音袅袅,不绝如缕,舞幽壑之潜蛟,泣孤舟之嫠妇②。苏子愀然③,正襟危坐而问客曰:"何为其然也?"客曰:"'月明星稀,乌鹊南飞',此非曹孟德之诗乎④?西望夏口⑤,东望武昌⑥,山川相缪,郁乎苍苍,此非孟德之困于周郎者乎⑦?方其破荆州⑧,下江陵⑨,顺流而东也,舳舻千里⑩,旌旗蔽空,酾酒临江⑪,横槊赋诗⑫,固一世之雄也,而今安在哉?况吾与子渔樵于江渚之上,侣鱼虾而友麋鹿,驾一叶之扁舟,举匏樽以相属⑬。寄蜉蝣于天地⑭,渺沧海之一粟,哀吾生之须臾,羡长江之无穷,挟飞仙以遨游,抱明月而长终。知不可乎骤得,托遗响于悲风。"

【注释】

①棹(zhào):划船的工具。前推的为桨,后推的为棹。

②嫠(lí)妇:寡妇。

③愀(qiǎo)然:忧伤的样子。

④曹孟德:曹操,字孟德,引诗见其《短歌行》。

⑤夏口:即今湖北武汉黄鹄山。

⑥武昌:今湖北鄂城。

⑦周郎:即周瑜,三国时孙吴将领。汉献帝建安十三年(208),周瑜率吴军在赤壁大破曹军,时年二十四岁,故称郎。

⑧荆州:今湖北襄阳一带。汉末,刘表为荆州刺史,建安十三年,刘表子刘琮投降曹操不战而败。

⑨江陵:今湖北江陵。

⑩舳舻(zhú lú):前后首尾相接的船。舳,船后掌舵处。舻,船前摇棹处。

⑪酾(shī)酒:酌酒。

⑫槊(shuò):长矛。

⑬匏(páo)樽:酒器。匏,一种葫芦。

⑭蜉蝣(fú yóu):春夏之交在水边只能活几小时的一种小飞虫。

【译文】

这时,酒喝得很欢畅,大家就敲着船舷引吭高唱。歌词是:"桂木做的长棹呀兰木做的双桨,拍打着清澈的江水,船在月光浮动的水面上逆流而进。遥远无尽的是我心上的思念,我思念的美人呀在天的另一方。"有一位客人吹起了洞箫,随着歌声伴奏。那呜呜咽咽的声音,好像是哀怨,又像是眷恋,像在啜泣,又像在倾诉,尾音又柔又细像将断未断的一缕长丝,引得幽谷深潭里潜伏着的蛟龙跳起舞来,惹得野水孤舟中守船的寡妇为之哭泣。我顿时忧愁改容,整理衣襟,端正地坐着,问客人说:"这箫声为什么如此悲凉呢?"客人说:"'月明星稀,乌鹊南飞',这不是曹操的诗吗?从这里向西望到夏口,向东望到武昌,山水相互环绕,草木茂盛青翠,这不正是当年曹操被周郎打败的古战场吗?当初曹操占领荆州，攻下江陵，大军从上游顺流东下的时候，战船衔接，绵延千里，旌旗飘舞，蔽日遮天，他面对长江举杯痛饮，横执长矛吟咏诗篇，真是气吞一世的英雄人物，可是他如今又在哪里呢？何况，我和你在江边沙洲之间捕鱼打柴，与鱼虾为伴、和麋鹿做友，驾着一叶小船，举着葫芦做成的酒杯互相劝酒。在永恒的宇宙中寄托我们蜉蝣似的短暂生命，在汪洋无边的大海里，我们不过是渺小的一粟，悲叹我们的生命不过匆匆片刻，羡慕长江的流水这样无穷无尽，希望拉着飞仙一起遨游，更愿拥抱着明月而万古长存。明知道这不可能马上实现，只有借箫声把无穷的遗恨托付给江上悲凉的秋风。”

苏子曰：“客亦知夫水与月乎？逝者如斯①，而未尝往也；盈虚者如彼，而卒莫消长也。盖将自其变者而观之，则天地曾不能以一瞬，自其不变者而观之，则物与我皆无尽也②。而又何羡乎？且夫天地之间，物各有主，苟非吾之所有，虽一毫而莫取。惟江上之清风，与山间之明月，耳得之而为声，目遇之而成色，取之无禁，用之不竭，是造物者之无尽藏也，而吾与子之所共适③。”

【注释】

①逝者如斯：出自《论语·子罕》：“子在川上曰：逝者如斯夫。”

②无尽：永恒无尽。

③适：适意。这里指赏玩、享受。

【译文】

我对客人说：“您也了解那江水和月亮吗？江水是这样昼夜不停地东流不返，但又可以说它不曾流去；月亮是那样时圆时缺变化不定，但也可以说它并无增减。大概说来，如果从变化的一面来观察，整个天地就没有一眨眼工夫保持原样;如果从不变的一面来观察,万物和我们人类都是永恒不变的。您又为什么羡慕它们呢?再说,天地之间,万物都各自有其主人,假如不是我们所有的东西,哪怕是一丝一毫,我们也不能取用。只有江上的清风和山间的明月,我们耳朵听来就是美好的音乐,眼睛看去就是悦目的画图。我们取用多少从来没有人来禁止干涉,我们享用多少也从来不曾用光用尽,这就是造物主留给我们的源源不竭的宝藏,因此我和您都可以尽情地共同享受。”

客喜而笑,洗盏更酌,肴核既尽[①],杯盘狼藉,相与枕藉乎舟中,不知东方之既白。

【注释】

①肴:菜肴。核:水果。

【译文】

客人高兴地笑了,大家又洗干净酒杯,重斟再饮,菜肴、果品吃完了,杯盘凌乱,大家互相靠着在船上睡着了,连天亮了也不知道。

后赤壁赋

【题解】

本文是作者冬游赤壁后所作。文章以叙事写景为主,描绘了赤壁冬夜的凄清孤寂景象,流露出作者内心的矛盾和苦闷之情。文章写景巧用夸张与渲染,使人有身临其境之感,排比与对仗又增添了文字的音乐美。

是岁十月之望[①],步自雪堂[②],将归于临皋[③]。二客从予，过黄泥之坂[④]。霜露既降，木叶尽脱，人影在地，仰见明月，顾而乐之，行歌相答。已而叹曰："有客无酒，有酒无肴。月白风清，如此良夜何！"客曰："今者薄暮[⑤]，举网得鱼，巨口细鳞，状如松江之鲈[⑥]。顾安所得酒乎[⑦]？"归而谋诸妇，妇曰："我有斗酒，藏之久矣，以待子不时之需。"

【注释】

①是岁：指作《前赤壁赋》的这一年。望：旧历每月十五日。

②雪堂：是苏轼被贬到黄州做团练副使时，在黄冈城外东坡所筑，"东坡居士"之号也因此而来。

③临皋：临皋亭，苏轼在黄州的住处。

④黄泥之坂：雪堂到临皋亭的必经之路。坂，山坡。

⑤薄暮：傍晚。薄，迫近。

⑥松江：今属上海，出产鲈鱼。

⑦顾：但是。

【译文】

这年的十月十五日，我从雪堂步行出来，将要回到临皋亭去。两位客人跟随我同行，经过黄泥坂。这时霜露已经降下，树叶已经落光，我们的身影落在地面上，仰头看见明月，主客相顾而笑，一路走一路唱，互相应答。过一会儿，我叹息说："有了客人没有酒；有了酒，没有下酒的菜肴。月色皎洁，晚风清凉，叫我们如何消受这美景良宵！"客人说："今天傍晚，在江上撒网捕得一条鱼，嘴大鳞细，形状像松江鲈鱼。但我们从哪里才能弄到酒呢？"回家我就同妻子商量，妻子说："我有一斗酒，已经储藏好久了，以备你随时出现的需要。"

于是携酒与鱼，复游于赤壁之下。江流有声，断岸千尺。山高月小,水落石出。曾日月之几何,而江山不可复识矣!予乃摄衣而上①,履巉岩②,披蒙茸③,踞虎豹,登虬龙④,攀栖鹘之危巢⑤,俯冯夷之幽宫⑥。盖二客不能从焉。划然长啸,草木震动,山鸣谷应,风起水涌。予亦悄然而悲,肃然而恐,凛乎其不可留也⑦。反而登舟⑧,放乎中流,听其所止而休焉。时夜将半,四顾寂寥。适有孤鹤,横江东来,翅如车轮,玄裳缟衣⑨,戛然长鸣,掠予舟而西也。

【注释】

①摄衣:撩起衣服。

②巉(chán)岩:险峻的山石。

③披:分开。蒙茸:指杂乱丛生的野草。

④虬(qiú)龙:传说中生有角的龙。

⑤鹘(hú):一种猛禽。危巢:高高的鸟巢。

⑥冯(píng)夷:传说中的水神。

⑦凛乎:害怕的样子。

⑧反:同"返"。

⑨玄:黑色。裳:下裙。缟:白色丝织品。衣:上衣。

【译文】

就这样,我们带着酒和鱼,再一次到赤壁下面游览。江水发出奔流不息的吼声,陡峭的江岸高耸千尺。山势很高,月亮显得很小;水位降低,礁石露出。跟上次游览的时间相距才多久,江山的面貌竟变得认不出来了!我撩起衣襟上岸,登上险峻的山岩,拨开丛生的草木,蹲骑在状如虎豹的怪石上,攀缘着龙蟠蛇曲似的古树,手扳着健鹘雄鹰栖宿的高巢,俯视着水神冯夷居住的深宫。这时两位客人没有跟我上山来。我撮口长啸一声,草木都被震动了,高山共鸣深谷回应，风刮起来，浪狂涌起来。我自己也暗自感到悲哀、毛骨悚然有些恐惧，恐怖的气氛令人难留。我返回岸边登上小船，把船划到江心，随它漂泊到哪里就在哪里歇息。这时快到后半夜，我们举目四顾，江山寂静无声。正好有孤独的鹤从东面横穿长江飞来，翅膀张开有车轮那么大，如同穿着黑裙白衣，戛然一声长鸣，掠过我们的小船，向西飞去。

须臾客去，予亦就睡。梦一道士，羽衣蹁跹①，过临皋之下，揖予而言曰："赤壁之游乐乎？"问其姓名。俛而不答②。"呜呼噫嘻！我知之矣！畴昔之夜③，飞鸣而过我者，非子也耶？"道士顾笑，予亦惊寤。开户视之，不见其处。

【注释】

①蹁跹：飘然轻快的样子。

②俛：同"俯"。

③畴昔：往日。这里指昨日。

【译文】

一会儿客人辞去，我也入睡了。梦见有一位道士，披着鸟羽制成的衣服，轻快飘拂，来到临皋亭下面，向我拱手作揖说："你们赤壁之游，玩得高兴吧？"我请问他的姓名。他却低头不语。"哎呀！噫嘻！我知道了！昨天夜里，长叫一声，飞过我们船边的，不就是你吗？"道士回过头对我笑笑，我就从梦中惊醒了。开门一看，已经看不见他到什么地方去了。

三槐堂铭

【题解】

“三槐堂”是北宋宰相王祜家的厅堂，本文是作者应其孙王巩之请而作。文章盛赞了王祜的功绩和美德，肯定因果报应的天命观。这种观点本不足取，但文章以设疑起笔，并以陪衬烘托手法写人，构思巧妙，显示出作者高超的艺术才能。

天可必乎？贤者不必贵，仁者不必寿。天不可必乎？仁者必有后。二者将安取衷哉①？吾闻之申包胥曰②：“人定者胜天③，天定亦能胜人。”世之论天者，皆不待其定而求之，故以天为茫茫。善者以怠，恶者以肆。盗跖之寿④，孔、颜之厄⑤，此皆天之未定者也。松柏生于山林，其始也，困于蓬蒿，厄于牛羊，而其终也，贯四时、阅千岁而不改者⑥，其天定也。善恶之报，至于子孙，则其定也久矣。吾以所见所闻考之，而其可必也审矣⑦。国之将兴，必有世德之臣厚施而不食其报，然后其子孙能与守文太平之主共天下之福。

【注释】

①衷：通“中”，恰当，正确。

②申包胥：春秋时楚国大夫，复姓公孙，封申地。

③定：决定，引申指意志。

④盗跖(zhí)：春秋时期的大盗，又名柳下跖，柳下惠的弟弟。

⑤孔：孔子。颜：颜回，孔子的弟子。

⑥贯：贯穿。阅：经历。

⑦审：清楚，明白。

【译文】

天的赏善罚恶是必然的吗？但贤能的人不一定显达富贵，仁慈的人也不一定长寿。天的赏善罚恶不是必然的吗？但仁慈的人一定有好的子孙后代。这两种情况该怎样取得正确说法呢？我听说申包胥曾经这样讲过："人坚持自己的意志就可以战胜天，天遵循自己的意志也能胜过人为的努力。"世上议论天的人，都不等天的意志完全显示出来就去责求它，因此认为天是渺茫难以捉摸的。善良的人因此而懈怠，邪恶的人因此而放纵。盗跖的长寿，孔丘和颜回的困厄，这都是天的意志还没有最终显示出来的缘故。松柏生长在山林之中，它开始时被围困在蓬蒿之下，遭到牛羊的践踏，但它最终却贯穿四季，历经千年仍青翠挺拔，这就是上天意志的最终显示。做好事或坏事的报应直到体现在他们的子孙身上，天的意志是早就定下来的了。我以自己的所见所闻来检验上述两种情况，说天是必然要表示它的意志的，这是很清楚的事情。国家将要兴盛，一定有世代积德的臣子为国做了很多好事却没有得到应有的回报，这以后他的子孙后代能与遵守成法的太平盛世的君主共享天下之福。

故兵部侍郎晋国王公①，显于汉、周之际，历事太祖、太宗②，文武忠孝，天下望以为相，而公卒以直道不容于时。盖尝手植三槐于庭，曰："吾子孙必有为三公者③。"已而其子魏国文正公④，相真宗皇帝于景德、祥符之间，朝廷清明、天下无事之时，享其福禄荣名者十有八年。今夫寓物于人，明日而取之，有得有否。而晋公修德于身，责报于天，取必于数十年之后，如持左契⑤，交手相付。吾是以知天之果可必也。

【注释】

①晋国王公：即王祜。后汉、后周时曾任司户参军、县令等职，宋初官至兵部侍郎，为兵部副长官，死后封晋国公。

②太祖：即宋太祖赵匡胤。太宗：即宋太宗赵匡义。

③三公：西汉时称丞相、太尉、御史大夫为三公。这里泛指朝廷高官。

④魏国文正公：即王旦。宋太宗时进士，真宗时官至工部尚书、同中书门下平章事，死后封魏国公，谥文正。

⑤左契：契约两联中的一联。

【译文】

已去世的兵部侍郎、晋国公王公，在后汉、后周之际就已经显扬，并前后辅佐了太祖、太宗两代皇帝，文武才能兼备，忠孝品德高尚，天下人都盼望他能出任宰相，但他最终因为性格正直而不被当时朝廷所容纳。他曾经在院子里亲手栽种了三棵槐树，说："我的子孙后代将来一定有做三公的。"后来他的儿子魏国文正公果然在宋真宗景德、祥符年间当了宰相，那时正当朝廷政治清明，天下太平无事的时候，享受荣华富贵十八年。今天，假如你把东西寄存在别人家中，明天去取，有取得到的也有取不到的。然而王晋公自身修养德性，希望得到上天的回报，在数十年后得到了上天的必然报答，就好像手里拿着契约的左半，一手交契一手拿回所得一样。从这件事我知道天必然要表达它的意志的。

吾不及见魏公，而见其子懿敏公[①]。以直谏事仁宗皇帝，出入侍从将帅三十余年，位不满其德。天将复兴王氏也欤？何其子孙之多贤也？世有以晋公比李栖筠者[②]，其雄才直气，真不相上下。而栖筠之子吉甫、其孙德裕[③]，功名富贵略与王氏等，而忠恕仁厚，不及魏公父子。由此观之，王氏之福，盖未艾也[④]。

【注释】

①懿敏公：即王素，宋仁宗时官至工部尚书，谥懿敏。

②李栖筠：字贞一，唐代宗时曾官至给事中。

③吉甫：李吉甫字弘宪，唐宪宗时官至宰相。德裕：李德裕字文饶，唐武宗时官至宰相。

④艾：止，绝。

【译文】

我没有赶上看见魏公，而见到了他的儿子懿敏公。懿敏公以敢言直谏事奉仁宗皇帝，出外带兵、入内侍从三十多年，这样的爵位也不足以和他的才德相称。是上天要使王氏重新兴盛吗？怎么他的子孙有这么多贤能的人呢？世上有人把晋国公比作李栖筠，他们的伟大才能、刚正气度确实不相上下。而李栖筠的儿子李吉甫、孙子李德裕，他们获得的功名富贵和王氏差不多相似。而李氏忠诚、宽恕、仁慈、朴实的品德则不如魏公父子。从这点来看，王氏的福分大概还远远没有完结。

懿敏公之子巩与吾游[①]，好德而文，以世其家，吾以是录之。铭曰：呜呼休哉[②]！魏公之业，与槐俱萌，封植之勤，必世乃成。既相真宗，四方砥平[③]，归视其家，槐阴满庭。吾侪小人[④]，朝不及夕，相时射利，皇恤厥德[⑤]？庶几侥幸，不种而获，不有君子，其何能国？王城之东，晋公所庐，郁郁三槐，惟德之符。呜呼休哉！

【注释】

①巩：王巩，字定国，有文才，个性豪放不羁，终身不仕。

②呜呼休哉：表示感叹、赞颂。

③砥平：像磨刀石一样平。这里指国家安定。砥，磨刀石。

④侪(chái):类、辈。

⑤皇恤厥德:哪里有空闲顾及自己的德行。皇,通“遑”,闲暇。恤,忧虑。

【译文】

懿敏公的儿子王巩,与我曾有过交往,他注重品行修养而又善于写文章,这样来继承他家世代的传统,因此我作铭记下来。铭文为:美好而崇高啊!魏国公的功德,与三棵槐树一起萌生、成长,栽植培养多么辛勤,一定经过世代才能长成。当了真宗的宰相,国家四境安康,回来看看他的家,槐荫遮满庭院。我们这些没有才德的普通人,早晨不顾虑晚上,乘有利时机追求名利,哪里顾得上道德修养?也许有侥幸的时候,有可能会不耕种就有收获。如果没有贤德的君子,怎么能治理国家?在京城的东面,是晋公的府第,郁郁葱葱的三棵槐树,象征着晋公一家的才德。啊!多么美好崇高!

方山子传

【题解】

本文是作者元丰四年(1081)贬居黄州时为老友陈慥所写的传记。文章截取传主先侠后隐的生活片段,抓住人物的性格特点进行刻画,使人物形象栩栩如生。全文布局独具匠心,意趣横生。

方山子[①],光、黄间隐人也[②]。少时慕朱家、郭解为人[③],闾里之侠皆宗之。稍壮,折节读书[④],欲以此驰骋当世,然终不遇。晚乃遁于光、黄间,曰岐亭[⑤],庵居蔬食,不与世相闻。弃车马,毁冠服,徒步往来山中,人莫识也。见其所著帽,方耸而高,曰:“此岂古方山冠之遗像乎[⑥]?”因谓之“方山子”。

【注释】

①方山子：即陈慥(zào)，字季常，太常少卿陈希亮之子。终身不仕。

②光：光州，治所在今河南潢川。黄：黄州，治所在今湖北黄冈。

③朱家、郭解：二人均为西汉时著名游侠。详见《史记·游侠列传》。

④折节：改变过去的志向、行为。

⑤岐(qí)亭：在今湖北麻城附近。

⑥方山冠：汉代乐师戴的帽子，用五彩丝织成。唐宋时为隐士所戴。

【译文】

方山子是光州、黄州一带的隐士。他年轻时仰慕西汉游侠朱家、郭解的为人，乡里的游侠也都敬重他。稍长大后，他改变从前的志趣和行为，发愤读书，想以此在当代施展抱负，但是始终没得到重用。晚年就隐居在光州、黄州之间一个叫岐亭的地方，住在茅屋里，吃着粗茶淡饭，不再与俗士来往。他舍弃了原有的车马不坐，毁掉了原来的帽子和礼服不穿戴，徒步在山里来来往往，没有人认识他。人们看到他戴的帽子，是方形的又高高耸起，都说："这不是古代方山冠的样式吗？"于是都称他为"方山子"。

余谪居于黄[①]，过岐亭，适见焉。曰："呜呼！此吾故人陈慥季常也，何为而在此？"方山子亦矍然问余所以至此者[②]，余告之故。俯而不答，仰而笑，呼余宿其家。环堵萧然，而妻子奴婢皆有自得之意。余既耸然异之，独念方山子少时使酒好剑，用财如粪土。前十九年[③]，余在岐山[④]，见方山子从两骑[⑤]，挟二矢，游西山。鹊起于前，使骑逐而射之，不获。方山子怒马独出[⑥]，一发得之。因与余马上论用兵及古今成败，自谓一时豪士。今几日耳，精悍之色，犹见于眉间，而岂山中之人哉？

【注释】

①余谪居于黄：元丰三年(1080)正月，苏轼被贬往黄州，途经岐亭，遇方山子。

②矍(jué)然：吃惊的样子。

③前十九年：嘉祐八年(1063)，苏轼任凤翔签判时，结识知府陈希亮之子陈慥，即后来的方山子。至此正好十九年。

④岐山：即凤翔，境内有岐山。

⑤骑(jì)：一人一马为一骑。

⑥怒马：犹言策马，使马怒而急奔。

【译文】

我降职外调到黄州，路过岐亭，恰巧遇见他。我说："哎呀！这是我的老朋友陈慥陈季常啊！为什么你会在这里？"方山子也惊讶地问我为什么到这里来了，我告诉他原因。他低头不语，接着又抬起头笑了，招呼我到他家住宿。他家里四壁空空，但妻子、儿女、奴婢都有一种自得其乐的神情。我已感到十分惊异，只暗自回想方山子年轻时纵情饮酒，喜好刀剑，用起钱财来如粪土一般。十九年前，我在岐山，看见方山子带领两个骑马的侍从，手持两张弓到西山打猎游玩。一只鹊鸟在他前面飞起，让随从追赶射杀，没能射中。方山子猛抽坐骑独自奔驰而出，一箭射中了鹊鸟。于是他和我在马上讨论起用兵之道及古今成败之理，自诩是一代豪杰。这事到如今已经过去多少日子了，那精明剽悍的神态，仍然保留在眉宇之间，这哪里会是山中隐士呢？

然方山子世有勋阀①，当得官②，使从事于其间，今已显闻。而其家在洛阳，园宅壮丽，与公侯等。河北有田，岁得帛千匹，亦足以富乐。皆弃不取，独来穷山中，此岂无得而然哉？

【注释】

①勋阀：功劳，功勋。

②当得官：应当荫庇得官。陈慥父陈希亮是进士出身，有荫庇子弟得官的机会，但都让给了族中子弟，因此陈慥未能得官。

【译文】

然而方山子家族世代建功立业，他理应得到一官半职，假如混迹于官场，他今天必能显贵闻达。他家原在洛阳，园圃宅院富丽堂皇，可与公侯之家相比美。黄河北岸有田产，每年可得上千匹丝帛，足以过上富贵安乐的好日子。但他舍弃这一切，偏要来到穷山僻壤，倘无自得之乐难道会这样做吗？

余闻光、黄间多异人[①]，往往佯狂垢污[②]，不可得而见。方山子傥见之欤？

【注释】

①异人：有特别才能或性格的人。

②佯狂：假装癫狂。垢污：涂抹污物。

【译文】

我听说光州、黄州一带多有不平常的人，他们往往假装疯癫，浑身涂满脏物，可总也没机会见到他们。方山子或许见过他们吧？

苏 辙

苏辙(1039—1112),字子由,晚年自号颍滨遗老,眉州眉山(今属四川)人。宋仁宗嘉祐二年(1057)与其兄苏轼同中进士,当过尚书右丞、门下侍郎,晚年辞官居于河南许昌,死后谥“文定”。与其父苏洵、兄苏轼合称“三苏”,为文既简洁雄健又飘逸潇洒,是“唐宋八大家”之一。有《栾城集》,包括《后集》《三集》,共八十四卷。

六国论

【题解】

本文探讨了战国时期与秦国抗衡的齐、楚、燕、韩、赵、魏六个诸侯国相继灭亡的原因,认为六国目光短浅,相互不团结,贪图小利导致了灭亡。鉴于当时北宋在契丹和西夏的威胁下只是纳币送绢以求苟且偷安,作者此文的现实针对性就非常明显了。全文论点鲜明,以史实为论据,从正反两方面论述,逻辑严密。

尝读六国世家①,窃怪天下之诸侯,以五倍之地、十倍之众,发愤西向,以攻山西千里之秦②,而不免于灭亡。常为之深思远虑，以为必有可以自安之计。盖未尝不咎其当时之士，虑患之疏而见利之浅，且不知天下之势也。

【注释】

①六国世家：指《史记》中记载的齐、楚、燕、赵、韩、魏六个诸侯国。世家，是《史记》中传记的一种体裁，主要叙述世袭诸侯国君的事迹。

②山西：战国时称崤山以西的地区为山西。秦国地处崤山以西。

【译文】

我曾经阅读《史记》中的六国世家，私下里奇怪天下的各诸侯国，凭着五倍于秦国的土地，十倍于秦国的民众，决然向西进兵，去攻打崤山以西方圆千里的秦国，却竟然不能免于灭亡。我常常对这个问题作深入的思考，认为一定有可以使六国保全自己的计策。因此我未尝不责怪当时六国那班谋士，考虑祸患疏忽大意，谋取利益目光短浅，而且不明白天下的形势。

夫秦之所与诸侯争天下者，不在齐、楚、燕、赵也，而在韩、魏之郊①；诸侯之所与秦争天下者，不在齐、楚、燕、赵也，而在韩、魏之野②。秦之有韩、魏，譬如人之有腹心之疾也。韩、魏塞秦之冲③，而蔽山东之诸侯，故夫天下之所重者，莫如韩、魏也。昔者范睢用于秦而收韩④，商鞅用于秦而收魏⑤。昭王未得韩、魏之心⑥，而出兵以攻齐之刚、寿⑦，而范睢以为忧，然则秦之所忌者可见矣。

【注释】

①郊：泛指国土。

②野：泛指国土。

③冲：交通要道。

④范雎(jū)：战国时魏人。曾游说秦昭王，被任为秦相，向秦昭王提出远交近攻的战略，使秦国强大起来，进而吞并了六国。

⑤商鞅：战国时卫人。姓公孙，名鞅，曾辅佐秦孝公，建议孝公伐魏，并用计战胜了魏军，俘获了魏公子卬(áng)。因功封于商，号商君，又称商鞅。

⑥昭王：即秦昭王。

⑦刚、寿：齐地。均在今山东。

【译文】

秦国同各诸侯国争夺天下的要害地区，不是在齐、楚、燕、赵四国，而是在韩、魏两国的国土；各诸侯国与秦国争夺天下的关键地方，也不是在齐、楚、燕、赵四国，而是在韩、魏两国的领地。韩、魏两国的存在对于秦国来说，好比人的心腹之患。韩、魏两国挡住了秦国的交通要道，而且蔽护了崤山以东的各诸侯国，所以那时天下最重要的地方，没有哪里赶得上韩、魏两国。从前范雎被秦国重用时就建议收服韩国，商鞅被秦国重用时又提出收服魏国。秦昭王在没有得到韩、魏的真心归顺时，就出兵去攻打齐国的刚、寿两地，范雎为此感到担忧，那么秦国所顾忌的事情就可以看出来了。

秦之用兵于燕、赵，秦之危事也。越韩过魏而攻人之国都，燕、赵拒之于前，而韩、魏乘之于后，此危道也。而秦之攻燕、赵，未尝有韩、魏之忧，则韩、魏之附秦故也。夫韩、魏诸侯之障，而使秦人得出入于其间，此岂知天下之势耶？委区区之韩、魏[①]，以当强虎狼之秦，彼安得不折而入于秦哉[②]？韩、魏折而入于秦，然后秦人得通其兵于东诸侯，而使天下遍受其祸。

【注释】

①委：丢弃，放弃。

②折：折服，屈服。

【译文】

秦国出兵燕、赵，对秦国来说是一件危险的事。因为秦国穿越韩国、经过魏国而去攻打别国的都城，燕、赵两国将会在前面抵抗，而韩、魏两国又会乘机从后面袭击，这是危险的用兵之道。然而秦国在攻打燕、赵两国时，不曾有过韩国、魏国从后面袭击的忧患，那是因为韩国、魏国已经归附了秦国的缘故。韩国和魏国是其他各诸侯国的屏障，却让秦国人能够在他们中间出入往来，这难道可以说是明白天下形势吗？丢弃小小的韩国、魏国，让他们去抵挡如虎狼一样强暴的秦国，他们怎么能不屈服而落入秦国手中呢？韩、魏两国屈服而归顺了秦国，这样秦国就能够毫无阻挡地向东方的各诸侯国用兵了，从而使天下各国普遍地遭受它的祸害。

夫韩、魏不能独当秦，而天下之诸侯藉之以蔽其西，故莫如厚韩亲魏以摈秦[①]。秦人不敢逾韩、魏以窥齐、楚、燕、赵之国，而齐、楚、燕、赵之国，因得以自完于其间矣。以四无事之国，佐当寇之韩、魏，使韩、魏无东顾之忧，而为天下出身以当秦兵。以二国委秦，而四国休息于内，以阴助其急，若此可以应夫无穷，彼秦者将何为哉？不知出此，而乃贪疆埸尺寸之利，背盟败约，以自相屠灭。秦兵未出，而天下诸侯已自困矣。至于秦人得伺其隙[②]，以取其国，可不悲哉！

【注释】

①摈(bìn)：排斥，摈弃。

②隙：空子，时机。

【译文】

韩国、魏国不能独自抵挡秦国，然而天下其他各诸侯国却可以依靠韩国、魏国作为他们自己西方的屏障，所以不如优待韩国亲近魏国以排斥秦国。这样秦国就不敢越过韩国、魏国来窥视齐、楚、燕、赵各国，而齐、楚、燕、赵各国因此就能够使自己得以保全了。用四个没有战事的国家，去帮助面对强敌的韩国、魏国，使韩国、魏国没有来自东面的后顾之忧，它们就能够为天下其他诸侯国挺身而出去抵挡秦兵。让韩、魏两国去对付秦国，而四国在内部休养生息来暗中帮助解决韩、魏的急难，像这样，就可以应付一切情况，那秦国还能干什么呢？不知道提出这样的策略，却贪图边界上尺寸之地的小利，背弃破坏盟约，以至于自相残杀。秦兵还没有出动，而天下各诸侯国已经自己陷入困境了。以至于秦人能够钻他们的空子来夺取他们的国家，这能不令人悲叹吗！

上枢密韩太尉书

【题解】

本文是仁宗嘉祐二年(1057)中进士的苏辙写给时任枢密使的韩琦的一封求见信。文中没有干谒求仕进之语，而是阐述了精神修养、生活阅历同文章风格之间的必然联系，从而说明求见太尉是想结交天下豪杰以丰富自己的阅历。全文疏放跌宕，笔势纵横，体现出年仅十九岁的作者的朝气和锐气。

太尉执事[①]：辙生好为文，思之至深。以为文者气之所形[②]，然文不可以学而能，气可以养而致。孟子曰[③]："我善养吾浩然之气[④]。"今观其文章，宽厚宏博，充乎天地之间，称其气之小大[5]。太史公行天下[6],周览四海名山大川,与燕、赵间豪俊交游[7],故其文疏荡,颇有奇气。此二子者,岂尝执笔学为如此之文哉?其气充乎其中而溢乎其貌,动乎其言而见乎其文,而不自知也。

【注释】

①太尉:指韩琦(qí)。宋仁宗时曾任枢密使,掌全国兵权,相当于汉唐时的太尉,故称。执事:指侍从左右的人。旧时给一定地位的人写信常用"执事"或"左右"称呼对方,表示不敢直接称呼,只能向他身边的执事人员称呼,这样表示对对方的尊敬。

②形:显现。

③孟子:名轲。孔子的再传弟子,儒家学说的继大承者。

④我善养吾浩然之气:语出《孟子·公孙丑上》。浩然之气,至大至刚气。

⑤称:相称,相符合。

⑥太史公:指汉代司马迁,他曾任太史令,著《史记》,故称太史公。

⑦燕、赵:战国时的两个国家,其地相当于今之河北、山西、辽宁、陕西的部分地区。古时认为这一带多出"慷慨悲歌之士",如荆轲。

【译文】

太尉执事:我生性喜好写文章,对怎样做好文章这件事思考得很深入。我认为文章是人的气的外在体现,然而文章不是单靠学习就能写好的,气却可以通过修养而得到。孟子说:"我善于培养我的至大至刚的气。"现在看他的文章,宽厚宏博,充塞于天地之间,同他的气的大小相称。司马迁走遍天下,广览四海名山大川,同燕、赵之间的英豪俊杰交游,所以他的文章疏放跌宕,很有奇伟之气。这两个人,难道是曾经拿着笔学习过写作这种文章的吗?这是因为他们的气充满在他们的内心而流露在他们的形貌之外,体现在他们的言语之间而表现在他们的文章中，而他们自己却并没有意识到。

辙生年十有九矣。其居家所与游者，不过其邻里乡党之人[①]；所见不过数百里之间，无高山大野可登览以自广。百氏之书[②]，虽无所不读，然皆古人之陈迹，不足以激发其志气。恐遂汩没[③]，故决然舍去，求天下奇闻壮观，以知天地之广大。过秦、汉之故都[④]，恣观终南、嵩、华之高[⑤]，北顾黄河之奔流[⑥]，慨然想见古之豪杰。至京师[⑦]，仰观天子宫阙之壮，与仓廪府库、城池苑囿之富且大也[⑧]，而后知天下之巨丽。见翰林欧阳公[⑨]，听其议论之宏辨，观其容貌之秀伟，与其门人贤士大夫游，而后知天下之文章聚乎此也。太尉以才略冠天下，天下之所恃以无忧，四夷之所惮以不敢发，入则周公、召公，出则方叔、召虎[⑩]。而辙也未之见焉。

【注释】

①乡党：泛指乡里。相传周朝以五百家为一党，一万二千五百家为一乡。

②百氏：指春秋战国时的诸子百家。

③汩(gǔ)没：埋没。

④秦、汉之故都：秦都咸阳（在今陕西西安东），西汉都长安（今陕西西安），东汉都洛阳（今河南洛阳）。

⑤恣：尽情，纵情。终南：终南山，在今陕西西安南。嵩：嵩山，在今河南登封。华(huà)：华山，在今陕西华阴。

⑥顾：观望。

⑦京师：都城。北宋都城汴京，即今河南开封。

⑧仓廪(lǐn):粮库。苑囿(yuàn yòu):园林。囿,皇家畜养禽兽的园子。

⑨欧阳公:即欧阳修,宋仁宗至和元年(1054)任翰林学士。嘉祐二年(1057)以翰林学士权知贡举,苏氏兄弟即于此年中进士。

⑩方叔:周宣王的贤臣,奉命南征荆楚,《诗经》中有《小雅·采芑》歌颂他。召虎:周宣王时,召虎领兵出征,平定淮夷,《诗经·大雅·江汉》所叹即此事。

【译文】

我出生已经十九年了。我住在家里时所交往的,不过是邻居和同乡这一类人;所看到的不过是几百里之内的景物,没有高山旷野可以登临观览以开阔自己的胸襟。诸子百家的书,虽然没有不读的,然而都是古人过去的东西,不足以激发我的志气。我担心就此埋没了自己,所以毅然离开故乡,去访寻天下的奇闻壮观,以便了解天地的广大。我经过秦朝、汉朝的故都,尽情观览终南山、嵩山、华山的高峻,向北眺望黄河的奔腾巨流,深有感慨地想起了古代的英雄豪杰。到了京城,瞻仰了天子宫殿的壮丽,以及粮仓、府库、城池、园林的富庶和巨大,然后才知道天下的宏伟壮丽。谒见了翰林学士欧阳公,聆听了他宏大雄辩的议论,看到了他清秀俊伟的容貌,同他的学生贤士大夫交往,然后才知道天下的文章都汇聚在这里。太尉您以雄才大略称冠天下,天下百姓依靠您而无忧无虑,四方各少数民族惧怕您而不敢侵犯,在朝廷之内像周公、召公一样辅佐君王,领兵出征就像方叔、召虎一样御侮安边。可是我至今还没有见到您。

且夫人之学也,不志其大[①],虽多而何为?辙之来也,于山见终南、嵩、华之高,于水见黄河之大且深,于人见欧阳公,而犹以为未见太尉也。故愿得观贤人之光耀[②],闻一言以自壮,然后可以尽天下之大观而无憾者矣。

【注释】

①志:有志于。

②光耀:指人的风采。

【译文】

况且一个人的学习,如果没有远大的志向,即使学了很多又有什么用呢?我这次来,对于山,看到了终南山、嵩山、华山的高峻;对于水,看到了黄河的巨大和深广;对于人,看到了欧阳公;可是仍然以没有谒见过您为憾事。所以希望能够一睹贤人的风采,就是听到您的一句话也足以使自己心雄志壮,这样就可以说是看遍了天下的壮观而没有什么遗憾了。

辙年少,未能通习吏事。向之来①,非有取于斗升之禄②,偶然得之,非其所乐。然幸得赐归待选③,使得优游数年之间④,将以益治其文⑤,且学为政。太尉苟以为可教而辱教之⑥,又幸矣!

【注释】

①向:以前。

②斗升之禄:很微薄的俸禄。

③待选:等待朝廷授官。古代考中进士后,只是取得做官的资格,还须等待吏部授予官职,在此期间称为待选。苏辙当时已考中进士。

④优游:悠闲。

⑤治:研究。

⑥辱:谦辞,承蒙。

【译文】

我年纪轻,还没能够通晓做官应知道的事情。先前来京应试,并不是为了谋取微薄的俸禄,偶然得到了它,也不是我所喜欢的。然而有幸得到恩赐还乡等待吏部的选用,使我能够有几年悠闲的时间,我将用来进一步研习文章之道,并且学习从政之道。太尉假如认为我还可以教诲而屈尊教导我的话,那么又更使我感到荣幸了!

黄州快哉亭记

【题解】

本文作于元丰年间被贬为监筠州盐酒税时期。文章围绕“快哉”二字展开描写与议论,充分揭示了“快哉”的确切含义,表达了乐观向上的人生态度。全文情景交融,以古喻今,“文势汪洋,笔力雄壮,读之令人心胸旷达,宠辱都忘”(吴楚材等)。

江出西陵①,始得平地,其流奔放肆大②,南合湘、沅③,北合汉沔④,其势益张⑤。至于赤壁之下⑥,波流浸灌⑦,与海相若。清河张君梦得谪居齐安⑧,即其庐之西南为亭⑨,以览观江流之胜,而余兄子瞻名之曰“快哉”⑩。

【注释】

①西陵:长江三峡之一,在今湖北宜昌西北。

②肆大:浩大。

③湘、沅:湘水和沅水,在今湖南境内。

④汉沔(miǎn):河流名。源自陕西,流经湖北,在武汉汇入长江。

⑤张:开阔,盛大。

⑥赤壁:又名赤鼻山,在今湖北黄冈。苏辙误以为这里就是三国时发生“赤壁大战”的赤壁,赤壁大战实际发生在今湖北蒲圻。

⑦浸灌:形容水势浩大。

⑧清河:今属河北。张君梦得:张梦得,字怀民,元丰年间贬谪黄州。谪(zhé):古代高级官员被贬并调到边远地方做官。齐安:即黄州,治所在今湖北黄冈。

⑨即:紧靠。

⑩子瞻:苏轼字子瞻。

【译文】

长江从西陵峡流出,方始进入平坦的地形,它的水流变得奔放浩大,当它在南面汇合了湘水和沅水,在北面汇合了汉沔,水势越发盛大。流到赤壁之下,江流浩荡,犹如大海一样。清河张梦得君贬官后居住在齐安,在靠近他住宅的西南面建造了一座亭子,用来观赏江流的胜景,我的哥哥子瞻为亭子起名为“快哉”。

盖亭之所见,南北百里,东西一舍①,涛澜汹涌,风云开阖②;昼则舟楫出没于其前③,夜则鱼龙悲啸于其下;变化倏忽,动心骇目,不可久视。今乃得玩之几席之上,举目而足。西望武昌诸山④,冈陵起伏,草木行列,烟消日出,渔夫、樵父之舍,皆可指数,此其所以为“快哉”者也。至于长洲之滨,故城之墟,曹孟德、孙仲谋之所睥睨⑤,周瑜、陆逊之所驰骛⑥,其流风遗迹,亦足以称快世俗。

【注释】

①舍:古代行军三十里为一舍。

②阖(hé):关闭。

③舟楫(jí):泛指船只。楫,船桨。

④武昌:今湖北鄂城。

⑤曹孟德:曹操字孟德。孙仲谋:孙权字仲谋。睥睨(pì nì):侧目观察。

⑥周瑜:三国时孙吴大将。曾于赤壁大破曹操军。陆逊:三国时孙吴大将,曾于彝陵(今湖北宜昌东)等地大破蜀军,后任荆州牧,久驻武昌,官至丞相。驰骛(wù):驰骋。

【译文】

亭子上能望见的范围,在南北百里之遥,东西三十里之远,波涛汹涌澎湃,风云变幻,时而风起云涌,时而风消云散;白天船只在亭前时隐时现,夜晚则鱼龙在亭下悲哀鸣叫;景色变化瞬息之间,动人心魄,惊人眼目,使人不能长时间地观赏。如今却能够在亭子的几案坐席旁尽情赏玩,抬眼就可饱览风光。向西遥望武昌附近的群山,冈峦高低起伏,草木成行成列,当烟雾消散、太阳出来的时候,渔夫、樵夫的房舍都可一一指点数清,这就是亭子之所以叫"快哉"的原因吧。至于那长长沙洲的岸边,旧日城郭的废墟,是曹操、孙权曾窥伺争夺的地方,也是周瑜、陆逊曾驰骋角逐的疆场,他们留下的风采和遗迹,也足以使世俗之人称快。

昔楚襄王从宋玉、景差于兰台之宫①,有风飒然至者,王披襟当之②,曰:"快哉此风!寡人所与庶人共者耶?"宋玉曰:"此独大王之雄风耳,庶人安得共之!"③玉之言盖有讽焉。夫风无雄雌之异,而人有遇不遇之变。楚王之所以为乐,与庶人之所以为忧,此则人之变也,而风何与焉?士生于世,使其中不自得④,将何往而非病?使其中坦然,不以物伤性,将何适而非快⑤?今张君不以谪为患,收会稽之余⑥,而自放山水之间,此其中宜有以过人者。将蓬户瓮牖⑦,无所不快,而况乎濯长江之清流⑧,挹西山之白云⑨,穷耳目之胜以自适也哉[10]！不然，连山绝壑，长林古木，振之以清风，照之以明月，此皆骚人思士之所以悲伤憔悴而不能胜者，乌睹其为快也[11]！

【注释】

①楚襄王：即楚顷襄王，战国时楚国国君。宋玉：战国时楚大夫，辞赋家。景差：战国时楚辞赋家。兰台之宫：兰台宫，在今湖北钟祥。

②披襟：敞开衣襟。

③“王披襟”以下六句：襄王和宋玉的对话出自宋玉的《风赋》。寡人，古代诸侯、皇帝对下的自称。庶人，老百姓。

④中：心中。

⑤适：往。

⑥会稽(kuài jī)：指钱财赋税事务。稽，计算、考核。

⑦蓬户瓮牖(yǒu)：用蓬草编的门，用破瓮做的窗户。这里指贫穷人家的房子。牖，窗户。

⑧濯(zhuó)：洗涤。

⑨挹(yì)：舀取液体。这里是尽情观览的意思。

⑩适：畅快。

⑪乌：哪里。

【译文】

从前，楚襄王带领宋玉、景差做随从在兰台宫游览，有一阵风飒飒吹来，楚襄王敞开衣襟迎着风说：“真畅快呀，这阵风！这是我和百姓共同享受到的吧？”宋玉说：“这只是大王的雄风，百姓怎么能和大王共同享受！”宋玉的话大概有着讽喻的意味。风并没有雄雌的不同，而人却有得意和不得意的区别。楚王之所以觉得快乐，百姓之所以感到忧愁，这是人所处境遇的不同，与风有什么相干呢？士人生活在世上，假如他心中不安然自得，那么走到哪里不是痛苦的呢？假如他心中坦然旷达，不因外物的影响而伤害自己的性情，那么走到哪里不是快乐的呢？现在张君不把贬官当做灾难，利用处理公务的剩余时间，让自己在山水之间尽情游玩，这说明他心中理应有超过常人的东西。即使用蓬草编成门，用破瓮做成窗，他生活在其中也不会感到不快乐，何况他能在长江的清流中洗濯，观赏西山的白云，让耳目尽情饱览美景以求得自己的舒心快乐呢！如果不是这样，绵延的峰峦，陡峭的山沟，成片的树林，古老的树木，清风吹拂其间，明月朗照其上，这些都是使失意的文人和思乡的士子悲伤憔悴而不能承受的景色，哪里看得出它们是能使人快乐的呢！

曾　巩

曾巩(1019—1083),字子固,建昌南丰(今江西南丰)人,世称南丰先生。宋仁宗嘉祐二年(1057)进士,当过地方长官,最后做到中书舍人。曾奉召校勘《战国策》《列女传》等古籍,死后谥为“文定”。他是“唐宋八大家”之一,他的散文继承了“文以载道”的传统,风格平正古雅。著有《元丰类稿》等。

寄欧阳舍人书

【题解】

本文是庆历七年(1047)作者写给欧阳修的一封感谢信。文章反复论述铭志的作用、重要性和写作要求,将对欧阳修的高度评价和真挚谢意蕴涵于议论之中,因而被誉为“南丰第一得意书”(浦起龙)。全文委婉曲折,极尽抑扬腾挪之事。

去秋人还①,蒙赐书及所撰先大父墓碑铭②,反复观诵,感与惭并。

【注释】

①去秋人还：庆历六年(1046)夏，曾巩派人送信给欧阳修，请欧阳修给他的祖父撰写碑铭。当年秋天，欧阳修写好后交给曾巩派的人带回。

②先大父：去世的祖父，指曾致尧，曾任尚书户部郎中，死后赠右谏议大夫。墓碑铭：刻在墓道前石碑上的铭，也称神道碑铭。欧阳修为曾致尧写了墓碑铭文《尚书户部郎中赠右谏议大夫曾公神道碑铭》。

【译文】

去年秋天我派去的人回来，承蒙您写信给我并为先祖父撰写了墓碑铭文，我反复地观览诵读，心中感激与惭愧交织在一起。

夫铭、志之著于世①，义近于史，而亦有与史异者。盖史之于善恶无所不书，而铭者②，盖古之人有功德、材行、志义之美者，惧后世之不知，则必铭而见之，或纳于庙，或存于墓③，一也。苟其人之恶，则于铭乎何有？此其所以与史异也。其辞之作，所以使死者无有所憾，生者得致其严④。而善人喜于见传，则勇于自立；恶人无有所纪，则以愧而惧；至于通材达识、义烈节士⑤，嘉言善状，皆见于篇，则足为后法。警劝之道，非近乎史，其将安近？

【注释】

①铭、志：碑文最后的韵文部分称铭，记述死者事迹的散文部分称志。

②铭：下文关于“铭”的议论，本自《礼记·祭统》：“铭者，自名也，自名以称扬其先祖之美，而明著之后世者也。为先祖者，莫不有美

焉，莫不有恶焉，铭之义，称美而不称恶，此孝子孝孙之心也。”

③或纳于庙，或存于墓：古代有两种碑，一种是立于宗庙前用来测量日影，祭祀时系缚牛羊等牺牲的，另一种就是墓碑。

④致：表达。严：尊严。

⑤通材达识：博学多闻、见多识广的人。

【译文】

墓志铭这一文体之所以能尊显于世，是因为意义与史传相近，但也有与史传不同的地方。大致说来，史传对于传主的善行、恶行没有不加以记载的，而铭，大概是古代那些功业德行显著、才能操行出众、志向远大、信守节义的人，唯恐不为后世人所知，一定用刻铭文的方式记载下来以显扬于后世。这种铭文有的放入家庙，有的存入墓中，其用意是一样的。假如这是个恶人，那么在铭文中有什么可记载的呢？这就是铭文与史传不同的地方。铭文的撰写，就是使死去的人感到没有什么可遗憾的地方，活着的人以此来表达对死者的尊敬之情。而行善的人喜欢自己的生平事迹能得到流传，就会发奋有所建树；作恶的人没有什么事迹可记，就会因此感到惭愧和惶恐；至于那些学识渊博、事理通达之人，忠义刚烈、节操高尚之士，他们美好的言论和善良的行为，都记载在铭文中，就足以为后人效法。铭文这样警戒劝勉的作用，不和史传相近，那又和什么相近呢？

及世之衰[①]，人之子孙者，一欲褒扬其亲而不本乎理。故虽恶人，皆务勒铭以夸后世[②]。立言者，既莫之拒而不为，又以其子孙之请也，书其恶焉，则人情之所不得，于是乎铭始不实。后之作铭者当观其人，苟托之非人，则书之非公与是[③]，则不足以行世而传后。故千百年来，公卿大夫至于里巷之士莫不有铭[④]，而传者盖少，其故非他，托之非人，书之非公与是故也。

【注释】

①及:到。世:世风。衰:衰败。

②勒铭:把铭文刻在石碑上。勒,刻。

③公:公正。是:正确。

④公卿大夫:泛指达官贵人。里巷之士:指普通老百姓。

【译文】

到了世道衰微的时候,为人子孙的,一心只要褒扬自己死去的亲人而不根据事理。所以即使是恶人,也都一定要镌刻碑铭用来向后世夸耀。撰写铭文的人,既不能拒绝而不写,又因为受其子孙的请求,如果直接写上死者的恶行,从人情道理上又不应该,于是铭文从此就开始有不实之词了。后世想请人撰写碑铭的人,应当观察作者的为人,假使托付的人不妥当,撰写的铭文既不公正又不符合事实,那么铭文就不能够在当代流行,在后代传扬。因此千百年来,上至公卿大夫下至平民百姓,死后没有谁没有碑铭,但传下来的却不多,这个原因不是别的,就是因为请托的人不合适,撰写的铭文不公正,不符合事实的缘故。

然则孰为其人而能尽公与是欤?非畜道德而能文章者无以为也[①]。盖有道德者之于恶人则不受而铭之,于众人则能辨焉。而人之行,有情善而迹非,有意奸而外淑[②],有善恶相悬而不可以实指,有实大于名,有名侈于实[③]。犹之用人,非畜道德者,恶能辨之不惑[④],议之不徇[⑤]?不惑不徇,则公且是矣。而其辞之不工,则世犹不传,于是又在其文章兼胜焉。故曰非畜道德而能文章者无以为也,岂非然哉?

【注释】

①畜：通“蓄”，积蓄，怀藏。

②淑：善良。

③侈：超过，过分。

④恶(wū)：怎么，如何。

⑤徇：曲从，徇私。

【译文】

那么谁是适当的人而能做到写得既公正又符合事实呢？不是道德高尚而且又善于写文章的人是不能做到的。因为那些道德高尚的人对于恶人，是不会接受为他们撰写铭文的请求的，对于普通人则能够分辨他们的善恶。而人们的品行，有内心是善的而表现在行为上却好像不善，有内心是奸诈的而表现在外表上却好像很善良，有善行恶行相差悬殊而不能具体指出的，有实际大过名声的，有名过其实的。这就好比用人一样，不是道德高尚的人怎么能辨别清楚而不受迷惑、评论公正而不徇私情呢？不受迷惑、不徇私情，就会公正而符合事实。但是如果铭文的文辞不够精美，仍然不能流传于世，因此写铭文的人又必须擅长做文章。所以说不是道德高尚而又擅长做文章的人是写不好铭文的。难道不是这样吗？

然畜道德而能文章者，虽或并世而有，亦或数十年或一二百年而有之。其传之难如此，其遇之难又如此。若先生之道德文章，固所谓数百年而有者也。先祖之言行卓卓[①]，幸遇而得铭其公与是，其传世行后无疑也。而世之学者，每观传记所书古人之事，至于所可感，则往往衋然不知涕之流落也[②]，况其子孙也哉？况巩也哉？其追晞祖德而思所以传之之由[③]，则知先生推一赐于巩而及其三世。其感与报，宜若何而图之？抑又思若巩之浅薄滞拙而先生进之，先祖之屯蹶否塞以死而先生显之④，则世之魁闳豪杰不世出之士⑤，其谁不愿进于门？潜遁幽抑之士⑥，其谁不有望于世？善谁不为？而恶谁不愧以惧？为人之父祖者，孰不欲教其子孙？为人之子孙者，孰不欲宠荣其父祖？此数美者，一归于先生。

【注释】

①卓卓：非常突出、卓越。

②衋（xì）然：伤痛的样子。涕：眼泪。

③晞（xī）：仰慕。

④屯（zhūn）蹶（jué）否（pǐ）塞：不得志、不顺利。屯、否，是《易经》的卦名。《屯卦》表示艰难，《否卦》表示隔绝。蹶，跌倒。

⑤魁闳（hóng）：超群的才能。不世出：不常出现，少有。

⑥潜遁：避世隐居。幽抑：郁郁不得志。

【译文】

但是，道德高尚而又擅长写文章的人，虽然有时同时出现，但也许有时数十年或者一二百年才出现一个。铭文的流传是如此困难，能遇到这种理想的铭文作者也这样困难。像先生您的道德文章，确实就是所说的数百年才会出现的。我的先祖言论和行为都很杰出，幸运地遇到您能写成铭文并给以公正而又符合实际的评价，这样的铭文能流行于当代，传诵于后世是毫无疑义的了。而世上的学者，每当阅读传记文章所写古人事迹的时候，看到其中感人的地方，就往往感伤痛苦得不觉流下眼泪，何况是死者的子孙呢？又何况是我呢？我追怀仰慕祖先的高尚道德而思考铭文能够流传后世的原因，就知道先生扩充这一恩惠，给予我曾巩而及于我祖父以下三代人。这感激与报答之情，我将怎样才能表达呢？我又想，像我这样学识浅薄、才能愚钝的人，而受到先生的奖掖，像我的先祖处境艰难、屡遭挫折、郁郁不得志直到死，而先生却能使他显扬于后世，那么世上那些俊伟豪杰、世上少有的奇才，他们谁不愿意投拜在您的门下呢？那些现在还隐居山林、抑郁不得志的人，他们谁不希望扬名于世呢？美好的事情谁不愿做？丑恶的事情谁不羞愧恐惧？作为人的父亲、祖父的，谁不想好好地教导子孙？作为人的子孙的，谁不想荣耀显扬自己的父祖？这件件美事全都要归功于先生。

既拜赐之辱①，且敢进其所以然②。所论世族之次，敢不承教而加详焉？愧甚不宣。

【注释】

①拜赐：接受赐予的碑铭和书信。辱：谦辞。

②敢：不敢。古时书信中常用的谦辞。

【译文】

我荣幸地得到您的恩赐，并且冒昧地向您陈述我之所以感激的缘由。来信所说的关于我的家族世系的情况，我怎敢不遵照您的教诲而详细地审核考究？惭愧万分，书不尽言。

赠黎安二生序

【题解】

本文是英宗治平年间应同年好友苏轼之请为两位年轻人所写的赠序。针对两位年轻人的问题，作者分析了不合时宜的利弊，劝告他们要“信乎古”“志乎道”。全文欲扬先抑，说理透辟。

赵郡苏轼[①]，予之同年友也[②]。自蜀以书至京师遗予[③]，称蜀之士曰黎生、安生者。既而黎生携其文数十万言，安生携其文亦数千言，辱以顾予[④]。读其文，诚闳壮隽伟[⑤]，善反复驰骋，穷尽事理，而其材力之放纵，若不可极者也。二生固可谓魁奇特起之士[⑥]，而苏君固可谓善知人者也。

【注释】

①赵郡：即赵州，治所在今河北赵县。苏轼祖籍赵郡。

②同年：旧时称同年中考的人。曾巩、苏轼均为嘉祐二年(1057)进士。

③自蜀以书至京师遗(wèi)予：治平三年(1066)至熙宁二年(1069)，苏轼因父亲去世回四川守孝三年。遗，给。

④辱：谦辞，承蒙、屈驾的意思。顾：来访。

⑤闳(hóng)壮：宏大。

⑥魁奇特起：指非凡、杰出。

【译文】

赵郡人苏轼，是我同榜中试的好友。他从蜀地写了一封信托人带到京城送给我，信中称赞蜀地的读书人黎生和安生。不久黎生带了自己数十万字的文章，安生也带了自己数千字的文章，屈驾来访问我。我读了他们的文章，觉得确实气势宏大、意味深远，善于上下反复、纵横驰骋，将事理讲得非常详尽、透彻，他们才华的奔放恣肆，似乎不能看到尽头。这两位真可说是杰出俊伟的出众人才，而苏君当然也可以说是善于识别人才的人。

顷之[①]，黎生补江陵府司法参军[②]，将行，请予言以为赠。予曰："予之知生，既得之于心矣，乃将以言相求于外邪[③]？"黎生曰："生与安生之学于斯文，里之人皆笑以为迂阔[④]，今求子之言，盖将解惑于里人。”予闻之，自顾而笑。

【注释】

①顷之：过了不久。

②补：旧指有官吏缺额时选拔新的官员补缺。江陵府：治所在今湖北江陵。司法参军：掌刑法的官员。

③乃：反问词，难道。

④里之人：同乡的人。迂阔：迂腐，不切实际。

【译文】

不久，黎生补官做江陵府司法参军，临行前，请我写几句话作为临别赠言。我说：“我对你的了解，已经存在内心深处了，还用得着用外在的言语表达出来吗？”黎生说：“我和安生学习写这些文章，乡里的人都讥笑我们不合时宜。现在请您讲几句话，是为了消除乡里人对我们的误解。”我听了他的话，想到自身，不由得笑了。

夫世之迂阔，孰有甚于予乎？知信乎古，而不知合乎世；知志乎道，而不知同乎俗。此予所以困于今而不自知也①。世之迂阔，孰有甚于予乎？今生之迂，特以文不近俗②，迂之小者耳，患为笑于里之人。若予之迂大矣，使生持吾言而归，且重得罪，庸讵止于笑乎③？然则若予之于生，将何言哉？谓予之迂为善，则其患若此。谓为不善，则有以合乎世，必违乎古，有以同乎俗，必离乎道矣。生其无急于解里人之惑，则于是焉必能择而取之。

【注释】

①困：不通达，窘迫。

②特：仅，只。

③庸讵(jù)：岂。

【译文】

要论世上人的不合时宜，有谁能比我更严重呢？我只知道相信古人所讲的道理，而不知道适宜于今世；只知道有志于道义，而不知道迎合当代的风气。这就是我困顿于当世而至今自己还不能领悟的原因。世上的不合时宜，有谁能比我更严重呢？现在你们二人的不合时宜，只是因为所写的文章与世俗不相接近，这只不过是不合时宜的小的表现罢了，所担心的不过是被乡里人讥笑。像我的不合时宜这样严重，假若你们把我的话带回家乡，就更要招致乡里人的指责，哪里只是遭到讥笑而已呢？但是我对你们，将说些什么话呢？如果认为我的不合时宜是好的，那么它就会有这样的害处。如果认为我的不合时宜是不好的，那么就会迎合当世，必然违背古人的信条，合乎流俗，必然远离圣贤之道。你如果不急于消除乡里人的误解，那么在这方面，就一定能够经过选择获得正确的东西。

遂书以赠二生，并示苏君以为何如也。

【译文】

于是我就把这些话写下来赠给你们二人，也请转苏君一览，看他认为我的看法怎么样。

王安石

王安石(1021—1086),字介甫,晚号半山,抚州临川(今江西抚州)人。曾封荆国公,世称王荆公,死后谥文,又称王文公。宋仁宗庆历二年(1042)中进士,历任地方官,并遭到过贬谪,神宗朝曾两次做到宰相。他是北宋政坛最激进的政治家,"唐宋八大家"之一,为文主张"务为有补于世",风格简洁凝练、刚健峭拔。著有《王临川集》等。

读孟尝君传

【题解】

此文为读《史记·孟尝君列传》的读后感,也是历来传诵的翻案名篇,驳斥"孟尝君能得士"的传统观点,提出"鸡鸣狗盗之徒"不配"士"之称号,从而反映出作者的气魄和胸襟。后人评价此文"尺幅千里","语语转,笔笔紧,千秋绝调"。

世皆称孟尝君能得士①,士以故归之,而卒赖其力以脱于虎豹之秦②。

【注释】

①世皆称孟尝君能得士：据《史记·孟尝君列传》载，孟尝君礼贤下士，无论贵贱，都给予优厚的待遇，有食客千人。孟尝君，即战国时的齐国贵族田文。

②卒：终于。脱：逃脱。虎豹之秦：不少封建史学家认为秦残暴，常称为“暴秦”。

【译文】

世人都称道孟尝君能搜罗有真才实学的人，人才也因此投奔在他的门下，而他也终因他们出力相助，得以从虎豹一样凶残的秦国逃脱出来。

嗟乎！孟尝君特鸡鸣狗盗之雄耳①，岂足以言得士？不然，擅齐之强，得一士焉，宜可以南面而制秦②，尚何取鸡鸣狗盗之力哉？鸡鸣狗盗之出其门，此士之所以不至也。

【注释】

①特：仅仅，只是。

②南面：面向南。古代面向南为尊位，帝王总是南面而坐。

【译文】

唉！其实孟尝君只不过是那些鸡鸣狗盗之徒的头目罢了，哪里称得上能搜罗有真才实学的人呢？如果他不是这样，凭借齐国的强大，即使得到一个真正的人才，就应该可以制服秦国而面南称王，哪还用依靠鸡鸣狗盗之徒的力量呢？鸡鸣狗盗之徒在他的门下出现，这正是真正的人才不去投奔他的原因啊。

同学一首别子固

【题解】

本文是庆历年间，作者在读了友人曾巩写给他的《怀友》一文后所作。通过叙述孙侔和曾巩言行的一致和志趣的相似，表现朋友之间的志同道合，情深意笃及互相慰勉。全文运用陪衬法，处处以孙侔陪说曾巩，交互映发、参差错落，“淡而弥远，自令人回味”（吴楚材、吴调侯）。

江之南有贤人焉①，字子固②，非今所谓贤人者，予慕而友之。淮之南有贤人焉③，字正之④，非今所谓贤人者，予慕而友之。二贤人者，足未尝相过也，口未尝相语也，辞币未尝相接也⑤，其师若友⑥，岂尽同哉？予考其言行，其不相似者何其少也！曰：学圣人而已矣。学圣人，则其师若友必学圣人者。圣人之言行，岂有二哉？其相似也适然⑦。

【注释】

①江：指长江。

②子固：曾巩字子固。

③淮：淮河。

④正之：孙侔（móu）字正之。曾客居江淮之间，立誓不仕。

⑤辞币：书信和礼物。

⑥若：和，与。

⑦适然：合适，适宜。

【译文】

长江之南有一位贤人，字子固，他不是当今世俗所说的那种贤人，我仰慕他并和他成了朋友。淮河之南有一位贤人，字正之，他也不是当今世俗所说的那种贤人，我也仰慕他并和他成了朋友。这两位贤人，足不曾相互往来，口不曾相互交谈，也没有相互交换过书信和礼物，他们的老师和朋友，难道都相同吗？我考察过他们的言行，他们彼此间的不同之处竟是那样少！我说：这是他们学习圣人的结果罢了。他们学习圣人，那么他们的老师和朋友必定也是学习圣人的。圣人的言行难道还会有什么两样吗？所以他们的相似也就是必然的了。

予在淮南，为正之道子固，正之不予疑也①。还江南，为子固道正之，子固亦以为然。予又知所谓贤人者，既相似又相信不疑也②。子固作《怀友》一首遗予，其大略欲相扳以至乎中庸而后已③，正之盖亦尝云尔。夫安驱徐行，轥中庸之庭而造于其室④，舍二贤人者而谁哉？予昔非敢自必其有至也，亦愿从事于左右焉尔⑤，辅而进之其可也。

【注释】

①不予疑："不疑予"的倒装。予，我。

②相信：互相信任。

③扳（pān）：援引。中庸：是儒家奉行的道德标准。不偏为中，不变为庸，泛指不偏不倚，恰到好处。

④轥（lìn）：车轮碾过。这里指经过。庭：堂前的院子。造于其室：指造诣深，得到圣人中庸学说的主旨。造，达到。

⑤从事于左右：跟随于他们去做。

【译文】

我在淮南，向正之谈起子固，正之不怀疑我的话。回到江南，向子固说起正之，子固也认为我的话很对。于是我又发现这些被人们视为贤人的人，不仅言行相似，又是互相信任不疑的。子固写了一篇《怀友》送给我，文章的大意是说要互相援引，以期最后能达到中庸之道的境界，正之也曾经这样说过。像驾车缓缓地前行一样，通过中庸的门庭，然后升堂入室，除了这两位贤人还有谁呢？我过去不敢说自己必能达到这种中庸的境界，却也愿意跟随着他们努力去做，在他们的帮助下朝着这个境界前进也是可能的。

噫！官有守①，私有系②，会合不可以常也。作《同学一首别子固》，以相警③，且相慰云。

【注释】

①守：职守，工作岗位。

②系：牵制。

③警：警策，勉励。

【译文】

唉，做官的有自己的职守，个人也有私事牵绊，我们朋友之间不能经常相聚。我写了这篇《同学一首别子固》，用它来互相鼓励，又互相安慰。

游褒禅山记

【题解】

作者于仁宗至和元年(1054)离任赴京途经褒禅山游览，写下了这篇通过记游而说理的名作。全文以登山探洞的亲身经历，具体论述了坚强的意志、充足的体力、外物的辅助三者相配合才能成功的道理；而对古代文献要深思、慎取。全文以游踪为线索，先叙后议，情理互见，节奏鲜明，简洁稳健。

褒禅山亦谓之华山[①]。唐浮图慧褒始舍于其址[②]，而卒葬之，以故其后名之曰褒禅。今所谓慧空禅院者，褒之庐冢也[③]。距其院东五里，所谓华山洞者，以其乃华山之阳名之也[④]。距洞百余步，有碑仆道[⑤]，其文漫灭[⑥]，独其为文犹可识，曰“花山”。今言“华”如“华实”之“华”者，盖音谬也。

【注释】

①褒禅山：在今安徽含山北。

②浮图：古代印度文字梵语的音译，有佛、佛塔、佛教徒几个不同意义，这里指佛教徒，即和尚。慧褒：唐朝著名僧人。

③庐：庐舍，禅房。冢：坟墓。

④华山之阳：华山的南面。阳，古代山的南面、水的北面称为阳。

⑤仆道：倒在路上。

⑥文：指碑文。漫灭：指碑文剥蚀严重，模糊不清。

【译文】

褒禅山也叫华山。唐朝和尚慧褒开始在这里筑室定居，死后又埋葬在这里，因为这个原因，在慧褒以后这座山就被称为褒禅山。现在所说的慧空禅院，就是慧褒和尚的房舍和坟墓的所在地。距离这座禅院东边五里处，有一个被称为华山洞的地方，是因为它地处华山的南面而得名。距离洞口一百多步远的地方，有一块石碑倒伏在路上，碑文已经模糊不清，只有其中几个残存的文字还可以辨认出来，叫做“花山”。现在把“华”字读为“华实”的“华”，大概是把字音读错了。

其下平旷，有泉侧出，而记游者甚众[①]，所谓“前洞”也。由山以上五六里，有穴窈然[②]，入之甚寒，问其深，则其好游者不能穷也[③]，谓之“后洞”。予与四人拥火以入[④]，入之愈深，其进愈难，而其见愈奇。有怠而欲出者[5]，曰：“不出，火且尽。”遂与之俱出。盖予所至，比好游者尚不能十一，然视其左右，来而记之者已少。盖其又深，则其至又加少矣[6]。方是时，予之力尚足以入，火尚足以明也。既其出，则或咎其欲出者[7]，而予亦悔其随之，而不得极乎游之乐也[8]。

【注释】

①记游者甚众：题字留念的人很多。

②窈(yǎo)然：幽深的样子。

③穷：尽。这里指走到洞的尽头。

④拥火：打着火把。

⑤怠：懈怠。这里指畏于前进。

⑥加：更。

⑦咎：怪罪。

⑧极：尽。这里指尽兴、尽情。

【译文】

山洞下地势平坦而空阔，有一道泉水从侧壁流出来，到这里来游览并在洞壁题字留念的人很多，这就是人们所说的“前洞”。沿着山路向上走五六里，有一个山洞幽暗深邃，走进洞去，感到寒气袭人，要问这个洞有多深，就连那些特别喜爱游山玩水的人也不能达到它的尽头，这就是所谓的“后洞”。我和四个同伴举着火把走进去，越往深处走，前进就越困难，而看到的景致就越发奇妙。同伴中有一位退缩而想回去的说道：“要是不回去，火把就要烧完了。”于是大家都同他一起出来了。估计我们所到达的深度，同那些喜欢游览的人相比还不到十分之一，然而环顾洞壁左右，来到这里并且刻字留念的人已经很少了。大概洞越深，到的人就越少了吧。当我刚从洞里退出来的时候，我的力气还足够继续前进,火把也还足够继续照明。退出洞以后,就有人抱怨那个吵着要退出来的人,我也后悔自己跟着别人退了出来,而没有能够尽情享受游览的乐趣。

于是予有叹焉。古人之观于天地、山川、草木、虫鱼、鸟兽,往往有得[①],以其求思之深而无不在也。夫夷以近[②],则游者众,险以远,则至者少。而世之奇伟瑰怪、非常之观[③],常在于险远,而人之所罕至焉,故非有志者不能至也。有志矣,不随以止也,然力不足者,亦不能至也。有志与力,而又不随以怠,至于幽暗昏惑,而无物以相之[④],亦不能至也。然力足以至焉,于人为可讥,而在己为有悔。尽吾志也而不能至者,可以无悔矣,其孰能讥之乎？此予之所得也。

【注释】

①得:心得。

②夷:平坦。

③瑰怪:壮丽奇异。

④相(xiàng):辅助。

【译文】

因此我很有感慨。古代的人观察天地、山川、草木、虫鱼、鸟兽这样一些自然现象,往往都有心得体会,这是由于他们思考得很深入而且处处都能如此的缘故。那些平坦而且近便的地方,游人就多;艰险而偏远的地方,到达的人就少了。然而世间奇妙、雄伟、壮丽、怪异和不同寻常的景象,常常是在艰险偏远而且人们极少到达的地方,因此没有坚强意志的人是不能到达的。有意志,不肯随着别人中途停止前进,可是如果体力不足,也不能到达。既有意志和体力,又不松懈懒散,但是到了幽深昏暗而令人迷惘的地方,如果没有外物辅助辨路,也还是不能到达。然而如果体力足以到达实际上却没有到达,在别人看来是可以讥笑的,在自己也会感到懊悔。如果我自己已经尽了努力而仍然不能到达,那就可以不必懊悔了,谁又会来责怪讥笑我呢?这些就是我的心得。

予于仆碑,又有悲夫古书之不存[1],后世之谬其传而莫能名者,何可胜道也哉[2]!此所以学者不可以不深思而慎取之也。

【注释】

①悲:悲叹。

②胜(shēng):尽。

【译文】

我对于那块倒伏在路上的石碑,又感叹可惜古代书籍文献的散失,后代的人以讹传讹而无法弄清许多事物的真实情况,这样的例子怎么能说得尽呢!这就是读书求学的人对于学问不能不深入思考而谨慎选择的原因啊。

四人者:庐陵萧君圭君玉[1],长乐王回深父[2],予弟安国平父、安上纯父[3]。

【注释】

①庐陵:今江西吉安。萧君圭:人名。字君玉。事迹不详。

②长乐:今福建长乐。王回:字深父。北宋学者。

③安国平父:即王安国,字平父。安上纯父:即王安上,字纯父。两人都是王安石的弟弟。

【译文】

同我一道游览的四个人是:庐陵的萧君圭萧君玉,长乐县的王回王深父,我的弟弟安国王平父和安上王纯父。

泰州海陵县主簿许君墓志铭

【题解】

本文是作者在嘉祐年间为已故泰州海陵县主簿许平所撰的墓志铭。与传统墓志铭以叙事为主的写法不同,本文以议论代叙事,慨叹许平一生失意、大材小用的遭遇,感慨科举制度对人才的埋没,指出君子应贵于自守。全文感情深沉,引人深思。

君讳平①,字秉之,姓许氏。余尝谱其世家②,所谓今泰州海陵县主簿者也③。君既与兄元相友爱称天下④,而自少卓荦不羁⑤,善辩说,与其兄俱以智略为当世大人所器⑥。宝元时⑦,朝廷开方略之选⑧,以招天下异能之士,而陕西大帅范文正公、郑文肃公争以君所为书以荐⑨,于是得召试,为太庙斋郎⑩,已而选泰州海陵县主簿。

【注释】

①讳:避讳。古人尊敬死者,不直接称呼名字,而在名字前加“讳”字。

②世家:家庭世系。

③海陵县:泰州治所,即今江苏泰州。县主簿:相当于县令助理,掌管文书簿籍。

④元:许元,字子春,许平的哥哥。

⑤卓荦(luò):卓越、突出。不羁:不受拘束。

⑥大人:指有地位、有声望的人。器:器重。

⑦宝元:宋仁宗赵祯的年号,1038—1040年。

⑧方略之选:即宋仁宗时临时设立的洞识韬略、运筹决胜科,选拔具有治国用兵等特殊才能的人才。

⑨范文正公:即范仲淹,北宋著名政治家。曾任宰相及陕西路安抚使,死后谥文正。郑文肃公:即郑戬(jiǎn),曾任陕西四路都总管兼经略、招讨使,死后谥文肃。

⑩太庙斋郎:掌管皇家宗庙祭祀事务的官员。

【译文】

这位墓主名平,字秉之,姓许。我曾经为他的家族世系编撰过家谱,他就是家谱上所记载的当今泰州海陵县主簿。许君既和他的哥哥许元以互相友爱而被天下的人所称赞,而他本人又从小就卓绝出众,不受世俗约束,擅长辨析论说,和他的哥哥都因为有智谋才略而受到当代大人物的器重。宝元年间,朝廷开设制举方略科,以此来招纳国内有特殊才能的读书人,陕西大帅范文正公仲淹和郑文肃公戬争相将许君的文章推荐给朝廷,于是许君得到征召进京应考,被授予太庙斋郎的官职,不久又被选任为泰州海陵县主簿。

贵人多荐君有大才[①],可试以事,不宜弃之州县。君亦尝慨然自许[②],欲有所为。然终不得一用其智能以卒。噫!其可哀也已。

【注释】

①贵人:指达官要人。

②尝:通“常”。自许:称许自己。即自负又自信。

【译文】

达官贵人大多推荐说许君有大才，可以任用他干大事，不应该把他弃置埋没在州县小官任上。许君也常常情绪激昂地以才能自信、自负，想要有所作为。可是他最终没能得到施展自己的智慧才能的机会就去世了。唉，这真是太可悲了！

士固有离世异俗①，独行其意，骂讥、笑侮、困辱而不悔，彼皆无众人之求而有所待于后世者也②。其龃龉固宜③，若夫智谋功名之士，窥时俯仰以赴势利之会而辄不遇者④，乃亦不可胜数。辩足以移万物⑤，而穷于用说之时⑥；谋足以夺三军⑦，而辱于右武之国⑧。此又何说哉？嗟乎！彼有所待而不悔者，其知之矣。

【注释】

①固：本来。离世异俗：即超凡脱俗。

②众人：一般人。

③龃龉(jǔ yǔ)：上下齿不相合。这里指不合时宜。

④窥时俯仰：看准时机，随机应变。赴：奔走以从事。势利之会：权势和财利的场合。辄：总是。

⑤辩：论辩。移：改变。

⑥穷：困顿。说(shuì)：游说，劝说别人听从自己的意见。

⑦三军：古代军队分为左、中、右三军。这里指军队。

⑧右武之国：崇尚武力的国家。

【译文】

读书人中本来就有超越于世俗之外，独自按自己的意志行事，受到责骂、讽刺、嘲笑、轻侮和困窘羞辱，却毫不后悔的人。他们都没有一般人对现世功名利禄的欲望和要求,却期待能流芳百世。这种人因为与世俗相抵触而不得志本来就是必然的,至于那些富有智慧谋略而热心功名的读书人,窥测时机,随机应变,奔走追寻得到权势利禄的机会,然而却总是得不到机遇的,竟然也多得数不过来。辩才足以改变万物,却在用得着游说之才的时代遭受困厄;智谋足以镇服三军,却辱没于崇尚武功的国度。这种现象又怎么解释呢?唉!那些对于后世有所期待而对于现世的遭遇不后悔的人,大概是了悟其中的道理吧。

君年五十九,以嘉祐某年某月某甲子,葬真州之杨子县甘露乡某所之原①。夫人李氏。子男瓌,不仕;璋,真州司户参军②;琦,太庙斋郎;琳,进士。女子五人,已嫁二人,进士周奉先、泰州泰兴令陶舜元③。

【注释】

①嘉祐:宋仁宗年号,1056—1063年。杨子县:真州治所,在今江苏仪征。原:墓地。

②司户参军:州佐吏,掌民户。

③泰兴:今江苏泰兴。

【译文】

许君享年五十九岁,于仁宗嘉祐某年某月某日,安葬在真州杨子县甘露乡某处的墓地。夫人姓李。儿子许瓌,没有做官;许璋,任真州司户参军;许琦,任太庙斋郎;许琳,是进士。女儿共五人,已出嫁二人,女婿是进士周奉先和泰州泰兴县令陶舜元。

铭曰:有拔而起之①,莫挤而止之②。呜呼许君!而已于斯③,谁或使之?

【注释】

①拔:提拔。起:起用。

②挤:排挤。止:阻止。

③斯:这里指县主簿的官职。

【译文】

铭文说:既然有人提拔并起用他,没有人排挤并阻止他。唉!许君啊!终止在这么小的官职上,是谁使他这样的呢?

卷十二

宋 濂

宋濂(1310—1381),字景濂,号潜溪,浦江(今属浙江)人。明朝建立后,他接受朱元璋的邀请主持《元史》的修撰,官至翰林学士承旨知制诰,被朱元璋称为"开国文臣之首"。他是明初著名的文学家,著有《宋学士文集》。

送天台陈庭学序

【题解】

本文是一篇赠序。开篇先叙川蜀山水之奇,突出游历川蜀之难,引出庭学之能游;继而叙述自己之不能游,与前作反衬,结尾更推进一步,强调必须探索"山水之外"的东西。全文主旨鲜明,一气呵成,是古代赠序中的典范。

西南山水,惟川蜀最奇。然去中州万里,陆有剑阁栈道之险①,水有瞿唐滟滪之虞②。跨马行,则竹间山高者,累旬日不见其巅际。临上而俯视,绝壑万仞③,杳莫测其所穷,肝胆为之掉栗④。水行,则江石悍利,波恶涡诡,舟一失势尺寸，辄糜碎土沉，下饱鱼鳖。其难至如此！故非仕有力者，不可以游；非材有文者，纵游无所得；非壮强者，多老死于其地。嗜奇之士恨焉⑤。

【注释】

①剑阁：今四川剑阁东北大剑山、小剑山之间的栈道，是古代川、陕间的主要通道。栈道：在峭岩陡壁上搭木形成的道路。

②瞿唐：今作瞿塘，长江三峡之一，在今四川奉节东。滟滪：即滟滪堆，瞿塘峡口的险滩。

③仞：古代度量单位。一仞等于八尺。

④掉栗：颤抖。

⑤恨：遗憾。

【译文】

我国西南部的山水，唯独四川境内最为奇特。然而，那里与中原一带相距万里之遥，陆上有剑阁、栈道之类的险阻，水上又有瞿塘峡和滟滪堆之类的忧惧。骑着马行走在大片竹林之间，山势高峻，接连走几十天，也看不到山峦的顶峰。站在高处往下俯瞰，陡峭的山谷有几万尺深，茫茫渺渺看不到谷底，令人惊恐万状，胆战心惊。从水路走，江中的礁石尖利，波涛险恶，漩涡变化不测，船只稍稍偏离航道，就被撞成粉末，像泥土般下沉，沉船中的人便饱了江中鱼鳖的口腹。通往四川的道路是如此艰难啊！因此，不是做官而又有财力的人，不能前往游历；不是饱学之士，即使去游览了，也不会有收获；若非身强体壮者，到达之后，大多会老死在那里。那些喜欢奇山异水的士子，认为这是一件憾事。

天台陈君庭学①，能为诗。由中书左司掾②，屡从大将北征，有劳，擢四川都指挥司照磨③，由水道至成都。成都，川蜀之要地，扬子云、司马相如、诸葛武侯之所居④，英雄俊杰战攻驻守之迹，诗人文士游眺饮射、赋咏歌呼之所⑤，庭学无不历览。既览必发为诗，以纪其景物时世之变，于是其诗益工。越三年，以例自免归，会予于京师⑥。其气愈充，其语愈壮，其志意愈高，盖得于山水之助者侈矣⑦。

【注释】

①天台：天台府，在今浙江天台。

②中书左司掾(yuàn)：中书省下所设左司的属员。明代中书省下设左右司。

③都指挥司：军事指挥机构，隶属兵部。照磨：都指挥司下属官吏，掌管文书宗卷。

④扬子云：扬雄，字子云，蜀郡成都人，西汉文学家。司马相如：蜀郡成都人，西汉文学家。诸葛武侯：诸葛亮，三国时蜀汉丞相，封武侯。

⑤射：射覆，酒令的一种。用相连的字句隐物为谜而使人猜测。

⑥京师：首都。明初京师应天，即今江苏南京。

⑦侈：多。

【译文】

浙江天台籍人士陈庭学君，擅长作诗。他以中书左司掾的身份，屡次随大将北征，立有战功，升任四川都指挥司照磨，从水路到成都。成都，是四川的要地，又是扬雄、司马相如、诸葛亮等曾经居住过的地方，凡历代英雄豪杰战斗和驻守的遗迹，诗人文士游览登临、饮酒射覆、赋诗吟咏的地方，庭学君都一一游览。游览之后，就一定会写诗抒发感受，记录景物、时世的变迁，因此他的诗歌在入川以后越写越好。过了三年，庭学君依照惯例辞官归家，在京城和我相聚。他的精神更加饱满，语气更加豪壮，志趣更加高远，这大概是因为从川蜀山水得到的帮助很多吧。

予甚自愧，方予少时，尝有志于出游天下，顾以学未成而不暇。及年壮可出，而四方兵起①，无所投足。逮今圣主兴而宇内定②，极海之际，合为一家，而予齿益加耄矣③。欲如庭学之游，尚可得乎？

【注释】

①四方兵起：指元朝末年群雄四起。

②逮今圣主兴而宇内定：指朱元璋统一天下，建立明朝。圣主，指朱元璋。宇内，天下。

③益加：更加，越来越。耄(mào)：年老。《礼记·曲礼上》："八十九十曰耄。"

【译文】

我内心很是惭愧，当我年轻的时候，曾经立志要周游天下，只是因学业未成，不得空闲。到了壮年能出游的时候，四方战乱，没有地方可以落脚。及至当今圣明天子兴起，天下安定，四海一家，而我的年纪却越来越老了。想要像庭学君那样去游历，还能实现吗？

然吾闻古之贤士，若颜回、原宪①，皆坐守陋室，蓬蒿没户，而志意常充然，有若囊括于天地者，此其故何也？得无有出于山水之外者乎？庭学其试归而求焉，苟有所得，则以告予，予将不一愧而已也。

【注释】

①颜回、原宪：都是孔子学生。颜回居陋巷，安于求学，深得孔子赞扬。原宪，字子思，孔子死后隐居乡野，安于贫贱。所以后代常常拿颜回、原宪代指安于贫贱、不改操守的读书人。

【译文】

然而，我听说古代的贤士，如孔子的弟子颜回、原宪等，大都常年居住在陋室，即使杂草遮没了门户，但他们的志向和意气却始终很充沛，好像足以包容天地万物。这是什么原因呢？难道有超出山水之外的东西吗？庭学君回去之后，试着从这方面探求一下，如果有什么收获，请告诉我，我将不只是惭愧而已。

阅江楼记

【题解】

这是作者奉朱元璋旨意为阅江楼撰写的一篇应制文。文章开篇由叙述金陵山川王气，引出对当今皇上的歌功颂德，同时规劝皇上能居安思危，励精图治，勉励臣下要感恩戴德，忠君报上。

金陵为帝王之州①，自六朝迄于南唐②，类皆偏据一方，无以应山川之王气。逮我皇帝，定鼎于兹③，始足以当之。由是声教所暨④，罔间朔南⑤，存神穆清⑥，与天同体，虽一豫一游⑦，亦可为天下后世法。京城之西北，有狮子山，自卢龙蜿蜒而来⑧，长江如虹贯，蟠绕其下。上以其地雄胜，诏建楼于巅，与民同游观之乐，遂锡嘉名为“阅江”云⑨。

【注释】

①金陵：即今江苏南京。

②六朝：指三国的吴、东晋、南朝的宋、齐、梁、陈，都建都建康（南京）。南唐：五代十国之一，建都金陵（南京）。

③定鼎：传说禹铸九鼎象征天下九州之土。古代以鼎为传国之宝，置于国都，故往往称建都为定鼎。

④暨（jì）：及，到。

⑤罔间朔南：南北无间隔。罔间，无间隔。朔，北方。

⑥穆清：指天地清和之气，古代专用以称颂皇帝。

⑦豫、游：同义反复，即娱乐、巡游义。

⑧卢龙：山名。在今江苏江宁西北。

⑨锡：赐。嘉名：美好的名字。云：句尾语气助词。

【译文】

金陵是帝王建都的地方，从六朝到南唐，都是割据偏安于一方的政权，不能同此地的山川王气相适应。直到我们大明王朝的皇帝在这里开国建都，才与山川王气相当。从此，王朝的声威教化遍及全国各地，不分南北，皇上修养身心，承受天地清和之气，与天地融为一体，即使一次游赏一次娱乐，也足以为天下后世效法。京城的西北方有座狮子山，从卢龙山曲折延伸到这里，长江像彩虹一样横贯，萦绕在山下。皇上因为这一带江山雄伟壮丽，就下旨在山顶建筑高楼，与百姓同享游玩观景之乐，并赐给它一个美妙的名字叫“阅江”。

登览之顷，万象森列，千载之秘，一旦轩露[①]。岂非天造地设，以俟大一统之君[②]，而开千万世之伟观者欤？当风日清美，法驾幸临[③]，升其崇椒[④]，凭阑遥瞩，必悠然而动遐思。见江汉之朝宗[⑤]，诸侯之述职，城池之高深，关阨之严固[⑥]，必曰：“此朕栉风沐雨[⑦]，战胜攻取之所致也。”中夏之广，益思有以保之。见波涛之浩荡，风帆之上下，番舶接迹而来庭[8]，蛮琛联肩而入贡[9]，必曰："此朕德绥威服，覃及内外之所及也[10]。"四陲之远[11]，益思有以柔之。见两岸之间、四郊之上，耕人有炙肤皲足之烦[12]，农女有捋桑行馌之勤[13]，必曰："此朕拔诸水火[14]，而登于衽席者也[15]。"万方之民，益思有以安之。触类而思，不一而足。臣知斯楼之建，皇上所以发舒精神，因物兴感，无不寓其致治之思，奚止阅夫长江而已哉[16]！

【注释】

①轩露：明显地显露出来。

②俟（sì）：等待。

③法驾：皇帝的车驾。

④崇：高。椒：山巅。

⑤朝宗：原指诸侯朝见天子。这里借指江河入海。

⑥阨（ài）：险要的地方。

⑦栉（zhì）风沐雨：风梳发，雨洗头。形容奔波劳苦。栉，梳头。

⑧番：指外国。

⑨蛮：古代对南方少数民族的泛称。琛（chēn）：珍宝。

⑩覃（tán）：延长。

⑪陲：边疆。

⑫炙肤：皮肤被太阳晒伤。皲（jūn）：手足受冻开裂。

⑬捋（luō）桑：采桑。行馌（yè）：给田间耕作的人送饭。

⑭拔诸水火：从水火中解救出来。

⑮衽（rèn）席：床席。

⑯奚止：何止。

【译文】

登楼游览时，万千景象，依次呈现在眼前，某些隐藏千年的秘密，也一下子显露出来了。这难道不是天地神灵早就安排好，专等那统一天下的圣明君主，从而展示千秋万代的壮观景象吗？每当风和日丽，皇帝御驾亲临，登上山顶，倚栏远眺，一定会悠然心动，触动深思。看到长江、汉水滚滚东流，奔向大海；看到四方诸侯聚集京城，禀奏政事；看到城池高深，关隘坚固，皇上一定会说："这大好江山，都是我当初顶风冒雨，历经艰难，战胜敌人，攻城略地才获得的。"因而想到整个华夏大地，幅员广阔，越要想方设法保全它。皇帝看到长江波涛滚滚，看到无数风帆来来回回，看到番邦的船只接连不断来京朝见，各国使者携带珍宝竞相进贡，一定会说："这是我以恩德感化，以威力慑服，影响延及国内外才做到的。"因而想到边远四方的民族，越要想方设法用怀柔政策去安抚那里的人心。看到长江两岸、四方原野之上，耕田的农夫有被烈日炙烤皮肤、被寒风吹裂双足的辛劳，看到农家妇女有采桑养蚕、下田送饭的劳累，一定会说："这些都是我把他们从水火之中拯救出来，使他们能够安睡在床席之上的。"因而想到天下四方百姓，更要想方设法使他们能够安居乐业。联系到相类的事物展开联想浮想联翩，不一而足。臣下我由此体会到这座高楼的兴建，皇上是想要借它来调剂精神，通过观赏景物抒发感想，所见所感无不寄托着皇上治理天下的思想，哪里仅仅是想通过它来观赏长江景色呢！

彼临春、结绮[①]，非不华矣；齐云、落星[②]，非不高矣，不过乐管弦之淫响，藏燕、赵之艳姬[③]，一旋踵间而感慨系之[④]，臣不知其为何说也。虽然，长江发源岷山[⑤]，委蛇七千余里而入海[⑥]，白涌碧翻，六朝之时，往往倚之为天堑。今则南北一家，视为安流，无所事乎战争矣。然则果谁之力欤？逢掖之士[7]，有登斯楼而阅斯江者，当思圣德如天，荡荡难名。与神禹疏凿之功同一罔极[8]。忠君报上之心，其有不油然而兴耶？

【注释】

①临春、结绮：南朝陈后主所建的楼阁，隋军攻入南京时，尽焚于火。

②齐云：楼阁名。唐代在今江苏吴县所建，明太祖攻占长江，吴王张士诚群妾在此焚死。落星：楼阁名。三国时孙吴建于今江苏江宁东北落星山。

③燕、赵之艳姬：相传燕赵一带的女子多美貌，故燕赵艳姬代指美貌的宫女、嫔妃。燕、赵，战国时诸侯国。

④一旋踵间：转一下身的时间，形容时间过得极快。踵，脚后跟。

⑤岷（mín）山：在今四川北部，是长江和黄河的分水岭。古人误认为长江发源于岷山。

⑥委蛇（wēi yí）：同“逶迤”，形容弯弯曲曲，绵延不绝。

⑦逢掖：古代读书人穿的一种袖子宽大的衣服。

⑧神禹：指夏禹。疏凿：疏通水道，开凿河道。这里指治水。罔（wǎng）极：无边。

【译文】

临春阁、结绮阁，不能说不华丽；齐云楼、落星楼，不能说不高大，可它们都不过是演奏繁弦急管的淫曲艳调，深藏燕、赵之地美女的场所，转瞬间繁华尽逝，家破国亡，令人心生感慨，对此臣下我真不知该怎样去评说。虽然这样，长江发源于岷山，蜿蜒曲折流经七千余里才汇入大海，白浪滔滔，碧波翻滚，六朝时期，往往倚靠它作为天然屏障，得以偏安一隅。如今天下统一，南北一家，长江被视作一条安静的河流，再也用不着利用它的天然条件去作战了。那么，这究竟是靠了谁的力量呢？

那些穿着宽袍大袖的读书人，有登上这座高楼观赏长江的，应当想到皇上恩德如天，浩荡无边，难以明言。这就如同当初圣明的大禹王凿山引水、拯救万民的不朽功绩一样无边无际。想到这一点，尽忠皇上、报答皇上的心情，能不油然而生吗？

臣不敏，奉旨撰记。欲上推宵旰图治之功者①，勒诸贞珉②。他若留连光景之辞，皆略而不陈，惧亵也③。

【注释】

①宵旰(gàn)："宵衣旰食"的简称。天没亮就穿衣起床，晚上很晚才进食，意思是勤于政务。旰，晚。

②珉(mín)：似玉的石头。

③亵(xiè)：亵渎。

【译文】

臣下我生性愚钝，奉皇帝旨意撰写这篇《阅江楼记》。心中想着皇上日夜操劳、励精图治的功德，将它铭刻在精美的石碑上。其他流连风景、赞美江山的话语，都一概不讲，因为怕亵渎了圣明天子建造阅江楼的本意。

刘　基

刘基(1311—1375),字伯温,处州青田(今属浙江)人。元末明初军事家、政治家、文学家,通晓经史、天文,精于兵法。著有《郁离子》十卷,《覆瓿集》二十四卷,《写情集》四卷,《犁眉公集》五卷等,后均收入《诚意伯文集》。

司马季主论卜

【题解】

这是一则寓言。作者认为自然界和社会始终处于变化之中,祸福相依,盛衰交替,如果领导者不能居安思危,见微知著,一切美好的东西,必将迅速腐败,到那时求神拜佛,求签问卜,都无济于事了。

东陵侯既废①,过司马季主而卜焉②。

【注释】

①东陵侯:即邵平。秦时为东陵侯,汉代被废,在长安城东种瓜。事见《史记·萧相国世家》。

②过:访问,拜访。司马季主:西汉初年一个善于占卜的人。

【译文】

东陵侯在秦亡后被废黜为平民,他去拜访司马季主进行占卜。

季主曰:“君侯何卜也?”东陵侯曰:“久卧者思起,久蛰者思启[①],久懑者思嚏[②]。吾闻之,蓄极则泄,闷极则达[③],热极则风,壅极则通[④]。一冬一春,靡屈不伸,一起一伏,无往不复。仆窃有疑,愿受教焉。”季主曰:“若是,则君侯已喻之矣[⑤],又何卜为?”东陵侯曰:“仆未究其奥也,愿先生卒教之[⑥]。”

【注释】

①蛰(zhé):动物冬眠。启:开,引申为出来。

②懑(mèn):郁闷。嚏:打喷嚏。

③闷(bì):闭。

④壅(yōng):堵塞。

⑤喻:晓谕,明白。

⑥卒:尽,彻底。

【译文】

司马季主说:“君侯您占卜什么呢?”东陵侯说:“一个人久卧在床,就想要起来;长期地关闭在室内,就想要开启门窗;气闷在胸,时间长了就想打喷嚏。我还听人说,水蓄积过分,就会溢泄;郁闷到极点,就要通达;热到极点,就要刮风;壅塞到极点,就会开通。冬去春来,没有只屈不伸的;有起有伏,不会总去不回的。我对此私下里还有疑惑,愿听听您的指教。”季主说:“如果是这样,君侯已经很明白了,何必还来占卜呢?”东陵侯说:“我还没有了解其中深奥的道理,希望先生能透彻地开导我。”

季主乃言曰："呜呼！天道何亲？惟德之亲。鬼神何灵？因人而灵。夫蓍[①]，枯草也，龟[②]，枯骨也，物也。人，灵于物者也，何不自听而听于物乎？且君侯何不思昔者也[③]？有昔者必有今日[④]。是故碎瓦颓垣，昔日之歌楼舞馆也；荒榛断梗，昔日之琼蕤玉树也[⑤]；露蚕风蝉[⑥]，昔日之凤笙龙笛也；鬼磷萤火，昔日之金缸华烛也[⑦]；秋荼春荠[⑧]，昔日之象白驼峰也[⑨]；丹枫白荻[⑩]，昔日之蜀锦齐纨也[⑪]。昔日之所无，今日有之不为过；昔日之所有，今日无之不为不足。是故一昼一夜，华开者谢[⑫]，一秋一春，物故者新。激湍之下，必有深潭；高丘之下，必有浚谷[⑬]。君侯亦知之矣，何以卜为？"

【注释】

①蓍(shī)：一种草，也称锯齿草。古人拿它的茎来占卜。

②龟：指龟甲。古人用火炙烤龟甲，根据龟甲的裂纹来占卜吉凶。

③昔者：过去。东陵侯秦时曾为官。

④今日：现在。这里指东陵侯被废。

⑤琼蕤(ruí)：美好的花朵。蕤，花朵下垂的样子。

⑥蚕：一作"蛩(qióng)"，即蟋蟀。

⑦缸：一作"釭(gāng)"，即灯。

⑧荼(tú)：苦菜。荠(jì)：荠菜。

⑨象白：象的脂肪。

⑩荻(dí)：多年生草本植物，与芦苇相似，生于路旁和水边，秋季开白花。

⑪蜀锦：四川出产的锦缎。齐纨(wán)：山东出产的白细绢。这两地的锦、绢在古代很有名。

⑫华：花。

⑬浚(jùn):深。

【译文】

司马季主这才说:“唉!天道与谁亲近呢?它只亲近有德行的人。鬼神本身有什么灵验呢?它是靠人事才显现出灵验来的。蓍草,只不过是几茎枯草;龟甲,也只不过是几块枯骨,全都是物体而已。人要比物灵慧,为什么不相信自己,却去相信物所显现的征兆呢?而且,君侯您为什么不想想过去呢?有过去才有今日。因此,碎瓦断墙,就是过去的歌楼舞榭;荒树残枝,就是过去的鲜花玉树;风露中蟋蟀和蝉儿的鸣叫声,就是过去的龙笛凤箫的音律;鬼磷萤火,就是过去的金灯华烛;那秋日的苦菜,春天的荠菜,就是过去像脂驼峰那样的美味佳肴;红枫和白荻,就是过去的蜀锦齐纨一样的精美织物。过去没有的,如今有了,这并不为过;过去有的,如今已消失,那也不是不足。因此,一日一夜间,花开了又谢;一春一秋间,万物凋零而又复苏。需知湍急的河流下,必有静静的深潭;高高的山岭下,必有深深的峡谷。君侯您已经明白这个道理了,何必再占卜呢?”

卖柑者言

【题解】

这是一篇著名的寓言性散文,作者借卖柑者之口,酣畅淋漓地揭露元末统治机构的腐败,文臣武将“金玉其外、败絮其中”的实质。全文语言犀利,构思新奇。

杭有卖果者①,善藏柑。涉寒暑不溃②,出之烨然③,玉质而金色。剖其中,干若败絮。予怪而问之曰:“若所市于人者,将以实笾豆④,奉祭祀,供宾客乎?将衒外以惑愚瞽乎⑤？甚矣哉，为欺也！”

【注释】

①杭：即今浙江杭州。

②涉寒暑不溃：经过一冬一夏也不腐烂。涉，经过。溃，腐败。

③烨（yè）然：鲜艳光亮的样子。

④笾（biān）豆：古代宴会或祭祀时盛食物的容器，竹制的叫笾，用来盛果脯；木制的叫豆，用来盛鱼肉。

⑤衒（xuàn）：炫耀。瞽（gǔ）：盲人。

【译文】

杭州有个卖水果的，很会贮藏柑子。虽然经过严冬酷夏，他的柑子仍然不会腐烂，拿出来还那么光鲜，质地像玉一般晶莹润泽，表皮金光灿灿。可是剖开来一看，中间却干枯如同败絮一般。我很奇怪，就责问他：“你卖给人家的柑子，是打算让人放在盘中供祭祀、招待宾客用呢？还是只不过炫耀漂亮的外观去骗傻子、瞎子呢？你这样骗人也太过分了！”

卖者笑曰：“吾业是有年矣①，吾赖是以食吾躯②。吾售之，人取之，未闻有言，而独不足子所乎？世之为欺者不寡矣，而独我也乎？吾子未之思也。今夫佩虎符、坐皋比者③，洸洸乎干城之具也④，果能授孙、吴之略耶⑤？峨大冠、拖长绅者⑥，昂昂乎庙堂之器也⑦，果能建伊、皋之业耶⑧？盗起而不知御，民困而不知救，吏奸而不知禁，法斁而不知理⑨，坐糜廪粟而不知耻⑩。观其坐高堂，骑大马，醉醇醴而饫肥鲜者⑪，孰不巍巍乎可畏、赫赫乎可象也⑫？又何往而不金玉其外、败絮其中也哉？今子是之不察，而以察吾柑！”

【注释】

①业是:以此为业。有年:有好多年。

②食(sì):喂食。

③虎符:即兵符,古代调兵的凭证。皋比(pí):虎皮。这里指虎皮椅。

④洸洸(guāng):威武的样子。干城:捍卫国家。干,盾牌,这里指捍卫。具:才能。

⑤孙:孙武,春秋时军事家。著有《孙子兵法》。吴:吴起,战国时军事家,著有《吴子》。

⑥峨:高耸。长绅:腰上系的长带子。

⑦昂昂:气宇轩昂的样子。庙堂:指朝廷。

⑧伊:伊尹,商时贤臣。曾辅佐商汤伐灭夏桀。皋:皋陶(gāo yáo),相传舜时贤臣。二人被后世称作贤臣的代表。

⑨斁(dù):败坏。

⑩坐:白白地。糜:通"靡(mí)",耗费。廪(lǐn)粟:公家粮仓里的粮食。这里指俸禄。

⑪醇醴(chún lǐ):味道醇厚的美酒。饫(yù):饱食。

⑫赫赫:气势煊赫的样子。象:效法。

【译文】

卖柑子的笑着说:"我以此为业已经好多年了,靠着它养活自己。我卖它,人们买它,从来没听到什么意见,却偏偏不合您的需要吗?世上骗人的不算少了,难道只有我一个吗?只不过先生您没有想过。当今佩戴虎符、高坐在虎皮交椅上的人,耀武扬威地像是保卫家国的人才,他们真能拿出孙武、吴起那样的韬略吗?那些头戴高高官帽腰垂长长衣带的人,气宇轩昂,很像朝廷的重臣,他们真能建立伊尹、皋陶一样的功业吗?盗贼兴起时,他们不懂如何抵御;百姓穷困时,他们不懂怎样赈济解救;官吏贪赃枉法,他们不知如何禁止;法纪败坏,他们不知怎样整顿治理，白拿俸禄耗费国库却不知羞耻。你看他们，坐高堂，骑骏马，醉饮美酒，饱食鱼肉，哪个不是威风八面令人望而生畏，气势显赫令人仰慕效法呢！然而他们又何尝不是徒有金玉外表，腹中满是败絮呢？如今您对于这些视而不见，却来挑剔我的柑子！”

予默默无以应。退而思其言，类东方生滑稽之流[①]。岂其忿世嫉邪者耶？而托于柑以讽耶？

【注释】

①东方生：指东方朔，汉武帝近臣，常以诙谐滑稽的言语讽谏皇帝。事见《史记·滑稽列传》。滑稽：诙谐善辩。

【译文】

我默默无言以答，回来后仔细考虑他的话，觉得他很像东方朔一类的滑稽机警的人物。难道他是个愤世嫉俗的人，借柑子来讽刺世事吗？

方孝孺

方孝孺(1357—1402),字希直,又字希古,宁海(今属浙江)人,明初当过汉中府学教授,建文帝即位后召他当侍讲学士、文学博士,燕王朱棣(即明成祖)起兵,他为建文帝出谋划策,撰写诏书反对朱棣。朱棣打进京城(今南京)后,他坚决不肯为朱棣起草登极诏书而被杀。方孝孺沿袭唐宋以来正统的文以载道说,所著文章大多是议论政治、历史、道德的作品,文风豪爽而有气势。

深虑论

【题解】

这是一篇史论。作者论述历朝君主都想吸取前朝败亡的教训,进行改革,结果却都不免于灭亡,这是因为天道为智力所不及,因此在文中提出尽人事以合乎天心的主张。

虑天下者,常图其所难,而忽其所易;备其所可畏,而遗其所不疑。然而祸常发于所忽之中,而乱常起于不足疑之事。岂其虑之未周与?盖虑之所能及者,人事之宜然,而出于智力之所不及者，天道也。

【译文】

考虑国家大事的人，常常谋求解决那些困难的问题，而忽略那些容易解决的问题；防范那些可怕的事情，而遗漏了那些不被怀疑的事情。然而祸患常常萌芽在那些被忽略的问题中，变乱常产生在不被怀疑的事情上。这难道是他们考虑得不够周全吗？这是由于人们能考虑到的，都是人世间本该如此的事情，而超出了人们智力所能达到的范围的，那就是天道。

当秦之世，而灭诸侯，一天下[①]，而其心以为周之亡在乎诸侯之强耳，变封建而为郡县[②]。方以为兵革可不复用，天子之位可以世守，而不知汉帝起陇亩之中[③]，而卒亡秦之社稷。汉惩秦之孤立[④]，于是大建庶孽而为诸侯[⑤]，以为同姓之亲可以相继而无变，而七国萌篡弑之谋[⑥]。武、宣以后[⑦]，稍剖析之而分其势[⑧]，以为无事矣，而王莽卒移汉祚[⑨]。光武之惩哀、平[⑩]，魏之惩汉[⑪]，晋之惩魏[⑫]，各惩其所由亡而为之备，而其亡也，皆出于所备之外。唐太宗闻武氏之杀其子孙，求人于疑似之际而除之，而武氏日侍其左右而不悟[⑬]。宋太祖见五代方镇之足以制其君，尽释其兵权[⑭]，使力弱而易制，而不知子孙卒困于敌国。此其人皆有出人之智、盖世之才，其于治乱存亡之几[⑮]，思之详而备之审矣[⑯]。虑切于此而祸兴于彼，终至乱亡者何哉？盖智可以谋人，而不可以谋天。良医之子多死于病，良巫之子多死于鬼。岂工于活人而拙于活己之子哉[⑰]？乃工于谋人而拙于谋天也。

【注释】

①一:统一。

②封建:周朝分封疆土的制度。郡县:秦始皇统一中国后,废除了分封制,把全国分为36郡,郡下设县。郡县长官由中央任免。

③而不知汉帝起陇亩之中:汉高祖刘邦出身卑微,但最后推翻了秦朝。陇亩之中,即田地之间,指出身低微。

④惩:警戒,以过去的失败作为教训。

⑤大建庶孽而为诸侯:刘邦即位后,大封子弟为诸侯王。庶孽,妾媵所生的子女。

⑥七国萌篡弑之谋:汉景帝时,以吴王刘濞为首的吴、楚、赵等七个诸侯王起兵叛乱,后被平。弑,古代臣杀君、子杀父称为弑。

⑦武、宣:指汉武帝刘彻和汉宣帝刘询。为了加强中央集权,他们曾削弱诸侯王的势力和权力。

⑧稍:渐渐。

⑨王莽:西汉末年外戚,逐渐掌握了皇权,并改国号为新。祚:帝位。

⑩光武:光武帝刘秀,东汉开国皇帝。哀、平:西汉末年的两个皇帝刘欣、刘衎。

⑪魏:指三国时魏国。

⑫晋:指西晋。

⑬武氏:即武则天,名曌(zhào)。高宗皇后,后废中宗、睿宗,自立为圣神皇帝,改国号为周。

⑭宋太祖句:宋太祖赵匡胤建立宋朝后,吸取了五代时期藩镇势力膨胀挟制君王的教训,召集将领宴会,劝他们广置田地,以享天年。将领们听了都很害怕,纷纷请辞,交出兵权。史称"杯酒释兵权"。

⑮几:微妙关系。

⑯审:周密。

⑰工于:善于。活:使动用法,使……活,救活。

【译文】

当初秦始皇消灭诸侯、统一天下时,认为周朝灭亡的原因在于诸侯的强大,于是就把封建制改成了郡县制。正当他以为从此可以不用再进行战争,皇帝的宝座可以世代相传时,却不料汉高祖在田野间兴起,最终推翻了秦朝的政权。汉朝建立以后,从秦朝孤立无援的失败中吸取教训,于是大封子弟为诸侯王,以为他们是同姓王,血亲关系可以使统治世代相传而不致发生变故,不料吴楚七国却萌发了篡权弑君的阴谋。武帝、宣帝以后,逐渐分割诸侯王的封地,从而分散他们的力量,以为这样就可以太平无事了,不料外戚王莽最终篡夺了汉朝的天下。东汉光武帝对于西汉哀帝、平帝,曹魏对于东汉,晋朝对于曹魏,都从前代失败的缘由中吸取教训,从而制定防范措施,但是,他们后来的败亡却都出于他们所防范的事情之外。唐太宗听到将会有姓武的人来杀害他的子孙,就搜捕并杀掉有嫌疑的人,而武则天日日在他身边侍候,他却没有觉察。宋太祖见五代时期地方藩镇势力强大足以挟制他们的君主,便在统一天下后全部解除了武将的兵权,削弱他们的力量,以便容易控制,却没有料到他的子孙后来反而因此受困于敌国。上述这些帝王都有超人的智慧、盖世的才能,他们对于太平、动乱、生存、灭亡之微妙关系,考虑得非常详尽,也防备得很周密了。然而他们仔细谋划了这一方面,祸患却从另一方面发生了,结果招致动乱甚至灭亡,这是什么缘故呢?原来人的智慧只能考虑到人事,却不能考虑到天意。良医的子女大多死于疾病,高明巫师的子女大多死于鬼祟。难道他们善于救活别人,却不善于救自己的子女吗?实际上,他们在考虑人事上是聪明的,但在考虑天意上却是笨拙的。

古之圣人,知天下后世之变非智虑之所能周,非法术之所能制，不敢肆其私谋诡计，而唯积至诚、用大德以结乎天心，使天眷其德，若慈母之保赤子而不忍释[1]。故其子孙虽有至愚不肖者足以亡国，而天卒不忍遽亡之[2]，此虑之远者也。夫苟不能自结于天，而欲以区区之智笼络当世之务[3]，而必后世之无危亡，此理之所必无者也，而岂天道哉！

【注释】

①保：养育，抚养。

②遽(jù)：马上，立即。

③笼络：指当权者用权术谋略驾驭、拉拢人。

【译文】

古代的圣君，懂得天下后世的变化不是人的才智所能考虑周全的，不是法术所能控制的，因此不敢任意施展他们的智谋，只是积累最大的诚意，运用最高的道德，来迎合天意，使上天眷顾他们的品德，好像慈母抚养婴儿一样不忍心撒手不管。所以，他们的子孙中虽然有愚蠢、不成材而足以使国家覆灭的，而上天终于不忍心使它立刻覆灭，这才是考虑问题深远的人。如果自己不能迎合天意，却想用一点小小的智谋去控制和驾驭当前事务，还想让自己的子孙一定不会有危难和覆灭，这在情理上必然是说不通的，又怎会符合天意呢！

豫让论

【题解】

豫让是自古以来公认的忠臣义士，本篇先扬后抑，责备豫让不能扶危于智氏未乱之先，而徒欲伏剑于智氏既败之后，见解独特，令人耳目一新。

士君子立身事主，既名知己[①]，则当竭尽智谋，忠告善道[②]，销患于未形，保治于未然，俾身全而主安[③]。生为名臣，死为上鬼，垂光百世，照耀简策[④]，斯为美也。苟遇知己，不能扶危于未乱之先，而乃捐躯殒命于既败之后，钓名沽誉，眩世炫俗[⑤]，由君子观之，皆所不取也。

【注释】

①名：用作动词，称为。

②忠告善道(dǎo)：诚恳地劝告，善意地引导。出自《论语·颜渊》"忠告而善道之"。道，先导，引导。

③俾(bǐ)：使。

④简策：这里指史书。古代没有纸笔，把文字刻在竹片上称为简，把简连缀起来称为册。

⑤眩(xuàn)：迷惑。炫：炫耀。

【译文】

有道德有学问的人树立自己的功名节操奉事君主，既然被君主称为知己，就应当拿出全部的智慧和谋略，忠诚地劝告，善意地引导，在祸患还没有显露的时候就加以消除，在动乱发生前就维持住政治上的清明安定，使自己的生命得以保全，君主平安无事。活着是有名的臣子，死后为上等的鬼魂，美名世世代代流传下去，光辉照耀史册，这才是值得赞美的。如果遇到了知己的君主，不能在没有发生变乱之前拯救危难，却在已经失败之后献出自己的身躯为君主去死，故意骗取好的名声，迷惑震撼世俗之人，这在君子看来，都是不可取的。

盖尝因而论之。豫让臣事智伯[①]，及赵襄子杀智伯[②]，让为之报仇，声名烈烈，虽愚夫愚妇，莫不知其为忠臣义士也。呜呼！让之死固忠矣，惜乎处死之道有未忠者存焉。何也？观其漆身吞炭[3]，谓其友曰："凡吾所为者极难，将以愧天下后世之为人臣而怀二心者也。"谓非忠可乎？及观斩衣三跃[4]，襄子责以不死于中行氏而独死于智伯[5]，让应曰："中行氏以众人待我，我故以众人报之。智伯以国士待我[6]，我故以国士报之。"即此而论，让有余憾矣。段规之事韩康[7]，任章之事魏献[8]，未闻以国士待之也，而规也、章也，力劝其主从智伯之请，与之地以骄其志，而速其亡也。郗疵之事智伯[9]，亦未尝以国士待之也，而疵能察韩、魏之情以谏智伯，虽不用其言以至灭亡，而疵之智谋忠告，已无愧于心也。让既自谓智伯待以国士矣，国士，济国之士也。当伯请地无厌之日[10]，纵欲荒暴之时，为让者，正宜陈力就列[11]，谆谆然而告之曰："诸侯大夫，各安分地，无相侵夺，古之制也。今无故而取地于人，人不与，而吾之忿心必生；与之，则吾之骄心以起。忿必争，争必败，骄必傲，傲必亡。"谆切恳告，谏不从，再谏之；再谏不从，三谏之；三谏不从，移其伏剑之死，死于是日。伯虽顽冥不灵，感其至诚，庶几复悟[12]，和韩、魏，释赵围，保全智宗，守其祭祀。若然，则让虽死犹生也，岂不胜于斩衣而死乎？让于此时，曾无一语开悟主心，视伯之危亡犹越人视秦人之肥瘠也[13]。袖手旁观，坐待成败，国士之报曾若是乎？智伯既死，而乃不胜血气之悻悻[14]，甘自附于刺客之流，何足道哉？何足道哉？

【注释】

①豫让:春秋末年人,曾为晋国贵族范氏、中行(háng)氏家臣,后投奔智伯。在赵、魏、韩三家贵族灭智氏之后,他屡次刺杀赵襄子未遂,伏剑自杀。智伯:春秋时晋国贵族,曾联合韩、赵、魏三家吞并瓜分了范氏、中行氏的土地,后与赵襄子因土地发生矛盾,引起战争,被赵、魏、韩所灭,并三分其地。

②赵襄子:即赵孟,春秋时晋国贵族。

③漆身吞炭:豫让为了给智伯报仇,谋刺赵襄子,就漆身改变形貌,吞炭改变声音。

④斩衣三跃:赵襄子出行的时候,豫让伏于桥下谋刺,但是被俘获了。豫让请求用自己的剑刺击赵襄子的衣服,赵襄子答应了,把衣服给了他,豫让举着衣服,持剑三跃,呼天击之。做完这一切,豫让自杀了。

⑤中行氏:复姓中行。春秋时晋国大夫荀林父因掌中行军,后遂以官为姓。豫让曾经做过中行氏的家臣。

⑥国士:一国之杰出人物。

⑦段规:韩康子的谋臣。韩康:韩康子,春秋时晋国贵族。智伯曾向韩康子索要土地,韩康子打算拒绝,段规劝韩康子答应,以使智伯越来越骄横,从而自取灭亡。韩康子听从了段规的建议。

⑧任章:魏献子的谋臣。魏献:魏献子,春秋时晋国贵族。智伯曾向魏献子索要土地,任章劝魏献子答应,以使智伯越来越骄横,从而自取灭亡。魏献子听从了任章的建议。

⑨郗疵(xī cī):智伯的家臣。智伯从韩、魏获得土地后,越发骄横,又向赵襄子索要土地,遭到拒绝。智伯逼迫韩、魏出兵,跟自己的军队一起攻打赵城晋阳。郗疵察觉到这样做可能会逼迫韩、魏反叛,劝告智伯,但智伯不听。后韩、魏、赵果然联手打败了智伯,并三分其地。

⑩厌：满足。

⑪陈力就列：施展才力，而胜任自己的职位。列，本职，职位。

⑫庶几：也许可能。

⑬视伯之危亡犹越人视秦人之肥瘠也：比喻豫让看着智伯的危亡无动于衷。因为越国离秦国很远，无关痛痒，所以这样说。

⑭悻悻：忿恨的样子。

【译文】

我曾依据这个原则评论过豫让。豫让做智伯的家臣，等到赵襄子杀了智伯，豫让为智伯报仇，声名显赫，轰轰烈烈，即使是那些愚昧无知的平民百姓，也没有一个不知道他是忠臣义士的。唉！豫让的死固然算得上是忠了，只可惜他在处理死亡的方式上还存在着不忠的表现。为什么这样说呢？看他用漆涂满全身，吞炭弄哑喉咙，改变了容貌和声音，并对他的朋友说："我所做的这一切是极其困难的，我是想用这种行为来使天下后代做人家臣子而怀有二心的人感到羞愧啊。"你能说他不忠吗？等看到他三次跳起去斩赵襄子衣服，赵襄子责备他不为中行氏而死，却单单为智伯而死的时候，豫让回答说："中行氏像对待一般人那样对待我，所以我也就像一般人那样去报答他。智伯像对待国士那样对待我，所以我也就像国士那样去报答他。"就拿这一点来说，豫让还是有不足之处的。段规事奉韩康子，任章事奉魏献子，并没有听说君主把他们当做国士来对待，而段规和任章都尽力劝告他们的君主依从智伯的要求，把土地割让给他，使他的心志更加骄纵，从而加速他的灭亡。郄疵事奉智伯，智伯也没有把他当做国士来对待，而郄疵能够察觉韩、魏两家的意图并劝谏智伯，虽然智伯没有采纳他的意见导致灭亡，但是郄疵的智谋和忠告，已经使他自己无愧于心了。豫让既然自以为智伯已像对待国士那样对待他了，国士应该是能济国安邦的人才。当智伯要求别人割让土地贪得无厌的时候，当智伯放纵私欲、荒废政务、暴虐无道的时候，作为豫让，正应该贡献才力，尽自己的职责，恳切地劝告智伯说："诸侯和大夫应各自安守自己分封的土地，不要互相侵吞和掠夺，这是自古以来的规定。现在无缘无故地向别人索取土地，如果别人不给，那我忿恨的心情必然滋生；如果别人给了，那么我骄横的心情将因此而兴起。有忿恨，就必然会争斗；有争斗，就必然会失败；一骄横，就必然会傲慢；一傲慢，就必然会灭亡。"诚诚恳恳地劝谏忠告，如果不依从劝谏，就再次劝谏；再次劝谏还不依从，就第三次劝谏；如果第三次劝谏仍然不依从，那就把伏剑自杀的行动改换到这一天来进行。智伯虽然顽固愚昧，但被他的这种最大的诚意所感动，或许会重新醒悟过来，同韩、魏两家和好，解除对赵的包围，从而保全智氏的宗族，继续智氏的祭祀。假如能够这样，豫让纵然死去了也和活着一样，难道不比仅用剑斩赵襄子衣服然后自杀强得多吗？豫让在这个时刻，竟没有一句话来开导和启发家主的心智，看着智伯的危难和覆灭就像是越人看着秦人的肥瘦一样。把双手笼在袖子里，站在一旁观看，坐等他的成功或失败，国士对知己的君主的报答难道竟是这样的吗？直到智伯已死，方才忿恨不平，压抑不住感情的冲动，情愿把自己归入刺客一流人的行列，有什么值得称赞的呢？有什么值得称赞的呢？

虽然，以国士而论，豫让固不足以当矣。彼朝为仇敌，暮为君臣，腼然而自得者①，又让之罪人也。噫！

【注释】

①腼(tiǎn)然：厚颜无耻的样子。

【译文】

即使这样，用国士来衡量，豫让自然是够不上标准的。但那些早晨还是仇敌，到晚上就变成君臣，还厚着脸皮自以为得意的人，他们又是豫让的罪人了。唉！

王　鏊

王鏊(1450—1524),字济之,吴县(今江苏苏州)人。明宪宗成化年间进士,授编修,弘治年间曾任侍讲学士,明武宗即位后任文渊阁大学士。曾力主制裁宦官刘瑾,但刘瑾不但未被制裁,还控制了朝政,于是他只好辞官回乡。刘瑾被杀后,朝廷虽几次征召他为官,他都没有接受。有《姑苏志》《震泽编》等传世。

亲政篇

【题解】

本篇是作者于明世宗嘉靖初所上的一篇奏章。作者希望明世宗在即位之初,能够仿效古今圣贤,亲自处理政事,并与大臣商议,沟通上下意见,革除自英宗以来皇帝不亲自过问政事的弊病。

《易》之《泰》曰[①]:“上下交而其志同。”其《否》曰:“上下不交而天下无邦。”盖上之情达于下,下之情达于上,上下一体,所以为“泰”。下之情壅阏而不得上闻[②],上下间隔,虽有国而无国矣,所以为“否”也。交则泰,不交则否,自古皆然。

而不交之弊，未有如近世之甚者。君臣相见，止于视朝数刻，上下之间，章奏批答相关接、刑名法度相维持而已[3]，非独沿袭故事[4]，亦其地势使然。何也？国家常朝于奉天门[5]，未尝一日废，可谓勤矣。然堂陛悬绝，威仪赫奕[6]，御史纠仪[7]，鸿胪举不如法[8]，通政司引奏[9]，上特视之，谢恩见辞，惴惴而退[10]。上何尝治一事，下何尝进一言哉？此无他，地势悬绝，所谓堂上远于万里，虽欲言无由言也。

【注释】

①《易》：即《周易》，古代卜卦之书。《泰》：《周易》卦名。象征通泰。《否（pǐ）卦》正与其相反。

②阏（è）：堵塞。

③章奏：即奏章，臣子给皇帝的上书。批答：皇帝审阅群臣奏章后的批复。刑名：以名分责成行为。古代有刑名之学。

④故事：旧的典章制度。

⑤奉天门：明代殿前中门，即今故宫太和门。

⑥赫奕：显赫盛大的样子。

⑦御史：掌纠劾百官的官员。

⑧鸿胪（lú）：明代掌殿廷礼仪的官员。

⑨通政司：明朝所设掌管内外章疏的官署。

⑩惴惴（zhuì）：恐惧的样子。

【译文】

《周易》的《泰卦》说："君臣之间的意见互相交流，就会志向一致。"它的《否卦》说："君臣之间的意见不能互相交流，国家就会灭亡。"如此看来，上情能够下达，下情能够上传，君臣结为一体才可称为"泰"。而下情受到阻隔，无法向上传达，君臣有了隔阂，国家形同虚设，所以叫

“否”了。所以君臣互相交流就会吉利，不交流就会有危机，自古以来都是这样。然而上下不通的弊病，从来没有像近世这样严重的。君臣相见，仅是上朝听政那短短的时间，上下之间的关系，不过以奏章和批复为联系纽带，依靠法令和制度维持罢了，这不仅是承袭旧例，也是相互地位悬殊造成的。为什么这样说呢？朝廷总是在奉天门举行朝会，没有一天废止过，可以说是勤勉了。但皇帝所在的殿堂与大臣所站立的台阶相隔很远，典礼仪式威严显赫，有御史督察百官进退，鸿胪卿检举失礼者，通政司引领大家入朝上奏，皇帝只是接见一下，而大臣则谢恩告退，诚惶诚恐地退出殿堂。皇上何曾办过一件事，臣子又何曾说过一句话？这没有其他原因，只是因上下地位悬殊所致，这正如人们所常说的：皇上高坐殿堂，君臣相隔万里，大臣即便有意见想向皇上陈述，却又无从讲起。

愚以为欲上下之交，莫若复古内朝之法。盖周之时有三朝[①]：库门之外为正朝，询谋大臣在焉；路门之外为治朝，日视朝在焉；路门之内曰内朝，亦曰燕朝。《玉藻》云[②]：“君日出而视朝，退适路寝听政[③]。”盖视朝而见群臣，所以正上下之分；听政而适路寝，所以通远近之情。汉制：大司马、左右前后将军、侍中、散骑诸吏为中朝[④]，丞相以下至六百石为外朝[⑤]。唐皇城之北，南三门曰承天，元正、冬至受万国之朝贡，则御焉[⑥]，盖古之外朝也。其北曰太极门，其西曰太极殿，朔、望则坐而视朝[⑦]，盖古之正朝也。又北曰两仪殿，常日听朝而视事，盖古之内朝也。宋时常朝则文德殿，五日一起居则垂拱殿，正旦、冬至、圣节称贺则大庆殿[⑧]，赐宴则紫宸殿或集英殿，试进士则崇政殿。侍从以下，五日一员上殿，谓之轮对，则必入陈时政利害。内殿引见，亦或赐坐，或免穿靴[⑨]，盖亦有三朝之遗意焉。盖天有三垣[⑩]，天子象之。正朝，象太极也[⑪]，外朝，象天市也，内朝，象紫微也。自古然矣。

【注释】

①三朝：即后边说的正朝、治朝、内朝。正朝在库门外。库门是天子宫中最外边的一个门。治朝在路门外，内朝在路门内。路门是天子宫中最里边的一个门。

②《玉藻》：《礼记》中的一篇。

③路寝：天子诸侯处理政务及就寝的正室。

④大司马：汉代三公之一，掌管全国军事的最高武官。将军：大司马下设有大将军、车骑将军、前将军、后将军等武官。侍中、散骑：皇帝侍从。

⑤六百石：汉代官秩。这里指俸禄为六百石的官员。

⑥御：登上。

⑦朔：旧历每个月的初一。望：旧历每个月的十五。

⑧圣节：指皇帝、皇后、皇太后等人诞辰的日子，也称为“万寿节”。

⑨穿靴：唐代臣属上朝必须穿朝靴。

⑩三垣：古代分周天恒星为三垣二十八宿。三垣即太微、紫微、天市。

⑪太极：即三垣中的太微。

【译文】

我个人认为，如果想做到君臣互通声气，不如恢复古代内朝的制度。周朝时，天子有三种朝制：在库门之外所设为“正朝”，天子在那里向大臣咨询并商议国事；在路门之外所设为“治朝”，天子在那里举行每日的朝会；在路门之内所设为“内朝”，又称“燕朝”。《玉藻》说：“君主在日出时就临朝接见百官，退朝后到路寝去处理事务。”总之，君主临朝接见大小官吏，以此来正上下的名分；到路寝处理政事，以此来通晓远近的情况。汉朝的制度：皇帝接见大司马、左右前后将军、侍中和散骑等官员，称“中朝”。接见丞相以下至六百石俸禄的官员，称“外朝”。唐朝皇城北面朝南的三个门称“承天门”，每年元旦和冬至，皇帝到这里接受各国使节的朝见和进贡，就在那里坐朝，这大概就是古代的外朝。它的北面是太极门，它的西面是太极殿，每月初一、十五，皇帝在这里坐朝理事，接见百官，这大概就是古代的正朝。再往北面是两仪殿，皇帝平时在这里坐朝理事，这大概就是古代的内朝。宋朝时，皇帝平时在文德殿听朝，而臣僚每五天向皇帝的请安则在垂拱殿。每年元旦、冬至和帝、后寿辰的庆典，则在大庆殿举行，皇帝在紫宸殿或集英殿赐宴，进士考试则在崇政殿举行。侍从以下的官员，每隔五天就有一位官员上殿朝见，称为“轮对”，他一定要向皇帝陈述当前政事之得失利弊。在内殿接见大臣，有时也赏赐他们座位，有时免去他们穿朝靴的礼节，这大概还保留着周、汉、唐三朝制度的遗风吧。原来上天有太极、天市、紫微三垣之分，皇帝在模仿上天行事。正朝模拟太极垣，外朝模拟天市垣，内朝模拟紫微垣。自古以来就是如此了。

国朝圣节、正旦、冬至大朝会则奉天殿[①]，即古之正朝也；常日则奉天门，即古之外朝也；而内朝独缺。然非缺也，华盖、谨身、武英等殿，岂非内朝之遗制乎？洪武中如宋濂、刘基[②]，永乐以来如杨士奇、杨荣等[③]，日侍左右，大臣蹇义、夏元吉等[④]，常奏对便殿。于斯时也，岂有壅隔之患哉？今内朝未复，临御常朝之后，人臣无复进见，三殿高闳[⑤]，鲜或窥焉，故上下之情，壅而不通，天下之弊，由是而积。孝宗晚年，深有慨于斯，屡召大臣于便殿，讲论天下事。方将有为，而民之无禄[⑥]，不及睹至治之美，天下至今以为恨矣。

【注释】

①国朝:指本朝,即大明朝。

②洪武:明太祖朱元璋的年号,1368—1398年。

③永乐:明成祖朱棣的年号,1403—1424年。杨士奇:曾任翰林编纂官,修《太祖实录》。永乐初入内阁,经宣宗至英宗朝长期辅政。杨荣:官至文渊阁大学士,历仕仁宗、宣宗、英宗三朝。

④蹇(jiǎn)义:字义之,官至少师,历仕五朝,熟悉典章制度。夏元吉:字惟哲,官至户部尚书,历仕五朝,主持财政二十七年。

⑤阏(bì):幽深。这里指关闭。

⑥民之无禄:婉辞,指君主离世。

【译文】

本朝皇帝寿辰、元旦、冬至等大朝会,在奉天殿举行,这就相当于古代的正朝;而平日在奉天门设朝,这就相当于古代的外朝;然而唯独缺少内朝。其实内朝并不缺少,在华盖、谨身、武英等殿举行的朝会,难道不是古代内朝的遗制吗?洪武年间,像宋濂、刘基,永乐以来,像杨士奇、杨荣等大臣,每日事奉在皇帝左右;大臣蹇义、夏元吉等人,常在便殿启奏政事或回答皇帝的询问。在那时,难道有上下阻隔的弊病吗?现在内朝还没有恢复,皇上驾临平常的朝会后,大臣就进见无门了,三座殿高大幽深,很少有人能够看见殿内情况,因而君臣上下思想堵塞,难以沟通,国家的弊病由此越积越多。孝宗皇帝晚年时,对这一问题深有感慨,多次在便殿召见大臣讨论天下的事情。正待有所作为时,他便去世了,没来得及看到天下大治的美好光景,臣民至今还引以为憾。

惟陛下远法圣祖,近法孝宗,尽划近世壅隔之弊①。常朝之外，即文华、武英二殿[②]，仿古内朝之意。大臣三日或五日一次起居，侍从、台谏各一员上殿轮对[③]。诸司有事咨决，上据所见决之，有难决者，与大臣面议之。不时引见群臣，凡谢恩辞见之类，皆得上殿陈奏。虚心而问之，和颜色而道之[④]，如此，人人得以自尽[⑤]。陛下虽深居九重[⑥]，而天下之事灿然毕陈于前。外朝所以正上下之分，内朝所以通远近之情。如此，岂有近时壅隔之弊哉？唐、虞之时，明目达聪，嘉言罔伏[⑦]，野无遗贤，亦不过是而已。

【注释】

①刬(chǎn)：古同"铲"。

②即：到。

③台谏：台官和谏官。台官指掌纠劾百官的御史台官员，谏官指谏议大夫、给事中等。

④道：同"导"，引导。

⑤自尽：详尽陈述自己的意见。

⑥九重：指皇帝居住的地方。

⑦罔：不。

【译文】

从远处来说，愿陛下效法圣明的祖先，近一点说，要效法孝宗皇帝，全部铲除近世以来上下阻隔的所有弊病。除平时朝会之外，再到文华、武英二殿设立朝会，以效法古代内朝之制。大臣们每隔三天或者五天进宫请安一次，侍从与台官谏官各一员轮流上殿奏事或回答皇上的咨询。各部有事请示裁决，皇上就根据掌握的情况裁决它；有些难以裁决的，就与大臣们当面商量。还应不定期接见群臣，凡是谢恩、告辞、觐见一类的公务，有关官员都可以上殿陈述启奏。皇上虚心询问他们，和颜悦色地引导他们，这样，人人都能够畅所欲言。皇上虽然深居九重内宫，但天下事情都能鲜明地全部展现在眼前。外朝制度是用来端正君臣上下之分的，内朝制度是用来沟通远近情况的。如果这样做的话，难道还会发生近世上下隔绝的弊病吗？尧和舜时，人们歌颂帝王耳聪目明，好的意见不会埋没，偏僻的地方也没有被弃置的人才，也不过像我上面所说的这样罢了。

王守仁

王守仁(1472—1528),字伯安,号阳明,馀姚(今属浙江)人。明孝宗弘治十二年(1499)中进士,后任刑部侍郎、兵部主事,因触怒宦官被贬到贵州当龙场驿丞,后来宦官被杀,又当了右佥都御史、南京兵部尚书。王守仁是明代最重要的思想家,他关于“心外无物”的哲学和“致良知”的认识论在后世影响很大。他在文字上颇下工夫,语言自然清新,主题明白豁朗。

尊经阁记

【题解】

本篇从“尊经”二字生发开去,借此来阐发他的心学思想。作者认为六经是永恒的真理,与人的“心”“性”“命”本同,六经是心的记录,故尊经应当首先从自己的内心去认识、体会六经的经义。

经[①],常道也。其在于天谓之命,其赋于人谓之性,其主于身谓之心。心也,性也,命也,一也。

【注释】

①经：指儒家的六部经典著作，即后文提到的《易》《书》《诗》《礼》《乐》《春秋》。

【译文】

经，是永恒不变的真理。当它存在于天时就叫做“命”，赋予人时就叫做“性”，主宰人身时就叫做“心”。心、性、命三者是同一的。

通人物，达四海，塞天地，亘古今①，无有乎弗具，无有乎弗同，无有乎或变者也，是常道也。其应乎感也，则为恻隐，为羞恶，为辞让，为是非。其见于事也，则为父子之亲，为君臣之义，为夫妇之别，为长幼之序，为朋友之信。是恻隐也、羞恶也、辞让也、是非也，是亲也、序也、别也、信也，一也，皆所谓心也、性也、命也。

【注释】

①亘（gèn）：贯通。

【译文】

沟通人与万物，遍及四海之内，充塞天地之间，贯穿古往今来，无所不有，无所不同，不会有任何变化的，就是那永恒的真理。当它反应于人的情感时，就化为同情之心、羞耻之心、谦让之心与是非之心。当它反应于伦理道德方面时，就表现为父子间的亲近、君臣间的忠义、夫妇间的区别、长幼间的次序以及朋友间的诚信。这同情、羞耻、谦让、是非之心，这爱敬、次序、区别、信义之理，说起来是一回事，就是上面所说的心、性、命啊。

通人物，达四海，塞天地，亘古今，无有乎弗具，无有乎弗同，无有乎或变者也，是常道也。以言其阴阳消息之行①，则谓之《易》；以言其纪纲政事之施，则谓之《书》；以言其歌咏性情之发，则谓之《诗》；以言其条理节文之著②，则谓之《礼》；以言其欣喜和平之生，则谓之《乐》；以言其诚伪邪正之辨，则谓之《春秋》。是阴阳消息之行也，以至于诚伪邪正之辨也，一也，皆所谓心也、性也、命也。

【注释】

①阴阳：指自然界对立的两种力量。消息：指事物的消歇、生长。

②条理：指礼仪准则。节文：指礼仪制度。

【译文】

沟通人与万物，遍及四海，充塞天地，贯穿古今，无所不备，无所不同，没有丝毫可能变化的，就是那永恒的真理。拿它来说明自然界阴阳变化、生长消亡的运作，就称作《易》；拿它来论述国家法纪政事的举措，就称作《书》；拿它来抒发情感，就称作《诗》；用它来讲述礼仪制度的规定，就称作《礼》；用它来讲欢喜与和平心理的产生，就称作《乐》；用它来讲真诚与诡诈、邪恶与正直的区别，就称作《春秋》。这阴阳变化、生长消亡的运作直到真诚诡诈、邪恶正直的区别，说起来也是一回事，就是上面所说的心、性、命啊。

通人物，达四海，塞天地，亘古今，无有乎弗具，无有乎弗同，无有乎或变者也，夫是之谓六经。六经者非他，吾心之常道也。是故《易》也者，志吾心之阴阳消息者也；《书》也者，志吾心之纪纲政事者也；《诗》也者，志吾心之歌咏性情者也；《礼》也者，志吾心之条理节文者也；《乐》也者，志吾心之欣喜和平者也；《春秋》也者，志吾心之诚伪邪正者也。君子之于六经也，求之吾心之阴阳消息而时行焉，所以尊《易》也；求之吾心之纪纲政事而时施焉，所以尊《书》也；求之吾心之歌咏性情而时发焉，所以尊《诗》也；求之吾心之条理节文而时著焉，所以尊《礼》也；求之吾心之欣喜和平而时生焉，所以尊《乐》也；求之吾心之诚伪邪正而时辨焉，所以尊《春秋》也。

【译文】

沟通人与万物，遍及四海，充塞天地，贯穿古今，无所不备，无所不同，没有丝毫可能变化的，这就叫做“六经”。六经并非别的东西，乃是我等心中存在的永恒的道理。所以《易》这部经，是记述我们心中的阴阳消长变化的；《书》是记录我们心中的法制政事的；《诗》是记录我们心中情感歌咏的；《礼》是记述我们心中的礼仪制度的；《乐》是记录我们心中的欢喜与和平的；《春秋》是记载我们心中的真假和邪正的。君子对于六经，能从自己心中的阴阳消长变化研求它的道理，然后按时推行的，这就是尊崇《易》啊；能从自己心中探求法制政事，而适时实施的，这就是尊崇《书》啊；能从自己心中去寻求情感歌咏，而适时抒发出来的，这就是尊崇《诗》啊；能从自己心中探求礼仪制度，并按时宣扬的，这就是尊崇《礼》啊；能从自己心中探求欢喜平和，并按时促成的，这就是重视《乐》啊；能从自己心中探求真假邪正，并适时分辨的，这就是尊崇《春秋》啊。

盖昔圣人之扶人极、忧后世而述六经也[①]，犹之富家者之父祖，虑其产业库藏之积，其子孙者或至于遗亡散失，卒困穷而无以自全也，而记籍其家之所有以贻之[②]，使之世守其产业库藏之积而享用焉，以免于困穷之患。故六经者，吾心之记籍也，而六经之实，则具于吾心，犹之产业库藏之实积，种种色色，具存于其家，其记籍者，特名状数目而已[③]。而世之学者，不知求六经之实于吾心，而徒考索于影响之间[④]，牵制于文义之末，硁硁然以为是六经矣[⑤]，是犹富家之子孙不务守视、享用其产业库藏之实积，日遗亡散失，至为窭人丐夫[⑥]，而犹嚣嚣然指其记籍曰[⑦]："斯吾产业库藏之积也。"何以异于是？

【注释】

①人极：人世间的道德准则。

②记籍：原指登记用的簿子。这里用作动词，登记。

③特：只，不过。

④影响：影子和回响。这里指关于六经的传闻、注释。

⑤硁硁(kēng)然：浅薄固执的样子。

⑥窭(jù)人：贫穷的人。

⑦嚣嚣(xiāo)然：自鸣得意的样子。

【译文】

古代圣人坚持做人的准则，担忧后代人，因而著述六经，如同富家的父亲或者祖父，担心他的产业和积蓄到了子孙有遗失流散的可能，以至于最后贫困到无法生存，因而将家产全部登记在册后再传给他们，让子孙世世代代守住这些产业和积蓄并享用它们，以避免穷困的忧患。所以六经就是我们心中的账簿，而六经的根本实质就存在于我们心中，这就好比资财储蓄，林林总总，都存储于家中，而账簿上登记的不过是它们的名称、形状和数目罢了。然而，社会上的一些读书人，不懂得从自己的心中去探求六经的实质，却只在一些注疏上去考证求索，在文句词义的细枝末节上纠缠，浅薄而固执地认为这就是六经了，这种作为正如那些富家的子孙，不是设法守住和享用他们的产业与库藏积蓄，而是一天天将它们遗失流散，以至于成为穷人乞丐时，还得意地指着他们的账簿说："这些是我们的产业与库藏积蓄。"上面所说的那些读书人，跟这种富家子弟的行径有什么不同呢？

呜呼！六经之学，其不明于世，非一朝一夕之故矣。尚功利，崇邪说，是谓乱经。习训诂①，传记诵，没溺于浅闻小见，以涂天下之耳目②，是谓侮经。侈淫词，竞诡辩，饰奸心盗行，逐世垄断，而犹自以为通经，是谓贼经③。若是者，是并其所谓记籍者，而割裂弃毁之矣，宁复知所以为尊经也乎？

【注释】

①训诂(gǔ)：对汉字字义的解释。

②涂：蒙蔽，惑乱。

③贼：伤残，残害。

【译文】

唉！六经这门学问，不能为世人所理解，已经不是一天两天的事了。追求功利目的，崇尚异端邪说，这就叫做"乱经"。专注于训诂考据，讲求死记硬背，沉溺于浅薄的认识之中，并以此遮掩天下人的耳目，这就叫做"侮经"。夸饰辞藻，争相诡辩，掩饰奸邪之思与盗贼之行，在世上追逐，谋求私利，而且还自以为博通经义，这就叫做"贼经"。像这样一些人，是连上面所说的账簿都一起割裂毁弃掉了，难道还会晓得怎样才是尊崇六经吗？

越城旧有稽山书院①，在卧龙西冈，荒废久矣。郡守渭南南君大吉[2]，既敷政于民[3]，则慨然悼末学之支离，将进之以圣贤之道，于是使山阴令吴君瀛拓书院而一新之[4]，又为尊经之阁于其后，曰："经正则庶民兴，庶民兴斯无邪慝矣[5]。"阁成，请予一言以谂多士[6]。予既不获辞，则为记之若是。呜呼！世之学者得吾说而求诸其心焉，则亦庶乎知所以为尊经也已。

【注释】

①越城：在今浙江绍兴。

②郡守：郡的长官。这里借指知府。南君大吉：即南大吉。王守仁的门生。时任绍兴知府。

③敷政：施政。

④山阴：绍兴府的治所。

⑤慝（tè）：邪恶。

⑥谂（shěn）：规劝。

【译文】

绍兴原有一座稽山书院，坐落在卧龙山的西面山冈上，已经荒废很长时间了。绍兴知府渭南人南大吉，对百姓施行仁政以后，慨叹痛惜那种末流学术的支离破碎，计划用圣贤之道教化读书人，于是就让山阴县令吴瀛君拓宽书院，使之整修一新，又在书院后面修建了一座尊经阁，说："六经经义一旦正确领会，百姓就会振作起来；百姓振作起来，就没有邪恶之人了。"尊经阁建成后，南君请我写几句话，用来劝告那些读书人。我既然不能推辞，就写了这样一篇记文。唉！如果世上的读书人，明白了我的见解，并能从自己内心去探求它，那么，也就差不多懂得怎样才是尊崇六经了。

象祠记

【题解】

本文从贵州苗民为象立祠祭祀谈起，认为象之所以被苗民纪念，是因为他在圣人的感化下能弃恶扬善的缘故，由此提出观点，认为君子必须修德以感化恶人，而恶人也能够弃恶扬善。

灵博之山①，有象祠焉②。其下诸苗夷之居者，咸神而祠之。宣尉安君③，因诸苗夷之请，新其祠屋，而请记于予。予曰："毁之乎，其新之也？"曰："新之。""新之也何居乎④？"曰："斯祠之肇也⑤，盖莫知其原，然吾诸蛮夷之居是者，自吾父、吾祖溯曾、高而上⑥，皆尊奉而禋祀焉⑦，举而不敢废也。"予曰："胡然乎？有鼻之祀⑧，唐之人盖尝毁之⑨。象之道，以为子则不孝，以为弟则傲。斥于唐，而犹存于今，坏于有鼻，而犹盛于兹土也，胡然乎？"

【注释】

①灵博之山：在今贵州黔西境内。

②象：传说为舜的同父异母弟，与其父瞽叟(gǔ sǒu)多次谋害舜未遂。舜继位后，不计前嫌，仍封他为有鼻国国君。

③宣尉：即宣尉使。明代少数民族地区设有由当地土人世袭的土司，掌军民事务。最高的土司武职就是宣尉使。

④居：语气助词，犹"乎"。

⑤肇(zhào)：始。

⑥曾：即曾祖，祖父的父亲。高：即高祖，祖父的祖父。

⑦禋(yīn)祀：祭祀。

⑧有鼻：在今湖南道县北。相传象封于此地。

⑨唐之人盖尝毁之：唐元和中道州刺史薛伯曾毁鼻亭。见柳宗元《道州毁鼻亭神记》。

【译文】

灵博山上，有座象祠。山下居住着的众多苗民，都把象当做神灵来祭祀。宣尉使安君应众苗民的请求，重修了象祠的房屋，并且请我作一篇文章。我问他："毁掉它呢，还是重修它呢？"他说："重修它。""为什么要重修它呢？"他回答说："这座祠庙建于何时，大概没有什么人知道它的来历了，然而我们各族中居住此地的人，从我父亲、祖父一直到曾祖、高祖以上，都尊崇象并祭祀它，祭祀典礼按时举行，从不敢废止。"我说："为什么这样呢？有鼻那个地方的象祠，唐朝人就曾拆毁过。象的处世之道，以做儿子的标准来衡量，可以称之为不孝；以做弟弟的标准来衡量，可以称之为傲慢无礼。在唐代就已经废除了对象的祭祀，但今天仍然留存；有鼻那个地方废除了，此地却仍然盛行。为什么会这样呢？"

我知之矣。君子之爱若人也，推及于其屋之乌[①]，而况于圣人之弟乎哉？然则祠者为舜，非为象也。意象之死，其在干羽既格之后乎[②]？不然，古之骜桀者岂少哉[③]？而象之祠独延于世。吾于是盖有以见舜德之至，入人之深，而流泽之远且久也。

【注释】

①"君子"二句：出自《尚书大传·牧誓》："爱人者，兼及屋上之乌。"比喻爱一个人，也会爱与这个人有关的东西或人。

②干羽：舞具。干，盾。羽，雉尾。相传舜曾命禹征伐南方的部落有苗，有苗不服，舜于是"舞干羽于两阶"，表示停止战争，推行礼

乐教化，于是有苗归顺。格：来。引申为归顺。

③骜桀(ào jié)：暴戾，不驯服。

【译文】

我知道其中的道理了。君子喜欢某个人，会连带喜欢那个人房屋上停留的乌鸦，何况是对圣人的弟弟呢？如此看来，人们祭祀的是舜，而不是象了。我猜想象死时，大概是在舜用德政使有苗归顺之后吧？不然的话，古代那些桀骜不驯者还少吗？可是对于象的祭祀却偏偏世代延续。我通过这个事例更深地体会到舜的高尚道德，已经深入人心，他的恩德广泛且持久地流传着。

象之不仁，盖其始焉耳，又乌知其终之不见化于舜也？《书》不云乎①："克谐以孝②，烝烝乂③，不格奸。④""瞽瞍亦允若⑤。"则已化而为慈父。象犹不弟⑥，不可以为谐。进治于善，则不至于恶。不底于奸⑦，则必入于善。信乎象盖已化于舜矣。《孟子》曰："天子使吏治其国。"⑧象不得以有为也。斯盖舜爱象之深而虑之详，所以扶持辅导之者之周也。不然，周公之圣，而管、蔡不免焉⑨。斯可以见象之见化于舜，故能任贤使能，而安于其位，泽加于其民，既死而人怀之也。诸侯之卿⑩，命于天子，盖《周官》之制⑪，其殆仿于舜之封象欤？

【注释】

①《书》不云乎：以下两段引文出自《尚书·尧典》。

②克：能够。

③烝烝：淳厚的样子。乂(yì)：善。

④格：至。

⑤瞽瞍(gǔ sǒu):瞎眼无瞳仁。这里指舜的父亲。传说舜的父亲有目但善恶不分,协同象谋害舜。允:信实。若:和顺。

⑥弟:通“悌”,敬顺兄长。

⑦底:通“抵”,至,到达。

⑧天子使吏治其国:引文出自《孟子·万章上》。

⑨周公之圣,而管、蔡不免焉:据《史记·周本纪》等记载,周武王死后,其子成王年幼,武王的弟弟周公旦摄政。武王另两个弟弟管叔、蔡叔伙同商纣王的儿子武庚发动叛乱,被周公镇压。等到成王成年后,周公把政权还给了成王。

⑩卿:天子与诸侯的最高臣僚。

⑪《周官》:即《周礼》,记载了周代制度,相传为周公所著。

【译文】

象的品行不端,大约只是他在初期时的表现,又怎么能知道他在后期没有被舜感化呢?《尚书》上不是这样说过吗:“舜能够用孝使全家和睦、安定,淳厚善良,不至于作奸犯科。”又说:“舜的父亲也确实和顺了。”这证明舜的父亲已经变成慈父了。如果象仍不敬爱哥哥,就不能说是全家和睦了。修养品德,不断向好的方向前进,就不会走向邪恶;不向坏的方面发展,就必然会进入好的境界。的确是这样啊,象原来已经被舜感化了。《孟子》说:“舜派遣官吏去治理象的封国。”这样象就不能为所欲为。这正是舜对象爱得深切、考虑得全面,而支持辅佐他的方法也很周全啊。否则,像周公那样的圣人,他的兄弟管叔、蔡叔却仍免不了犯法被判罪。这就可以看出象受到了舜的感化,所以能够任用贤能之人,而且安于职守,恩德施加到百姓身上,去世之后,人们仍然怀念他。诸侯下属的卿,由天子直接任命,这是《周官》的制度,或许也是效法舜分封象的旧事!

吾于是盖有以信人性之善,天下无不可化之人也。然则唐人之毁之也,据象之始也,今之诸苗之奉之也,承象之终也[①]。斯义也,吾将以表于世,使知人之不善虽若象焉,犹可以改,而君子之修德,及其至也,虽若象之不仁,而犹可以化之也。

【注释】

①承:根据。

【译文】

我从这里更加有理由相信,人的本性是善良的,天下没有不能被感化的人。由此看来,唐人毁弃象祠,是根据象的早期表现;今天许多苗民祭祀供奉他,是根据象的后期表现。这个道理,我准备向天下人说明,要让大家知道,即使像象那样的不良之徒,也还可以改正;而君子修养德行,达到尽善尽美的时候,即使遇见象那样品行不端的人,也还是可以感化转变他的。

瘗旅文[①]

【题解】

本文是王守仁所作的著名祭文。作者对吏目主仆三人之死寄托了深切的同情,借他人酒杯浇自己胸中块垒,字字血泪,读之令人潸然泪下。

维正德四年秋月三日[②],有吏目云自京来者[③],不知其名氏,携一子一仆,将之任,过龙场[④],投宿土苗家。予从篱落间望见之,阴雨昏黑,欲就问讯北来事,不果。明早,遣人觇之[⑤],已行矣。薄午[⑥],有人自蜈蚣坡来,云:"一老人死坡下,傍两人哭之哀。"予曰:"此必吏目死矣,伤哉!"薄暮,复有人来云:"坡下死者二人,傍一人坐哭。"询其状,则其子又死矣。明日,复有人来云:"见坡下积尸三焉。"则其仆又死矣。呜呼伤哉!

【注释】

①瘗(yì)旅:埋葬客死于外乡的人。瘗,埋。

②维:古代祭文开头的发语词,无实际意义。正德四年:1509 年。正德,明武宗年号,1506—1521 年。

③吏目:掌管官府文书的低级官吏。

④龙场:在今贵州修文。

⑤觇(chān):察看。

⑥薄:迫近。

【译文】

正德四年七月三日,一位不知姓名的吏目,自称是从京城来,携带着一子一仆,将去赴任,经过龙场,投宿在当地苗人家。我透过院子的篱笆望见他们,本想前去拜访,打听北方的情况,那时阴雨连绵,天色愈加昏黑,只好作罢。第二天一早,派人前去探望,他们却已经上路了。将近中午,有人从蜈蚣坡来,说:"蜈蚣坡下死了一位老人,旁边有两人在痛哭。"我说:"这必定是那个吏目死了,可怜啊!"黄昏时分,又有人来,说:"蜈蚣坡下死了两个人,一个人坐在尸体旁痛哭。"探问情形,知道是那吏目的儿子也死了。隔了一天,又有人从蜈蚣坡来,说:"看到坡下堆积了三具尸体。"那个仆人也死了。唉,真是让人伤痛啊!

念其暴骨无主[1],将二童子持畚、锸往瘗之[2],二童子有难色然。予曰:"噫!吾与尔犹彼也。"二童闵然涕下[3],请

往。就其傍山麓为三坎[④],埋之。又以只鸡、饭三盂,嗟吁涕洟而告之曰[⑤]:

【注释】

①暴:暴露。

②畚(běn):簸箕。锸(chā):铁锹。

③闵然:忧伤的样子。

④就:介词,在。

⑤涕洟:流泪。涕,泪。洟,鼻涕。

【译文】

想到他们暴尸荒野,无人收葬,我便叫了两名童仆,带上簸箕、铁锹,前往蜈蚣坡埋葬他们,两位童仆露出为难的神色。我说:"唉!我同你们也和他们三人是一样的。"两名童仆听了我的话,都伤心落泪,自动请求前去。于是我们就在尸体旁的山脚下挖了三个土坑,埋葬了他们。又用一只鸡、三碗饭作为祭奠,长叹流泪,祷告说:

呜呼伤哉!繄何人[①]?繄何人?吾龙场驿丞余姚王守仁也[②]。吾与尔皆中土之产,吾不知尔郡邑,尔乌乎来为兹山之鬼乎?古者重去其乡,游宦不逾千里,吾以窜逐而来此[③],宜也,尔亦何辜乎?闻尔官吏目耳,俸不能五斗,尔率妻子躬耕可有也,胡为乎以五斗而易尔七尺之躯?又不足,而益以尔子与仆乎[④]?呜呼伤哉!尔诚恋兹五斗而来,则宜欣然就道,胡为乎吾昨望见尔容,蹙然盖不胜其忧者[⑤]?夫冲冒霜露,扳援崖壁,行万峰之顶,饥渴劳顿,筋骨疲惫,而又瘴疠侵其外,忧郁攻其中,其能以无死乎?吾固知尔之必死,然不谓若是其速,又不谓尔子、尔仆亦遽然奄忽也[⑥]。皆尔自取，谓之何哉！吾念尔三骨之无依而来瘗耳，乃使吾有无穷之怆也。呜呼伤哉！纵不尔瘗，幽崖之狐成群，阴壑之虺如车轮⑦，亦必能葬尔于腹，不致久暴尔。尔既已无知，然吾何能为心乎？自吾去父母乡国而来此，三年矣，历瘴毒而苟能自全，以吾未尝一日之戚戚也。今悲伤若此，是吾为尔者重，而自为者轻也，吾不宜复为尔悲矣！吾为尔歌，尔听之。

【注释】

①繄(yì)：句首语气词。

②驿丞：明代所设掌管邮递迎送的官员。正德二年(1507)，王守仁因触犯宦官刘瑾，被贬为龙场驿丞。

③窜逐：原意为流放。这里指贬谪。

④益：加上。

⑤蹙(cù)然：忧愁的样子。

⑥遽(jù)：急速。奄忽：死亡。

⑦虺(huǐ)：毒蛇。

【译文】

唉！真令人悲伤啊！你是什么人？你是什么人啊？在这里祭奠你的，是龙场的驿丞、余姚人王守仁。我和你，都是北方中原人。我不知道你的家乡在哪一州哪一县，不知道你为什么来做这荒山蛮地的鬼魂？古人不轻易离开家乡，即使外出做官，也不会超出千里之地。我是被流放到这里的，说来是理所应当。你又是犯了什么过失呢？听说你不过是个吏目，论俸禄不足五斗米。你带着妻子儿女，亲自耕作，也可有同样的收入，为什么拿你七尺之躯去换这区区五斗米的俸禄？这还不够，又连累你的儿子和仆人陪葬？唉，真是令人悲伤！你如果真是为贪恋那五斗米的俸禄而来，就该欢欢喜喜上任，为什么那天我望见你满面愁容,像是忧心忡忡的样子?想你顶着风霜雨露,攀爬悬崖峭壁,行走于群山之巅,一路饥渴交加,身心疲惫,再加上山间的瘴疠之气从体外侵袭,忧郁的情绪在内心煎熬,这还能不死吗?我原本知道你肯定会死,却没想到会如此之快,更没想到你的儿子、仆人也匆匆而逝。说来这都是你自找的,我又有什么话可说呢!我哀怜你们三人的尸骨无依无靠,因而前来埋葬,这却使我产生了无穷无尽的悲哀。唉!伤心啊!即使我不埋葬你,那幽暗的山崖下成群的野狐,阴暗山沟中粗如车轮的毒虫,也会将你吞入腹中,不致让你长久暴露于荒野。你对这一切自然已经无知无觉,但我又怎能忍心不管呢?自从我离开父母和家乡到这里,已经有三年了,经受瘴气的毒害却勉强能够偷生,是因为我从来没有心情悲伤过。如今我如此悲伤,是为你的缘故多,为自己的缘故少——我不宜再为你悲伤了。让我为你唱一支歌,请你来听。

歌曰:连峰际天兮飞鸟不通,游子怀乡兮莫知西东。莫知西东兮维天则同,异域殊方兮环海之中①。达观随寓兮莫必予宫②,魂兮魂兮无悲以恫③!

【注释】

①环海之中:指中国。古人认为中国四面环海。

②宫:室,房屋。这里指家。

③恫:害怕,恐惧。

【译文】

歌中唱到:连绵不断的山峰与天相接,飞鸟难越;游子想念家乡啊,不辨西东。不辨西东啊,却顶着同样的一片天空;虽说是处在异乡边地啊,也都在大海环绕之中。达观的人四处为家,何必一定要守着家园;游魂啊游魂,不要哀伤,不要惊恐!

又歌以慰之曰：与尔皆乡土之离兮，蛮之人言语不相知兮。性命不可期，吾苟死于兹兮，率尔子仆，来从予兮。吾与尔遨以嬉兮，骖紫彪而乘文螭兮①，登望故乡而嘘唏兮②。吾苟获生归兮，尔子尔仆尚尔随兮，无以无侣悲兮！道傍之冢累累兮，多中土之流离兮，相与呼啸而徘徊兮。餐风饮露，无尔饥兮。朝友麋鹿，暮猿与栖兮。尔安尔居兮，无为厉于兹墟兮③。

【注释】

①骖（cān）：一车驾三或四匹马时，两旁的两匹马叫骖。紫彪：紫色斑纹的虎。文螭（chī）：有花纹的蛟龙。

②嘘唏：哽咽，抽泣。

③厉：厉鬼。

【译文】

又作了一首挽歌来安慰说：你我背井离乡来到这里啊，听不懂蛮人的语言。生死难料，或许我也会在此地丧生，那时你就带着儿子、仆人，前来跟随我吧。我与你一同游玩嬉戏啊，驾着紫彪，乘着文螭，登上高冈遥望故乡，哽咽抽泣。我假如能够生还啊，你的儿子、仆人还跟随着你，不要因为失去了友朋而悲伤！道路旁坟墓一个接一个啊，当中掩埋的多是中原地区的流亡者，可以和他们一起唱唱歌，散散步。餐风饮露，不会令你挨饿。白天与麋鹿交朋友，晚间和猿猴一同栖息。希望你安静地住在你的墓穴里，千万不要在这村落里作祟。

唐顺之

唐顺之(1507—1560),字应德、义修,武进(今属江苏)人。主张效法唐宋古文,他是后世称为“唐宋派”的代表人物。著有《荆川先生文集》。

信陵君救赵论

【题解】

本文提出对信陵君窃符救赵一事的见解。作者认为信陵君擅自盗兵符救赵,是目无君主,是为了姻亲而非国家利益。论述层层递进,节节深入,语言犀利,很有气势。

论者以窃符为信陵君之罪[①],余以为此未足以罪信陵也。夫强秦之暴亟矣[②],今悉兵以临赵,赵必亡。赵,魏之障也。赵亡,则魏且为之后。赵、魏,又楚、燕、齐诸国之障也,赵、魏亡,则楚、燕、齐诸国为之后。天下之势,未有岌岌于此者也[③]。故救赵者,亦以救魏;救一国者,亦以救六国也。窃魏之符以纾魏之患[④],借一国之师以分六国之灾,夫奚不可者?

【注释】

①符:兵符,是调动军队的凭证。信陵君:即魏公子无忌,战国时魏安釐(xī)王之弟,当时任魏相,其姐为赵相平原君夫人。前259年,秦攻赵,赵求救于魏,魏王派晋鄙救赵,但又惧怕秦国,按兵不动。信陵君听从侯生之计,通过魏王宠妾如姬窃得兵符,杀晋鄙,与赵国合兵击败秦国。

②亟(jí):危急,到了极点。

③岌岌(jí):非常危险的样子。

④纾:解除。

【译文】

评论的人把窃取兵符看作信陵君的罪过,我认为这并不足以怪罪信陵君。那时强大的秦国的暴虐已经到了极点,现在用全部兵力进攻赵国,赵国一定会灭亡。赵国是魏国的屏障。赵国灭亡了,那么魏国就会随后灭亡。赵国和魏国又是楚、燕、齐各国的屏障,赵国和魏国灭亡了,那么楚、燕、齐各国也会随后灭亡。天下的形势,没有比这更危险的了。因此挽救赵国,也就是挽救魏国;挽救一国,也就是挽救六国呀。盗窃魏国的兵符来解除魏国的祸患,借用一国的军队来分担六国的灾难,这有什么不可以的呢?

然则信陵果无罪乎?曰:又不然也。余所诛者[①],信陵君之心也。

【注释】

①诛:以文辞谴责。

【译文】

既然这样,那么信陵君果真没有罪过吗?我说:又不是这样的。我所要谴责的,是信陵君的本心。

信陵一公子耳，魏固有王也。赵不请救于王，而谆谆焉请救于信陵①，是赵知有信陵，不知有王也。平原君以婚姻激信陵②，而信陵亦自以婚姻之故，欲急救赵，是信陵知有婚姻，不知有王也。其窃符也，非为魏也，非为六国也，为赵焉耳；非为赵也，为一平原君耳。使祸不在赵，而在他国，则虽撤魏之障、撤六国之障，信陵亦必不救。使赵无平原，或平原而非信陵之姻戚，虽赵亡，信陵亦必不救。则是赵王与社稷之轻重，不能当一平原公子，而魏之兵甲所恃以固其社稷者，只以供信陵君一姻戚之用。幸而战胜，可也；不幸战不胜，为虏于秦，是倾魏国数百年社稷以殉姻戚，吾不知信陵何以谢魏王也？

【注释】

①谆谆：诚恳殷切的样子。

②平原君：即赵胜，赵惠文王之弟。其妻为信陵君的姐姐。

【译文】

信陵君只不过是一个公子罢了，而魏国本来有国君。赵国不向魏王请求救援，却恳切地向信陵君请求救援，这是赵国只知道有信陵君，而不知道有魏王。平原君利用婚姻关系去刺激信陵君，而信陵君自己也因为姻亲的缘故，想赶紧救援赵国，这是信陵君只知道有姻亲，不知道有魏王。他窃取兵符，不是为了魏国，不是为了六国，只是为了赵国而已；也不是为了赵国，而是为了一个平原君罢了。假如祸患不在赵国，而在其他国家，那么即便是撤除了魏国的屏障，撤除了六国的屏障，信陵君也必定不会去救援。假如赵国没有平原君，或者平原君不是信陵君的姻亲，那么即使赵国灭亡了，信陵君也必定不会去救援。那么这就是赵王与国家的重要性，还抵不上平原君一个公子，而魏国所倚仗的保卫国家的军队和装备，也只是供信陵君的一个姻亲使用。幸亏战胜了，还好；如果不幸战败，被秦国俘虏，这就是倾覆魏国几百年的江山为个人的姻亲殉葬，我真不知道信陵君该用什么向魏王谢罪。

夫窃符之计，盖出于侯生①，而如姬成之也②。侯生教公子以窃符，如姬为公子窃符于王之卧内，是二人亦知有信陵，不知有王也。余以为信陵之自为计，曷若以唇齿之势激谏于王，不听，则以其欲死秦师者而死于魏王之前，王必悟矣。侯生为信陵计，曷若见魏王而说之救赵，不听，则以其欲死信陵君者而死于魏王之前，王亦必悟矣。如姬有意于报信陵，曷若乘王之隙而日夜劝之救，不听，则以其欲为公子死者而死于魏王之前，王亦必悟矣。如此，则信陵君不负魏，亦不负赵，二人不负王，亦不负信陵君。何为计不出此？信陵知有婚姻之赵，不知有王。内则幸姬，外则邻国，贱则夷门野人③，又皆知有公子，不知有王。则是魏仅有一孤王耳。

【注释】

①侯生：即侯嬴，信陵君的门客。

②如姬：魏王的宠妾。其父为人所杀，后信陵君为她杀仇人，替她报了父仇。信陵君窃符是在如姬帮助下完成的。

③夷门：魏国都城大梁的东门。侯生原为夷门的看守。

【译文】

窃符救赵的计策，大概是侯生提出，而由如姬完成的。侯生用窃取兵符的计策教信陵君，如姬为了信陵君从魏王卧室内窃取兵符，这就是他们二人也只知道有信陵君，却不知道有魏王。我认为信陵君为自己打算，不如用唇亡齿寒的情势激切地向魏王进谏，如果魏王不听，就用他准备与秦军拼命而死的决心，死在魏王面前，魏王一定会醒悟的。侯生为信陵君打算，不如面见魏王劝说他救援赵国，如果魏王不听，就用他准备为信陵君而死的决心死在魏王面前，魏王也必定会醒悟的。如姬有心想报答信陵君的大恩，不如趁魏王空暇日夜劝说他救援赵国，如果魏王不听，就用她准备为信陵君而死的决心死在魏王面前，魏王也必定会醒悟的。这样，信陵君就不会对不起魏国，也不会对不起赵国，侯生和如姬二人就不会对不起魏王，也不会对不起信陵君。为什么不使用这种计策呢？因为信陵君只知道有婚姻关系的赵国，却不知道有魏王。内部的宠姬，外部的邻国，地位卑下的夷门看门人，又都是只知道有信陵君，却不知道有魏王。那么这样魏国只有一个孤立的国君罢了。

呜呼！自世之衰，人皆习于背公死党之行，而忘守节奉公之道。有重相而无威君，有私仇而无义愤。如秦人知有穰侯①，不知有秦王；虞卿知有布衣之交②，不知有赵王。盖君若赘瘤久矣③。由此言之，信陵之罪，固不专系乎符之窃不窃也。其为魏也，为六国也，纵窃符犹可。其为赵也，为一亲戚也，纵求符于王，而公然得之，亦罪也。

【注释】

①穰(ráng)侯：即魏冉，秦昭襄王母宣太后之弟。曾任秦国将军、相国等职，手握秦国军政大权。

②虞卿：战国时游说之士。赵孝成王时曾任赵相，但他为了帮助朋友脱险，抛弃相印，与朋友一齐逃走。

③赘(zhuì)瘤：多余的瘤子。这里喻指多余之物。

【译文】

唉！自从世道衰落以来，人们都习惯于背离公道为私党卖命的行为，而忘掉了坚守节操奉行公事的准则。有权重的宰相却没有威严的君主，有个人的仇恨却没有正义的公愤。就像秦国人只知道有穰侯，而不知道有秦王；虞卿只知道有平民百姓的朋友，而不知道有赵王。大概君主就像多余的摆设品一样已经很久了。由此说来，信陵君的罪过，确实不完全在于窃取不窃取兵符。如果他是为了魏国，为了六国，纵然窃取了兵符也是可以的；而如果他只是为了赵国，为了一个姻亲，纵然是向魏王求取兵符，并且正当地得到了它，也是有罪的。

虽然，魏王亦不得为无罪也。兵符藏于卧内，信陵亦安得窃之？信陵不忌魏王，而径请之如姬，其素窥魏王之疏也；如姬不忌魏王，而敢于窃符，其素恃魏王之宠也。木朽而蛀生之矣。古者人君持权于上，而内外莫敢不肃。则信陵安得树私交于赵①？赵安得私请救于信陵？如姬安得衔信陵之恩？信陵安得卖恩于如姬？履霜之渐②，岂一朝一夕也哉！由此言之，不特众人不知有王，王亦自为赘瘤也。

【注释】

①安得：哪里能。

②履霜之渐：《周易·坤卦》曰："履霜坚冰至。"意思是踩到霜，就知道严冬要来了。

【译文】

虽然如此，魏王也不能说是没有罪责的。兵符藏在他的卧室之内，信陵君又怎么能窃取呢？信陵君不顾忌魏王，而直接向如姬请求，是因为他一向就窥察到了魏王的疏忽；如姬不顾忌魏王，而敢于窃取兵符，是因为她一向倚仗魏王对自己的宠爱。木头朽烂了就会有蛀虫孳生啊。古时候君主在上面掌握大权,朝廷内外没有人敢不恭敬。这样那么信陵君怎么能在赵国建立起私人的交情?赵国怎么能私下向信陵君请求救援?如姬怎么能对信陵君感恩戴德?信陵君怎么能利用自己对如姬有恩而要求她来帮助?脚踏寒霜就知道严冬的到来,哪里是一朝一夕啊!由此说来,不仅众人不知道有魏王,魏王自己也把自己当做多余的摆设品了。

故信陵君可以为人臣植党之戒,魏王可以为人君失权之戒。《春秋》书葬原仲、翚帅师①,嗟夫!圣人之为虑深矣!

【注释】

①葬原仲:原仲,陈国大夫。他死后,旧友季友私自到陈国将他埋葬。孔子认为这是结党营私的表现。翚(huī)帅师:翚,即羽父,鲁国大夫。宋国等伐郑,也让鲁国出兵,鲁隐公不答应,翚执意请求,带兵而去。孔子认为这是目无君主的行为。

【译文】

所以信陵君可以作为臣子培植私人党羽的鉴戒,魏王可以作为君王丢失权力的鉴戒。《春秋》曾记载了季友私葬原仲和公子翚强迫隐公出师这两件事,唉!圣人考虑问题是多么深远啊!

宗　臣

宗臣(1525—1560),字子相,兴化(今属江苏)人,明代文学家。明世宗嘉靖年间中进士,当过吏部考功郎,因为写文章祭悼被迫害致死的杨继盛而触怒权臣严嵩,被贬到福建任布政使参议,后来因击退倭寇有功,升任提学副使。著有《宗子相集》。

报刘一丈书

【题解】

《报刘一丈书》重点描摹了奔走权门的无耻之徒的种种丑态,对他们夤缘钻营、甘言媚词、逢迎拍马的细节,刻画得惟妙惟肖、入木三分,是传诵一时的名作。

数千里外,得长者时赐一书,以慰长想,即亦甚幸矣;何至更辱馈遗[①],则不才益将何以报焉[②]?书中情意甚殷,即长者之不忘老父,知老父之念长者深也。

【注释】

①馈遗(kuì wèi):赠送。

②不才:我,谦辞。

【译文】

在数千里之外,能时常得到您的来信,来慰藉我深切的思念之情,就已经让人感到非常荣幸了;何况又蒙您馈赠礼物,这让我用什么来报答您呢?您的来信中情真意切,可见您从不曾忘记我的父亲,也可以理解我的父亲深深怀念您的缘故了。

至以“上下相孚,才德称位”语不才[①],则不才有深感焉。夫才德不称,固自知之矣。至于不孚之病,则尤不才为甚。

【注释】

①孚(fú):信任。

【译文】

至于信中您用“上下之间要互相信任,才能品德要与职位相称”的话来劝勉我,那我的确是深有感触的。我的才能品德与职位不相称,这我本来就知道。至于说到上下之间不能互相信任的毛病,在我身上就表现得更为明显。

且今之所谓孚者何哉?日夕策马,候权者之门,门者故不入,则甘言媚词作妇人状,袖金以私之[①]。即门者持刺入[②],而主人又不即出见,立厩中仆马之间,恶气袭衣袖,即饥寒毒热不可忍,不去也。抵暮,则前所受赠金者出,报客曰:“相公倦,谢客矣,客请明日来。”即明日又不敢不来。夜披衣坐,闻鸡鸣即起盥栉[③],走马推门[④],门者怒曰:“为谁?”

则曰："昨日之客来。"则又怒曰："何客之勤也！岂有相公此时出见客乎？"客心耻之，强忍而与言曰："亡奈何矣[5]，姑容我入。"门者又得所赠金，则起而入之。又立向所立厩中。幸主者出，南面召见[6]，则惊走匍匐阶下。主者曰："进！"则再拜，故迟不起，起则上所上寿金[7]。主者故不受，则固请，主者故固不受，则又固请，然后命吏纳之，则又再拜，又故迟不起，起则五六揖始出。出揖门者曰："官人幸顾我[8]，他日来，幸无阻我也！"门者答揖，大喜，奔出。马上遇所交识，即扬鞭语曰："适自相公家来，相公厚我！厚我！"且虚言状。即所交识亦心畏相公厚之矣。相公又稍稍语人曰[9]："某也贤，某也贤。"闻者亦心计交赞之[10]。此世所谓上下相孚也。长者谓仆能之乎？

【注释】

①袖：动词，袖里藏着。私之：私下买通。

②刺：谒(yè)见时用的名片。古时是木片，上面刻写姓名。拜访时用以投递进去。明代时，名片改用红纸书写，称"名帖"。

③盥栉(guàn zhì)：洗脸梳头。

④走马：骑马快跑。走，跑。

⑤亡(wú)：无。

⑥南面召见：古代以坐北朝南为尊，南面召见有轻视的意思。

⑦上寿金：拜见长官时所献的祝寿礼钱。

⑧官人：对守门人的敬称。

⑨稍稍：稍微，随意，轻描淡写。

⑩心计：私心领会。

【译文】

再说，现在所说的上下之间互相信任究竟指的是怎么一回事呢？

从早到晚骑着马恭候在当权者的门前，看门人故意刁难不肯进去禀报时，他就甜言蜜语，做出妇人般的媚态，偷偷拿出藏在袖子里的金钱送给他。等到看门人拿着名片进去禀报之后，主人却又不马上接见，他便只好站在马棚里，混在仆人和马群中，臭气熏着衣服，即使饥饿寒冷或闷热令人无法忍受，他也不敢离去。傍晚时，先前那个接受金钱的看门人出来，告诉客人说："相公累了，谢绝会客，请你明天再来吧。"第二天又不敢不来。当天晚上披衣坐着，一听到鸡叫就赶忙起来梳洗，然后骑马跑去叫门。看门人厉声问道："谁呀？"他便回答说："是昨天来过的那个客人又来了。"看门人怒气冲冲地说："客人怎么这样勤快！哪有相公这时候就出来会见客人的？"他内心感到羞辱，却强忍着对看门人说："没办法呀，您就让我进去吧。"看门人又得到了他送的金钱，就起身放他进去，他仍旧站在上次站过的马棚里。幸亏主人出来了，朝南坐着唤他进去。他便诚惶诚恐地跑过去，趴在台阶下。主人说："进来！"他就拜了又拜，故意迟迟不肯站起，站起后便给主人献上进见的礼金。主人故意不接受，他就再三请求，主人故意坚持不接受，他就又再三请求，然后主人才叫手下人把礼金收下。他又拜了又拜，又故意迟迟不站起来，站起后连连作揖方才退出。出来后给看门人作揖说："承蒙官人多多关照，以后我再来，希望您不要拦阻！"看门人还礼，他就欣喜若狂地跑出去。骑着马遇见熟人，便扬起马鞭，得意洋洋地说道："我刚从相公家出来，相公很看重我，很看重我啊！"并且夸张地描述接见他的情景。就连那些熟人，也为相公如此看重他而心怀敬畏。相公偶尔随意地对人提起："某人有才干，某人有才干。"听到的人也都心领神会，一齐称赞他。这就是世上所说的上下之间互相信任了。您老人家说，我能这样做吗？

前所谓权门者，自岁时伏腊一刺之外[①]，即经年不往也。间道经其门，则亦掩耳闭目，跃马疾走过之，若有所追逐者。斯则仆之褊衷[②]。以此长不见悦于长吏，仆则愈益不顾也。

每大言曰:“人生有命,吾惟守分而已。”长者闻之,得无厌其为迂乎?

【注释】

①岁时伏腊:指一年中的年节日。岁时,每年一定的季节或时间。伏腊,指夏天的伏日和冬天的腊日。

②褊(biǎn)衷:狭隘的心胸。

【译文】

前面说到的那个有权势的人家,我除了逢年过节投张名片之外,就整年不去他家。偶尔经过他的门口,也要捂住耳朵,闭上眼睛,快马加鞭急跑过去,好像有人在后面追赶似的。这就是我狭隘的心胸。我因此长久以来得不到长官的欢心,但我却更加不屑一顾。我常口出狂言:“人生在世,自有天命,我只要安分守己就行了。”您老人家听了这番话,或许不会讨厌我的迂腐吧?

归有光

归有光(1506—1571),字熙甫,又字开甫,别号震川,又号项脊生,昆山(今属江苏)人。归有光以散文创作为主,他反对“文必秦汉”的拟古形式主义文风,主张取法唐宋,使当时的文风有所转变,并对后世产生了一定的影响。与王慎中、唐顺之、茅坤等称为“唐宋派”。所作散文朴素简洁,善于叙事。著有《三吴水利录》《马政志》《易图论》《震川文集》《震川尺牍》《震川先生集》等。

吴山图记

【题解】

《吴山图记》是应吴县离任县令魏用晦之邀写的一篇应酬之作。虽说了一些官场应酬之语,但也表达了小民百姓对贤明父母官的期望。

吴、长洲二县[①],在郡治所,分境而治。而郡西诸山,皆在吴县。其最高者,穹窿、阳山、邓尉、西脊、铜井。而灵岩,吴之故宫在焉,尚有西子之遗迹[②]。若虎丘、剑池及天平、尚方、支硎,皆胜地也。而太湖汪洋三万六千顷,七十二峰沉浸其间，则海内之奇观矣。

【注释】

①吴、长洲：吴县与长洲县均为吴郡辖县，治所同在今江苏苏州。

②西子：即西施，春秋时吴王夫差的妃子。

【译文】

吴县、长洲两县，都在吴郡郡治所在地，两县划界而治。郡的西面有许多山，都在吴县境内。其中最高的山峰，有穹窿、阳山、邓尉、西脊、铜井等山。而灵岩山，春秋时吴国的故宫就坐落在那里，在那里还可以看到西施的遗迹。像虎丘、剑池以及天平、尚方、支硎等处，都是著名的风景胜地。太湖浩渺无涯，面积达到三万六千顷，有七十二座山峰在湖中挺立，真可谓是海内奇观了。

余同年友魏君用晦为吴县①，未及三年，以高第召入为给事中②。君之为县有惠爱，百姓扳留之不能得③，而君亦不忍于其民，由是好事者绘《吴山图》以为赠。

【注释】

①同年：科举制度中同榜考中的人互称同年。

②高第：指考试或官吏考核被列入较高的等第。给事中：明代掌监察六部、侍中规谏之职的官员。

③扳(pān)留：挽留。

【译文】

我的同年好友魏用晦君担任吴县县令不满三年，就因政绩突出被召入朝中担任给事中之职。魏君担任吴县县令时推出不少利民的政策，在他离任时，百姓苦苦挽留而未能成功，魏君也舍不得离开当地的百姓，于是有一位热心人便画了一幅《吴山图》送给他。

夫令之于民诚重矣①。令诚贤也，其地之山川草木亦被其泽而有荣也，令诚不贤也，其地之山川草木亦被其殃而有辱也。君于吴之山川，盖增重矣。异时吾民将择胜于岩峦之间，尸祝于浮屠、老子之宫也②，固宜。而君则亦既去矣，何复惓惓于此山哉③？昔苏子瞻称韩魏公去黄州四十余年而思之不忘④，至以为思黄州诗，子瞻为黄人刻之于石。然后知贤者于其所至，不独使其人之不忍忘而已，亦不能自忘于其人也。

【注释】

①诚：实在，确实。

②尸祝：尸是代表鬼神受享祭的人，祝是传告鬼神言辞的人。这里引申为祭祀。浮屠：原指佛或佛塔，这里指佛。老子：春秋时思想家，后世被认作道教始祖。

③惓惓(quán)：犹“拳拳”，恳切的样子。

④苏子瞻：苏轼字子瞻，北宋文学家。韩魏公：韩琦(qí)，北宋大臣，封魏国公。黄州：治所在今湖北黄冈。

【译文】

县令作为一县之长，对当地百姓来说确实是非常重要的。如果县令确实清正贤良，那么当地的山川草木也会因蒙受他的恩泽而焕发光彩；如果他是昏庸之辈，那么当地的山川草木也会因此遭殃，蒙受耻辱。魏君对吴县山川草木，可谓是增添光彩了。将来吴县的百姓会在青山秀岩之间挑选一块风景优美的胜地，修建寺庙和道观来祭祀他，那也是合乎情理的。可是魏君既然已经离开了吴县，为什么还对那里的山川草木念念不忘呢？以前苏子瞻称赞韩琦离开黄州四十多年，还念念不忘黄州，以至于写下了怀念黄州的诗，苏子瞻为黄州百姓把这首诗镌刻在石碑上。由此后人才明白：贤能之士到某地，不仅会使那里的百姓念念不忘，自己也不会忘怀那里的百姓。

君今去县已三年矣①，一日与余同在内庭，出示此图，展玩太息②，因命余记之。噫！君之于吾吴，有情如此，如之何而使吾民能忘之也？

【注释】

①去：离去，离开。

②太息：叹息。

【译文】

魏君离开吴县到现在已经三年了，有一天我们同在内庭，他拿出这幅《吴山图》给我看，一边欣赏一边感叹，于是嘱咐我写一篇文章来记下这件事。唉！魏君对吴县的百姓，感情是如此深厚，我们吴县的百姓又怎么会忘记他呢？

沧浪亭记

【题解】

忽为大云庵，忽为沧浪亭，朝代有兴衰，人事有变迁，或传之千古，或过眼云烟，作者认为名胜古迹的兴废存亡和人有莫大的关系。通篇文字清新质朴，自然之风扑面而来。

浮图文瑛①，居大云庵，环水，即苏子美沧浪亭之地也②。

亟求余作《沧浪亭记》，曰："昔子美之记，记亭之胜也，请子记吾所以为亭者。"

【注释】

①浮图：也作"浮屠"，梵语的音译，指佛或者佛塔，这里代指佛教徒。文瑛：僧人名号，其人不详。

②苏子美：即苏舜卿，字子美，北宋文学家。曾修沧浪亭，并作《沧浪亭记》。

【译文】

文瑛和尚居住在大云庵，此庵四面环水，原是苏子美建造沧浪亭的遗址。他多次请求我写一篇《沧浪亭记》，说："从前苏子美写的《沧浪亭记》，主要是描述沧浪亭的优美景色；今天，我是请您在文章中记下我重修这个亭子的缘由。"

余曰：昔吴越有国时[①]，广陵王镇吴中[②]，治南园于子城之西南[③]，其外戚孙承佑[④]，亦治园于其偏。迨淮海纳土[⑤]，此园不废。苏子美始建沧浪亭，最后禅者居之，此沧浪亭为大云庵也。有庵以来二百年，文瑛寻古遗事，复子美之构于荒残灭没之余，此大云庵为沧浪亭也。夫古今之变，朝市改易[⑥]。尝登姑苏之台[⑦]，望五湖之渺茫[⑧]，群山之苍翠，太伯、虞仲之所建[⑨]，阖闾、夫差之所争[⑩]，子胥、种、蠡之所经营[⑪]，今皆无有矣，庵与亭何为者哉？虽然，钱镠因乱攘窃，保有吴、越，国富兵强，垂及四世。诸子姻戚，乘时奢僭[⑫]，宫馆苑囿，极一时之盛。而子美之亭，乃为释子所钦重如此[⑬]，可以见士之欲垂名于千载，不与澌然而俱尽者[⑭]，则有在矣。

【注释】

①吴越：五代十国之一。唐末镇海节度使钱镠(liú)所建，都城杭州，后降宋，传四世，共七十余年。

②广陵王：即钱元瓘(guàn)，吴越王钱镠的儿子。吴中：泛指今太湖流域一带。

③子城：大城所属的小城。这里指内城。

④外戚：指帝王的母族和妻族。孙承佑：钱镠之孙钱俶(chù)的岳父。

⑤迨：等到。淮海纳土：指吴越国降宋，献出淮海一带的土地。

⑥朝市：朝廷和集市。

⑦姑苏之台：春秋时吴王夫差所建，在今江苏苏州西南的姑苏山上。

⑧五湖：泛指太湖一带所有湖泊。

⑨太伯、虞仲：周太王古公亶父的长子、次子，传说是吴国的开创者。

⑩阖闾(hé lǘ)、夫差：春秋时相继就任的两位吴王，夫差是阖闾之子。

⑪子胥：即伍子胥，春秋时人，曾辅佐吴王夫差伐越。种：文种，春秋时越国大夫。蠡(lǐ)：范蠡，春秋时越国大夫。

⑫僭(jiàn)：超越名分。

⑬释子：指僧人。

⑭澌然：冰块融化的样子。澌，通"凘(sī)"。

【译文】

我说：从前吴越建国的时候，广陵王镇守吴中，在内城的西南面建造了一座南园，他的外戚孙承佑，也在旁边修建了一座园林。到淮海之地成了宋朝的土地时，这些园子也还没有被荒废。这时苏子美才开始修建沧浪亭，后来一些和尚住在这里，这样沧浪亭就变成了大云庵。大云庵建成已有二百年，文瑛寻访历史遗迹，在荒芜、破败的旧址上按原样重建了苏子美的沧浪亭，这样，大云庵又变成了沧浪亭。历史经历了巨大的变迁，朝廷和市容也随之改变面貌。我曾经登上姑苏台，眺望浩渺的五湖，那里群山苍翠，所见之处，太伯、虞仲曾建立的国家，阖闾、夫差所争夺的地盘，伍子胥、文种和范蠡曾经经营的事业，如今都已不复存在了，那庵与亭又算得了什么呢？虽然这样，钱镠乘着混乱窃取了权位，占有吴、越之地，国富兵强，延续了四代。子孙姻戚也乘此穷奢极欲，大造宫观园林，盛极一时。而苏子美建造的沧浪亭，才被和尚如此看重。由此看来，士人要想千载传名，而不像冰块那样很快消失，是有其原因的。

文瑛读书喜诗，与吾徒游，呼之为沧浪僧云。

【译文】

文瑛喜欢读书、做诗，跟我们这类人交往，我们都叫他“沧浪僧”。

茅　坤

茅坤(1512—1601),字顺甫,号鹿门,归安(今浙江吴兴)人,明世宗嘉靖十七年(1538)中进士。他提倡学习唐宋古文,所以后世称他为"唐宋派"代表。编选《唐宋八大家文钞》,正式确定了"八大家"的名位。

青霞先生文集序

【题解】

这篇序文没有太多地去评论、介绍《青霞先生文集》的文章,而是花了较多篇幅去写文集的作者沈青霞。写他的孤忠大节、刚正不阿、忧国忧民。字里行间流露出悲壮之气,有较强的艺术感染力。

青霞沈君[①],由锦衣经历上书诋宰执[②]。宰执深疾之,方力构其罪,赖天子仁圣,特薄其谴[③],徙之塞上。当是时,君子直谏之名满天下。已而君累然携妻子出家塞上[④]。会北敌数内犯[⑤],而帅府以下束手闭垒[⑥],以恣敌之出没,不及飞一镞以相抗[⑦]。甚且及敌之退,则割中土之战没者与野行者之馘以为功[⑧]。而父之哭其子,妻之哭其夫,兄之哭其弟者，往往而是，无所控吁⑨。君既上愤疆场之日弛，而又下痛诸将士日菅刈我人民以蒙国家也⑩，数呜咽欷歔⑪，而以其所忧郁发之于诗歌文章，以泄其怀，即集中所载诸什是也⑫。

【注释】

①沈君：沈炼，字纯甫，别号青霞山人，明代会稽（今浙江绍兴）人。明世宗嘉靖十七年（1538）进士，曾任溧（lì）阳花平知县，后又任锦衣卫经历。

②锦衣经历：即锦衣卫的经历官，负责文书往来。锦衣卫原是皇室亲军，明代起兼管刑狱、巡捕，明中叶以后，和东厂、西厂同为特务机构。宰执：这里指宰相严嵩。

③薄：减轻。

④累然：心中郁闷。

⑤北敌：指当时的蒙古族俺答部，曾多次侵扰北方，是明中期的主要边患。

⑥帅府：边境最高军事机关。

⑦镞（zú）：箭头。这里代指箭。

⑧馘（guó）：被杀者的左耳。古代作战时割取对方战死者的左耳来统计杀敌人数，记战功。

⑨控吁：控诉，呼吁。

⑩菅刈（jiān yì）：杀人如割草。菅，一种草。刈，割草。

⑪欷歔（xī xū）：叹息。

⑫什（shí）：《诗经》的《大雅》《小雅》《颂》以十篇诗歌为一卷，称为什。这里泛指诗篇。

【译文】

沈青霞先生，以锦衣卫经历的身份，向皇帝上书斥责宰相。宰相非常痛恨他，正当竭力捏造罪名陷害他时，幸亏天子仁爱圣明，特地减轻对他的处罚，只将他贬谪到边塞。那时，沈先生直谏的声名传遍天下。不久，沈先生心情郁闷地携带家小，离家迁居塞上。当时正逢北方敌兵频频进犯，而帅府以下的各级官员都束手无策，闭关不战，任凭敌人随意进出侵犯，竟连向入侵者放一箭抵抗都做不到。甚至在敌人退兵之后，他们就割下阵亡的中原士兵和郊野行人的耳朵以邀功请赏。而百姓中父亲哭儿子、妻子哭丈夫、兄长哭弟弟的，到处都是，他们又无处可以控诉。沈先生对上既痛恨边疆防务的日益废弛，对下又痛心将士日日残害百姓、杀人如草、蒙骗朝廷，他多次为之哭泣哀叹，于是将他满腹的悲愤表现在诗歌文章中，以抒发其情怀，他的文集中所载诸篇都是这类作品。

君故以直谏为重于时，而其所著为诗歌文章又多所讥刺，稍稍传播①，上下震恐，始出死力相煽构，而君之祸作矣。君既没②，而一时阃寄所相与谗君者③，寻且坐罪罢去④。又未几，故宰执之仇君者亦报罢⑤。而君之门人给谏俞君⑥，于是裒辑其生平所著若干卷⑦，刻而传之。而其子以敬，来请予序之首简。

【注释】

①稍稍：逐渐。

②没：通“殁(mò)”，去世。

③阃(kǔn)寄：指担任军职。阃，外城城门的门槛，古代常把军事职务称作阃外之事。

④寻：不久。

⑤报罢：古代官吏、民众上书，朝廷通知不予采纳为报罢。这里指

官吏削职、罢免。

⑥给谏：给事中和谏议大夫的合称，掌纠正过失和规谏。

⑦裒(póu)辑：搜集，编辑。

【译文】

沈先生本来就因为敢于直谏而为世人所敬重，而他所作的诗文又常有讥刺之言，渐渐传播开来，上下都感到震惊恐慌，于是他们拼命造谣、陷害沈先生，于是大祸也就落到了沈先生的头上。沈先生遇害之后，那些一同陷害沈先生的军界要人，不久也都因罪被罢免。又过了不久，原先那个仇视沈先生的权相也被罢免。于是沈先生的门人、给事中兼谏议大夫俞君，搜集编纂了沈先生生前所作诗文若干卷，并加以刊刻流传。沈先生的儿子以敬请我在文集前面写篇序文。

茅子受读而题之曰：若君者，非古之志士之遗乎哉？孔子删《诗》[①]，自《小弁》之怨亲[②]，《巷伯》之刺谗以下[③]，其忠臣、寡妇、幽人、怼士之什[④]，并列之为"风"，疏之为"雅"，不可胜数。岂皆古之中声也哉？然孔子不遽遗之者，特悯其人、矜其志，犹曰"发乎情，止乎礼义"，"言之者无罪，闻之者足以为戒"焉耳[⑤]。予尝按次《春秋》以来，屈原之《骚》疑于怨[⑥]，伍胥之谏疑于胁[⑦]，贾谊之疏疑于激[⑧]，叔夜之诗疑于愤[⑨]，刘蕡之对疑于亢[⑩]，然推孔子删《诗》之旨而裒次之[⑪]，当亦未必无录之者。君既没，而海内之荐绅大夫至今言及君[⑫]，无不酸鼻而流涕。呜呼！集中所载《鸣剑》《筹边》诸什，试令后之人读之，其足以寒贼臣之胆，而跃塞垣战士之马，而作之忾也[⑬]，固矣。他日国家采风者之使出而览观焉[⑭]，其能遗之也乎？予谨识之[⑮]。

【注释】

①孔子删《诗》:据传《诗经》是孔子删选而成的。

②《小弁》:《诗经·小雅》中的一篇,描写一个被遗弃者的哀怨。

③《巷伯》:《诗经·小雅》中的一篇,描写一个遭受谗言而受到宫刑处罚的人的悲愤。

④怼(duì)士:心怀愤懑的人。

⑤"发乎情"以下两段引文:均出自《诗经·周南·关雎》的诗序。

⑥《骚》:即《离骚》,屈原的代表作。

⑦伍胥:即伍子胥,春秋时吴国大夫,曾劝谏吴王夫差拒绝越国的求和,后因谗言被迫自杀。

⑧贾谊:西汉文学家、政论家,曾多次上书建议削弱诸侯王的势力,加强中央集权,被权贵排挤,被贬为长沙王太傅,后郁郁而终。

⑨叔夜:嵇(jī)康,字叔夜。三国时文学家,因发表不满朝廷的言论被杀。

⑩刘蕡(fén):唐人。曾在考试中抨击宦官专权,而未被录取。亢:亢直。

⑪裒(póu):辑录。

⑫荐绅:犹"搢(jìn)绅"。古代士大夫垂绅插笏,因此称搢绅。绅,大带。

⑬忾:愤怒,义愤。

⑭国家采风者:古代君王定期派人分赴全国各地收集民歌民谣,以考察民风民情,称为"采风"。

⑮识(zhì):记录。

【译文】

我拜读了沈先生文集后写道:像沈先生这样的烈士,不就是古代那些有高尚品行者的后继人吗?孔子删定《诗经》,从怨恨亲人的《小弁》、讥刺谗人的《巷伯》以下,那些忠臣、寡妇、隐居之人、愤世嫉俗者的作品，一概被列入“国风”，分入“小雅”，这样的作品数不胜数。难道这些作品都合乎中正平和的诗教吗？然而孔子不轻易删掉它们，那只是哀怜这些人的不幸遭遇，推崇他们志向的缘故，他还说“这些诗歌都是发自内心，又能以礼义加以约束”，“说话的人没有罪，听的人完全可以把它作为鉴戒”。我曾依次考察《春秋》以来的作品，发现屈原的《离骚》好像多是怨恨之辞，伍子胥进谏多是警告威胁，贾谊的上疏好像很激愤，嵇康的诗作似乎愤愤不平，刘蕡的对策似乎过于刚直，然而按照孔子删《诗》的原则编纂它们，看来也未必不能收录。沈先生死后，海内士大夫至今一提起他，无不心酸落泪。唉！文集中所载的《鸣剑》《筹边》等篇，假使后人读了，足以使奸臣贼子胆寒，使塞上战士跃马而起，激起他们同仇敌忾的勇气，这是毫无疑问的了。日后朝廷派遣了解民情、采集歌谣的使者看到这些诗篇，难道能把它们遗漏吗？我是怀着恭谨的心情把它记述在这里。

至于文词之工不工，及当古作者之旨与否，非所以论君之大者也，予故不著。

【译文】

至于文辞精美与否，以及与古代作者的意旨是否相合，这些都与评论沈先生的大节无关，所以我就不加论述了。

王世贞

王世贞(1526—1590),字元美,号凤洲,太仓(今属江苏)人。明世宗嘉靖年间中进士,官至南京刑部尚书。他的散文创作,在古奥中见流畅,于奇崛中有清新。有《弇(yǎn)州山人四部稿》和《弇州山人续稿》传世。

蔺相如完璧归赵论

【题解】

蔺相如完璧归赵,历来为人称道。在这篇文章中,王世贞提出了不同的观点,他认为蔺相如在整个事件中表现出不智、不信、不堪,没有什么值得称道的。在完璧归赵之后,蔺相如之能保全自身,赵国得以免祸,实属侥幸。

蔺相如之完璧①,人皆称之,予未敢以为信也。

【注释】

①蔺(lìn)相如:战国时赵人。完璧:保全了和氏璧。据《史记·廉颇蔺相如列传》载:赵惠文王时,赵国得到了一块和氏璧,秦昭王知道后,表示愿意用十五座城来交换。蔺相如奉命出使秦国,发

现秦国毫无诚意，在庭上直斥秦国的欺诈，暗中将和氏璧送回了赵国。

【译文】

蔺相如完璧归赵，人人都称赞他，我却不敢苟同。

夫秦以十五城之空名，诈赵而胁其璧。是时言取璧者情也，非欲以窥赵也。赵得其情则弗予，不得其情则予，得其情而畏之则予，得其情而弗畏之则弗予。此两言决耳，奈之何既畏而复挑其怒也！

【译文】

秦国用十五座城池的空名，欺骗赵国，并且胁迫赵国献出和氏璧。这时候，说秦国要骗取璧是实情，并不是想乘机窥视赵国的江山。对赵国来说，能看穿其骗取璧的诡计，就不要给它；看不穿，就只好给它；或者，看穿了却害怕强秦，就给它；看穿了却又不畏强暴，就不给它。这件事，两句话就解决了，为什么赵国既害怕秦国却又去激怒它呢！

且夫秦欲璧，赵弗予璧，两无所曲直也。入璧而秦弗予城，曲在秦；秦出城而璧归，曲在赵。欲使曲在秦，则莫如弃璧；畏弃璧，则莫如弗予。夫秦王既按图以予城，又设九宾[①]，斋而受璧，其势不得不予城。璧入而城弗予，相如则前请曰："臣固知大王之弗予城也。夫璧非赵璧乎？而十五城秦宝也，今使大王以璧故，而亡其十五城，十五城之子弟皆厚怨大王以弃我如草芥也。大王弗予城而绐赵璧[②]，以一璧故，而失信于天下，臣请就死于国，以明大王之失信。"秦王未必不返璧也。今奈何使舍人怀而逃之[3]，而归直于秦？是时秦意未欲与赵绝耳。令秦王怒，而僇相如于市[4]，武安君十万众压邯郸[5]，而责璧与信，一胜而相如族[6]，再胜而璧终入秦矣。吾故曰，蔺相如之获全于璧也，天也。若其劲渑池[7]，柔廉颇[8]，则愈出而愈妙于用。所以能完赵者，天固曲全之哉！

【注释】

①九宾：又称九仪。指设傧相九人接待来人的隆重仪式。宾，通"傧"。

②绐(dài)：欺骗。

③舍人：随从，手下人。

④僇：通"戮(lù)"。市：市集。古代处决犯人都在市集进行。

⑤武安君：秦国名将白起，封武安君。邯郸：赵国都城，今河北邯郸。

⑥族：这里指灭族。

⑦劲渑(miǎn)池：秦昭襄王与赵惠文王在渑池(今属河南)会盟，秦王欲辱赵王，受到蔺相如的有力还击。

⑧柔廉颇：蔺相如立功拜为上卿，位在大将廉颇之上，廉颇不服，蔺相如就处处谦让，终于感动廉颇。

【译文】

再说，秦国想得到璧，赵国不给它，双方本来都没有什么对与错。如果赵国交出和氏璧而秦国不给城池，则秦理亏；秦国交出城池而赵国又拿回了璧，则赵国理亏。如果赵国想让秦国理亏，就不如放弃璧；如果害怕白白丢了璧，就不如不给。秦王既然答应按照图纸，交割城池，又安排了九宾的隆重仪式，斋戒沐浴，恭谨地接受璧玉，那种形势下，是不得不交出城池的。如果秦王将璧骗去，却又不交割城池，那么，蔺相如便可以上前质问："小臣我本来就知道大王是不会给城的了。这和氏璧难道不是赵国的宝物吗？而那十五座城池，也是秦国的宝地。现在，假如大王为了一块璧，放弃了十五座城池，那些城里的百姓，都会怨恨大王，说大王把他们像草芥一样抛弃了。大王骗走和氏璧而不给赵国城池，为了区区一块璧而失信于天下。小臣我请求死在您面前，好让天下人都知道大王言而无信。"这样，秦王未必不会还璧。当时，蔺相如怎能令手下怀揣着玉璧偷偷逃走，而使秦国处于道义的一方？那时候，秦国还不想与赵国决裂。假使秦王勃然大怒，将蔺相如拉到集市上处死，同时派遣武安君率领十万大军，直逼邯郸，质问赵国璧玉的下落和赵国为何失信，秦兵一次获胜，就可使相如灭族；再次获胜，和氏璧终究要落入秦王的口袋里。所以我说，蔺相如能够保全和氏璧，这是天意啊。至于他在渑池会上对秦国采取强硬姿态，而对廉颇又温和谦让，则是斗争策略越来越成熟。赵国之所以能够被保全，的确是上天在偏袒它啊！

袁宏道

袁宏道(1568—1610),字中郎,公安(今属湖北)人,他和哥哥袁宗道、弟弟袁中道并称“三袁”,被称为“公安派”。他的诗文写得清新活泼,“独抒性灵,不拘格套”,著有《袁中郎集》。

徐文长传

【题解】

徐渭(1521—1593),是晚明一个具有多方面文学艺术才能的作家,在诗文、戏曲和书画方面有较高的成就,但一生遭遇坎坷。本篇用充满同情和惋惜的笔调叙述了徐渭一生的遭际,高度评价了他的文学艺术成就。

徐渭,字文长,为山阴诸生[①],声名籍甚。薛公蕙校越时[②],奇其才,有国士之目[③]。然数奇[④],屡试辄蹶。中丞胡公宗宪闻之[⑤],客诸幕[⑥]。文长每见,则葛衣乌巾[⑦],纵谈天下事,胡公大喜。是时公督数边兵,威镇东南,介胄之士[⑧],膝语蛇行,不敢举头,而文长以部下一诸生傲之,议者方之刘真长、杜少陵云[⑨]。会得白鹿,属文长作表,表上,永陵喜[10]。公以是益奇之，一切疏计[11]，皆出其手。文长自负才略，好奇计，谈兵多中，视一世事无可当意者。然竟不偶[12]。

【注释】

①山阴：今浙江绍兴。诸生：即生员，明清时期经过本省各级考试取入府、州、县学的学生。

②薛公蕙：即薛蕙。明正德九年（1514）进士，曾任刑部主事，嘉靖中为给事中。校：考官。

③目：称，叫。

④数奇（jī）：运气不好。

⑤中丞：汉代为御史大夫属官。明代都察院的副都御史与其职相当。胡公宗宪：胡宗宪，字汝贞，明嘉靖年间浙江巡抚，因抗倭有功，后加右都御史衔。

⑥幕：幕府。徐渭在胡宗宪幕府里任书记，主要负责文告。

⑦葛衣：粗布衣服。

⑧介：甲。胄：盔。

⑨刘真长：刘惔（dàn）字真长，东晋名士。善清谈，为人不拘小节。杜少陵：即杜甫，唐代诗人。曾居少陵（今陕西西安南）附近，自号少陵野老。方：比方，比做。

⑩永陵：明世宗嘉靖皇帝陵墓名。这里代指世宗。

⑪疏：臣下给皇帝的奏疏。计：会计簿册。

⑫不偶：不遇。指仕途不顺。

【译文】

徐渭，字文长，是山阴生员，颇负盛名。薛蕙公做浙江试官时，惊异于他的才华，把他看做国士。然而他命运多艰，屡次应试却屡次落第。中丞胡宗宪公听说后，把他聘请为幕僚。徐渭每次参见胡公，总是身着葛布长衫，头戴乌巾，尽兴畅谈天下大事，胡公听后十分赞赏。当时胡公统率着几支军队，威镇东南沿海，部下将士在他面前，总是跪着讲话，像蛇一样爬着前进，不敢抬头，可是徐渭凭着帐下一生员的身份傲视胡公，评论的人把他比作刘真长、杜少陵一类人物。适逢胡公得到一头白鹿，嘱托徐渭作一篇表文奏明皇上，表文奏上后，世宗皇帝很满意。胡公于是更加器重徐渭，所有奏本和其他文书都交他办理。徐渭对自己的文才武略非常自信，喜欢出奇制胜，所谈论的用兵之策往往切中问题的要害，在他看来世间万物没有一件令他满意的。然而他一生都没有遇到一显身手的机会。

文长既已不得志于有司①，遂乃放浪曲蘖②，恣情山水，走齐、鲁、燕、赵之地③，穷览朔漠。其所见山奔海立，沙起云行，雨鸣树偃，幽谷大都，人物鱼鸟，一切可惊可愕之状，一一皆达之于诗。其胸中又有勃然不可磨灭之气，英雄失路、托足无门之悲，故其为诗，如嗔如笑，如水鸣峡，如种出土，如寡妇之夜哭、羁人之寒起④。虽其体格时有卑者，然匠心独出，有王者气，非彼巾帼而事人者所敢望也⑤。文有卓识，气沉而法严，不以摸拟损才，不以议论伤格，韩、曾之流亚也⑥。文长既雅不与时调合⑦，当时所谓骚坛主盟者，文长皆叱而奴之，故其名不出于越，悲夫！

【注释】

①有司：官吏。

②曲蘖(niè)：酒。蘖，酿酒用的曲子，用以发酵。

③齐、鲁、燕、赵：春秋战国时的四个诸侯国，在今山东、河北、山西一带。

④羁(jī)人：旅居在外的人。

⑤巾帼(guó):古代妇女戴的头巾,后代指妇女。

⑥韩、曾:指唐代的韩愈和北宋的曾巩,他们都是唐宋八大家中的作家。流亚:同一类的人物。

⑦雅:素来,一向。

【译文】

徐渭既然不得志,不被当权者看重,于是放浪形骸,肆意醉酒,纵情山水,他游历了齐、鲁、燕、赵之地,又饱览了塞外大漠的风光。他所见的奔腾的山势、壁立的海浪、飞扬的黄沙、舒卷的云霞、轰鸣的雷声、倒伏的树木,乃至山谷的幽深冷清和都市的繁华热闹,以及奇人异士、怪鱼珍鸟等,一切令人惊愕的自然和人文景观,他都一一写入诗中。他胸中一直怀着强烈的不平和奋争精神,以及英雄无用武之地的悲凉之感,所以他的诗既像怒骂,又像嬉笑,像水流在山涧激荡,像种子破土而出,像寡妇在深夜悲啼,像旅人在寒夜起身徘徊。虽然他诗作的格调有时不太高明,但是匠心独运,有一种王者之气,不是那些如同女子专门事奉他人的诗人所能比的。徐渭的文章有远见卓识,气势深沉而章法严谨,不会因为模拟而压抑自己的才华,也不因议论而损伤自己文章的风格,如同韩愈、曾巩一类的作品。徐渭素来不与时俗合拍,对当时的所谓文坛领袖,他一概加以斥责,视他们为奴仆,所以他的声名仅限于浙江一带,这实在是可悲啊!

喜作书,笔意奔放如其诗,苍劲中姿媚跃出,欧阳公所谓“妖韶女,老自有余态”者也①。间以其余②,旁溢为花鸟,皆超逸有致。

【注释】

①欧阳公:北宋欧阳修。妖韶女,老自有余态:出自欧阳修的《六一诗话》。韶,美好。

②间：有时，偶尔。

【译文】

徐渭喜欢书法，笔意奔放，就像他的诗作一样，苍劲豪迈中有一种妩媚的姿态跃然纸上，也就是欧阳公所说的“妖艳女子，年纪老人却风韵犹存”。徐渭偶尔也会把他剩余的精力倾注到花鸟画上，都画得高超雅致，别有一番情致。

卒以疑杀其继室①，下狱论死。张太史元汴力解②，乃得出。晚年愤益深，佯狂益甚，显者至门，或拒不纳。时携钱至酒肆，呼下隶与饮。或自持斧击破其头，血流被面，头骨皆折，揉之有声。或以利锥锥其两耳，深入寸余，竟不得死。周望言晚岁诗文益奇③，无刻本，集藏于家。余同年有官越者，托以钞录，今未至。余所见者，《徐文长集》《阙编》二种而已。然文长竟以不得志于时，抱愤而卒。

【注释】

①杀其继室：徐渭晚年神经错乱，猜疑心很重，杀死了继室张氏，因此下狱。

②张太史元汴(biàn)：张元汴，隆庆五年(1571)廷试第一，授翰林修撰，故称太史。

③周望：陶望龄字周望，万历年间曾任国子监祭酒。

【译文】

后来，徐渭因为猜疑误杀了他的继室，被捕入狱，被判死刑。幸亏太史张元汴极力营救，方才出狱。晚年的徐渭更加愤世嫉俗，假做疯癫之状也更厉害了，达官名士登门拜访，他有时会拒不接见。他时常带着钱到酒店，招呼下人仆役和他一起喝酒。他曾拿斧头砍破自己的头颅，血流满面，连头骨都折断了，用手揉时竟然能听到碎骨的声音。他还曾用尖利的锥子扎自己的双耳，扎进一寸多深，竟然没有死。陶望龄说：徐渭的诗文到晚年愈加奇异，但没有刻本，他的诗文集都藏在家中。我托我在越地做官的科举同年替我抄录徐渭的诗文，到现在还没送来。我所见到的，只有《徐文长集》和《阙编》两种而已。然而徐渭竟因为在当时不得志，满怀悲愤地死去了。

石公曰①：先生数奇不已，遂为狂疾；狂疾不已，遂为囹圄。古今文人牢骚困苦，未有若先生者也。虽然，胡公间世豪杰，永陵英主。幕中礼数异等，是胡公知有先生矣。表上，人主悦，是人主知有先生矣；独身未贵耳②。先生诗文崛起，一扫近代芜秽之习，百世而下，自有定论，胡为不遇哉？

【注释】

①石公：袁宏道自称。

②独：只是，不过。

【译文】

我认为：先生命运多舛，一直时运不济，致使他激愤成疯病；疯病不断发作，又导致他身陷牢狱。从古至今，文人的牢骚怨愤和遭受到的困苦，再没有能超过徐渭先生的了。尽管如此，仍有胡公这样世上罕见的豪杰、世宗这样英明的帝王赏识他。徐渭在胡公府中，受到特殊礼遇，这说明胡公是了解先生的。胡公的上奏表文博得皇帝的欢心，表明皇帝也是了解先生的。只是先生没有得到要职罢了。徐渭先生诗文的崛起，一扫近代文坛芜杂污浊的风气，百代之后，历史自有定论，又怎么能说他生不逢时呢？

梅客生尝寄予书曰[①]："文长吾老友，病奇于人，人奇于诗。"余谓文长无之而不奇者也。无之而不奇，斯无之而不奇也[②]。悲夫！

【注释】

①梅客生：梅国桢（zhēn）字客生，湖北麻城人。万历十一年（1583）进士，官至兵部右侍郎。袁宏道的朋友。

②奇（jī）：数奇，命不好。

【译文】

梅客生曾经写信给我说："徐渭是我的老朋友，他的病比他这个人还要奇怪，而他本人又比他的诗更要奇怪。"我则认为徐渭是无处不奇的人。正因为无处不奇，所以他才没有什么地方不倒霉。这真是悲哀啊！

张　溥

张溥(1602—1641),字天如,号西铭,太仓(今属江苏)人。明思宗崇祯四年(1631)中进士,授庶吉士。他是明末改良派文人集团“复社”的创始人和领导人之一,因为抨击时政曾遭到多次迫害,死时不到四十岁。张溥是个博学多才的学者,在史学评论、政治评论上都很出色,编纂有《汉魏六朝百三名家集》,著有《七录斋集》。

五人墓碑记

【题解】

这篇《五人墓碑记》是张溥(pǔ)最出色的作品。文章采用夹叙夹议的写法,赞扬了苏州市民不畏强暴的精神。叙事简洁,议论酣畅淋漓,有很强的艺术感染力。

五人者,盖当蓼洲周公之被逮[①],激于义而死焉者也。至于今,郡之贤士大夫请于当道,即除魏阉废祠之址以葬之[②],且立石于其墓之门,以旌其所为[③]。呜呼!亦盛矣哉!

【注释】

①蓼(liǎo)洲周公:周顺昌,号蓼洲,明末吴县(在今江苏)人。明熹宗时任吏部郎中,因得罪魏忠贤而下狱,死在狱中。

②魏阉:即魏忠贤,明熹宗时为秉笔太监,兼管特务机关东厂,权倾一时,各地纷纷给他建生祠。阉,指宦官。

③旌(jīng):表彰。

【译文】

这五个人是在周蓼洲公被捕时,激于义愤而被杀的。直到今天,吴郡的知名人士向当地长官请求后,就清理魏忠贤生祠的旧址,安葬了他们,并且在其墓前树立石碑,以表彰他们的事迹。唉!这也算是够隆重的了!

夫五人之死,去今之墓而葬焉,其为时止十有一月耳。夫十有一月之中,凡富贵之子,慷慨得志之徒①,其疾病而死,死而湮没不足道者,亦已众矣。况草野之无闻者欤!独五人之皦皦②,何也?

【注释】

①慷慨得志:此处作贬义用,洋洋自得、踌躇满志的样子。

②皦皦(jiǎo):明亮的样子。

【译文】

这五个人的被害,距离今天入土安葬,前后只有十一个月罢了。在这十一个月的时间中,那些富贵人家的子弟和志得意满的人,因疾病而死,死后默默无闻的,也很多了。何况那些生活在草野之中没有名气的人呢!唯独这五个人死后声名却如日中天,这是什么原因呢?

予犹记周公之被逮，在丁卯三月之望[①]。吾社之行为士先者，为之声义，敛资财以送其行，哭声震动天地。缇骑按剑而前[②]，问："谁为哀者？"众不能堪，抶而仆之[③]。是时以大中丞抚吴者[④]，为魏之私人，周公之逮所由使也。吴之民方痛心焉，于是乘其厉声以呵，则噪而相逐，中丞匿于溷藩以免[⑤]。既而以吴民之乱请于朝，按诛五人，曰：颜佩韦、杨念如、马杰、沈扬、周文元，即今之傫然在墓者也[⑥]。

【注释】

①丁卯：即明熹宗天启七年，1627 年。

②缇骑（tí jì）：缇，橘红色。古代皇帝出行时的随从骑士因服装橘红色，骑马，故称缇骑，后来用作抓犯人的官役的通称，这里指东厂和锦衣卫特务机关的吏役。

③抶（chì）：笞打。

④大中丞：掌管公卿奏事、荐举、弹劾的官员。抚吴：做吴郡的巡抚。吴，即今苏州。

⑤匿（nì）：藏。溷（hùn）：厕所。藩：篱笆。

⑥傫（lěi）然：堆积的样子。

【译文】

我还记得周公被捕，是在丁卯年三月十五日。那时我们复社中一些行为堪称楷模的人，为他伸张正义，募集钱财，给他送行，哭声震天动地。差役按着剑走上前来，喝问道："哪个在为他哭？"大家忍无可忍，将他们打倒在地。当时以大中丞的官衔担任吴郡巡抚的，是魏忠贤的党羽，周公的被捕就是由他主使的。吴郡的百姓为此事正痛恨他，于是趁他厉声呵斥之机，便一起大声叫喊，群起而攻之，那位中丞吓得躲进厕所，才得以幸免。不久，他就以吴郡百姓暴动的罪名请示朝廷，经追查处死了五个人，他们是：颜佩韦、杨念如、马杰、沈扬、周文元，也就是现在一起安葬在墓中的五人。

然五人之当刑也，意气扬扬，呼中丞之名而詈之[①]，谈笑以死。断头置城上，颜色不少变[②]。有贤士大夫发五十金，买五人之脰而函之[③]，卒与尸合。故今之墓中，全乎为五人也。

【注释】

①詈（lì）：大骂。

②少：稍微。

③脰（dòu）：颈项。这里指头。函：匣子。这里用作动词，用匣子装起来。

【译文】

然而，这五个人在临刑时，意气风发，高呼中丞的名字痛骂，从容谈笑着死去。他们的头颅被挂在城墙上示众，脸色没有一点改变。有贤德之士用五十两银子买下五个人的头颅，盛在匣子里，最终跟尸体合在了一起。所以现在的坟墓中，是五个人完整的遗体。

嗟夫！大阉之乱[①]，缙绅而能不易其志者[②]，四海之大，有几人欤？而五人生于编伍之间[③]，素不闻《诗》《书》之训[④]，激昂大义，蹈死不顾，亦曷故哉[⑤]？且矫诏纷出[⑥]，钩党之捕[⑦]，遍于天下，卒以吾郡之发愤一击，不敢复有株治[⑧]。大阉亦逡巡畏义[⑨]，非常之谋，难于猝发。待圣人之出，而投缳道路[⑩]，不可谓非五人之力也。

【注释】

①大阉:指魏忠贤。

②缙绅:古代官员上朝将笏板插在腰带里,后代指官员。缙,通“搢”,插。绅,腰带。

③编伍:指平民。古代以五户编为一“伍”。

④《诗》《书》:指《诗经》《尚书》。这里指儒家传统教育。

⑤曷:何。

⑥矫诏:假借皇帝名义发出的诏书。

⑦钩党:相牵连的同党。

⑧株治:株连治罪。

⑨逡(qūn)巡:犹豫不前的样子。

⑩投缳(huán)道路:在路上自缢。缳,绳索。据《明史》载,崇祯皇帝即位后,将魏忠贤放逐到凤阳,后又下令将他押回京城。魏忠贤在河北阜城听到这个消息,就畏罪自杀了。

【译文】

唉!在大宦官魏忠贤当权乱政的时候,官员能不改变自己意志的,以天下之大,能有几人呢?而这五个人出身平民,平时没有接受过《诗经》《尚书》的教育,却能为大义所激发,置生死于不顾,这又是什么缘故呢?而且当时假诏书纷纷传出,那些受株连而被捕的党人,遍及全国,终于因为我们吴郡百姓的奋起反击,他们才不敢继续株连治罪。魏忠贤也因害怕百姓的义愤而迟疑不决,篡夺帝位的阴谋,不敢贸然实施。等到圣明天子即位,他就在放逐的路上自缢身死,这不能不说是这五个人的功绩。

由是观之,则今之高爵显位,一旦抵罪,或脱身以逃,不能容于远近;而又有剪发杜门①,佯狂不知所之者。其辱人贱行,视五人之死②,轻重固何如哉?是以蓼洲周公,忠义暴于朝廷③，赠谥美显④，荣于身后；而五人亦得以加其土封，列其姓名于大堤之上。凡四方之士，无有不过而拜且泣者，斯固百世之遇也！不然，令五人者保其首领，以老于户牖之下⑤，则尽其天年，人皆得以隶使之，安能屈豪杰之流，扼腕墓道⑥，发其志士之悲哉？故予与同社诸君子，哀斯墓之徒有其石也，而为之记，亦以明死生之大，匹夫之有重于社稷也。

【注释】

①剪发：清以前的男子都留长发，剪短头发或者剃光头都是不正常的。杜门：关门。

②视：比较。

③暴(pù)：表露。

④谥(shì)：古代帝王、后妃、高官或其他有特别贡献的人死后，朝廷根据他的生平事迹，赠予称号，称为谥号。崇祯皇帝追谥周顺昌为"忠介"。

⑤户牖(yǒu)：门和窗。这里指家中。

⑥扼腕：扼住手腕，表示激动的样子。

【译文】

由此看来，今天那些身居高官要职的人，一旦犯罪，有的抽身逃走，却无处可以容身；有的则剪去头发，闭门不出，故作疯癫而不知去向，他们这种可耻的人格和卑贱的行为，比起这五个人的牺牲精神，到底谁轻谁重？因此，周蓼洲公的忠义显于朝廷，被追赠美好的谥号，死后荣耀无比；而这五个人也因此得到加修坟墓的恩宠，将他们的名字刻在大碑石上。四方人士来此，没有不到墓前跪拜哭泣的，这实在是百年一遇的荣耀啊！否则，让这五个人都保全性命，老死于家中，平平安安度过一生，人们都可以把他们当做奴仆来使唤，又怎么能使英雄豪杰屈身于他们墓前，慷慨激昂地抒发仁人志士的悲壮之情呢？所以我和复社的各位君子，为这陵墓空有石碑却没有碑文感到难过，便写了这篇碑记，也借此说明死生意义的重大，普通百姓也是能对国家作出重大贡献的。

贤士大夫者，冏卿因之吴公、太史文起文公、孟长姚公也[①]。

【注释】

①冏(jiǒng)卿：九卿之一，太仆卿的别称。掌皇帝车马。太史：史官，明清时由翰林承担太史事务，因此也以此称翰林官。

【译文】

上文提到的贤德之士是：太仆卿吴因之公、太史文文起公、姚孟长公。

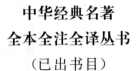

中华经典名著
全本全注全译丛书
（已出书目）

周易
尚书
诗经
周礼
仪礼
礼记
左传
韩诗外传
春秋公羊传
春秋穀梁传
春秋三传
孝经·忠经
论语·大学·中庸
尔雅
孟子
春秋繁露
说文解字
释名
国语
晏子春秋
穆天子传
战国纵横家书
战国策
史记
列女传
吴越春秋
越绝书
华阳国志
水经注
洛阳伽蓝记
大唐西域记
史通
贞观政要
营造法式
东京梦华录
梦粱录

唐才子传
大明律
廉吏传
徐霞客游记
读通鉴论
宋论
文史通义
鬻子·计倪子·於陵子
老子
道德经
帛书老子
鹖冠子
黄帝四经·关尹子·尸子
孙子兵法
墨子
管子
孔子家语
曾子·子思子·孔丛子
吴子·司马法
商君书
慎子·太白阴经
列子
鬼谷子
庄子
公孙龙子(外三种)
荀子
六韬
吕氏春秋
韩非子
山海经
黄帝内经
素书
新书
淮南子
九章算术(附海岛算经)
新序
说苑
列仙传
盐铁论
法言
方言
白虎通义
论衡
潜夫论
政论·昌言
风俗通义
申鉴·中论
太平经
伤寒论
周易参同契
人物志
博物志

抱朴子内篇
抱朴子外篇
西京杂记
神仙传
搜神记
拾遗记
世说新语
弘明集
齐民要术
刘子
颜氏家训
中说
群书治要
帝范 · 臣轨 · 庭训格言
坛经
大慈恩寺三藏法师传
长短经
蒙求·童蒙须知
茶经 · 续茶经
玄怪录 · 续玄怪录
酉阳杂俎
历代名画记
唐摭言
化书 · 无能子
梦溪笔谈
东坡志林
唐语林
北山酒经(外二种)
折狱龟鉴
容斋随笔
近思录
洗冤集录
岁时广记
传习录
焚书
菜根谭
增广贤文
呻吟语
了凡四训
龙文鞭影
长物志
智囊全集
天工开物
溪山琴况 · 琴声十六法
温疫论
明夷待访录 · 破邪论
潜书
陶庵梦忆
西湖梦寻
虞初新志
幼学琼林
笠翁对韵

声律启蒙
老老恒言
随园食单
阅微草堂笔记
格言联璧
曾国藩家书
曾国藩家训
劝学篇
楚辞
文心雕龙
文选
玉台新咏
二十四诗品·续诗品
词品
东坡养生集
闲情偶寄
古文观止
聊斋志异
唐宋八大家文钞
浮生六记
三字经·百家姓·千字文·弟子规·千家诗
经史百家杂钞